2판

도덕교육의 새로운 해법

정 창 우

교육과학사

책머리에

> 이 책은 대부분 도덕교육 관련 각종 학술행사에서 발표를 했거나 학술지에 게재된 글들을 묶은 것이지만, 따지고 보면 미국 유학 시절(2000~2003) 동안의 나의 공부와 고민의 산물이다. 한국에 돌아온 후 지난 1년 6개월 동안 학생들을 가르치면서 미국에서 작성해 온 원고들의 엉성한 논리, 헝클어진 생각, 불충분한 근거를 수정 · 보완할 수 있는 기회를 가졌었고, 이를 각종 학술행사 때나 학술지에 발표하게 된 것이다. 이렇게 말하는 것은 내가 이 책의 완벽성을 주장하거나 자랑하기 위함이 결코 아니다. …(중략)… 나의 일천한 경력과 역량에도 불구하고 이 책을 출판하고자 용기를 낸 가장 큰 이유는 오늘날 우리의 학교 도덕교육이 지향해야 할 비전과 방향, 그리고 이를 실현하기 위한 과제들을 제시하는 데 다소 보탬이 될 수 있기를 바라는 소박한 심정 때문이다(2004년 '초판', 머리글 일부).

이 책의 '초판' 머리글에 제시된 바와 같이, 나는 2003년에 미국 조지아대학교에서 "도덕 판단과 인식론적 신념의 관계에 관한 문화 간 비교연구"(2003)라는 주제로 박사학위를 받은 후 한국으로 돌아와 몇 개 대학에 출강하게 되었다. 그 당시 나는 서울대와 서울 · 경인 · 춘천교대 등을 오가며 주로 도덕성 발달 및 도덕교육 이론들에 대한 예비 교사들의 이해와 응용 능력을 높여주기 위해 노력하였다. 그러면서 유학 시절부터 가지고 있었던 도덕교육의 새로운 방향, 즉 '통합적 접근'(특히, 레스트, 데이먼 및 블라지 등)의 중요성과 가치에 대한 확신을 갖게 되었고, 2004년에 정세구 교수님의 소개를 통해 '교육과학사'에서

이 책을 출간하게 되었다.

이 책은 나의 첫 단독 저서이면서 동시에 대표 저서이기도 하기 때문에, 나는 어떤 책보다 이 책에 더 특별한 애정을 갖고 있다. 사실 출간 당시에는 개정이나 증보 등에 대한 특별한 계획이 없었지만, 출간 후 10년이 가까워진 시점에서 개정판을 낼 필요성을 갖게 되었다. 책 출간 이후 도덕심리학 및 도덕교육 영역에서 발표된 주요 연구 성과들을 각 장(chapter)에 체계적으로 반영하고, 최신 도덕심리학 이론들(특히 신경과학, 신경생물학, 인지과학, 진화심리학 영역에서의 연구 성과를 활용하여 나바에즈와 하이트 등이 새롭게 구축한 이론들)에 대해 다루는 장들과 도덕과 교육의 비전 및 방향, 그리고 실천 과제들을 제시하는 장들을 몇 개 더 추가해 보고 싶은 마음 때문이었다. 하지만 2012~2013년부터 인성교육에 대한 국가 · 사회적 관심이 높아지면서 인성교육 관련 각종 저술활동에 몰입하게 되었고, 이로 인해 이 책의 개정판 작업은 자연스럽게 우선 순위에서 뒤로 밀릴 수밖에 없었다. 이때 출간된 단독 저서들이 『인성교육의 이해와 실천』(2015)과 『21세기 인성교육 프레임』(2019) 등이었으며, 이 책의 개정판 작업은 엘리자베스 보졸라(Elizabeth C. Vozzola)의 『도덕 발달의 이론과 적용』(2018)을 번역하면서 본격적으로 시작되었다.

개정판 작업을 진행하면서 특히 중점적으로 고려한 사항을 제시하면 다음과 같다. 우선 1부 도덕성 발달 이론의 역사와 도덕교육, 3부 현대 도덕교육 이론과 방법론, 4부 도덕교육의 통합적 접근에서는 특히 기존 내용에 최근의 학술 성과를 추가하려고 노력하였다. 또한, 2부 도덕심리학 연구의 최근 동향과 도덕교육, 5부 도덕과 교육의 지향과 과제에서는 최근 5년 이내에 발표한 논문들 중에서 이 책의 성격에 맞는 논문들을 엄선하여 수록하고자 하였다. 그 결과, 도덕심리학 분야에서의 새로운 연구 동향에는 '나바에즈의 도덕심리 이론과 통합적 윤리교육 모형' 및 '하이트의 사회적 직관주의 모형 및 도덕적 기반 이론'을 새롭게 포함하였고, 도덕과 교육 분야에서는 '미래 지향적인 도덕과 교육 설계 및 실천'과 '증거 기반 도덕교육의 실천'을 추가하게 되었다.

이 책이 나오기까지 많은 분들의 도움이 있었다. 우선 '도덕성 발달 및 도덕 교육'에 관련된 기조 강연이나 주제 발표 기회를 여러 차례 주신 한국도덕윤리과교육학회와 한국초등도덕교육학회 관계자들께 깊이 감사드리고, 이 책이 출간될 수 있도록 배려해주신 교육과학사 한정주 사장님과 정경식 부장님, 이정호 편집실장님께도 감사의 마음을 전하고 싶다. 또한 전체적으로 원고를 검토해 주고 나바에즈와 하이트의 도덕심리 이론이 이 책에 담길 수 있도록 도움을 준 석자춘 선생과 원고 검토를 꼼꼼하게 해 준 박찬영 박사에게도 고마운 마음을 가지고 있다. 끝으로, 언제나 옆에서 함께해주고 응원해 주는 사랑하는 아내, 아들 현규와 딸 혜인에게도 고마움을 표하고 싶다.

공교롭게도, 올해 2020년은 내가 서울대학교 사범대학 윤리교육과 교수로 임용된 지 15년이 되는 해이고, 정년퇴직까지 15년이 남아 있는 해이기도 하다. 지금까지 지나온 15년의 시간보다 남은 15년이 어쩌면 훨씬 더 빨리 지나갈지도 모른다는 생각이 든다. 후회 없는 삶을 살기 위해, 지난 세월의 흔적을 반추하고 현재를 성찰하면서 앞으로 나에게 주어진 미래의 삶을 설계해 본다. 그리고 이를 실현하기 위해 끊임없이 정진하리라 다짐해 본다.

2020년 1월 20일

정 창 우 드림

제1부

도덕성 발달 이론의 역사와 도덕교육

제1장
인간발달 이론과 도덕심리학

발달(development)이란 생명이 시작되는 수정의 순간부터 죽을 때까지 개인의 전 생애에 걸쳐 일어나는 모든 변화의 양상과 과정이다(송명자, 2011; 신종호 외, 2015: 45). 이러한 인간발달의 지속성으로 인해 발달은 "자궁에서 무덤까지" 이루어진다고 일컬어지기도 하며, 인지적, 사회 · 정서적 기능의 향상과 같은 긍정적 변화뿐만 아니라 노년기에 나타나는 쇠퇴 현상과 같은 부정적 변화도 포함한다. 예전에는 발달을 아동기와 청소년기에 나타나는 긍정적 변화로 이해하는 경향이 있었지만, 1980년대 후반부터 부정적 변화도 발달 개념에 포함되어야 한다는 주장이 설득력을 얻게 되었다(신종호 외, 2015: 16). 그 외에 인간의 발달은 다차원적, 가소적, 다학문적, 그리고 맥락적 특성을 갖는다(Santrock, 2016). 우선 발달은 생물학적, 인지적, 사회 · 정서적 차원으로 구성되기 때문에 다차원적이고, 변화 가능하다는 측면에서 볼 때 가소적인 특성을 갖는다. 또한 발달의 미스터리를 풀기 위해서는 심리학을 중심으로 철학, 인류학, 신경과학, 생물학 등의 학문들을 가로지르는 다학문적, 학제적 접근을 필요로 하며, 모든 발달은 가정, 학교, 또래 집단, 국가 등을 포함한 맥락(context) 혹은 환경 내에서 일어나기 때문에 맥락적인 특성을 갖는다.

일반적으로 인간발달을 둘러싼 다양한 논쟁은 다음과 같이 세 가지로 유형화될 수 있다. 첫째, 인간은 자신의 발달에 능동적으로 개입하는 존재인가, 수동적인 존재인가? 둘째, 발달은 타고난 본성의 자연적인 결과인가? 아니면 환경적 요소들에 의한 어떤 양육의 결과인가? 셋째, 발달은 양적이고 연속적인(continuous) 과정인가? 아니면 질적으로 구별되는 일련의 발달 단계를 거치는 불연속적인(discontinuous) 과정인가?[1)] 인간발달에 관한 이론들은 이러한 이분법적 논쟁의 극단에서 각각 상이한 입장을 취하고 있다.

본 장에서는 인간발달에 대한 주요 이론들이 도덕 발달 이론의 형성에 직접적인 영향을 미쳤기 때문에, 우선 인간발달을 둘러싼 논쟁과 관련하여 서로 상이한 관점을 취하고 있는 '인간발달의 세 가지 패러다임'을 고찰한 후, 도덕 발달을 포함한 인간발달에 관한 연구를 실행하기 위한 대표적인 연구방법론을 제시할 것이다. 끝으로, 제1부 내용의 핵심개념들인 '도덕심리학'과 '도덕성'을 개념화할 것이다.

1. 인간발달의 세 가지 패러다임

인간발달에 대한 세 가지 패러다임은 도덕 발달에 있어 세 가지의 심리학적 패러다임이 개념적인 틀(framework)을 형성하는 데 영향을 미쳤다. 세 가지 패러다임 중의 첫 번째는 행동주의(behaviorism)로서 발달의 경험주의적 관점에서 연유한 반면, 성숙주의(maturationism)와 구성주의(constructivism)는 유기체적 관점에서 출발한다. 이러한 각각의 패러다임들은 발달에 있어 환경적인 요소와 유기체적 요소의 역할, 인간의 본성과 양육의 중요성 중에 어느 특정한 것에 보다 강조점을 둠으로써 논쟁을 불러일으키고 있다. 예상하는 바와 같이, 행동주의적 패러다임은 행위에 보다 초점을 맞추고, 환경적 조건에 의해 조절

1) 연속성 이론가들은 인간발달을 급작스러운 변화가 없는 점진적이고 연속적으로 일어나는 과정으로 본다. 반면, 불연속성 이론가들은 성숙에 이르는 길이 일련의 급속한 변화로 이루어진다고 기술한다. 이 각각의 급속한 변화는 아동이 향상된 새로운 기능 수준으로 올라가게 해준다.

가능한 학습의 측면에서 발달을 설명하려고 한다. 인간의 내적(intrapersonal) 특성 혹은 유기체적 요소의 중요성을 완전히 배제하지는 않지만, 행위에 있어 개인차를 설명하는 데 있어 이러한 측면은 최소화되어야 한다는 입장이다. 발달이란 연속적이고 특정한 방향을 갖는 것이 아니며, 연령이 중요성을 갖지 않는다. 발달 단계는 단지 자료를 수집하여 종합하는 이론가들이 만들어낸 자의적 편의성의 결과물에 불과하다(정창우, 2004a).

성숙주의적 패러다임은 변화의 과정을 성장의 측면에서 설명하려고 한다. 환경적인 요소의 중요성을 완전히 배제하는 것이 아니지만, 개인의 발달과 직접적으로 관련된 것이 아니라는 이유에서 매우 제한된 의미를 지닌다. 성숙주의에서 발달은 불연속적 단계의 계열성으로 설명될 수 있고, 나이가 매우 중요한 요소로 간주된다.

구성주의적 패러다임에서는 개인이 환경과의 능동적인 상호작용을 통해 자신의 발달을 이끈다는 입장을 취한다. 발달은 상호 역동적인 평형 상태(equilibrium)에 있는 성숙주의적, 사회적, 물리적 요소 간의 상호작용의 산물로 간주된다. 환경과 개인의 관점에서 행동주의, 성숙주의, 구성주의의 강조점을 중심으로 그 차이점을 도식화하면 다음과 같다.

환경(Environment)

개인 (Individual)	Ei 행동주의 스키너(Skinner), 왓슨(Watson)	eI 성숙주의 프로이트(Freud), 로저스(Rogers), 에릭슨(Erikson)
	EI 구성주의 듀이(Dewey), 피아제(Piaget), 콜버그(Kohlberg)	ei (없음)

*개인(I) : 생물학적, 유전적, 내적 요인 강조

*환경(E) : 외부의 환경 강조

[그림 1] 개인과 환경 관점에서 인간발달의 세 가지 패러다임 비교

인간발달에 관한 세 가지 패러다임은 지식의 본질과 기원에 대한 입장에서도 뚜렷한 차이점을 발견할 수 있다. 간략하게 말하자면, 행동주의자들은 지식을 관념의 연합(association)으로 설명하는데, 관념의 연합이 일어난다는 것은 특정한 행위의 반복을 강화하는 외부적 조건에 의해 결정된다고 본다. 성숙주의자들은 지식을 타고난 본성의 발현으로 믿으며, 구성주의자들은 유기체와 환경 간의 상호작용의 결과로서 지식을 설명한다. 지식의 본질과 기원에 관한 각 패러다임의 입장은 인간발달과 도덕교육 간의 관계에 관한 이해를 위해 매우 중요한 시사점을 줄 수 있기 때문에 아래에서 보다 구체적으로 살펴보기로 한다.

행동주의적 관점에서 보자면, 신생아는 아무런 구체적인 지식이 없는 상태에서 태어난다. 인간은 기계와 같이 작동하는 사고를 가지고 있고, 환경이 에너지 혹은 정보를 불어넣어주며 유기체는 이에 대해 예측 가능한 방식으로 행위를 표출한다는 점에서 인간은 수동적인 존재로 간주된다. 이러한 관점의 중심에는 "인간은 자신의 환경에 노출되는 방식에 의해 독특하게 성장한다."(Langer, 1969: 4)라는 전제가 놓여 있다. 인간의 사고는 언제라도 경험이 빈 공간을 채워 넣을 수 있는 백지상태(tabula rasa)와 같으며, 현대적인 관점에서 보자면, 정보가 입력 및 저장되어 언제라도 재생될 수 있는 컴퓨터와도 유사하다. 어떠한 유비(analogy)를 사용하더라도, 인간의 사고는 환경적인 투입을 받아들이고 행위적 산출을 방출한다는 입장을 취하고 있다. 관찰 가능한 행동 그 자체에 초점을 맞추고 있기 때문에 행동주의의 입장은 경험론(empiricism)과 부합되며 심리학적 연구에서 중심적인 전통이 되어왔다.

행동주의자들에게 있어 실재(reality)는 인간의 외부 세계에 존재하는 것이다. 발달과 더불어, 인간의 사고에서 생성되는 일차적인 인상(impressions)을 통해 실재의 어떤 모사(copy)가 내면화되는 것이다. 그 후에 이러한 모사에 대한 관념의 연합이 생기고 차츰 개인은 실제 세계에서의 장기간 노출을 통해 다양한 요소들에 대한 이미지를 갖게 되는 것이다. 관념의 연합이 일어난다는 것은 특정한 행위의 반복을 강화하는 외부적 조건에 의해 결정된다. 발달은 "행위의 끊임없는 양적인 축적"으로 정의된다(Langer, 1969: 55). 그러므로 발달을 촉진하고 개인의 행동을 예측하기 위해서 우리는 개인이 보여 온 과거의 반응 방식을 파악하고 현재의 환경적 조건들을 적절하게 결정하는 것이다.

행동주의자들의 최종 목적은 인간의 행동을 예측하고 통제하는 것이다. 행동주의적인 마인드를 가진 교사는 부적절한 행위를 소거하고 새롭고 사회적으로 보다 적절한 행위를 강화할 수 있도록 행위의 환경적인 결정인자들을 발견하려고 노력한다. 행동주의적 교육은 훈련과 기능 발달(skill development)에 강조점을 두며, 교육적 성과는 바람직한 행동을 표출할 수 있는 아동의 능력에 의해 가늠된다. 행동주의 지향적인 교사는 학생 행동을 관찰하고, 관찰 가능한 목표를 설정하며, 이러한 목표에 대한 향상을 평가하는 등 경험적(empirical) 절차에 충실하다. 모든 행동은 학습의 결과로 고려되기 때문에, 행동주의적 교육 목표는 학습을 위한 새로운 조건을 형성하는 것이 된다.

성숙주의자들에게 있어, 사고의 발달은 식물이나 동물의 물리적인 성장과 흡사하다. 즉, 발달은 대체로 유전적으로 미리 정해진 단계(prepatterned stages)의 발현으로 설명될 수 있다. 아동들은 알 필요가 있는 것을 특정한 정보 혹은 지식 획득을 위한 규칙 혹은 구조의 형태로 이미 머릿속에 지니고 태어난다. 두뇌는 많은 성숙적 변화를 겪기 때문에 성숙은 문제해결력, 집중력, 타인의 사고나 감정에 대한 이해력의 증가와 같은 심리적 변화의 부분적인 원인이 된다. 우리 인간이 많은 점에서 비슷한 이유 중의 하나는 종(種)적인 유전 특성이나 성숙 청사진이 우리들 대부분을 인생의 같은 시점에서 유사한 발달적 변화를 경험하도록 하기 때문이다. 환경이 발달 과정을 촉진하거나 저해할 수 있다는 점을 배제하지는 않지만, 기본적으로 발달의 개인차는 타고나는 것이다. 또한 환경이 개인의 자연적인 성장에 필요한 도움을 제공하기는 하지만, 발달은 근본적으로 존재의 내재적인 부분이다. 자신이 갖는 경험의 성격은 본능적 요구와 환경적 제한 간의 충돌(갈등)에 의해 결정된다. 이러한 관점의 바탕에는

"개인은 자신의 본능과 환경적 요구에 의해 성장과 발달로 나아가는 갈등적 존재(a conflicted being)이다."라는 전제가 놓여 있다(Langer, 1969: 10).

성숙주의 교육의 목표는 인간의 외적인 행동적 측면을 강조하기보다는 내면적 본성을 중시하는 교육과정에 중점을 둔다. 성숙주의 지향적인 교사는 아동들이 가진 과거의 경험을 재생시키고 어떤 충돌(갈등)을 통해 풀어나가도록 돕는다. 그들의 목표는 타고난 능력 및 본성의 충분한 표현을 제공하는 것이며, 아동에게 정서적으로 풍부한 환경을 제공함으로써 자기표현을 충분히 도와주는 것이다. 사실상, 이들은 자유가 성장을 이끈다는 가정을 수용한다.[2)] 이러한 자유는 지속적인 발달의 장애물을 제거하고, 자아 발견 및 자기인식(self-awareness)을 가능하게 하는 환경을 제공함으로써 실현될 수 있다. 성숙주의적 도덕교육의 성과물은 선택의 자유와 자신의 삶의 방향에 대한 책임감으로 볼 수 있다.

구성주의적 패러다임은 유기체 및 환경의 이분법에 대한 변증법적 종합을 추구한다. 구성주의자들은 인간은 능동적이고, 인간의 기본 정신 구조는 반대적 생각이나 입장에 직면함으로써 재조직화될 수 있다고 믿는다. 인간은 본성적으로 자신의 경험을 자신이 살고 있는 세계의 맥락에서 이해하려고 하는 어떤 구조화 경향성(structuring tendencies)을 가지고 있다. 이러한 앎의 과정은 유기체와 환경 간의 상호작용의 측면에서 나타난다. 이러한 입장의 핵심

---

2) 로저스와 같은 인본주의 심리학자들과 프로이트로 대표되는 정신분석학자들은 모두 자유가 성장을 이끈다는 가정을 수용하고 있다. 인본주의 심리학은 인간 행위의 모든 스펙트럼, 즉 자아, 동기, 의도, 정체성, 가치, 자유를 검토하고 있다. 이러한 개념들은 인간의 자유와 독립성에 상당한 강조점을 두고 있는 인성 이론(personality theories)을 유행시키는 데 사용되었다. 한편, 치료방법으로서의 정신분석은 무의식 속에 억압되어 있는 환상, 관념, 감정, 사건들을 의식적으로 끌어내는 것이다. 프로이트는 이를 위하여 자유연상과 꿈의 분석을 주로 활용하였다. 자유연상을 통해 사람들은 아무런 억압도 없이 자유롭게 사고하도록 정신분석가로부터 지시를 받는다. 예컨대 정신분석가가 '어머니'라는 말을 던지면 환자는 어머니와 관련하여 머릿속에 생각나는 모든 것들을 자유롭게 말하는 것이다. 또한 프로이트는 꿈이 사람들의 자유연상과 유사한 것이라고 생각하였다. 즉, 꿈은 원하는 목표의 심상을 만들어냄으로써 소원을 이루거나 긴장을 방출하는 것으로 해석되었다.

적 요소는 지식은 환경 내에서의 경험을 통해 개인에 의해 능동적으로 구성된다는 점이다. 실재(reality)는 경험에 의해 구성되며 자신과 세계 간의 관계를 나타낸다.

인간과 환경의 상호작용에 대한 입장은 인지적 단계의 개념과 밀접한 관계가 있다. 각 단계는 이전 단계보다 더욱 포괄적이고 종합적인 구조를 갖는다. 각각의 후속 단계는 보다 적합한 방식으로 다양한 경험을 이해할 수 있는 능력을 나타낸다. 어떤 단계에서 다음 단계로 이동하는 근본적인 이유는 후속 단계가 이전 단계보다 보편적인 의무감에 보다 적절하고, 인간은 위계적인 선호, 즉 보다 높은 수준에서 문제 해결을 선호하는 경향성을 지니고 있기 때문이다. 이러한 단계 개념은 보편적이고, 불변적이며, 위계적인 발달적 계열성을 따르면서 이전 단계보다 나은 적응과 포괄적이고 통합적인 구조적 특성을 향한 이동으로서 발달을 의미한다.

구성주의적 마인드를 가진 교사는 학생들이 자신의 경험, 즉 자신의 의미 구성 체계(meaning-making system)를 어떻게 이해하고 있는가를 깨닫도록 돕고, 학생들과 그들의 환경과의 상호작용에 초점을 맞추면서 학생들의 발달을 촉진시키기 위한 환경을 제공하려고 노력한다. 심리적인 발달의 보편적인 단계는 학생들의 삶에서 도덕교육을 위한 청사진과 이론적 정당성을 제공한다(Kegan, 1982).

2. 인간발달 연구 방법

인간발달을 연구하는 학자들은 단지 삶의 한 특정한 시기의 발달에만 관심이 있는 것은 아니다. 그들은 사람들의 감정, 사고, 능력 그리고 행동이 시간의 흐름에 따라 어떻게 발달하거나 변화하는지에 대하여 결정하고자 한다. 이러한 발달경향을 알아보기 위한 연구를 우리는 어떻게 설계할 수 있을까? 여기서 횡단적 연구와 종단적 연구를 간단히 살펴보자.

횡단적 연구(cross-sectional study)에서는 연령이 서로 다른 사람들을 동시에 연구한다. 횡단적 설계는 한 시점에서 다른 연령 집단을 비교하는 것으로서 실행이 용이하다는 장점이 있지만, 개인이 어떻게 발달하는지를 말해줄 수 없다는 한계가 있다. 그리고 관찰된 연령경향에 대한 연구 결과가 실제로 진정한 발달적 변화에 의한 것이 아니라 '동시대 집단 효과(cohort effect)'에 의한 것이라면 그 결과는 발달 과정 및 특성에 대한 연구를 잘못된 방향으로 이끌 수도 있다. 동시대 집단이란 성장할 때 비슷한 문화적 환경과 역사적 사건을 경험한 동일한 연령대의 집단을 의미하기 때문에, 횡단적 비교가. 대체로 상이한 연령대의 집단을 포함한다는 사실은 해석상 곤란한 문제를 던져준다.

종단적 연구(longitudinal study)는 동일한 피험자를 그들이 성장함에 따라 반복적으로 조사하여 발달적 변화를 알아내는 것이다. 같은 피험자들을 반복적으로 조사함으로써 연구자들은 표집 안에 있는 각 개인의 다양한 특성의 안정성(지속성)을 측정할 수 있다. 그들은 또한 대부분의 아이들이 다양한 변화를 경험하는 시점과 이 변화에 도달하기 전에 아이들이 공유하는 경험들과 같은 공통성을 찾는다. 그럼으로써 대부분의 아이들이 경험하는 규준적 발달 경향과 발달 과정을 확인할 수 있다. 마지막으로 오랜 시간에 걸쳐 여러 피험자들을 조사하는 것은 연구자들이 발달의 개인차를 이해하도록 돕는다. 특히 초기 경험이 다를 때 매우 다른 발달적 결과를 가져올 수 있는지를 입증할 수 있을 때 그렇다. 이러한 종단적 연구를 실시한 대표적인 학자로 콜버그를 들 수 있다. 그는 1958년에 박사학위 논문을 마치게 되었는데, 이때부터 그는 논문연구에 참여했던 소년들을 3년마다 면담하면서 그들의 도덕발달을 주술에 걸린 듯 20여 년이 넘도록 추적하였다.

종단적 연구는 비록 발달적 지속성과 변화 그리고 발달에서의 개인차를 확인한다고는 하지만, 연습 효과(practice effects), 선별적 감소(selective attrition), 세대 간 문제(cross-generational problem)라는 단점이 있다. '연습 효과'란 반복적인 면접과 검사에 응하는 피험자들이 검사 경향을 파악하게 되거나 점차적으로 검사내용에 익숙해져 연구의 타당성을 위협하게 되는 것을 의미한다. '선별적 감소'란 최초 연구에 참여했던 아동들이 이사를 갈 수 있고 연구 참여에 싫증을 내거나 부모가 자녀들이 연구에 계속하여 참여하는 것을 더 이상 원치 않게 됨으로써 연구 집단이 결국 비대표적인 표집이 되어 연구의 타당성을 위협하게 되는 것을 의미한다. 그리고 장기간에 걸친 종단적 연구의 '세대 간 문제'는 연구 결과를 특정 동시대 집단으로 한정시켜야 함을 시사한다. 횡단적 연구와 종단적 연구가 갖는 장점 및 단점을 비교해서 표로 제시하면 〈표 1-1〉과 같다.

〈표 1-1〉 횡단 및 종단적 연구 설계의 장 · 단점 비교(송길연 외 공역, 2001: 32)

설계	절차	장점	단점
횡단적 연구	한 시점에서 상이한 연령의 집단을 관찰	연령차를 보여준다. 발달적 경향을 암시해 준다. 상대적으로 비용과 시간이 적게 든다.	연령 경향이 실제적 발달 변화라기보다 동시대 집단 사이의 관계없는 차이를 반영할 수 있다. 각 피험자가 단지 한 시점에서 관찰되기 때문에 진정한 의미의 개인적 발달에 관한 자료를 제공하지 못한다.
종단적 연구	오랜 시간을 두고 한 집단을 반복적으로 관찰	개인의 발달에 대한 자료를 제공하고 초기 경험과 이후의 결과와의 관계를 밝혀준다. 개개인이 시간이 지남에 따라 변화하는 방식에서 어떻게 같고, 다른가를 알 수 있다.	상대적으로 시간이 많이 걸리고 비용이 비싸다. 선택적 감소가 피험자들을 비대표적인 표집으로 만들기 쉽다. 그래서 결론의 일반화를 제한한다. 세대 간 변화가 연구된 집단에 대해 연구 결과를 제한할 수 있다.

3. 도덕심리학과 도덕성의 의미

도덕심리학(moral psychology)은 '인간의 도덕적 또는 비도덕적인 행위와 관련된 요인과 심리적 메커니즘, 그리고 도덕 발달에 대해 연구하는 학문'이다(정창우, 2013: 176). 도덕심리학의 당면 목표는 도덕적 인지, 도덕적 정서, 도덕적 행동 간의 복잡한 심리적 메커니즘을 이해하는 것이지만, 우리가 도덕 판단을 어떻게 해야 하는지, 그리고 우리가 어떻게 행동해야 하는지에 대한 윤리학적·교육학적 함의를 이끌어내는 것을 포함한다.

도덕심리학은 도덕철학과 더불어 도덕교육을 위한 핵심 배경 학문에 해당한다. '어떻게 살아야 하는가에 대한 타당한 관점과 그러한 삶과 행동을 추구해야 하는 이유'를 밝히는 것이 도덕철학자의 역할이라면, 그러한 삶과 행동에 대한 경험적 사실(facts)을 탐색하는 것이 도덕심리학자들의 역할이며, 도덕심리학과 도덕철학의 연구 성과를 종합하여 교육적 실천으로 나아갈 수 있는 최선의 길을 탐색하는 것이 도덕교육자의 역할이라고 할 수 있다(정창우, 2013: 176).

도덕심리학에 관한 근본적인 논쟁은 도덕성(morality)의 정의로부터 시작되는데, 정의를 어떻게 내리느냐에 따라 이론과 연구의 방향은 크게 매우 상이한 형태를 띠게 된다. 도덕성은 옳고 그름에 대한 본질적인 가정을 포함한다. 선과 악의 본질에 관한 질문은 곧 도덕성의 본질을 묻는 핵심적인 질문이다(Frankena, 1963). 오래전부터 끊임없이 격렬한 논쟁거리가 되어왔던 이러한 주제에 관한 다양한 해석이 있어왔다. 도덕성의 본질에 관한 논쟁은 보통 옳고 그른 것이 무엇이고, 좋고 나쁜 것이 무엇인가를 결정하는 규칙·기준·원칙·가치의 본질에 관한 문제로 이어졌다.

도덕성이란 도덕적 행위를 할 수 있는 성향을 의미하기도 한다. 일반적으로 성향은 하나의 경향성을 의미한다. 예를 들어, 물은 섭씨 0도 이하에서 어는 경향이 있다. 그러나 상황과 조건에 따라서 섭씨 0도 이하에서도 물이 얼지 않는 경우가 있을 수 있다. 이와 마찬가지로 도덕성은 도덕적 행위를 할 수 있는 하나의 성향을 의미하기에, 우리가 도덕성을 갖추고 있다는 사실만으로 도덕적 행위를 100% 보장할 수는 없는 것이다. 그러기에 일찍이 시첼은 도덕성을 부서지기 쉬운 연약한 기획(fragile enterprise)이라고 표현한 바 있다(Sichel, 1988: 3).

한편, 도덕 발달심리학적 관점에서 워커(Walker, 1995)는 도덕성을 사회적이고 대인관계적인 것이며 어떤 정신 내부 기제에 의해 지배되는 자발적인 활동으로 보기도 했다. 동시에 워커에게 도덕성은 행동, 사고, 정서의 상호작용을 필수적으로 수반하는 다면적인 현상으로 이해되고 있다.

도덕심리학 분야에서 이론가들은 불행하게도 도덕성의 핵심으로서 각각 다른 측면의 인간 기능을 언급해 왔다. 즉 정신분석(동일시-내면화) 접근은 '정서'를, 행동주의 및 사회학습 접근은 '행동'을, 인지발달 접근은 '인지'를 강조해 왔다. 이렇게 다른 강조점은 정서, 행동, 사고라고 하는 인위적인 삼분법을 만들어냈고, 도덕적 기능(moral functioning)의 다양한 측면들이 독립적 내지는 개별적으로 존재한다는 점을 암시하고 있다. 이러한 인위적인 삼분법은 편리하기는 하지만 각각의 강조점들이 상호의존적이고 복잡하게 서로 영향을 미친다는 점, 즉 행동과 감정과 사고가 복잡하게 상호 연관되어 있다는 점을 간과하고 있다. 예를 들어, 최근에 당신이 직면했던 딜레마를 생각해 보라. 당신이 이러한 상황을 생각할 때 당신의 사고로부터 당신의 감정을 명확히 분리해내었는지 혹은 분리될 수 있었는지 생각해 보라. 당신은 당신의 행동이 당신의 감정과 사고와는 무관하다고 말할 수 있는가? 이렇게 본다면, 도덕성의 개념에 관한 각 측면이 서로 구분되어 심리학적으로 연구될 경우, 도덕성의 개념은 그 본질로부터 멀어지게 된다는 점을 쉽게 짐작할 수 있다(Walker, 1995).

제2장
인지발달 이론과 도덕성 발달 : 피아제와 콜버그

인지발달론적 관점에서 볼 때, 도덕성에 있어 가장 두드러진 특징은 바로 인간의 이성적 능력이다. 즉 인지발달 이론에서는 도덕적 판단이 도덕적 행동에 있어 가장 중요하고 영향력 있는 단일한 요인이자 진정한 결정요소인 것으로 고려된다(Kohlberg, 1984). 도덕적인 삶에서 이성의 중요성에 대한 콜버그의 입장은 그의 학문적 생애 동안 약간 수정되었다고 볼 수 있지만, 도덕성의 핵심으로서의 이성에 대한 그의 헌신적 몰입은 결코 흔들리지 않았다.

도덕심리학 내에서 인지발달론적 접근의 계보를 살펴보면, 가장 먼저 볼드윈(Baldwin, 1906)에 의해 도입되었고, 피아제(Piaget, 1932/1965)에 의해 계승되었으며, 콜버그(Kohlberg, 1981, 1984)에 의해 재도입되면서 동시에 이론적으로 체계화되었다. 사회학습 이론과 정신분석 이론이라는 도덕심리학적 조류에 역행하는 "이상한 오리(odd duck)"라는 소리를 들으면서 콜버그는 도덕성 연구의 혁명을 주도하였고, 그 이후로 그의 도덕 단계 이론은 도덕심리학에서 지배적인 위치를 차지해 왔다. 출발부터 콜버그의 이론은 뜨거운 논쟁을 불러일으켰고, 이러한 논쟁 과정에서 그는 다양하게 제기된 비판들에 맞서 자신의 이론을 방어하기도 하였고 때로는 수정과 보완을 위해 노력하기도 하였다.

본 장에서는 피아제와 콜버그를 중심으로 도덕성 발달에 대한 인지발달론적 관점을 살펴볼 것이다. 우선 인지발달 이론의 주요 가정 네 가지를 설명할 것이고, 계속해서 피아제와 콜버그가 도덕 발달의 성격을 무엇이라 규정하고 있는지, 경험 연구들은 이들의 입장을 어떻게 평가하고 있는지, 그리고 이들의 이론에 대해 제기된 비판들과 이들 이론이 도덕교육에 줄 수 있는 시사점이 무엇인지를 밝힐 것이다.

1. 인지발달 이론의 주요 가정

인지발달 이론을 주장하고 있는 사람들은 도덕적 추론(moral reasoning)의 발달 관점에서 도덕성을 연구하고 있다. 여기서 도덕적 추론이란 우리가 여러 가지 행동들의 옳음과 그름의 여부를 결정할 때 도덕적 근거로부터 도덕적 판단에 이르는 사고를 뜻하는 것이다. 인지발달 이론의 주된 가정은 도덕 발달이 인지발달에 달려 있다는 점이다. 피아제(1960)는 자신의 논문에서 발달 단계의 특징에 대해 기술하였고, 이러한 발달 단계의 특징은 콜버그의 도덕 발달 이론으로 정교화되었다. 발달 단계에 관한 피아제의 이러한 서술은 인지발달 이론의 네 가지 주요 가정으로 언급되고 있는데, 그 내용은 다음과 같다.

첫째, 단계들은 아동의 사고방식에 있어서 질적인 차이를 나타낸다.

둘째, 단계들은 불변적 계열(invariant sequence)을 형성하거나, 문화적 요인에 의해 변할 수 없는 일정한 연속적인 순서를 형성한다. 문화적 요인은 발달을 촉진시킬 수도 있고, 저지할 수도 있고, 멈추게 할 수도 있지만, 순서를 바꾸지는 못한다. 이 가정에 의하면 도덕적 추론 단계에서 퇴행은 있을 수 없다.

셋째, 각 단계와 사고방식은 '구조화된 전체'를 이룬다. 각 사고방식은 도덕 영역 전체 내에 있는 다양한 문제들을 해결하기 위해 사용된다. 여기서 구조화된 전체는 서로 다른 과제에 대한 반응들을 결정하는 심층의 사고구조라는 개념으로 기술될 수 있다. 즉 한 개인의 사고를 다양한 내용에 걸쳐 관찰해 보면, 그 사고는 인접한 다른 단계나 그 활용에서도 관찰될 수 있지만, 일반적으로 단지 하나의 단일한 지배적인 단계에 기초해서 나타나고 있다.

넷째, 단계들은 위계적 통합체(hierarchical integrations)이다. 즉 단계는 위계가 있어 윗단계로 올라갈수록 점점 복잡해지고 조직적이다. 한 단계는 다음 단계에 통합되고, 각 단계는 이전보다 발전되었다고 볼 수 있다. 이 가정은 높은 단계의 추론이 문제를 해결하는 데 보다 적절하고 공정하다는 의미에서 낮은 단계의 추론보다 더 낫다는 것을 의미한다.

이러한 입장에서 보면, 단계들은 도덕 개념이기보다는 문제를 해결하는 데 사용되는 관점이라고 할 수 있다. 각 관점은 윗단계로 갈수록 보다 더 넓어지고, 도덕 문제의 보다 많은 변인들이나 양상을 고려하게 되고, 보다 더 도덕이라는 본질에 가깝게 된다(Higgins, 1995).[3]

---

3) 위에서 제시한 피아제의 네 가지 가정은 경성구조단계와 연성구조단계와 같은 단계 모형의 유형들을 구분하는 데에 매우 유용하다. 즉 이러한 가정들을 자세히 살펴보면, 피아제와 콜버그의 경성구조단계와 길리건(Carol Gilligan)과 깁스(John Gibbs)의 연성구조단계를 구분할 수 있을 것이다. 경성단계(hard stage)는 피아제의 단계 개념과 콜버그의 정의 추론 단계 개념이 지니는 형식적인 속성을 모두 갖고 있다. 예를 들어, 경성구조단계는 논리적 추론 또는 도덕 판단 과정에서 질적인 차이를 갖는 상이한 구조 또는 방식이며, 행위에는 항상적인 형식이 있고 그러한 형식은 자아의 각기 다른 경험과 상황, 그리고 기능에 걸쳐 비교적 일관되게 나타난다는 점을 의미한다. 또한 경성구조단계 모형에서는 단계 순차성이 보편성을 띤다는 것을 비교문화적으로 검증해 주고 있다. 또한 경성구조단계는 연속되는 이후 단계가 그 전의 단계를 더욱 적절한 재조직으로 변형시킨다는 의미에서, 이전 단계를 대치한다(Kohlberg, Levine, & Hewer, 1983). 추론 조작의 활동에 따라 단계를 구분함으로써, 이러한 경성구조단계 모형은 특정 단계의 내적 논리뿐만 아니라 한 단계에서 다음 단계로 이어지는 단계 위계성의 내적 논리에 대해서도 설득력 있는 설명이 가능하다. 반면, 연성단계(soft stage)는 피아제의 단계와 같이 발달의 형식에 초점을 두긴 하지만, 이들 단계는 피아제의 패러다임으로는 쉽게 설명할 수 없는 정서적이고 반성적인 특성들을 포함한다. 즉 연성단계들도 몇 단계로 구분될 수 있을지 모르지만, 이러한 반성적 · 자기반성적 형식의 발달 단계들은 적어도 이론적으로는 행위의 내재화된 형식으로 보이지는 않는다. 길리건(1982)이 『또 다른 목소리로』에서 주장하는 발달의 핵심 개념은 자기반성과 전인격적 '의미부여'이다. 깁스 또한 도덕의 차원을 자기반성적 의미부여로 보고 있다. 깁스(1979)는 '표준적 피아제 단계(standard Piagetian stages)'와 '실존적 단계(existential stage)' 간의 차이를 논의한다. 깁스에게 표준적인 단계는 피아제의 추론 조작을 사용하여 문제를 해결하는 단계인 반면, 실존적 단계는 '나의 삶과 나 자신은 어떤 의미를 갖는가?'라든가 '인간의 삶이란 도대체 어떤 것인가?'와 같은 의문에 대한 자기반성을 하는 단계이다. 깁스의 실존적 혹은 자기반성적 구조단계와 연성구조단계는 모두, 의식적으로 자신에게 의미를 부여하는 자아(self)를 포함한다

2. 피아제 이론

아동의 도덕 판단 발달에 관한 고전적 연구에서, 피아제(1965)는 도덕성을 특정 문화의 규범과 가치를 직접 내면화하는 것이라고 보는 뒤르켐(Emile Durkheim)의 관점을 반박했다. 물론 그는 규칙을 만드는 어른들의 권위에 대한 존경심을 갖도록 가르침으로써 도덕적 사회화가 시작된다는 사실마저 부정하지는 않는다. 그러나 그는 성인의 권위에 대해 타율적으로 존중하는 것은 매우 열등한 도덕적 입장이며 계속적인 발달에도 적합하지 않다고 보았다. 게다가, 그는 도덕적 사회화에 있어서 부모의 일상적인 관행은 아동의 도덕 발달을 촉진시키기보다는 오히려 지체시키는 경우가 많다고 주장하였다.

피아제는 성숙한 도덕성의 본질을 공정성(fairness) 혹은 정의(justice)라고 보았다. 피아제(1965)는 『아동의 도덕 판단』에서 도덕성을 정의의 문제로 가정했으며, 도덕성을 규칙에 대한 존중으로서, 또는 규칙의 적용을 받는 사람들뿐만 아니라 규칙을 만드는 사람들에게도 규칙을 공정하게 적용하는 것이라고 보았다. 피아제는 도덕성을 인간에 대한 존중과 규칙에 대한 존중의 태도로 정의함으로써 스스로를 칸트와 동일선상에 놓는다. 주지하다시피, 칸트의 도덕성 개념의 핵심은 인간존중, 즉 인간을 수단이 아닌 목적으로 다루라는 정언명령에 있다. 그러나 칸트와는 달리, 피아제는 정의의 도덕성에 하나만 있는 것이 아니라 두 가지가 있다고 생각했다. 아동들은 처음에는 성인의 권위와 규칙에 절대적으로 복종하는 '타율적 도덕성'을 보이지만, 그 다음에는 동등한 사람들 간의 상호존중과 그들 사이의 사회계약, 동의, 협동의 결과로서 규칙을 존중하는 '자율적 도덕성'을 발달시킨다는 것이다(Kohlberg, Levine, & Hewer, 1983).

(Kohlberg, Levine, & Hewer, 1983).

1) 인지발달

초기 저작에서 피아제는 생물학적 행위들은 곧 물리적 환경에 대한 적응의 행위이며, 환경을 조직하도록 돕는 기능을 수행한다고 믿었다. 또한 인지발달의 기본 원칙들은 생물학적 발달의 원칙들과 유사하다고 보았다. 그의 이론에서 핵심적 개념들은 스키마, 동화, 조절, 그리고 평형 · 비평형화 등이다. 그의 이론에서 이러한 개념들은 인지발달이 어떻게 그리고 왜 일어나는가에 대한 설명을 가능하게 한다(Wadsworth, 1996).

스키마(schema, 도식)는 어떤 상황들을 공통된 속성에 따라서 인식하거나 분류할 경우 이러한 상황을 조직하는 지적인 구조이다. 따라서 스키마는 아동들이 일관된 방식으로 지식을 분류한다는 의미에서 반복적인 심리적 상황인 것이다. 예를 들어 한 아동이 일관되게 소를 개로 분류한다면, 우리는 그 아동의 개념들(소와 개에 대한 스키마)의 성격에 대해 추론할 수 있다. 즉 어떤 아동이 다리 네 개, 고양이보다는 큰 몸집, 우호적이고 젖어있는 코 등의 개가 가진 모든 특성, 즉 개에 대한 스키마 속으로 소를 포함시키는 경우를 생각해 볼 수 있다. 성인의 스키마는 적응(adaptation)과 조직화(organization)를 통해 아동의 스키마로부터 진화하게 된다. 그러므로 지적 발달은 구성과 재구성의 연속적 과정이 되는 것이다.

이러한 스키마들이 어떻게 획득되는가를 상세하게 설명하기 위하여 피아제는 동화와 조절이라는 두 가지 메커니즘을 설정하였다. 동화(assimilation)는 새로운 인지적 혹은 개념적 대상을 이미 존재하는 스키마 혹은 행위의 패턴 속으로 통합시키는 인지적 과정이다. 흔히 아동들은 새로운 사건이나 자극을 그 당시에 자신이 가지고 있는 스키마 속으로 통합시키는 경향이 있다. 동화는 이론적으로 스키마의 변화를 유발하지 않고 스키마의 성장에 도움을 주면서 발달의 일부분이 된다. 하지만 간혹 외부적 자극이 이미 존재하는 스키마 속으로 동화될 수 없는 상황이 발생한다. 이 경우 마치 파일에 새로운 카드를 포함시키듯이 자극을 위치시킬 수 있는 새로운 스키마를 만들거나 이미 존재하는 스키마를 조정할 수 있다. 이와 같이 새로운 스키마의 구성과 이미 존재하는 스키마의 수정 모두를 조절(accommodation)이라고 부른다. 그러므로 조절은 질적인 변화라는 측면에서 발달을 설명해 주는 대신, 동화는 기존의 스키마가 확대되고 풍부해지는 것으로서 어디까지나 양적 변화라는 측면에서 성장을 설명해 준다. 아울러 동화와 조절은 지적 적응과 지적 구조의 발달을 설명해 주는 중요한 두 가지 과정인 것이다.

피아제는 이러한 동화와 조절의 균형 상태를 평형(equilibrium)이라고 불렀다. 비평형(disequilibrium)은 자신의 예상이 경험에 의해 확인되지 않을 경우 발생하는 인지적 갈등 상태를 의미한다. 비평형은 아동에게 평형을 추구하도록 동기화(motivation)한다. 피아제의 이론에서 지적 발달을 위한 동기화의 주요한 원천은 바로 비평형화이다. 비평형은 평형화의 과정과 평형으로 나아가려는 노력을 원활하게 만든다. 유기체는 종국에는 조절을 동반하거나 조절 없이 자극을 동화시켜 나감으로써 평형에 도달한다. 그러므로 평형은 결국 동화의 상태에 도달된 인지적 균형의 상태로 간주된다(Wadsworth, 1996).

새로운 자극을 경험하고 있는 아동은 이미 존재하는 스키마 속으로 이 자극을 동화시키려고 노력한다. 이것이 성공적이라면 평형은 그 순간에 획득되지만, 만약 아동이 자극을 동화시킬 수 없다면 그는 이미 존재하는 스키마를 수정하거나 새로운 스키마를 구성함으로써 조절에의 노력을 기울인다. 이것이 이루어지면 자극에 대한 동화가 진행되고 평형의 상태에 도달하게 된다. 결론적으로 평형화는 동화-조절의 과정을 조절하는 내적인 메커니즘인 것이다. 따라서 인지적 성장과 발달은 곧 자기조절적 과정(self-regulatory process)이 되는 것이다.

2) 아동의 도덕 판단

아동들의 도덕 판단에 관한 일련의 연구를 거쳐 피아제는 아동들의 도덕성이 크게 타율적 또는 강제적 도덕성(morality of heteronomy or constraint)과 자율적 또는 협동적 도덕성(morality of autonomy or cooperation)으로 구분될 수 있으며, 전자로부터 후자로 발전해 간다고 보았다.

(1) 타율적 도덕성(강제적 도덕성)

6~10세 무렵에 아동들은 강제적 도덕성 내지는 타율적 도덕성 단계로 들어감에 따라서 규칙에 대한 강한 존중감을 갖게 된다. 강제적 도덕성은 타율성과 일방적 존중의 개념으로 특징지어지며, 여러 가지 미성숙한 도덕 개념과 관련된다. 도덕적 실재론, 객관적 책임, 내재적 정의 개념 등이 그 결과이다. 우선 도덕적 실재론(moral realism)은 어린 아동의 사고에 있어 기본적인 특징이다(Piaget, 1951). 도덕적 실재론이란 도덕 규칙이나 의무가 외부의 사물처럼 실재하며, 상황에 관계없이 복종해야 하는 것으로 간주하는 경향이다. 이 단계의 아동들은 주관적 측면과 객관적 측면을 구별할 수 없기 때문에 자기중심주의(egocentrism)[4)]를 드러낸다.

도덕적 실재론에서 파생된 내재적 정의(immanent justice)란 규칙을 어기면 반드시 처벌이 뒤따른다는 믿음이다. 즉 도덕 규칙이 자연의 힘 안에 내재되어 있어서, 어른들이 나쁜 행동을 알아차리지 못해도 물리 세계가 자동적으로 벌을 줄 것이라는 믿음이다. 대다수의 아이들은 그들의 부모가 그들에게 "그것 보라니까" "넌 곧 벌을 받을 거야" "하느님이 그렇게 하신 거야"라고 말해왔기 때문에, 넘어지거나 다치는 것은 벌을 받아서 그렇게 된 것으로 생각한다(Piag-

4) '자기중심주의'란 다른 사람의 견해나 역할을 고려할 줄 모르고 자신의 생각이 언제나 옳고 논리적이며 정확하다고 사고하는 경향을 말한다. 이 단계에서 아동들은 누구나 자기와 같은 방식으로 생각하고 자기가 생각하는 것을 남도 생각한다고 믿는다(유병열, 2004: 118).

et, 1965: 260). 이렇게 해서 아이들은 자연 현상에 성인이 벌을 주는 것과 같은 힘이 존재한다고 생각한다.

도덕적 실재론은 다음의 세 가지 특징을 가지고 있다. 첫째, 도덕적 의무는 타율적이다. 선은 규칙과 성인이 명령한 모든 것에 대해 복종하는 것이다. 둘째, 복종해야 하는 것은 법의 정신이 아니라 법의 조문이다. 셋째, 행위들은 동기나 의도가 아닌 객관적인 결과나 규칙에 대한 정확한 순응 정도에 의해 판단된다. 예를 들어, 론(Ron)과 레이(Ray)라는 두 명의 소년의 경우를 보자. 론은 엄마를 도와 저녁식사 준비를 하려다가 그만 컵 10개를 깼다. 레이는 나쁜 행동을 하려다가 2개의 컵을 깼다. 이 경우에 누가 더 나쁜가? 누가 더 큰 잘못을 했는가? 나이 어린 도덕 실재론자들은 비록 어머니를 도와드리려다 그랬다고 할지라도 10개의 컵을 깬 론이 더 잘못했다고 생각한다. 이렇듯 도덕 실재론자들은 객관적 책임(objective responsibility)을 중요하게 생각한다. 주관적 의도가 아닌 객관적 결과가 도덕적 책임의 정도를 결정한다.

내재적 정의 개념, 보다 일반적으로, 도덕적 실재론은 자기중심주의가 반영된 것이지만, 성인의 반복적인 강제와 벌에 의해 길러진다. 성인의 명령이란 아이들에게는 변하지 않는 외적인 것이다. 산책 후에 밥을 먹어야 하고, 밤에는 자야 하고, 자기 전에 손을 씻어야 한다는 것과 같은 규칙은 마치 낮에는 태양이 뜨고 밤에는 달이 뜨는 현상이나, 보트는 물에 뜨지만 돌은 가라앉는 현상과도 같은 것이다. 그러나 이러한 실재론적 사고는 상호존중과 상호성의 관계로 옮겨가면서 쇠퇴하게 된다. 평등 관계와 호혜적 상호작용은 아동이 다른 사람의 관점을 취해보고 비교할 수 있도록 한다. 그러고 나서 아동은 의도와 동기의 중요성을 알게 될 것이다. 행동을 칭찬할 때도 아이들은 주관적 책임을 선호할 것이며, 내재적 정의는 사회적 정의에 의해 거부될 것이다. 이를 통해 강제적 도덕성은 협동적 도덕성으로 대치될 것이다.

(2) 자율적 도덕성(협동적 도덕성)

10~11세 무렵에 대부분의 아동들은 협동적 도덕성 내지는 자율적 도덕성 단계에 도달한다. 이때에 아이들은 사회적 규칙들이 도전을 받을 수 있거나 사람들의 동의에 의해 변경될 수 있는 자의적 합의 사항(arbitrary agreements)임을 알게 된다. 아이들은 사람들의 필요에 따라서 규칙들을 위반할 수 있음을 알게 된다. 따라서 환자의 사활이 걸린 응급 사태 때에 과속을 하는 운전자가 설사 교통법규를 어겼다고 할지라도 더 이상 그를 범죄자라고 생각하지 않는다. 이제 옳음과 그름의 판단은 행위 자체의 객관적 결과보다는 행위자의 의도에 비추어서 결정된다.

피아제(1965)는 성인과 아동 간에 자연적으로 형성된 일방적 존중 및 구속으로부터 아동들을 자유롭게 하는 것으로서 자율성, 상호존중, 그리고 협력을 강조했다. 아동들은 인지발달과 함께 규칙에 대한 이해가 변화함에 따라 역할채택 능력에도 변화가 생긴다. 타인들의 관점에 대한 의식이 증가함에 따라 아동들의 자기중심주의는 차츰 감소하게 된다. 이제 아동들은 토론과 협력의 어떤 규칙들에 동의하고 호혜성(reciprocity)에 근거하여 동료들과 협력하게 된다. 협력은 결국 외재적인 동기에 의한 의무를 대체하면서 새로운 도덕성을 이끈다. 순종은 호혜성과 상호존중에 의해 대체된다. 타율적 도덕성은 호혜성의 규준에 대한 수용에 의해 생겨나는 '선(good)'에 대한 의식인 자율적 도덕성에 의해 대체된다.

3) 피아제 이론에 대한 평가 및 비판

피아제 이론에 대한 평가 내용을 요약하면, 다음과 같다. 많은 연구자들이 피아제의 방법들을 사용한 결과, 피아제의 이론에 부합하는 많은 연구 결과들이 수집되었다. 서구 문화권에서는 아이의 연령과 도덕적 추론의 단계 사이에 분명한 관계가 존재하고 있었다. 어린아이일수록 타율적 도덕성의 특징을 많이 나타내고 있는 것으로 밝혀졌다. 즉, 어린아이일수록 내재적 정의를 믿고 행위자의 의도보다는 행위 자체의 객관적 결과만을 중시하는 경향을 나타내었다. 또한, 도덕적 추론은 인지 발달과 관련되어 있는 것으로 나타났다. 지능 지수가 높고 역할채택 기능이 뛰어난 아이일수록 동년배의 아이들에 비하여 보다 나은 도덕적 판단을 내리는 것으로 나타났다. 피아제가 제안하는 사회적 참여의 중요성도 입증되있다. 즉, 사회적 활동에 많이 참여하고, 또래 집단에서 리더의 지위를 갖고 있는 아이일수록 보다 성숙한 도덕적 판단을 내리는 것으로 나타났다(추병완, 2003a).

그럼에도 불구하고 피아제의 이론은 몇 가지 측면에서 비판을 받고 있다. 그 중에서 도덕 발달 및 도덕교육에 대한 피아제식 입장이 갖는 한계점을 제시하면 다음과 같다.

첫째, 넬슨(Sharon Nelson)은 3살짜리 아이들과의 흥미로운 실험을 통하여 어린아이들도 종종 행위자의 의도를 고려할 수 있다고 결론 내렸다. 또한 최근의 연구들(Laupa, 1991; Tisac & Tisac, 1990; 보다 자세한 내용은 송길연 외 공역, 2001 참조)에 따르면, 타율적 도덕성 단계에 있는 6~10세의 아이들은 성인들에 의해 부과된 발언을 어린아이들에 비하여 더욱 잘 존중하지만, 그럼에도 불구하고 성인의 권위에 의문을 제기할 수 있다고 한다. 아이들은 도덕적 위반을 금하는 규칙들을 강요하는 부모들의 행동은 정당화될 수 있지만, 개인적 권한에 속하는 친구 선택이나 여가활동의 선택을 제한하는 부모들은 자신들의 권위를 남용하고 있는 것이라고 생각하고 있는 것이다. 피아제가 생각했던 것과는 달리 아동들은 정당한 권위가 무엇인지를 알고 있었다.

둘째, 굿맨(Goodman, 2000)은 도덕교육에서 피아제식의 구성주의는 수정을 필요로 하고 있으며 전통주의와 구성주의적 학습 방법의 통합은 아동의 발달 상황에 의해 결정되어야 한다고 주장한다. 이와 관련하여 그는 “인지적 자기중심주의와 도덕적 실재론에 해당하는 시기의 아동들이 실제로 합리적인 혹은 탈중심적인 선택을 할 수 있는가? 즉 아동들은 도덕적인 문제를 객관적으로 고려할 수 있을 정도로 충분히 합리적인가?"라는 물음을 제기한다. 그는 바로 이러한 문제에 대한 대답이 명확해지지 않는다면, 아동 도덕교육의 방법에 대한 교사들의 혼란은 불가피할 것이라고 진단한다. 굿맨에 따르면, 피아제 이론에 근거한 드브리스 등(DeVries, Hildebrandt, & Zan, 2000)의 "자기조절"과 "자기 구성적 원리"는 학습자의 능력을 넘어서고 있다. 사실상 아직 자기중심적(egocentric)이고 타율적인 아동에게 자율적인 결정을 요구하는 것은 발달론적으로 부적합하고 그러한 교육적 노력은 실패로 끝날 가능성이 높다. 그러므로 굿맨은 교사의 적절한 권위 사용의 필요성을 제기한다. 이러한 권위는 특히 어떤 사회가 공유하고 세대를 초월하여 전수하기를 원하는 중요한 가치의 측면에서 작용되어야 한다고 본다.

셋째, 리코나(1976)는 도덕적 판단의 발달은 피아제가 예상했던 것보다 더디게 진행된다는 점에 주목하였다. 그러한 주장의 근거로서, 다양한 인성과 문화적 배경을 가진 11세에서 18세까지의 학생들을 대상으로 하여 피아제식 스토리를 활용하면서 실험 연구를 실시한 결과, 청소년들은 피아제가 제시한 11세와 12세가 아니라 12세와 17세 사이에 자율적인 판단 수준에 도달하였다는 연구 결과를 제시하였다(Loughran, 1967).

끝으로, 플라나건(Flanagan, 1991)과 누스바움(Nussbaum, 1986)은 피아제의 이론이 아동들의 사회적 상호작용의 도덕적 함의에 대한 해석에서 도덕성을 지나치게 인지적이고 협소한 관점에서 접근했다고 비판한다. 즉 도덕적 판단의 인지적 기초에 대한 피아제의 분석은 탁월하지만, 정의적 측면에 대한 그의 고려는 기초가 빈약하다고 비판받는다.

4) 피아제 이론의 도덕교육적 시사점

피아제 이론이 도덕교육에 줄 수 있는 시사점에는 어떤 것들이 있을까? 첫째, 피아제의 이론은 타인의 관점에 대한 이해의 증가가 어떻게 아동들이 강제적 도덕성으로부터 협력 및 상호존중의 도덕성으로 옮겨가게 하는가에 대하여 풍부하게 기술하고 있다. 피아제의 이론은 아동들의 초기 경험들이 도덕성의 인지적 구성에 어떠한 영향을 미치는지, 그리고 다양한 도덕교육 관련 프로그램들이 어떻게 아동들의 초기 도덕적 이해력에 기초하여 마련될 수 있는지에 대한 유용한 틀을 제공하고 있다.

둘째, 피아제는 아동들이 내적인 자기조절을 계발하고 타인들의 관점을 고려할 수 있는 능력을 발달시킬 수 있도록 길을 열어주는 방법은 반드시 불필요한 외적 통제를 제한하는 것이라는 점을 우리에게 일러주고 있다. 피아제는 강제성이 결국 순응성, 저항, 혹은 계산적 사고를 조장할 수 있다고 경고하면서, 복종의 도덕성을 통해 타인의 규칙들을 따르는 것은 결코 도덕적 인격을 대표하는 자율적 도덕성으로의 전환에 필요한 반성적 사고를 유도하지 않는다고 보았다. 그런 이유에서 피아제는 타율적인 성인-아동 관계와는 대조적인 유형, 즉 상호존중으로 특징되는 두 번째 유형으로서의 도덕성을 제시했다. 성인들은 아동들이 자발적으로 그들의 행위를 조절할 수 있는 기회를 제공할 수 있다. 피아제는 이러한 성인-아동 관계의 유형을 "자율적"이고 "협력적"이라고 불렀다. 타율적 도덕성은 교사-학생 혹은 부모-자녀 간의 관계에서 힘(power)이 균형을 유지하기보다 교사 혹은 부모가 모든 힘을 소유하는 불평등한 관계에서 비롯된다. 그러나 아동이 자신의 의지를 표현하고 실천할 수 있는 권리를 가진 한 인간으로 고려될 때, 우리는 그 관계에서 어떤 심리적 평등을 말할 수 있는 것이다.

셋째, 피아제의 관점에 비추어 교사들이 학생들의 지적 발달과 인지적 도덕성의 성장을 도울 수 있는 길은 인지적인 충돌(갈등), 즉 비평형을 촉진하고, 그들 자신의 방식대로 평형 상태에 도달하도록 허용하는 분위기를 제공하는 것이다. 아동들은 호기심이 충만된 상태에서 학교에 들어오고, 이러한 호기심은 인지적 비평형을 촉진하기 위한 동기화의 수단이 된다. 구성주의적 교사의 중요한 책무 중의 하나는 무엇이 학생들에게 인지적인 갈등 내지는 비평형을 제공할 수 있고, 어떠한 방법을 활용하여 이를 안내해야 할 것인가를 인식하는 것이다. 인지적인 충돌(갈등)을 유발하는 교사의 질문, 동료 학생들과의 지적인 대면(상호작용 및 협력), 충격적인 사건들의 활용 등은 모두 비평형을 일으킬 수 있는 좋은 방법들이다.

예를 들어, 비판적인 탐구(critical exploration)는 아동들을 보다 생산적인 인지적 충돌(갈등)로 이끌기 위해 교사들에 의해 사용될 수 있는 발문 기법 중의 하나이다. 이 방법은 아동의 사고 패턴을 평가하기 위해 사용된 피아제의 임상적 면접법을 활용하지만 그 이상을 요구한다. 즉 어떻게 그 문제에 접근하였고 어떻게 그러한 결론에 도달하였는가에 대한 물음보다 한 단계 더 진전된 형태로서, 학생들의 구성적 활동의 밑바탕에 깔려 있는 근본적인 가정 혹은 추론과 충돌을 일으킬 수 있는 문제를 제기할 수 있다는 것이다. 예를 들어, 인격적인 삶을 살아가고 있는 인물에 대한 조사 과제에 대해 어떤 학생이 특정 인기 연예인이 자선 활동을 했다는 한 가지 이유로 그 연예인을 인격자로 내세울 경우, 교사는 그 학생의 인격자에 대해 가지고 있는 스키마를 조절시켜줄 수 있는 비판적인 물음을 제기할 수 있다.

3. 콜버그 이론

프로이트와 피아제 등에 의해 20세기 초반에 제기된 다양한 발달적 이슈들은 도덕 발달에 대한 이후의 연구에 중대한 영향을 미쳤다. 하지만 이러한 영향력이 실제로 확산되기까지는 어느 정도 시간이 필요하였다. 1930년대 초반부터 1950년대 후반까지는 도덕 발달 영역에서 거의 연구가 진행되지 않았으며, 1950년대 후반부터 최근까지 도덕 발달에 관한 다양한 연구들이 실시되었던 것이다. 1950년대 후반과 1960년대 초반 동안 양심, 죄책감(sense of guilt), 내면화된 도덕적 가치와 행위(예를 들어, Hoffman, 1963; Sears, Maccoby, &

Levin, 1957)의 관점에서 아동 양육에 대한 연구가 꾸준하게 증가하였다. 이 시기가 지나면서 정신분석 이론의 영향은 지속적으로 감소되었던 반면, 행동주의 이론의 영향력은 점차 증가되는 양상을 보였다. 도덕적 가치의 획득을 위한 메커니즘으로서 동일시에 대한 강조, 도덕적 가치에 대한 애착과 충동의 억제를 위한 기본적인 동기로서 죄책감 및 불안을 강조하는 연구 추세는 차츰 '도덕 행동'에 대한 죄책감 및 불안의 역할을 탐구하고 도덕적 행위의 획득을 설명하기 위해 행동주의적 학습 원리를 적용하려는 쪽으로 전환되었다(예를 들어, Bandura & Walters, 1963; Aronfreed, 1961).

이와 같이 1960년대 초반까지 도덕성에 대한 지배적인 개념은 양심과 죄책감에 대한 정신분석학적 설명에 기초한 것이었거나 도덕 학습에 대한 행동주의적 설명에 기초한 것이었다. 어느 입장을 따르더라도 도덕 발달이란 개인의 관심, 필요, 충동을 넘어서 사회적인 통제가 가능해지는 방향으로 가정되었다. 하지만 콜버그의 연구로 인해 도덕성에 대한 심리학적 접근은 중대한 전환점을 맞게 된다. 콜버그(1963, 1970, 1971)는 도덕성에 대한 행동주의적이고 정신분석학적인 개념 설명을 비판하면서 도덕 발달에 대한 경험 연구를 건전한 철학적 정의 위에 정치(定置)시켜야 한다는 입장을 표방하였다. 콜버그의 이러한 입장은 다음의 설명에 잘 나타나 있다.

> 우리는 흔히 도덕 교수와 학습에 적합한 방법을 말해줌으로써 심리학이 도덕교육에 기여한다고 가정한다. 스키너는 도덕 학습에서 강화의 제공에 대해 언급하였고, 프로이트는 초자아, 동일시 등을 촉진시키기 위해 부모의 엄격함과 자애가 균형을 이룰 것을 강조한 바 있다. 스키너주의자이건 프로이트주의자이건 "덕은 직접적으로 가르칠 수 있는 것입니까?"라는 메논의 질문에 대해 "그렇소"라고 답변하면서 도덕교육에 대해 쉽게 논의할 것임에 분명하다.
>
> 이러한 질문에 대한 나의 답변은 다소 미온적이다. "우리의 자녀들을 덕

> 스럽게 되도록 어떻게 도울 수 있습니까?"라고 부모들이 질문해 왔을 때, 나는 소크라테스와 마찬가지로 "덕은 가르칠 수 있는 것인가는 물론이고 실제로 덕이 무엇인가에 대해서 잘 알지 못합니다. 도덕교육의 목적 혹은 덕을 정의할 수 없다면, 덕을 어떻게 가르칠 수 있는가에 대해 어떤 충고를 할 수 있겠습니까?"라고 말해야 했다. 그러므로 우리는 도덕교육에 대해 전적으로 침묵하거나 아니면 덕의 성격에 대해 제대로 말해야만 할 것이다(Kohlberg, 1970: 57–58).

이와 같이 우회적인 표현을 통해 콜버그는 도덕성의 성격(정의, 의미, 본질)에 대한 관심 없이 도덕성 획득의 메커니즘을 고려하는 것은 불가능하다는 입장을 분명히 하였다. 그러면서 콜버그는 도덕성의 개념을 철학자들처럼 철학적 사변의 성격으로 규정하거나, 정신분석 이론과 행동주의 이론에서와 같이 심리학적 경험의 대상으로만 성격 짓는 식의 이분법에서 탈피하여 가능하면 경험적 자료의 측면과 도덕철학적 논리의 두 측면을 동시적으로 고려할 필요가 있다는 점을 강조하였다.

도덕 발달 분야가 독자적인 연구 분야가 되는 데 콜버그의 연구가 핵심적인 역할을 할 수 있었던 이유에는 바로 심리학적 관점과 도덕철학적 관점에 대한 종합적인 안목에서 도덕 발달과 도덕교육을 논의하였기 때문이다. 그러므로 우리는 콜버그의 도덕 발달 이론을 순전히 경험적 자료로 입증되는 이론체계로 이해해서는 안 되며, 마찬가지로 순전히 철학적 또는 사변적 논리 전개로 구성된 이론체계로 이해해서도 안 된다. 경험적 자료의 측면과 도덕철학적 논리의 두 측면을 동시적으로 고려하면서 콜버그의 이론을 이해해야만 한다(문용린 역, 2000).

1) 콜버그 심리학적 연구의 철학적 가정

"사실에서 당위로"라는 논문에서 콜버그(1971)는 자신의 심리학적 연구가 바탕을 두고 있는 두 가지 유형의 철학적 가정을 제시하였다. 첫 번째 유형은 메타윤리학적 가정들이며, 두 번째 유형은 규범윤리학적 가정들이다. 메타윤리학적 가정들은 다음과 같다.

(1) 도덕의 가치관련성에 대한 가정 : 가치중립성에 반대

가치관련성(value relevance)의 가정은 도덕이란 개념이 가치중립적인 것이 아니라 규범적 · 긍정적 또는 가치관련적임을 의미한다. 논리 실증주의자들은 비과학적인 것은 무의미한 것이라고 한다. 콜버그의 주장에 따르면, 대부분의 현대 심리학자들은 실증주의적 방법으로 도덕성 연구에 접근한다. 따라서 그들은 일상적인 도덕 언어들을 비과학적인 것으로 간주하는 경향이 있다. 과학적인 방법으로 도덕성을 연구하기 위해서는 '선하다, 옳다, 당위적이다'와 같은 도덕 용어들을 과학 용어, 말하자면 조작적 정의가 가능한 용어들로 변환시켜야 한다. 그리하여 도덕 용어에 담긴 가치는 제거되고 보다 과학적인 것처럼 보이는 가치중립적인 조작적 용어가 된다. 이러한 주장과는 대조적으로 콜버그의 첫 번째 가정은, 도덕성의 개념 자체가 도덕적으로 중립적일 수 없다는 것이다.

(2) 도덕성의 판단적 측면을 강조하는 현상주의에 대한 가정 : 도덕적 행동주의에 반대

현상주의(phenomenalism)의 가정에 따르면, 도덕적 추론이란 일상적 도덕 언어를 사용하는 의식적인 과정이다. 이 가정은 콜버그를 행동주의자나 정신분석학자와 구별시켜 준다. 정신분석학자는 도덕 동기가 무의식적인 죄책감에서 나온 것인지, 아니면 처벌적인 초자아의 심한 질책을 피하기 위한 요구로부터 나온 것인지에 관심을 갖는다. 행동주의자들은 외현적인 행동이나, 이러한 행동이 행위자 자신이나 타인에게 미치는 외현적인 결과를 보아야만 도덕적 행동을 타당하게 설명할 수 있다고 가정한다. 이러한 관점과는 대조적으로, 콜버그는 일상적 도덕 언어의 사용에 대해 연구하기로 한 자신의 선택(즉 현상주의적 가정)이 정당하다고 생각한다. 메타윤리학과 일상 언어의 관점에 따르면, 어떤 행동의 도덕적 성격에 대한 우리의 실제적인 판단은 행위자의 동기와 도덕적 판단에 달려있기 때문이다. 예를 들어, 어린이가 저지른 살인은 비도덕적인 것이 아니다. 왜냐하면 어린이는 살인을 규정하는 도덕적 판단이나 의사결정 능력이 없다고 생각되기 때문이다. 이와 같이 콜버그의 관점에서 볼 때, 도덕적 행동과 도덕 발달에 관한 연구는 행동 속에 표현되어 있는 동기와 도덕적 판단을 고려해야 한다.[5)]

(3) 도덕적 보편주의에 대한 가정 : 문화적 · 윤리적 상대주의에 반대

보편주의(universalism)의 가정은, 도덕 발달이란 어느 문화 또는 하위문화에서 발견되는 몇 가지 공통된 특징을 지니고 있어서, 완전히 가치 상대적인 방식으로는 규정되지 않음을 의미한다. 헤어(Richard M. Hare)뿐만 아니라 하버마스(Jürgen Habermas)와 같은 도덕철학자들은 도덕 판단을 내릴 때는 보편화하려는 의도가 있다고 가정했다. 즉 누군가가 도덕 판단을 한다면 적어도 그는 보편화 가능한 진술을 한다고 생각할 것이다. 나치의 학살은 비(非)나치 문화의 규범만이 아니라, 좀 더 보편적으로 적용될 수 있는, 의미 있는 표준에 비추어 보아서도 옳지 않다고 판단할 수 있다. 일상적인 도덕 언어를 사용하는 사

---

5) 콜버그의 현상주의(phenomenalism)는 외현적 행위의 실재성을 부정하기 위한 개념이다. 콜버그는 행위 주체의 동기와 판단을 강조하고 고려하기 위하여 현상주의 개념을 제시했는데, 이는 현상만을 실재로서 간주하는, 철학에서의 현상론(phenomenalism)을 의미하지 않는다. 오히려 그것은 행위 주체의 의도를 고려하는 현상학적, 해석학적 함의를 갖고 있기 때문에, 콜버그의 문제의식에 따라, 이 책에서 필자는 '현상론' 대신에 '현상주의'로 옮기며, 나아가 콜버그의 '기술어'는 현상학적, 해석학적 함의를 갖고 있음을 시사한다.

람은 "나치의 학살이 단지 우리 문화에서 옳지 않아서가 아니라 어느 문화, 심지어는 나치 문화에서도 옳지 않기 때문에 도덕적으로 옳지 않다고 판단한다." 라고 말할 수 있다. 콜버그에 따르면, 개인의 도덕적 추론의 발달은 좀 더 주관적이고 문화적으로 특수한 습관과 신념으로부터 계속해서 보편화 가능한 도덕 원리에 기초하여 도덕적 사고 구조가 질적으로 새롭게 재조직화되는 것을 의미한다. 도덕적 행동과 관습이 문화에 따라 다른 것처럼 보이더라도, 이러한 문화적 차이의 기저에는 보편적인 판단이나 가치가 존재한다는 것이다.

(4) 도덕 판단에 있어 처방주의에 대한 가정 : 도덕 판단에 대해 해석하는 기술(記述)주의나 자연주의적 해석 반대

처방주의(prescriptivism)란 단순히 사람들이 어떤 것을 할 수도 있는 것이 아니라 어떤 것을 당연히 해야만 한다는 생각이다. 이러한 개념은 도덕적 보편화 가능성의 이상과도 통한다. 스키너(Burrhus F. Skinner)와 같은 심리학자들이 저지른 자연주의 오류는 인간의 본질, 인간의 가치, 인간의 욕망이란 무엇인가에 대한 심리적인 진술로부터 인간의 본질, 가치, 욕망은 어떠해야 하는가에 대한 당위의 진술을 직접적으로 도출하는 것이다. 이렇게 사실적 진술로부터 당위적 진술을 도출하게 되면, 바라는 것과 바람직한 것 간의 구별을 간과하게 된다. 콜버그는 자연주의를 반대함에 있어, 헤어(Hare, 1963)의 입장을 따른다. 헤어는 도덕 판단이나 도덕 언어는 기술적인 것이 아니라, 근본적으로 규범적인 것이라고 주장한다. 다시 말해, 도덕 판단의 의미에는 규범적인 요소가 부가되어 있다. 이러한 규범적인 요소가 함의하는 바는, 도덕 판단이 우리로 하여금 어떤 행위를 하도록 지시하고, 명령하고, 의무적으로 행하게 한다는 것이다.

(5) 도덕 판단의 추론 요소로서의 인지주의에 대한 가정 : 정서주의에 반대

인지주의(cognitivism) 혹은 합리주의(rationalism)란, 도덕 판단이 정서적 진술로 환원될 수 없다는 것이다. 정의주의자들 혹은 정서주의자들(emotivists)과 같이, 도덕 판단이 단지 감정의 표현이라면, 이러한 판단이 어떻게 옳거나 그른지를 알기는 쉽지 않다. 판단의 옳고 그름은 제공된 이유에 따라 달라지는데, 정서주의자들은 도덕 판단의 한 측면으로서 합리성을 무시한다. 물론 도덕과 관련이 있는 정서나 감정이 도덕 발달의 일부분인 것은 사실이지만, 도덕 상황에 대한 감정의 표현과 기술을 그 상황에 대한 도덕 판단과 구별하는 것이 중요하다. 하인즈와 약사에 대한, 또는 그들의 감정에 대한 화자의 정서표현이 직접적으로 도덕 판단을 구성하지는 않는다. 그러한 표현으로부터 우리는 피험자의 정서나 자아발달에 대한 정보는 얻을 수 있지만, 피험자의 도덕 발달 수준에 대해서는 직접적으로 아무것도 알 수가 없다. 앞서 콜버그는 도덕 판단이 처방적이며, 그것은 단지 태도의 표현이나 감정의 표현만은 아니라고 했다. 그것은 인지적이고 합리적인 것이다.

(6) 도덕 판단의 본질과 능력에 대한 형식주의적 정의에 대한 가정 : 내용에 입각한 도덕 판단의 정의에 반대

도덕 판단과 도덕 발달의 성격과 영역을 규정하는 데 있어, 인지주의 외에 콜버그가 출발점으로 삼고 있는 또 하나의 가정은 형식주의 가정이다. 형식주의(formalism)란 실제적 문제에 대한 합의 여부와는 관계없이, 도덕 판단에는 정의하거나 동의할 수 있는 형식적(formal) 특징들이 있다는 의미이다. 그런 이유에서 콜버그는 구조 혹은 형식과 내용을 구분하면서 '무엇'을 사고하느냐가 아니라 '어떻게' 사고하느냐를 강조하였다. 즉 콜버그는 피험자들의 결정 내용(약을 훔쳐야만 했다 혹은 약을 훔쳐서는 안 된다)보다는 오히려 그러한 결정의 기저를 이루고 있는 이론적 근거 혹은 사고 구조(thought structures), 즉 결정 내용을 정당화하는 이유에 더욱 많은 관심을 기울였다.

(7) 도덕 판단의 지배 규칙으로서의 원칙주의에 대한 가정 : 행위 이론에 반대

원칙주의(principledness)의 가정은, 도덕 판단이란 보편적인 규칙과 원리의 적용에 기초를 두고 있으며, 단순히 특정 행동을 평가하는 것은 아니라는 것을 의미한다. 콜버그는 인간존중의 원리라든가 정의의 원리 등과 같은 적절한 도덕 원리에 근거한 도덕 판단에 관심을 두고 있는 것이지, 구체적이고 특수하며 다양한 상황에서 어떻게 행동해야 하는가를 강조한 것이 아니다. 예를 들어, 인간존중의 원리에 근거한 도덕 판단은, 하인즈 딜레마에서는 생명을 구하기 위해 약을 훔치도록 할 수 있으며, 안락사 딜레마에서는 인간 존엄성의 존중에서 죽어가는 사람의 안락사 요청을 받아들이도록 할 수도 있는 것이다.

(8) 도덕 판단은 사고활동의 산물이라는 구성주의에 대한 가정 : 경험론과 선험론에 반대

구성주의(constructivism)의 가정은 도덕 판단이나 도덕 원리를 사회적 상호작용을 통해 발생되는 인간의 구성물로 본다. 그것은 선험적으로 주어진 명제가 아니며 경험될 수 있는 사실들을 일반화한 것도 아니다. 이 견해는 피아제의 중심적 가정인 구성주의로부터 도출된 것이다. 피아제의 구성주의 가정이란 정신구조는 선험적 · 생물학적 · 선천적으로 획득된 것이 아니라, 경험을 동화하고 조절함으로써 획득되는 능동적인 구성물이라는 것이다.

(9) 도덕 영역에서 가장 중요한 가치는 정의라는 가정

정의의 우선성(primacy of justice) 가정은 위의 가정들로부터 필연적으로 도출되는 당연한 가정이다. 콜버그의 이론은 롤스(John Rawls)의 입장과 마찬가지로, 정의를 원리화된 도덕성(principled morality)으로 간주하고 사회나 개인에게 있어서 최고의 덕목이라고 가정한다. 그에게 정의란 무엇인가? 정의는 개인들 간의 갈등을 가장 잘 해결하는 방법, 상충되는 이해관계를 공평하게 해결할 수 있는 방법, 그리고 공평성에 근거하여 원리화된 방식으로 재화와 권리를 분배하는 것, 즉 협동으로 인한 '이익과 부담'을 공평하게 배분하는 방법 등에 관계된다. 정의는 콜버그의 첫 번째 관심사임에 틀림없다. 왜냐하면, 우리는 타인과 상호작용하면서 실제로 발생할 수밖에 없는 갈등 상황 속에서 살아가고 있기 때문이다. 특히 콜버그의 철학 이론(Kohlberg, 1981)에서는 가역성(reversibility)이라는 준거가 정의의 궁극적 준거라고 강조한다. 가역성이란 도덕적 조작들 중에서 정의 구조가 갖는 속성으로서, 그 속성으로 인해 구조는 모든 관련된 사람들의 관점들로부터 받아들일 만하고 정의로운 방식으로 딜레마에 대한 해결책을 구성할 수 있다. 최상의 수준에서 작용하는 도덕적 추론의 가역성은 모든 개인에게 공정하고 균형 잡힌 해결책이 나타날 때까지 그 상황에 있는 다른 모든 사람의 입장을 체계적으로 채택해 볼 것을 요구하는 개념이다.

위에서 제시한 아홉 가지 메타윤리학적 가정들은 연구에 선행하여 만들어졌으며, 그것으로 인해 콜버그와 그의 동료들은 정의 추론(justice reasoning)으로서의 도덕 발달에 대한 경험적 연구에 관심을 가질 수 있게 되었다. 철학적 수준에서 본다면 이러한 가정들은 여전히 논쟁거리가 되겠지만, 지금까지 이러한 가정들을 사용함으로써 그것들의 사용을 정당화시켜 주는 경험적 증거를 발견할 수 있게 되었다(Kohlberg, Levine, & Hewer, 1983).

콜버그의 도덕성 발달 이론은 엄밀하게 말하면 정의 추론의 메타윤리학적이며 심리학적인 재구성 이론이다. 따라서 이타심, 배려와 관심, 책임감, 사랑, 열정 등 도덕적 덕의 문제를 충분히 다루고 있지 못하고 있기 때문에, 이 분야에 대한 심리학적 연구의 확대는 매우 필요하고 중요한 일이다. 그러나 그런 심리학적 연구 결과를 메타윤리학적 성찰 없이 콜버그의 정의 추론 발달 단계와 관련지으려는 시도는 위험하다. 길리건의 배려와 책임의 도덕성 시비가 이런 위험을 내포한 좋은 사례이다.

위의 9가지 메타윤리학적 가정과 더불어, 콜버그가 연구에서 사용했던 또 다른 일련의 규범윤리학적 가정이 있다. 6단계가 가장 적절한 도덕적 원리를 내포한 단계라는 가정과 단계가 높아질수록 도덕적 적절성이 높아진다는 가정이 바로 규범윤리학적 가정에 해당된다. 콜버그(1971)는 "사실에서 당위로"에서 자신의 심리학적 연구가 규범윤리적 주장에 대한 철학적 논쟁을 해결하는 데 도움이 될 것이라고 보았다. 그러나 이러한 주장 자체가 상당한 논쟁거리가 되었으며, 일반적으로 도덕 발달의 성격과 과정에 대한 효과적인 심리학적 이론화를 위해 그러한 주장에 대한 합의가 반드시 요구되는 것도 아니다. 그리고 콜버그가 제시한 규범윤리학적 주장을 인지구조적 패러다임 내에서 연구하는 심리학자들이 꼭 받아들여야 할 필요도 없다. 이보다는 콜버그의 단계 이론이 정의 추론의 발달을 합리적으로 재구성한 이론이라는 것을 이해할 필요가 있기 때문에, 그의 단계 이론에 적용되는 규범윤리학적 가정들을 이해해야 할 것이다(Kohlberg, Levine, & Hewer, 1983).

2) 콜버그의 도덕성 발달 이론

도덕 발달 및 도덕교육 영역에서 가장 널리 알려져 있는 3수준 6단계 이론은 콜버그가 1958년에 시카고대학교에 제출했던 박사학위논문("The development modes of thinking and choices in years 10 to 16")에 제시된 것이었다. 콜버그는 10, 13, 16세의 백인 중산층 소년들을 대상으로 일군의 도덕 딜레마들의 해결을 요구하는 질문을 제시하는 방법을 통하여 피아제의 도덕 발달 이론을 정교하게 만들었다. 사용된 딜레마들 가운데 가장 널리 알려진 하인즈 딜레마를 예시하면 다음과 같다.

> 유럽의 어느 마을에 특이한 유형의 암으로 죽음을 눈앞에 둔 한 여인이 있었다. 그녀의 목숨을 살릴 수 있을지도 모른다고 의사들이 생각하는 약이 하나 있었다. 그 약은 같은 마을의 어느 약사가 최근에 개발한 라듐 형태의 약이다. 그 약은 엄청나게 비싼 것이었으며, 약사는 생명을 살리는 데 필요

> 한 아주 소량의 약에 대하여 제조비용의 10배나 달하는 2,000달러라는 엄청난 가격을 매겨 놓았다. 그 여자의 남편인 하인즈는 그가 할 수 있는 최선을 다하여 여기저기서 돈을 빌렸으나 겨우 1,000달러밖에 구하지 못했다. 하인즈는 약사를 찾아가 지금 내 아내가 죽어가고 있으니 약을 좀 싼값에 팔든지 혹은 나머지 모자라는 금액은 나중에 갚게 해 달라고 부탁하였다. 그러나 약사는 "안 된다"라고 단호하게 거절하면서, 자신이 그 약을 개발했고 앞으로 그 약을 통해 돈을 벌 것이라고 말을 덧붙였다. 하인즈는 무척이나 절망적인 상태에 빠지게 되었다. 그날 밤 하인즈는 아내를 살리기 위하여 약국에 몰래 들어갔다. 하인즈는 몰래 약국에 들어가 약을 훔쳐야만 했는가?

이러한 질문에 대한 피험자들의 반응을 분석해내는 데 있어서 콜버그는 피험자들의 결정 내용(약을 훔쳐야만 했다 혹은 약을 훔쳐서는 안 된다)보다는 오히려 그러한 결정의 기저를 이루고 있는 이론적 근거 혹은 사고 구조, 즉 결정 내용을 정당화하는 이유에 더욱 많은 관심을 기울였다.

피아제가 사용한 것과 거의 유사한 임상적 면접법을 통하여 콜버그가 밝혀낸 것은 도덕 발달이 피아제가 상정한 것처럼 10~11세 무렵(자율적 도덕성 단계)에 완성되는 것이 아니라는 점이었다. 콜버그는 자신의 연구 결과에 근거하여 도덕적 성장은 3수준 6단계라는 불변의 계열성을 통하여 이루어진다는 결론을 내렸다. 콜버그에 의하면, 각 수준과 단계의 순서는 불변의 계열성을 이루고 있는데, 그 이유는 각 수준이나 단계가 불변의 계열성을 이루고 있는 인지적 능력의 발달에 의존해 있는 것이기 때문이다. 콜버그는 피아제처럼 후속 단계는 선행 단계로부터 나오는 것이며 동시에 선행 단계를 대체하는 것이기 때문에 높은 도덕적 추론 단계에 도달한 사람은 결코 이전의 단계로 퇴행하지 않는다고 생각하였다.

콜버그(1984)는 '구체적인 개인주의적 관점'으로 규정된 '인습 이전' 수준에 1, 2단계를, '사회 구성원적 관점'인 '인습' 수준에 3, 4단계를, 그리고 '사회에 우선하는 관점(a 'prior-to-society' perspective)'으로 규정된 '인습 이후' 수준에 원리화된 추론(principled reasoning) 단계를 포함시켰다. 콜버그는 "인습 이후 수준의 사람은 자신과 타인의 규칙, 기대를 구별하고, 자기 선택적인 원리에 따라서 자신의 가치를 규정한다."라고 주장했다(Kohlberg, 1984: 33). 또한 인습 이후 수준의 5, 6단계에서는 도덕 원리 또는 도덕적 이상을 사용하여 서로에 대한 호혜적 관계 속에서 특정 사실들과 실제적인 관점들을 전반적으로 고려하여 도덕적 문제를 해결한다. 5단계는 사회계약의 원리로 특징지어지는 반면, 6단계는 보편적인 정의 원리에 초점을 둔다. 3, 4단계의 인습 수준의 단계에서는 사회적 질서와 조화를 유지하기 위해 사용하는 형식적 또는 비형식적인 개념인 도덕규범, 규칙, 법이 도덕적 관점이다. 1, 2단계에서는 자신의 관점으로 남을 이해하며, 자신에게 가장 이익이 되는 것(예를 들어, 보상을 받을 수 있는지, 벌을 피할 수 있는지 등)이 옳다고 생각하고 그것에 근거하여 도덕적인 결정을 한다(Gibbs, 1995).

〈표 2-1〉 콜버그의 도덕성 발달 단계(Kohlberg, 1984: 174-176; 문용린 역, 2004: 66-67 수정)

수준	단계	옳은 것	옳은 이유	사회적 관점의 단계
인습 이전 수준	1단계 : 처벌 및 복종 지향의 타율적 도덕성	규칙을 지키는 것은 처벌을 받지 않기 위한 것이며 그것 때문에 복종한다. 사람과 재산에 대한 물리적 피해를 피하는 것이 옳다고 생각한다.	처벌 회피와 권위자의 막강한 힘에 따르는 행동은 옳은 것이다.	자기중심적 관점. 타인의 이익을 고려하지 않으며 자신과 행위자가 다르다는 것을 알지 못한다. 그래서 자신과 타인의 관점을 관련시키지 못한다. 행동들은 심리적인 관심보다 물리적 이해에 따라 판단된다. 권위자의 관점과 자신의 관점이 혼재되어 있다.

인습 이전 수준	2단계 : 개인주의 및 도구주의적 도덕성	누군가에게 직접적인 이익이 있을 때만 규칙을 따른다. 옳은 것은 자신의 이익과 필요를 만족시키는 쪽으로 행동하며 다른 사람들도 그렇게 하게 하는 것이다. 옳은 것은 공정하고 동등한 교환, 동의를 의미한다.	자신뿐만 아니라 다른 사람들도 각자의 이익에 따라 행동한다는 것을 인식하며 자신의 이익과 필요에 따른다.	**구체적인 개인주의적 관점.** 모든 사람은 추구해야 할 자신의 이익이 있으며, 이러한 이익 간의 갈등이 유발될 경우 옳은 것은 상대적인 것이라고 생각한다.
인습 수준	3단계 : 관계적 조화의 도덕성	친밀한 사람의 기대에 맞추어 살거나 아들, 형제, 친구 등과 같은 일반적인 자신의 역할 기대에 따라 살아간다. '착한 사람'이 되는 것은 중요한 일이며, 선한 동기를 가지고, 타인에게 관심을 보이는 것이다. 또한 신뢰, 충성, 감사의 마음과 같은 상호적인 인간관계를 유지하려는 것을 의미하기도 한다.	자신과 타인이 보기에 착한 사람이 되려는 욕구, 타인에 대한 배려, 황금률에 대한 믿음, 전형적인 착한 행동을 가능하게 하는 규칙과 권위를 유지하려고 한다.	**인간관계에서의 개인적 관점.** 공유된 감정, 합의, 기대가 개인적 이익보다 우선한다고 생각한다. 구체적인 황금률을 통해 관점들을 관련지우고, 자신을 다른 사람의 입장에 놓아본다. 아직까지는 일반화된 사회 체제적인 관점을 고려하지 못한다.
	4단계 : 법과 질서 준수 지향의 도덕성	동의하고 있는 현실적인 의무를 실행한다. 법은 규정된 사회적 의무와 갈등하는 극단적인 경우를 제외하고 존중되어야 한다. 옳은 것은 사회, 집단, 제도에 기여하는 행동을 말한다.	전체로서의 제도를 유지하고 체제 붕괴를 피하려면, 모든 사람들이 정해진 의무에 충실해야 한다는 양심에 근거해서 행동해야 한다(규칙과 권위에 있어서 3단계 신념과 쉽게 혼동된다).	**대인 관계적 합의와 구별되는 사회적 관점.** 사회체제적인 관점을 취하며 이 체제가 역할과 규칙을 규정한다. 사회체제 속에서의 자신의 입장에 따라 개인적인 관계를 고려한다.

인습 이후 수준	5단계 : 사회 계약, 공리성과 개인 권리 지향 의 도덕성	다양한 가치들과 의견들이 있다는 것을 알게 되며, 대부분의 가치와 규칙이 자신이 소속한 집단과 다르다는 것을 인식한다. 이런 상대적인 규칙들은 사회계약이기 때문에 항상 공평성이 유지되어야 한다. 삶과 자유와 같은 절대적인 가치와 권리가 대다수의 생각과는 무관하게 어떤 사회에서든지 지지되어야 한다.	사회계약에 의해서 모든 사람의 복지와 권리를 보호하기 위해서 법을 제정한다. 지키려는 의무감에 의해 가족, 우정, 신뢰, 노동의 의무를 진다. 법과 의무에 대한 생각은 전반적인 유용성에 대한 합리적 결론, 즉 '최대 다수의 최대 행복'에 기초해 있다.	사회에 우선하는 관점 (a 'prior-to-society' perspective). 사회에 대한 애착과 계약에 우선하는 가치와 권리를 합리적으로 인식하는 개인의 관점을 말한다. 합의, 계약, 객관적인 공평성, 권리행사 과정의 공식적인 기제에 근거해서 관점들을 통합한다. 도덕적·법적 관점을 고려하며, 때때로 그것들이 갈등하고 통합하는 데도 어려움이 있다는 것을 알게 된다.
	6단계 : 보편적 도덕 원리 지향의 도덕성	스스로 선택한 윤리적 원칙에 따른다. 특정 법이나 사회적 합의는 원칙에 근거하기 때문에 타당화된다. 만약 법이 이런 원칙을 위반하면 법이 아닌 원칙에 일치하는 행동을 한다. 원칙들은 정의의 보편적인 원리이자 한 개인으로서 평등한 인권과 인간의 존엄성에 대한 존중을 말한다.	보편적인 도덕 원리를 타당화하기 위해 합리적인 인간의 존재를 믿고, 보편적인 도덕 원리에 대한 개인적인 책임을 느낀다.	비임의적인 사회적 협력을 중시하는 도덕적 관점. 도덕성의 본질과 인간은 그 자체로 목적이며 그렇게 대우받아야 한다고 인식하는 합리적인 인간의 관점이다. 도덕성은 사람들이 어떻게 합리적이고 불편부당한 협력관계를 이상적으로 구축하는가에 의해 정의된다.

피아제는 성숙한 정의 개념의 발달에 영향을 미치는 중요한 요소로 또래 간의 상호작용을 강조했다. 즉 피아제는 평등한 관계 속에서는 다양한 사회적인 관점들이 자유롭게 교환되기 때문에, '자기중심적'인 주장이 감소되고 공정성이나 정의의 개념이 발달하는 데 적합하다고 생각했다. 콜버그(1984)는 이러한 또래 간 상호작용이 사회적 역할채택의 한 가지 양식으로서 개념화되어야 한다고 보고 있다. 그는 또래 간의 상호작용이 도덕 발달을 촉진시킨다는 피아제의 견해를 일단 받아들였지만, '또래 간의 상호작용이 도덕 발달에 영향을 미

치는 특징적이고 독특한 양식이라기보다는 일반적인 역할채택 기회의 한 가지 유형'이라고 주장했다(Gibbs, 1995).

3) 도덕 판단과 행위의 관계

블라지(Blasi, 1980), 콜버그와 캔디(Kohlberg & Candee, 1983)의 연구를 보면, 도덕 단계와 도덕 행동 간의 관계는 단선적임을 알 수 있다. 달리 말하면, 더 상위 단계의 도덕 판단을 하면 할수록 딜레마 상황에서 선택한 도덕적 행동 선택과 실제 행동이 더 잘 일치할 것이라는 것이다. 이러한 단선적 관계는 다른 경험 연구들을 통해서 확인된 바 있다. 예를 들면, 맥나미(McNamee, 1978)는 자신의 연구 표집대상이었던 3단계와 4단계 피험자 대부분이 약물 중독된 부랑인으로부터 도움을 요청받는 상황에서 도와주는 것이 옳다고 생각한다는 사실을 밝혔다. 그러나 이렇게 의무론적 선택은 일치하더라도, 실제로 그 부랑인을 돕는 비율에서는 3단계 피험자보다는 4단계 피험자가 더 높았다는 것이다.

로저 스트로건(Straughan, 1983)의 철학 용어법에 따르면, 콜버그는 선에 관한 지식이 도덕적 행동을 산출하기 위한 충분조건이자 필요조건이라는 플라톤의 전통에 서서 '극단적인 내재주의(internalism)'[6]를 지향하는 경향이 있다. 버그먼(Bergman, 2002)은 콜버그의 도덕 이론을 '4기능 모형(four function model)'으로 명명하면서, 우선 콜버그(Kohlberg & Candee, 1984)가 사용한 도덕 판단의 두 종류인 의무 판단(deontic judgment)과 책임 판단(responsibility judgment)을 설명한다. 프랑케나(Frankena, 1963)의 『윤리학』을 인용하면서 콜버그는 의무 판단과 책임 판단을 구분하였다. 전자는 무엇이 도덕적으로 이상적인 것이며 무엇을 해야 하는지에 대한 판단이고, 전형적으로 규칙이나 원리로부터 나오는 것이며, '1차적(first-order)'인 것으로 부를 수 있다. 콜버그는 개인의 도덕 발달 단계가 의무 판단을 위해 활용될 원리들을 결정한다고 보았다. 한편,

---

6) 행위에 대한 근거를 세계에 대한 외적인 객관적 사실에서 찾을 수 없다는 입장을 의미한다.

책임 판단은 의무 판단의 결과에 따라 행동할 책임의 수용 여부에 대한 지각을 말한다.

책임 판단은 적어도 다음 네 가지 중 하나에서 의무 판단과 구분된다(Kohlberg, Levine, & Hewer, 1983). 첫째, 타인의 필요나 복지를 인간의 문제로 보되, 옳고 그름의 관점에서 보면 의무 판단이다. 그러나 옳고 그름의 차원보다는 타인에게 필요한 복지를 수행하는 관점에서 이루어지는 판단은 책임 판단이다. 둘째, 책임 판단은 다른 사람에게 일어나는 행동의 결과나 그의 복지가 자신과 밀접하게 관련되어 있음을 의식적으로 고려한다. 셋째, 개인의 도덕적 가치에 대한 판단이 행동을 위한 기초로서 명백하게 사용될 경우에는 책임 판단이다. 그러나 그것이 권리나 의무를 규정하기 위해서 사용될 경우에는 책임 판단이 아니다. 넷째, 도덕적 행동을 수행하기 위한 정당화로서 우정이나 공동체 관계와 같은 사회적 관계들의 본질적 가치를 사용한 판단은 책임 판단이다.

도덕 단계 → 의무 판단 → 책임 판단 → 행위

[그림 2-1] 콜버그의 4기능 모형

콜버그는 도덕적 사고에서의 새로운 가능성이 행동을 위한 새로운 가능성을 창조한다고 보았다(Kohlberg & Candee, 1984). 또한 그는 인습 이전 수준과 인습 수준에 있는 개인은 의무 판단과 책임 판단의 관계가 구분될 수 있지만, 개인의 책임감이 강조되는 인습 이후 수준에서는 사실상 의무 판단과 책임 판단은 하나로 수렴된다고 강조하였다(Kohlberg, 1987). 콜버그에 따르면, 도덕성을 위한 동기화(motivation)는 수용, 자존감, 자아실현 등과 같은 일반적인 동기화 요소와 관련되어 있긴 하지만, 근본적으로 이성 혹은 추론이 곧 동기라고 간주하였다.

4) 콜버그 이론의 경험적 위상

도덕 발달에 대한 콜버그의 단계 발달이론과 도덕 구조에 대한 그의 주장은 상당한 경험적 지지를 받고 있음을 알 수 있다. 우선 워커(Walker, 1982, 1983, 1989)는 도덕 단계 이론을 지지하는 강력한 증거를 제공했다. 표집의 단 6%만이 미약한 단계 후퇴를 보였고 2년이라는 종단적 간격을 지나면서 단계를 건너뛰는 것은 없다는 보고를 통해 워커는 콜버그의 도덕 단계의 위계적인 성격을 지지하는 강력한 증거를 제공했다. 도덕적 추론의 위계적인 성격을 지지하는 부가적인 증거는 레스트와 그의 동료들에 의해 제시되기도 하였다(Rest, 1973; Rest, Turiel, & Kohlberg, 1969). 워커는 자신의 연구에서 콜버그 단계이론의 순차적이고 위계적인 발달에 대한 강력한 증거를 제시했을 뿐만 아니라 단계 이행을 가져오는 데 있어서 인지적 갈등의 역할을 명백하게 했다.

니산과 콜버그(Nisan & Kohlberg, 1982)에 의한 한 종단적 연구에서는 터키의 세 지역 남성 표집을 검토했다. 세 지역이란 수도인 앙카라와 한 지방의 주도, 그리고 전통적인 한 작은 마을이다. 인터뷰는 1964년에서 1976년 사이에 네 번 이루어졌고, 사용된 딜레마들은 터키의 문화에 민감하도록 각색되었다. 결과는 뚜렷했다. 단계 점수에는 순차적인 발달의 실질적인 증거가 포함되어 있었다. 단계에서 보인 35개의 변화 가운데 단 4개만이 종단적 퇴행을 보였다. 단계를 건너뛰는 증거는 없었다.

수많은 다른 연구들이 여러 해 동안 보고되어 왔다. 한 논문에서 스내리(Snarey, 1985)는 27개 국가에서 행한 45개의 연구를 검토한 후에 다음과 같은 결론을 내렸다. 첫째, 도덕 판단력 측정을 위한 인터뷰(MJI)는 딜레마가 그 지역 문화를 반영하고 피험자들의 모국어로 실시될 때 특히 합리적이고 문화적으로 정당하다. 둘째, 단계 비약과 단계 퇴행은 드문 현상이고 이것은 불변의 계열성에 대한 주장이 제대로 지지되고 있음을 보여준다. 셋째, 1단계에서 4단계까지는 실제로 보편적이라는 증거가 있다. 넷째, 과도기인 4/5단계와 5단계는 모든 표집에서 극도로 희귀하다. 다섯째, 그러나 일부 문화 집단과 사회 계층은 원리화된 추론의 많은 흔적을 보여주었다. 전통적인 사회에서의 민속집단은 그렇지 않았지만 일부 도시 중간층 피험자들은 인습 이후적 추론의 증거를 보여준다.

스내리(John Snarey)가 많은 범문화 표집에서 인습 이후적 추론이 상대적으로 덜 나타난다는 점을 지적하고 단계 모형과 채점 매뉴얼이 서양식의 철학적 관념, 즉 롤스, 칸트, 헤어의 관념에 근거를 두는 데 비해서 더 넓은 '문화적 세계관'을 따라야한다고 주장했다. 그럼에도 불구하고 그는 45개 연구의 피험자들이 콜버그의 단계 이론과 도덕 발달의 범문화적 보편성을 뒷받침하는 명확한 증거를 보여주고 있다고 결론 내렸다.

이상에서 살펴본 바와 같이, 단계 이론의 위계성에 대한 콜버그의 주장은 상당한 경험적 지지를 받고 있음에도 불구하고, 스내리의 연구에서도 지적된 바와 같이, 수많은 연구들이 콜버그의 6단계 도덕 판단을 명확하게 발견해 내지 못한 것은 콜버그의 단계 이론을 확증해 주지 못하는 하나의 요인이 되고 있다. 실제로 미국, 이스라엘, 터키에서 진행된 종단적 연구에 참여한 피험자 중 6단계에 도달한 사람은 아무도 없었다. 콜버그와 슐릭은 6단계에 대한 이론적 정의의 기초가 된 사례가 소규모 엘리트 표집에서 추출되었다는 점을 지적했다(Kohlberg, 1983). 여기에서 엘리트란 철학에 관한 정규교육을 받았고, 도덕적인 지도자가 될 만한 자질이 있으며, 실제로 그런 역할을 한 사람이라는 의미이다. 마틴 루터 킹도 이러한 엘리트의 한 예이다. 그는 도덕적 지도자였을 뿐만 아니라 대학원에서 틸리히(Paul J. Tillich)의 도덕이론을 전공하기도 했다.

콜버그는 철학적으로나 심리학적으로 계속 6단계를 가정하고 연구했다. 그러나 종단적 자료를 통해서는 이러한 가설을 검증할 수 없었고, 6단계를 신뢰성 있게 분류해 낼 수 있는 상세한 채점요강을 만들 수도 없었다. 그럼에도 불구하고 콜버그가 6단계의 존재에 대한 가정을 고수하는 것은 콜버그의 이론이 정의 추론 발달을 합리적으로 재구성하려는 시도이기 때문이다. 이러한 재구성을 위해서는 발달의 최종 단계가 필요하며, 이 최종 단계는 콜버그와 그의 동료들이 연구해 온 정의 추론 발달의 성격과 그것의 종착점을 규정해 준다.

5) 콜버그의 도덕교육 이론

1960년대 말에 콜버그의 관심은 도덕교육 차원으로 향했다. 그의 교육에 대한 새로운 흥미는 대학원 학생이었던 블래트(Moshe Blatt)의 발견으로 더욱 불이 붙었다. 학생들의 현재 발달 단계보다 하나 높은 단계에서 도덕 해결책을 논의하게 함(plus one strategy; +1전략)으로써, 한 단계 높은 단계의 사고를 획득할 수 있다는 '블래트 효과'는 도덕적 집단 토론이 교육적 처치가 될 수 있음을 보여주었다. +1전략이 효과가 있는 것은, 아동의 도덕적 추론에 비평형적 요소, 즉 인지적 갈등을 가져옴으로써 아동은 더 평형화되고 다음 단계에 나타나는 도덕적 태세를 취하도록 동기화되기 때문이라고 추정된다. 하지만 가상적 딜레마 토론에 대한 콜버그의 관심은 차츰 정의와 공동체를 위한 교육에 대한 관심으로 바뀌었다. 그 결과 콜버그는 개인의 도덕 발달을 가능하게 하는 사회적 환경에 주목하게 되었고, 사회적 환경으로서 '도덕적인' 학교를 만들고자 하는 '정의공동체 접근'을 발달시키게 되었다.

여기서는 콜버그와 그의 동료들에 의해서 시작된 도덕교육 방법을 '도덕적 딜레마 토론'과 '정의공동체 접근'으로 나누어 살펴보고자 한다(Higgins, 1995).

(1) 도덕적 딜레마 토론

초기 단계에 있어서 '콜버그식' 도덕교육 프로그램은 개인의 도덕 발달에 관한 콜버그의 이론과 연구에 기초한 것으로, 학생들의 도덕적 추론을 발달시키기 위해서 가상적인 도덕적 딜레마를 가지고 교실에서 토론하는 것이었다. 콜버그는 "교육의 목적으로서의 발달"(Kohlberg & Mayer, 1972)에서 도덕적 추론 단계라는 심리적 사실과 교육의 목적으로서의 단계 발달을 결합시키려는 주장을 제시하였다. 이 글에서 콜버그는 첫째, 아동의 발달이 교육의 목적이며 또 목적일 수밖에 없다고 주장했다. 둘째로, 그는 아동은 천성적으로 철학자이기 때문에 옳고 그름, 선과 악에 대한 근본적인 철학적 질문을 제기하는 딜레마 토론에 참여한다고 생각했다. 셋째, 그는 이러한 딜레마 토론이 아동의 도덕적 추론발달을 촉진시킨다는 결론을 내렸다(Higgins, 1995).

도덕교육에 대한 콜버그의 초기 접근법은 학생들에게 인지적 비평형을 유발시키는 논쟁적인 도덕적 딜레마를 제시하는 것, 서로 다른 도덕 발달 단계에 있는 학생들로 학급을 구성하는 것, 개방적이고 지적인 도전감을 불러일으킬 수 있는 소크라테스적 탐구 방법(Socratic inquiry)을 활용하는 것으로 이루어져 있다. 또한 콜버그는 도덕교육을 행하는 데 있어서 중요한 것이라 여겨질 수 있는 몇 가지 조건들을 확인하였다. 교실 토론에 초점을 두고 있는 이러한 조건들은 도덕적 토론이 학생들의 도덕적 추론 단계 이동을 촉진해 준다는 연구 결과들로부터 추출된 것이다. 이러한 조건들은 다음과 같다(추병완, 2003a).

첫째, 아동들에 의하여 내려진 도덕적 판단의 의미를 이해하는 것.

둘째, 아동들을 현재의 수준에 비해 한 단계 높은 수준의 추론에 접하게 하는 것(+1전략).

셋째, 학생들을 순수한 도덕적 갈등과 불일치를 나타내고 있는 문제 상황들에 접하게 하는 것.

넷째, 갈등을 일으키는 도덕적 견해들이 개방적인 방식에서 비교되는 상호 교환과 대화의 분위기를 창조해 내는 것.

토론이 행해지는 동안에, 교사는 학생들이 동료들의 주장에 대해 논평을 하고, 반대 의견을 제시해 보도록 고무시켜 주는 촉진자의 역할을 수행해야 한다. 도덕적 딜레마를 활용한 토론에 있어서 핵심 사항은 딜레마에 대하여 학생들이 내린 특정한 선택의 내용보다는 학생들의 추론, 즉 그들이 그러한 판단을 내리게 된 도덕적 이유들에 놓여 있는 것이다. 도덕적 딜레마는 학생들의 발달 수준과 능력을 고려하여 제시되어야 한다.

(2) 정의공동체 접근

정의공동체 접근(just community approach)은 '정의'와 '공동체'의 균형 및 조화를 이루려는 시도, 그리고 개별 학생들의 권리를 보호하고 그들의 도덕적 성장을 촉진시키려는 집단의 강력한 호소력을 도입하려는 시도를 보여주고 있다. '정의'의 측면은 프로그램의 민주적 절차와 제도, 도덕적 토론, 공정성과 권리 및 의무에 대한 고려에서 구체화된다. 공동체의 측면은 보다 이상적인 형태의 학교사회를 만들고자 하는 시도이다. 구성원들은 출석, 학급 및 학교의 질서, 파벌과 집단의 형성과 같은 학교교육의 실제적인 측면들을 단지 학교의 일상적인 일로 보는 것이 아니라 공유되어야 할 공동생활의 측면으로 본다. '공동체'는 프로그램의 규칙과 관심을 모든 구성원이 개인적으로 느끼면서 책임을 공유하는 방식으로 교사와 학생들이 학교에 참여할 것을 요구한다.

정의공동체 프로그램은 다음과 같은 세 가지 기본적인 목적을 갖는다. 첫째, 도덕적 토론에 참여하는 것을 통해서 학생의 도덕적 추론 능력을 발달시킨다. 둘째, 집단의 결속이나 공동체의 형성과 민주적인 규칙 제정을 통해 도덕적인 문화를 창조한다. 셋째, 학생과 교사 모두가 도덕적 제도와 결정에 따라서 행동할 수 있는 환경을 마련한다(Higgins, 1995).

정의공동체의 기본적인 제도는 공동체모임(community meeting)이다. 이 모임은 학기 중에 매주 한 시간 반에서 두 시간 동안 열린다. 이 모임에는 모든 구성원이 참석하며, 1~2명의 학생이 의장이 되는데, 이때 1명의 교사가 의장의 협조자로서 참여하게 된다. 회의 개시를 선언한 후, 의장은 의제를 제시한다. 그 의제는 의제위원회(agenda committee)에서 만들어진 결정사항과 토론의 결과물이다. 이 위원회에서는 공동체에서 제기된 문제들을 모으고 명료화하며, 공동체모임에서 토론할 의제의 우선순위를 정한다. 의제위원회는 8~12명의 학생과 1명의 교사로 이루어진다.

공동체모임 동안 이루어지는 토론은 도덕적 토론이고, 그것의 목적은 여러 가지이다. 즉 이 토론의 목적은 공동체를 형성하는 방식으로 공정하게 즉시 문제를 해결하는 것, 구성원들에게 인지적 충돌(갈등) 내지는 비평형을 유발시키는 것, 구성원들 사이에 공감대를 만드는 것, 그리고 토론되는 문제와 관련 있는 정의와 공동체의 기저에 있는 규범을 공고히 하는 것 등이다.

공동체모임을 준비하는 과정에서 학생들은 매주 조언집단(core or advisory group)이라고 불리는 소규모 그룹의 모임을 갖는다. 그 모임은 20~25명의 학생들과 1명의 교사 또는 조언자로 이루어진다. 이 소규모 집단은 학교 차원의 문제뿐만 아니라 개인적인 문제도 토론할 수 있는 비공식적인 분위기를 조성한다. 학생들은 교사나 조언자와의 긴밀한 관계를 통해 문제 혹은 쟁점을 이해하고, 자신의 관점을 제시하는 방법을 연습하며, 모든 공동체 구성원들이 고려해볼 만한 제안들을 생각해 볼 수 있다.

정의공동체는 공동체의 규칙을 만들기 때문에, 그 규칙을 깨는 구성원들에게 가할 적당한 제재를 결정할 수 있는 구조를 제공해야 한다. 이것이 규율위원회 또는 공정위원회(discipline or fairness committee)의 중요한 목적이다. 〈표 2-2〉는 정의공동체 접근의 유기적인 구조를 요약하고 있다(Higgins, 1995).

〈표 2-2〉 정의공동체 학교의 조직 구조

제도	구성 인원	과제
의제위원회	10~12명의 학생과 1명의 교사	• 토론을 위한 의제 상정 • 공동체 회의를 위해 위원 소집
조언집단	20~25명의 학생과 1명의 교사나 조언자	• 개인적인 문제를 토론하기 위한 신뢰성 있는 분위기 조성 • 공동체가 직면한 문제를 해결하기 위한 도덕적 토론

공동체 회의	모든 학생과 모든 교사가 동등한 구성원으로서 한 사람이 하나의 투표권을 가짐	• 도덕적 토론 • 민주주의를 통한 문제의 해결 • 규칙 제정 • 위원회 결정에 관한 재심 청구
규율위원회 또는 공정위원회	10~12명의 학생과 1명의 교사	• 규칙 위반이나 대인갈등 사례에 대한 청문회 개최 • 제재를 가함 • 결정 과정에서 구성원 모두의 역할채택에 초점을 맞춤

한마디로, 도덕교육에 대한 콜버그의 후기 접근법은 참여민주주의의 원리가 실행되는 지지적인 환경 속에서 도덕적 문제들에 관한 추론에 학생들을 연루시키는 일을 핵심으로 하고 있다. 그의 정의공동체 접근법은 도덕적 추론이 사회적 맥락에서 야기되며, 집단에 의해 영향을 받기도 하고, 집단에 영향을 주기도 한다는 점을 강조하고 있다.

6) 콜버그 이론에 대한 비판

레스트(James Rest)는 '구조화된 전체' 가정에 논의의 여지가 있다고 지적한다. 달리 말하자면, 그는 콜버그의 단계 모형이 도덕 발달의 복잡성을 포착하기에는 너무 단순하다고 비판한다. 레스트(1975)는 단계의 연속을 질적으로 구별되는 단계들의 위계적 연속물이라고 특징짓는 것이 적합하다고 해도, 피험자의 응답에서 사고 구조가 다양하게 나타나는 정도를 포착하기 위해서는 여전히 양적인 분석이 필요하다고 주장한다. 콜버그의 단순 모형을 비판하면서 레스트는 발달에 대한 보다 복합적인 단계 모형 개념을 주장하였는데, 이것은 피험자가 온전히 한 단계에 있는 것이 아님을 인정하고, 과제의 난이도, 검사 상황, 반응 양식, 채점기준의 엄격성과 그 밖의 요인들에 의해 영향을 받는 일련의 조직된 구조를 나타낸다. 따라서 레스트는 단계 변화란 "보다 낮은" 단계는 감소하고 "보다 높은" 단계는 증가하는 식으로 반응의 분포가 이동하는 것으로 보아야 한다고 결론 내렸다.

슈웨더(Richard Shweder)는 도덕은 역사적으로나 문화적으로 상대적이지 않다는 콜버그의 주장에 근본적인 비판을 가한다. 그는 콜버그가 도덕 판단의 인습 이후 또는 원리적 형식과 자유주의 이데올로기를 혼동하고 있으며, 인습 이후 수준에서는 도덕적 판단과 추론의 형식이 특정 문화와 도덕 이론에 관계없이 유사하다는 것을 입증하지도 못했다고 주장한다(Shweder, 1982). 실제로 수집된 연구 자료를 볼 때 5, 6단계의 원리화된 추론이 비서구 문화권에서도 발견될 것이라는 가정은 지지되지 않았다는 것이다. 또한 그는 이러한 실증적 자료가 '불변의 계열성'과 '구조화된 전체'라는 피아제와 콜버그의 가정을 지지해 주지도 않는다고 생각한다.

심슨(Elizabeth Simpson)의 비판의 핵심은, 콜버그의 단계는 문화적으로 보편적일 필요도 없고, 또한 실제로도 그렇지 않다는 것이다. 심슨(1974)은 두 가지 근거에서 단계의 계열성이 문화적으로 보편적이라는 개념에 반대한다. 이 두 가지 근거란 경험적인 것과 철학적인 것이다. 우선 경험적인 근거로서 그녀는 다음의 세 가지를 주장한다. 첫째, 몇몇 비교문화 연구에서 보고된 결과를 볼 때, 단계 계열성의 타당성은 부정되어왔다. 즉 몇몇 문화에서는 3, 4단계 이상의 추론이 발견되지 않았다. 둘째, 몇몇 문화권에서는 단계 발달 순서에서 퇴행(regression) 현상이 발견되었다. 셋째, 몇몇 문화권에서 인습 이후 추론의 지체 또는 부재 현상이 나타난 것은 도덕 판단 능력의 차이를 반영하는 것이 아니라, 단지 연구자가 문화마다 다른 수행의 조건에 민감하지 못했기 때문에 일어난 차이를 반영하는 것일 수 있다. 예컨대, 연구자가 특정 문화의 문화적 의미를 잘 알지 못하는 경우, 그 문화권으로부터 나온 반응을 낮은 단계로 판정할 수도 있다. 다음, 철학적 근거로서 심슨은 다음과 같이 주장한다. 첫째, 콜버그의 보편적 원리의 탐구는, 그 기원이 현대 서구 사회의 이데올로기에서 비롯된 것이므로, 필연적으로 편파적이고 제한적인 것으로 인식되어야 한다. 둘째, 보편성을 주장하는 콜버그의 입장은 반박의 여지가 많다. 왜냐하면 콜버그의 주장들은 어떤 문화가 다른 문화에 비해 '도덕적으로 우월하다'는 식으로 등위를 매기는 측정 내용들을 내포하고 있기 때문이다.

설리번(Edmund Sullivan)은 콜버그의 관점이 이데올로기적이고 구조주의적인 토대 위에 서 있기 때문에, 인간에 대한 도덕적 이해를 불가능하게 했다고 주장한다(Sullivan, 1977). 우선 설리번은 콜버그의 이론을 자유주의 이데올로기의 한 예로 간주했다. 자유주의 이념은 프랑스 혁명 시대로부터 발전된 '사고의 유형'으로서 철학자들이 명료화한 많은 사상들을 반영한다. 즉 사회계약의 개념, 개인의 권리에 대한 강조, 사람을 이상적으로 합리적이라고 보는 인간관이 그것이다. 또한 설리번은 콜버그의 구조주의적 편향에서 기인하는 다른 문제점들을 지적한다. 설리번은 다른 구조주의자들처럼 콜버그가 사고와 행동, 형식과 내용을 이분하였고, 그렇게 하는 과정에서 더 추상화된 것이 더 도덕적인 것으로 잘못 이해했다고 생각한다.

길리건(Carol Gilligan)은 자신의 초기 이론에서 두 가지 주장을 통해 콜버그의 입장을 비판했다. 첫 번째 주장은 전통적으로 남성과 여성은 기본적인 삶의 지향이 다르며, 특히 자아와 도덕성의 개념은 여성과 남성이 다른 발달 경로를 따른다는 것이다(Gilligan, 1982). 길리건의 관점에서, 남성은 전통적으로 정의와 공정 지향성을 가지고 있는데, 그 이유는 남성의 개인적이고 분리된 자아 개념, 공정한 객관성, 직업에 기반한 주체성, 추상적이고 공정한 규칙과 원리에 대한 선호 성향 때문이다. 그녀는 이러한 지향성이 도덕철학과 도덕심리학에 잘 표현되어 있다고 확신한다. 반면에 여성은 전통적으로 관심과 배려 지향성을 가지고 있는데, 이 지향성은 타인과의 관련성, 타인과 관계 속에서 자아를 지각하는 것, 친밀한 관계 속에서 형성된 정체감, 타인을 위험에 빠뜨리거나 다치게 하지 않으려는 민감성, 그리고 구체적인 상황에서 조화로운 관계를 유지하려는 관심에서 유래한다. 도덕철학과 인간발달의 이론들에 충분하게 포함되지 않았다고 그녀가 믿는 것은 이러한 '여성'의 도덕 지향성이다.

길리건의 두 번째 중요한 주장은 인간발달에 대한 영향력 있는 이론들, 특히 도덕심리학에서 우세한 이론인 콜버그 이론에서 도덕성에 관한 여성의 '다른 목소리'를 간과하고 왜곡했다는 것이다. 그 결과, 여성의 추론 능력을 낮은 단계로 떨어뜨리고 여성은 도덕적으로 결함이 있다고 잘못 특징지었다. 길리건은 콜버그의 도덕성에 대한 개념이 남성 중심적인 남성 편향 이론이라고 주장한다. 그 이유는 도덕 발달의 상위 단계에서 전통적인 남성 편향의 가치를 반영하고 있는데, 대체로 정의, 이성, 개인성, 추상성, 고립과 같은 가치로 설명될 수 있기 때문이다. 길리건은 관계의 유지, 관심, 의무와 같은 전통적인 여성의 배려를 도덕 발달의 하위 단계로 평가절하했다고 믿는다. 길리건은 콜버그의 도덕성 개념뿐만 아니라 도덕추론에 대한 측정 방법(Moral Judgment Interview; MJI) 또한 편향되어 있다고 생각한다. 인터뷰 과정에서 피험자는 가상적인 도덕딜레마에 응답하도록 되어 있었다. 길리건은 이 딜레마가 적절하지 않은 주제에 초점이 맞추어져 있고, 상황에 대한 정보가 빠져 있으며, 권리 간의 갈등으로 구성되어 있다고 믿고 있다. 그래서 이러한 딜레마가 정의 추론을 끄집어내는 데는 적절하다고 하더라도 대인 관계적 · 배려 추론에는 적절하지 않다고 주장한다. 그러므로 길리건은 도덕성 발달에서의 성차는 하나의 편견에 불과하며, 여성이 도덕 발달 수준에서 결함이 있다는 콜버그의 관점은 경험적 근거에 의해 뒷받침되어야 한다고 주장한다(Walker, 1995).

4. 결론

인지발달 이론은 도덕성과 도덕 행동을 설명하는 많은 관점들 중의 하나로 확고한 위치를 차지하고 있다. 이것은 인지발달론자들이 다른 관점을 비판하고(예를 들면, 뒤르켐의 이론에 대한 피아제의 비판, 행동주의나 정신분석 이론에 대한 콜버그의 비판), 자신들 관점의 특징을 부각시킴으로써 얻어진 것이다. 그럼에도 불구하고 인지발달 이론은 하나의 혹은 독특한 관점이기 때문에 인지발달론자들은 자신의 이론적 한계를 인정하고 이런 한계를 극복할 수 있는 다른 관점들과의 통합적인 관계를 형성해야만 보다 확실하게 뿌리를 내릴 수 있을 것이다(Gibbs, 1995). 추론이 도덕심리학의 핵심적인 위치를 차지한다고 하더라도 도덕적 민감성, 공감, 친사회적 행동과 같이 인간 기능의 다른 부분들이 도덕 영역에 관련되어 있다는 것을 수용하면서 도덕성에 대한 보다 포괄적인 관점을 지향할 필요가 있다.

제3장
콜버그 이후의 도덕심리학 : 레스트와 튜리엘

콜버그가 1969년에 "단계와 계열성: 사회화에 대한 인지발달론적 접근"이라는 논문을 발표한 이래로 지난 30여 년 동안, '단계와 계열성'이라는 개념은 도덕심리학 영역에서 지배적인 위치를 차지해 왔다. 하지만 콜버그의 사후에 도덕심리학 영역에서는 자연스럽게 '도덕성 발달'을 재개념화하면서 콜버그에 대한 비판적인 탐구를 시도하고 있으며, 새로운 주제와 접근법을 탐색하고 있다. 예를 들어, 레스트(James Rest)를 중심으로 한 신콜버그 학파에서는 콜버그의 이론 및 방법상의 핵심적 아이디어들을 계승하면서도 콜버그적 접근에 대한 몇 가지 수정을 요구하고 있다. 튜리엘(Elliot Turiel)은 사회적 인습과 개인적 선호와 같이, 사회적 환경의 다른 영역들로부터 구별되는 도덕성의 특성을 제시하고 있다. 슈웨더(Shweder, 1990)는 문화 간 도덕적 영역의 다원성과 풍부성(richness)을 자율성, 공동체, 신성(divinity) 등과 같은 특징적인 개념에 기초해서 정교화하고 있다. 길리건(Carol Gilligan)은 정의를 넘어서 도덕 경험에 대한 다른 지향성을 수반하면서 도덕적 영역의 범위를 확장할 수 있도록 하기 위해 배려를 강조하고 있다.

본 장에서는 콜버그의 인지발달론적 전통을 어느 정도 계승하면서도 발달적 단계 개념, 도덕성 발달과 문화의 관계, 도덕 판단과 행동의 관계 등에서 콜버그 이론에 대한 재평가와 새로운 접근법을 시도하고 있는 레스트와 튜리엘의 입장을 고찰하고자 한다. 레스트와 튜리엘의 이론적 관점을 고찰한 후에는, 이들 이론이 우리의 도덕교육에 주는 시사점이 무엇인지를 모색하고자 한다.

1. 신콜버그적 관점 : 레스트

1) 레스트의 복합 발달 모형

지난 수십 년 동안 콜버그는 도덕성의 심리학적 연구에 대한 주요한 아이디어들을 제공하였다. 최근 레스트(James Rest), 나바에즈(Darcia Narvaez), 비보(Muriel Bebeau), 그리고 토마(Stephen Thoma)는 콜버그의 이론 및 방법론이 가진 철학적이고 심리학적인 문제들을 인식하고 콜버그적 입장에 대한 재해석을 시도했다(Rest, 1986; Rest et al., 1999a, 1999b, 2000). 신콜버그주의자로 자칭하는 이들은 콜버그의 이론 및 방법상의 핵심적 아이디어들을 계승하면서도 콜버그적 접근에 대한 몇 가지 수정을 요구하였다. 우선 그들이 콜버그로부터 계승한 핵심적 아이디어들을 요약하면 다음과 같다(Rest et al., 2000).

첫째, 콜버그처럼 신콜버그 학파에서는 인지(cognition)를 강조한다. 콜버그는 진화론적, 사회생물학적 관점, 공감 · 이타심 · 죄책감 · 수치심과 같은 정서들, 그리고 유아들의 친사회적 행동 획득과 같은 영역들도 도덕성 연구의 출발점이 될 수 있다고 본다. 모든 이론들은 다른 영역보다 특정한 영역에 보다 강조점을 두는 경향이 있다. 여기서 콜버그는 정서나 행동보다는 도덕적 추론 능력이 어떤 사람의 도덕성을 보다 분명히 말해준다고 보았고, 신콜버그 학파에서도 어떤 사람의 도덕적 행동을 이해하기 위해서는 그가 사회적 경험을 어떻게 이해하고 있는가에 대해 알아야 한다는 점에서 인지의 중요성을 강조하고 있다.

둘째, 콜버그와 같이 신콜버그 학파에서도 권리, 의무, 정의, 그리고 사회질서와 같은 도덕성의 기본적인 카테고리들은 개인에 의해 구성된다고 강조한다. 이는 곧 개인을 그가 속한 문화의 이데올로기를 수동적으로 수용하는 존재로서가 아니라 자율적으로 의미를 구성해 가는 존재로 인식함을 의미한다.

셋째, 콜버그와 같이 신콜버그 학파에서도 시간의 경과에 따른 발달적 변화에 초점을 맞춘다. 신콜버그 학파에서는 철학적이고 규범윤리학적인 관점에서 보다 적절한 것으로서의 인지적 '향상(advance)'에 대해 논의하고자 한다.

넷째, 콜버그와 마찬가지로 신콜버그 학파에서도 청소년기 및 성인기의 특징을 인습적 사고에서 인습 이후의 사고로의 전환으로 본다. 인습적 사고에서 인습 이후적 사고로의 전환이란 단순한 사회적 규범의 유지라는 관점으로부터 규칙, 법, 그리고 제도 등의 사회 체제를 통해 어떻게 상호 협력적(cooperation)인 관계를 형성할 수 있을 것인가에 대한 관점으로의 진행을 의미한다.

이러한 네 가지의 관점들은 모두 콜버그 인지발달론적 접근의 핵심적 가정들에 해당하는 것이고, 신콜버그 학파에서 이를 충실히 계승하려고 했다는 점에서 그들 또한 도덕 발달 및 도덕교육 이론에서 콜버그적 전통 위에 서 있는 학자들로 이해할 수 있다. 이러한 측면은 거시적 도덕성(macromorality)과 미시적 도덕성(micromorality)에 대한 신콜버그 학파의 관점에서 또한 잘 나타나 있다.

경제학에서 거시 경제학과 미시 경제학을 구분하듯이, 신콜버그주의자들은 거시적 도덕성과 미시적 도덕성을 구분한다(Rest et al., 1999a, 1999b: 292). 거시적 도덕성은 사회적 수준에서 협동이 가능하도록 하는 공식적인 사회의 구조, 즉 사회 체제에 관한 것이다. 여기에서는 혈족, 친구 및 친숙한 사람들과의 상호 관계가 아니라, 잘 모르는 사람, 경쟁자, 그리고 다양한 민족 및 종교들 간의 상호 관계에 초점을 맞춘다. 거시적 도덕성의 대표적인 예로는 자유 언론의 권리 및 책임, 종교의 자유, 그리고 경제적이고 교육적인 기회의 균등 등을 들 수 있다. 거시적인 도덕성에서 핵심적인 개념은 사회 정의와 공평성을 들 수 있다. 반면, 미시적 도덕성은 일상적인 삶에서 타인들과의 관계를 형성하는 측면에 중심을 둔다. 미시적 도덕성의 중요한 예로는 일상적으로 상호작용하는 사람에게 도움을 주거나 예의를 갖추는 것, 친숙한 관계에서 배려하는 것,

약속을 잘 이행하는 것, 일상적인 상호 관계에서 겸손하고 책임을 다하며 공감적 태도를 갖는 것 등을 들 수 있다.

콜버그에 대해 비판하는 학자들은 그의 발달적 계열성이 성실, 우정, 그리고 친밀한 관계 차원을 넘어 추상적이고, 공정한 원리만을 강조하고 있다고 주장한다. 즉, 이들의 비판에 따르면, 대인관계의 상호조화(interpersonal concordance)를 추구한다는 측면에서 정의된 콜버그의 3단계는 추상적이고 공정한 원리의 측면에서 정의된 6단계와는 대조적으로 발달적으로 미숙한 상태인 것으로 제시되고 있다는 것이다. 그러나 신콜버그주의의 관점에서 보자면, 이러한 현상은 콜버그의 이론이 거시적 도덕성을 특별히 강조한 결과로 해석되어야 한다. 그들에 따르면, 사회적 차원의 협력 체계(특히 친구 사이가 아니라 낯선 사람 간의 협력)를 구축하기 위한 조건은 친구와 혈족을 위해 행동하는 것이 아니라 불편부당성과 공유된 이상에 따라 행동할 것을 요구한다. 예를 들어, 판사는 혈족과 친구에게 유리한 판결을 내려서는 안 되고 공정하게 행동해야 한다. 국세에 의해 운영되는 교육체계는 자신이 좋아하는 학생들이 아니라 모든 학생들에게 교육적 혜택을 제공해야 한다. 의료 보호 체계에서 장기 기증의 수혜를 받는 사람에 대한 결정은 정실(favoritism)이 아니라 공정성의 원리에 바탕을 두고 이루어져야 한다(Rest et al., 1999a).

결국 거시적 도덕성과 관련된 문제에 대한 해결책을 추구할 때 3단계적 방법으로는 불충분하다는 것이 신콜버그주의자들의 입장이다. 혈족, 친구, 부족, 인종적 특수주의에 대한 선호는 협력을 도모하는 국가 · 국제 체계의 적이 될 수 있다. 아프리카, 보스니아, 아일랜드에서의 인종 간 혹은 부족 간 대립과 충돌은 거시적 도덕성의 문제에 대한 3단계적 개념의 불충분성을 보여주는 대표적인 예에 해당한다. 그런 이유에서, 신콜버그주의자들은 3단계적 사고는 거시적 도덕성의 문제를 해결하기 위한 불충분한 방법이라는 점을 지적하면서, 동시에 콜버그의 이론은 미시적 도덕성에 대한 문제를 적절하게 포괄할 수 없다는 한계점을 동시에 인정하고 있다.

신콜버그주의의 관점에서 보자면, 거시적 · 미시적 도덕성 모두 협력과 인간관계를 풍요롭게 하기 위해 개인 간에 상호의존의 망을 형성하는 것에 관한 것이다. 즉, 사회적 구조를 강조하는 입장과 개인적이고 인간적인 만남을 강조하는 입장 모두는 우리의 인간관계를 구성하고 풍요롭게 하는 원동력이다. 거시적 도덕성과 미시적 도덕성은 공유와 긴장의 많은 영역을 갖고 있으며, 두 영역 모두 중요하다. 하지만 엄밀하게 말해서 거시적 · 미시적 도덕성 간에는 긴밀한 상호 연결이 가능한 부분이 있음에도 불구하고 실제로는 심각한 긴장이 존재하고 있다. 신콜버그주의자들은 콜버그의 이론이 미시적 이슈들보다는 거시적 이슈들을 조명하는 데 충실하다고 말하면서, 그들의 이론 또한 미시적 도덕성보다는 거시적 도덕성의 문제에 보다 많은 관심을 두고 있음을 인정하고 있다. 결국 신콜버그주의에서는 거시적이고 미시적인 도덕성 간의 연결과 통합을 추구하지만, 단지 친구와 혈족이 아니라 이방인과 경쟁자 간의 사회적 차원에서 협력 체계를 형성하기 위한 가능성은 공정성, 일반화 가능한 규범, 다양한 민족적 · 종교적 · 인종적 집단 간의 공정한 활동 공간을 요청한다는 점에서 거시적 도덕성의 차원을 보다 강조하고 있다.

이와 같이 도덕성 발달이론의 기본적인 출발점에 대한 이해에서 콜버그와 신콜버그 학파 간의 강한 유사성이 발견되지만, 도덕 판단의 인지적 구조에 대한 구체적인 관점에서는 다소 차이점이 존재한다. 우선 레스트의 단계 발달의 특징은 콜버그의 것과 다소 차이가 있다. 우선 레스트는 피험자가 어떤 한 단계에 있다고 가정하지 않았다. 대신 발달 단계 측정을 위해 사용된 딜레마의 내용이나 측정 방법, 검사 상황과 다른 요인들의 영향을 받을 수 있다고 가정하였다. 또한 레스트에게 있어 인지 구조의 변화는 급진적이기보다는 점진적으로 일어난다는 것이다. 이때 점진적이라 함은 다음 단계의 사고 형태가 출현할 빈도가 확률적으로 증가한다는 뜻이다. 레스트가 보기에 각 인지구조(혹은 발달 단계)는 질적으로 상호 구분되는 것이지만, 그러한 사고의 출현 빈도는 양적으로 추정될 수 있기 때문에, 그는 한 피험자의 도덕 판단 수준을 평가함에 있어서 각 단계별로 그 빈도의 출현 비율(%)을 구해 볼 수 있다고 믿는다. 따라서 콜버그 방식으로 피험자를 특정한 하나의 단계에 분류하는 것은 '도덕 발달의 점진적이고 여러 단계에 중복되어 나타나는 현상'을 간과하는 셈이 된다.

또한 레스트는 피험자들이 자신의 단계를 반드시 선호하는 것이 아니라, 자신이 이해한 최고 단계를 보다 선호한다고 결론 내렸다. 레스트는 "자신이 속한 단계 혹은 자신이 향하고 있는 바로 다음 단계를 특별히 선호하는 경향은 없다. 자신의 자발적인 단계와 상관없이, 자신이 이해하는 최고 단계를 선호하며, 자신의 발달 순서상의 보다 높은 수준의 진술을 선호한다."라고 말했다(Rest et al., 1999a).

레스트와 그의 동료들은 사회인지 이론의 장점을 수용하여 암묵적 이해와 암묵적 지식(implicit understanding and tacit knowledge)을 중시한 도덕 판단력 검사 도구이자 도덕 스키마(moral schema)를 활성화시키는 도구인 DIT(the Defining Issues Test)를 개발하였다. 이를 활용하여 얻은 풍부한 경험적 자료를 토대로 이들은 '단계'가 아닌 '스키마' 개념의 타당성 및 3가지의 발달 스키마, 그리고 도덕적 행동으로 나아가기 위한 4가지의 심리적 과정을 확인하였다. 스키마[7]는 장기기억에 들어있는 일반적인 지식의 구조로 이해된다. 이러한 스키마는 우리가 유사성에 따라 인식을 하고 경험에서 반복됨으로써 형성되고, 이전 자극과 유사한 자극이 주어지면 활성화된다(Rest et al., 1999: 297). 이들이 도덕 발달 스키마로 '개인 이익 스키마, 규범 유지 스키마, 인습 이후 스키마' 세 가지만 제시한 까닭은 앞서 언급한 바와 같이, DIT로부터의 경험적 연구결과들이 단지 세 가지만을 지지하기 때문이다. 물론 세 가지 스키마가 도덕 판단의 완전한 의사결정 모델을 나타내는 것으로 제안되지는 않는다. 이러한 스키

7) 스키마(schema, 도식)는 피아제가 생물학적인 지식에서 가져온 개념으로, 아동 자신의 경험적 활동에 의해 조직화된 행동양식이라고 말할 수 있다. 달리 말하면, 유기체가 가지고 있는 '이해의 틀'을 도식 또는 구조라고 말한다. 레스트와 그의 동료는 자신들의 도덕 스키마 개념이 피아제와 사회 인지 이론의 사이에 존재한다고 밝히고 있다(Rest et al., 1999b: 298).

마 개념은 콜버그의 단계 개념과는 다르지만, 아직 콜버그의 주요 개념들의 핵심적 아이디어들은 유지되고 있다. 다만 콜버그의 단계 개념의 핵심과 구분하기 위해, 신콜버그주의자들은 다른 용어들을 사용한 것이다. 예컨대, 콜버그가 사용하였던 '법과 질서'라는 용어 대신 '규범 유지 스키마'를 쓴 것이다. 신콜버그주의자들이 말하는 도덕 스키마는 콜버그가 정의 조작의 측면에서 단계들을 기술하였던 것보다는 사회 도덕적 관점의 측면에서 발달을 설명하였던 방식과 유사하다.

우선 개인 이익 스키마(personal interest schema)는 사회 중심적 관점을 수반하지 않는다. 이러한 스키마를 가진 행위자는 사회적 차원에서 협력 관계를 형성하는 것에 대해서는 무관심하고, 단지 행위의 결과가 가져올 개인적 이해타산을 통해 결정을 내린다. 또한 이 스키마를 가진 행위자는 혈연 및 정실적 관계를 가진 사람들에 대한 관심과 그들을 위한 배려에 관심을 갖는다. 그러므로 개인 이익 스키마는 콜버그의 2, 3단계적 특징을 포함하고 있다. 신콜버그 학파에 따르면, 실제로 DIT를 통한 그동안의 오랜 경험적 자료에 기초해 볼 때 콜버그의 2단계와 3단계는 모두 도덕적 사고의 가장 일차적인 형태로 고려되며 단일한 요인(factor)으로 통합될 수 있다고 한다.

규범 유지 스키마(maintaining norms schema)는 콜버그의 4단계로부터 유래된 것이다. 도덕성은 확립된 사회 질서를 유지하는 것이다. 이 스키마를 습득한다는 것은 인습적 사고자들에게 사회 질서의 유지를 위한 도덕적 필요의 의미를 제공한다는 것을 뜻한다. 달리 말하면, "스키마가 '나는 우리의 전체 사회를 위해 옳다는 것을 안다'라는 도덕적 확신감을 제공하며, 그럼으로써 인습적 사고자들의 특수한 열정에 연료를 공급해 준다."

한편, 신콜버그주의자들은 인습 이후 스키마(postconventional schema)를 칸트 류나 혹은 롤스 류의 도덕철학자들과는 다른 방식에서 규정한다. 그들은 인습 이후의 도덕성에 대한 정의를 어느 하나의 도덕철학의 측면에서 규정하려 하지 않는다. 롤스의 철학과 더불어 대부분의 현대 도덕철학자들 또한 인습 이후의 특성을 지니고 있기 때문이다. 신콜버그주의자들은 발달의 최고 높은 수준을 어떤 새로운 도덕철학 이론으로 제안하지 않는다. 따라서 신콜버그학파의 스키마 개념의 정의(definition)는 콜버그의 단계 개념 정의보다 훨씬 더 광범위하다.

2) 4구성요소 모형

도덕성의 심리적인 측면들이란 무엇인가? 심리학은 전통적으로 도덕성을 인지, 정서, 행동이라는 세 가지 차원으로 분석해 왔다. 이러한 도덕성의 세 가지 영역에 따라 정신분석가들은 정서를, 행동주의 및 사회학습 이론가들은 행동을, 그리고 인지발달 이론가들은 사고를 연구해 왔다. 각각의 영역들은 독립된 발달 경로를 가지고 있는 것으로 가정된다. 이러한 전통적인 구분은 편리하기는 하지만 이론적으로 명확한 분석 단위를 보여주지 못한다. 예를 들어, 최근에 당신이 직면했던 딜레마를 생각해 보라. 아마도 여기에는 누군가를 도울지 말지, 여러 가지 요소들 속에서 당신의 시간을 어떻게 배분할 것인가 혹은 누군가와 함께 민감한 문제들에 어떻게 접근할 것인가 등이 포함되어 있을 것이다. 당신이 상황을 생각할 때 당신의 사고로부터 당신의 감정을 명확히 분리해 내었는지 혹은 분리할 수 있었는지 생각해 보라. 만약 당신이 주의 깊게 관찰했다면 당신은 그것들이 분리 불가능한 것임을 알아차리게 될 것이다. 당신은 당신의 행동이 당신의 감정과 사고와는 무관하다고 말할 수 있는가? 우리들 모두는 행동과 감정과 사고가 복잡하게 상호 연관되어 있다고 생각한다. 그렇다면 어떻게 도덕성을 유용하게 분석할 수 있는가?

레스트와 그의 동료들에 따르면, 도덕적 행동을 산출하는 데 최소한 네 가지 과정들이 있다. 이러한 네 가지 과정들 혹은 요소들은 4구성요소 모형(the Four Component Model)을 구성한다. 4구성요소 모형은 도덕적 행동을 산출하는 데 필요한 내적 과정들을 나타낸다. 이것은 성격 특질(traits)이나 덕목들이 아니다. 오히려 이것들은 사람이 특별한 사회적 상황에서 어떻게 반응하는지를 조사하는 데 사용되는 분석의 주요 단위들이다. 또한 각각의 4구성요소 과정들은 다른 종류의 인지-정서적 상호작용들로 이루어진다. 이미 언급한 바와 같이, 인지와 정서는 서로 분리된 채 기능하지 않는다. 피아제가 말한 것처럼 인지와 정서는 동전의 양면이다. 다른 이론과 이론가들과는 달리 4구성요소 모형은 정서가 완전히 없는 인지란 없으며 인지적 측면이 전적으로 결여된 도덕적 정서도 없고, 따라서 도덕적 행동을 촉진시켜 주는 정서와 인지로부터 분리된 도덕 행동이란 없다는 점을 유지하고 있다(Narvaez & Rest, 1995).

(1) 제1요소 : 도덕적 민감성(moral sensitivity)

어떤 상황에서 도덕적으로 반응하는 것을 선택하기 위해서는 특정한 행동이 필요할 때 재빠르게 반응해야 하고 적절하게 그 사건들을 설명할 수 있어야 한다. 다시 말하면 개인은 상황적인 정보에 민감해야만 하고 다양한 가능한 행동들을 구성적으로 상상해야만 한다는 것이다. 특정한 행동이 필요할 때 재빠르게 반응해야 하고 적절하게 그 사건들을 설명하는 데 결정적인 것은 공감 능력이다. 이것은 보통 다른 사람의 고통을 인식하게 될 때 자신도 느끼게 되는 고통이라고 정의된다.

일단 무엇이 발생했는지를 감지한 사람들은 가능한 행동들과, 이러한 행동들의 가능한 결과에 의해서 누가 영향을 받을 것이며 어떻게 사람들이 반응하는지에 관해서 생각하게 된다. 도덕적 민감성은 이와 같이 어떤 상황을 도덕적인 문제 상황으로 감지하고 그 상황에서 어떠한 행동을 할 수 있으며 그 행동들이 관련된 사람들에게 어떠한 영향을 미칠 수 있는가를 상상해 본다는 측면에서 인지(특히 역할채택)와 정서(특히 공감) 모두의 점진적인 발달과 특히 밀접한 관계가 있다.[8)]

---

8) 이와 관련하여, 볼커(Joseph Volker)는 도덕적 민감성의 하위 요소를 다음과 같이 세 가지로

(2) 제2요소 : 도덕적 판단(moral judgment)

제1요소(도덕적 민감성)의 과정에서 가능한 행동을 확인하였다면, 제 2요소의 기능은 어떤 행동이 도덕적으로 정당화될 수 있는지(즉 옳은지 그른지, 정의로운지)를 판단하는 것이다. 다시 말해, 일어날 만한 행위의 방향이 결정되면 이제 도덕적 이상, 즉 "내가 할 수 있는 많은 일 중 내가 해야만 하는 일은 무엇이며, 도덕법칙이 필요로 하는 일은 무엇인가?"라는 관점에서 행위의 방향을 평가해야만 한다. 이와 같은 제2요소는 우리에게 도덕적 민감성 속에 사회적 규준들과 도덕 원리를 통합시킬 것을 요구한다. 도덕적 판단은 다른 어떤 요소들보다 현대 심리학에서 보다 포괄적으로 연구되었다.

도덕성에 관한 분야에서 어떤 이론가들이 도덕적 판단에 관한 연구를 도덕 전체에 관한 것이라고 간주한다 해도, 4구성요소 모형에 따르면 이러한 연구는 단지 제 2요소와 관계가 있을 뿐이다. 즉, 도덕적 판단은 도덕성의 전부가 아닌 것이다. 도덕적 판단은 우리에게 인간이 얼마나 민감한지 혹은 인간이 그들의 도덕적 이상을 실행시키는 능력을 가지고 있는지에 관해서 말해주지 않는다. 그리고 어떤 다른 가치들보다 도덕적 가치가 우선하는지와 관련된 제3요소에 관해서도 아무것도 말해 주지 않는다.

(3) 제3요소 : 도덕적 동기화(moral motivation)

행동의 결과를 알고 있고, 여러 행동들이 선택할 만한 매력을 가지고 있을 때 왜 사람은 도덕적인 선택을 해야만 하는가? 무엇이 다른 가치를 포기하고

제시한 바 있다(Volker, 1984). (1) '중요한 사실에 대한 지각(perception of the critical facts)'은 개인들, 집단, 기관, 사회 간의 상호관계에 대한 지식, 인과 관계 추론 능력, 가능한 행동과 그 결과에 대한 상상, 관련된 윤리강령이나 법령에 대한 지식을 포함한다. (2) '다른 사람에게 미칠 결과에 대한 지각(perception of the consequences to others)'은 행위자 자신뿐만 아니라 관련된 사람들에게 미칠 행동의 가능한 결과를 상상하고 이해할 수 있는 능력을 일컫는다. (3) '행동의 책임(responsibility to act)'은 이 딜레마의 해결을 위한 행동의 책임이 자기 자신에게 있음을 인지하는 것이다.

도덕적인 가치를 선택하도록 동기화시키는가?

도덕적 가치들은 사람들이 가지고 있는 유일한 가치가 아니다. 사람들은 쾌락, 승진, 예술, 음악, 지위 등과 같은 것을 가치롭게 여길 수 있다. 이러한 다른 가치들이 선택된 도덕적 가치와 충돌하게 된다. 예를 들어, 당신은 어려움에 처한 사람에게 도움을 주기 위해서 새 자전거를 포기한다. 또한 당신의 조직에 대한 비난이 정당하다고 생각하면서도 조직의 평판에 가치를 두기 때문에 그러한 비평을 인정하지 않는다. 도덕적 행동을 선택하는 것이 다른 가치와 갈등을 일으키는 경우가 종종 발생한다. 여기서 다른 가치 대신 도덕적 가치를 우선시하는 것을 도덕적 동기화라고 한다.

(4) 제4요소 : 도덕적 품성(moral character)

제4요소는 위험하고 예기치 않은 곤경에 빠졌을 때 필요하다. 이것은 방심과 다른 유혹들에 저항할 것을 요구한다. 최종 목적을 마음속에 그리고 계획하는 것은 매우 중요한 일이다. 즉 도덕적 행동으로의 표출을 위해서는 용기를 잃지 않고, 여러 가지의 유혹에 굴복하지 않으며, 눈앞에 있는 목표를 지켜내는 무엇인가를 필요로 한다. 이러한 인내, 굳건함 그리고 능력의 특성들은 우리가 '품성(character)' 혹은 '자아강도(self-strength)'라고 부르는 것들이다.

지금까지 우리는 도덕적 행동으로 나아가는 데 관여하는 네 가지 구성요소에 대해 개괄적으로 살펴보았다. 레스트에 따르면, 이러한 요소들 중 어느 하나만 결핍되어도 도덕적 행동 실패로 나아갈 수 있기 때문에, 각 요소들은 모두 도덕적 행동의 구성인자가 된다. 또한 [그림 3-1]을 통해 알 수 있듯이, 도덕적 행동으로의 표출을 위해서는 적어도 네 가지 과정이 긴밀하게 결부되어 있고 실제로 각 요소 간에는 복잡한 상호작용이 일어나기 때문에, 1, 2, 3, 4요소의 순서, 즉 일정한 시간적 순서가 있는 것은 아니다(Rest & Narvaez, 1994).

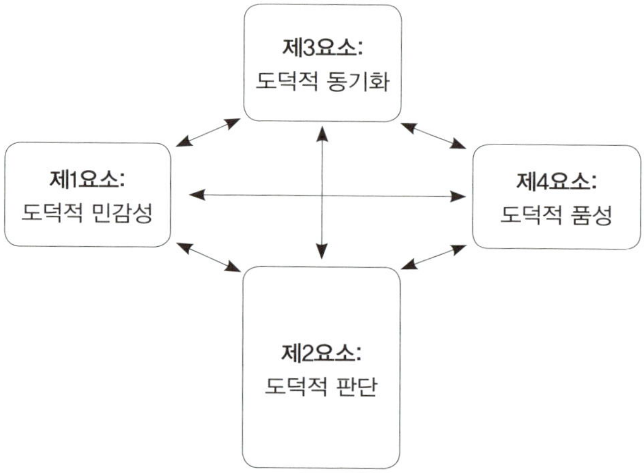

[그림 3-1] 네 가지 구성요소 간 관계

3) 도덕 발달 연구 및 도덕교육에 주는 시사점

레스트에 의해 제시된 4구성요소 모형은 도덕적 판단을 단지 도덕적 행동의 표출을 가능케 하는 네 가지 심리적 구성 요소들 중 하나로만 간주하고 있다는 점에서 도덕적 사고와 행동 간의 관계 설정에 있어서 콜버그의 모형보다는 더 진전된 것이라 할 수 있다. 이런 관점에서 볼 때, 레스트는 도덕적 행동이 도덕교육의 최종 목표라면 도덕교육은 도덕 판단 외에 인간 심리기능의 다른 부분들이 도덕 영역에 관련되어 있다는 것을 수용하면서 도덕성에 대한 보다 포괄적인 관점을 지향할 필요가 있다는 점을 알려주고 있다. 도덕적으로 행동하지 못하는 것에는 하나 혹은 그 이상의 이유들이 있을 것이다. 도덕적 행동은 최소한 네 가지 정도의 복잡한 과정들을 요구한다. 전체적인 도덕성을 단순한 공감 능력 혹은 정의에 대한 단순한 개념 혹은 이타적으로 되기 위한 유전적인 성향이나 모델에 대한 단순한 모방으로 생각하는 것은 잘못이다. 이러한 요소들 중 하나에 의해서만 도덕적 행동을 예언한다면 다른 세 가지 요소들을 통제하지 못하기 때문에 도덕적 행동을 잘 설명할 수 없을 것이다. 만약 도덕적 행동이 도덕교육의 최종 목표라면 도덕교육은 네 가지 요소 모두에 대해서 언급해야만 한다.

다음으로, 레스트는 인지와 정서 각각의 독립성을 전제로 도덕 발달 연구와 도덕교육을 주창하는 입장의 한계를 명확하게 지적해 주고 있다. 레스트의 4 구성요소 모형에 따르면, 각각의 구성요소는 다른 종류의 인지-정서적 상호작용들로 이루어진다. 예를 들어, 제1요소인 도덕적 민감성은 상황을 도덕적으로 지각하거나 해석하는 능력을 의미하고, 레스트는 이와 같이 상황의 단서를 지각하는 일은 인지만으로 가능하지 않으며, 반드시 인지(예: 역할채택)와 정서(예: 공감) 간 상호작용을 통해 가능하다는 입장을 제시하였다(Rest & Narvaez, 1994). 이와 같이 네 가지 요소가 인지와 정서의 상호작용을 통해 발휘된다는 점은 도덕적 기능(functioning)의 메커니즘을 보다 체계적으로, 그리고 타당하게 설명할 수 있는 길을 열어주었다고 평가받을 수 있다.

2. 사회 영역 이론 : 튜리엘

1) 사회적 지식의 세 가지 영역

예일대에서 콜버그로부터 박사학위 지도를 받은 튜리엘(Elliot Turiel)은 이른바 '사회 영역 이론(social domain theory)'을 바탕으로, 콜버그가 제안한 도덕성 발달 단계 이론에 일대 수정을 요구하는 힘겨루기를 자청한다. 주지하다시피, 콜버그는 도덕성이 이해관계에 집착하는 차원에서 사회적 인습이나 관습에 길들여지다가 공정성, 합리성, 그리고 정의를 추구하는 단계로 발달해 간다고 주장(3수준 6단계 이론)했는데, 튜리엘과 그의 동료들은 도덕적 판단과 사회적 판단이 서로 구별되는 영역(domain)에 따라 발달해 간다고 주장한 것이다(Laupa & Turiel, 1995). 보다 정확하게 말하자면, 이들은 영역 이론을 바탕으로 세 가지의 사회적 영역들에 대한 추론을 밝히려 하는데, ① 도덕적 영역(복지, 정의,

권리에 대한 관심), ② 사회인습적 영역(사회조직의 원활하고 효율적인 기능에 필요한 사회적 통일성과 규율성의 이해), 그리고 ③ 개인적 영역(사회적 규제의 영역 밖인 개인적 선택)이 바로 그것이다.

도덕적 영역은 신성하고 보편적이며, 처방적이고, 합의나 복종에 의해 변경할 수 없으며, 해악과 피해와 같은 행동의 내재적 측면을 강조한다. 그러므로 도덕적 영역은 정의, 인간의 복지, 권리 등의 개념을 포함하고 있다. 또한 인습과는 달리 도덕은 임의적이지 않고 행동에 내재한 요소들로부터 나온다. 이를테면, 누군가를 강제로 때리거나 피해를 주는 것은 도덕적으로 나쁜 것인데 그 이유는 때리는 행동을 통해 나타나는 해로움은 사회적 합의를 통해 발생하는 자의적인 것이 아닌 행동 그 자체에 내재한 것이기 때문이다. 도덕적 영역의 특징은 철학자 앨런 게워스(Alan Gewirth)의 다음과 같은 말에 잘 나타나 있다. “도덕적 의무의 판단은, 사람들이 도덕적으로 해야 하는 바가 그들 자신의 개인적 욕구나 다양한 견해, 이상이나 제도적 실제를 고려함으로써 피할 수 없는 필수조건들을 이루고 있다는 점에서 절대적이라 할 수 있다.”(Gewirth, 1978: 24).

한편, 사회적 인습은 행동적 단일성으로 정의되는데, 이는 사회제도 내부에서의 개인들의 상호작용을 조정하는 역할을 맡는다. 식사하는 방식이라든지, 말하는 방식, 성역할에 대한 태도 등은 사회체계에 의해 결정된 사회적 행위로서 임의적이고 구성원들의 합의에 의해 동일성을 유지하는 것들이다. 합의되고 승인되어 사용되는 인습들은 한 사회체제 내에서 기능하는 개인들의 안정적 상호작용을 조정하는 것이며, 사회적 조직화를 목표로 한다. 이러한 인습들은 사회적 맥락에 따라 상대적이며, 한 사회체제 내에서의 합의나 일반적 활용에 의해 변경될 수 있다.

튜리엘(Turiel, 1983)의 영역 이론에서는 특히 도덕성 개념의 발달과 사회적 인습과 같은 사회적 지식의 영역의 발달을 뚜렷하게 구분한다. 예를 들어, 자신의 감정을 조절하지 못하고 다른 사람을 구타하는 행동과 같은 도덕적 영역 내에서의 행동은 다른 사람의 행복에 심각한 영향을 미친다. 이러한 심각한 영향은 사회적 규칙의 성격에 관계없이 발생한다. 도덕적 인지의 중요한 특징은 자신의 행동이 타인의 행복에 영향을 미친다는 고려에 기초하고 있다는 점이다. 도덕성은 일반적으로 유해, 행복, 그리고 공정성의 개념에 의해 대표된다.

대조적으로, 사회적 인습과 관련된 행동은 도덕적 영역 내에서의 행동보다는 덜 심각한 영향을 초래한다. 예를 들어, 미국 문화에서는 대학 교수를 부를 때 "교수님(professor)"이라고 호칭하지 않고, 교수의 이름을 직접 부르거나 "…씨(Mr.)"라고 호칭하더라도 심각한 문제를 야기하지 않는다. 이러한 인습은 사회적으로 합의된 규칙의 일부이며, 특정 사회적 집단의 원활한 유지를 위해서는 필요하겠지만, 심각한 문제 상황을 초래하지는 않는다(정창우, 2003a).

도덕적 · 인습적 규칙들과는 달리, 개인적 영역의 행동은 도덕적 관심과 사회적 규율 이외의 문제로 간주되는 행동이다. 이러한 행동은 개인적인 성격을 지니며 도덕적 관심이나 사회적 관례 또는 인습적 요구에 의해서가 아니라, 각 개인의 개인적 선호에 의해 규율되는 것으로 판단된다. 도덕적 영역에 속하는 행동은 객관적이고 보편적인 반면, 사회적 관습이나 인습, 개인적 영역의 행동은 문화마다 차이가 있다. 문화가 다르면 행동적 일치를 위해 규율하는 행동도 다를 것이며, 그 외의 행동은 개인적 선택의 문제로 남겨 두게 될 것이다.

튜리엘에 따르면, '예절, 문화적 · 제도적 관행에 대한 관심(사회인습적 영역)'이나 '개인의 선호에 따른 선택에 대한 관심(개인적 영역)'은 '정의 · 복지 · 권리에 대한 관심(도덕적 영역)'과 공존한다. 하지만 이러한 각 영역들 간의 차이를 고려하지 않고 성급하게 판단 내리게 되면, 심각한 오류를 낳을 수 있다. 예를 들어, 1920년대와 1950년대 사이에 미국 남부 주에서 한 흑인 소년이 '백인 전용'으로 설치된 식수대에서 물을 마신 것에 대한 판단은 어떤가? 어떤 문화에서 공유된 것이고 그 문화에서 적용 가능한 것으로 간주하면서 그냥 넘어가더라도 문제가 없는가? 만약 문화적 관행이 피해를 유발하는 것으로 인식된다면, 그것은 도덕적 영역의 문제가 된다. 실제로 두 영역 간에 충돌이 발생하게 된다면, 우리는 도덕적 관점에서 문화적 관행을 비판적으로 성찰할 수 있어야 한다.

2) 도덕교육에서의 주요 접근법에 대한 영역 이론적 비판

영역 이론의 관점에서 적절한 도덕교육의 방법론을 강조하고 있는 누치(Larry Nucci)는 전통적인 인격교육과 인지발달 이론 모두가 사회적 지식에 대한 영역 구분을 제대로 하지 않고 도덕교육적 실천을 제시함으로써 한계를 지니고 있다고 비판한다. 즉, 윈(Edward Wynne)과 라이언(Kevin Ryan) 같은 전통적인 도덕교육론자들은 도덕과 인습을 구분하지 않은 채, 도덕적 가치란 사회에 의해 수립된다고 주장함으로써, 도덕을 포함하는 모든 가치들을 인격교육을 통해 아이들에게 심어주어야 할 관습과 인습의 문제라고 본다는 것이다(이인재, 1999).

튜리엘은 인습 수준에서 인습 이후의 도덕성으로의 발달적 계열성에 대한 콜버그의 주장에도 도덕과 인습의 개념이 뒤섞여있다고 지적한다. 튜리엘의 관점에서는 인습적 도덕성이 인습 이후의 도덕성보다 선행하는 것이 아니며, 단지 별개의 발달적 경로임을 내세운다. 즉 사회적 인습에 대하여 사고하는 것은 도덕성에 대하여 생각하는 것과 명확히 구분된다는 것이다. 튜리엘은 콜버그의 입장에 대한 대안적 관점을 모색하면서 다음과 같이 논급하였다. "피아제와 콜버그 모두 사회 체제의 인습에 대한 순응의 상태로부터 자율적이고 원리화된 도덕적 추론의 상태로 발달이 진행된다고 보았지만, 나는 사회적 인습에 대한 상이한 관점을 제시하고자 한다. 인습은 사회적 상호작용을 통하여 도덕과 무관한(nonmoral) 측면이 개인의 인지 구조에 개념화(conceptualization)되는 것이고 이는 정의(justice) 개념의 발달과는 구분된다(Turiel, 1978)." 특히 사회적 규범을 위반하는 행동의 목록을 작성한 후에 어린 아동들을 대상으로 실시한 연구 결과를 통해 튜리엘은 다음과 같이 도덕과 인습을 구분한다. 첫째, 사회적 인습은 대체 가능하지만 도덕적 행동은 그렇지 않다. 둘째, 사회적 인습은 권위자, 관습, 그리고 집단의 동의에 의해 결정되지만 도덕적 행동은 그렇지 않다. 셋째, 도덕적 영역의 위반은 사회인습적 영역의 위반보다 더욱 심각한 것으로 인식된다(정창우, 2003a).

하지만 영역 이론에 근거한 도덕교육은 콜버그식의 인지발달 이론을 모두 거부하는 것이 아니다. 학생의 발달 수준에 대해 관심을 갖고 토론과 같은 반성적 교육방법을 사용하는 것은 도덕교육에서의 발달적 접근과 공통적으로 관련되고 '영역에 적절한' 것이 될 수 있다. 이런 점에서 영역에 적절한 도덕교육은 학생들의 발달적 수준에 따라 교육적 실천을 강구한다는 점에서 콜버그의 접근과 공통되는 점도 있다.

3) 아동의 사회인습적 추론 능력

많은 연구들은 3세 이후의 아동도 영역을 구분할 수 있다는 결과를 보고하고 있다(Nucci, 1981; Smetana, 1981; Turiel, 1983; Weston & Turiel, 1980; 보다 자세한 내용은 Laupa & Turiel, 1995 참조). 도덕과 인습을 질적으로 구분된 영역의 지식으로 보는 것처럼, 여러 연령층의 아동들은 서로 다른 영역에 관련된 사상을 식별하고 있으며, 그 사상에 대하여 그것들이 속한 특정한 영역에 의거하여 다르게 추론하고 있음을 보여 주고 있다. 예를 들어, 누치(Nucci, 1981)의 연구에서는 7~19세의 피험자들에게 사회적 위반 사례의 목록을 제시하고 그것을 분류하게 하였다. 피험자들에게 제시된 위반사례는 도덕적 위반(구타, 절도), 인습적 위반(인사방식과 식사예절), 개인적 영역(사회적 규율의 범위 밖의 문제, 예컨대, 친구나 오락 집단의 선택) 등의 세 부류였다. 연구자는 피험자들에게 사회적 위반사례의 목록을 제시하고, '규칙이 없어도 그릇된 것'이라고 간주될 만한 행동을 모두 가려내 보라고 지시하였다(규칙 수반성). 그 결과, 모든 연령층의 피험자들은 거의 예외 없이 단지 도덕적 위반 사례에 대해서만 규칙 유무와 무관하게 언제나 그릇된 것으로 분류하였다. 한편, 피험자들에게 '순전히 자기 자신에 관한 일'을 선택해 보라고 지시한 결과(개인적 권한) 피험자들은 거의 예외 없이 이를 가려내었다. 그러므로 도덕 행동은 개인적인 것이 아니며 그것의 위반 여부는 사회적 규칙의 유무와는 무관한 것이라 볼 수 있다. 인습적 행동은 개인적 선택의 영역을 벗어나는 것으로 지역적이고 상대적이며 권위자나 합의에 의해 변화 가능한 것으로 간주되었다(Laupa & Turiel, 1995).

콜버그의 단계 이론에 대한 대안적 관점에서 튜리엘은 영역 내에서의 추론의 발달, 즉 각 영역 내의 발달을 탐색하였다. 사회인습적 추론의 경우는 7단계의 발달 순서를 거치는 것으로 보고되었다. 튜리엘은 사회인습적 영역에 관한 연구(Turiel, 1978)를 통해 인습에 관한 아동의 이해는 그 자신의 긍정과 부정의 수준을 따라 진행됨을 밝혔다는 측면에서 상당히 특징적이라고 해도 그것은 여전히 피아제식의 모델에 해당한다.

어느 한 단계에서 긍정된 이해는 그 다음 단계에서는 부정된다. 즉 2, 4, 6단계는 "인습의 부정"으로 설명된다. 부정의 단계들은 하위 단계에서 상위 단계로의 이행을 위한 비평형의 시기이다. 비평형은 각 개인이 사회조직이나 인습에 대한 자신의 현재의 사고방식을 적용하는 데 있어서 모순, 불일치, 갈등을 경험할 때 일어난다. 이러한 갈등은 자신의 사고의 적절성을 다시 평가하게 하며, 특정 인습을 부정하도록 한다. 부정 단계에서의 비평형은 사회 인습에 대해 새로운 인식을 하도록 한다. 왜냐하면 보다 낮은 단계의 요소들이 새로운 사고 단계로 변형되고 통합되기 때문이다. 튜리엘(1974, 1983)은 부정의 단계들이 그 자체의 분명한 특성들을 갖고 있으며, 긍정과 부정 사이의 변증법적 이행은 사회인습적 개념에 대한 구성과 재구성이 계속적으로 발달한다는 사실을 반영하는 것이라고 주장한다.

〈표 3-1〉에 제시된 단계에 대한 설명을 살펴보도록 하자. 1, 2단계(6~9세)에서 인습은 사회적 일치성으로 기술되고, 사회적 상호작용의 구조와 기능의 한 부분으로 지각되지 않는다. 3, 4단계(10~13세)에서 인습은 하나의 규칙체제로 간주되고, 사회체제의 개념은 구체적이다. 5, 6단계(14~18세)에서 인습은 고정된 역할과 정체된 위계적 조직을 지닌 하나의 사회체제로 상정된다. 마지막으로 7단계(19~22세)에 이르면, 인습은 사회적 상호작용을 조정하고 한 사회체제의 작용들을 촉진시키는 것으로 인식된다(Laupa & Turiel, 1995).

〈표 3-1〉 사회인습적 추론 단계

1단계	인습은 통일된 행동을 의미한다(6~7세).
2단계	인습을 단순한 사회적 통일성으로 이해하는 1단계 사고의 부정. 인습적 행동은 자의적이며, "모든 사람이 그렇게 한다."라는 사실이 인습의 개념을 유지하기에는 충분하지가 않다(8~9세).
3단계	인습은 규칙 체계를 공고히 해준다. 비록 규칙들이 임의적이고 변화될 수 있는 것이라고 해도 우리는 그 규칙들이 권위 있는 사람들에 의해 기대될 수 있는 것이기에 인습을 따른다(10~11세).
4단계	인습을 규칙의 부분으로 이해하는 3단계의 부정. 인습이란 단지 사회적 기대에 지나지 않는다고 여긴다(12~13세).
5단계	인습은 고정된 역할과 위계조직에 의해 특징지어지는 사회체제 내의 규범이다(14~16세).
6단계	규범이 사회 체제를 유지하는 데 도움이 된다는 5단계 관점의 부정. 인습이란 단지 습관적인 사용으로 부호화된 사회 기준들에 지나지 않는다(17~18세).
7단계	인습은 사회적 상호작용을 용이하게 하는 기능을 지닌 집단 구성원들 사이에서 공유되는 지식이다(18~25세).

4) 영역 구분이 불분명한 문제에 대한 추론

영역 이론에서는 세 가지의 사회적 영역들, 즉 도덕적 영역, 사회인습적 영역, 그리고 개인적 영역 내에서 아동들이 어떻게 추론하는가를 규명하고자 하였다. 그러나 이러한 접근은 하나 이상의 영역이 복합된 사회적 상황을 다루는 데는 명확하게 한계가 있었다. 그런 이유에서 영역 이론은 영역이 불분명한 세 가지 유형의 사회적 문제에까지 확장되는데, 이것들은 2차적 현상(second-order phenomena), 영역 혼합(domain mixture), 그리고 문제의 모호성(ambiguous issue)을 포함하고 있다(Laupa & Turiel, 1995).

여기서 2차적 현상과 영역 혼합에 관련된 사회적 상황은 모두 도덕적 · 인습적 · 개인적 요소가 함께 섞여 있는 상황이다. 우선 어떤 인습적 문제가 처음에는 인습적인 것이라 판단되었지만, 어떤 상황에서는 그 행동에 대한 사람들의 반응 때문에 도덕적 함의를 가질 가능성을 생각해 보자(2차적 현상). 예를 들어, 위해한 결과를 갖지 않는다고 간주되지만 타인들이 그 행동을 공격적으로 해석함으로써, 행동한 사람이 그들에게 손해를 입을 수 있는 가능성을 지닌 행동이 있을 수 있다. 예컨대, 장례식에서 수영복을 입은 행동을 들 수 있다. 이 경우 장례식에서 수영복을 입는 것이 본래 나쁜 것은 아니다. 그러나 장례식에 참석한 다른 사람들은 그 행동에 대하여 화를 낼 수 있다는 것이다. 그러므로 사회인습적 영역에 해당하는 행동이 그것을 보는 타인들로 하여금 화를 내게 만든다면, 그 행동은 도덕적 함의를 가지게 된다고 보았다. 그 결과를 보면, 인습을 위반하는 행동은 2차적으로 도덕적 함의를 가질 수 있음을 알 수 있다. 한편, 하나 이상의 영역에 관련되는 구성요소를 지닌 사회적 상황들도 있는데, 그 경우 그 요소들은 서로 갈등을 일으킬 수 있다(영역 혼합). 예를 들어, 한 아동이 다른 아동이 해를 입는 것을 막을 기회가 있을 때(도덕적 영역) 자신이 모르는 아동을 도와야 할지, 자신의 형제자매를 도와야 할지를 선택하는 경우이다(개인적 영역).

영역 혼합과는 다른 방식으로 하나 이상의 영역에 관계되는 구성요소를 수반하는 또 다른 문제가 있는데, 많은 사람들이 어느 한 사회적 영역으로 명확하게 분류하기가 어렵다고 지각하는 사회적 문제들이 그것이다(문제의 모호성). 즉, 낙태, 포르노, 동성애 등 우리가 영역 경계를 설정하기가 어려운 사회적 문제들이 있다는 것이다. 한 여론 조사의 결과(McClosky & Brill, 1983)를 예를 들어 보면, 낙태가 수용할만한 것인지에 대하여, 그것이 도덕적 문제라고 보는 사람이 있는가 하면, 그렇지 않은 사람도 있는 등 의견이 분분한 것이 사실이다. 더구나 낙태가 나쁜 것이라고 평가하면서도 불법적인 것은 아니라고 믿는 사람도 상당히 많다.

사람들이 이런 주제들에 대하여 어떻게 추론하는지, 그러한 추론이 도덕적 문제의 추론과는 어떻게 비교되는지를 밝히기 위한 연구들이 청소년과 성인 초기의 사람들을 대상으로 수행되었다. 이 연구 중 하나에서는 낙태, 포르노, 동성애와 같이 영역이 애매한 문제와 살인 및 강도와 같이 확실히 도덕적인 문제 등에 대한 피험자들의 준거판단과 정당화를 검토하였다(Turiel, Hildebrandt, & Wainryb, 1990). 피험자들은 대체로 도덕적 행동을 판단하는 방식에서 매우 유사한 반응을 보였다. 즉, 살인 및 강도와 같은 행동은 나쁘며 법에 의해 금지되어야 한다는 것이다. 그들은 또한 그런 행동은 법 규정이 없더라도 나쁘다고 판단하였다. 반면, 위의 애매모호한 문제들을 나쁘다고 판단한 피험자들 중 많은 이들은 그런 행동은 불법적인 것은 아니라거나, 그런 행동이 다른 문화권에서 수용될 수 있다면 그 문화권에서는 나쁜 것이 아니라고 평가하였다. 즉, 피험자들이 한편으로 특정 행동이 나쁘다고 판단하면서도 다른 한편으로는 개인적 선택에 따라 결정되어야 한다고 판단하는 경향이 있다는 것이다. 각 유형에 대한 정당화 역시 달랐다. 도덕적 행동에 대한 판단은 계속 복지, 정의, 권리 등의 관점에서 정당화 또는 추론되는 반면, 모호한 문제들은 그것들이 당연하고 종교적이거나 사회적으로 허용된 것으로부터의 일탈이라는 관점에서 정당화되었다.

5) 규칙과 권위

아동들이 사회적 관계에 대해 추론하는 방식을 각각 다르게 발달시키고 있다는 튜리엘의 견해는, 특정 문화의 도덕체제가 그 문화 내에서 성장하고 있는 아동들의 도덕적 판단의 형성에 중요한 영향을 미친다는 현대적 견해와는 대조적이다. 현대적 견해에 의하면, 도덕성은 각 문화마다 다른 '사회적 구성 개념'이 된다. 도덕성은 한 사회의 역사에 의해 그 사회의 전통을 통하여 구성되며, 개인들은 문화적 상황 내에서 자신들의 사회화에 의해 그 도덕성을 구현한다는 것이다. 이와는 대조적으로, 튜리엘과 그의 동료들은 부분적으로 피아제 등에 의해 정립된 발달 개념을 바탕으로 하고 있다. 발달적인 관점은, 아동들이 성인에 의해 자신들에게 전수되는 것에 의해서뿐만 아니라, 그들 스스로가 자신들이 직접 경험하는 일들과 사회적 관계들에 대해 추론함으로써, 자신들을 둘러싸고 있는 세계에 대한 도덕적 · 사회적 이해들을 발생 또는 구성한다는 명제를 전제로 하고 있다. 따라서 도덕적 판단은 이미 형성된 문화적 규범들의 단순한 반영이 아니며, 실제로 존재하는 사회적 문제에 대한 해결을 수반하는 것이다(Laupa & Turiel, 1995). 정리하자면, 사회적 구성의 관점을 따를 경우 아동은 권위자로부터 문화적 규칙과 규범을 전달받음으로써 도덕적 지식을 습득하는 반면, 영역 이론적 관점에서 보면 아동은 자신의 사회생활 경험을 통하여 규칙과 권위에 대한 지식을 발달시킬 뿐만 아니라, 도덕성에 관한 지식도 능동적으로 구성하게 된다.

한편, 권위에 대한 아동의 추론을 다룬 로파와 튜리엘(Laupa & Turiel, 1986)은 6~12세 된 아동에게 한 교사가 학생들에게 그들이 원한다면 싸워도 된다고 허용하는 가상 시나리오를 제시하였다. 그 결과, 모든 아동들은 학생들이 싸워도 된다고 허용한 교사의 권위를 부정하였다. 싸움은 다른 사람에게 해를 끼친다는 이유로 피험자들은 그들의 반응을 정당화하였다. 김정민(Kim, 1998)의 연구는 한국의 초등학교 아동들이 권위를 가진 성인의 명령을 평가할 때 권리, 정의, 그리고 행복에 관한 도덕 판단에 보다 비중을 두기 때문에, 타인의 권리를 침해하거나 나눔(sharing)의 과정에서 이기적이 되거나 타인의 행복을 위협하는 행위가 권위를 가진 성인에 의해 묵과되더라도 여전히 그런 행위를 옳지 못한 것으로 판단했다고 보고하였다.

이를 통해 한 문화의 가치 체제가 권위를 통해 다음 세대에 전달되는 것은 아니라는 사실이 밝혀졌다. 아동들은 권위자의 지시에 의거하여 도덕적 판단을 내리기보다는 권위자의 지시의 도덕적 적합성에 관한 그들 나름의 추론을 토대로 권위에 대하여 서로 다른 판단을 하게 된다. 더구나 아동들은 단순히 권위자로서의 성인에 대한 복종을 지향하지 않고, 권위자의 다양한 속성과 사회적 맥락에 대한 고려를 바탕으로 권위의 적법성에 대한 차별적인 판단을 하고 있는 것이다.

6) 영역 이론에 대한 비판적 평가

레스트(1983)는 사회적 인습과 도덕은 독립된 영역으로 범주화할 수 없을 만큼 복잡한 방식으로 상호 관련되어 있다는 측면에서 영역 이론을 비판한다. 튜리엘에게 있어, 어떤 행동이 도덕적 함의를 가질 경우는 타인의 복지에 대하여 직접적이고 본질적인 결과를 일으킬 때로 한정되어 있다. 하지만 레스트의 관점에서 볼 때 이러한 도덕의 정의는 너무 협소하다. 왜냐하면 한 사람의 복지는 사회적 조정이나 사회적 실천에 의해 영향을 받기 때문에 특별한 사회나 역사적 맥락에 따른 자의적이고 상대적인 것으로 정의된다는 점에서 당연히 인습적인 문제가 될 수 있다. 레스트는 오른쪽 길로 운전하기, 4월 15일까지 세금 납부하기, 4년마다 11월에 대통령 선거에 참여하기 등이 그 예에 해당한다고 보았다. 이런 실천 행위들이 미국 사회와 관련이 있고, 다른 실천행위들이 이것들과 대체될 수 있다는 의미에서 임의적이라고 하더라도 인간 복지와 관계있다는 점에서는 분명히 도덕적 암시를 지니고 있다는 것이다. 그러므로 레스트가 보기엔 이런 사회적 실천들을 도덕과 별개의 영역으로 분류하는 것은 타당하지 않다. 레스트에 의해 제기된 이러한 비판은 튜리엘로 하여금 자신의 이론적 관점을 수정 · 보완하게 하는 주요한 계기를 마련해 주었다(Laupa & Turiel, 1995).

콜버그(Kohlberg et al., 1983)는 도덕 영역의 범주에 관련된 주장, 즉 영역 접근은 철학적 분석에 근거해야만 하고 경험적인 증거에 의해 확증되어야 함에도 불구하고, 이 두 가지 점에서 모두 잘못되어 있다고 지적하였다. 콜버그는 도덕적 영역을 축소하기 위한 철학적 정당화가 결여되어 있으며, 사회인습적 추론 단계의 순서라는 서툰 구조성을 지지하는 경험적 증거도 아직 찾아볼 수 없다는 이유에서 영역 이론을 비판하였다.

한편, 덕과 성격의 개념을 제외시키면서 도덕적 영역을 정의하는 방식, 즉 도덕적 영역을 공정한 갈등 해결을 요구하는 매우 어려운 문제로 제한하는 방식(콜버그식)이라든가, 도덕적 영역을 다른 사람의 복지에 대한 내재적인 결과를 포함하는 문제로 제한하는 방식(튜리엘)은 모두 덕 윤리학(virtue ethics)의 관점에서 보면 매우 이상한 것으로 보일 것이다. 덕 윤리학에 있어서 도덕성은 사회 인습과 구별되는 것이 아니라, 오히려 어떤 특별한 윤리적 전통에 의해 정의되는 특수한 것이다. 그러므로 영역 구분 방식은 다른 윤리적 전통의 관점에서 보면 그다지 중요하지 않은 것이다. 예를 들어, 덕 윤리학적 관점에서 볼 때 개인적 영역은 사실 도덕적 영역일 수도 있다. 왜냐하면, 한 개인의 선택은 그것이 개인의 비밀스런 문제를 다루고 있을 때에도, 단지 행위자에게만 영향을 미치고 있을 때에도, 그리고 비록 보편적인 것이 될 수 없다고 하더라도, 고결함을 갖춘 훌륭한 삶이란 어떤 것인가에 관한 개인적인 견해에 대해 윤리적 방식으로 주관적인 구속력을 갖기 때문이다(Laupa & Turiel, 1995).

7) 도덕교육적 시사점

지금까지 살펴본 것처럼, 도덕과 인습의 특성이 본질적으로 다른 두 영역이며, 인간의 삶과 도덕성 발달에서 이 두 가지가 상호작용하면서 영향을 미친다는 점은 도덕심리학 연구와 도덕교육에서 우리가 무엇을 고려하도록 하는가?

첫째, 영역 이론과 관련된 많은 연구를 살펴본 결과, 성인들뿐만 아니라 아동들도 사회적 행동을 다른 방식으로 추론한다는 사실, 즉 도덕적 규칙은 보편적이고 변경 불가능한 것으로 판단하고, 인습은 맥락적이며 합의를 바탕으로 하는 것으로 판단한다는 점을 알게 되었다. 사회적 판단이 문화권마다 그리고 한 문화권 내의 사람들마다 다르다는 것은 사실이지만, 이러한 다양성은 문화적 훈련의 차이에서라기보다는 사회적 판단의 바탕을 이루는 실제적 사태에 관하여 개인이 갖게 되는 서로 다른 가정에서 상당 부분 유래되는 것이다. 그러므로 영역 이론의 관점에서 보자면, 한 문화권 내에서든 다른 문화권 간에서든 아동들의 사회적 추론과 행동의 발달을 효과적으로 연구하기 위해서는 그들이 형성하고 있는 사회적 지식의 기본 영역들(도덕 · 인습 · 개인 영역) 간의 차이를 설명하는 것이 필수적인 것이다.

둘째, 전통적인 콜버그식 접근을 하는 교사들과는 대조적으로 영역 이론을 활용하는 교사는 사회적 인습이 도덕의 하위 영역이 아니라 독특한 가치 차원을 구성한다는 점을 인식해야 함을 암시한다(이인재, 1999). 이때 교사에게 요구되는 사항은 도덕수업에서 활용하는 사회적 문제의 도덕적 성격과 인습적 성격에 대해 면밀하게 분석하고 정확하게 이해를 할 수 있어야 한다는 점이다. 그러한 분석은 논의되고 있는 문제가 가치 차원의 영역과 일치된다는 점을 확신하는 데 필수적이다. 예를 들어, 어떤 아동이 교사에게 정중하게 인사를 하지 않았다는 이유에서 그 아동에게 도덕성 내지는 품성에 문제가 있다고 비난하는 것은 영역에 적합한 지도라고 볼 수 없다. 또한 어떤 옷을 입을 것인가에 관한 규정을 논의하는 것도 도덕적 논의를 이끌어 내기에 적합하지 않다. 왜냐하면 그것은 주로 사회적 인습의 문제이거나 개인적 영역에 해당하는 문제이기 때문이다. 이와 마찬가지로 어려움에 처한 사람을 돕기 위해 물건을 훔치는 것이 옳은가에 관해 심사숙고하게 하는 것은 사회적 인습에 관한 학생들의 이해를 촉진할 목적으로 계획된 수업에서는 적절한 주제가 되지 못할 것이다. 그러므로 교사가 해야 할 일은 제기된 문제의 영역과 일치되는 특성에 맞추어 학생의 활동이 이루어지도록 하는 것이다.

끝으로, 전통적인 인격교육과 인지발달 이론 모두가 사회적 지식에 대한 영역 구분에 유의하면서 도덕교육적 실천을 제시해 나가야 하지만, 결국 영역 이론은 아동의 인격형성을 위해 전통적인 인격교육적 관점과 인지발달론적 관점에서 나온 방법을 통합적으로 활용해야 함을 암시하고 있다(이인재, 1999). 한편으로, 도덕 발달은 도덕적 토론이나 도덕적 문제해결을 통해서 촉진된다. 자신이 택한 도덕적 입장이 일관적이지 못하고 부적절하다고 느낄 때 도덕적 추론은 발달하게 된다. 이를 위해 가장 효과적인 방법은, 콜버그가 일관되게 주장했듯이, 소규모 집단 속에서 상호토론을 하도록 하는 것이다. 토론은 가상적인 문제보다는 독서를 통해 알고 있는 문제와 실제적인 사건에 의해 더욱 진지해질 수 있으며, 어떤 교육적 주제에도 효과가 있다. 다른 한편으로, 도덕적 토론에서는 전통적인 인격교육론자들이 주장하는 도덕적 귀감을 활용할 수 있다. 도덕적으로 훌륭한 삶을 살았던 사람에 관한 이야기 자료를 읽음으로써 학생들은 역할모델에 접할 수 있다. 이러한 방식에 지나치게 의존하는 것은 옳지 않지만, 이런 경험은 학생들에게 모범적인 인물의 사고와 행동을 고려해 볼 수 있는 기회를 갖도록 해주기 때문에 의미가 있다. 또한 교사는 학생들에게 도덕적으로 중요한 상황을 담고 있는 문학작품에 학생들을 안내함으로써 왜 사람들은 도덕을 존중하여 올바른 행동을 하게 되었는가를 깨달을 수 있게 해야 한다. 결국 영역 이론은 아동의 인격형성을 위해 전통적인 인격교육적 관점과 인지발달론적 관점에서 나온 방법을 통합적으로 활용해야 함을 시사하고 있다.

제4장
사회학습 이론과 도덕성 발달

행동주의의 초기 전통은 때로는 극단적으로 환경결정론(environment determinism)적이라고 기술된다. 그 이유는 부분적으로는 이 전통에 서 있는 가장 저명한 이론가들 중의 몇몇이 극단적인 입장을 취했기 때문이다. 예를 들면, 왓슨(John B. Watson)은 행동의 본능적이고 생물학적인 기초를 강조하는 프로이트의 임상 이론에 의문을 제기했다. 그는 공포 또는 다른 어떤 정신병리가 환경에 의해 유발될 수 있음을 증명하려 했다. 스키너(Burrhus F. Skinner)도 마찬가지로 인간 행동이 내적 원인에서 연유된다는 이론을 비판하였다. 스키너는 내적 상태가 존재하지 않는다고 주장하는 것이 아니라, 다만 그러한 내적 상태가 행동을 결정하는 데 인과적 역할을 하지 않는다고 주장하는 것이다. 그의 입장에서 볼 때 행동에 관한 과학적 분석은 관찰 가능한 상태에 한정되어야 하는 것이다(문용린 역, 2004).

하지만 일반 심리학에서와 같이 도덕 발달 분야에서 행동주의적 관점은 조작적 조건화 이론부터 사회학습 이론, 사회적 조건화 이론, 인지적 행동 이론, 인지적 사회학습 이론에 이르는 광범위한 이론적 관점들로 다원화되었다. 점점 더 많은 수의 행동주의자들이 이제 인간의 내적 상태, 특히 인지과정의 역할을 인정하고 있다. 더욱이 행동적 접근이 계속하여 환경적 요소가 행동을 결정한다는 점을 강조할지라도, 유기체는 환경사태에 단순히 반응하는 것이 아니라 또한 이러한 사태를 구성하는 적극적인 역할을 한다는 인식, 즉 유기체와 환경이 양방향으로 영향을 미친다는 인식이 점점 증가하고 있다. 따라서 행동적 전통의 현 동향을 보여 주는 많은 현대의 행동적 접근은 절충적이기 때문에 때때로 대중에게 널리 호소력을 갖게 되었다. 이 장에서는 사회학습 이론을 중심으로 상호결정론적 관점의 의미, 도덕적 행동의 학습 방법, 그리고 도덕적 이탈의 원인 및 예방책 등을 살펴보고자 한다.

1. 상호결정론으로서의 사회학습 이론

왓슨을 중심으로 한 전통적 행동주의의 환경결정론적 관점에 의하면, 어린 아동들은 환경의 수동적 수용자로 간주되었다. 아동과 청소년이 자신의 발달에 여러 방식으로 기여하는 존재, 그리고 능동적으로 사고하는 존재임을 강조함으로써 반두라(Bandura, 1986)는 이러한 관점에 이의를 제기했다. 예를 들어, 관찰학습은 사회적 모델이 보여준 행동에 능동적으로 주의집중하고, 부호화하고 파지하는 관찰자를 필요로 한다. 아동들은 자신들이 주의를 둘 모델을 종종 자유롭게 선택하기도 하며, 타인들로부터 어떤 것을 배워야 할 것인지에 대해서 말하곤 한다.

이런 이유에서 인간발달이 능동적인 개인(P), 그 사람의 행동(B), 환경(E) 간의 상호작용을 나타낸다는 자신의 견해를 기술하기 위해 반두라는 상호결정론(reciprocal determinism) 개념을 제안했다(Bandura, 1986). 환경이 아동의 성격과 행동을 만든다고 주장했던 왓슨과 스키너와는 달리, 반두라는 개인, 행동, 환경 사이의 관계는 양방향적(bidirectional)이라고 제안한 것이다. 그에 따르면, 아동이 경험하는 상황 혹은 환경이 아동에게 영향을 주는 것과 마찬가지로 아동의 행동도 환경에 영향을 주게 된다. 이것은 자신의 성장과 발달에 영향을 주는 바로 그 환경을 만드는 데 아동들이 능동적으로 개입한다는 것을 시사한다.

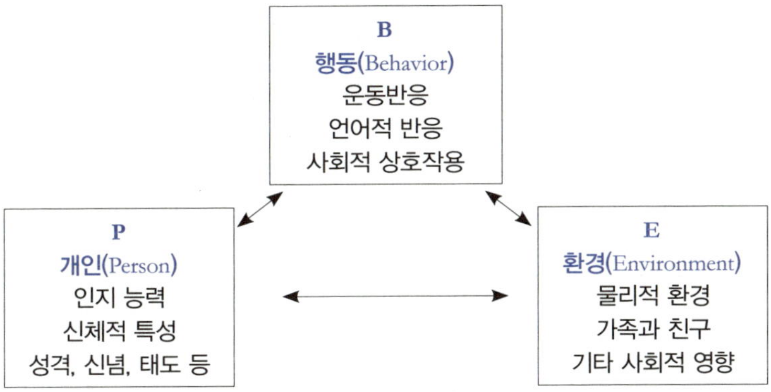

[그림 4-1] 반두라의 상호결정론 모델. Bandura, 1977에서 인용

2. 유혹에 저항하는 행동의 학습

반두라(Bandura, 1986, 1991, 2002)와 미쉘(Mischel, 1974)과 같은 사회학습 이론가들은 1차적으로 도덕성의 행동적 요소, 즉 유혹에 직면했을 때 실제로 하는 행동에 관심을 두고 있다. 그들은 도덕적 행동이 다른 사회적 행동이 학습되는 것과 같은 방식으로 강화, 처벌의 조작, 모델링과 관찰학습을 통하여 학습된다고 보고 있으며, 도덕적 행동은 특정한 상황에 의해 영향을 받는다고 말한다(송길연 외 역, 2001).

1) 도덕적 행동의 결정요인으로서의 강화

우리는 많은 행동의 발생빈도는 그 행동들이 강화를 받게 될 때 증가될 수 있다는 것을 생활 주변에서 쉽게 보아 왔다. 따뜻하고 수용적인 부모가 자녀들에게 분명하고 합리적인 기준을 제시하고, 종종 바람직한 행동에 대한 칭찬을 해 주게 될 때, 걸음마기의 유아들조차도 부모의 기대에 따르게 될 가능성이 많으며, 4~5세 무렵에 내면화된 양심을 형성했음을 의미하는 강력한 증거를 보이게 될 가능성이 높다(Kochanska, 1997). 아동들은 일반적으로 온정적이고 강화를 제공하는 성인들의 바람에 따르려고 동기화된다. 그리고 그들의 바람직한 행동에 대한 칭찬은 그들에게 목적을 달성했다고 말해 주는 것과 같다.

2) 도덕적 금기 사항을 확립하는 과정에서의 처벌의 역할

바람직한 행동을 강화해주는 것은 그 행동을 증진하기 위한 효과적인 방법이지만, 흔히 성인들은 아동이 유혹에 저항하며 칭찬을 받을만하다는 것을 인식하지 못한다. 이와는 반대로, 성인들은 아동의 나쁜 행동을 처벌로써 바로잡으려는 데는 매우 민첩하다. 처벌은 금지시키는 통제력의 발달을 촉진시키기 위한 효과적인 방법일까?

(1) 초기 연구

파크(Parke, 1977)는 엄격한 처벌이 온정적인 훈육자에 의해 즉각적이고 일관되게 시행될 때, 아동의 바람직하지 못한 행위를 제지하는 데 매우 효과적이라는 사실을 보고한 바 있다. 파크는 특히 모든 형태의 처벌 과정에서 위반자에게 금지된 행동을 금지하는 이유를 설명해 주는 인지적 설명을 적절히 제공한다면 더욱 효과적일 수 있다고 보았다.

(2) 인지적 설명의 효과에 대한 해석

인지적 설명은 아동들에게 처벌받는 행동이 왜 나쁘고 그것을 반복하면 죄책감이나 부끄러움을 느끼게 되는가에 대한 상세한 정보를 제공하는 것이다. 따라서 아동들이 앞으로 금지된 행위를 하는 것에 대해 생각하게 될 때, 그들은 이전의 훈육 경험에서 비롯되는 일반적인 불안감을 경험하게 될 것이다. 또한, 이런 각성에 대한 내적 귀인[9]을 하게 될 가능성이 높아질 것이다. 또한 이제는

9) 예를 들면, "만약 나쁜 짓을 한다면 죄책감을 느끼게 될 것이다." "내가 항상 그랬던 것처럼 좋은 아이가 되지 못할 것이다."

금지된 행위를 하지 않게 되고, 성숙하고 책임감 있는 행위에 대해서 좋게 여기게 될 가능성이 더 많아질 것이다. 이와는 반대로, 인지적 설명을 듣지 못했거나 혹은 "너 다시 그러면 엉덩이 맞을 줄 알아라."라는 방식으로 어떤 위반에 대해 예상될 수 있는 부정적인 결과를 항상 염두에 두라는 설명을 접해 온 아동들은 그들이 금지된 행동을 하려는 생각을 할 때 많은 불안감을 경험하게 된다. 그러나 이런 아동들은 권위자가 자신의 주변에 있을 때 도덕규범에 순종하게 하는 그들의 정서적 각성에 대해 외적 귀인[10]을 하는 경향이 있으며, 만약 그러한 위반을 감시하는 사람이 아무도 없다면 비행 행동을 억제하지 않을 것이다.

이렇게 볼 때에 발각과 처벌의 공포가 아동들에게 외적인 감시가 없을 때 유혹에 저항하도록 하는 데는 충분치 않다는 것을 알 수 있다. 그러므로 내면화된 자기통제를 확립하도록 돕기 위해서 성인들은 아동들에게 왜 이런 행동이 나쁘며 다시 그런 행동을 저지른다면 왜 죄책감을 느끼거나 바람직하지 못하게 느끼게 되는지 알려주는 적절한 설명을 포함하는 훈육지침을 마련해야 하는 것이다(Hoffman, 1988). 진정한 자기통제는 주로 인지적 통제를 받게 된다. 즉 그것은 공포나 불안감의 양보다는 아동들의 머릿속에 들어있는 생각에 더 많이 좌우된다.

(3) 도덕적 자아개념 훈련

만일 행위에 대한 내적 귀인이 도덕적 자기통제를 향상시킨다면, 아동들에게 그들은 착하고 정직하며 책임감 있는 사람이기 때문에, 도덕규범을 위반하려는 유혹에 저항할 수 있다고 확신시킬 수 있어야 한다. 이러한 도덕적 자아개념 훈련은 매우 효과가 있는 것으로 보고되고 있다.

카지와 버튼(Casey & Burton, 1982), 그리고 페리 등(Perry et al., 1980)은 "착하다", "정직하다", "규칙을 잘 따르고 지시를 잘 수행한다."라는 말을 들은 아

10) 예를 들면, "들켜서 벌을 받을까 봐 걱정이 돼."

동들과 그들 자신에 대해 긍정적인 귀인을 들어온 아동들은 유혹에 저항하게 될 통제력이 향상될 수 있고, 만약 그들이 부적절하게 행동하고 그들의 긍정적인 자기 모습 내지는 이상적인 자신의 이미지를 위반할 때, 죄책감이나 양심의 가책을 느끼도록 하는 데 기여할 수 있다고 주장하였다.

3) 아동의 도덕적 행동에 대한 관찰학습의 효과

아동들은 도덕적 행동을 보이는 '친사회적 모델'이나 '규칙준수 모델'에 의해 영향을 받게 될까? 사회학습 이론의 입장에서 보면, 관찰하고 있는 친사회적 모델이 아동에게 매우 강력한 영향을 미친다는 것에 대해서는 의문의 여지가 없다. 친사회적 모델들은 이타적 행동, 관대함, 유혹에의 저항을 고무시키는 것으로 알려져 있다.

반두라는 학습이 직접적인 경험을 통하여 일어날 수 있다는 것을 인정하면서도, 타인의 행동을 관찰하는 것에 의해서도 학습이 일어날 수 있다는 것을 강조하고 있다. 이러한 사회적 반응들은 모델링(modeling) 혹은 관찰학습(observational learning)이라고 불린다. 어떤 모델이 수행하는 어떤 행동을 관찰한 아동은 그와 유사한 방식으로 행동할 경향성이 아주 크다. 반복된 시도가 꼭 필요한 것은 아니다. 아동은 다른 사람이 행동하는 것을 관찰하는 것만으로도 행위 유형들을 학습할 수 있다. 아동은 그들의 삶에 있어서 중요한 사람들을 관찰하는 것에 의하여 사회적 행위들을 학습한다. 이러한 관찰은 행동을 본받는 것을 도와주는 정신적 이미지와 상징적 재현으로서 저장된다(추병완, 2004).

반두라는 관찰학습의 네 가지 구성요소들을 발견하였다. 주의집중 과정, 파지 과정, 운동 재생 과정, 강화 혹은 동기화 과정이 바로 그것이다. 관찰자들은 온정적이고, 유능하며, 강력하다고 여겨지는 모델에 더욱 주의를 집중하는 경향이 있다. 의존적이고, 자아개념이 낮으며, 불안감이 높은 관찰자일수록 타인의 행동을 모방하는 경향성이 더욱 많다. 주의집중에 덧붙여, 학습자는 기억될 수 있는 형태로 관찰된 행동의 표상을 만들어야만 한다. 이러한 파지 혹은 기억

과정은 암기, 상상, 정교화의 사용을 포함하고 있다. 세 번째 구성요소인 운동 재생 과정은 관찰된 행동을 실제로 수행하는 것을 의미한다. 개인은 반응 요소를 선택하여 조직화해야만 하며, 그러한 반응을 정보 송환에 근거하여 세련되게 만들어야 한다. 요구되는 행동을 성공적으로 실행할 수 있다는 학습자의 자아효능감(self-efficacy)은 모방 행동의 성공적 수행에 커다란 영향을 미친다. 반면에, 어떤 과제를 할 수 있다는 확신이 결여된 사람들은 그 과제를 계속해서 수행하지 못한다. 네 번째의 구성요소인 동기화 과정은 대리강화와 처벌이 보상받은 행동을 수행하고 처벌받은 행동을 회피하는 데에 인센티브를 제공해 준다는 것을 보여주고 있다. 직접강화는 관찰학습의 필수적인 구성요소가 아니다. 관찰학습에서는 대리강화와 자기강화가 중요한 구성요소들이다. 대리강화에서 모델은 적절한 행동에 대한 강화를 받으며, 이때에 그것을 본 관찰자들은 자신들이 직접강화를 받지 않았음에도 불구하고 모델의 행동과 동일한 행동의 수행을 자주 하게 된다. 예를 들어, 칠판 청소를 하는 교사를 도와준 학생은 교사로부터 직접강화를 받게 된다. 결과적으로, 그것을 목격한 다른 학생들은 교사가 칠판 청소를 할 때 기꺼이 도와주려는 행동을 하게 된다. 반대로, 자기강화는 그들 스스로 수행 기준을 개발하고, 자신의 수행에 대하여 보상하거나 비판을 가하는 개인들에 의하여 의식적으로 만들어지는 것이다(추병완, 2004).

관찰과 모방에 의한 학습의 경우 사람들은 같은 성의 모델의 행동을 더 잘 모방하는 경향이 있으며, 모델의 행위 결과가 좋은 보상을 받을 때, 즉 모델의 행위에 긍정적인 강화가 주어질수록, 모델의 지위가 매력적이고 존경과 신뢰의 대상이 되는 정도가 높을수록, 그리고 모델의 행위 결과 처벌을 받지 않는 경우일수록 각각 그 반대의 경우보다 더 잘 모방된다는 사실이 밝혀졌다(Bandura & Walters, 1963). 그리고 이 관찰과 모방에 의한 학습 과정에서 인지적 매개가 중요하게 작용한다. 말하자면, 단순히 모델을 관찰했다는 것만으로 행동의 변화가 일어나는 것이 아니라, 그 모델이 자신에게 주는 의미를 인지적으로 파악하여 그것을 의식적으로 수용할 때 학습이 더 잘 일어난다는 것이다(유병열, 2004b).

3. 도덕적 행동의 실행에 있어서 도덕적 이탈

반두라(2002)는 도덕적 행동의 실행에 있어서 중요하지만 쉽게 간과하는 선택적인 도덕적 이탈(moral disengagement)의 문제를 다루고 있다. 도덕성에 관한 심리학적 이론들은 전통적으로 대개 도덕적 행동을 간과하는 대신에 도덕적 추론의 형식적인 성격에 관심을 기울여 왔다. 그러나 인간다운 행위란 도덕적인 추론 이상의 것을 포함한다. 온선한 도덕적 행동의 이론은 도덕적 지식과 추론을 도덕적 행동과 결부시키지 않으면 안 된다. 도덕적 자아(Bandura, 1986, 1991)에 대한 사회인지 이론에서, 도덕적인 추론은 자기조절(self-regulation)의 메커니즘을 통해서 도덕적 행동과 결부된다.

도덕적 자아의 발달에 있어서 개개인은 행동에 대한 지침이나 그 행동을 억제하도록 작용하는 옳고 그름의 기준(moral standards)을 채택한다. 이러한 자기조절의 과정에서 사람들은 자신의 행동과 그 행동이 일어나는 조건을 검토하고, 자신의 도덕적 기준에 의거하여 그 행동과 조건을 평가하며, 환경을 파악하고, 결과를 고려하여 자신의 행동을 조절한다. 사람들은 만족과 자존감을 가져다주는 일을 행하는 반면, 비도덕적 행위가 자기모멸감을 유발할 것이기에 자신의 도덕적 기준을 위반하는 행동을 삼간다. 그리하여 자기제재(self-sanction)는 내적인 기준에 부합하게 행동하도록 한다. 그렇다고 도덕성에 대한 자기조절이 합리주의적 이론가들이 강변하는 것처럼 전적으로 심리내부의 문제인 것은 아니다. 즉, 우리는 자신이 처한 사회적 상황으로부터 영향을 받지 않는 '자율적인 도덕적 행위자'로 기능하는 것이 아니다. 도덕성 발달에 대한 상호결정론적 관점을 채택하고 있는 사회인지 이론에서는 도덕적 행위를 인지적, 정서적, 사회적 영향 간 상호작용의 산물로 간주한다.

1) 도덕적 이탈의 메커니즘

도덕적 기준은 행위의 고정된 내적 조절자로서 기능하지 않는다. 자기제재[11]

11) 왜 우리는 자신을 처벌하는 것일까? 반두라에 의하면, 자신의 행위기준을 위반한 행위는

에 대한 선택적인 활성화와 이탈은 동일한 도덕적 기준을 가지고 있는 사람이더라도 상이한 행동의 양상을 보여준다. [그림 4-2]는 도덕적인 자기비난이 비난받을 만한 행위로부터 이탈될 수 있는 도덕적 통제 과정의 핵심을 보여주고 있다.

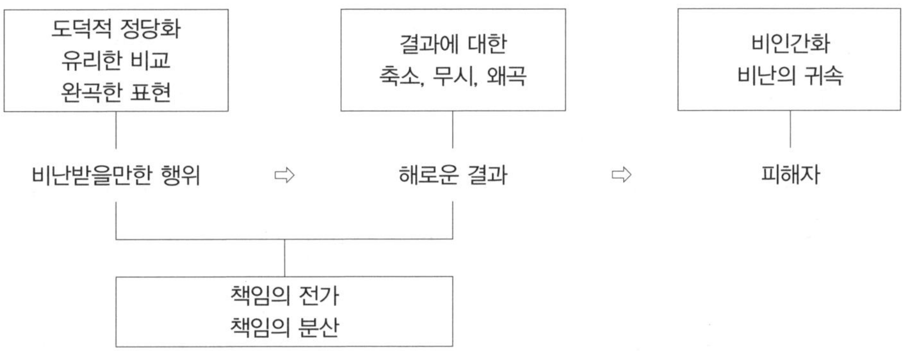

[그림 4-2] 도덕적 자기제재가 선택적으로 활성화되는 메커니즘(Bandura, 2002: 103)

(1) 도덕적 정당화

사람들은 일반적으로 자신의 행동을 정당화할 때까지는 유해한 행동을 하지 않는다. 도덕적 정당화 과정에서 이러한 유해한 행위는 사회적으로 가치 있거나 도덕적인 목적에 봉사하는 것으로 포장됨으로써, 개인적으로나 사회적으로 용인될 수 있는 것이다. 그리하여 사람들은 나름의 도덕 명령에 따라 행동할 수 있으며 다른 사람들에게 해를 입히면서도 도덕적 행위자로서의 자신의 견해를 유지할 수 있게 되는 것이다. 이와 같이 도덕적인 정당화를 통한 파괴적인 행동은 군사적 수행에서 가장 현저하게 나타난다. 한 사회의 구성원을 철저

예기되는 공포와 자기비난을 불러일으켜서 그 사람이 처벌받을 때까지 지속된다. 그러나 처벌은 위반과 그에 따른 사회적 반향에 대한 고통을 종식시키며, 타인의 승인을 회복시키는 경향이 있다. 따라서 자기처벌적 반응은 사고(思考)에 의해서 생겨난 고통을 경감시키고, 외부적 처벌을 완화시켜주기 때문에 지속된다. 비난받을 만한 의도적 행위에 대해 자신을 비판하고 경시함으로써 사람들은 과거의 행동에 대해 더 이상 고통을 주지 않는다(위반 → 내적 고통 → 처벌 → 고통의 경감). 이훈구 역(1993), p. 297. 참조 바람.

한 전투원으로 변모시키는 요인은 성격(personality) 구조, 호전적인 충동 혹은 도덕적 기준 등을 바꾸는 것이 아니라, 자기비난으로부터 면제될 수 있기 위해 살인의 도덕성을 인지적으로 재규정하는 것이다. 그리하여 이러한 도덕적 정당화는 폭력 수단의 사용을 정당화한다.

수 세기에 걸쳐 대부분의 파괴적인 행동은 올바른 이념, 종교적 원리와 민족적 명령이라는 이름하에 평범하고 훌륭한 사람들에 의해서 수행되어 왔다. 교전 과정에서 각국은 자국의 군사적 행동을 성화시키면서 상대국은 야만적이라고 매도한다. 각기 자국은 상대국보다 우월하다고 도덕적으로 느낀다.

종교의 정치화는 오랫동안 피 흘린 역사이다. 성전(聖戰)에 있어서, 범법자들은 신학을 곡해하여 자신들이 신의 뜻을 수행한다고 간주한다. 교황 우르바누스는 다음과 같이 열정적이고 도덕적인 선포를 하면서 십자군을 출전시켰다. "나는 살아 있는 사람들에게 말하며, 죽은 자들에게 선포한다. 신이 전쟁을 명령했다. 사세(斯世)의 억압된 삶을 마감하고 전사한 모든 사람들에게 죄의 사함이 있을 것이다." 그러고 나서 우르바누스는 이슬람 적군을 다음과 같이 비인간화하고, 야수화했다. "야비하고, 타락하고 악마의 종노릇하는 그러한 족속(이슬람)이 전능한 신을 믿고 그리스도의 이름으로 빛을 발하는 사람들을 정복한다면 얼마나 불명예스럽겠는가! 한때 형제들과 친척들과 싸웠던 우리지만, 이제는 신의 가호 아래 야만인들과 의롭게 싸우도록 하자."

한편 이슬람 극단주의자들은 지하드(聖戰)에 임하면서, 이슬람 세계를 약탈하고 예속시키려는 '전제주의적이고 퇴폐적인 이교도들에 대항하는 자기방어전'으로 규정하였다. 가령 빈 라덴은 국제적 테러리즘을 다음과 같이 성스러운 명령을 수행하는 것으로 승화시켰다. "우리는 지하드를 계속해서 수행할 것이다. 왜냐하면 이는 우리 종교의 일부이기 때문이며, 찬양과 영광을 받으실 알라가 그의 말씀이 찬양받도록 지하드를 우리에게 명령하셨기 때문이다." 그리하여 이슬람 극단주의자들은 지하드를 알라의 뜻에 따른 일종의 '종교적 의무'로서 받아들였고, 특히 9.11을 전후하여 빈 라덴의 추종자들은 '순교를 통해 영생의 삶을 획득하는 거룩한 전사'로 자신을 바라보게 되었던 것이다.

(2) 유리한 비교

행위가 도덕적으로 어떻게 평가받느냐는 무엇과 비교되는가에 영향을 받는다. 따라서 '대조 원리'(contrast principle)를 이용하면 비난받을만한 행위라도 의롭게 될 수 있다. 그리하여 테러리스트들은 자신들의 행위를 학대와 대조시킴으로써 그들의 행위를 순교의 행위로 간주한다. 아울러, 대조되는 잔악한 행위가 극렬하면 할수록 자기 자신의 파괴적인 행위는 보다 관대한 것으로 보일 가능성이 높다. 예를 들어 베트남 전쟁 시 미국의 군사개입을 공산주의 치하에 예속된 민중을 구하기 위한 것으로 묘사함으로써 베트남에서 미국의 대량파괴의 잔학성은 최소화된다. 편의주의적인 역사 비교 역시 자기결백의 목적에 기여한다. 폭력의 수단을 행사하는 사람들은 프랑스와 미국과 같은 민주주의체제가 억압적인 법에 대항하는 폭력에 의해서 성취되었다는 점을 재빠르게 지적한다.

자신의 무죄를 위한 비교는 공리주의적 기준에 의한 도덕적 정당화에 상당 부분 의존한다. 공리주의적 관점에서 폭력의 사용을 도덕적으로 용인할 수 있는 판단의 준거는 다음과 같다. 첫째, 비폭력적 대안이 목표하는 변화를 달성하는 데 비효과적이다. 둘째, 공리주의적 분석은 하나의 유해한 행위가 보다 큰 고통을 막아줄 수 있다고 확신한다. 그럼에도 불구하고, 공리주의적 계산법은 구체적인 적용에 있어서 신뢰하기 어렵다. 이는 미래가 불확실하며, 인간의 판단이 상당 부분 편견을 가지고 있기 때문이다. 결과적으로 장기적인 손실과 이익의 고려는 종종 의심스럽다.

(앞서 살펴본) 도덕적인 정당화와 면책적 비교, (뒤이어 살펴볼) 정화된 언어 사용을 통한 '해로운 행위의 인지적 재구성'은 도덕적 통제로부터 이탈하는 데 있어서 가장 효율적인 심리적 메커니즘이다. 즉, 보다 도덕적인 목적을 위해 유해한 행동을 해야 한다고 생각하게 되면, 자기비난으로부터 쉽게 벗어나게 되고, 개인적인 가책과 도덕적인 문제 제기 없이 파괴적인 행위를 실행하게 된

다. 또한 자신에게 유리하도록 대조의 원리를 사용하거나 정화된 언어(혹은 완곡한 표현)를 사용하게 되면, 파괴적인 행동으로 나아갈 수 있도록 쉽게 자기승인을 받게 된다.

(3) 완곡한 표현

언어는 행위의 기반이 되는 사고에 영향을 미치기 때문에, 행위에 어떤 이름표를 붙이느냐에 따라 그 행위는 아주 다르게 보일 수 있다. 이런 이유에서 완곡어법은 해로운 행위를 타인들에게 받아들일 만하게, 심지어 존경할 만한 것으로 만들며, 행위에 따른 개인적 책임을 줄이기 위해 널리 사용된다(Lutz, 1987: 103-119). 대체로 사람들은 어떤 공격적 행동이 '침략'이나 '침해'로 불릴 때보다 완곡한 표현이 사용될 때 훨씬 더 잔인하게 행동한다(Diener et al., 1975: 328-337). 이렇게 볼 때 완곡어법은 해로운 무기가 될 수 있다.

갬비노(Gambino, 1973: 15-17)는 책임이 없다는 표현에 대한 통찰력 있는 분석에서 다양한 완곡어법이 있음을 확인하였다. 한 가지 방식은 언어 정화(sanitizing language)에 의존하는 것이다. 가령 '사람을 죽이는 것'을 "쓰레기 처리"에 비유하며(waste), '폭격 임무'를 공공의 효용을 가장하여 "목표를 수행한다."는 것으로 묘사하고, '공격'은 치료 활동의 이미지를 불러일으키는 "깨끗한 외과 수술식 타격"으로 표현한다. '폭탄에 희생된 민간인'은 "부수적인 피해"로 전환된다. 국가의 사형집행에 대한 언어 정화의 일환으로, 어느 미국의 상원의원은 "사형은 인간 삶의 신성함에 대한 우리 사회의 승인이다."라고 선언한 바 있다.

정화된 완곡어법은 때때로 사람들이 수행하는 불쾌한 활동에도 널리 사용된다. 가령 워터게이트 사건에서 거짓말은 "사실의 다른 버전"이 되어버렸다. 텔레비전 산업은 "액션과 모험"이라는 정화된 표현 하에 가장 잔인한 형태의 인간 학대를 생산하고 판매한다. 혹은 한 운전자가 경찰에게 자신이 전주를 어떻게 망가뜨렸는지를 다음과 같이 설명한다. "전주가 다가오고 있었다. 나는 그것을 비껴가고자 했으나 전주가 내 차의 앞부분 가장자리를 받았다."

(4) 책임의 전가

도덕적인 통제력은 유해한 결과가 자신의 탓이라고 인정할 때 가장 강하게 작용한다. 이와 같이 도덕적 이탈 발생의 또 다른 요인은 자신이 초래한 해악에 있어서 능동적인 역할을 흐리거나 최소화하는 것과 관련된다. 사람들은 특히 합법적인 권위자 내지는 명령권자가 자신들의 행위의 결과에 대해 책임을 진다면 정상적인 상태에서는 거부할만한 행위를 한다. 즉 책임의 전가 상태에서 사람들은 자신의 행위가 명령권자의 명령으로부터 비롯된 것이기 때문에, 즉 자신은 행위의 실질적인 주체가 아니기에 자신의 행위에 대한 책임을 질 필요가 없다고 간주하게 되며, 이로 인해 자기비난으로부터 자유로워진다. 이러한 심리상태가 비난받을 만한, 혹은 유해한 행위를 초래하게 되는 것이다. 가령 나치 수용소의 사령관들과 참모들은 실제로 유례없는 인명 살상에 대한 개인적인 책임을 느끼지 않았다. 그들은 단지 명령에 따라 수행했을 뿐이라고 말했다. 이러한 잔인한 명령에 대한 자기면책적 복종은 미라이(My Lai) 양민학살과 같은 군사적인 학살에서도 잘 드러난 바 있다.

다양한 예들이 있지만, 상위 명령권자에게 책임을 전가함으로써 도덕적 통제력으로부터 이탈하는 것과 관련된 심리학적 연구의 대표적인 예로 밀그램(Milgram, 1974)의 실험을 들 수 있다. 이 실험에서는 모든 결과에 대한 책임을 명령권자 자신이 지겠다고 피험자들에게 말하면서 전기충격의 강도를 높이라는 명령을 내린 다음, 피실험자들이 얼마만큼 권위에 복종하는지를 측정하였다. 그 결과, 많은 피험자가 극도의 긴장 상태에 빠졌지만, 실험을 실제로 중단한 사람은 소수에 불과했다. 이에 관해 밀그램은 우리가 권위 체계에 편입되는 순간 대리자적 상태(agentic state)에 빠진다고 설명한 바 있다. 대리자적 상태에 빠지는 순간 스스로를 자율적인 주체가 아니라 단순한 도구로 규정하기 때문에 책임으로부터 자유로워지게 되며, 이러한 심리상태가 유해한 행위를 초래한다는 것이다.

(5) 책임의 분산

도덕적 통제력은 또한 유해한 행위에 대한 책임의 분산으로 행위의 주체가 모호하게 될 때 약화된다. 켈먼(Kelman, 1973)은 책임의 사회적 분산에 따라 행위의 주체가 모호해지는 다양한 방식을 조사했다. 책임은 분업에 의해서 분산될 수 있다. 세분된 임무는 그 자체로 무해한 것으로 보인다. 사람들은 그들이 하고 있는 임무가 어떤 의미를 지니고 있는가보다는 세분화된 구체적 임무에 관심을 기울인다.

집단적 의사결정 또한 사려 깊은 사람일지라도 비인간적으로 행위하게 만드는 요인으로 작용할 수 있다. 모든 사람에게 책임의 소재가 있는 것에 대해서는 어느 누구도 실제로 책임을 느끼지 못한다. 익명성이 보장되는 집단행동 또한 도덕적 통제력을 약화시킨다. 사람들은 자신의 행위에 대해 개별적으로 책임을 져야 할 때보다 집단적인 책임하에서 더욱 잔인하게 행위한다.

(6) 결과에 대한 축소, 무시, 왜곡

행위의 결과가 축소(혹은 최소화)되거나 무시, 왜곡된다면, 자기비난이 일어날 가능성이 거의 없다. 또한 타인에게 끼친 고통이 가시적이지 않고, 파괴적인 행위의 결과가 상당 기간 후에 나타나는 경우에는 유해한 행위를 하기가 용이하다. 책임감이 강한 사람일지라도 자신의 행위의 결과로 인해 고통받는 사람들을 직접 보지 못하는 경우에는 자신의 유해한 행위에 대해 둔감하게 된다. 그러나 자신의 행위의 결과로 타인이 고통받는 것을 직접 목격한다면 자신의 행위를 철회할 가능성이 커진다. 가령, 밀그램의 실험에서 자신이 가한 전기충격에 상대방이 고통스러워하는 소리를 듣는 경우, 명령권자의 유해한 명령에 훨씬 덜 복종적이게 된다. 또한, 베트남 전쟁 시 퓰리처상을 받은 사진(한 소녀가 네이팜탄의 열에 의해 옷이 불탄 채로 비명을 지르며 달리는 모습)은 무수한 저널리스트의 보고보다도 미국 내 베트남 반전 여론을 확산시키는 데 크게 기여했다.

(7) 비인간화

도덕적 이탈 행위의 마지막 두 단계(비인간화와 비난의 귀속)는 '피해자'에게 작용한다. 도덕적인 자기비난의 강도는 다른 사람을 바라보는 방식에 달려있기 때문이다. 우선 다른 사람을 인간적으로 바라보는 것은 공감적인 반응을 촉진시키며, 이를 통해 확인된 '인간미 넘치는 사람'을 개인적 가책과 자기비난 없이 학대하기는 어렵다. 이 말은 사람들에게서 인간적 특질을 제거함으로써 잔악한 행위에 대한 자기비난이 둔감하게 될 수 있다는 것을 의미한다. 예컨대, 전시에 국가들은 적국에 대해 비인간화되고, 악마적이며, 야수적인 이미지를 부여함으로써 적군의 살해를 용이하게 한다. 일단 비인간화된 대상들은 더 이상 감정, 희망, 관심사를 갖는 인간으로 간주되지 않고, 인간 이하의 대상으로 전락한다. 나치에 의한 유태인 대학살(Holocaust)이 바로 이 부류에 속한다. 그리고 미국 서부 개척 시대에 백인이 인디언을 무참하게 살해할 수 있었던 것은 그들을 야만인 혹은 악마로 비인간화시켰기 때문이다. 분산된 책임과 비인간화가 결합될 때 고통을 가하는 수준은 증폭되는 반면, 개별화된 책임과 함께 타인을 인간으로 바라보는 것은 강력한 자기억제의 효과를 낳는다.

(8) 비난의 귀속

자신의 적이나 상황을 비난하는 것은 자기 면책에 도움이 되는 또 다른 방편이다. 올바름의 옷을 입지 않은 가혹 행위는 피해자를 비난받게 하기보다는 가해자를 비난의 대상으로 만든다. 따라서 사람들은 자기 자신을 어쩔 수 없이 가해적 상황에 내몰린 무고한 피해자로 간주한다. 이때 자신의 폭력적 행위는 호전적인 도발에 대한, 혹은 화를 낼만한 이유에 따른 정당한 방어적 반응이 된다. 또한 자기 면책은 자신의 가해 행위가 개인적 결정보다는 어쩔 수 없는 '상황'에 의해 그렇게 된 것으로 봄으로써 달성될 수 있다. 이와 같이 다른 사람이나 어쩔 수 없었던 상황에 대해 비난함으로써 자신의 해로운 행동에 대해 변명할 수 있지만, 그 과정에서 심지어 자신이 옳다고 느낄 수도 있다.

2) 도덕적 행동의 이중적 성격

도덕적 행동의 실행은 억제하는(inhibitive) 것과 능동적인(proactive) 것의 이중적인 양상을 지니고 있다. 억제하는 형식은 비인간적으로 행위하는 것을 삼갈 수 있는 힘으로 드러나며, 도덕성의 능동적인 형식은 인간적으로 행위할 수 있는 힘으로 표현된다. 더 높은 수준의 도덕성에 있어서, 사람들은 유해한 일을 삼가는 것뿐만 아니라 선한 일을 능동적으로 행한다.

미라이 양민학살 당시 젊은 헬리콥터 조종사였던 톰슨은 위협을 무릅쓰고 베트남 양민들을 구하는 용기 있는 행동을 하였다. 공포에 질린 채 갓난아이를 안고 있는 어머니와 그녀의 다리를 붙잡고 있는 질겁한 아이를 보고서 톰슨은 다음과 같이 생각했다. "이 사람들이 나의 도움을 구하고 있다. 나는 그들에게 등을 돌릴 수 없다" 또한 이미 죽은 엄마에 매달려 있는 두 살 난 아이를 보면서 톰슨은 "나도 고국에 저만한 나이의 아들이 있다"고 되뇌었다. 톰슨의 행위는 능동적인 도덕성을 증명한 것이다. 즉 인간적인 의무로서 행위한 것이다.

사회심리학에서는 개인보다 상황 내지 환경의 힘을 강조한다. 그러나 능동적인 도덕적 용기의 사례를 보면 도덕적 행위자로서 개인이 거부하기 힘든 상황적 압력을 이겨내고 있다. 대상에 대한 인간성의 부여 혹은 인간화는 평가적인 자기제재(evaluative self-sanctions)와 결합된 공감 및 사회적 의무감을 불러일으킨다. 평가적인 자기제재는 자기 이익은 물론 심지어 위험을 무릅쓰고서라도 다른 사람의 유익을 위해 행동하도록 동기를 부여한다.

3) 일상생활에서의 이탈

담배는 연간 약 45만 명의 미국인을 살해한다. 수년간 담배 회사는 니코틴이 중독성이 있으며, 흡연이 폐암의 주요 원인이라는 견해에 대해 논쟁했다. 죽음의 산업이라고 불리는 담배 산업은 집단적인 도덕적 이탈의 모습을 띠고 있다. 니코틴의 흡수를 증가시키는 암모니아를 발견한 재능 있는 화학자, 중독성 있는 니코틴 성분을 배가한 식물을 개발한 창조적인 생명공학자, 흡연이 마치 젊음과 현대성, 자유, 여성해방의 표지로 묘사하는 재능 있는 광고주, 주요 담배회사로부터 보조금을 받은 공직자, 인기 있는 영화배우의 흡연 장면, 미국의 담배수입에 대한 관세장벽을 마련한 국가를 무역제재로 위협하는 미무역대표부, 심지어 담배에 대한 규제 폐지를 거부한 보건, 교육 복지부 장관을 회고한 대통령. 이 모든 것이 집합적인 도덕적 이탈에 기여한다.

(1) 삶의 발달 과정에 대한 도덕적 이탈의 영향

도덕적 이탈의 측정에 대한 진전은 도덕성의 이탈 양상이 어떠한지, 삶의 과정에 어떤 영향을 미치는지에 대한 이해를 가능케 한다. 장기적인 연구에 의하면 도덕적인 이탈은 이미 삶의 이른 시기에서 일어나고 있다. 도덕적 이탈의 정도가 높아갈수록 유해한 행위에 대한 낮은 죄책감을 느낀다. 파괴적인 수단을 거부하는 도덕적인 결심은 동료의 모델링과 인간의 갈등에 대한 평화적 해결을 지지함으로써 유년 시절에 고양될 수 있다.

(2) 개인적 제재 및 사회적 제재의 상호작용

도덕적 행위는 사회적 상황의 영향을 받으며, 사람들이 일을 처리하는 삶의 조건들에 의존하며 수행된다. 그러므로 사회인지 이론은 도덕성 발달에 대한 상호결정론적 관점을 수용한다. 또한 도덕적 행위는 개인과 사회적 영향 간의 상호작용의 산물로 간주된다. 도덕적 딜레마 상황에 대한 반응은 자기제재와 사회적 제재 그리고 도덕적 기준의 조건적 적용 간의 상대적 힘(relative strength)에 의해 결정된다. 인간의 행위는 사회 구조적인 요인만으로도, 심리적 요인만으로도 온전하게 이해될 수 없다. 이런 이유에서 사회인지 이론은 사회 구조와 개인적 동인의 이원론을 거부한다. 사회 구조적인 관행은 도덕적 이탈을 조장하는 조건들을 창출하지만 사람들은 사회 체계의 산물일 뿐만 아니라 사회 체계의 생산자인 것이다.

4. 사회학습 이론의 공헌과 비판들

발달 과정에서 아동의 능동적 역할을 강조하는 최근 인지 지향적인 사회학습 이론의 추세에도 불구하고, 일부 비판은 사회학습 이론가들이 발달에 미치는 인지의 영향에 너무 관심을 두지 않는다고 주장한다. '인지발달' 관점의 지지자들은 아동의 정신능력은 행동주의자들이 전적으로 간과했던 일련의 질적 변화 혹은 단계 변화를 경험한다고 믿는다. 또한 그들은 추론이 도덕적 갈등 상황에서 언제 사람이 어떤 행동을 할 것인가를 이끌거나 통제할 것이기 때문에 인지가 행동에 선행한다는 관점을 취한다. 나아가, 그들은 아동의 환경에 대한 생각과 환경에 대한 반응은 주로 그 아동의 인지발달 수준에 달려 있다고 주장한다. 또한 사회학습 이론은 아동기에서의 도덕적 행동의 학습 과정을 설명하는 데는 유용하지만, 보다 복잡한 학습이 이루어지는 청소년기나 성인기의 도덕 발달을 설명하는 데는 큰 도움을 주지 못하고 있다는 비판을 받기도 한다.

이와 같은 비판에도 불구하고, 사회학습 이론가들은 아동들이 유혹에 저항하고 도덕적 기준(moral standards)을 위반하는 행위들을 억제하는 것을 어떻게 학습하는가를 설명하는 데 실제적인 도움을 주고 있으며, 이를 통해 교사들이 학생 개개인의 자기통제력을 발달시키고 그들의 도덕 발달을 위해 어떻게 영향을 미쳐야 하는가를 풍부하게 시사하고 있다. 그들은 자기통제의 발달을 촉진시키는 요인들로서 바람직한 행위에 대한 칭찬, 합리적인 인지적 설명을 수반하는 처벌, 그리고 도덕적으로 행동하는 모델에 대한 노출[12] 등을 제시하고

12) 우선 교사 자신이 도덕적 귀감이 되도록 노력해야 하며, 수업 시간을 통해 모델은 다양하

있다. 기타 도덕적 자아개념 훈련과 같은 비처벌적인 기법들은 또한 도덕 행동을 증진시키는 데 매우 효과적이라고 주장한다. 여기서 비도덕적으로 행동하는 모델에 의한 모델링 효과에 대해 주목해 보자. 교실의 규칙은 책상을 깨끗하게 유지하는 것이었는데, 한 학생이 휴지를 책상 가득히 늘어놓고 치우지 않고 있었다. 선생님은 책상을 뒤집었고, 교실 바닥으로 그 휴지들이 쏟아졌다. 다른 학생들은 웃었지만 그 학생은 어리벙벙해져서 꼼짝하지 않고 서 있었다. 이런 형태의 훈육에 대해 교사에게 물으면 그것은 아주 효과적이라고 말한다. 그러나 의심의 여지없이 그 효과는 매우 단기적이다. 이러한 훈육은 아동이 긍정적 자아 개념을 개발시키는 데 기여하지 않으며, 도덕적 기준의 발달과 관련된 상호 존중하는 태도와 정의에 대한 성숙한 개념을 발달시키지 못한다. 사람을 무시하는 것에 대한 모델링의 효과는 다른 사람을 존중하라는 설교의 효과보다 더 큰 것이다. 이러한 예는 교사와 부모와 같은 모델은 도덕적 기준을 언급할 뿐만 아니라 이를 실행해 줌으로써 아동들을 동일한 높은 도덕적 기준에 일치하게 만들어야 하는 것의 중요성을 분명히 보여주고 있다. 즉 중요한 점은 교사나 부모는 말을 통해서 도덕적 기준을 가르치기도 하지만, 자신의 행동에 의해서도 아이들을 가르치기도 한다는 것이다.

사회학습 이론가들은 또한 도덕 발달에 대한 연구는 추론과 판단만을 강조하는 것을 넘어서서 행동적 수행에도 역점을 두어야 한다는 점을 우리에게 말해주고 있다. 비록 도덕적 추론과 도덕적 논증이 도덕적 행위를 결정하거나 설명하는 데 관련되어 있기 때문에 다른 사람에게 영향을 미치는 데 강력한 설득력을 가지기는 하지만, 간혹 말보다는 행위가 그 사람의 도덕성을 더욱 분명하게 말해주기도 한다는 점을 부정할 수 없다.

끝으로, 반두라의 도덕적 이탈 이론은 개인적 삶의 영역, 대인관계적인 삶의

게 제시될 수 있다. 현존하는 인물이 될 수도 있고 역사적인 인물이 될 수도 있다. 여기서 인물이란 비단 인간만을 뜻하는 것은 아니다. 또 책 속의 인물일 수도 있고 이야기, 영화, 연극 속의 인물일 수도 있다.

영역, 국가 및 지구공동체적 삶의 영역 등에서 발생하는 다양한 도덕 문제들에 대해 자신이 지금까지 어떤 반응을 보여왔고, 현재 어떤 반응을 보이고 있는지에 대한 윤리적 성찰의 기회를 제공해 줄 수 있다는 장점이 있다. 이와 같이 자신이 행한 비도덕적, 비인간적 행위와 그에 대한 자신의 반응을 되돌아보게 하고, 자신이 어떤 메커니즘을 사용하여 자신의 책임을 최소화하려고 했는지 윤리적으로 성찰해 보는 시간을 가진다면, 학생들로 하여금 자신의 잘못을 정당화하는 메커니즘을 과도하게 사용하지 않도록 안내할 수 있을 것이다. 이러한 장점은 교과 차원에서 볼 때, 우리 교과가 지금까지 '어떻게 도덕적으로 살아야 하는가', '어떻게 하면 도덕적 행위로 나아갈 수 있는가'라는 능동적(proactive) 차원의 도덕성을 강조해 온 반면에, '비도덕적, 혹은 비인간적 행위를 어떻게 거부할 수 있는지'라는 억제적(inhibitive) 차원의 도덕성을 제대로 다루지 못한 문제점과 한계를 개선하는 데에도 일정 정도 기여할 수 있을 것이다. 이런 관점에서 보자면, 앞으로 도덕 교과에서는 학생들로 하여금 도덕적 이탈 메커니즘에 대한 이해를 바탕으로 메타인지적(metacognitive) 기능을 발휘하여 도덕적 이탈을 극복할 수 있도록 지도할 수 있어야 한다. 이는 도덕과에서 2007 개정 교육과정 이후에 교육과정 문서에서 명시적으로 강조해 온 '윤리적 성찰'의 범위를 확대하여 '메타인지적인 윤리적 성찰'까지 포괄할 수 있어야 한다는 것이고, 보다 구체적으로는, 도덕적 이탈에 대한 자기관찰, 인식, 모니터링 및 조절의 과정을 포함하게 됨을 의미한다. 요컨대 비인간적 행위를 통제하고 도덕적 행위로 나아갈 수 있도록 돕기 위한 첫걸음은 자신의 행위에 주의를 기울이게 하고, 자신이 무엇을 하려고 하는지, 그것이 과연 자신의 도덕적 기준이나 도덕적 자아에 부합하는지, 그리고 도덕적 자기제재로부터 자신의 행동을 분리하고 있는 것은 아닌지(즉 도덕적 이탈 메커니즘이 작동하고 있는 것은 아닌지) 모니터링 혹은 인식하면서 이를 조절해 나가도록 안내하는 것이다.

제5장
정신분석 이론과 도덕성 발달

정신분석 이론의 창시자인 프로이트(Sigmund Freud)는 무의식적이고 비합리적인 요소가 인간행동을 결정한다고 강조하며, 앞선 세기의 지적 유산에 직접적으로 대조되는 입장을 취한다. 기본적으로 인간을 합리적이라고 보는 '계몽주의' 관점과는 대조적으로, 프로이트는 보다 더 어둡고 암울한 관점, 즉 인간본성의 무의식적이고 비합리적인 측면을 탐색하는 관점을 취한다. 많은 저술활동과 오랜 경력의 과정을 거치면서, 프로이트는 그의 이론을 확장하여 꿈과 꿈의 해석에 대한 이론에 더하여, 인간의 동기화 이론, 인간발달 이론, 정신 병리학의 기원에 대한 이론, 가장 널리 사용되는 심리치료 이론, 그리고 도덕 발달 이론까지 포괄하였다. 프로이트의 연구가 미친 영향력은 대단하다. 그의 정신분석 이론은 후속된 성격이론의 방대한 대열에 전형으로서 작용하였다. 게다가 심지어 정신분석 이론에 정반대적 관점을 취하였던 이론들조차도 부분적으로는 프로이트의 이론에 대한 반작용으로 볼 수 있다. 예를 들어, 현대의 행동주의도 그 기원은 왓슨(John Watson)이 프로이트의 임상 이론을 반박하고자 한 시도에서 비롯된 것이다(문용린 역, 2004).

프로이트는 종종 인간의 정신을 빙산에 비유하였다. 물 위로 올라와 있는 빙산의 끝부분은 의식에 해당된다. 물에 잠겨 있는 일부분이 전의식(preconsciousness)[13]을 상징하며, 물속에 있는 대부분이 바로 무의식을 상징한다. 의식이나 전의식 현상이 인간의 행동에 영향을 미치기는 하지만, 무의식만큼 중요한 것은 아니다. 그래서 프로이트는 무의식이야말로 생명의 하층 구조이며, 인간의 사고와 행동을 통제하는 보이지 않는 힘이라고 보았다(추병완, 2003a).

상대적으로 아주 폐쇄된 빅토리아 시대[14]에 이와 같이 무의식과 성욕을 과감하게 주장한 심층 심리학자로서의 프로이트는 사회학 분야에서 뒤르켐(Emile Durkheim)에 행해진 것과 유사한 이론적 논쟁을 불러일으켰다. 뒤르켐과 마찬가지로 프로이트는 개인적 삶과 사회적 삶에 이어서 종종 둘 간의 조정 불가능한 경쟁적인 요구 사항들을 균형 잡는 일에 지대한 관심을 두고 있었다. 즉 프로이트는 개인과 사회와의 관계를 이해하는 것이 복잡하고 어려운 일이라고 생각했으며, 이 문제에 상당한 시간을 투자했다. 예를 들면, 그는 문명화된 사회에서 인간됨의 의미에 관하여 『문명과 그것의 불만』이라는 매우 사려 깊은 사고를 반영한 책을 썼다. 여기에서 그는 자연 상태에서의 개별 인간은 잔혹하고 무감각하며 공격적이라고 보았으며, 그런 이유에서 매우 이기적이고 반사회적인 본능을 통제하기 위한 수단의 발달이 인간 문명에 필수적으로 요청되는데 도덕성이 바로 문명의 초석에 해당한다고 기술하였다(Hogan & Emlert, 1995).

이 장에서는 인성의 세 가지 구성 요소에 대한 고찰을 통해 프로이트와 정신분석 이론적 전통의 연구에 대한 개관을 한 후, 도덕 발달에 대한 프로이트의 관점을 제시할 것이다. 그런 다음, 프로이트의 도덕성 발달 이론에 제기되었던 다양한 비판들과 이 분야에 대한 프로이트의 공헌 및 도덕교육적 시사점을 살펴볼 것이다.

---

13) 현재는 의식 밖에 있으나 쉽게 인식으로 들어갈 수 있는 기억들을 포함하고 있는 부분을 의미한다.

14) 빅토리아 시대는 1837년에서 1901년까지 64년 동안 빅토리아 여왕이 통치했던 시대로, 산업혁명에 성공한 영국이 세계 최강의 권세를 떨치며 대영제국을 세우던 시기이기도 하다(Altick, 이미애 역, 2011). 흔히 고전적이면서 보수적인 도덕주의, 엄숙주의와 함께 허영과 위선도 함께 존재하는 시대로 일컬어진다.

1. 인성의 세 구성 요소

프로이트에 따르면, 우리의 인성은 원초아(id), 자아(ego), 그리고 초자아(superego)의 세 부분으로 이루어져 있다. 우선 원초아(id)는 라틴어로서 원래는 'it'을 의미하는 말이다. 원초아는 인성 가운데 모든 유전적 · 본능적 · 원초적인 측면들을 포괄하고 있다. 즉, 원초아의 단일 기능은 타고난 생물학적 본능을 충족시키는 것이며, 원초아는 즉각적으로 본능을 충족시키려고 시도한다. 프로이트는 모든 정신 에너지가 원초아로부터 나오는 것이라고 생각하였다. 따라서 원초아는 '정신 에너지의 저장소' 혹은 '인성의 엔진'과 같은 것이다. 또한 원초아는 본능적인 바람과 충동에 대한 즉각적인 만족을 추구하는 쾌락 원리(pleasure principle)에 따라서 움직인다. 예를 들어, 배고프거나 기저귀가 젖었을 때, 영아들은 그들의 요구가 충족될 때까지 당황하고 소리 내어 울기만 한다. 그들은 인내에 대해 전혀 모른다.

자아(ego)는 원래 'I'를 의미하는 라틴어에서 유래한 말이다. 자아는 의식적이고 합리적인 인성요소이며 아동들의 지각, 학습, 기억, 추론 능력이 나타났음을 의미한다. 정신적으로 잘 적응하고 있는 사람의 경우, 자아는 인성의 집행자로서의 기능을 수행한다. 원초아가 말이라면 자아는 그 말 등에 올라앉아 힘이 넘쳐 뛰는 말을 제어하고 조정하는 기수와 같은 역할을 한다. 자아가 발달함에 따라서 아동들은 자신의 비합리적인 원초아를 통제하는 일과 자신들의 요구를 충족시킬 수 있는 현실적 방법을 찾는 일을 더 잘 하게 된다.

원초아가 쾌락 원리에 의해 지배되는 반면, 자아는 현실 원리(reality principle)에 따라서 움직인다. 여기서 현실이란 실제로 존재하는 것을 의미한다. 현실 원리의 목적은 발생한 욕구를 만족시켜 줄 수 있는 실제적인 대상이 나타날 때까지 에너지의 방출을 지연시키는 것이다. 또한 자아는 유아에게 초보적인 도덕감, 즉 사회적 관계를 지배하는 규칙과 인습에 대한 인식과 더불어 그러한 사회적 관습을 위반하는 것에 대해 부과되는 처벌에 대한 인식을 가능하게 해

준다(Thomas, 1997). 프로이트는 원초아가 길들여지지 않은 열정을 뜻하는 반면에, 자아는 이성과 분별을 뜻한다고 하였다.

초자아(superego)는 원래 'Over-I'를 의미하는 라틴어에서 유래한 말이다. 초자아는 도덕적 계율, 아동이 무엇을 해야 하고 하지 말아야 한다는 규정들, 그리고 만약 아동이 부모에 대한 규칙을 깨뜨리거나 깨뜨릴 것을 생각할 때 아동에게 가해지는 자기 처벌에의 경향성 등으로 구성된다(Hogan & Emlert, 1995). 정신분석 이론의 전통에 따르면, 3세와 6세 사이에 아동들이 도덕적 가치와 부모들의 기준을 내면화함에 따라서 초자아가 형성된다. 어린 남아들의 경우 자신들이 갖고 있는 근친상간에의 욕구 때문에 그들의 아버지가 그들을 거세할 것이라고 생각하기 시작하는데, 이런 거세에 대한 두려움으로 남아들은 아버지의 상을 내면화하고, 어머니에 대한 성적인 욕구를 포기하며, 이러한 사건들에 관한 모든 의식적인 기억을 억압한다. 어린 여아들은 그들의 어머니가 그들이 갖는 근친상간에의 욕구 때문에 일종의 처벌로써 그들을 버릴 것이라고 갑자기 생각하기에 이른다. 버려짐에 대한 두려움으로 여아들 또한 그들의 어머니의 상을 내면화시키고, 아버지에 대한 성적인 욕구를 포기하며, 이러한 사건들에 대한 모든 의식적인 기억을 억압한다.

일단 초자아가 생기면 아동들이 착한 행동을 했는지, 아니면 나쁜 행동을 했는지에 대해 어른들이 말할 필요가 없다. 이때부터 아동들은 무의식의 깊은 밑바닥에 선악에 대한 어떤 관념과 정서가 자리 잡음으로써 자신들의 비도덕적 행동에 대해서 죄의식과 부끄러움을 느끼고 도덕적 위반 사실을 스스로 알게 된다. 그리하여 초자아는 인성의 도덕적인 부분 혹은 재판관과 같은 부분이 된다.

초자아는 상호 관련된 세 가지의 기능을 수행한다(Carver & Scheier, 1988). 첫째, 초자아는 사회적으로 비난을 받을만한 원초아의 그 어떤 충동을 보다 완벽하게 제지하려는 시도를 한다. 둘째, 초자아는 자아가 합리적 고려보다는 도덕적 고려를 하도록 강요한다. 셋째, 초자아는 우리로 하여금 우리의 생각·

말 · 행위에 있어서 절대적인 완벽함을 추구하도록 인도해 준다.

프로이트(1964)에 따르면, 이 세 가지 인성요소들은 상호 갈등하고 충돌한다. 그리고 성숙하고 건강한 인성에서는 역동적 균형이 작동한다. 즉, 원초아는 기본적 요구를 말하고, 자아는 이러한 요구가 충족될 수 있는 현실적인 방법을 찾을 때까지 충동적인 원초아를 제한하며, 초자아는 자아의 문제해결 책략이 도덕적으로 수용 가능한지 여부를 결정한다. 여기서 자아는 분명히 '가운데'에 있다. 자아는 외부 세계의 현실에 동화하는 동안 계속 원초아와 초자아의 서로 반대되는 요구 사이에서 균형을 취함으로써 거친 두 주인을 섬긴다.

2. 도덕성 발달에 대한 정신분석학적 설명

프로이트에 의하면, 유아는 아주 무력하고 저급한 존재이다. 모든 유아는 비합리적인 본능과 열정을 가진 원초아로서 태어난다. 아동이 도덕적 인간이 되기 위해서는 현실과 관계하는 자아 그리고 옳음과 그름에 관계하는 초자아가 형성되어야만 한다. 자아와 초자아는 아동이 도덕적 인간이 되도록 도와주는 가운데 인성의 구성 요소가 된다. 따라서 정신분석 이론에 따르면, 무도덕적인(amoral) 유아가 현실 세계와 관계하는 자아를 발달시키고, 옳음과 그름의 세계와 관계하는 초자아를 발달시킴에 따라서 도덕성을 지니게 되는 것이다.

프로이트(1960)에 따르면, 초자아는 아동들이 이성의 부모에 대한 근친상간의 욕망에서 비롯되는 동성의 부모에 대한 정서적인 갈등을 경험하게 되는 시기인 남근기(3~6세)에 주로 발달한다고 한다. 이런 오이디푸스 콤플렉스(Oedipus complex)를 해결하기 위하여 남아는 아버지를 동일시하게 된다고 한다. 특히 그의 아버지가 공포를 유발하는 위협적인 인물이라면 더욱 그렇다. 그는 이와 같은 방식으로 남성다운 성역할을 학습할 뿐만 아니라, 또한 아버지의 도덕적인 기준들까지도 내면화하게 된다. 이와 비슷하게, 칼 융이 설명하는 바와 같이, 여아도 일렉트라(또는 엘렉트라) 콤플렉스(Electra complex)를 해결하기 위해 어머니를 동일시하고, 어머니의 도덕적 기준들을 내면화하게 된다. 그러나 프로이트는 여아들의 경우 남아가 경험하는 강한 거세 공포를 경험하지 않기 때문에 남아보다 더 약한 초자아를 발달시키게 된다고 주장했다.

도덕성 발달에서의 원인과 개인차에 관한 정신분석에서의 설명은 유전적 특징과 환경적 영향력이라는 관점에서 설명될 수 있다. 먼저 유전은 세 가지 방식을 통해 도덕성 발달에 영향을 준다. 본능, 단계의 계열성, 사회의 가치를 인성 속에 통합할 수 있는 잠재력이 바로 그것이다. 인간은 삶의 본능(Eros)과 죽음의 본능(Thanatos)을 지니고 있으며, 이러한 본능은 도덕성 발달에 영향을 준다. 프로이트가 제시하고 있는 심리성적 발달 단계도 유전되는 것으로 볼 수 있다. 왜냐하면 모든 사람들은 문화와 상관없이 그러한 단계를 경험하는 것으로 여겨지고 있기 때문이다. 또한, 아이들은 사회적 환경으로부터 가치들을 자신의 인성 속에 양심(conscience)과 자아이상(ego ideal)이라는 형태로 통합할 수 있는 능력을 유전적으로 부여받은 것이다. 흔히 초자아를 양심과 동의어로 사용하는 경우가 많은데, 이는 엄격히 말하면 잘못된 것이다(김태훈, 2018: 21). 양심은 사회의 '해서는 안 되는 것'을 표상하고, 자아이상은 '해야 하는 것'을 표상한다. 즉 바람직한 자기 모습, 이루고자 하는 자기 모습에 대한 이상적 이미지로서 '자아이상'은 악을 방지하는 심판자, 죄책감으로서의 양심(도덕성의 소극적인 측면)과는 달리, 적극적으로 선행과 선의지를 증진시키고자 하는 내부의 격려자가 된다.

환경적 요소들 또한 아동들의 도덕성 발달에 중요한 영향을 미친다(추병완, 2003a). 첫째, 환경은 아동들에게 모델과 도덕적 가치를 제공한다. 반사회적 행동은 모델의 반사회적 행동을 모방한 결과이며, 사회적으로 건설적인 행동은 모범적인 모델을 모방한 결과이다. 또한 개인이 지닐 수 있는 도덕적 가치들은 모델의 행동 속에 나타난 도덕적 가치들이므로 환경은 도덕적 가치를 제공해 주게 된다고 볼 수 있다. 둘째, 상이한 환경은 개인의 적응 시도를 충족시켜 주는 데 있어서 상이한 기회를 제공해 준다. 배변 훈련을 엄격하게 시키는 부모 밑에서 자란 아이의 도덕성 발달은 그렇지 않은 부모 밑에서 자란 아이의 도덕성 발달과는 여러 면에서 다르다. 끝으로, 도덕성 발달에서의 개인차는 도덕적 행동을 고무시켜 주는 사람들의 상과 벌에 따라서 생기는 것이다. 자녀의 행동에 대하여 상과 벌을 통하여 도덕적 행동을 촉구하는 부모와 그렇지 않은 부모들 밑에서 자란 아이의 도덕성 발달에는 상당한 차이가 있는 것이다. 그러므로, 환경적 요소들은 아이들의 도덕성 발달에 중요한 영향을 미치게 된다.

3. 정신분석 이론에 대한 비판

프로이트는 자신의 설명이 만족스러울 것이라고 생각했지만, 모든 사람들이 그의 이론에 동의한 것은 아니었다. 지난 세기 동안, 프로이트의 도덕성 발달 이론의 세부 사항들은 다양한 관점으로부터 제시된 근거 위에서 문제시되어 왔고, 논박되었으며, 도전을 받아 왔다. 그러한 비판들의 주된 내용들을 정리하면 다음과 같다.

첫째, 프로이트는 남아들이 여아들보다 더 강한 초자아를 발달시키게 된다는 주장에 따른 근거를 제대로 제시하지 못했다는 비판을 받고 있다. 여성들은 거세의 위협을 겪지 않기 때문에, 프로이트(1923)는 어린 소녀들의 초자아가 결코 어린 소년들의 초자아만큼 강하지 않다고 여겼다. 하지만 『프로이트, 여성, 그리고 도덕성: 선과 악의 심리학』(1988)으로 프로이트 연구의 대표적인 학자 중의 한 명으로 인정받는 세이건(Eli Sagan) 등은 이러한 프로이트의 주장이 지지될 수 있는 과학적, 객관적 근거가 매우 빈약하다고 비판해 왔다.

둘째, 프로이트가 제안한 도덕성 발달의 연령별 경향들은 실제로 검증력이 결여되어 있으며, 그 결과 비과학적이라는 비판을 받고 있다. 예를 들어, 2세 아동들은 그들이 규칙을 위반하게 될 때 명백한 스트레스의 증후들을 보이기 시작하며, 또한 그들은 때때로 자신이 저질렀다고 생각하는 어떤 불운한 사건들에 대해, 다른 어떤 사람들도 그들에게 말해주지 않을 때조차 스스로 시정하려고 노력하기도 한다(Cole, Barrett, & Zahn-Waxler, 1992). 더욱이, 3세 아동들은 이미 그들이 어떤 기준에 따라 생활했을 때는 자긍심을 느끼고, 그렇게 하지 못했을 때는 수치심을 느끼게 되는 것으로 보이는 복잡한 정서들을 나타낸다. 이러한 관찰들은 도덕적 내면화의 과정이, 어린 아동들이 오이디푸스 또는 일렉트라 콤플렉스를 경험하기 훨씬 전에 이미 시작될 수 있음을 시사한다.

셋째, 프로이트는 도덕적 상대주의자라는 비판을 받아 왔다. 프로이트의 이론에 따르면, 도덕성은 사회의 규칙이나 전통과 다름이 없다. 프로이트는 이와 같이 도덕성을 사회의 규칙이나 인습의 차원으로 정의 내리고 도덕적인 행위를 이러한 규칙들이나 인습들에 순응하는 것으로 규정했기 때문에, 그는 전형적인 '도덕적 상대주의자'라는 비판에서 결코 자유롭지 못하다. 세이건은 프로이트 식으로 볼 때 노예사회에서 초자아는 노예제도를 정당화할 것이라는 점에 주목한다. 여성에 대한 성차별적 사회에서 초자아는 성차별주의를 정당화할 것이다. 아르메니아, 나치 독일, 그리고 르완다에서 초자아는 집단 종족 학살에 대한 공포를 정당화할 수 있을 것이다(Sagan, 1988).

그 외에도, 프로이트는 환자들을 대상으로 한 임상 사례들로부터 얻어진 연구 결과를 정상인들에게 일반화시키고자 하였으므로 연구 방법이 건전하지 못하다는 비판, 성과 공격 욕구가 중요한 것은 사실이지만 압도적인 것은 아니라는 비판, 인간의 본성에 대하여 지나치게 부정적이고 비관적인 관점을 취하고 있으며 인간의 존엄성을 무시하고 있다는 비판, 이성 · 지성 · 자의성 등 인성의 다른 특성들의 중요성을 간과하는 가운데 지나치게 정의적 측면만을 강조하고 있다는 비판 등이 제기되고 있다.

4. 도덕교육적 시사점

프로이트의 정신분석 이론은 도덕성의 정의적 측면과 사회 규범의 내면화를 강조하고 있다. 이와 같이 자긍심, 수치심, 죄책감과 같은 도덕적 정서가 잠재적으로 윤리적인 행위의 중요한 결정 요인이며, 사회의 가치 규범이나 도덕 규칙의 내면화가 도덕적 성숙에 이르는 결정적인 과정이 된다고 본 것은 정신분석 이론이 도덕성 발달 이론으로 중시되는 핵심적인 이유에 해당한다. 이러한 프로이트의 정신분석 이론이 가정 및 학교에서의 도덕교육에 주는 시사점이 무엇인지 구체적으로 제시하면 다음과 같다.

첫째, 프로이트는 아동 양육의 어떤 형태들은 바람직한 결과를 야기하며, 이러한 형태들로부터의 이탈은 그렇지 못한 결과를 야기한다고 제안하였다. 적어도 이론상으로 볼 때[15] 프로이트는 부모의 따뜻함과 적절한 통제가 조화된 아동 양육 방식에서 초자아가 가장 잘 발달한다고 보았다. 1940년대 후반 이래 아동발달에 관한 수많은 연구들은 이런 그의 주장을 확실히 뒷받침해주었다. 한편, 프로이트는 독재적이고 거칠며 애정이 없고 아이들에게 요구하는 기준에 일관성이 없는 부모들이 잘못 형성되거나 결핍된 초자아를 가진 자녀들을 갖게 된다고 보았다. 실제로 가혹한 형태의 훈육에 의존하는 부모들은 종종 부적절한 행동을 하고 죄책감, 양심의 가책, 수치심, 혹은 자기비판 등을 거의 나타내지 않는 자녀들을 갖게 되는 경향이 있다고 보고된 바 있다(Brody & Shaffer, 1982; Kochanska, 1997). 이를 통해 프로이트는 도덕성 발달에 관한 인지발달론적 관점에서는 종종 무시되는, 부모로서 어떻게 행동하느냐 하는 점이 자녀의 인성에 장기적인 영향을 미친다는 점을 우리에게 알려주고 있다.

---

15) 참고로, 프로이트가 제시한 이론과 실제로 자신이 주목한 것 간에는 심각한 불일치의 문제가 발생했다는 점에 유의할 필요가 있다. 프로이트는 자녀에게 엄격하게 벌을 주고 무섭게 대하는 측면뿐만 아니라, 사랑하고 보살피며 격려하는 측면 모두를 이론적으로 강조했지만, 실제로는 후자의 측면보다 전자의 측면에 대해 무려 10배나 많이 집필하는 모순된 모습을 보였다(Sagan, 1988; Vozzola, 정창우 역, 2018: 42).

둘째, 양심이나 죄책감을 내용으로 하는 초자아가 동일시와 내면화[16)]라는 기제를 통해 형성된다는 사실은 도덕교육에 있어 아동들의 초자아 형성에 강력한 영향을 미치는 부모, 교사, 학교 공동체 등 직접적인 권위 대상들이 늘 건전한 동일시의 표본이 될 수 있도록 유념할 것을 요구한다(유병열, 2004b: 98). 부모, 교사, 그리고 주위의 성인들이 도덕 생활 측면에서 말과 행동이 일치하지 않거나 지속적이지 못하면 동일시와 내면화에 의한 건전한 초자아 내지 양심의 형성은 그만큼 장애를 받게 된다 할 것이다. 따라서 프로이트의 입장에서 볼 때, 부모, 교사, 기타 중요한 권위적 존재들은 사회적 권위의 대변자가 되어 옳고 그른 것을 꾸준히 강조하고 실천함으로써 아동들의 건전한 초자아가 발달할 수 있는 환경을 조성하도록 노력하지 않으면 안 된다.

셋째, 프로이트의 이론은 우리에게 건전한 자아형성을 위한 구체적인 아이디어를 제공하고 있다. 프로이트의 정신분석에서 삶을 영위해 나가는 개인의 능력은 그 개인의 삶에 영향을 미치는 여러 압력에 대처해 나가는 자아(ego)의 능력에 달려 있는 것이다. 자아는 어떻게 해서든, 원초아와 초자아 그리고 현실 세계의 요구를 수용해야만 하는 위치에 놓여 있다. 즉 자아는 원초아의 생물학적 욕구를 충족시켜주면서, 외부의 현실 세계를 고려해야 하고, 초자아의 명령도 어기지 말아야 한다. 그러므로 정신분석학적 도덕심리학에서는 건전한 자아를 기르는 일은 도덕성을 갖춘 인간이 되기 위해 매우 중요한 과제임을 말해 주고 있다. 건전한 자아 형성을 위해서는 역경과 설득이 필요하다. 우선 아동들은 이성적 능력으로서의 자아의 발전을 자극하고 고무할 수 있는 어느 정도의 역경을 필요로 한다. 욕망은 넘치는데 만족이 곧바로 주어지지 않을 때, 그리고 내외적 자극에 의한 긴장을 쉽사리 해소하기 어려울 때, 유기체는 문제해결을 위해 또 다른 정신 기제의 발달을 도모하면서 외적 환경에 대한 탐색

16) 동일시(identification)는 자기가 의미 있다고 여기는 인물의 태도, 행동, 인성 특성 등을 닮는 것을 가리킨다. 내면화(internalization)란 그러한 인물들이 제시하는 행위 규범이나 가치 등을 받아들여 판단과 행위의 준거로 삼게 되는 현상을 말한다.

을 시도한다. 이 과정에서 점차적으로 유기체의 내 · 외적 세계에 대한 구별 능력이 싹트게 되며, 문제 해결의 경험이 반복되고 축적되는 과정에서 인지 능력 등을 핵심으로 하는 자아가 자라나게 된다. 다음으로, 합리적 이성의 발달은 훈계, 꾸지람, 체벌, 위협, 강제적 주입으로는 이루어지기 어렵기 때문에, 이해를 통한 규범의 수용을 가능케 하는 설득이 필요하게 된다. 왜 충동적 욕구를 억제하고 사회적 기대와 요구에 따라야만 하는지 그 정당한 근거와 행위 규범의 가치, 의미 등에 대한 합리적 이해를 도모하는 교육적 노력은 아동들의 건전한 자아 발달을 위한 유용한 수단이 될 수 있다.

끝으로, 프로이트의 이론은 교사들에게 아동들의 감정적 욕구를 중시해야 한다는 점을 강조하고 있다(추병완, 2003a). 프로이트의 딸인 안나 프로이트(Anna Freud)는 학교가 너무나 많은 예절과 인습으로 가득 차 있다고 비판하였다. 그리고 그러한 예절과 인습에 따라야 한다는 압력이 학생들에게 행사되고 있으며, 학생들이 그러한 압력에 굴복하여 기존의 예절과 인습에 동조할 때에 교육적 성공을 거두었다고 여기는 풍조가 만연되어 있다고 지적한 바 있다. 그러나 안나 프로이트에 따르면, 그로 인해 학생들이 치러야 할 대가는 엄청난 것이다. 그러한 성공은 너무나 값비싼 대가를 치른 것이다. 왜냐하면 그러한 성공은 고통의 징후를 표현하기에 충분할 정도로 행운을 갖지 못한 학생들의 실패를 대가로 하여 얻어지는 것이기 때문이다. 그러므로 안나 프로이트는 교육자들이 고통을 당하고 있는 학생들 그리고 사회가 적절하다고 여기는 것에 관심을 갖지 않는 학생들에 대하여 더 많은 관심을 기울여야만 한다고 주장하였다. 학생들의 감정적 욕구를 충족시켜 주는 것이 그들을 인습적인 방식에서 행동하도록 강요하는 것보다도 더욱 중요한 것으로 여겨져야만 한다는 것이다.

제6장
도덕과 교육의 목표 설정을 위한 도덕심리학적 기초 연구

피터즈(Peters, 1981)는 도덕 발달이나 도덕교육에 관한 심리학적 이론이 도덕교육의 개선을 위해 유용하려면 도덕철학과 심리학을 상호 배타적인 관점에서 접근하기보다 포괄적이고 종합적이며 상보적인 안목에서 접근할 필요가 있다고 역설한 바 있다. 레빈과 휴어(Kohlberg, Levine, & Hewer, 1983) 또한 규범이론의 핵심적 아이디어들은 도덕심리학 이론의 기본 가정으로 받아들여질 수 있으며, 도덕심리학 이론에서 얻은 경험적 증거는 그러한 규범적 주장을 어느 정도 입증해 주거나 비판할 수 있다고 주장하였다. 플라톤, 아리스토텔레스, 칸트, 롤스, 하버마스와 같은 학자들의 철학이론은 도덕 발달의 종착점 내지는 궁극적인 지향점을 제안하거나 암시하고 있기 때문에 이를 심리학적 탐구의 대상으로 삼을 수 있다는 것이다. 하지만 이러한 주장은 반드시 어떤 경험적 증거가 규범적 주장의 설득력을 무효화하거나 적극적으로 지지하는 데 충분하다는 입장을 대변하지는 않았다.

도덕 발달 및 도덕교육에 대한 심리학적 이론을 도덕철학과 심리학의 상보적인 관점에서 포괄적으로 접근한 대표적인 학자로는 콜버그를 들 수 있다. "사실에서 당위로"라는 논문에서 콜버그(1971)는 자신의 심리학적 연구가 바탕을 두고 있는 두 가지 유형의 철학적 가정을 제시하였다. 첫 번째 유형은 메타윤리학적 가정들이며, 두 번째 유형은 규범윤리학적 가정들이다. 메타윤리학적 가정에는 가치 관련성, 현상주의, 보편주의, 처방주의, 인지주의, 형식주의, 원칙주의, 구성주의, 그리고 정의 우선성의 가정이 포함된다. 그리고 마지막 6단계가 가장 적절한 도덕적 원리를 내포한 단계라는 가정과 단계가 높아질수록 도덕적 적절성이 높아진다는 가정이 규범윤리학적 가정에 해당한다. 이러한 콜버그의 도덕성 발달 이론은 여러 측면에서 논쟁의 여지가 있는바, 이와 같은 논쟁에 대해서는 향후의 경험적 연구와 철학적 성찰이 계속적으로 필요하다고 본다. 하지만 콜버그와 같이 심리학적 관점과 윤리학적 관점 간의 상보성에 근거하여 구성된 이론은 다른 어떤 이론보다 도덕교육의 방향과 접근 방안을 모색하는 데 구체적인 아이디어를 제공할 수 있다는 장점을 지닌다.

그런 이유에서 본 연구에서는 도덕성 발달 이론을 순전히 경험적 자료로 입증되는 이론 체계로 간주하기보다 가능하면 경험적 자료의 측면과 도덕철학적 논리의 두 측면을 동시적으로 고려하려는 학자들의 연구 결과들을 우리나라 도덕과 교육의 목표 설정을 위한 기초 자료로 활용하고자 한다. 콜버그, 레스트, 리코나, 데이먼, 호프만, 버코위츠 등이 이러한 기준에 부합되는 서구 도덕성 발달 이론가로 고려될 수 있다.

한편, 한국에서는 이론 구성(theory-building)보다 서구 도덕교육 이론을 소개하거나 서구에서 개발된 검사 도구를 활용해 경험적 연구 결과를 도출하려는 연구들이 대부분이었다. 경험 연구의 측면에서 보자면, 한국에서도 아동 및 청소년들을 대상으로 도덕성 발달 수준을 측정하기 위한 연구들이 다양하게 실시되어왔으나, 대체로 연구들 간에 서로 다른 검사(측정) 도구를 사용하였으며, 레스트(James Rest)의 도덕 판단력검사(the Defining Issues Test, 이하 DIT라고 함)를 활용하여 실행된 다수의 연구들에서조차 검사(측정) 도구의 표준화 과정을 엄밀하게 제시하지 못하고 있는 경우가 상당수 있기 때문에, 연구 결과의 신뢰도나 상호 비교에 제한점이 따르는 것이 사실이다. 그런 이유에서 본 연구에서는 우리나라 도덕과 교육의 목표 설정을 위한 유용한 자료로서 문용린

(1994)과 김안중(1982)의 연구만을 제한적으로 분석 대상에 포함시켰다.

도덕심리학을 전제로 할 경우 교육의 각 단계는 그 단계에 적합한, 중점을 달리하는 교육과정으로 편성될 수밖에 없기 때문에, 본 장에서는 초 · 중등 도덕과 교육의 목표를 발달의 특성에 부합되도록 설정하기 위해 도덕 발달의 심리학 영역에서 진행된 국내외의 연구들을 종합적으로 분석하고자 한다. 다시 말해, 본 장에서는 아동 및 청소년들의 도덕성 발달에 대한 심리학적 연구들의 결과를 바탕으로 초 · 중등 도덕과 교육의 목표 설정과 내용체계의 계열성을 확보하는 데 그 목적을 두고 있다.

1. 도덕성 발달 연구 개관

인간발달에 대한 세 가지 패러다임은 도덕 발달에 있어 세 가지 패러다임이 개념적 틀을 형성하는 데 영향을 미쳤다. 지금까지 도덕성 내지 인격이란 인지 · 정서 · 행동 혹은 도덕적 사고 · 도덕적 감정 · 도덕적 행동의 세 요소로 구성된다고 보아왔는데(Lickona, 1991), 인지발달론자들은 주로 도덕적 추론을 연구하였고, 정신 분석학적 심리학자들은 죄의식과 죄책감, 수치심, 자존감 등의 감정 영역을 연구해왔으며, 행동주의자들과 사회학습 이론가들은 유혹에의 저항, 공격 성향, 이타적 혹은 친사회적 행동 등의 행동적 영역을 주로 연구해 왔다. 우리가 소위 도덕 발달의 세 가지 패러다임이라고 일컫는 인지발달 이론, 정신분석 이론, 그리고 사회학습 이론의 특징을 상호 비교적인 관점에서 설명하자면 〈표 6-1〉로 간략하게 제시될 수 있을 것이다.

〈표 6-1〉 도덕 발달의 세 가지 패러다임의 특징 비교

질문	사회학습 이론(반두라)	인지발달 이론(콜버그)	정신분석 이론(프로이트)
무엇이 도덕성인가?	사회적 기대에 부합하는 도덕적 행동, 학습된 가치 및 이론에 대한 순응, 욕망을 억제하는 자기통제	철학적으로 만족스러운 정의론과 이에 부합하는 행위	죄의식을 생산하는 계발된 초자아
덕은 하나인가?	아니다. 덕목의 보따리	그렇다. 정의	아니다. 기준(standards)과 이상(ideals)의 보따리
도덕성의 어떤 측면이 가장 강조되는가?	도덕적 행위	도덕적 판단	도덕적 감정(특히 죄의식)
인간은 합리적인가, 아니면 비합리적인가?	비합리적	합리적	비합리적
어떤 철학적 전통위에 서 있는가?	쾌락주의, 경험론	플라톤 및 칸트 철학	쾌락주의, 신실증주의
무엇이 중심적인 개념인가?	모델링, 대리강화	인지 단계, 자아 강도 발달	초자아, 동일시, 원초아, 오이디푸스 콤플렉스
인간의 본성과 사회의 도덕적 요구 간에 발생하는 충돌의 정도는?	정도가 지나친 자기통제는 고통스러울 수 있다.	크지 않다. 도덕성은 인간의 인지적 능력으로부터 자연스럽게 나온다.	극단적인 초자아(사회의 도덕적 요구)와 원초아(인간의 참본성)는 끊임없는 충돌 상태에 있다.
왜 도덕적으로 일탈하는 사람이 있는가?	일탈적 본보기들이 잘못된 강화를 조장한다.	인습 이전 단계, 적은 사회적 경험, 역할채택 기회의 부족 등	오이디푸스 콤플렉스의 부재, 초자아의 결핍, 불충분한 내면화, 부모들이 사랑과 엄격성을 부적절한 결합의 형태로 보여줄 경우

도덕성은 사회에 따라 상대적인가? 무엇이 도덕적 기준의 기본 원천인가?	그렇다. 사회	아니다. 인간은 자신의 도덕 철학을 세운다.	그렇다. 부모의 가치와 기준
자녀를 도덕적인 아이로 키우기 위해 부모를 어떻게 행동해야 하는가?	좋은 모델이 되어라. 올바른 강화 프로그램을 적용하라. 자기통제를 가르쳐라.	자녀들의 가족회의 참여 및 의견 교환, 자녀들의 행동이 타인에게 미칠 영향을 지적하고 그에 따른 책임감 강조, 또래 집단 아이들과 어울릴 수 있는 기회 제공 등	사랑과 엄격함의 조화
덕은 직접적으로 가르칠 수 있는가?	그렇다.	아니다.	그렇다.

2. 도덕성 발달에 관한 국내외 연구의 결과 분석

심리학적 관점과 도덕철학적 관점 간의 상보성에 근거한 도덕성 발달 관련 연구들은 대체로 콜버그, 레스트, 버코위츠, 데이먼, 블라지, 호프만, 리코나에 의해 수행되었다. 우리나라에서는 레스트에 의해 개발된 검사도구(DIT)를 활용해 경험적 연구 결과를 도출하려는 연구가 문용린 및 김안중에 의해 실시된 바 있다. 이러한 연구들에서 밝힌 도덕성 발달의 시기적 특성과 이에 따른 도덕교육의 과제를 요약하여 정리하면 다음에 제시된 〈표 6-2〉와 같다.

〈표 6-2〉 외국 및 우리나라에서 실시된 도덕성 발달 연구들의 결과

<table>
<tr><th colspan="2" rowspan="2"></th><th colspan="2">초등 3~6학년</th><th colspan="4">중등 7~10학년</th></tr>
<tr><th>초등 3~4</th><th>초등 5~6</th><th>7학년</th><th>8학년</th><th>9학년</th><th>10학년</th></tr>
<tr><td rowspan="2">콜버그</td><td>도덕성 발달 단계</td><td>2단계</td><td>3단계 등장</td><td colspan="3">4단계 등장</td><td>5단계 등장</td></tr>
<tr><td>도덕교육의 중점</td><td colspan="2">미성숙한 도덕 판단의 수준(1~3단계)에 해당하는 초등학생들에게는 타인의 처지와 관점을 읽고, 이해하며, 관심을 가져주는 역할채택 훈련을 강화하여 개인과 사회의 이득을 균형적으로 바라볼 줄 아는 4단계로 올릴 수 있는 교육적 노력이 요구됨.</td><td colspan="4">4단계로 진입할 가능성을 지닌 중학교 시기에는 '개인과 사회의 이득을 균형 있게 고려할 줄 아는 능력'과 더불어 나의 행동이 남에게 어떤 파급효과를 가져다줄지를 헤아려보는 '추론 능력과 감수성'을 길러줌으로써 4단계 수준으로 확실히 올리면서 5단계로 도덕 판단의 수준을 성숙시킬 수 있는 계기를 마련해야 함.</td></tr>
<tr><td rowspan="2">레스트</td><td>도덕 판단력 발달</td><td colspan="2"></td><td colspan="2">4단계 〉 3단계 〉 5단계</td><td colspan="2">4단계 〉 5단계 〉 3단계</td></tr>
<tr><td>도덕교육의 중점</td><td colspan="2"></td><td colspan="4">중학교에서는 4단계 지향, 고등학교 시기부터는 5 & 6단계 지향</td></tr>
<tr><td rowspan="2">문용린</td><td>도덕 판단력 발달</td><td colspan="2"></td><td colspan="2">3단계 〉 5A단계 〉 4단계</td><td colspan="2">3단계 ≥ 5A단계 〉 4단계</td></tr>
<tr><td>도덕교육의 중점</td><td colspan="2"></td><td colspan="4">중학교에서는 4단계 지향, 10학년부터는 4단계 수준으로 확실히 올리면서 5단계로 도덕 판단의 수준을 성숙시킬 수 있는 계기 마련</td></tr>
<tr><td rowspan="2">김안중</td><td>도덕 판단력 발달</td><td>대부분 인습 이전</td><td colspan="2">인습 이전 수준과 인습 수준의 중간</td><td>인습 수준 다수</td><td colspan="2">인습 수준, 인습 이후 수준 등장</td></tr>
<tr><td>도덕교육의 중점</td><td colspan="3">인습 수준 지향(3단계)</td><td>인습 수준 지향(4단계)</td><td colspan="2">인습 이후 수준 지향</td></tr>
<tr><td rowspan="2">버코위츠</td><td>인격 발달의 특성</td><td colspan="2">자기통제, 죄의식, 역할채택 능력 발달</td><td colspan="4">도덕적 추론의 발달과 도덕적 정체성의 형성</td></tr>
<tr><td>도덕교육의 중점</td><td colspan="2">도덕적 민감성의 형성 및 촉진</td><td colspan="4">도덕 판단력의 향상 및 도덕적 정체성 형성을 돕기 위한 기회 제공</td></tr>
<tr><td rowspan="2">데이먼 & 블라지</td><td>도덕 발달의 특성</td><td colspan="2"></td><td colspan="4">도덕적 자아 혹은 도덕적 정체성의 형성</td></tr>
<tr><td>도덕교육의 중점</td><td colspan="2"></td><td colspan="4">도덕적 토론 및 공동체적 체험을 통해 학생들의 도덕적 정체성 형성을 돕기 위한 기회 제공</td></tr>
<tr><td rowspan="2">호프만</td><td>공감 발달의 특성</td><td colspan="2">타인의 감정에 대한 공감</td><td colspan="4">타인의 삶의 조건에 대한 공감 및 복잡한 추론</td></tr>
<tr><td>도덕교육의 중점</td><td colspan="2">공감 및 역할채택 훈련을 통한 타인 이해 및 친사회적 행동 촉진</td><td colspan="4">공감적 정서와 도덕적 원리의 결합</td></tr>
<tr><td rowspan="2">리코나</td><td>도덕적 추론 발달의 특성</td><td colspan="5">사람들 상호 간의 일치</td><td>체제에 대한 책임</td></tr>
<tr><td>도덕교육의 중점</td><td colspan="5">자기 및 타인 존중의 구현</td><td>사회의 가치 체제에 맞게 책임을 다하는 교육</td></tr>
</table>

우선 콜버그는 연령의 낮고 높음에 따라 도덕 판단에 사용되는 기준과 원리가 달라지며, 비슷한 연령집단 내에서는 유사한 도덕적 기준과 원리가 사용되고 있음을 발견하게 된다. 이런 발견을 토대로 콜버그는 도덕성 발달의 6단계를 다음과 같이 제시한다.

〈표 6-3〉 콜버그의 도덕성 발달 6단계(박용헌 · 문용린, 1990: 156)

단계(stages)	대체적 시기
1단계 : 벌의 회피와 복종 지향의 도덕성	유치원 및 초등학교
2단계 : 개인의 이기적 욕구 지향의 도덕성	초등학교 초기 및 중기
3단계 : 우호적 대인관계 지향의 도덕성	초등학교 중기 이후에서 성인까지
4단계 : 사회질서 및 유지 그리고 법 준수 지향의 도덕성	중학교부터 성인까지
5단계 : 사회 계약적 원리 지향의 도덕성	고등학교 이후부터 성인까지
6단계 : 보편적 윤리 원칙 지향의 도덕성	매우 드묾

콜버그에 의하면, 사회의 이익에 대한 고려가 결여된 개인 이익 위주의 1, 2, 3단계의 도덕적 판단력은 불완전한 도덕성이다. 즉, 이 단계의 도덕적 판단력은 사람들 간의 이해관계를 효과적으로 그리고 합리적으로 조성하기에는 아직 미숙한 도덕성이다. 이 수준의 도덕 발달에서는 사회, 즉 불특정 다수 또는 일반화된 타인(generalized others)의 개념이 머릿속에 없다. 이들에 대한 나의 행동의 파급 효과를 헤아릴 능력이 결여되어 있기 때문이다. 이때의 능력을 심리학적으로는 타인의 역할채택(role-taking)이나 관점(입장)채택(perspective-taking) 능력, 또는 역지사지의 능력이라고 볼 수 있다.

적어도 한 사회가 도덕적으로 건강한 수준이기 위해서는 사회 구성원의 주된 도덕성 발달 수준 또는 도덕적 판단력의 수준이 제4단계에 이르러야 한다. 물론 이 수준이 '도덕적인 사회'(moral society) 또는 '정의로운 사회'(just community)의 충분한 조건은 아니지만 필요한 조건인 것이다(박용헌 · 문용린, 1990). 이렇듯 도덕 판단의 성숙 수준과 미성숙 수준을 가르는 분기점은 3단계와 4단계 사이에 있는데, 대체로 초등학교 중 · 고학년 시기에 2 혹은 3단계 추론이 가능하며, 중학교 시기부터는 4단계 추론이 가능하다는 측면에 특히 주목할 필요가 있다. 이러한 콜버그의 입장에 근거한다면, 1~3단계의 미성숙한 도덕 판단의 수준에 해당하는 초등학교 학생들에게는 타인의 처지와 관점을 읽고, 이해하며, 관심을 가져주는 역할채택 훈련을 강화하여 개인과 사회의 이익을 균형적으로 바라볼 줄 아는 4단계로 올릴 수 있는 교육적 노력이 요구된다. 4단계로 진입할 가능성을 지닌 중학교 시기에는 '개인과 사회의 이득을 균형 있게 고려할 줄 아는 능력'과 더불어 나의 행동이 남에게 어떤 파급 효과를 가져다줄지를 헤아려보는 '추론 능력과 감수성'을 길러줌으로써 4단계 수준으로 확실히 올리면서 5단계로 도덕 판단의 수준을 성숙시킬 수 있는 계기를 마련해야 한다.

레스트는 1974년에 도덕 판단력 수준을 측정하는 콜버그의 주관식 면담 검사를 DIT라는 객관식 표준화 검사로 전환시켰다. 지금까지 이 검사를 통하여 아동 및 청소년의 도덕 판단력 발달 경향을 측정한 연구 결과들에 기초하여, 레스트(Rest et al., 1999a, 1999b)는 중학교 학생들의 경우 인습 이후 수준보다 4단계적 특징(규범 유지 스키마)이 높게 나타나지만, 고등학교 시기에 이러한 관계는 역전된다고 보고하였다. 또한 중학교 시기에는 2+3단계(개인 이익 스키마)가 5+6단계(인습 이후 스키마)보다 높지만 지속적으로 감소되다가 고등학교와 그 이후 시기가 되면 4단계와 5+6단계보다 낮아지게 된다고 보고하였다. 이러한 경험적 결과에 기초하여 도덕교육의 중점을 고려해 본다면, 중학교 시기에는 인습 수준의 도덕성이 강조되어야 하고, 고등학교 이후 시기에는 인습 이후의 도덕성 수준에 초점을 맞춰야 한다.

우리나라 아동들의 도덕성 발달에 관한 연구 결과(김안중 외 3인, 1982)에 따르면, 학생들은 콜버그의 도덕성 발달의 3수준 6단계, 즉 인습 이전 수준, 인습 수준, 인습 이후 수준에 비추어 볼 때, 초등학교 4학년은 대다수의 학생이 인습 이전 수준에 해당하는 것으로 나타났다. 초등학교 5학년과 6학년은 1단계가 현저하게 줄어든 반면, 3단계와 4단계가 뚜렷하게 증가하는 경향이 보였으나, 3, 4단계의 아동들보다 2단계 수준의 아동이 보다 많은 숫자를 차지하고 있는 것으로 보고되었다. 이를 통해 이 시기의 아동들은 콜버그가 말하고 있는 인습 이전 수준과 인습 수준의 중간 단계에 해당하는 것으로 볼 수 있다. 즉, 초등학교 5학년과 6학년은 인습 이전 수준에서 인습 수준으로 옮아가고 있는 과정에 있다고 설명될 수 있으며, 이러한 현상은 중학교 1학년에 까지 계속되고 있다.

중학교 1학년은 초등학교 6학년과의 차이를 거의 찾아보기 어려운 상태로, 인습 이전 수준과 인습 수준의 중간에 있는 것으로 밝혀졌다. 그리고 중학교 2학년은 이제까지 다수를 차지하고 있던 인습 이전 수준이 차츰 감소하는 현상을 보이는 반면에, 인습 수준이 다수로 나타났다. 중학교 3학년에서는 앞의 2학년과는 완전히 다른 양상이 나타나서, 인습 이전 수준은 거의 다 사라지고 대다수가 인습 수준에 있으며, 인습 이후 수준도 나타나기 시작함으로써, 고등학생과 매우 가까운 시기로 밝혀졌다.

김안중의 연구결과에 기초하여 도덕교육의 중점을 고려해 본다면, 초등학교 고학년부터 중학교 1학년까지는 인습 수준, 보다 구체적으로는 3단계를 지향해야 하고, 중학교 2학년에서도 여전히 인습 수준의 도덕성이 강조되어야 하지만, 여기서는 4단계에 보다 중점을 두어야 한다. 중학교 3학년과 고등학교에서는 인습 이후의 도덕성 수준이 강조되어야 한다.

DIT를 사용하여 한국 청소년의 도덕성 발달을 진단한 연구들을 종합한 문용린(1994)에 따르면, 한국 청소년의 도덕 판단력 발달은 인지발달론적 가정과 마찬가지로 연령 혹은 학년에 따른 발달 경향을 나타낸다고 볼 수 있다. 문용린(1994)은 중학생은 3단계(18.2%), 5A단계(14.3%), 4단계(11.6%)의 순서로 단계 점수가 높은 것으로 나타났고, 고등학생의 경우는 3단계(16.5%)와 5A단계(15.6%)가 거의 대등하게 높은 비중을 차지한 것으로 보고했다. 그러나 한국 청소년의 DIT연구에서는 종단 연구나 계열 분석적 연구가 실시되지 않았으며,

연구 자료가 모두 횡단적 연구 자료에 불과하다. 또한 이러한 연구들에서 한국 청소년의 도덕 판단력 발달 경향은 동일 학년이라도 점수 차가 크며 비일관적인 연구 결과를 낳고 있음을 알 수 있다. 그러므로 한국 청소년의 도덕 판단력 발달 경향을 파악하기 위해서는 앞서 제기한 문제점들을 해결해 줄 수 있는 향후 연구가 요청된다.

초등학교와 중 · 고등학교 학생들의 발달적 특성에 부합되도록 도덕과 교육과정을 설계하기 위해 최근 버코위츠(Berkowitz, 2002)에 의해 제시된 아동기(childhood)와 청소년기(adolescence)에 대표적으로 나타나는 인격 발달의 특징에 주목할 필요가 있다. 아동기 동안의 인격 발달은 대표적으로 자기통제(self-control), 죄의식, 그리고 역할채택을 들 수 있다. 우선 자기통제는 만족을 유예할 수 있으며, 자신의 충동과 공격적인 충동을 통제할 수 있는 능력을 의미한다. 대체로 유아들의 순종에서 시작하지만, 자신의 충동을 내부적으로 조절할 수 있는 능력은 5세에서 7세 사이에 진전된다. 자기통제는 다른 덕들보다 우선되고 근본이 되는 덕이다.

양심의 계발이 지체되는 아동들의 문제에 관해 연구하는 최근의 학자들은 죄의식의 계발이 인격 발달을 이해하는 데 매우 중요한 측면이라는 점에 주목하고 있다. 흔히 죄의식은 자신의 위반에 대한 자기비판적인 감정적 반응으로 정의된다. 리코나는 구성적 죄의식(향상을 위한 동기화를 촉진하는 자기비판)과 파괴적인 죄의식(낮은 자존감과 자기혐오)을 구분하고 있다. 인격의 발달을 위해서 우리는 전자에 보다 관심을 두고 있다. 코찬스카(Grazyna Kochanska)와 그의 동료들은 이러한 죄의식이 생후 18개월에서 24개월경에 나타나지만 대략 2~4세경에 현격하게 증가한다고 보고한 바 있다.

역할채택 능력은 유치원과 초등학교 시기를 거치면서 발달하고, 이러한 발달은 청소년기에도 계속된다. 역할채택은 다른 사람들의 감정, 동기, 의도, 생각, 요구 등에 대해 추론할 수 있는 능력을 의미한다. 연구 결과에 따르면, 생후 24개월에서 30개월의 유아들도 기초적인 역할채택을 할 수 있지만, 다른 사람의 관점을 제대로 이해할 수 있는 능력의 중요한 진전은 3~4세에서 12세 동안에 가능하다. 도덕적 기능(moral functioning)은 다른 사람들의 관심과 균형을 이룰 수 있는 능력에 달려 있으므로, 역할채택 능력의 발달은 인격의 매우 중요한 요소임이 분명하다.

이상에서 버코위츠가 제시한 바와 같이, 자기통제, 죄의식, 그리고 역할채택이 아동기에서의 인격 발달의 특징인 점을 감안한다면, 초등학교 시기에는 도덕적 민감성의 형성 및 촉진이 특별히 강조될 필요가 있다. 다른 사람의 감정과 생각에 대한 공감 및 역할채택, 다른 사람을 도움으로써 얻은 심리적 보상으로서의 기쁨, 폭력 없이 공정하게 갈등을 해결하려는 능력, 주어진 의무를 충실하게 이행하려는 책임감, 양심에 기초한 자기반성의 생활화, 자기 자신을 소중히 여기는 마음 등을 갖도록 돕는 것은 초등학교 시기의 아동의 도덕 발달을 위해 매우 중요한 측면으로 인식될 필요가 있다.

청소년기의 인격 발달은 유아기와 아동기에서 이미 시작된 것들의 연장이다. 버코위츠는 청소년기의 인격 발달의 두 가지 특징으로서 도덕적 추론의 발달과 도덕적 정체성의 형성을 제시하고 있다(정창우, 2003a). 우선 도덕적 추론은 효과적이고 성숙한 도덕적 의사결정과 도덕적 판단을 통해 옳고 그름의 문제에 대해 생각할 수 있는 인지적 능력의 성장을 의미한다. 도덕적 추론이 현저하게 친사회적인 성격을 취하는 것은 청소년기가 시작되면서이고, 이러한 고려의 시작은 초등학교 시기인 것으로 알려져 있다. 청소년기를 거치면서 학생들은 구체적인 결과에 대한 자기중심적인 관심에서 벗어나 자신의 행동이 타인들과 그들과의 관계 및 자신이 속한 집단에 미칠 영향에 대한 사회 지향적인 관심(socially oriented concerns)을 갖게 된다. 옳고 그름을 판단할 수 있는 능력은 새롭고 애매한 도덕적 문제들과 딜레마들에 봉착했을 때 매우 중요하다.

정체성은 자기 구성적 자아감(self-constructed sense of self)이라고 정의된다. 최근의 관심은 자아 개념을 선한 사람이 되는 것에 중심에 두는 '도덕적 정체성'으로 전환되고 있다. 청소년기는 정체성 형성에 매우 중요한 시기이고,

도덕적 행위자로서 자아감의 형성도 이 시기에 동시에 발달한다. 버코위츠(Berkowitz, 2002), 데이먼(Damon, 1984, 1997; Colby & Damon, 1992)과 블라지(Blasi, 1984)는 도덕적 정체성의 형성은 아동들이 자신들과 다른 사람들을 일정한 인격적 특질(character traits)의 측면에서 분석할 수 있는 시기인 '아동 후기'에 시작하여 청소년기에 본격화된다고 밝히고 있다. 특히 데이먼(Damon, 1984)은 청소년기가 될 때까지 도덕성은 자아(self)의 지배적인 특성이 아님을 강조하였다. 아동들은 서로 관련이 없는 두 개의 구분되는 개념 체계로서의 도덕성과 자아를 갖지만, 청소년기 동안 자아를 보다 도덕적인 측면에서 바라보면서 도덕성과 자아의 체계는 점차 통합하게 된다.

데이먼은 통합의 절대적인 부족, 즉 도덕성과 자아가 평행선을 그릴 경우에는 도덕적 · 사회적 병리가 발생할 수 있다는 점을 지적한다(정창우, 2003b). 또한 도덕성과 자아가 일관성 있게 수렴되지 않는 부분적인 통합은 왜 대부분의 사람들이 그들의 도덕적 신념에 따라서, 혹은 그들이 실제로 옳다고 판단한 것에 따라서 언제나 행동하는 것이 아닌지를 설명해 준다. 그러나 이를 해석하는 과정에서 한 가지 유의할 점이 있다면, 데이먼의 연구는 도덕적 자아의 통합을 위한 일반적인 발달적 경로를 제시한 것이며, 이러한 통합은 청소년기에 시작되어 성인기에 언제나 완성됨을 주장하는 것은 결코 아니라는 점이다. 데이먼은 1992년에 콜비(Anne Colby)와 더불어 23명의 도덕적 귀감들(moral exemplars)에게 자신의 삶을 반성하는 인터뷰를 실시한 결과, 청소년기가 자아와 도덕성의 통합을 위한 중요한 시기임을 재확인하였고, 완전한 통합은 사실상 성인기에도 달성되기가 쉽지 않으며 지속적인 도전의 과정을 거치게 된다고 보고했다(Colby & Damon, 1992).

버코위츠와 데이먼, 그리고 블라지의 관점을 종합한다면, 초등학교 취학 전 아동들은 서로 관련이 없는 두 개의 구분되는 개념 체계로서의 도덕성과 자아를 갖지만, 아동 후기와 청소년기 동안 자아를 보다 도덕적인 측면에서 바라보면서 도덕성과 자아의 체계는 점차 통합하게 된다는 것이다. 그러므로 특히 청소년기(중 · 고등학교 시기) 동안 교실에서의 도덕적 토론 활동과 공동체적 체험을 통해 학생들의 도덕적 정체성 형성을 돕기 위한 기회를 풍부하게 제공할 필요가 있다. 또한 이러한 청소년기(중 · 고등학교 시기) 동안에는 효과적이고 성숙한 도덕적 의사결정과 도덕적 판단을 통해 옳고 그름의 문제에 대해 생각할 수 있는 인지적 능력의 성장을 의미하는 도덕적 판단력의 향상을 위한 다양한 기회가 제공될 필요가 있다. 이러한 기회를 통해 학생들은 왜 어떤 가치와 행동은 자신 및 다른 사람들에게 유익하고, 왜 다른 가치와 행동은 다른 사람들과 그들 자신에게 유해한지를 스스로 생각할 수 있는 기회를 가져야만 한다.

다음으로, 호프만(Hoffman, 1987, 1991)은 대체로 8~12세의 초등학교 시기에는 역할채택 기술이 발달되면서, 아이들은 다른 사람의 주관적 경험을 보다 정확하게 추론할 수 있게 되고, 보다 상황에 맞게 적절히 반응할 수 있게 된다고 보았다. 즉, 돕는 것이 희생자를 당황스럽게 만들거나 부끄럽게 만들어 체면에 손상을 끼칠 수 있다면 돕는 행동을 하지 않는다. 그러므로 호프만의 관점에서 보자면, 이 시기의 도덕교육은 역할채택 및 공감 훈련을 통해 타인이 가진 고난의 상황을 보다 정확하게 인식하고, 친사회적인 이타적 행동을 촉진시키는 것이 된다.

대체로 13세 이상의 중 · 고등학교 시기에는 역할채택 능력의 발달이 일반적인 사회적 관점(사회체제 자체의 관점을 취하는 것)을 취하는 것으로 이행된다. 이 단계에 속하는 공감은 다른 사람의 삶의 조건에 대한 복잡한 추론을 통해 유도된다. 호프만은 이 시기의 도덕교육은 공감과 도덕 원리의 형성 및 활용의 결합, 즉 도덕 원리와 이에 결합된 공감적 정서를 계발하는 데 중점을 두어야 한다고 본다.

리코나(Lickona, 1984)가 밝힌 도덕적 추론의 단계에서, 초등학교 중 · 고학년 및 10대 초 · 중기 단계에서의 옳음의 기준은 나는 착한 사람이 되어야 하고 내가 알고 있고 관심을 가지고 있는 사람들의 기대에 부응하는 삶을 살아야 한다는 것이다. 그리고 선한 삶을 살아야 하는 이유에 대해서도 다른 사람들이 자신을 좋게 생각하고(사회적 인정), 나 자신도 나를 좋게 생각해야(자기존중) 하기 때문인 것으로 파악한다. 이러한 발달 단계에 있는 아동들에게 필요한 도덕교육은 무엇보다 자신 및 타인을 존중하는 마음을 갖도록 하는 것이 될 수 있다. 고등학생과 10대 말기에 있는 청소년들은 사회 체제 또는 가치 체제에 대한 책임을 갖는다는 발달상의 특징을 보이기 때문에, 리코나의 관점에서 보자면, 이들을 위한 도덕교육은 자신 및 타인존중을 바탕으로 다른 사람 및 사회에 관심을 갖고, 다른 사람과 사회체제의 필요에 적극적으로 응할 수 있는 기회를 많이 갖도록 하는데 중점을 두는 것이 될 수 있다.

3. 도덕심리학 영역에서의 연구 성과에 기초한 도덕과 교육의 목표 설정

이상의 논의를 바탕으로 도덕성 발달 특성을 고려한 도덕과의 목표 설정은 학교급별로 교육을 중점화하는 방향에서 가능하며, 구체적인 내용은 아래에 제시된 〈표 6-4〉와 같다.

〈표 6-4〉 도덕성 발달을 고려한 도덕과의 학교급별 목표 설정

초등 3~6학년의 도덕과 목표	중등 이상 7~10학년의 도덕과 목표
• 3단계 정착 및 4단계 지향(콜버그, 김안중) • 도덕적 민감성의 형성 및 촉진(버코위츠, 호프만) • 공감 및 역할채택 능력 향상(호프만, 리코나, 버코위츠) • 평화적 갈등 해결 능력 향상(버코위츠, 리코나) • 양심에 기초한 자기반성의 생활화(버코위츠) • 자기 및 타인 존중감 배양(리코나)	• 4단계 정착 및 5단계 지향(콜버그, 레스트, 문용린, 김안중) • 도덕적 추론의 발달(콜버그, 레스트, 리코나, 버코위츠) • 도덕적 자기지식(비판적인 자아 성찰적 사고)의 촉진(리코나) • 도덕적 정체성 내지 도덕적 자아의 확립(데이먼, 버코위츠)

우선 우리나라에서 초등학생을 대상으로 도덕성 발달 연구를 체계적으로 실시한 김안중의 연구에 따르면, 초등학교 4학년의 경우는 대다수의 학생이 인습 이전 수준에 해당하며, 5학년과 6학년은 인습 이전 수준에서 인습 수준으로 이행하고 있다. 따라서 이러한 연구 결과에 근거하여 우리나라 초등 도덕교육의 목표를 설정한다면 인습 수준의 도덕성 형성에 강조점을 둘 필요가 있으며, 이러한 목표 설정은 콜버그의 입장과도 크게 다르지 않다. 콜버그의 입장에 근거한다면, 미성숙한 도덕 판단의 수준(대부분 1~2단계에 해당하지만 부분적으로 3단계로 이행)에 해당하는 초등학교 학생들에게는 무엇보다 자기 주변의 아는 사람과의 우호적 관계 지향의 범위를 넘어서 타인의 처지와 관점을 읽고, 이해하며, 관심을 가져주는 역할채택 훈련을 강화하여 개인과 사회의 이익을 균형적으로 바라볼 줄 아는 4단계로 올릴 수 있는 교육적 노력이 요구된다.

도덕적 판단력 발달에 관한 김안중과 콜버그의 연구 외에 버코위츠, 호프만, 리코나의 도덕성 발달 연구 결과에 기초하여 우리나라 초등 도덕과에서 중점적으로 지도해야 할 발달 요소들을 고려하자면 다음과 같다. 우선 버코위츠가 제시한 바와 같이, 자기통제, 죄의식, 그리고 역할채택이 초등학교 시기 인격 발달의 특징인 점을 고려하여, 이 시기에는 특히 도덕적 민감성의 형성 및 촉진이 강조될 필요가 있다. 다른 사람의 감정과 생각에 대한 공감 및 역할채택, 다른 사람을 도움으로써 얻은 심리적 보상으로서의 기쁨, 폭력 없이 공정하게 갈등을 해결하려는 능력, 주어진 의무를 충실하게 이행하려는 책임감, 양심에 기초한 자기반성의 생활화, 자기 자신을 소중히 여기는 마음 등을 갖도록 돕는 것은 초등학교 시기의 아동의 도덕 발달을 위해 매우 중요한 측면으로 인식될 필요가 있다.

호프만은 초등학교 아동들은 역할채택 기술이 발달되면서 다른 사람의 주관적 경험을 보다 정확하게 추론할 수 있게 되고 보다 상황에 맞게 적절히 반응할 수 있게 된다고 보았다. 그러므로 이 시기의 도덕교육은 역할채택 및 공감 훈련을 통해 타인이 가진 고난의 상황을 보다 정확하게 인식하고, 친사회적인 이타적 행동을 촉진시키는 것이 된다. 한편, 리코나가 밝힌 도덕적 추론의 단계에서, 초등학교 중 · 고학년 및 10대 초 · 중기에 해당하는 아동들의 발달적 특징은 사회적 인정과 자기존중을 추구한다는 점이다. 이러한 발달 단계에 있는 아동들에게 필요한 도덕교육은 무엇보다 자신 및 타인을 존중하는 마음을 갖도록 하는 것이 될 수 있다.

콜버그, 레스트, 문용린, 김안중, 버코위츠, 데이먼, 블라지, 리코나의 연구를 종합하여 우리나라 중 · 고등학교 도덕과의 교육 목표를 설정해 본다면 다음과 같다. 우선 콜버그의 관점에서 보자면, 4단계로의 이행이 가능한 중학교 시기에는 '개인과 사회의 이득을 균형 있게 고려할 줄 아는 능력'과 더불어 나의 행동이 남에게 어떤 파급효과를 가져다줄지를 헤아려보는 '추론 능력과 감수성'을 길러줌으로써 4단계 수준으로 확실히 올리면서 5단계로 도덕 판단의 수준을 성숙시킬 수 있는 계기를 마련해야 한다. 리코나는 중 · 고등학교 시기에 도덕적 인지 영역에서 특히 도덕적 자기지식(moral self-knowledge), 의사결정 및 도덕적 추론 능력이 향상되어야 한다고 본다. 여기서 도덕적 자기지식이란 자신의 행동을 뒤돌아보고 그것을 비판적으로 평가하는 것 및 자신의 장점과 단점을 알고, 자신의 약점들을 보완할 방법들을 이해하는 것을 의미한다.

문용린에 따르면, 중학교 1~3학년은 대체로 3단계에 해당하며, 고 1은 3단계에서 4단계로 이행하는 시기임을 알 수 있다. 그러므로 콜버그와 유사하게, 문용린은 중학교에서는 4단계를 지향하되, 10학년부터는 4단계 수준으로 확실하게 올리면서 5단계로 도덕 판단의 수준을 성숙시킬 수 있어야 한다고 본다.

김안중의 연구 결과는 제7차 중 · 고등학교 도덕과 교육목표 설정과 내용체계상의 계열성 확보를 위한 핵심적 역할을 하였다. 제7차 도덕과 교육과정에서는 이 연구의 결과에 기초하여 중학교 1학년과 2학년에서는 인습 수준을 지향하고 중학교 3학년과 고등학교 1학년에서는 인습 이후 수준을 지향한다고 밝히고 있는데, 여기서 인습 수준이란 보다 정확하게 말하자면 중학교 1학년은 3단계를 의미하고 중학교 2학년은 4단계를 의미한다.

또한 버코위츠와 데이먼, 그리고 블라지의 관점을 종합한다면, 중 · 고등학교 시기 동안 교실에서의 도덕적 토론 수업과 공동체적 체험을 통해 학생들의 도덕적 정체성 형성을 돕기 위한 기회를 풍부하게 제공할 필요가 있다. 또한 이 시기 동안에는 효과적이고 성숙한 도덕적 의사결정과 도덕적 판단을 통해 옳고 그름의 문제에 대해 생각할 수 있는 인지적 능력의 성장을 의미하는 도덕적 판단력의 향상을 위한 다양한 기회가 제공될 필요가 있다.

요컨대, 도덕성 발달에 관한 국내외 연구 결과들을 종합한 결과, 도덕성 발달은 대체적으로 아동기와 청소년기 또는 초등학교 시기와 중등학교 시기를 기준으로 그 특성상의 구분이 가장 뚜렷하게 이루어진다는 점을 고려하여 초 · 중 · 고등학교 도덕과 교육의 목표 또한 이러한 기준에 맞게 설정되는 것이 바람직할 것이다. 앞의 〈표 6-4〉에서 제시한 바와 같이, 국내외 연구 결과들을 종합한 결과에 근거하여 설정한 초등 3~6학년과 중등 이상 7~10학년 도덕과의 목표를 실천하기 위해서는 통합적 도덕교육의 관점을 배제하지 않으면서 동시에 초등 도덕과의 목표는 전통적인 인격교육과 공동체주의적 도덕교육 전통에, 그리고 중등 이상 7~10학년 도덕과의 목표는 자유주의적 도덕교육 전통에 보다 강조점을 두어야 한다는 주장이 설득력을 얻을 수 있다.

4. 결론 및 제언

도덕성에 관한 과학적 연구는 다름 아닌 심리학의 과제인 것이다. 사실상 여러 학문들이 도덕교육을 이론화하는 일에 매달려 왔지만 최근 수십 년간 도덕교육에 대한 가장 큰 공헌은 주로 심리학에 의해 주도되어 왔다고 해도 과언이 아니다. 심리학과 도덕교육의 이러한 깊은 관련성은 도덕교육 프로그램들이 아동의 도덕 발달에 대한 경험적 결과들을 고려해야 한다는 분명한 인식에 의해서 이루어진 것이다. 이러한 관점에서 본 연구에서는 우리나라 도덕과 교육의 목표를 발달의 계열성에 부합되도록 설정하기 위해 현재까지 도덕성 발달에 대한 심리학적 연구들의 결과를 분석하고자 하였다.

이제 초·중등 도덕과 교육과정을 개발하는 단계에서 도덕심리학적 관점이 어떻게 반영되어야 하는가에 관해 두 가지 제언을 하고자 한다. 첫째, 인지, 정의, 행동적 차원을 통합하면서 보다 전체적이고(holistic), 포괄적인(comprehensive) 관점을 추구해야 한다는 점에 대해서는 거의 모든 학자들이 공통적으로 합의하고 있는 바이다. 하지만 가능하면 인지·정의·행동적 영역의 삼분법적 목표 설정보다는 도덕적 행동의 표출을 위해 필요한 보다 복잡하고 체계적인 심리학적 관점을 채택할 필요성이 있다. 즉, 인지, 정의, 행동보다는 도덕성의 구성요소로서 도덕적 민감성, 도덕적 판단, 도덕적 동기화, 도덕적 품성과 같은 보다 심리학적이고 구체적인 형태로 목표 설정을 제시할 필요가 있다.

사실상 우리나라 현행 초등 도덕과 교육과정에서 제시된 바와 같이 인지·정의·행동적 영역의 삼분법적 목표 설정에 의해 통합적 접근을 추구하는 방식은 도덕교육의 궁극적인 목표인 도덕적 행동의 표출을 가능하게 하는 심리학적 설명을 적절히 제공할 수 없다는 점과 인지와 정의를 명확하게 구분한다는 것 자체가 사실상 쉽지 않다는 이유에서 최근 논란의 대상이 되고 있다(Bebeau, Rest, & Narvaez, 1999). 비보, 레스트, 나바에즈 등으로 대표되는 신콜버그주의에서는 인지·정의·행동의 삼분법적 관점은 도덕적 행동의 표출을 위한 요소에 대한 도덕심리학적 이론화의 결과가 아니라, 로저 브라운(Brown, 1965)이 도덕성에 관한 정신분석학적, 인지발달론적, 행동주의적 접근 관련 논문에서 이러한 삼분법적 관점을 제시한 것에 따른 것이라고 밝힌 바 있다. 특히 이러한 삼분법적 관점은 리코나(Lickona, 1991)가 훌륭한 인격을 구성하는 세 가지 요소로서 도덕적 인지, 도덕적 감정, 그리고 도덕적 행동을 제시함으로써 널리 확산된 것이다. 신콜버그주의자들은 도덕적 행위들의 많은 경우가 인지와 정의 간의 내적 상호작용의 결과임을 강조하고 있다. 다시 말해, 인지가 결여된 순수한 감정과 감정이 결여된 순수한 인지라는 것은 존재하지 않으며, 도덕적 행동을 위해서는 인지와 감정의 결합적 과정이 중요하다는 것이다. 그러므로 이들은 인지 · 정의 · 행동이라는 삼분법적 관점보다는 도덕적 행동을 가능하게 하는 심리학적 요소들, 예컨대, 도덕적 민감성, 도덕적 판단, 도덕적 동기화, 도덕적 품성 등의 개념을 사용하도록 권장하고 있다.

둘째, 도덕 발달은 사고에 의한 개인적 구성의 결과일 뿐만 아니라, 보다 중요하게는, 어떤 사회문화적 맥락 속에서 사람들 간의 끊임없는 상호작용의 결과로 간주되어야 한다. 그러므로 도덕과 교육과정의 개발은 '발달적으로 적합하고 문화적으로 민감해야(developmentally appropriate and culturally sensitive)' 한다. 일반적으로 도덕성 발달의 보편성을 지지하는 학자들은 문화적 '제국주의'의 형태로 어떤 거만함을 이끌고 있는 반면, 도덕 발달에서 문화적 차이를 옹호하는 학자들은 우리의 공통된 인간성을 폄하하고 인간이 되는 본질적인 방식을 등한시하는 경향이 있다. 따라서 도덕과 교육과정 개발을 위해서는 도덕성과 도덕적 기능(moral functioning)의 보편적인 측면뿐만 아니라 도덕 발달에서 문화심리학에 대한 고려가 동반되어야 할 것이다.

끝으로, 향후 도덕심리학 연구의 과제를 간략하게 제안하고자 한다. 지금까지 우리나라에서 수행된 도덕 판단력 발달 연구에서 발견된 문제점으로는 연구들 간에 서로 다른 검사 도구를 사용함으로써 연구 결과의 신뢰도나 상호 비교 또는 정보 교환에 제한이 따랐다는 점, DIT를 활용한 다수의 연구에서 측정 도구의 신뢰도와 타당도 검증을 엄밀하게 실시하지 않은 경우가 많았다는 점, 그리고 문용린(1994)이 지적한 바와 같이, 학년 및 연령에 따른 발달 경향을 살펴본 연구들이 모두 횡단적 연구방법을 사용하고 있어 학년 및 연령에 따른 발달 경향을 통계적으로 해석하는 데 한계가 따른다는 점을 들 수 있겠다. 그러므로 향후 연구를 통해 신뢰도와 타당도가 갖추어진 '한국판 도덕적 판단력 발달 측정 도구'를 개발해 나가고, 종단 연구와 계열 분석을 통하여 연대나 문화적 영향을 제외한 순수한 학년 및 연령에 따른 발달 경향을 탐색할 필요가 있다.

제2부

도덕심리학 연구의 최근 동향과 도덕교육

제7장
나바에즈의 도덕심리 이론과 통합적 윤리교육모형[17)]

20세기 후반기 도덕심리학 영역에서는 이성 중심 전통에 발을 딛고 인지적인 도덕 추론을 도덕성의 본질로 본 인지적 접근, 공감이나 관계 및 맥락을 중시하는 도덕적 정서 중심 접근, 그리고 4구성요소 모형, 영역 이론, 도덕 정체성 이론 등을 포함한 통합적 도덕성 접근 간에 역동적인 이론적 경쟁이 활발하게 전개되었다(정창우, 2013: 180-195). 하지만 최근에는 인지과학, 신경과학, 신경생물학, 문화인류학, 진화심리학 등 경험과학적 근거를 기반으로 암묵적이고 자동적인 처리과정이 의사결정을 주도한다는 입장이 설득력을 얻고 있다. 여기에 영향을 받은 일군의 학자들은 정서에 기반을 둔 직관에 기대어 흄(David Hume) 전통을 옹호하면서 도덕적 추론은 도덕 판단 과정에서 사후 합리화의 정당화 도구에 불과하다고 폄하하기도 한다. 아울러 칸트의 의무론 관점을 모델링했다고 주장하면서 인신적 도덕 딜레마(personal moral dilemmas) 상황에서 정서 처리에 관여하는 신경 회로가 인지 처리에 관여하는 신경 회로의 활성화를 압도한다는 fMRI의 실험 결과를 토대로 이성 중심의 의무론적 전통

17) 이 장은 『도덕윤리과교육』 제54호에 실린 석자춘 · 정창우(2017)의 논문("나바에츠 통합적 윤리교육 모형을 활용한 도덕교육 개선 방향")을 이 책의 성격에 맞게 수정 · 보완한 것임을 미리 밝혀둔다.

을 부정하기도 한다.

이러한 일련의 논쟁 속에서 도덕교육은 이성과 정서, 직관과 추론 두 진영 사이에서 어떠한 관점을 기반으로 학생들의 도덕성 함양에 접근해야 할지 혼란스러워하고 있는 상황에 직면한다. 이와 같은 학문적 입장들의 산란 속에서 도덕심리학자 나바에즈(Darcia Narvaez)는 튼튼한 이론적 배경을 점진적으로 구축해 가면서 여러 갈래로 갈라진 도덕심리학의 관점을 재정리하여 도덕교육에 접근하려고 꾸준히 시도해왔다.

나바에즈와 관련한 국내의 대표적인 선행연구로는 박장호(2012a, 2012b), 추병완(2016), 정창우(2008, 2011, 2012)의 연구가 있다. 박장호(2012a, 2012b)는 나바에즈가 도덕심리학에 발을 들여놓은 순간부터 최근 그녀의 관심사인 진화적 적응 환경에 이르기까지 나바에즈의 이론이 전개되어 온 과정을 체계적이며 풍부하게 제시하고 평가하고 있다. 추병완(2016)은 나바에즈의 신경도덕교육(neuromoral education) 이론이 지닌 강점과 약점에 대해서 예리하게 분석하고 있다. 정창우(2011, 2012)는 2000년 이후 나바에즈의 연구 결과물을 종합하여 그녀의 관점이 도덕교육 연구와 실천에 시사하는 측면에 대해서 논하였는데, 그 과정에서 윤리적 기술(ethical skills)을 매개로 하는 '도덕 전문성 모형'으로서 '통합적 윤리교육 모형(Integrative Ethical Education; IEE)'에 대해 관심을 기울였다. 아울러 정창우(2008)는 『도덕심리학과 도덕교육』에서 나바에즈(Narvaez & Lapsley, 2005)의 IEE를 상당 부분 상세하게 소개하였다. 하지만 기존 연구들은 IEE의 이론적 특징에 대한 개략적 설명에 치중했기 때문에, 깊이의 측면에서 공통적으로 한계를 지닌다.

나바에즈의 도덕심리학 전체를 일이관지(一以貫之)의 관점에서 중추적 화두로 제시한다면 '윤리적 노하우(ethical know-how)' 혹은 '윤리적 기술(ethical skills)'이라고 할 수 있다. 레스트(James Rest)의 제자로 도덕심리학에 발을 들여놓는 순간부터 신콜버그주의를 선언하는 과정을 거쳐, IEE와 IEE를 발달론적 관점에서 체계화하고자 인지과학 및 신경과학을 비롯한 제반 경험과학의 입장을 흡수하여 삼층윤리이론(Triune Ethics Theory; TET)을 제시하고, 최근 그녀의 관심 주제인 '진화적 발달 적소(Evolved Developmental Niche; EDN)'에 대한 입장을 전개하는 전 과정은 '윤리적 노하우' 혹은 '윤리적 기술'이라는 화두의 씨앗을 심고 그 씨앗으로부터 열매를 길러 내고 있는 그녀의 결과물이라고 평가할 수 있다.

본 장에서는 '윤리적 노하우' 혹은 '윤리적 기술'을 중심으로 하여, 윤리적 노하우가 기반을 두고 있는 도덕성에 대한 관점과 그러한 관점이 점진적으로 구체화되어 IEE로 스며들어가는 전개 과정을 고찰하고자 한다. 나아가서 IEE가 담지하고 있는 윤리적 기술의 내용과 그 교수방법을 나바에즈의 도덕발달론에 대한 관점인 TET와 관련하여 논할 것이다. 끝으로 이를 바탕으로 도덕교육 개선을 위한 시사점을 도출하고자 한다.

1. 도덕 스키마 개념을 통한 윤리적 기술의 이론적 토대 구축

콜버그(Kohlberg, 1981, 1984)가 도덕심리학을 독자적인 학문 영역으로 구축한 이후 도덕성과 도덕발달을 바라보는 도덕심리학의 입장은 상당 부분 갈라지고 흩어진다.[18] 이러한 패러다임의 혼란 속에서 나바에즈는 추론만으로는 도덕성과 도덕발달에 관여하는 복잡한 심리적 메커니즘을 온전히 담아낼 수 없다는 방향으로 입장을 굳히게 된다. 나바에즈는 이러한 반증 가능성에 직면한 콜버그의 도덕발달론을 목격하면서, 추론을 우위에 두고 온전한 도덕 발달을 설명하는 것은 도덕적 행동을 설명하는 필요조건이지 충분조건이 아니라는 관점으로 이론의 방향을 설정한다. 특히 의사결정 과정에서 암묵적인 처리 과정

18) 도덕성에 대한 분열된 관점에 대해 보다 깊이 있게 이해하기 위해서는 추론을 우위에 두고 보편주의적 관점에서 도덕성의 본질과 도덕발달을 규정하는 콜버그의 입장에 대해 전면적 혹은 부분적으로 반론을 제기한 학자들(예를 들어, 길리건, 슈웨더, 블라지와 튜리엘, 레스트 등)의 주장에 주목할 필요가 있다. 이와 관련한 자세한 논의는 Gilligan, 1982; Walker, 1984; Nucci & Turiel, 2000; Thoma, 1986; Vozzola, 2014 등을 참조할 것.

이 의식적인 추론을 압도한다는 경험과학의 연구 성과(Kunst-Wilson & Zajonc, 1980; Lewicki, 1986; Ericsson & Smith, 1991; Dorfman et al., 1996; Rest et al., 1999b: 296-302 재인용)를 접하면서, 이러한 자신의 입장을 굳힌다. 그녀의 이러한 이론적 방향 설정에 힘을 실어준 것은 레스트와의 만남이다.[19)]

본 논의의 전개를 보다 명료하게 드러내기 위한 방편으로 나바에즈의 이론체계 구축 과정을 시기적으로 구분해 본다면 2000년 이전과 그 이후로 나누어 볼 수 있다. 먼저 2000년 이전까지 나바에즈는 주로 도덕심리학 영역 내에서 전개되는 도덕성에 대한 여러 분열된 관점들을 정리할 수 있는 '이론적 틀'을 구상하는 데 주력한다. 그 일환으로 도덕심리학 영역 내에서 분열된 도덕성에 대한 관점들을 일정한 균형점을 바탕으로 정리하고자 도덕성에 대한 '나름의 관점'을 제시한다. 그러면서 윤리적 노하우는 진공상태나 기존에 논의가 분분했던 특정 관점에 무비판적으로 의존하는 것이 아니라, 도덕성에 대한 '나름의 관점'을 이론과 응용적 실천을 전개하기 위한 토대로 설정하고 있다(Rest et al., 1999a: 4-5, 26-28, 1999b: 300-301). 그러한 '나름의 관점'을 기반으로 평

19) 레스트는 토마(S. J. Thoma)와의 공동 연구를 통해서 도덕 판단과 도덕 행동의 상관이 낮다는 측면을 블라지의 연구에 이어 재차 확인한다. 레스트는 '도덕 판단—행동 · 태도' 사이의 어떤 매개변수가 개입될 경우, 판단이 행동 · 태도에 미치는 영향력의 변화 정도를 확인하고자 한다(Rest, 문용린 외 역, 2008: 215-220). 레스트와 공동연구자인 토마는 매개변수를 '활용자(utilizer)'라는 개념을 통해서 구체화하고 위계적 중다회귀모형을 통해 활용자가 매개변수로 개입하여 '도덕 판단—행동 · 태도'도식에서 행동 · 태도에 부분적으로 영향을 미치는 매개변수임을 확인한다. 나아가서 도덕 판단과 활용자가 상호작용하여 행동/태도를 예측하는 데 영향을 준다는 것을 확인한다. 즉 활용자라는 매개변수를 투입하였을 때 태도/행동을 예측하는 설명력, 즉 결정계수(R2)는 거의 두 배로 증가하였다. 레스트는 이러한 토마의 연구 성과에 기대어, 도덕 판단이라는 단일 변수로서는 인간의 도덕 행동을 온전히 설명할 수 없다는 자신의 가설이 지닌 진리성을 굳히기 시작한다. 즉 도덕행동에 관여하는 변인은 도덕 판단+α가 필요한 것이다. 그 α에 대한 고민의 결과 도출된 모형이 4구성요소 모형이다. 4구성요소 모형은 도덕행동에 관여하는 변인으로서 도덕 판단과 더불어 도덕 민감성, 도덕 동기화, 도덕 품성을 포함한다(Rest, 문용린 외 역, 2008: 26-44). 그리고 4구성요소의 각 요소는 선형적이고 순차적으로 작동하는 것이 아니라 역동적인 상호작용 메커니즘 속에서 도덕 행동에 영향력을 행사한다(Rest, 문용린 외 역, 2008: 41-43). 결국 레스트는 4구성요소의 각 요소별 과정과 전체적인 협응 과정을 통해서 도덕 행동이 산출된다는 입장을 취한 것이다.

행선을 달리던 '직관과 추론 두 영역'을 통합하고자 지향한다. 이러한 지향점을 구체화시키기 위해 도덕성에 대한 '나름의 관점'을 '도덕 스키마'라는 그릇에 일차적으로 담아낸다.

나바에즈는 레스트, 비보(Muriel Bebeau), 토마(Stephen Thoma)와 더불어 신콜버그주의를 선언하면서 그 '나름의 관점'을 '공동의 도덕성(common morality)'으로 설정한다(Rest et al., 1999a: 4-5, 26-28). 나바에즈는 도덕성에 대해 의식적인 추론과 암묵적이고 맥락적인 직관 사이에서 중도적 입장을 취한다. 그 중도적 입장에 대한 고민의 첫 결과물은 신콜버그주의를 선언하면서 제안한 '공동의 도덕성' 개념으로 나타난다. 공동의 도덕성은 공동체의 맥락을 반영하는 동시에 그 맥락 속에서 집단적인 숙고가 온전히 스며있는 상태를 지향한다. 그래서 공동체는 부단한 논의와 면밀한 검토를 통해서 도덕적 앎을 다듬어 사회적으로 재구성하는 과정을 소홀히 하지 않는다.

> 콜버그가 상대주의를 두려워한 것만큼 집단의 숙고에 비례하는 도덕성은 아무 생각 없는 도덕적 상대주의 혹은 도덕적 회의주의에 버금가지는 않으며, 나치와 같은 잔혹성에 이르는 상황을 조성시키는 것도 아니다. 콜버그가 마음속에 그린 단지 두 가지 가능성보다 더 많은 가능성들이 존재한다. 공동의 도덕성(common morality)은 공동체마다 다를 것이다. 그러나 공동의 도덕성은 공동체의 이상과 특정한 경우에 대한 도덕적 직관 사이에서 균형을 숙고하기 위해 공동체 구성원들에 의해 논의되고 면밀히 검토될 수 있다(Rest et al., 1999b: 301).

결국 '공동의 도덕성'은 사려와 숙고를 통한 논의를 적극적으로 참조하는 도덕성의 추론적 측면과 공동체의 공유된 신념 및 맥락 속에서 작동하는 도덕성의 직관적 측면을 동등한 파트너 관계로 설정하고 있다고 평가할 수 있다. 따라서 도덕성에 대한 나바에즈의 입장은 무분별하고 무비판적인 도덕적 상대주의와 회의주의로부터 거리를 둠과 동시에 경험적 영역을 철저히 걸러 낸 진공 상태의 절대적, 보편적 도덕 이상주의와도 거리를 두겠다는 것으로 해석할 수 있다.

나바에즈는 공동의 도덕성을 '도덕 스키마(moral schema)'라는 그릇에 담는다. 도덕 스키마는 '인습 이후 사고'라는 도덕 스키마를 통해 더욱 구체화된다. 인습 이후 사고 수준에서 작동하는 도덕 스키마의 본질은 '공유된 이상(shared ideals)'에 기반을 두고 있다(Rest et al., 1999b: 307-309). 나바에즈는 공유된 이상이 상호적이며 논쟁 및 논리적 일관성 검사에 열려있을 뿐만 아니라 공동체의 경험 위에 존재한다고 규정한다.

나아가서 도덕 스키마가 직관과 추론의 중도적 관점을 지향하는 공동의 도덕성을 담지하고 있는 측면은, 도덕 스키마를 콜버그의 단계(stage)와 차별화하는 과정에서 명료해진다. 선행연구(Rest et al., 1999b: 297-298)에 따르면, 스키마는 장기기억 속에 자리 잡고 있는 일반적인 지식구조로서, 이전 경험과 유사한 맥락과 직면할 때 그 유사성에 기반을 두고 활성화된다. 이러한 활성화 과정에서 기존 정보를 참조하여 새로운 정보를 통합한다. 결국 스키마는 정보처리를 촉진시키는 메커니즘으로 볼 수 있다. 나바에즈는 이러한 스키마의 일종인 도덕 스키마를 콜버그의 '단계' 개념과 구분하려고 시도한다.[20] 즉 콜버그가 단계 개념을 통해 경험적인 '내용'을 철저히 제거하고 추론의 '형식'만을 고려하려고 한 반면, 자신은 사회인지(social cognition) 연구의 관점을 받아들여 도덕

---

20) 2000년 이전 그녀의 저작과 논문들(Rest & Narvaez, 1994; Narvaez, 1998; Narvaez, Bentley, Gleason, & Samuels, 1998; Narvaez & Mitchell, 1999; Narvaez et al., 1999)은 주로 도덕 스키마의 발달 수준에 따라서 도덕적 이야기와 관련된 다양한 형태의 텍스트가 이해되는 방식이 상이함을 확인하는 데 주력하고 있다. 그리고 동일한 도덕적 이야기가 다르게 이해되는 매개 장치인 도덕 스키마는 즉각적이고 암묵적 수준에서 활성화된다는 측면을 부각시키고 있다. 아울러 전문가의 도덕 스키마를 측정하고 초보자의 도덕 스키마와의 차이에 관심을 기울이고 있다. 따라서 윤리적 기술의 토대인 도덕 스키마를 콜버그의 단계 이론과 차별화하는 기초 작업은 신콜버그주의를 선언하기 이전부터 시작되고 있었다고 평가할 수 있다.

스키마에 형식뿐만 아니라 내용 측면을 포함시켰다고 주장한다. 그리하여 도덕 스키마를 피아제의 입장과 사회인지 관점의 중도적 위치에 설정한다(Rest et al., 1999b: 298–300).

나아가서 나바에즈는 도덕 스키마가 언어를 통한 명료한 표현을 통해 드러나기보다는 '암묵적 인식(tacit recognition)'을 통해 드러나는 측면을 강조한다(Rest et al., 1999b: 296–300). 암묵적 인식의 측면을 강조하는 입장은 앞서 언급했듯이 의사결정 과정에서 암묵적인 처리 과정이 의식적인 처리 과정을 압도하는 경험과학의 연구 성과에서 힘을 얻는다. 암묵적인 인식의 측면이 도덕 스키마에서 두드러진다는 관점은 콜버그의 도덕판단면접법(MJI)보다 레스트의 DIT에 힘을 실어준다.[21)]

도덕 스키마와 콜버그의 단계와의 차이에 대한 이상의 논의는 나바에즈의 도덕 스키마가 직관과 추론의 중도적 관점을 지향한다는 것을 시사한다. 인습 이후 사고의 도덕 스키마에서 잘 드러나듯이, 도덕 스키마는 추론에 기반을 둔 숙고와 논의 과정을 포함하는 동시에 이러한 과정이 시공을 초월한 탈맥락이 아닌 공동체 경험 맥락 속에서 작동한다는 특징이 있다. 이러한 결과로 도덕 스키마는 필연적으로 형식을 넘어 내용을 포괄할 수밖에 없다. 아울러 인지과학을 비롯한 경험과학의 연구 성과에 비추어 볼 때, 도덕 스키마는 암묵적인 자동화 수준에서 작동한다. 따라서 내용을 포괄한 맥락 의존적 특성과 암묵적인 자동화 수준에서 활성화되는 도덕 스키마는 직관의 활성화 메커니즘을 담지하고 있는 것이다. 결국 나바에즈는 도덕 스키마의 직관과 추론 두 측면을 포괄함으로써 명시적 과정과 암묵적 과정의 통합을 지향하고 있는 것이다.

21) MJI는 추론 과정 전체를 명료한 언어적 표현을 통해서 온전히 생성해 내는 수준을 도덕 판단 수준의 측정 준거로 설정한다. 반면 DIT는 특정 쟁점에 대해 생성 가능한 추론의 결과물을 미리 제시하고 장기 기억에 기반을 두는 재인 과정이 제시된 쟁점에 대한 결과물을 선호하는 정도를 도덕 판단 수준의 측정 준거로 설정한다.

2. 윤리적 기술 및 전문성의 이론적 체계 정립

2000년 이후부터는 그 이전까지 주로 도덕적 판단 영역에 국한된 '도덕 스키마' 개념을 레스트의 4구성요소 모형을 바탕으로 4영역(윤리적 민감성, 윤리적 판단, 윤리적 동기화, 윤리적 행동)으로 확장시킨다. 뿐만 아니라 나바에즈는 의사결정 과정에서 암묵적인 자동성을 부각시키는 인지과학의 관점과 사회인지 이론에 기반을 두고 '도덕 스키마'와 '도덕 전문성' 개념 사이의 접점을 마련한다. 이 과정에서 다양한 분야의 경험과학(인지과학, 신경과학, 신경생물학, 문화인류학, 진화심리학 등)을 비판적으로 수용하여 이제까지 구축한 '이론적 틀'을 지켜 내면서 더욱 섬세하게 다듬고 구체화한다. 그 일환으로 4영역에서의 윤리적 기술에 대한 고안과 신경생물학적 뿌리와의 접점을 토대로 IEE를 확립한다. 이후, 발달론적인 입체적 차원에서 안전윤리(safety ethics), 관여윤리(engagement ethics), 상상윤리(imagination ethics)를 신경생물학적 뿌리와 연계시킨 TET를 고안하여 실천적 교육 모형인 IEE의 이론적 토대를 구축한다. 이상의 이론적 · 응용적 작업을 바탕으로 '공동의 도덕성'을 통해 통합시키고자 한 '직관과 추론 두 영역'을 온전한 파트너 관계로 구축한다.

이러한 전반적인 과정, 즉 나바에즈가 2000년 이전까지 다져온 도덕 스키마에 대한 관점을 2000년 이후 윤리적 전문성과 윤리적 기술로 구체화하는 과정을 보다 구체적으로 추적해 볼 필요가 있다. 이 과정은 크게 의사결정에 대한 인지과학의 입장을 참조하는 측면과 사회인지 이론을 수용하는 측면으로 나누어 볼 수 있다.

먼저 나바에즈(Narvaez & Bock, 2002)는 신콜버그주의를 선언(Rest et al., 1999b)하면서 제시한 도덕 스키마의 암묵적 인식 과정 측면을 2000년 이후 확고히 굳히게 된다. 이러한 확고화 과정은 인지과학의 선행연구에 의존하는데(Narvaez & Bock, 2002: 288-299), 인지과학은 인간이 세계를 외부에 존재하는 온전한 모습 그대로 인지하는 것이 아니라 기존에 마음에 이미 자리 잡고 있는 스키마를 통해서 '재해석'하여 받아들인다고 본다. 세계를 재해석하는 매개 장치인 스키마는 의식적 과정을 넘어 우리가 알아차리지 못하는 사이에 자동적으로 활성화된다. 이러한 스키마의 활성화 양상은 언어적인 명료한 표현을 넘어선다. 또한 스키마의 활성화 메커니즘은 오랜 진화의 역사적 지층에 두텁게 자리 잡고 있다. 나바에즈는 도덕 판단 역시 이러한 스키마의 활성화 메커니즘의 연장선상에 있다고 본다.[22)]

다음으로, 랩슬리와 나바에즈(Lapsley & Narvaez, 2004: 189-207; Lapsley & Stey, 2014: 91-92)의 입장을 참조하여 사회인지 이론을 도덕 스키마에 수용하는 측면을 살펴보자. 사회인지 이론은 의사결정 과정에서 인지가 여전히 중대한 영향력을 지니고 있다고 본다. 하지만 모든 인지처리 과정이 의식적으로 통제할 수 있는 명시적 과정이라고 보지는 않고 암묵적이고 자동적인 수준에서 인지처리 과정이 작동하는 측면을 강조한다. 그리고 의사결정 과정에서 인지와 감정은 함께 얽혀서 관여하며, 이 과정에서 변화하는 사회적 맥락과 상호작용한다.

의사결정 과정에 대한 사회인지 이론의 이러한 전제 위에 자리 잡고 있는 사회인지적 스키마는 전문가와 초보자의 차이가 사회인지적 스키마에 대한 접근도(accessibility)에서 기인한다고 본다. 즉 우리가 특정한 사회적 맥락에 노출되었을 때 전문가는 그 맥락과 관련된 사회인지적 스키마에 신속하게 접근하여 초보자가 간과하게 되는 문제해결의 단서를 정확하게 포착한다. 즉 전문가는 높은 수준의 자동성 수준에서 활성화되는 스키마를 함양하고 있다.

도덕 스키마 역시 사회인지적 스키마의 연장선상에 있다. 도덕 스키마가 사회인지적 스키마의 연장선상에 있다는 것은 나바에즈가 강조하는 전문성 개념

22) 나아가서 도덕 스키마에 대한 이러한 관점은 도덕이 감정이 아니라 이성에 근거한 것이며 이성을 통한 도덕 추론은 언어를 사용하는 의식적 과정이기 때문에 가치 있는 경험적 자료로 인정될 수 있다는 콜버그의 현상주의를 비판하는 논의로까지 이어진다(Narvaez & Lapsley, 2005: 142).

이 지향하는 바를 시사한다. 이러한 지향점 중 하나는 도덕적인 목적과 관련되어 있다. 즉 나바에즈의 윤리적 전문성 개념은 단순히 기술적 역량이나 지적 능력을 지칭하는 것이 아니라 도덕적인 목적을 지향하는 특징이 있다. 왜냐하면 도덕적 정체성이 도덕 스키마에 대한 지속적인 접근에 상당한 영향력을 미치기 때문이다(Lapsley & Stey, 2014: 84-97). 즉 도덕적 목적이 개인의 정체성에 중요하고 본질적인 부분으로 자리 잡을 때 도덕 스키마를 지향하는 접근도는 높아진다고 볼 수 있는 것이다. 특히 이러한 측면에서 블라지의 도덕적 정체성 개념(Blasi, 1983, 1984)은 도덕 스키마를 보완하는 영역으로 자리 잡을 수 있다. 결국 나바에즈가 지향하는 전문성 개념은 덕을 행위로 표출시키기 위해 목표 지향적 방식으로 모든 시스템이 함께 작용할 수 있도록 일체의 능력을 동력원으로 활용하는 것을 추구하는 것이다(Narvaez, 2006: 716).

나바에즈의 윤리적 전문성 개념의 또 다른 지향점은 기술적인 측면에서 암묵적으로 자동화된 도덕 스키마를 추구한다는 것이다(Lapsley & Narvaez, 2004; Narvaez, 2006: 716; Narvaez & Bock, 2014: 140-141, 150-151). 도덕 스키마에 대한 접근이 신속하고 용이할수록 그 개인은 도덕적인 목적과 상응하는 행동과 환경을 거의 자동적으로 선택하고 구성할 개연성이 높아진다. 그러므로 도덕 스키마에 대한 지속적인 접근성이 자동화 수준으로 향상될수록 윤리적 전문가라고 볼 수 있다.

나아가서, 나바에즈는 현대 심리학의 전문성 이론을 참조하여 윤리적 전문가의 도덕 스키마 개념을 지식의 유형 차원에서 더욱 섬세하게 다듬는다. 심리학적 연구 성과를 참조할 때, 전문가는 특정한 영역에서 더욱 풍부하며 잘 조직화된 지식을 지니고 있을 뿐만 아니라, 관련 분야에서 더욱 많은 구체적 사항들을 알아차리고, 적절한 시점에 적절한 절차를 적용함으로써 의식적인 노력을 들이지 않고 신속하고 자동적으로 문제를 해결한다는 측면에서 초보자와는 질적으로 다른 수행 과정을 보인다(Gijselaers & Woltjer, 1997; Narvaez, 2006: 716). 이처럼 일반적으로 전문가는 특정 영역에서 양적으로 풍부하고 질적으로 조직화된 지식을 지녔을 뿐만 아니라, 그 지식을 적절한 시점에 적절한 절차를 통해 수행한다.

마찬가지로 윤리적 전문가는 무엇이 선(good)인지를 아는 풍부하고 잘 조직화된 '도덕적 지혜(moral wisdom – knowing the good)'와 그 선을 적절한 시점에 적절한 절차를 통해 행동으로 수행하는 방법적 지식으로서 '실천적 지혜(practical wisdom – knowing how to carry it out in the situation)'를 겸비하고 있다. 이러한 지식을 부단한 연습을 통해 반복적으로 실천하여 습관화한 결과, 윤리적 문제를 의식 이전 수준(preconscious)에서 거의 자동적으로 처리할 수 있는 것이다(Narvaez, 2006: 716; Narvaez & Bock, 2014: 140–141, 150–151). 결국 나바에즈는 전문가의 마음 구조에 대한 현대 심리학의 논의를 기반으로 도덕 스키마를 윤리적 전문가의 마음 구조로 재구성하고 있는 것이다. 이러한 시도는 훈련과 연습 이전 혹은 과정 중에는 의식적 수준에서 활성화되는 경향이 강한 추론이 훈련과 연습의 완숙 단계에 이르면 의식 이전의 직관적 수준에서도 활성화될 수 있다는 것을 시사한다.

윤리적 전문가가 지닌 도덕 스키마의 수준을 정립하고 나서, 나바에즈는 2000년 이전까지 주로 도덕 판단 영역에서 논의하던 도덕 스키마 개념의 스펙트럼을 레스트의 4구성요소 모형을 바탕으로 윤리적 민감성, 윤리적 판단, 윤리적 동기화, 윤리적 행동 영역으로 확장시킨다(Narvaez et al., 2005). 그 확장 과정에서, 윤리적 전문가의 도덕 스키마를 윤리적 기술로 더욱 구체화하려고 시도한다(Narvaez & Lapsley, 2005; 정창우 역, 2008: 277–278). 나아가서 4구성요소 각각의 신경생물학적 뿌리를 탐색(Narvaez & Vadich, 2008: 296–300)한다.[23]

23) 나바에즈는 선행연구를 기반으로 4구성요소를 신경생물학적 뿌리와 관련짓는데, 이와 관련한 자세한 논의는 Goldberg, 2002: 153; Sanfey et al., 2003: 1755–1758; de Quervain et al., 2004: 1254–1258; Robertson et al., 2007: 755–766; Knoch et al., 2006: 829–832; Narvaez & Vadich, 2008: 296–300; 정창우, 2012; 333–336을 참조할 것.

도덕적 지혜와 실천적 지혜를 포괄하는 윤리적 기술의 특징을 각 영역별로 살펴보면 다음과 같다(Narvaez, 2005: 141-142). '윤리적 민감성' 영역에서 윤리적 전문가는 매우 신속하고 정확하게 도덕적 상황을 읽어 내고 그 상황에서 그들이 취할 조치를 취하는 기술을 지니고 있다. '윤리적 판단' 영역에서는 복잡한 윤리적 문제를 해결하는 다양한 도구로서 인지적 기술을 지닌다. '윤리적 동기화' 영역에서는 윤리적 목적을 가장 우선시하는 정체성을 갖고 있다. '윤리적 행동' 영역에서는 환경적 곤란함을 극복하고 도덕적 목적을 행동으로 수행하는 역량을 지니고 있다. 나바에즈는 각 영역에 관여하는 구체적인 기술을 도덕적 귀감, 고전적 덕, 현대적 덕, 도덕성 · 발달 · 시민성 · 긍정심리학에 대한 학문적 검토를 통해 추출한다(Narvaez, 2006: 717).

이상의 논의를 간략하게 정리하자면, 나바에즈 연구는 직관과 추론의 동등한 파트너 관계를 반영한 '공동의 도덕성' 개념 도출 → 공동의 도덕성을 온전히 담아낸 도덕 스키마 제시 → 인지과학의 기반 위에 도덕 스키마 설정 → 사회인지 이론의 기반 위에 도덕 스키마와 윤리적 전문성 사이의 접점 마련 → 도덕적 기능(moral functioning)의 4영역으로 도덕 스키마의 확장 → 도덕적 기능의 4영역(또는 구성요소)에서 윤리적 기술로 구체화된 도덕 스키마 정립으로 이행되었고 이를 점진적으로 발전시킨 모든 논의를 IEE에 담는다(Narvaez & Lapsley, 정창우 역, 2008).

나아가서 나바에즈는 윤리적 기술을 가르치는 것을 지향하는 IEE를 '인격교육(character education)'으로 규정한다. 즉 나바에즈가 지향하는 인격교육은 인간의 일련의 특질을 수동적으로 습관화하는 차원이 아니라 '기술'을 가르치는 것이다. 그리고 그녀는 인격교육에 대한 자신의 이러한 입장은 전혀 새로운 것이 아니며 고대 덕 윤리 전통과 접점을 유지하고 있다고 본다. 그 근거로서 플라톤의 경우 '전문적인 기술의 숙련'과 '정의로운 사람의 단련' 사이의 유사성을 강조한다는 측면을 제시한다(Narvaez & Lapsley, 2005; 정창우 역, 2008: 273-274).

고대 덕 윤리의 본질에 대한 나바에즈의 이러한 관점은 도덕적 기능의 4구성요소에 관련된 '각각의 기술 하나하나'를 관련되는 덕과 연동시키는 과정으로 드러난다. 예를 들어, 윤리적 민감성에 관여하는 7가지 상위 기술 중 두 번째인(ES-2) '타인의 입장채택' 기술의 경우, 이타심, 시민성, 연민, 공정함, 관대함, 선견지명, 너그러움, 유익함, 타인포용, 정의, 개인적 책임감, 사회적 책임감, 관용, 사심 없음의 덕과 연동된다(Narvaez & Endicott, 2009: 29).

나바에즈의 이론적 발전 과정은 IEE의 발달론적 토대인 TET를 마련하는 수준으로까지 나아간다. 이러한 이론적 도약의 배경을 살펴보도록 하자. 특히 2000년 이후 경험과학(인지과학, 신경과학, 신경생물학, 문화인류학, 진화심리학 등)은 암묵적이고 자동적인 처리과정이 의사결정을 주도한다는 경험적 근거를 쏟아낸다. 이러한 흐름과 더불어 신경과학을 중추로 하는 경험과학에 기반을 두고 도덕 판단에 관여하는 심리적 메커니즘에 접근하는 도덕신경과학이 등장한다. 아울러 도덕신경과학의 연구 성과를 문화심리학의 관점에 수용하여 도덕심리학을 구축하려는 흐름도 등장한다.

이러한 신경과학을 중추로 하는 경험과학의 성과는 윤리적 전문가의 도덕 스키마가 지닌 암묵적 과정을 지지한다는 측면에서 유의미한 성과이다. 하지만 도덕신경과학과 여기에 기대어 도덕심리학을 구축하려는 주류 학문은 편향된 관점에서 경험과학의 연구 성과를 차용하는 흐름을 보이기 시작한다.

특히 뇌의 신경시스템은 의사결정 과정에서 신피질 영역(neocortex area)과 피질하 영역(subcortical area)의 협응 체계 속에서 작동한다는 방향으로 중지가 모아지고 있다(Haste, 2013: 321). 그럼에도 불구하고 이러한 측면을 간과한 채 하이트(Haidt, 2012)의 경우 인간관과 도덕성에 대한 연구자의 관점에 치우쳐 피질하 영역 수준에서 작동하는 신경 시스템 메커니즘만을 편향되게 이론에 차용하는 지경에까지 이른다. 한편 그린(Joshua Greene)은 이성에 기반을 둔 의무론적 전통의 경우, 뇌의 신경 시스템이 작동하는 메커니즘 수준에서 볼 때, 정서적 감정 시스템이 이성적 추론 시스템을 압도하며, 정서적 감정에 기반을 둔 직관 시스템은 인지적 과정에 개입할 때 잘못된 출발점의 오류를 야기할 수 있는 무딘 생물학적 도구(blunt biological instrument)라는 것을 근거로 의무론적 전통을 부정하기까지 한다(박장호, 2012c: 143).

나바에즈의 입장에서 볼 때, 이러한 논의의 흐름들은 윤리적 전문가의 도덕 스키마가 전제하고 있는 암묵적 과정과 명시적 과정의 조화, 직관과 추론의 동등한 파트너 관계를 간과할 개연성이 높다. 특히 하이트의 도덕적 직관주의 관점이 도덕적 기능 연구에 일정 부분 기여한 측면이 있지만(Narvaez, 2010b: 165), 이러한 논의의 흐름들은 직관의 오류 가능성을 간과하고, 직관에 따른 도덕 판단의 보편타당성을 파악하는 추론의 인과적 역할을 경시하며, 수동적 인간관을 전제로 문화화(enculturation)를 도덕 발달로 간주하여 도덕적 상대주의와 그 극단인 도덕적 회의주의를 조장한다는 측면에서 문제점으로 지적될 수 있다(Narvaez, 2008; 236-237, 239-240).

이러한 문제의식에 근거하여 그녀는 뉴런 수준에서 이뤄지는 도덕 판단의 메커니즘을 논하는 과정에서도 중추신경 시스템의 직관 회로와 추론 회로 양자 모두를 균형 있게 고려한다. 즉 기존의 경험과학과 하이트의 사회적 직관주의가 암묵적인 자동적 의사결정의 원천인 피질하 영역과 우뇌에 치중하는 경향을 보인 반면, 나바에즈는 신피질과 피질하 영역 · 자기조절 구조(self-regulatory structures) · 동기화 구조(motivational structures), 좌뇌와 우뇌를 전체적으로 고려하여 발달론적 관점에서 이론을 정립하고자 한다(Narvaez, 2008, 2010b: 164, 2012, 2014: 189-199, 2016; Narvaez & Bock, 2014: 144-148).

이를 통해 나바에즈는 발달론적 관점의 이론인 TET[24]를 제시한다. 그녀는

---

24) TET에서 안전윤리의 신경시스템은 추체외로 행동 신경시스템(extrapyramidal action nervous system)과 스트레스 반응에 관여하는 시상하부 뇌하수체 부신 축(hypothalamus-pituitary-adrenal axis), 미주신경긴장도(vagal tone, or glucocortical receptor development)를 포함한다. 특히, 추체외로 행동 신경시스템은 R-복합체(R-complex)라고도 하는데, 맥린(Paul D. MacLean)이 기저핵(basal ganglia)에 부여한 이름으로서, 포유류의 자기보호(self-protective) 메커니즘과 관련된다. 그리고 이 시스템은 공포, 분노, 공황, 욕망의 감정 시스템을 통해서 생존과 목적 실현을 위해 분투하는 것에 맞추어져 있다. 관여윤리의 신경시스템은 포유류의 감정시스템으로서, 시상하부-변연계 축상의 본능적-감정 신경 시스템(visceral-

TET를 통해서 직관과 추론을 동등한 파트너 관계로 설정하며 유기적인 앙상블로 간주하고 있다. 이러한 방향은 TET의 마음챙김 도덕(Narvaez, 2014; 박성현, 2007: 89)에서 정점에 이르는데 마음챙김 도덕은 중추 신경 시스템이 전체적으로 앙상블(좌뇌-우뇌, 신피질-피질하 영역)을 이루어 직관과 추론이 유기적으로 연접한 결과, 안전윤리가 평온하며 관여 및 상상윤리가 온전하게 최대로 기능하는 상태라고 볼 수 있다. 그래서 직관이 빈약하여 오류를 범할 개연성이 있을 때 이를 즉각적으로 '알아차리고' 대응하게 된다. 즉 직관의 무비판적인 암묵적 자동적 요동에 '하지 않을 자유의지(free won't)'라는 의지의 자유로 적극적인 대응에 임하게 된다.

3. 통합적 윤리교육 모형의 적용 단계

IEE는 총 5단계로 구성되어 있는데[25] 본 논의에서는 윤리적 기술을 본격적으로 교수하는 '단계 3'과 윤리적 기술을 도덕적 메타인지 차원으로 도약시키고자 하는 '단계 4'에 초점을 맞추고자 한다. 그리고 단계 1, 2, 5는 '4. 통합적 윤리교육 모형을 활용한 도덕교육 개선 방향'과 관련지어 부분적으로 논의할 것

emotional nervous system on the hypothalamic-limbic axis; VENS)을 포함한다. 특히, 안전윤리와 관여윤리 모두 정서 신경시스템에 기반을 두고 있으나, 안전윤리는 하위 변연계 시스템(the lower limbic system)에, 그리고 관여윤리는 상위 변연계 시스템(the upper limbic system)에 기반을 두고 있다는 측면에서 차이가 있다. 상상윤리의 신경시스템은 전두엽(frontal lobe), 특히 전전두피질(prefrontal cortex)의 신피질(neocortex)과 시상 관련 구조들(related thalamic structures)을 포함하는데, 양방향 피드백 고리를 통해서 피질하 감정 시스템과 연결된다. 이 영역은 논리적 추론, 성찰(reflection), 감정 조절, 대안을 상상하기 위해 현재 순간으로부터 추상화하는 기능에 관여한다(MacLean, 1990; Narvaez, 2011, 2012, 2014, 2016; https://en.wikipedia.org/wiki/Triune_brain).

25) '단계 1 : 각각의 학생들과 배려관계 형성하기, 단계 2 : 성취와 윤리적 인격을 지향하는 지지적 풍토 조성하기, 단계 3 : 초보자에서 전문가로 나아가는 교수법을 활용하여 교과교육과정 및 교과 외 교육과정 활동 전체에 걸쳐 윤리적 기술 가르치기, 단계 4 : 학생들의 자기저자의식과 자기조절능력 촉진시키기, 단계 5 : 공동체 기능 회복하기 : 자산형성 공동체와 협응된 발달 시스템'에 걸쳐서 전개된다(Narvaez & Bock, 2014: 148-153).

이다. 단계 3은 도덕적 기능에 관여하는 4영역 모두에 걸쳐서 각 영역과 관련된 윤리적 기술의 체화를 궁극적 지향점으로 한다(Narvaez & Bock, 2014: 150–152). 이를 위해 이 단계에서는 명시적인 수업을 통해 의도적으로 인격을 교수하는 직접적인 개입을 중시한다. 한편 단계 4는 마음챙김 도덕이 지향하는 발달론적 관점이 반영되어 있다.

1) 윤리적 기술 가르치기

IEE의 '단계 3: 초보자에서 전문가로 나아가는 교수법을 활용하여 교육과정 및 교육과정 외 활동 전체에 걸쳐 윤리적 기술 가르치기'(Narvaez & Bock, 2014: 150–152)는 윤리적 기술을 적극적으로 직접 교수하는 단계다. 도덕적 기능의 각 영역(윤리적 민감성, 윤리적 판단, 윤리적 동기화, 윤리적 행동)은 7개의 상위기술과 그 상위 기술 각각에 관련되는 하위기술(2~4개의 하위 기술, 대부분이 3개로 하위기술로 구성됨)을 포함하고 있다.[26] 단계 3에서 하위기술 각각에 대한 교수과정은 네 단계로 이뤄진 위계적 수준(Level 1~4)에 따라 전개된다(Narvaez & Lapsley, 2005; 정창우 역, 2008: 273–281; Narvaez & Bock, 2014: 151).[27]

첫 번째 수준(level 1)은 '사례들과 기회들에 몰입시키기'이다. 이 수준에서 교사는 학생에게 윤리적 이상에 대한 모델과 모델링을 제공한다. 이를 통해 학생들의 삶 속으로 다양한 유형의 매력적인 활동들이 스며들게 될 것이다. 이러한 과정을 통해서 학생은 교과영역에서 윤리적 기술에 대한 큰 그림(big picture)을

26) 윤리적 기술의 구체적 유형과 관련한 국내 논의로는 정창우, 2008, 2011, 2012, 2013을 참조할 것. 더욱 자세한 논의는 Narvaez & Endicott, 2009; Narvaez & Bock, 2009; Narvaez & Lies, 2009; Narvaez, 2009를 참조할 것.

27) 나바에즈는 네 개의 위계적 수준으로 구성된 '초보자에서 전문가를 지향하는 교수법'을 1999년 '미네소타 공동체 목소리와 인격교육(The Community Voices and Character Education: CVCE)'에서 처음으로 실시하였으며, 통제집단에 비해서 이 교수법을 처치한 집단의 인격 발달이 유의미한 효과를 보인다는 것을 확인한다(Narvaez & Bock, 2014: 151–152).

그리고 기본적인 패턴을 익히게 된다.

두 번째 수준(level 2)은 '사실과 기술에 주의 기울이기'이다. 교사는 이 수준에서 학생들에게 기술과 관련된 기본적인 개념을 접하고 안내받을 기회를 부여한다. 이러한 기회를 통해서 학생들은 윤리적 기술의 지식 측면을 점진적으로 정교화하게 된다. 그 결과 학생은 구체적이고 모범적인 사례에 집중하고 지식을 섬세하게 구축하게 된다.

세 번째 수준(level 3)은 '절차 연습하기'이다. 교사는 이 수준에서 기술을 맥락 속에서 직접 수행할 수 있는 기회를 부여한다. 물론 처음에는 온전한 수행이 어려울 것이다. 이때 교사는 원만한 수행을 위해 필요한 구체적인 절차를 안내한다. 이를 바탕으로 학생들은 문제를 해결하기 위한 단계를 계획하고 실행하는 기회를 갖는다. 그리고 이 과정에서 학생들은 교사의 명시적인 안내를 참조하여 자신의 기술을 미세하게 조정하게 된다. 그 결과 학생들은 문제 상황에 직면하여 기술을 통해 최적의 방식으로 문제를 해결할 수 있는 역량을 연마하게 된다. 이러한 과정을 통해서 학생들은 목적을 세워 문제 해결 절차를 계획하며, 기술을 실천하는 역량을 함양한다.

네 번째 수준(level 4)은 '지식과 절차를 통합하기'이다. 이 수준에서 교사는 학생들에게 멘토와 다양한 정보를 탐색할 기회를 제공한다. 이를 통해 학생들은 윤리적 기술의 지식 및 절차적 측면을 지속적으로 연마하는 기회를 갖는다. 그리고 학생들은 멘토와 정보를 바탕으로 다양한 문제 상황에서 윤리적 기술을 지속적으로 실천한다. 이 과정에서 학생들은 자신의 부족한 점을 보완해 나가게 된다. 그 결과 궁극적으로 윤리적 기술의 지식 측면과 절차 측면은 유기적으로 통합되며, 학생들은 계획을 실행하고 윤리적 문제를 해결하는 역량을 향상시킬 수 있다.

이상에서 살펴본 단계 3의 위계적 교수절차가 윤리적 기술 습득 및 체화를 위한 교육을 위해 어떤 시사점을 제공하는가를 살펴보면 다음과 같다. 첫째, 도제식 교수법이 윤리적 기술 습득 및 체화를 위해 효과적으로 적용될 수 있다. 단계 3의 위계적 교수 절차는 기술에 대한 전문가의 지식을 식별하고 정교화하는 과정을 거쳐서 기술을 특정한 맥락에서 실천하는 절차적 측면을 연마하고, 궁극적으로는 지식과 절차를 온전히 통합하는 수준을 지향한다. 즉 '지식의 식별 → 지식의 정교화 → 지식 수행의 절차 연마 → 지식과 절차의 통합' 순으로 지식의 복잡성 정도를 점진적으로 높여간다. 그리고 이 과정에서 교사는 지속적으로 학생의 수행 절차를 관찰하고 점검 및 평가한다. 동시에 적극적으로 개입하여 수행의 전 과정에 대한 피드백을 적재적소에 제공하면서 학생이 자신의 수행 양태를 미세하게 조정하면서 세련된 수준으로까지 기술을 체화하도록 돕는다. 나아가서 'level 4'에서는 피드백을 통한 교사의 적극적 개입을 최소화시킨다. 이와 같이 교사와 학생 간의 긴밀한 상호작용을 전제로 이루어지는 단계 3의 '초보자에서 전문가를 지향하는 교수법'은 윤리적 기술의 체화 과정에서 도제식 교수법을 지향한다고 평가할 수 있다.

이러한 교육 방식이 갖는 장점을 고려해 본다면, 윤리적 기술 습득 및 체화를 위해 교사는 도제식 교수법을 활용하여 윤리적 기술의 복잡성의 정도가 덜한 수준에서부터 점진적으로 높아지는 수준으로 수행 과제를 제시할 필요가 있다. 그리고 이 과정에서 교사는 학생의 수행을 지속적으로 점검하면서 적절한 피드백을 제공하고, 도움을 주는 피드백 과정을 점진적으로 줄여나갈 필요가 있다.

둘째, 윤리적 기술의 내용적 측면과 방법적 측면을 모두 가르칠 필요가 있다. 단계 3의 위계적 교수 절차는 윤리적 기술이 포괄하고 있는 지식의 유형을 온전히 담아내기 위한 설계라고 평가할 수 있다. 나바에즈(Narvaez & Bock, 2014: 142-143)는 특정 분야에서 전문가가 소유하고 있는 스키마의 상태를 '절차적, 선언적, 조건적 지식(procedural, declarative, conditional knowledge)'이라는 세 수준에서 제시한 바 있다. 지식의 선언적인 측면을 기술의 내용적 측면이라고 한다면, 절차적 지식과 조건적 지식은 기술의 방법적 측면이라고 할 수 있다. 즉 전문가는 풍부하고 정교한 지식의 내용과 그 지식을 특정 맥락에서 온전히 수행하는 방법적 지식을 체화하고 있다.

이러한 전문가 일반의 스키마에 대한 특징을 기반으로 나바에즈는 윤리적 전문가가 지닌 윤리적 노하우 역시 선(good)에 대한 풍부하고 정교한 앎으로서 내용적 측면인 '도덕적 지혜'와 그 선을 특정한 맥락에서 온전히 수행하는 방법적 측면인 '실천적 지혜'를 아우르는 상태로 본다(Narvaez & Bock, 2014: 142-143). '초보자에서 전문가를 지향하는 교수법'에 토대를 둔 절차적 수준(level 1~4)에서 윤리적 기술에 대한 지식의 측면을 식별하고 정교화하는 'level 1~2'는 윤리적 노하우의 내용적 측면에 대한 함양에 주력하고 있다. 반면, 'level 3'은 윤리적 기술의 방법적 측면에 대한 함양에 역점을 두고 있다고 볼 수 있으며, 'level 4'는 윤리적 노하우의 내용적 측면과 방법적 측면에 대한 유기적 통합을 지향하고 있다고 평가할 수 있다.

셋째, 윤리적 기술의 직관적 측면과 숙고적 측면을 모두 가르쳐야 한다. '초보자에서 전문가를 지향하는 교수법'에 토대를 둔 절차적 수준(level 1~4)은 직관과 숙고의 통합을 지향한다고 평가할 수 있다. 'level 1'은 직관의 함양에 역점을 두고 있다. 사회인지이론에 근거할 때(Narvaez & Bock, 2014: 151), 자동화된 도덕 스키마는 사회적인 경험 내지는 실천적인 경험을 통해서 마음에 자리 잡는다. 특히 'level 1'은 이야기를 통한 간접적인 역할모델뿐만 아니라 지역 공동체에서 활동하고 있는 직접적인 역할모델과 접할 수 있는 환경에 학생들이 몰입할 수 있는 기회를 제공한다. 이러한 기회를 경험하는 과정을 통해 학생들은 적극적인 환경 속에서 역할모델을 관찰하고 모방 내지는 흉내 내면서 윤리적 노하우의 직관적 측면을 함양하게 된다.

윤리적 노하우의 숙고적 측면에 대한 함양은 절차적 수준(level 1~4)의 전 수준에 걸쳐 있는데, 특히 'level 2~3'에서 두드러진다. 숙고는 자동적인 암묵적 도덕 스키마를 조직화하는 과정으로 볼 수 있는데, 교사의 적극적인 피드백을 통해 학생들이 자신의 지식과 수행 절차를 미세하게 조정하는 과정에서 함양된다. 그러므로 이 과정에서 윤리적 전문가인 교사는 윤리적 문제 상황에서 자신이 의사결정을 하는 과정을 소리 내어 독백하거나, 도덕적 목적을 실현하기 위해 분투하는 역할모델의 스토리를 들려주기도 하며, 도덕적 상상력을 촉진시킬 수 있는 이야기를 통해 학생들의 숙고 과정을 돕는다(Narvaez & Bock, 2014: 150-152). 특히 지식을 정교화하는 'level 2'와 절차의 수행을 익히는 'level 3'에서, 교사는 피드백을 통해 절차적 수행의 미세 조정을 조력하며 직접 시연하는 방식을 통해 적극적으로 개입한다. 나아가서 'level 4'에서는 학생 스스로 피드백을 제공할 멘토를 찾게 함으로써 피드백의 주도권을 학생들에게 상당 부분 이양시켜 그들의 자율적인 숙고를 돕는다.

넷째, 다양한 맥락에서 윤리적 기술을 반복적으로 실천할 수 있는 기회를 제공해야 한다. 윤리적 기술의 내용적 지식 측면과 방법적 지식 측면은 '다양한 맥락'에서 '반복적인 기술의 수행'을 통해서 통합된다고 평가할 수 있다. 특히 'level 4'에서 학생들은 스스로 다양한 사회적 맥락을 탐색하며, 그 맥락 속에서 윤리적 기술을 반복적으로 실행하면서 문제를 해결하는 수행 과정에 참여한다. 결국 윤리적 노하우의 내용적 지식 측면과 방법적 지식 측면의 통합은 다양한 사회적 맥락에서 학생들이 기술을 부단히 반복적으로 실천하며 자율적으로 자신의 수행과정을 미세 조정할 수 있도록 안내하고 촉진시키는 과정을 통해 이뤄지는 것이다.

2) 저자의식 및 자기조절 능력 촉진시키기

IEE의 '단계 4: 학생의 자기 저자의식(self-authorship)과 자기조절 능력(self-regulation) 촉진시키기'는 인격 발달의 주도권을 학생들에게 온전히 넘기는 것을 지향한다.[28] 인격 발달의 주도권이 학생에게 있다는 것은 그 학생이 윤

28) 나바에즈(Narvaez & Bock, 2014: 152)는 '자기조절 능력' 개념을 다윈(Darwin, 1871)이 『인간의 도래(The descent of man)』에서 진화와 발달을 추동하는 중추로 설정한 '평형(equilibration)'이라는 용어에서 차용하고 있으며, '자기 저자의식'의 개념은 바렐라, 마투라나, 우리베(Varela, Maturana, & Uribe, 1974)로부터 차용하고 있다. 나바에즈는 이 두 개념을 변용하여

리적 노하우의 메타인지 기술(meta-cognitive skill)을 함양하고 있다는 것을 전제한다. 메타인지 기술(Narvaez & Bock, 2014: 152)을 습득한 학생은 직면하는 다양한 문제 상황에서 그 상황이 도덕적인 문제를 담지하고 있다는 것을 섬세한 감각으로 알아차리며 여러 유혹으로 인해 자신의 주의가 분산되지 않도록 다잡는다. 뿐만 아니라 수행 역량에 버거움을 감지할 때 자신에게 용기를 북돋는다. 나아가서 윤리적 목적을 실현하는 최적의 환경을 선택하거나 그 환경을 재설계하는 역량을 지니고 있다.

발달론적 관점에서 볼 때, 이 단계는 TET의 가장 이상적인 규범적 지향점인 '마음챙김(mindfulness)'을 반영하고 있다. 점진적인 도움 중지를 통해서 궁극적으로 학생은 자기저자 마인드세트를 함양한다. 그리고 자기저자 마인드세트는 '직관과 숙고'의 온전한 협응을 필요로 한다. 이러한 자기저자 마인드세트의 활성화 메커니즘과 연접하고 있는 마음챙김 도덕은 직관에 기반을 둔 관여윤리와 숙고에 기반을 둔 상상윤리가 유기적으로 통합된 상태라고 할 수 있다. 그렇기 때문에 도덕적 의사결정 과정에서 직관이 작동한다 할지라도 언제나 숙고가 동등한 파트너로 개입하여 '하지 않을 자유의지'가 튼튼하게 자리 잡고 있다.

종합해 보자면, '단계 3'은 윤리적 노하우의 직관과 숙고 측면 모두를 일정 부분 순차적으로 혹은 병렬적으로 교수하는 특징이 있는 반면, '단계 4'는 윤리적 노하우의 직관과 숙고 두 측면의 유기적인 협응을 촉진시킬 수 있도록 교수하는 특징이 강하다. 그리고 '단계 4'에서는 직관과 숙고의 두 측면이 온전히 통합될 수 있는 메커니즘으로서 도덕적 메타인지를 설정하고 있다는 특징이 있다.

결국 나바에즈가 지향하는 체화는 도덕적 메타인지를 매개로 윤리적 노하우의 직관과 숙고 측면이 온전히 통합된 상태를 전제하고 있는 것이다. 그렇기 때문에 나바에즈가 말하는 윤리적 노하우는 단순히 기계적인 암묵적 자동성으

'도덕적 메타인지'의 토대 개념으로 차용하고 있다.

로서의 직관이 아니라 숙고와 사려를 바탕으로 부단한 훈련과 연습을 통해 획득된 능동적인 체화 상태라고 평가할 수 있다. 이러한 체화를 중추신경이 작동하는 관점에서 보자면 피질하 영역과 신피질 영역이 유기적인 앙상블을 이룬 전체론적인 협응 상태라고 할 수 있다.

4. 통합적 윤리교육 모형을 활용한 도덕교육 개선 방향

윤리적 기술의 체화를 지향하는 IEE에 대한 이상의 논의를 바탕으로 도덕교육의 내용, 교수 · 학습 환경, 교수 · 학습 방법, 평가, 윤리적 전문가 양성 시스템 측면에서 개선 방향을 모색해 보면 다음과 같다.

첫째, 도덕교육의 내용 측면에서 볼 때, '공동의 도덕성' 개념에 기반을 두고 한국적 맥락에서 직관과 사려 · 숙고를 통합할 수 있는 내용 지식을 선정할 필요가 있다. 우리는 글로벌 시대의 도덕교육에서 어떤 내용 지식을 선정하여 가르쳐야 하는가에 대해 고민해 왔다. 전 지구적 관점에서 볼 때, 각각의 국가 공동체는 다양한 정치 · 경제 · 사회 · 문화적 맥락 위에 일정한 신념을 공유하고 있다. 그래서 신념과 신념들 사이에서 공통분모를 찾을 수 없는 곤궁함에 직면하기도 한다. 이러한 곤궁함은 한 국가 내의 다문화 맥락에서도 여전히 작동하고 있다. 그럼에도 불구하고 우리가 질서 있는 국가 공동체를 지속시키기 위해서는 잠정적인 합의가 필요하다. 따라서 우리는 현상적 차원에서 포괄적 가치들이 숨을 쉴 수 있는 복합적 공동체의 맥락을 받아들이면서도 지속적인 합의와 논의를 통해 일정한 합의체계를 맥락 내에서 끊임없이 재구성하는 노력이 필요한 상황이다.

이러한 문제를 해결하기 위해 우리는 신콜버그주의자들(특히 나바에즈)이 제안한 '공동의 도덕성' 개념에 주목해 볼 필요가 있다. 이 개념은 절대적인 보편성을 지향하는 지식이나 극단적인 특수성을 지향하는 지식은 화석화된 지식으로서 온전한 힘을 발휘할 수 없다는 것을 암시해 주고 있다. 동시에 사회적 맥락 내에서 상호주관적인 객관성을 확보해 나가는 재구성 과정으로 지식 구성이 전개될 때 원만한 상호작용이 가능함을 시사한다. 결국 우리는 보편과 특수 간의 중도적 입장에서 도덕교육을 통해 다룰 내용 지식을 선정할 필요가 있다. 특히 그 중도적 입장이 도덕교육 맥락에서 온전히 작동하기 위해서는 물리적이고 기계적인 양적 결합이 아니라 유기적이고 화학적인 질적 통합을 지향해야 할 것이다. 이러한 질적 통합의 작동 가능성은 '한국적 맥락'에서 직관과 사려 · 숙고를 상호 통합할 수 있는 방향에서 모색될 수 있을 것이다.

둘째, 교수 · 학습 환경 측면에서 볼 때, 안전윤리 정향을 기본적으로 충족시키면서 관여윤리와 상상윤리를 촉진시킬 수 있는 환경을 조성해야 한다. IEE는 '체화된 마음(embodied mind)'의 관점을 적극적으로 반영하고 있다. 체화된 마음은 우리의 마음이 '뇌-몸-환경'의 역동적인 상호작용 속에서 출현한다고 본다(Varela et al., 1991). 그래서 나바에즈는 바렐라의 관점을 수용하여 도덕적 마음 역시 그 연장선상에 자리 잡고 있는 것으로 이해한다(Varela, 유권종 외 역, 2009: 26; Narvaez, 2016: 3-5, 35-36, 123-124). 특히 IEE의 교수 5단계 중, '단계 1: 각각의 학생들과 배려관계 형성하기', '단계 2: 성취와 윤리적 인격을 지향하는 지지적 풍토 조성하기', '단계 5: 공동체 기능 회복하기: 자산형성 공동체와 협응된 발달 시스템'은 체화된 마음을 구성하는 측면 중에서 환경 변인을 강조하고 있다.

이러한 환경 조성과 관련하여 나바에즈는 특히 생애 초기의 보살핌 환경이 진화적 발달 적소(EDN)에 부합할 때 도덕적 마음이 온전히 자리 잡을 수 있다는 점을 강조하고 있다. 이렇게 볼 때 우리는 EDN에 부합하는 환경, 즉 아동의 기본적 욕구에 대해 적극적이고 수용적인 반응 환경을 마련할 필요가 있다. 만약 아동을 둘러싸고 있는 환경이 EDN에 역행한다면 안전윤리 정향과 관련되는 신경 회로가 과도하게 활성화되어 자기보호에 혈안이 된 마인드세트를 고착화시킨다. 반면 EDN에 부합한다면 관여윤리 정향과 관련되는 신경 회로의 건강한 발달을 기대할 수 있고, 나아가 공동체적 상상윤리의 정서적 기반인 친사회적 감정의 기반을 마련하게 된다(Narvaez, 2016: 1−19, 119−128).

물론 이러한 EDN의 영향력은 소극적 후성 유전학의 관점에서 볼 때, 뇌의 민감한 시기와 연동하여 생애 초기에 강한 영향력을 발휘하나, 적극적 후성 유전학에 기반을 둔 뇌의 신경가소성(neuroplasticity) 메커니즘을 통해 청소년기와 30세의 성인기까지도 영향력을 미칠 수 있다(Narvaez & Vaydich, 2008: 303; Narvaez, 2016: 1−19, 119−128; 다치바나 다카시, 2004: 88).[29)]

따라서 우리는 도덕 수업을 전개할 때, 교사와 학생 간의 상호작용 환경을 EDN이 지향하는 배려적 · 인격적 성장을 지지하는 환경으로 구성할 필요가 있다. 특히 교사는 학생들과의 상호작용 과정에서 자신의 무의식적인 반응이 어떠한 행위를 비난하고 인격적인 모욕감을 느끼게 할 개연성이 있는지를 성찰할 필요가 있다. 이러한 성찰을 바탕으로, 교사는 학생들과의 상호작용 과정에서 배려적이며 인격적 성장을 지지하는 반응 양식을 함양할 필요가 있다.

또한 협동적인 팀워크 방식으로 교수 · 학습활동을 전개할 경우, 경쟁적이고 성과 지향적인 방식으로 보상하기보다는 수행의 과정과 완성도 자체를 보상하는 방식으로 협동적 팀워크를 구성할 필요가 있다. 후자의 방식으로 협동적 팀워크를 구성할 때 학생들은 서로의 장점과 단점을 상호 보완하여 도움을 주고받는 과정을 통해서 윤리적 문제에 공동으로 대처하게 된다. 이와 같은 교수 · 학습 풍토는 학생의 습관화된 공감 함양에 기여할 뿐만 아니라(Hoffman, 2000;

---

29) 나바에즈(Narvaez, 2012)는 소극적 후성 유전학과 적극적 후성 유전학에 기반을 두고 환경을 재구성하는 과정을 통해 우리가 신경가소성을 소극적 측면과 적극적 측면에서 향상시키고 주도할 수 있다고 본다. 전자(소극적 후성 유전학)는 생애 초기의 환경을 발달에 적절하게 구성하는 과정을 통해 신경가소성을 유도하는 측면이며, 후자(적극적 후성 유전학)는 초기 신경가소성의 민감기 이후에도 주체가 주도적으로 발달에 적절한 환경을 구성하는 노력을 통해 신경가소성을 유도하는 측면이라고 할 수 있다. 결국 나바에즈는 생애 초기 경험과 그 이후의 경험 양자 모두를 통해 신경가소성을 향상시킬 수 있다는 관점을 취한다고 평가할 수 있다. 이러한 관점을 나바에즈는 '도덕신경교육(neuroeducation)'으로 범주화 한다.

Gordon, 2001), 친사회적인 풍토를 조성함으로써 안전윤리 정향의 활성화 가능성을 최소화하는 반면, 관여윤리 및 상상윤리를 촉진시킬 수 있는 정서적 신경시스템을 활성화하는 데 기여할 것이다.

셋째, 교수 · 학습 방법 측면에서 볼 때, 학습 과제 및 역할모델을 추출하고 배열하며 학생들과 공유하는 과정에 주의를 기울일 필요가 있다. IEE의 교수 5단계 중 단계 3인 '초보자에서 전문가를 지향하는 교수법'을 고려할 때, 교사는 도덕 · 윤리 교과의 각 단원에서 사회적 기술에 관련된 학습 과제들을 풍부하게 추출하고 그 과제들을 복잡성이 덜한 수준에서 복잡성이 점진적으로 더해지는 방식으로 배열할 필요가 있다. 여기서 유의할 점은 모든 과정에서 학습 과제들을 윤리적 기술과 관련지어 꿰어내는 것이다. 또한 이렇게 꿰어낸 학습 과제를 협동적 팀워크 방식의 교수 · 학습 방식에 활용할 때, 학생들의 탐구 과정을 방관하지 말고, 주의 깊게 관찰하고 점검하면서 학생의 근접발달지대(zone of proximal development; ZPD)를 파악하여 시의적절한 피드백을 적극적으로 제공할 필요가 있다. 아울러 피드백을 통한 도움은 학생의 수행 완숙도를 고려하여 점진적으로 줄여나가야 할 것이다. 이러한 과정을 통해서 학생들은 윤리적 기술로 꿰어진 각 단원의 학습 과제를 체화하게 될 것이다(Narvaez, 2006; 718–719, 721).

한편 교수 · 학습 과정 중에 교사는 학생들에게 역할모델을 적극적으로 접할 수 있는 기회를 제공할 필요가 있다. 학생들은 역할모델을 접하는 풍부한 환경 속에서 마음챙김 도덕을 지향하는 직관을 함양할 수 있다. 특히 환경적 맥락의 유형에 따라서 함양되는 직관의 유형이 상이하다는 선행연구를 고려할 때(Narvaez, 2016: 12–13, 39–40, 124–125), 교사는 역할모델을 선정하는 과정에서 어떤 역할모델이 친사회적인 정서적 직관을 촉진시킬 수 있는 유형으로서 적절한지 검토하는 시간을 가져야 할 것이다. 만약 이러한 검토 없이 그냥 되는대로 역할모델을 선정한다면 반사회적인 직관을 자극하는 우를 범할 개연성이 높아진다.

넷째, 평가 측면에서 볼 때, 도덕과 평가는 자기점검(self-monitoring)을 촉진시키고 안내하는 과정으로 연동되도록 평가 문항을 개발하고 평가 결과를 활용할 필요가 있다. IEE의 교수 5단계 중 '단계 4'의 지향점을 고려할 때, 윤리적 기술을 온전히 체화한다는 것은 학생이 윤리적 민감성, 윤리적 판단, 윤리적 동기화, 윤리적 행동에 이르는 전 영역에 걸쳐서 이뤄지는 자신의 수행 과정 전체를 자율적으로 반추하여 점검하고 있다는 것을 의미한다. 하지만 만약 상대평가를 통해 학생들을 지나치게 서열화하고 상위 백분위에 속한 학생들에게 만족감을 주는 반면 그렇지 않은 학생들에게 열등감을 주는 식으로 평가가 이뤄진다면, 이러한 평가 방식은 안전윤리를 지향하는 직관만을 자극할 개연성이 매우 높고, 직관의 올바름에 대해 숙고와 성찰을 지향하는 도덕적 메타인지의 함양에도 기여하지 못한다. 따라서 교사는 학습과정 전체가 학생의 자기점검을 촉진시키고 안내하는 과정으로 연동되도록 평가 문항을 개발하고 평가 결과를 활용할 필요가 있다.

끝으로, 윤리적 전문가 양성 시스템 측면에서 볼 때, 윤리적 기술을 체득 및 체화한 교사를 길러낼 수 있도록 교사교육을 개선해야 한다. 도제식 교수법의 특징을 지닌 IEE는 학생과 상호작용하는 교사가 윤리적 전문가임을 전제로 한다. 즉 교사는 모범적인 유덕자로서 윤리적 기술을 체화하고, 명시적인 피드백을 제공하기 위해서 비계를 설정하고 근접발달지대를 온전히 활용하여 '안내된 반성'을 주도해 나갈 수 있는 지도력을 갖추어야 한다. 따라서 예비 교사 양성 과정과 현직 교사의 연수 과정에서 윤리적 전문가로서의 역량을 강화할 수 있는 교육과정 및 시스템을 온전히 구축하고 있는지 점검해 볼 필요가 있다.

5. 결 론

콜버그의 기여로 독자적인 학문으로 자리를 잡은 도덕심리학은 그 전개 과정에서 내부 및 외부적 비판(특히 경험과학)과 반례에 직면하여 그 이론적 지류들이 상당 부분 산만하게 흩어진다. 나바에즈는 그러한 비판과 반례들을 건설적인 차원에서 수용하고 그러한 건설적 수용의 노력을 윤리적 기술로 구체화하여 IEE에 담아낸다. 그 결과 산만하게 흩어진 도덕심리학 및 도덕교육의 입장과 이에 대한 경험과학의 비판을 건설적 차원에서 통합할 수 있는 이론적이며 실천적인 새로운 '설명 틀'을 마련하게 된다.

이러한 나바에즈의 '설명 틀'은 규범적 지향점을 유지하면서도 의사결정 처리 과정에 대한 신경과학의 메커니즘을 적극적으로 참조하여 도덕발달 및 도덕교육과 체계적으로 연결시켰고(정창우, 2011: 99), 이를 통해 경험적 적합성 또한 확보하려고 시도했다는 점에서 중대한 의의를 지닌다. 또한 IEE가 후성유전학에 기반을 둔 신경가소성을 참조하는 측면은 인격적 성장 마인드세트(growth mindset)를 지지하는 근거로 활용될 수 있다는 측면에서 볼 때 도덕교육적 의의를 지닌다. 사실상 아동기 및 청소년기 단계에 있는 학생들의 도덕적 기능은 온전한 인격적 성장을 향해 나아가고 있는 과정 중에 있다. 그 도덕적 기능은 부분적으로 온전하지 않다. 하지만 부분적으로 상대적 취약성을 지닌 도덕 기능의 영역은 윤리적 기술을 통해 의식적인 노력을 기울여 연마한다면 충분히 견고해질 수 있으며 성장할 수 있다. 이 과정에서 교사가 안내된 참여를 통해서 성장을 촉진시킬 수 있는 피드백을 적극적으로 제공한다면 그 성장의 속도와 질은 증폭될 것이다. 이러한 측면을 고려할 때, IEE에 더욱 관심을 기울일 필요가 있으며 향후 가장 영향력 있는 도덕교육 모형 중의 하나로 간주될 가능성이 높을 것으로 전망된다.

제8장 하이트 도덕심리 이론의 도덕교육적 이해[30)]

도덕성이란 무엇이고, 어디에서 유래하는 것일까? 도덕 발달 및 교육 분야에서 새롭게 제기되고 있는 핵심 쟁점을 중심으로 조망해 볼 때, 이 물음에 대한 답변은 다음과 같이 크게 두 가지 이론군으로 범주화가 가능하다. 한 범주는, 도덕성은 도덕적 추론 능력으로부터 유래한 것이며, 도덕성의 핵심은 '정의와 배려'라고 주장한다. 또 다른 범주는, 도덕성은 '선천적 도덕 모듈'로부터 유래한 것이고, '정의와 배려'만을 도덕성으로 간주하는 것은 매우 협소한 규정이며, 도덕성은 훨씬 폭넓은 범주를 포함한다고 주장한다. 본 논의의 시발점을 보다 명료하게 드러내기 위한 방편으로, '거칠게' 범주화하자면 전자에는 도덕심리학자인 콜버그, 길리건, 튜리엘 등이 속하고, 후자에는 사회 · 도덕심리학자인 하이트(Jonathan Haidt)와 문화심리학자인 슈웨더(Richard Shweder)가 포함된다.

주지하는 바와 같이, 피아제 이론을 토대로 콜버그는 도덕성은 선천적으로 타고나는 것도 아니고 경험을 통해 빈 서판에 조형되는 것도 아니라, 사회적 상호작용을 통해 아동이 스스로 도덕을 구성하는 능력에서 유래한다는 입장을

30) 이 장은 『도덕심리학의 전통과 새로운 동향』(2017)에 실린 정창우 · 석자춘의 논문("조너선 하이트 도덕심리이론의 도덕교육적 이해")을 이 책의 성격에 맞게 수정 · 보완한 것임을 미리 밝혀둔다.

취하였다. 그리고 도덕성의 가장 핵심적인 속성을 '공정성(정의)'으로 보았으며, 도덕 발달이란 정의를 추론하는 수준이 향상되는 것을 의미하였다(정창우, 2006: 26-41). 길리건의 경우, 도덕적 추론의 패턴 혹은 도덕성은 정의와 배려라는 두 개의 상호 의존적인 요소로 이루어져 있으며, 이 요소들은 도덕적 문제를 파악하는 특수한 방식을 나타냄과 동시에 각각의 요소들은 서로 다른 발달 유형을 보여준다고 주장하였다. 한편 튜리엘은 현상적으로 표출되는 '언어'를 기반으로 도덕적 추론의 수준을 파악하는 콜버그 이론의 한계를 인식하고, 일련의 탐색 질문(probing questions)을 통해서 언어에 능숙하지 않은 아동의 도덕적 개념을 확인할 수 있는 방안을 마련하였다. 그 결과, 튜리엘은 5세 정도의 아동도 상황에 따라 가변적인 '사회적 인습'과 무관하게 언제 어디서나 옳음 혹은 그름의 평가 영역으로 처리될 수 있는 '도덕적 규칙'을 구분할 수 있음을 증명하였다.

이와 같이 콜버그, 길리건, 튜리엘은 도덕 발달에 대한 구체적인 설명 과정에서 입장 차이를 보이고 있지만, 도덕적 추론 능력의 중요성을 강조하고 '도덕적 규칙'과 '도덕과 무관한 규칙'을 구분하는 결정적 준거로 공정성(정의)과 배려가 중요하다는 입장을 공유한다. 다시 말해 콜버그, 길리건, 튜리엘은 "도덕성이란 우리가 타인과 공동체를 어떻게 공감 · 보호 · 존중해야 하는지에 관한 것이라는 믿음으로 모두 연합하고 있다."(Graham et al., 2013: 6).

반면, 하이트의 논의는 도덕적 추론 능력, 공정성과 배려를 도덕성의 본질로 설정하는 이들의 연합에 대한 불만에서 출발한다. 특히 도덕적 규칙과 사회적 인습을 질적으로 다른 영역으로 분류한 튜리엘의 '영역 이론'에 강한 불만을 드러낸다. 그리고 자신의 든든한 동맹군인 슈웨더가 제시한 세 가지 윤리 유형,[31)]

---

31) '자율성의 윤리'는 해악(harm), 권리(rights), 정의(justice)와 같은 개념에 의존하고, 자율적인 개인을 강조한다. '공동체의 윤리'는 의무(duty), 존경(respect), 충성(loyalty)과 같은 개념에 의존하며, 제도와 사회적 질서를 강조한다. '신성의 윤리'는 순수성(purity), 성스러움(sanctity), 죄악(sin)과 같은 개념에 의존하고, 각 개인에 내재하는 신성을 강조한다(Graham et al., 2013: 6).

즉 ① 자율성의 윤리, ② 공동체의 윤리, ③ 신성의 윤리에 기대어 '공정성과 배려'를 WEIRD, 즉 서구의(Western), 교육받고(Educated), 산업화된(Industrialized), 부유한(Rich), 민주주의(Democratic) 사회의 편협한 '자율성의 윤리'로 간주한다(Haidt, 2012: 95-111). 나아가서 그는 세 가지 윤리 유형의 진화론적 기반에 대한 탐색을 통해 도덕심리학의 새로운 역사를 쓰고자 시도한다.[32)]

본 연구에서는 하이트의 이러한 시도가 도덕 발달 및 교육 영역에 기여한 바가 무엇이고, 어떤 한계점을 갖는지, 그리고 이러한 한계를 넘어서기 위해서는 어떤 이론으로부터 힌트를 제공받을 수 있는지에 대해 논의하고자 한다. 이를 위해 먼저 그가 제시하고 있는 도덕심리학의 세 원칙을 중심으로 이론적 특징을 고찰할 것이다. 그런 다음, 이러한 세 원칙에 대해 비판적인 검토를 시도한 후, 그의 이론이 도덕 발달 및 교육 영역에 기여할 수 있는 측면과 한계를 논의할 것이다. 끝으로, 하이트 이론이 지닌 본질적 한계를 보완할 수 있는 하나의 아이디어로서 유학의 수양론적 전통 및 인지과학에서의 '체화적 접근'을 제안할 것이다.

1. 하이트 도덕심리 이론의 특징 : 도덕심리학의 세 원칙을 중심으로[33)]

하이트는 '타인에게 피해를 가하지 않고 공정하게 대우하는 것'만을 '도덕성'의 영역으로 분류하는 튜리엘의 관점에 대해 비판적 입장을 취한다. 이러한 자

32) 하이트는 도덕심리학의 역사를 1970년대 '인지혁명', 1980년대 '정서혁명', 1990년대 '자동성 혁명'으로 삼분한다(Haidt, 2013: 281). 하이트가 쓰고자 하는 도덕심리학의 새로운 역사는 정서혁명과 자동성 혁명을 굳건히 하는 방향을 지향한다.

33) 하이트가 설정한 도덕심리학의 세 가지 원칙은 자이언스(Robert Zajonce)의 '인지혁명', 슈웨더(Richard Shweder)의 '문화심리학', 바르(John Bargh)의 '자동성 혁명', 다마지오(Antonio Damasio)의 '신경과학', 드 발(Frans De Waal)의 '영장류 동물학'과 '진화심리학'을 이론적 배경으로 삼고 있다(Haidt, 2013: 283-286).

신의 입장을 옹호하기 위해 하이트는 면접에 기반을 둔 일련의 조사 연구를 실행하여 '타인에게 피해를 가하지 않고 공정하게 대우하는 것'만이 도덕성의 영역이 아님을 보이고자 한다.[34] 특히 이 과정에서 그는 튜리엘이 '사회적 인습'으로 분류한 것을 '도덕적 규칙'으로 여기는 문화가 실제로 존재한다는 점을 지적한다. 심지어 튜리엘의 입장에서는 도덕과 무관한 규칙으로 분류되는 '무해한 금기(the harmless taboo story)'[35]와 관련된 인습을 '도덕적 규칙'으로 여기는 문화가 존재한다는 것을 보인다.

이러한 연구 결과를 바탕으로 하이트는 도덕성에 대한 슈웨더의 입장[36]을

34) 1989년 하이트의 연구진은 미국(필라델피아)과 브라질(포르투 알레그레, 헤시피) 지역에서 '무해한' 금기를 포함한 이야기를 바탕으로 인터뷰 조사를 진행한다(Haidt, 2012: 20-23; Haidt, 왕수민 역, 2015: 59-63). 이 연구를 통해 하이트는 도덕적 규칙과 사회적 인습을 분류하는 양상이 '문화적 맥락'에 따라 다르게 나타난다는 점과 튜리엘의 관점에서는 '사회적 인습'으로 분류되는 '무해한 금기 이야기'를 '도덕적 규칙'으로 간주하는 문화권이 존재한다는 결과를 보고한다.

35) 슈웨더는 (튜리엘의 '영역 이론'에서는 사회적 인습으로 분류되어야 할) '금기 이야기'를 인도 문화권 피험자들은 도덕적 규칙으로 간주한다는 현상을 근거로 들면서 인도 문화권에서는 도덕적 규칙과 사회적 인습이 구분되지 않는다고 주장한다. 이에 대해 튜리엘은 슈웨더가 활용한 '금기 이야기'가 피험자인 인도 문화권 사람들의 관점에서는 '해악'을 내포한 금기 이야기로 해석할 수 있는 여지가 있기 때문에, 슈웨더의 주장은 타당하지 않다고 비판한다. 슈웨더에 대한 튜리엘의 이러한 비판을 의식하여 하이트는 정서적으로 혐오감을 유발하지만 타인에 대한 해악은 전혀 없는 '무해한' 금기 이야기(예컨대, 로드킬을 당한 애완견을 먹는 가족의 이야기, 낡은 미국의 국기를 찢어 화장실 변기를 닦는 이야기)를 자신의 가설을 검증하는 중요한 도구로 설정한다(Haidt, 2013: 285).

36) 1987년 슈웨더의 연구진은 미국의 하이드 파크(Hyde Park) 지역과 인도 오리사의 고대 성지순례지역인 부바네스와르 두 지역에서 자신들이 지어 낸 39개의 짤막한 이야기를 바탕으로 인터뷰 조사를 진행한다(Haidt, 2012: 15-17; Haidt, 왕수민 역, 2015: 51-54). 그 결과, 튜리엘의 '영역 이론'과 같이 두 지역 문화권의 피험자 모두 '타인에 대한 피해'를 담지한 규칙을 도덕적 규칙으로 분류(예를 들어, '길 위에 누워 있는 개를 한 남자가 걷어차는 행동')하기도 하지만, 인도 문화권 피험자의 경우, 튜리엘의 '영역 이론'에서 볼 때 도덕적 규칙으로 분류되어야 할 규칙을 사회적 인습으로 분류하기도 하며(예를 들어, '남편이 혼자 영화를 보러 가지 말 것을 당부했지만 거역한 젊은 유부녀를 남편이 두들겨 패는 행동') 사회적 인습으로 분류되어야 할 규칙을 도덕적 규칙으로 분류하는(예를 들어, '과부가 일주일에 두세 번 정도 물고기를 먹는 행동') 현상을 발견한다. 이러한 결과를 바탕으로 사회적 인습과 도덕적 규칙을 구분하는 데 관여하는 결정적 준거는 '문화적 학습'에 의한 것이지 '타인에게 피해를 가하지 않고 공평하게 대우하는 것'이 아님을 주장한다.

적극적으로 지지한다. 슈웨더의 경우, 도덕적 규칙과 사회적 인습을 구분하는 것은 무의미하며 사회적 질서도 도덕적 질서로 볼 수 있다고 주장한다. 또한 슈웨더는 사회의 질서를 수립하는 방식을 '사회 중심적(sociocentric)' 해법과 '개인주의적(individualistic)' 해법으로 분류하고,[37] 튜리엘의 '영역 이론'은 후자의 해법인 개인주의적 문화권에 편향된 해법이라고 비판한다. 결국 하이트는 슈웨더의 입장[38]을 지지하고 뒷받침하는 연구 결과를 통해 어떤 규칙을 사회적 인습과 도덕적 규칙으로 범주화하는 데 관여하는 변인은 '타인에 대한 공정성과 배려 여부'가 아니라 '문화적 학습(cultural learning)'과 역겨움 및 혐오감과 관련된 '선천적인 도덕적 직관(innate moral intuitions)'임을 보여주고자 하였고(Haidt, 2012: 22-23), 이러한 관점은 도덕심리학의 세 원칙의 핵심 토대를 형성하게 된다.

1) 제1원칙 : 선(先) 직관 후(後) 추론

하이트 이론의 특징은 '사회적 직관주의 모형(The Social Intuitionist Model; 이하 SIM)'[39]을 통해 구체적으로 드러난다(Haidt, 2012: 44-48). SIM의 가장 기

---

37) 전자는 집단 및 기관의 요구를 개인의 요구보다 우선순위에 두는 반면, 후자는 개인을 중심에 두고 사회를 개인에 종속시키는 특징이 있다(Haidt, 2012: 14; Haidt, 왕수민 역, 2015: 50).

38) 슈웨더의 입장인 '사회적 의사소통 이론(social communication theory)'의 요지는 아동이 규칙을 위반할 때 성인들이 여기에 대해 정서를 표현함으로써 아동의 도덕성 학습을 돕는다는 것이다(Haidt, 2013: 283-284).

39) 사회적 직관주의 모형은 '직관'과 '추론'이라는 두 개념을 대립 쌍으로 설정하는데, 여기서 직관은 의식 이전의 자동적인 사고 과정이고 추론은 의식적인 사고 과정으로서 언어에 기반을 두고 상당한 수고로움의 과정을 통해서 작동하는 사고 과정이라고 볼 수 있다. 그리고 직관을 '코끼리', 추론을 '기수'에 비유하면서 도덕 판단의 주도권은 코끼리에게 있다고 본다. 직관과 추론에 대한 하이트의 이러한 입장 정리는 마골리스(Howard Margolis)에게 빚지고 있다(Haidt, 2012: 43-44). 마골리스는 사고 과정을 '보이는 대로 판단하는 사고 과정'인 '직관적 사고'와 '이유를 찾아내는 인지 과정'으로 범주화한다. 나아가 판단 과정에서 '직관적 사고'는 '이유를 찾아내는 인지 과정'에 우선한다고 본다(Haidt, 2012: 42-43).

본적이면서도 핵심적인 입장은 도덕 판단이 '숙고적(deliberative) 도덕 추론'이 아닌 '빠르고 자동적인 도덕적 직관'에 의해 이뤄진다는 것이다(Graham et al., 2013: 11).

SIM은 개인적 차원과 사회적 차원에서 발생하는 도덕 판단 과정으로 구분해서 살펴볼 수 있다.[40] 먼저, 개인적 차원에서 발생하는 도덕 판단의 과정을 살펴보자.

> SIM에 따르면 문제 상황에서 직관에 기반을 두고 도덕 판단을 하는 과정이 '먼저' 일어나고 직관적 도덕 판단에 대한 합리화 과정이 '뒤에' 일어난다. 전자는 (1) 직관적 판단이고, 후자는 (2) 사후 추론이다. (1)은 아무런 노력 없이 자동적으로 일어나는 과정이고, (2)는 자신의 직관적 판단을 지지하기 위해 관련 주장을 탐색하는 것이다. 아울러 '부수적'으로 '추론이 판단에 영향을 미치는 과정'과 '추론이 직관에 영향을 미쳐서 판단을 유도하는 과정'이 발생하기도 한다. 전자는 (5) 추론된 판단이고 후자는 (6) 사적인 반성적 사고이다. (5)는 초기의 직관을 뛰어넘어 논리의 힘으로 도덕적 판단을 내리는 것이고, (6)은 역할채택을 통해 자신의 초기 직관을 수정함으로써 자신의 판단에 영향을 미치는 것이다. 그런데 (5)는 이론상으로는 가능해도 실제적으로는 드물고, (6)은 자주 발생하지 않는다(Haidt, 2012: 46-47; 정창우, 2013: 222).

다음으로, 사회적 차원에서 발생하는 도덕 판단 과정을 살펴보도록 하자. 앞서 '추론된 판단'과 '사적인 반성적 사고'에서 살펴보았듯이, 개인 스스로 직관적 도덕 판단을 수정할 개연성은 낮다. 이보다 직관적 도덕 판단을 점검 내지는 수정하는 과정은 '사회적 관계' 혹은 '사회적 상호작용' 속에서 발생한다. 이

40) SIM의 이미지 도식은 정창우, 2013: 223, Haidt, 2012: 47, Haidt, 권오열 역, 2015: 105를 참조하기 바란다.

과정은 크게 두 과정으로 범주화할 수 있다. 하나는, A의 추론이 B의 직관에 영향을 미쳐 도덕 판단을 반성하는 것이다. 다른 하나는, A의 판단이 B의 직관을 자극하여 도덕 판단에 영향을 미치는 과정이다. 전자는 (3) 추론된 설득이고, 후자는 (4) 사회적 설득이다. (3)은 A의 직관적 판단에 따른 추론이 B의 직관에 영향을 미침으로써 B의 판단에 영향을 주는 과정이고, (4)는 추론에 대한 명시적인 시도 없이 A의 판단이 B의 직관을 수정함으로써 B의 판단에 영향을 미치는 과정이다(정창우, 2013: 222). 결국 우리의 판단을 수정할 수 있는 증거를 찾는 작업의 주도권은 '나'에게 있지 않고 사회적 관계(A-B)를 맺고 있는 우리의 '친구들'에게 있는 것이다(Haidt, 2013: 288).

이상에서 언급한 SIM을 통해 도덕심리학의 첫 번째 원칙인 "직관이 먼저이고, 전략적 추론은 그 다음이다."(Haidt, 2012: 52)가 제기된다. 이 첫 번째 원칙에 대한 하이트의 확신을 불러일으킨 현상은 '도덕적 말막힘(moral dumbfounding)'이다(Haidt, 2012: 40). 하이트는 콜버그의 '하인즈 딜레마'와 무해한 금기 위반 사례 중 하나인 '남매지간의 성교 이야기'에 대한 피험자의 반응을 비교한다. 그 결과, 전자의 경우 피험자들이 훌륭한 '이유'를 제시한 반면, 후자의 경우, 직관적인 혐오감 혹은 역겨움에 기반을 두고 옳지 않다는 판단은 내리지만 그 이유를 온전히 제시하지 못하는 도덕적 말막힘 현상을 보인다. 이러한 현상을 바탕으로 도덕심리학의 첫 번째 원칙을 확신하고 자신의 확신에 힘을 실어줄 증거들을 여러 학문 분야에서 수집하기 시작한다.

앞서 언급한 도덕심리학의 첫 번째 원칙, 즉 "직관이 먼저이고, 전략적 추론은 그 다음이다."는 두 부분으로 나눌 수 있는데, 하나는 '직관이 먼저'라는 부분이고, 다른 하나는 '전략적 추론은 그 다음이다'라는 부분이다. 우선 하이트가 여러 분야의 연구 결과를 활용하여 '직관이 먼저'라는 주장을 정당화하는 측면을 살펴보자. 하이트는 그린(Joshua Greene)의 입장을 '자신의 방식으로 해석'[41]하여 '직관이 먼저'라는 부분을 정당화하고자 한다(Haidt, 2012: 65−67). 그린은 트롤리 딜레마를 활용하여 '개인에게 직접적인 해악을 가하는 사례', 즉 '인신적 해악(personal harm)' 이야기에 피험자가 노출되었을 때, 피험자의 뇌에서 일어나는 반응을 기능성자기공명영상(fMRI)을 통해 관찰한다. 그 결과, 정서를 처리하는 영역과 관련이 깊은 뇌 부위가 두드러지게 활성화되는 현상이 관찰되었다. 그런데 이 실험에서 활용한 '인신적 해악' 이야기는 칸트의 의무론 입장을 모델링화한 것이다. 만약 인신적 해악 이야기가 칸트의 의무론을 온전히 모델링화했다면, 그린은 합리주의 전통의 큰 산인 칸트의 의무론이 역설적이게도 직관적인 감정에 기반을 두고 있음을 보인 셈이다. 그린의 이러한 결론을 하이트는 '직관이 먼저'라는 첫 번째 도덕심리학 원칙의 한 부분을 정당화하는 데 가져다 붙인다.

계속해서, '전략적 추론은 그 다음이다'라는 주장을 정당화하는 근거를 살펴보도록 하자. 하이트는 웨이슨(Peter C. Wason)의 확증 편향(confirmation bias)과 퍼킨스(David Perkins)의 연구 결과[42] 등을 통해, 숙고적 도덕 추론이 진리를 탐구하는 데 기여하는 것이 아니라 직관적 도덕 반응을 다른 사람에게 정당화하고 옹호하는 기능에 불과하다고 본다(Graham et al., 2013: 11). 이런 맥락에서 그는 추론의 역할을 '대통령을 변호하는 일종의 공보관'에 비유한다(Haidt,

41) 이에 대한 보다 자세한 논의는 '2. 도덕심리학의 세 원칙에 대한 비판적 검토'에서 전개할 것이다.

42) 웨이슨은 일련의 숫자를 제시하고 그 숫자의 패턴을 탐색하는 과제를 제시한다. 그 결과, 피험자들은 제시된 숫자들의 패턴에 대한 '자신의 믿음을 확인하는 가설'을 만들어 내는 데는 열심인 반면, '자신의 믿음에 위배되는 가설'을 검증하려는 시도는 거의 하지 않았다. 이를 통해 웨이슨은 우리의 사고는 자신의 믿음을 확증하는 근거들을 수집하는 방향으로 기울어져 있음을 주장하였다. 다음으로, 퍼킨스는 논쟁적인 이슈를 학교별로 제공하고 피험자들에게 그 이슈와 관련하여 자신의 입장에 대한 논거와 자신의 반대 입장에 대한 논거를 기술할 것을 요청하였다. 그 결과, 퍼킨스는 피험자들이 자신의 입장을 지지하는 논거를 훨씬 많이 제안했을 뿐만 아니라 자신의 입장을 지지하는 논거의 수가 학력에 비례하는 현상을 확인하였다. 이를 바탕으로 퍼킨스는 IQ가 객관적인 진리 탐색에 기여하는 것이 아니라, 자신의 입장을 변호하는 데 기여하는 경향이 강하다는 결론을 보고하였다.

왕수민 역, 2015: 159). 대중에게 정책을 홍보하는 공보관은 의사결정에 아무런 영향력을 발휘할 수 없는 대통령의 꼭두각시에 불과한 것이다.

하이트가 설정한 도덕심리학의 첫 번째 원칙에서 바라볼 때, 합리주의 전통에 서 있는 플라톤과 칸트의 도덕철학 관점과 이러한 전통을 따르고 있는 콜버그 류의 도덕심리학적 관점은 도덕성의 본질인 '직관'이나 '정서', 또는 직관에 기반을 둔 정서로서 '직감'을 전적으로 무시한 셈이다. 그리고 그동안 합리주의 전통에 전적으로 기대어 온 도덕심리학은 무비판적인 콜버그주의자인 셈이다. 이러한 그간의 경향을 하이트는 '합리주의자의 망상(rationalist delusion)'[43](Haidt, 2012: 28)으로 간주한다.

하이트는 합리주의자의 망상을 통해서는 더 이상 도덕심리학의 토대를 온전히 구축할 수 없음을 강변하며 '진화론'과 '흄(David Hume)'에 기대어 SIM을 정당화하고자 한다(Haidt, 2012: 30-32). 이를 위해 하이트는 도덕 판단의 메커니즘에서 직관의 토대와 그 우선성이 자연선택의 결과임을 보이고자 다윈과 윌슨(Edward. O. Wilson)을 끌어들인다. 다윈은 자연선택을 통해서 우리 마음에 선천적인 도덕적 정서가 마련되었다고 본다. 윌슨 역시 도덕 판단에 관여하는 핵심적 변인은 '정서중추(the emotive center)'이며, 콜버그나 롤스 류의 도덕심리학 및 철학자들의 작업은 정서중추에 따른 도덕 판단의 결과를 조작하고 정당화하는 작업에 지나지 않는다고 본다.[44] 나아가서 생물학자들이 윤리학자들의 작업을 대신하는 시대가 도래할 것이며, 이러한 경향을 '통섭(consilience)'이라는 용어로 정리한다.

---

43) 하이트는 합리주의자의 망상을 들춰내기 위한 정당화 근거 중 하나로 다마지오(Antonio Damasio)의 신경과학 연구결과를 활용하는데 다마지오의 근본 입장에 대한 견강부회식 오독의 여지가 있다. 자세한 논의는 'Ⅲ. 도덕심리학의 세 원칙에 대한 비판적 검토'에서 전개하고자 한다.

44) '인지 혁명'의 시기인 1975년 윌슨은 윤리학이 생물학의 한 영역이 될 것이며 '시상하부-변연계 시스템(hypothalamic-limbic system)의 정서중추'의 활동을 해석하는 학문으로 재정립될 것임을 예언한 바 있다(Haidt, 2012: 66-67; 2013: 282).

결국 합리주의자를 망상으로 폄하하고 진화론에 기대어 SIM을 정당화하고자 하는 하이트의 입장은 "이성은 정념의 하인이며, 오로지 정념의 하인이어야 마땅하다. 이성은 정념에 봉사하고 복종하는 것, 그 외의 다른 직(職)은 결코 탐낼 수 없다."(Haidt, 2012: 25)라는 흄의 입장으로 회귀한다. 이제 다윈과 윌슨이라는 거대한 어깨 위에 올라선 하이트가 진화론에 기반을 두고 직관의 원천을 탐색하는 '도덕성 기반 이론' 논의로 넘어가 보자.

2) 제2원칙 : 윤리적 다원주의

하이트는 직관의 근원 혹은 원천에 관한 '도덕성 기반 이론(Moral Foundations Theory; MFT)'을 제시한다. 여기서 하이트는 직관이 진화적 스토리를 가지고 있다는 점을 강조한다. 즉 인간에게는 일련의 도전적인 적응과제가 있었고 그 과제를 수행하는 과정에서 자연선택의 결과, 선천적으로 프로그램된 특수한 기능들이 출현하였다는 것이다. 선천적으로 프로그램된 특수한 기능들이 바로 직관의 원천 혹은 근원인 것이다. 하이트는 선천적으로 프로그램된 특수한 기능들을 '도덕 모듈'이라는 개념으로 설명한다.

일련의 연구[45]를 통해서 하이트가 도출한 6가지 도덕성 기반 혹은 도덕 모듈은 ① 배려/피해, ② 공정성/부정, ③ 충성심/배신, ④ 권위/전복, ⑤ 고귀함/추함, ⑥ 자유/압제를 포함한다. 이러한 6가지 도덕 모듈은 일련의 자극인 '경험적 사태'에 반응하여 각 모듈과 관련된 정서를 촉발시킨다.[46] '경험적 사태'는 도덕 모듈을 활성화시킬 수 있는 추동력이라고 할 수 있다. 경험 사태의 패턴

45) 하이트는 진화심리학의 연구 결과를 바탕으로 한 '적응 도전 과제'와 문화인류학의 연구 결과를 바탕으로 한 '여러 덕들'과의 교집합 속에서 MFT의 5가지 도덕 모듈을 도출하고 후속적인 연구를 통해서 한 가지 도덕 모듈을 추가함으로써 6가지 도덕 모듈을 확정짓는다(Haidt, 2012: 170-181; Haidt, 왕수민 역, 2015: 237, 311-321; Haidt, 2013: 289-190).

46) 예를 들어, '배려/피해' 도덕 모듈은 일련의 자극(본래적 동인 혹은 통용적 동인)에 반응하여 각각 '동정심'이라는 정서를 촉발시킨다(Haidt, 왕수민 역, 2015: 238).

을 크게 두 유형으로 분류할 수 있는데, 하이트는 '본래적 동인(original triggers)'과 '통용적 동인(current triggers)'으로 분류한다.[47] "자라 보고 놀란 가슴 솥뚜껑 보고 놀란다."라는 속담이 있는데, 여기서 본래적 동인은 '자라'에, 그리고 통용적 동인은 '솥뚜껑'에 비유될 수 있다. 통용적 동인은 동일 문화권 내에서뿐만 아니라 문화권에 따라서도 다양하다는 특징이 있다.

도덕성 기반 이론					
배려	공정성	자유	충성심	권위	고귀함
피해	부정	압제	배신	전복	추함

[그림 8-1] '도덕성 기반 이론'에 제시된 6가지 도덕성 기반[48]

MFT의 내용인 도덕 모듈은 '선천적'인데, 여기서 '선천적'이라는 의미는 경험에 앞서 구조화되어 있지만, 경험(문화적 학습)에 의해 변경, 억제, 확대될 수 있음을 의미한다(Haidt, 2013: 290; Graham et al., 2013: 8). 즉 도덕성은 선천적인 동시에 환경적 영향에 의존하고 있다는 것이다. 이렇게 본다면 도덕 모듈의 발현 양상은 경험적 맥락에 따라 달라진다고 볼 수 있다(Maxwell & Beaulac, 2013: 365). 그러므로 특정 문화적 양식에 영향을 받아서 특정 유형의 도덕 모듈이 다른 유형의 도덕 모듈보다 더욱 민감하게 활성화될 개연성이 있다. 결국 도덕 모듈의 발현 양상에 대한 주도권을 쥐고 있는 한 변인은 문화적 맥락이다.

이러한 MFT의 작동 메커니즘에서 도덕심리학의 두 번째 원칙, 즉 "도덕

47) 하이트는 인지 모듈이 "본래 파악하도록 되어 있는 사회적 패턴"을 '본래적 동인'으로 명명하고, "우연하게라도 모듈을 자극하게 되는 이 세상 모든 사물이나 일들"을 가리켜 '통용적 동인'으로 명명한다(Haidt, 2012: 125; Haidt, 왕수민 역, 2015: 238).

48) 출처 : https://curiouschristian.blog/2018/12/07/moral-foundation-theory-and-the-bible/

성은 단순히 피해와 공정성의 차원에만 국한되지 않는다."(Haidt, 왕수민 역, 2015: 192)가 제기된다. 왜냐하면 개인주의적 문화권은 '배려/피해, 공정성/부정, 자유/압제' 모듈을 더욱 민감하게 활성화시켜 '자율성의 윤리'를 발현시킬 개연성이 높고, 사회 중심적인 문화권은 '충성심/배신, 권위/전복'과 '고귀함/추함' 도덕 모듈을 더욱 민감하게 활성화시켜 '공동체의 윤리'와 '신성의 윤리'를 발현시킬 개연성이 높기 때문이다.[49] 즉 선천적으로 동일한 6가지 도덕 모듈이 배선되어 있더라도 문화적 맥락에 따라서 발현되는 모듈은 상이하다(Graham et al., 2013: 10). 결국 하이트는 자율성의 윤리 중심에서 벗어나 공동체의 윤리와 신성의 윤리를 포괄하는 '윤리적 다원주의'를 지향하고 있는 것이다.

MFT의 작동 메커니즘이 도덕심리학의 두 번째 원칙을 넘어 정치적 영역으로 확장되는 측면을 살펴보자. 동일한 도덕 모듈이 활성화된다 하더라도 진보적인 정치 성향에서 그 도덕 모듈이 발현되는 양상과 보수적인 정치적 성향에서 그 도덕 모듈이 발현되는 양상은 전혀 다르다. 왜냐하면 동일한 유형의 '배려/피해' 도덕 모듈이 활성화된다 하더라도 진보주의자의 경우, 동물이나 국가를 초월한 타국의 국민 차원의 통용적 동인과 배려/피해 모듈이 연접되어 발현되는 반면, 보수주의자의 경우, '상이용사를 도웁시다'와 같이 자기 집단을 위해 희생한 대상 차원의 통용적 동인과 배려/피해 모듈이 연접되어 발현된다(Haidt, 2012: 134).

뿐만 아니라 특정 도덕 모듈들의 집합은 특정한 유형의 정치적 성향과 연접하여 발현되는 경향이 두드러진다. 예를 들어, 배려/피해와 자유/압제 도덕 모듈은 정치적 좌파의 성향과 더욱 강한 연접을 이룬다(Haidt, 2012: 181). 또한

49) '도덕 매트릭스(moral matrix)'는 의미와 가치의 그물망으로서 인간이 문화적 존재가 됨에 따라서 형성되는 것이다(Graham et al., 2013: 9). 도덕 매트릭스는 세 가지 유형(자율성 윤리, 공동체 윤리, 신성 윤리)의 윤리로 구체화할 수 있다. 만약 우리가 개인주의적 문화권에서 자란다면 자율성의 윤리를 숙지하게 될 개연성이 높다. 그리고 미국과 같이 개인주의적 문화권에서 자란다 할지라도 독실한 기독교 가정에서 성장할 경우 공동체의 윤리나 신성의 윤리에 길들여질 개연성이 높다(Haidt, 2012: 106-110; Haidt, 왕수민 역, 2015: 208-214; Musschenga, 2013: 331-332).

보수주의와 진보주의는 질적으로 전혀 다른 유형의 도덕 모듈에 기반을 두고 있을 개연성이 높다. 여기서 하이트는 유전적인 요인도 보수주의 혹은 진보주의로 기우는 개인의 정치적 성향에 영향을 미친다고 본다. 즉 앞서 언급한 문화적 맥락이라는 외적 요인과 더불어 내적 요인인 유전적 요인도 특정 도덕 모듈의 발현 민감성에 영향을 주는 변수라는 것이다(Haidt, 2012: 278-288; Graham et al., 2013: 17-19; Musschenga, 2013: 331).

하이트는 보수주의 진영과 진보주의 진영이 정치적 이슈에 대한 입장을 달리할 수밖에 없는 현상을 설명하는 틀로 MFT를 활용한다. 즉 어떤 쟁점에 대해 정치적 입장을 달리하는 현상의 이면에는, '유전적 요인의 영향'으로 인해 질적으로 전혀 다른 유형의 도덕 모듈이 활성화되는 메커니즘이 자리 잡고 있거나, 유전적으로 동일한 유형의 도덕 모듈이 활성화되는 상태이더라도 '문화적 맥락의 영향'으로 인해 특정 유형의 도덕 모듈이 보다 민감하게 활성화되거나 억제되기 때문에 도덕 모듈의 발현 양상이 달라지게 된다는 것이다. 그래서 보수와 진보 간에는 정치적 이슈에 대한 입장에서 차이를 보일 수밖에 없다.

3) 제3원칙 : 인간의 이중성

인간은 정치적, 도덕적, 문화적 성향 등을 포함하여 동일한 유형의 어떤 성향을 지닌 사람들끼리는 뭉쳐서 일정한 집단을 이루고 그 집단 내의 구성원들에게는 강한 이타성을 보인다. 반면 다른 유형의 어떤 성향을 지닌 집단에게는 강한 배타성을 보인다. 이러한 양상은 선과 악의 대결 구도로 전개되어 걷잡을 수 없는 폭력적 양상으로 나타나기도 한다. 하이트에 따르면, 이러한 다양한 유형의 정치적 · 도덕적 · 문화적 성향의 이면에는 유사한 도덕 모듈의 발현 패턴이 자리 잡고 있다. 다시 말해 정치적 성향이 유사하다는 것은 도덕 모듈의 발현 패턴이 유사하다는 것을 의미하며, 도덕 모듈의 유사한 발현 패턴은 유사한 정치적 성향으로 이어진다. 그리고 유사한 정치적 성향을 지닌 사람들끼리

뭉쳐 집단을 이루는 메커니즘으로 이어진다. 이에 따라 도덕 모듈은 '집단 내 이타성'과 '집단 간 배타성'이라는 이중적 양상을 촉발시킨다. 하이트는 이러한 양상을 도덕심리학의 세 번째 원칙, 즉 "도덕은 사람들을 뭉치게도 하고 눈멀게도 한다."(Haidt, 2012: 191)로 명명한다.

그렇다면 도덕심리학의 세 번째 원칙이 등장하는 메커니즘을 살펴보도록 하자. 하이트는 그 메커니즘을 진화론의 '집단선택(group selection)'에 의존하고 있다. 다수준 선택(multi-level selection)[50]에 따르면, 자연 선택은 '집단 내'와 '집단 간'의 수준에서 작동한다. '집단 내'에서는 이기적 개체의 적합도(fitness)가 높지만 '집단 간 경쟁 상황'에서는 이타적 개체로 이루어진 집단의 적합도가 그렇지 못한 집단의 적합도보다 높다. 하이트는 바로 '집단 간 경쟁' 수준에서 작동하는 집단선택의 메커니즘에 기대어 집단의 이익을 개인의 적합도보다 우선시하는 이집단성(groupish)이 인간 본성을 구성하는 한 측면으로서 진화의 역사에서 건재할 수 있었다고 본다(Haidt, 왕수민 역, 2015: 344-346). 결국 인간은 개체의 적합도를 확보하려는 이기적 성향뿐만 아니라 이집단성으로 이타성을 지니는 셈이다. 그래서 하이트는 인간의 본성에 대한 최종적 관점을 호모 듀플렉스(*Homo duplex*)로 규정한다.

그런데 집단선택의 메커니즘이 온전히 작동할 수 있으려면 '무임 승차자'의 문제가 해결되어야 한다. 왜냐하면 집단 간 경쟁에서 우위를 확보할 수 있는 이타적 개체가 집단 내에 존재한다 하더라도 집단 내에서 적응도가 상대적으로 높은 이기적 개체가 이타적 개체를 순식간에 잠식해 버릴 개연성이 높기 때문이다. 그래서 하이트는 무임승차자의 문제 해결에 기여할 수 있었던 '일련의 변인'[51]들을 제시하고 집단선택의 메커니즘이 온전히 작동할 수 있음을 보인다.

---

50) 하이트는 인간 본성의 두 측면, 즉 이기성과 이집단적 도덕성(groupish morality)이 다수준 선택의 산물이라는 윌슨(David S. Wilson)의 견해에서 힘을 얻고 있다(Haidt, 2013: 292).

51) 도킨스(Richard Dawkins)는 집단선택이 이론적으로 가능하나 실제 경험적 과정에서는 작동이 불가능하다고 본다(Haidt, 2013: 292). 그러나 하이트는 실제 경험적 과정에서 집단선택이 작동할 수 있는 개연성이 충분함을 보이기 위해 집단선택의 온전한 작동에 기여하는

결국 이집단적인 본성의 스위치가 켜지면 도덕 모듈은 필연적으로 '집단 내 이타성'과 '집단 간 배타성'이라는 양상을 보인다. 왜냐하면 이러한 이집단적인 본성은 집단 간 경쟁을 전제로 발현된 것이기 때문이다. 이러한 이집단성이 작동하는 메커니즘 때문에 배려/피해, 공정성/부정, 자유/압제 도덕 모듈에 기반을 둔 진보주의자들은 서로 뭉쳐 보수주의자들을 배척한다. 물론 반대로 보수주의자들도 진보주의자들과 마찬가지의 성향을 보인다.[52] 심지어 상대편의 입장 중 합당한 측면이 있다 할지라도 '무조건적으로' 거부반응을 보인다. 즉 눈까지 멀어지는 것이다. 그래서 한 국가 내에서도 진보와 보수로 양극화되어 건설적이 아닌 소모적인 정쟁을 벌이게 된다.

그렇다면 우리는 어떻게 소모적인 전투를 끝내고 건설적인 대안을 모색하는 방향으로 도덕 모듈이라는 거대한 코끼리의 관심을 돌릴 수 있을까? 하이트는 중국 철학의 음양(陰陽)의 관계로 자신의 집단과 다른 정치적 입장을 지닌 집단을 바라볼 것을 제안한다(Haidt, 2012: 294-312). 음과 양은 서로 대립되는 관계

일련의 변인들을 제시한다(하이트는 그 변인을 4가지 제시하고 있는데 구체적인 내용은 Haidt, 왕수민 역, 2015: 360-395를 참조할 것). 특히, 종교는 공유된 신념을 통해서 집단을 하나의 개체처럼 작동하게 하는 기능을 통해 무임 승차자 문제를 해결하는 데 기여한다(Haidt, 2012: 246-273; Haidt, 왕수민 역, 2015: 437-485; Haidt, 2013: 293). 나아가서 하이트는 집단선택의 메커니즘을 통해 건재하게 된 이집단적(groupish) 인간 본성의 신경생물학적인 토대를 '거울뉴런'으로 제시한다(Haidt, 2012: 233-236; Haidt, 왕수민 역, 2015: 419-422). 거울뉴런은 타인의 행동, 의도, 그리고 정서를 마치 자신의 것처럼 반응하는 데 관여하는 뇌신경세포다(Marco Iacoboni, 김미선 역, 2009: 64-65, 179, 128). 하이트는 이러한 거울뉴런을 통한 공감 작용이 이집단적 본성을 활성화시키는 데 기여한다고 보는 것이다.

52) 진보주의자는 '배려/피해, 공정성/부정, 자유/압제' 도덕 모듈을 기반으로 하는 반면, 보수주의자는 '배려/피해, 공정성/부정, 충성심/배신, 권위/전복, 고귀함/추함, 자유/압제' 여섯 가지 도덕 모듈 모두에 기반을 둔다. 그런데 보수주의의 경우, 진보주의와 공유하는 '배려/피해, 공정성/부정, 자유/압제' 도덕 모듈을 진보주의와는 '다른 통용적 동인'과 연접시킨다(Haidt, 2012: 181-184; Haidt, 왕수민 역, 2015: 331-335). 후속 연구인 도덕성 기반 설문조사에서 '배려' 모듈 기반에서는 낮은 점수를 보이지만 '자유' 모듈 기반 관련 항목에서는 높은 점수를 보이는 범주를 새롭게 발견한다. 그래서 좌파로서 진보주의자(progressivism), 우파로서 사회적 보수주의(social conservatism)와 더불어 이 범주와 관련된 정치적 성향으로서 '자유주의자(liberalism)'를 추가함으로써, 정치 성향을 이원에서 삼원 구도로 재설정한다(Haidt, 2012: 300-305).

가 아니라 상호 보완적인 관계를 형성하면서 서로가 균형을 맞추어 나간다. 마찬가지로 진보와 보수도 서로의 장단점을 보완하여 보다 건설적인 대안을 찾아나가는 상보적인 관계인 것이다.

하이트는 음양의 상보적 관점을 견지하기 위한 방안으로 어떤 쟁점을 두고 대립할 때 상대방이 기반을 두고 있는 도덕 모듈을 찾아볼 것을 제안한다. 아울러 우정 어린 만남의 기회를 마련할 것을 제안한다(Haidt, 2012: 311-312). 이런 기회를 통해 가슴을 열게 되며 상대방의 말을 경청하기 훨씬 용이해질 수 있다는 것이다. 결국 관건은 도덕 모듈에 기반한 직관에 대한 메타포로서 코끼리를 발견하고 길들이는 것이다.

2. 도덕심리학의 세 원칙에 대한 비판적 검토

하이트 도덕심리이론은 몇 가지 근본적인 한계와 심각한 문제점을 가지고 있으며, 이에 대한 논의는 선행연구를 통해 이미 이루어져왔다(정창우, 2011, 2013). 여기서는 하이트가 설정한 도덕심리학의 세 원칙을 중심으로 그의 이론이 갖는 몇 가지 문제점에 대해 비판적으로 검토하고자 한다.

우선 하이트가 설정한 도덕심리학의 첫 번째 원칙은 직관에 대한 편협한 규정에 근거하여 성급하게 '선(先) 직관, 후(後) 추론'이라는 도식을 유도하고 있다. SIM은 직관을 본능적 반응(gut reaction) 그리고 정서와 거의 동등한 개념으로 설정하고 있다(Roeser, 2013: 178). 즉 SIM에서 직관은 '수동적인 즉각적 반응'이라고 볼 수 있다. 하이트는 직관을 정서에서 분리시켜 인지로 분류하고 있지만, 이는 형식적인 구분일 뿐, 직관의 원천인 선천적 도덕 모듈에 관한 하이트의 논의 과정에서 능동적 개인의 추론 작용으로서 인지적 측면을 찾아보기는 어렵다. 심지어 하이트는 도덕적 평가가 머리(the head)가 아닌 장(the gut)의 산물이라고 본다(Graham et al., 2013: 11).

SIM이 전제하고 있는 '수동적인 즉각적 반응'으로서의 직관 개념은 매우 편협한 규정이다. 하이트가 의존하고 있는 카너먼(Daniel Kahneman)의 '이중 처리 이론(dual process theory)'은 인간의 정신 시스템을 '시스템 Ⅰ(System Ⅰ)'과 '시스템 Ⅱ(System Ⅱ)'로 구분하고 있다(Kahneman, 2011; Sauer, 2013: 257). 전자는 빠르고 노력을 요하지 않고, 무의식 혹은 전의식적으로 작동하며, 전체론적이고 종종 정서적으로 강렬한 방식으로 정보를 처리하는 특징을 지닌다. 반면 후자는 세심하게 통제되고, 노력을 필요로 하며, 의식적이고 분석적인 단계적 추론을 시도하는 특징을 가진다.

하지만 우리가 주목해야 할 부분은 일정한 교육 과정을 통해 시스템 Ⅱ의 수준에서 작동하는 도덕 판단 과정이 습관화의 과정을 거치면 시스템 Ⅰ의 수준과 같은 자동화의 수준으로 전이될 수 있다는 점이다(Sauer, 2013). 즉 '교육된 직관(educated intuition)'이 가능한 것이다. 교육된 직관은 일종의 '제2의 천성(second nature)'으로서 추론 과정이 습관화 과정을 거쳐 자동화의 수준에 도달한 상태라고 볼 수 있다. 즉 교육된 직관은 '의식 이전 수준에서 작동하는 자동화된 추론'인 것이다. 이러한 관점에서 볼 때 직관은 더 이상 수동적인 즉각적 반응이 아니라 능동적인 추론 과정이 자동화 수준으로까지 고양된 것으로도 볼 수 있다. 이때 교육된 직관의 메커니즘은 마치 전문가의 정보 처리 과정과 비슷한 특성을 갖게 된다.

이러한 '교육된 직관'의 관점을 하이트가 설정한 도식인 '선(先) 직관, 후(後) 추론'에 한번 적용해 보자. 그러면 '선(先) 자동화된 전의식적(preconscious) 추론, 후(後) 의식적 추론'이라는 새로운 도식이 성립 가능하다. 즉 이때의 도덕 판단 과정은 의식 이전 수준에서 자동화된 추론과 그 이후에 작동하는 의식적 추론 과정을 통해 이뤄지는 것이다. 뿐만 아니라 '사려적인 추론'이 습관화되어 자동화의 수준에 이르렀다면, 이때의 추론은 단순히 직관적 판단을 사후에 합리화하는 수동적인 공보관 혹은 변호인으로 볼 수 없다. 즉 추론은 적극적으로 직관의 오류를 수정 혹은 교정하는 '판사'의 역할에 참여하고 있는 것이다. 이렇게 볼 때 하이트가 주장한 도덕 판단 과정에서 직관의 우선성과 주도성은 직관에 대한 편협한 규정 속에서만 한시적으로 의미를 가질 뿐이다. 결국 우리는 도덕철학과 경험과학의 교차점에서 전개되고 있는 직관에 대한 선행 논의들을 보다 풍부하게 참조하여 SIM을 비판적으로 바라볼 필요가 있다.

다음으로, 도덕심리학의 두 번째 원칙이 전제하고 있는 '선천적 도덕 모듈'은 실재성 논란에 직면한다. 하이트는 선행연구[53]에 기대어 모듈 개념을 빌려온다(Haidt, 2012: 123). 그리고 하이트가 차용하고 있는 모듈 개념에 대응하는 실체가 존재하여 작동하는 신경 영역은 특히 '피질하 영역(subcortical structures)'이다. 그런데 그 피질하 영역의 모듈은 하이트가 상정하고 있는 '선천적 도덕 모듈'이 작동하는 방식인 '사회-정서적인 인지 방략'과 관련된 것이 아니라, '생존'과 관련하여 중대한 패턴이 출현할 경우 작동하는 기능적 단위다. 즉 하이트는 '생존 관련 모듈 개념'을 차용하여 '도덕 관련 모듈'로 지나치게 비약시켜 '유비추리의 오류'를 범하고 있는 것으로 보인다. 뿐만 아니라 인간을 다른 포유동물과 질적으로 구분시켜 주는 신경 영역인 신피질 영역에서도 사회-정서적인 인지 방략들을 처리하는 '모듈'이 발견되었다는 경험적 증거는 아직까지 보고된 바 없다. 결국 '선천적 도덕 모듈'은 진화심리학자들의 창의적인 상상적 구성물일 개연성이 크다(Narvaez, 2008: 2-3).

한편, 도덕심리학의 세 번째 원칙은 집단선택 메커니즘에 기반을 두고 있는데, 집단선택 메커니즘은 '하이트가 상정하고 있는 진화론적 배경'에서 촉발되지 않는다. 도덕심리학의 세 번째 원칙은 '수렵채집 사회'를 배경으로 한 '집단간 경쟁 상황'에서 작동하는 집단선택의 결과물이다. 그런데 민족지적인 자료(ethnographic data)에 기반을 둔 선행연구(Fry & Souillacc, 2013: 349-351)에 의하면, 호모 속(the genus Homo)이 가장 많은 시간을 보낸 수렵채집 사회는 '집

53) 스퍼버(Dan Sperber)와 허쉬펠드(Lawrence Hirschfeld)는 인지 모듈의 예로서 뱀 감지 장치와 얼굴 인식 장치를 제시한 바 있는데, 이러한 인지 모듈은 생존과 밀접하게 관련된 패턴에 대한 적응의 결과로 배선되었다고 본다.

단 간 경쟁 상황'이 조성될 수 있는 조건을 갖추고 있지 않다. 그 근거를 살펴보면, 집단선택이 작동하기 위해서는 먼저 일정 기간 지속성을 유지하는 집단의 실체가 전제되어야 하는데, 수렵 채집 사회에서 집단의 구성은 지속적이 아닌 '일시적' 현상에 불과했다. 왜냐하면 수렵채집 사회는 '다양한 자기중심적인 관계망(ego-centric networks of relationships)', '집단들 간 분열-통합 패턴(a pattern of fission-fusion among groups)', '시간에 걸쳐 변화하는 집단 구성(changing group composition over time)'이라는 특징을 가지고 있기 때문이다. 또한, 집단들은 경쟁이 아닌 우호적이고 협동적인 일련의 연대 관계를 형성하고 있었으며, 집단 간 경쟁을 유발시킬 수 있는 변인들이 부족한 상태였다. 그 이유는 광범위한 지역에 자원들이 퍼져 있었고, 잉여물과 물질적 재산 및 노예가 없었으며, 분쟁의 수준이 집단이 아닌 개인적 차원에 머무는 경향을 보이고 있었기 때문이다.

이상에서 논의한 바와 같이, 수렵채집 사회라는 진화론적 배경이 '집단 간 경쟁'을 결여하고 있는 환경이라면, 집단선택 메커니즘이 작동하기는 사실상 어렵다. 이와 같이 집단선택 메커니즘이 작동하지 않았다면, 도덕심리학의 세 번째 원칙은 설정 자체가 편의적 가설에 기반을 둔 오류에 불과한 것이다. 만약 설정이 가능하더라도 하이트가 상정하고 있는 진화론적 배경이 아닌 다른 차원의 배경을 가지고 구축될 수밖에 없다. 만약 그 다른 차원의 배경이 하이트 이론의 기본 전제를 위협한다면, 도덕심리학의 세 번째 원칙은 복구 작업이 불가능한 난관에 직면할 수밖에 없다.

그렇다면 하이트가 설정한 도덕심리학의 세 가지 원칙이 이와 같이 심각한 한계에 직면하게 된 근본적인 원인은 무엇일까? 앞서 간략하게 지적한 바와 같이, 하이트의 이론이 직면하는 한계들은 근본적으로 그가 전제하고 있는 '도덕성'에 대한 규정에서 기인한다. 그는 도덕성을 다음과 같이 규정하고 있다.

> 도덕 체계란 가치, 미덕, 규범, 관습, 정체성, 제도, 첨단 기술 등이 진화한 심리 기제와 서로 맞물려 있는 것을 말한다. 이 둘은 도덕적 체계로서 함께 작용하여 개인의 이기심을 억제하거나 규제하며, 나아가 협동적인 사회가 만들어질 수 있게 한다(Haidt, 2012: 270).

하이트가 규정하고 있는 도덕성은 '유전적으로 프로그램된 선천성'과 '문화'가 맞물려 작동하는 시스템으로 볼 수 있다. 그는 유전적 영향에 의해 발현되는 선천적 도덕 모듈과 사회문화적 맥락을 상정한다. 나아가서 그는 자신의 이러한 기본 입장에 들어맞는 경험적 증거를 수집하기 위해 적극적으로 노력한다. 이러한 노력을 통하여 신경과학을 비롯한 경험과학과 동양철학의 학문적 연구 성과를 작위적으로 해석하여 자신의 이론을 정당화하는 근거로 설정하는 경우가 간혹 있다.

하지만 '유전'과 '문화'라는 강력한 두 결정론적 사슬 속에서 자율성이 작동할 수 있는 공간을 찾아보기란 결코 쉽지 않다. 결국 그의 도덕성 규정은 추론하는 존재로서의 능동적인 인간 본성이 제대로 반영되어 있지 않은 '수동적 인간관'을 전제하고 있다. 이와 같이 수동적 인간관을 전제로 한 '선천적 도덕 모듈' 이론을 정당화하려다 보니 신경과학의 연구 성과를 견강부회의 방식으로 해석하는 오류로 이어진다. 현재 뉴런 수준에서 도덕적 의사결정은 신피질과 변연계를 중심으로 하는 피질하 영역이 하나의 유기적인 시스템을 구성하여 통합적으로 작동한 결과라는 입장으로 중지가 모아지고 있다(Haste, 2013: 321). 그럼에도 불구하고 하이트는 전체론적으로 작동하는 신경시스템에서 단지 흄과 윌슨의 입장을 강력하게 지지해 줄 수 있는 신경과학의 연구 결과(혹은 정서적 · 직관적 인지과정에 대한 연구 결과)만 떼어 내어 자신의 입장을 정당화하는 근거로 설정한다.[54)]

---

54) 다마지오(Damasio, 2003)의 주장에 따르면, 합당한 도덕적 판단은 직감 및 신체의 반응을 참조하지 않고는 온전히 구성될 수 없다. 하지만 다마지오는 직감이 먼저라고 해서 직감

뿐만 아니라 동양의 학문적 연구 성과를 견강부회의 방식으로 해석하는 오류를 범한다. 하이트(Haidt & Bjorklund, 2008)는 진화론적 스토리에 기반을 둔 선천적인 도덕 모듈을 정당화하기 위해 모든 인간은 사덕(四德)의 단서로서 사단(四端)을 본래 가지고 태어난다는 맹자(孟子)의 주장을 인용한다(정창우, 2011: 107). 하지만 맹자의 사덕과 사단은 '모듈' 개념과 정합되지 않는다. 왜냐하면 하이트가 상정하는 도덕 모듈은 상당 부분 완전태의 상태로 프로그램된 독립적인 기능 단위이며 인간 이외의 동물과도 진화론적으로 일정 부분 공유하고 있는 것이지만, 맹자의 '사덕–사단'은 '인간만'이 본질적으로 가지고 있는 것이며, 완전태가 아닌 '미약한 가능태'의 상태로 내재하고 있기 때문이다. 뿐만 아니라 '사덕–사단'의 발현을 위해서는 행위자의 주체적인 사려적 반성 작용과 부단한 도덕적 실천이 필수적이다. 결국 맹자의 '사덕–사단'은 하이트가 상정하는 도덕 모듈과는 질적으로 전혀 다른 성격과 발달 과정을 요구하는 것이다.

3. 하이트 도덕심리 이론의 도덕교육적 기여와 한계

하이트의 도덕심리 이론이 갖는 문제점에도 불구하고, 그의 이론이 도덕 발달 및 교육 영역에 기여할 수 있는 바는 무엇인가? 그리고 어느 수준까지 기여

에 '주도권'을 부여하거나 추론을 사후 정당화 수준으로 전락시키지 않는다. 오히려 이성과 정서의 통합적 관점을 지향하고 있다. 그럼에도 불구하고 하이트는 다마지오의 이론을 합리주의자의 망상과 감정의 주도권을 정당화하는 허수아비로 세우고 있다. 아울러 그린(Joshua Greene)은 '이중 과정 이론(dual process theory)'을 통해 도덕 판단에서 이성(추론)과 정서(직감)가 길항적인 관계에 있는 것으로 설정한다. 나아가서 그린은 뉴런 수준에서 직감(정서)에 기반하고 있는 규범적 도덕을 거부한다. 왜냐하면 무딘 생물학적 도구이기 때문이다. 즉 "그러한 감정은 '무딘 생물학적 도구(blunt biological instrument)'로서 그러한 도덕적 직관에 의거한 판단이 인지적 과정에 개입하게 되는 것은 잘못된 출발점의 오류를 가져가는 것이기 때문이라고 본다."(박장호, 2013, 143). 그럼에도 불구하고 하이트는 그린의 입장을 직관의 우선성을 정당화하는 허수아비로 세우고 있다.

했다고 평가할 수 있을까?

첫째, 하이트의 이론은 우리가 얼마나 편향된 존재이고 독단적인 존재인가에 대한 인식과 성찰 기회를 제공한다. 그에 따르면, 우리는 정서적인 반응을 먼저 보인 후 이성(추론)을 도구적으로 사용하고, 실제로 의식적 혹은 이성적으로 도덕 판단을 하는 경우는 극히 드물다. 잘못된 도덕적 직관이라도 일단 형성되면, 추론을 통해 그럴듯한 정당화 사유를 만들 수 있고, 이러한 사유에 대해 도덕적으로 무엇이 잘못되었는지 비판적으로 검토하려고 노력하지 않는 경우가 대부분이다. 더 나아가 도덕적 판단은 자신에 대해서가 아니라 타인이 무언가 잘못했다고 주장하기 위해 사용하는 경우가 많다. 심지어 이성적인 근거를 대면서 차근차근 설명하지만 상대방이 설득되지 않으면, 상대방을 편견을 지닌 비합리적인 존재로 간주한다.

이와 같이 하이트는 우리가 얼마나 편견에 휩싸여 있고 자기 자신을 객관적으로 바라보는 데 한계가 있는 존재인지에 대한 날카로운 지적을 통해 우리로 하여금 인간 존재에 대한 인식과 성찰의 계기를 마련해 주고 있다. 또한 도덕발달이 자기중심적 사고의 한계를 벗어나는 일련의 과정이라는 관점에서 보자면, 이러한 발달을 촉진시키기 위한 노력과 시도가 얼마나 실현되기 어려운 일인지를 우리에게 알려주고 있다.

하지만 이러한 하이트의 지적은 인간의 단면만을 지나치게 강조하고 있으며, 편향성의 한계를 극복할 수 있는 대안을 제대로 보여주고 있지 못한 한계가 있다. 인간은 이와 같이 편견과 독단의 한계를 지닌 존재인 동시에, 타인의 반응을 경험하면서 자연스럽게 자기 자신을 심판하는 '공정한 관찰자(the judicious spectator)'를 상상할 수 있는 존재이기도 하다.[55] 예를 들어, 공정한 관찰자를 상상하면, 자기 자신으로부터 한 걸음 물러서서 객관적으로 자신을 바라

---

55) 데이비드 흄으로부터 유래된 '공정한 관찰자' 개념은 애덤 스미스의『도덕 감정론』에서 중요한 개념으로 등장하며, 이후 존 롤스, 아마르티아 센, 마사 누스바움 등의 윤리학에서 논의의 핵심적 기반이 되는 개념이다(Nussbaum, 박용준 역, 2013: 42).

볼 수 있다(Roberts, 이현주 역, 2015: 54). 공정한 관찰자를 자주 떠올릴수록 자신이 더 나은 사람이 될 가능성은 더 높아진다. 이와 같이 공정한 관찰자가 되기 위한 연습과 훈련은 그 자체로 강력한 자기 수양을 할 수 있는 기회를 제공할 뿐만 아니라, 간혹 우리의 단편적 사고의 기저에 놓여있는 자신의 세계관과 인생관 등에 대한 근본적인 점검과 깊은 성찰의 계기를 마련해 줄 수 있고, 복잡하고 생소한 문제를 위한 심사숙고의 과정에서 사려 깊은 행위자가 되도록 도움을 줄 수 있다.

둘째, SIM은 도덕 판단 과정에서 직관의 영향력을 환기시켰다. 도덕교육은 더 이상 자동적인 정보 처리 과정인 직관을 고려하지 않고는 한 걸음 더 앞으로 나아가기 힘든 상황에 직면해 있다. 나바에즈(Darcia. Narvaez)는 우리 일상의 많은 행동이 자동적인 인지과정의 영향력하에 있다는 증거(Bargh, 1989, 1990, 1996, 1997)를 제시하고 도덕적 기능(moral functioning) 역시 직관적이고 암묵적인 과정을 통해 이뤄진다고 주장한다(정창우, 2013: 268). 다마지오는 '신체 표지 가설(somatic marker hypothesis)'을 통해 합당한 의사결정을 위해서는 복내측 전전두피질(vmPFC)에서 직감(정서에서 유발된 특별한 느낌)과 인지를 매개하는 과정이 필수적이라고 주장한다(Damasio, 2003).

이러한 기여에도 불구하고 우리는 여기서 한 가지 의문을 제기할 수 있다. 우리가 도덕교육을 통해서 함양시키고자 하는 도덕적 직관은 과연 유전적 영향에 의해 발현되는 선천적 도덕 모듈과 문화화(enculturation)에 따른 '본능적 느낌(gut feeling)'으로서의 직관인가? 만약 이렇게 주장하게 되면, 선천적 도덕 모듈이 어떤 문화적 맥락에서 발현될 때 "나는 무엇을 위해 충성해야 하고, 진정한 충성이란 무엇인가? 그리고 나는 어떤 권위를 존중해야 하는가?"(Blum, 2013: 305)라는 반성적 물음은 결코 중요하지 않거나 무의미할 수밖에 없다. 특히, 심의 민주주의(deliberative democracy)는 공적 추론의 질(the quality of public reasoning)이 보장되어야 하는데, 만약 추론의 역할이 직관을 합리화하는 사후 추론에 그친다면 심의 민주주의는 온전히 작동할 수 없다(Clarke, 2008: 814).

철학자인 시노트 암스트롱은 비추론적 방식을 통해 도덕적 직관이 정당화될 수 있다는 측면은 타당하지 않다고 평가하고(Sinnott-Armstrong, 2008: 74), 무스첸가는 직관적 도덕 판단의 보편타당성을 위해 심의적 추론이 필요하다고 본다(Musschenga, 2009: 599). 나바에즈는 콜버그의 연구 동기가 킹 목사의 시민불복종 행위를 지지하고 나치 군인의 법 준수 행위를 비난하기 위해 시작되었다는 점을 고려할 때, 무엇이 옳고 그른지에 관해 하이트 식의 도덕 판단에 의존하는 것은 매우 위험한 것이라고 지적한다(Narvaez, 2008: 240). 이렇게 볼 때, 하이트는 '수동적인 인간관'을 바탕으로 '추론하는 존재'로서의 인간 특성을 간과하는 셈이 된다(정창우, 2011: 114; 2013: 234).

따라서 우리는 하이트가 환기시킨 직관에 대한 담론을 보완할 필요가 있다. 이를 위해 도덕성 발달에 기여할 수 있는 정교한 혹은 세련된 도덕적 직관으로서 '도덕적 전문가(moral expert)'가 지닌 직관을 참조할 필요가 있다. 도덕적 전문가의 직관은 사회문화적 맥락에서 작동하는 규칙과 신념체계에 대해 '능동적인 평가'를 바탕으로 수용 및 적용하는 정신 과정이 '즉각적 그리고 자동적'으로 이뤄지는 성품의 상태라고 볼 수 있다. 즉 도덕 정보를 자동화 수준에서 처리하여 행동으로 실천하지만, 능동적인 반성적 숙고 과정이 습관화된 상태인 것이다. 이와 같이 전문가적 직관을 강조하는 관점은 사우어의 '교육된 직관(educated intuition)', 나바에즈의 '도덕적 전문성 모형', 바렐라의 '윤리적 노하우(ethical know-how)' 등에 대한 논의 등에서 확인할 수 있다(Sauer, 2012; Narvaez, 2006; Varela, 1992).

셋째, SIM은 도덕교육에 있어서 신경과학의 연구 성과를 활용할 필요성을 촉발시켰다. 하이트는 선천적 도덕 모듈을 뉴런 수준에서 정당화하기 위해 '뇌섬엽(insula), 거울신경체계, 변연계의 편도(amygdala), 옥시토신, 도파민' 등을 거론한다. 이러한 부위나 신경전달물질은 하이트의 이론에서 코끼리에 비유되는 정서적 직관에 관여되는 신경 상관물(neural correlates)이다. 합리주의자의 망상을 들춰낼 수 있는 정당화 근거 중 하나로서 하이트는 신경과학자인 다마지오(Antonio Damasio)의 이론에 기대고 있다(Haidt, 2012: 33-34; 2013: 284).[56)]

도덕심리학자인 나바에즈(Narvaez, 2011: 32-33)[57)] 역시 정서중추와 관련된 신경 영역의 중요성을 강조하는데, 초기 보살핌 환경이 척박한 여건에서 아동이 성장할 경우 친화적 정서에 관여하는 안와전전두피질(OFC)의 풍부한 발달을 기대할 수 없다고 본다. 그 결과, 자아의 안전에만 집착하는 악덕한 상상(vicious imagination), 혹은 정서가 절연되어 비도덕적 행동에 대한 죄책감을 느끼지 못하는 유리된 상상(detached imagination)으로 편향되는 양상을 보인다.

이러한 흐름을 고려할 때, 우리는 도덕심리학과 신경과학의 교차점에 대한 논의를 참조하지 않고는 인간의 도덕성에 대한 논의를 온전히 할 수 없는 상황을 맞이하고 있다. 하지만 여기에도 유의해야 할 점이 있다. 우선 신경과학 분야에서의 연구 성과에 지나치게 의존하거나 자기주장을 뒷받침하기 위한 편리한 수단으로 이를 오남용하려고 해서는 안 된다. 예를 들어, 나바에즈는 삼층윤리이론을 구축하기 위한 틀로서 폴 매클린(Paul MacLean)의 삼층 두뇌 이론(파충류, 초기 포유류, 후생 포유류의 뇌)에 의존하였지만, 매클린의 이론은 현재 논란에 직면하고 있다(정창우, 2013: 281). 오늘날 포유류의 뇌 구조는 거의 같은 시기에 서로 상반된 특징을 지닌 채 진화했다는 쪽에 무게를 두고 있다. 그

---

56) 다마지오는 '복내측 전전두피질(vmPFC)'에 주목한다. vmPFC라는 뉴런 영역은 의식적인 숙고 과정과 직감을 통합시키는 역할을 담당하는 것으로 알려져 있다. vmPFC에 손상을 입은 환자는 콜버그의 도덕적 추론 능력 테스트에서 높은 점수를 받는다 하더라도 실생활 상황에서 합당한 판단을 내리는 데 어려움을 겪는다. 여기서 주목해야 할 점은 vmPFC에 손상을 입은 환자의 공통적 특징이 정서를 전혀 참조하지 못한다는 것이다. 즉 정서적으로 완전히 '평평한(flat)' 그야말로 무덤덤한 상태라고 할 수 있다. 이러한 연구 결과를 통해서 다마지오는 어떠한 추상적 도덕 판단도 정서에 기초한 직감을 참조하지 않고는 구성될 수 없음을 주장한다(Damasio, 2003). 하이트는 다마지오의 연구 결과에 기대어 합리적인 도덕 추론 과정에서 정서를 소멸시켜야 할 영역으로 처리한 합리주의자의 망상을 들춰내고자 한다.

57) 나바에즈의 삼층윤리이론(TET)은 신경생물학적 기반을 가지고 구축된 것인데, '안전윤리'는 추체외로 행동 신경 시스템(the extrapyramidal action nervous system), '관여윤리'는 포유류의 정서 시스템(the mammalian emotion systems), '상상윤리'는 전두엽과 전전두엽(the frontal and prefrontal cortex)을 기반으로 하고 있다.

밖에도 뉴런 집단 사이의 연결성을 강조하는 커넥톰(Connecome) 이론에 기반하여 3개 층의 뇌 구조를 자세히 들여다보면 그의 생각만큼 명확히 구분되지는 않는다. 이를 고려한다면, 나바에즈의 삼층윤리이론은 객관성 및 신뢰성 차원에서 어느 정도 한계를 가질 수밖에 없다. 하이트의 경우는, 이미 지적한 바와 같이, 신경과학 연구 성과를 자신의 주장을 정당화하기 위한 편리한 수단으로 오용하는 한계가 지적될 수 있다.

또한, 도덕성, 도덕적 추론, 도덕적 직관 등에 대한 엄밀한 개념 규정을 바탕으로 도덕신경과학과의 접점을 모색하는 노력이 필요하다(Killen & Smetana, 2007, 2008). 왜냐하면 연구자가 명시적 · 묵시적으로 전제하고 있는 개념 설정에 따라서 이를 측정하기 위한 자료의 질적 특성이 달라지기 때문이다. 이와 같이 질적으로 상이한 자료를 바탕으로 뉴런 수준에서 수행된 도덕성에 대한 신경과학 연구의 결과는 기존의 연구 결과와는 크게 다른 것처럼 보일 수 있다. 예를 들어, 하이트는 자신의 연구에서 핵심 개념에 해당하는 도덕적 직관 개념을 진화(자연선택)에 의해 만들어진 '도덕적 본능'의 일종인 선천적 도덕모듈과 문화의 영향에 토대를 둔 것으로 규정하고 연구를 수행했기 때문에, 이러한 자신의 도덕적 직관 개념을 고려하여 면접조사 문항들을 만들었으며, 자신의 주장을 뒷받침하기 위해 활용한 신경과학의 연구 결과도 여기에 끼워 맞춰지게 된 것이다.

넷째, 하이트의 도덕심리 이론은 도덕성의 범위를 확장시켰으며, 문화 간 규범의 차이에 대한 인정 및 존중의 중요성에 대한 인식을 불러일으켰다. 즉 그는 인간의 바른 마음을 여섯 가지 미각 수용체를 지닌 혀에 비유하면서, 도덕성을 기존의 공정성(정의) 및 배려 차원에 국한시키지 않고 여기에 권위, 충성, 고귀함, 자유 등을 추가함으로써 도덕성의 범위를 확장시켰으며, 슈웨더의 이론을 응용하여 개인주의 문화권과 사회 중심 문화권의 윤리적 정향의 차이에 대한 관심을 불러일으켰다.

하지만 도덕성의 범위가 확장된다는 것은 우리나라와 싱가포르와 같이 도덕교육을 독립 교과로 개설하는 국가에서 도덕 교과의 정체성에 혼란을 야기할 수 있다. 우리나라 도덕과교육의 역사를 살펴보면, 실제로 권위에 대한 존중, 국가에 대한 충성, 전통문화 혹은 문화적 관습의 우수성 및 고귀성 등의 내용은 '2007개정 교육과정' 이후 상대적으로 축소되면서 정의와 배려 등 보편적 가치에 초점을 맞추는 방향으로 수정되었다. 이러한 변화는 도덕성의 범위가 확장되어야 한다는 주장과는 역방향으로 간 것이며, 이와 같이 방향을 설정한 배경에는 교과 간의 치열한 경합이 벌어지고 있는 상황에서 타 교과와 차별화될 수 있는 그 교과만의 고유한 특성과 가치를 구축해야 한다는 점, 그리고 기본적으로 인간 발달의 수동성을 전제하고 있는 하이트 관점과는 달리, 도덕적 탐구와 성찰을 '능동적, 자율적으로' 실천하는 도덕적 인간 양성을 추구한 측면이 있었던 것이다. 그 당시 윤리교육계에서는 도덕 발달은 단순히 사회적 기대와 규범에 대한 적응의 문제가 아니며, 권위자의 명령, 사회제도, 문화적 관습과의 일치 정도를 의미하는 것이 아니라는 인식을 공유하였다. 사회적, 문화적으로 존재하고 있는 바에 대한 수용보다는 '무엇이 존재해야만 하는가'에 대한 판단을 구성하는 과정을 추구했던 것이다.

4. 결론 : 하이트 도덕심리 이론의 한계를 넘어

하이트 이론이 지닌 근본적인 한계를 넘어서기 위한 시도의 일환으로 '능동적인 자동적 · 즉각적 반응으로서의 직관'을 탐색해 볼 필요가 있다. 이를 위해 '삶의 이치를 존재로 구현하는 체화적 접근'으로부터 문제 해결의 실마리를 찾아보는 것이 유익할 것이다. 체화적 접근은 기본적으로 동양 유학의 수양론적 전통에서 확인할 수 있으며, 이러한 유학 전통의 체화적 접근은 도덕심리학자인 나바에즈의 '도덕 전문성 모형'과 인지과학자인 바렐라의 '윤리적 노하우

(ethical know-how)'와 접점을 상당 부분 공유하고 있다.[58)]

인지과학과 인지심리학 영역에서는 인지 현상을 설명함에 있어 '컴퓨터'·'뇌'·'몸' 중 어느 것을 중시하느냐에 따라, 인지주의, 연결주의, 체화론으로 나뉜다(박찬욱 외, 2009: 27). 인지주의와 연결주의의 한계를 넘어서려는 보다 최근의 학문적 시도로서 '체화된 마음 혹은 인지 이론'에 따르면(박찬욱 외, 2009: 27; Varela, Thompson, & Rosch, 2014: 10), 심적인 현상은 '뇌-몸-환경'이 유기적으로 연결된 총체적인 현상이다. 그래서 뇌와 동일시되는 마음, 판단의 원인으로서 뇌와 결과로서의 마음, 그리고 환경과 절연되어 진공 상태에서 작동하는 마음은 출현 자체가 불가능한 것이다. 결국 심적 현상은 몸을 매개로 뇌와 환경이 역동적으로 상호작용한 결과 출현하는 홀리스틱하고 맥락화된 이해, 즉 '체화된 마음'인 것이다(Varela, Thompson & Rosch, 1991). 체화된 마음에 기반을 둘 때, 일련의 규칙과 절차를 비롯한 추론 과정은 오랜 훈련 과정을 통해 습관화되고 각인되어 몸에 배이게 된다. 따라서 의사결정은 즉각적이며 자동적으로 이뤄진다.

마찬가지로 체화된 마음의 연장선상에서 윤리적 행동 역시 즉각적이며 자동적으로 전개된다. 유교 전통에서 성인은 인(仁)을 체화·체득하여, 어느 상황에서나 그 인을 즉각적·자동적으로 발휘하는 것으로써 삶을 일관하는 성품의 상태에 도달한 사람이다(유권종 외, 2009: 93). 이와 같이 인의 체화·체득을 통해 일상의 윤리적 상황에 대응하는 방식은 단순히 어떤 규칙이나 표준적 기준

---

58) 유학의 수양론적 전통에서 본 도덕교육의 목표는 일상적 삶에서 몸과 마음의 모든 작용이 삶의 이치와 일치되고, 그것이 또한 자연스럽게 이루어지도록 하는 데 있다. 또한 심신일원론에 뿌리를 두고 있는 인지과학(바렐라 류의 체화된 마음 혹은 인지 이론)에서 몸과 마음의 체화는 환경과의 역동적인 상호작용을 통해 이루어지며, 바렐라의 관점에서 도덕교육의 목표는 윤리적 노하우가 숙달된 상태 혹은 즉각적, 자발적으로 행위를 할 수 있는 준비된 상태에 도달하는 것이다. 나바에즈의 도덕심리학에서는 윤리적 삶의 기술이 체화된 상태에 도달하는 것(혹은 윤리적 전문가가 되는 것)이 도덕교육의 목표이다. 이와 같이 유학 전통, 도덕심리학 및 인지과학적 관점을 통해 볼 때, 도덕교육 차원에서의 체화란 '삶의 이치를 존재로 구현하는 것'을 의미한다(보다 자세한 내용은 정창우, 2016a, 2016b 참조바람).

을 맹목적으로 발출하는 '수동적'인 즉각적 · 자동적 직관이 아니라, '능동적'인 즉각적 · 자동적 직관에 따른 것이다.

유학 전통의 체화적 접근이 '능동적'인 즉각적 · 자동적 직관의 메커니즘에 기반을 두고 있다는 것은 바렐라의 논의를 통해서 더욱 명료해진다. 바렐라는 덕(德)을 체득하는 과정에 대한 맹자의 논의를 바탕으로 윤리적 노하우(ethical know-how) 이론을 전개한다. 바렐라는 일상의 진정한 윤리적 생활은 어떠한 문제 상황에서 즉각적으로 대응하는 일련의 행위 과정이고(Varela, 유권종 외 역, 2009: 26), 이러한 행위 과정은 이성적 사유의 산물이 아니라 윤리적 노하우의 산물이라고 주장한다. 그러면서 윤리적 노하우는 덕(德)을 체득하는 과정에 대한 맹자의 '지(知) – 추(推)' 논의와 상통하는 것으로 간주한다.

보다 구체적으로 말하면, 이전 상황에서 체화한 노하우를 유사한 상황으로 확장시킬 것을 강조하는 '바렐라의 윤리적 노하우 개념'에는, 인간이 본래부터 가지고 태어나는 사단의 도덕심을 다른 유사 상황에 확장하여[59] 적용해 나가는 추(推)의 특성이 반영되어 있다(Varela, 2010: 55–56). 아울러 이러한 확장[推]의 과정에서 이전 상황과 새로운 상황의 유사성 여부를 파악하는 데 기여하는 지(知)의 특성도 반영되어 있다(Varela, 유권종 외 역, 2009: 56). 한편 바렐라는 이전 상황에서 체화한 노하우가 낯선 상황에 직면해서 온전히 작동하지 않을 때 '사려 작용'을 통해 새로운 문제 상황에 대한 적절한 행위 방식을 탐색하게 된다고 주장한다.

나바에즈 역시 도덕적 기능(moral functioning)은 직관적인 암묵적 과정을 통해서 이뤄진다고 본다(정창우, 2013: 268–274). 이러한 과정은 거의 자동적으로 신속하게 자기 분야의 과업을 처리하는 전문가의 과정과 유사하며, 도덕 전문가의 안내를 받으며 획득된 '체화된 윤리적 기술'의 산물이라고 볼 수 있다. 나바에즈는 윤리적 기술로서 '윤리적 민감성', '윤리적 판단', '윤리적 동기화 혹은

59) 도덕심을 확장한다는 것은 하나의 상황이 또 다른 상황과 유사하다는 것을 알고, 그러한 마음을 그 새로운 상황 속으로 전개시키는 것이다(Varela, 유권종 외 역, 2009: 56).

초점', '윤리적 행동' 4개의 각 과정마다 7가지 윤리적 기술을 제시한다. 윤리적 기술의 영역에서 짐작할 수 있듯이 나바에즈의 관점에서 체화된 직관은 수동적인 즉각적 · 자동적 직관이 아니다.

결론적으로, 하이트는 도덕심리학의 새로운 역사를 쓰기 위해 문화심리학, 진화심리학, 신경과학, 동서양 철학 분야의 연구 성과들을 아주 노련한 솜씨로 종합하여 날카롭고 과감하게 주장하고 있는 것처럼 보이지만, 이러한 주장을 뒷받침하는 논증 과정을 엄밀하게 분석해 보면 견강부회식 논리 혹은 가설 수준의 근거를 제시하는 경우가 적지 않다. 앞서 지적한 바와 같이, 도덕 판단의 메커니즘에서 추론-정서-직관의 관계에 대한 주장, 선천적 도덕 모듈이 존재하고 사덕의 단서인 사단과 유사하다는 주장, 인간의 이중성이 집단선택의 기원을 갖는다는 주장 등을 뒷받침하기 위해 사용된 논거들 중에는 자기주장의 조건에 맞도록 다른 이론을 억지로 끌어다 붙이거나 편의적 가설 수준 혹은 가능성 수준에 해당되는 것들이 상당 부분 포함되어 있다.

필자가 보기에, 도덕 행동을 유발하는 심리 기제에 관한 하이트의 이론이 보다 객관성을 인정받는 이론으로 발전하기 위해서는, 혹은 도덕심리학계에 확실한 뿌리를 내리기 위해서는 흥미진진한 주장이나 이론적 혁신의 망상과 집착에서 벗어나서 보다 균형 잡힌 관점, 다양한 이론적, 경험적 통찰들에 대한 진정한 의미의 '종합'을 추구해야 할 필요가 있다.

제3부

현대 도덕교육의 이론과 방법론

제9장
인격교육론

인격교육(character education)은 존중, 책임, 정직, 타인에 대한 배려와 같은 윤리적인 핵심 가치들을 학생들에게 이해시키고, 관심을 갖게 하며, 이에 근거하여 행위하도록 돕기 위한 학교 · 공동체 · 학부모 공동의 교육적 노력으로 정의될 수 있다(Character Education Partnership, 1997). 엄밀히 말해서, 미국의 인격교육은 1990년대 이후에 부활 내지는 재강조된 것이지 결코 새로운 것이 아니다. 오늘날 미국의 공립학교에서 인격교육에 대한 관심이 크게 고조된 배경에는 부분적으로 아동 및 청소년들의 무책임하고 파괴적인 행동의 증가를 지적할 수 있다. 도덕적 쇠퇴로부터 아동들을 보호하기 위해 윤리적 핵심 가치들을 가르쳐야 한다고 역설하는 리코나(Thomas Lickona)의 구체적인 입장은 다음과 같다.

> 인격교육 운동의 전제는 명확하다. 폭력, 부정직, 약물복용, 성적 타락과 같은 무책임하고 파괴적인 행위들은 공통된 핵심을 갖는데, 그것은 바로 좋은 인격의 부재이다. 사소한 개혁과는 달리 인격교육은 이러한 모든 영역에서의 향상에 대한 가능성을 제시하고 있다(Lickona, 1996: 286).

최근 인격교육을 학교 교육과정 속에 통합하게 된 데에는, 전임 교육부장관인 윌리엄 베넷의 저작인『미덕의 책(The Book of Virtues, 1993)』의 영향, 인격교육연합(Character Counts! Coalitions), 인격교육파트너십(Character Education Partnership)과 같은 단체들의 노력, 그리고 "시민성, 가치, 그리고 인격교육을 학교에서 가르쳐야 한다."라는 빌 클린턴 전 대통령의 역할이 매우 컸다.

본 장에서는 우선 최근 미국에서 도덕교육의 새로운 대안인 것처럼 부각되고 있는 인격교육의 역사, 개념, 특성을 살펴볼 것이다. 이어서 인격교육 이론의 형태를 전통적 인격교육, 공동체주의적 인격교육, 통합적 인격교육으로 나누어 고찰한 후, 미국의 인격교육이 당면하고 있는 이론적, 실제상의 문제점을 지적하고 우리의 도덕교육에 주는 시사점을 밝히고자 한다.

1. 미국 인격교육의 역사

인격교육은 교육 그 자체만큼이나 역사가 오래된 것이다. 역사를 통해 볼 때, 거의 모든 나라에서 교육의 목표는 크게 두 가지였다. 하나는 지성의 발달을 돕는 것이었고, 다른 하나는 학생들을 도덕적으로 선한 사람이 되도록 돕는 것이었다(Lickona, 1993). 이러한 신념에 기초하여 미국 건국 초기의 학교들은 규율과 교사의 모범 및 일상적인 학교 교육과정을 통하여 인격교육을 실시하였다. 특히 성경은 공립학교에서 도덕 및 종교 수업을 위해 매우 중요한 교재였다. 1836년경에 누구의 성경을 사용해야 하고 어떤 원칙(doctrines)을 가르쳐야 하는가의 문제에 봉착했을 때, 윌리엄 맥거피(William McGuffey)는 미국에서 성경 다음으로 가장 많이 판매되었던 책인『맥거피 독본(McGuffey Readers)』을 통해 성경에 나오는 많은 이야기들을 중심으로 영웅담과 미덕에 대한 이야기를 보급하였다. 맥거피는 이 책에서 특히 정직, 이웃 사랑, 동물 애호, 근면, 검소, 친절, 애국심, 용기 등의 미덕들을 학생들에게 가르치고자 하였다.

20세기에 접어들면서 인격교육의 중요성에 대한 대중적 합의는 몇 가지 중요한 힘에 의해 심각한 위기 국면에 접어들게 되었다. 진화론은 '진화'라는 새로운 개념을 통해 도덕성을 포함한 모든 것을 끊임없이 변화하는 상태에 있는 것(in flux)으로 보도록 이끌었고, 아인슈타인의 상대론적 가설은 사회 현상과 도덕적 현상조차도 상대적으로 보게끔 유도하였다. 유럽으로부터 미국의 대학에 전파된 논리 실증주의(logical possitivism)의 철학은 사실(facts: 경험적으로 증명될 수 있는 것)과 가치(values: 논리 실증주의에서 가치는 객관적인 진리가 아니라 감정의 단순한 표현에 불과한 것) 간의 엄격한 구분을 주장하였다. 논리 실증주의의 영향은 도덕성을 학교를 통한 전수와 대중적 논의의 대상으로 보지 않고 단지 개인적인 가치 판단의 문제로 보게 함으로써 결국 도덕성을 상대적이고 개인적인 것으로 전락시켰다. 1920년대에 핫숀과 메이(Hartshorne & May)라는 예일대학의 심리학자는『인격교육 연구』라는 방대한 조사 연구를 진행한 바 있다. 일만 명 이상의 어린이 청소년을 대상으로 한 이 연구는 결론적으로, 한 사람으로 하여금 일관되게 정직하게, 또는 커닝의 유혹에 끈질기게 버티게 하는 성격 혹은 인격은 존재한다고 보기 어렵다고 보고하였다. 즉, 사람의 도덕성과 가치 행동은 행동 장면에 따른 특수성을 지니며, 모든 행동 장면에 일관되게 정직하거나, 커닝을 하지 않게 하는 심리적 특징은 존재하지 않는다는 것이다. 따라서 '인격'이라는 것이 존재하지 않는 것 같다는 이런 심리학자들의 결론이 '인격교육'의 열기와 매력을 반감시켰을 것임은 의심의 여지가 없다.

이런 세 가지가 원인이 되어, 결국 미국에서의 인격교육에 대한 열기는 1920년대를 분기점으로 급격히 퇴조한다. 리코나는 이러한 퇴조의 예를『맥거피 독본』이라는 책의 판매량에서 찾는다. 이 책은 1919년까지, 미국에서 성경 다음으로 많이 팔렸던 어린이용 도서였다. 그런데 이 책은 1919년 이후로 그 매력을 완전히 잃어버리게 되었다는 것이다.

이처럼 1920년대 이후 시작된 인격교육에 대한 관심과 열망의 약화 현상은 1960~1970년대에 이르러 절정에 달한다. 마틴 루터 킹을 중심으로 흑인 인권 운동이 전개되었으며, 인권 회복을 위한 여성 운동이 극렬하게 진행되던 시기인 1960년대에 접어들면서 인격주의(personalism: 칸트 윤리사상에 잘 나타나 있는 바와 같이, 인간의 가치 혹은 인격의 절대적인 가치를 주장하고 이것과 관련지어 다른 가치에 대한 의의를 규정하는 윤리적 입장)가 국제적인 차원에서 부상하게 되자 책임보다는 자유와 개인의 권리를 강조하게 되었고, 이로 인해 개인의 가치, 자율성, 주관성에 주목하게 되었다. 인격주의는 사회적 억압과 부정의에 저항하였으며, 도덕적 권위를 정당하지 못한 것으로 평가하고, 객관적인 도덕규범에 대한 신념을 파괴하였다. 즉 이런 인식 아래에서 인격교육은 타인에 대한 특정한 가치의 주입을 시도한다는 점에서 '좋지 않은 일'로 간주되곤 하였다. 또한 이 시기에는 미국 사회에서의 급격한 다원주의의 확산으로 인해 "누구의 가치를 가르쳐야 하는가?"의 문제가 심각하게 제기되기 시작하였고, 교육과 종교의 분리 경향에 따라 "학교에서 도덕성을 가르친다는 것이 종교를 가르친다는 것을 의미하는 것이 아닌가?"라는 비판적인 목소리가 높아지게 되었다. 이러한 분위기는 공립학교에서 인격교육의 필요성에 대한 합의를 가로막는 심각한 걸림돌로 기능하였다.

1970년대에는 가치명료화와 콜버그의 도덕적 딜레마 토론을 통한 가치 교육이 강조되면서 개인주의적 정신이 우선되었다. 가치 명료화에서는 가치를 부과해서는 안 되고, 학생들이 그들의 가치를 자유롭게 선택하도록 도와야 함을 주장했고, 콜버그는 학생들의 입장에서 어떤 가치들이 다른 가치들보다 나은지 판단하게 함으로써 도덕적 추론의 능력을 향상시킬 수 있어야 한다고 강조했다. 각각의 접근법이 도덕교육을 위해 기여한 것이 사실이지만, 심각한 문제점을 초래하였다는 점도 부정할 수 없다. 가치명료화는 방법론이 풍부했으나, 개인의 선호(자유 선택의 문제)와 도덕적 가치(의무의 문제)를 구분하는데 실패하였으며, 콜버그는 좋은 인격을 위해 필요하지만 충분조건이 아닌 도덕적 추론에만 초점을 맞춤으로써 도덕적 사회화 기관으로서 학교의 역할을 간과하였다.

1980년대에 들어서면서부터 인격주의와 개인주의, 그리고 사고 중심 접근에 대한 비판이 일기 시작하고 점증하는 청소년의 탈선, 마약 남용, 폭력의 증가, 매스컴의 선정화, 상업화 등에 대한 염려와 불만이 사회 전반에 팽배하게 되었다. 이곳저곳에서 미국 사회가 겪고 있는 도덕적 혼란과 아노미 증상에 대한 심각한 경고가 나타나기 시작했다. 아울러 그에 대한 대책들도 나타났다. 예컨대, 시카고대학의 앨런 블룸(Allan Bloom) 교수가 쓴 『미국 정신의 종말』이 바로 심각한 경고의 하나이며, 그런 것에 대한 대책의 하나로 제시된 것이 미국 교육부장관을 지낸 윌리엄 베넷(William Bennet)의 『미덕의 책』이다.

1990년대에 이르러 미국에서는 학교의 도덕교육적 책무를 중심적인 과제로 인식하면서 '좋은 인격(good character)'을 강조하는 새로운 인격교육 운동이 시작되었다. 리코나는 이러한 인격교육 운동이 전국적으로 얼마나 광범위하게 그리고 어떤 노력을 기울여 왔는가에 대한 연구가 부재한 상태이기 때문에 이를 알 수는 없으나, 중요한 행보만을 제시하면 다음과 같다고 말한다. 우선 1992년 7월에 조셉슨윤리연구소(Josephson Institute of Ethics)에서는 국가학교위원회(State School Boards), 교사연합, 대학, 윤리 센터, 아동 기관, 그리고 종교 집단을 포함한 30명 이상의 교육 지도자들을 소집하여 인격교육의 8가지 원칙을 채택하면서 '인격교육에 관한 아스펜 선언(Aspen Declaration on Character Education)'을 발표하였다. 1993년 3월에는 미국의 인격교육에서 중추적인 역할을 수행할 국가적 연합체인 '인격교육파트너십(Character Education Partnership)'이 공식 출범되었다. 이 연합체는 기업, 노동, 정부, 청소년, 학부모, 종교단체, 대중 매체의 대표들로 구성되었다.

2. 인격교육의 개념과 특성

인격교육에 관한 기존의 담론은 인격교육의 의미에 관한 심각한 혼란을 초래하였다(Lookwood, 1997). 즉, 인격교육의 범위와 목표에 관한 의견의 불일치로 인해 인격교육이 무엇인가에 관한 정의를 내리는 것은 사실상 쉽지 않게 되었다. 어떤 교육학자들은 인격교육에서 배려, 연민, 공동체 형성을 강조하기도 하고(Noddings, 1995, 1997; Schaps et al., 1997; Etzioni, 1998), 인격교육과 다문화교육의 관련성에 주목하고 있기도 하다(Gay, 1997). 윈(Wynne, 1997)은 그의 접근을 '인격 지향적 교육(for-character education)'이라고 명명하면서 인격교육을 순종과 질서 유지를 위한 규율의 한 형태로 정의한다. 리코나(Lickona, 1997)는 그의 접근을 '포괄적 인격교육(comprehensive character education)'으로 명명하면서 약물과 알코올 예방 및 성교육을 포함하고 있다.

인격교육에 대한 분명하고 일반적으로 수용되는 정의가 없기 때문에 밀슨(Milson, 2000)은 인격교육 관련 문헌들에서 나타나는 여섯 가지의 공통된 주제에 기초하여 인격교육을 개념화하였다.

- 우리 사회의 도덕적 위기의 극복을 위해 학교의 역할과 책임이 막중하다.
- 역할모델과 귀감(exemplars)은 인격 발달을 돕는 중요한 측면들이다.
- 교사 중심의 설교적인 수업이 인격교육에서 어느 정도 바람직하다.
- 학생들은 좋은 인격을 경험하고 실천할 기회를 필요로 한다.
- 학교는 긍정적인 도덕적 풍토를 조성해야 한다.
- 공동체적 가치에 기초한 인격적 특질들의 목록을 만드는 과정은 인격교육의 중요한 출발점이다.

1) 도덕적 타락

학교와 사회의 관계는 인격교육의 필요성 및 정당성을 뒷받침하기 위한 중요한 측면이다. 동시대의 인격교육론자들에 따르면, 우리의 사회는 급격한 도덕적 타락의 상황에 처해 있다. 부정직, 무책임, 약물 복용, 폭력성 범죄, 10대 임신 등의 높은 수준의 통계적 수치는 우리 사회의 도덕적 타락의 근거로 분명하게 제시될 수 있다(Lickona, 1991, 1993, 1997; Kilpatrick, 1992; Wynne, 1997; Glanzer, 1998; Benninga & Wynne, 1998). 인격교육론자들은 이러한 사회적 문제들이 초 · 중등학교에 다니는 학생들에 의해 지나치게 자주 일어난다고 주장한다. 또한 그들은 학교가 학생들의 인격 발달을 돕는 헌신적인 노력을 시작하지 않는다면, 이러한 사회적인 도덕적 위기 상황은 종국에는 재앙적 상태로 나아갈 수 있다고 경고한다.

2) 역할모델

인격교육론자들은 학생들을 위한 역할모델로서 교사들의 영향과 커리큘럼에서 인격 형성을 돕기 위하여 역사적 인물들과 문학상의 인물들의 조사를 강조한다. 인격교육론자들은 교사들이 학생들과 학부모들 혹은 교사 간 상호작용 과정에서 긍정적인 인격적 특질(positive character traits)을 보여줌으로써 학생들에게 좋은 인격의 본보기가 될 것을 요구한다(Lickona, 1991, 1993). 또한 교사들은 교실에서 그들의 행동이 학생들에게 미치는 심대한 영향을 깊이 생각하고, 좋은 인격을 예증하여야 한다(Ryan, 1986). 인격교육론자들에 따르면, 교사들은 또한 커리큘럼을 인격 형성 수업(character-building lessons)의 원천으로 인식하면서 학생들에게 역사적 인물과 문학상의 인물의 인격적 특질을 조사하는 활동을 갖게 할 필요가 있다(Ryan, 1986; Lickona, 1991, 1993, 1997; Benninga, 1997; Benninga & Wynne, 1998).

3) 설교적인 수업

1980년대 동안에 인격교육을 부각시키기 시작한 학자들은 1970년대와 1980년대 초반에 유행했던 가치명료화적 접근에 명백하게 반대하였다(Ryan, 1986; Benninga, 1988; Lickona, 1988; Wynne, 1988). 인격교육론자들에게 가치명료화는 가치중립적이고 도덕적 상대주의적인 접근으로 인식되고 있다(Ryan, 1986;

Lickona, 1991). 이러한 가치명료화적 접근법에 의한 도덕적 상대주의의 조장은 어떤 보편적인 도덕적 가치들이 존재하고, 교사들은 이러한 가치들의 확고한 주창자가 되어야 한다고 주장하는 인격교육론자들에 의해 강력하게 거부된다(Ryan, 1986; Ryan & Bohlin, 1999; Lickona, 1991, 1993, 1997, 1998; Wynne, 1988, 1997; Benninga & Wynne, 1998). 인격교육론자들은 교사들이 학생들에게 좋은 인격의 특질을 분명하게 가르치고, 비도덕성의 예들에 대한 분개를 학생들 앞에서 표현함으로써 도덕적 상대주의를 거부하도록 요구하고 있다.

비록 인격교육론자들은 보편적인 도덕적 가치가 존재하고 그러한 가치들을 공개적으로 주창해야 한다는 점에 대해서는 동의하지만, 도덕적인 주창(advocacy)을 위해 설교적인 수업(didactic instruction)이 어느 정도 사용되어야 하는 점에 대해서는 의견을 달리한다. 어떤 학자는 설명 및 숙고의 중요성을 강조하면서 설교적인 수업의 제한적 사용을 주장한다(Lickona, 1991; Ryan, 1986). 하지만 다른 이들은 학생들을 처방된 방식으로 행동하도록 촉구하기 위하여 설교적인 수업을 자주 사용하도록 요구한다. 예컨대, 베닝가와 윈(Benninga & Wynne, 1998)은 "우리는 인격 발달의 과정과 성숙한 도덕적 의사결정의 과정을 기술하기 위하여 주입(instill), 전수(transmit), 그리고 습관 형성(habit formation)과 같은 단어를 사용할 것을 요구한다."라고 밝힌 바 있다.

4) 좋은 인격을 경험하고 실천하는 것

인격교육론자들에 의하면, 인격 발달의 중요한 요소는 학생들에게 좋은 인격의 특질을 경험하고 실천할 수 있는 기회를 제공하는 것이다. 이러한 행동주의적 요소는 인격의 인지적(도덕적 지식)이고 정의적(도덕적 감정)인 요소들을 강화하는 데 기여할 수도 있다. 학생들은 봉사 활동 학습에의 참여(Ryan, 1986; Lickona, 1991, 1993, 1997; Wynne, 1997)와 교실에서의 의사결정(Benninga, 1988; Lickona, 1988, 1991, 1993, 1997) 및 협동 학습(Lickona, 1988, 1991, 1993,

1997)을 통해 좋은 인격을 경험하고 실천할 기회를 가질 수 있다.

5) 학교의 도덕적 풍토

인격교육론자들은 학교 전체가 도덕적인 풍토를 조성하는 데 노력하지 않으면 좋은 인격은 결코 효과적으로 계발될 수 없음을 강조한다. 이들은 교실에서의 긍정적인 도덕적 분위기와 학교 차원에서의 긍정적인 도덕적 문화를 조성하기 위한 여러 가지 방법들을 제안하고 있다(Lickona, 1988, 1991, 1993, 1997; Ryan, 1986; Ryan & Bohlin, 1999; Kilpatrick, 1992; Wynne, 1988). 긍정적인 교실 환경은 규칙의 공정성, 경쟁과 협력 간의 균형, 개인적 책임과 공동체적 책임 간의 균형, 장애인 혹은 학습 부진아에 대한 대우, 교실 대화에서 윤리적인 문제 제기 등의 요소들을 고려함으로써 조성될 수 있다(Ryan, 1986). 리코나에 따르면, 교사들은 교장의 지도력, 학교의 규율, 학생회, 보상 체제, 학교 차원의 공동체 의식 등의 요소들이 교실에서 학습한 가치들을 강화할 수 있는 긍정적인 학교 풍토에 해당하는가에 대한 신중한 고려가 필요하다(Lickona, 1993).

6) 인격적 특질의 목록

공동체에서 중시되는 보편적 가치들에 기초한 인격적 특질(혹은 핵심 덕목)의 목록을 합의에 의해 만드는 과정은 학교에서 인격교육의 적용을 위한 세 가지 중요한 의미를 갖는다. 첫째, 이러한 핵심 덕목의 목록을 생산하는 과정은 학교가 학부모 및 공동체 기관들과 협력 관계를 형성할 수 있는 중요한 기회를 제공한다. 이를 통해 인격교육 프로그램에 대한 계속적인 지원, 특히 학교에서 가르친 인격적 특질을 강화하는 데 학부모와 공동체가 협력할 수 있는 출발점을 제공한다(Lickona, 1991, 1993, 1997). 둘째, 인격적 특질의 목록을 개발하는 과정은 "누구의 가치를 가르쳐야 하는가?"에 대한 대답을 제공해 준다(Lickona, 1991; Benninga & Wynne, 1998). 셋째, 구체적인 보편적 가치들이 존재하고 모든 학생들에게 이를 가르쳐야 한다는 주장은 이러한 목록을 개발함으로써 자연스럽게 강조된다. 결국 공동체적 가치에 기초한 인격적 특질을 확인하는 것은 인격교육의 적용에서 중요한 출발점이 된다.

3. 인격교육 이론의 세 가지 유형

인격교육 이론은 전통적이고 보수적인 관점에서 아동의 인격적 성장을 도모하는 전통주의적 인격교육(윈과 베닝가), 학교를 배려의 공동체로 만드는 것이 학생들의 인격 발달을 돕기 위한 기회를 제공한다고 보는 공동체주의적 인격교육(나딩스와 왓슨), 그리고 인격교육에 대한 통합적이고 포괄적인 접근을 제시하는 통합적 인격교육(리코나와 러스낵)으로 구분될 수 있다. 여기에서는 이러한 인격교육 이론의 세 가지 유형을 대표하는 학자들의 관점들을 고찰하고자 한다.

1) 전통주의적 인격교육

(1) 윈(Edward Wynne)

'인격(character)'이란 개념은 그리스어의 "새기다(engrave)"에서 나온 것으로 플라톤과 아리스토텔레스와 같은 철학자들의 저작들과 잘 결합된다. 좋은 인격을 가진 사람은 습관적으로 좋은 행동을 하게 된다. 즉, 배려적인 사람은 곤경에 처한 사람을 돕고, 용감한 사람은 영웅적 행동을 수행하며, 친절한 사람은 다른 사람을 공손하게 대한다(Benninga & Wynne, 1998).

윈(Wynne, 1997)에 따르면, 인격의 개념은 인간이 인간 내부의 정서적인 경향성, 즉 어떤 특질(traits)이나 덕목을 소유하고 있다는 것을 가정한다. 이러한 특질은 그들의 구체적인 행동이나 행위 속에서 드러난다. 환경은 그 속에서 자라서 살아가는 사람들의 인격 형성에 영향을 주며, 그들이 '훌륭한 인격'에 대하여 명확한 정의를 내리도록 도와준다는 측면에서, 인격교육은 정교한 행동주의(sophisticated behaviorism) 혹은 사회학습 이론의 영향을 받고 있다.

인격 형성을 위한 요소들(forces)은 간단한 보상과 처벌에서부터 예술과 시, 문학, 함께 식사하는 것과 같은 가족생활의 규칙적인 습관, 그리고 후속 세대에게 주어지는 긍정적 혹은 부정적 역할모델에 이르기까지 광범위하다. 때때로 인격 지향적 환경은 의도적으로 설계 및 유지되며, 무의식적이고 잠재적인 형태로 주어지기도 한다.

① 교육에 있어서 '인격 지향적(For-Character)' 접근법

인격 지향적인 교육을 위한 구체적인 방법으로서 윈(Wynne, 1997)은 다음과 같은 요소들을 제시하고 있다. 첫째, **인격 지향적인 교육자가 되기** : 역할모델은 인격 지향적인 교육을 위한 매우 중요한 부분이다. 교육자가 학생들에게 훌륭한 모범이 되어야 한다는 생각은 아주 오래된 것이다. 훌륭한 인격을 전수하려는 교육자들은 학생들에게 그러한 모범을 제공해야 하며, 학생들을 지도하는 과정에서 그들은 특히 근면, 정직, 친절, 사려, 용기, 그리고 충성과 같은 덕목을 직접 보여주어야 한다. 또한 인격 지향적인 교육자가 되기 위하여 유의해야 할 점으로는 학생들에 대한 높지만 현실적인 기대, 주의 깊게 그리고 끊임없이 노력하는 교실 설계, 넓은 아량으로 비판을 수용하고 경청하는 것, 학생들의 정서적인 삶에 대하여 적절한 관심을 보여주는 것, 그리고 동료 교사들과 협력하는 것 등을 들 수 있다.

둘째, **인격 지향적인 교육을 위하여 적절한 환경을 설계하기** : 인격 지향적 접근은 학업 성취와 관련된 인지적 영역의 발달뿐만 아니라 이러한 인격적 특질들과 관련된 학생들의 행위를 자극한다는 점에서 그들의 인격 향상에도 유익한 것이다. 인격 지향적인 교육자들은 그들이 학생들에게 훌륭한 습관을 갖도록 제대로 권장하고 있는지를 알기 위해서는 우선 그들의 교육 환경을 점검해 보아야 한다. 이를 위해 윈은 교육자들에게 특히 근면(diligence), 순종(obedience), 협동(cooperativeness), 충성(loyalty)과 같은 바람직한 인격적 특질들을 계발시켜 줄 수 있는 환경을 제공하고 있는가를 점검하도록 권유한다.

셋째, **예술과 의식(ceremonies)의 역할** : 예술과 의식은 언제나 정의적 인격 형성에서 중요한 역할을 해 왔다. 때때로 의미심장한 포스터라든가 집회에서 사용되는 음악의 측면에서 예술은 강한 상징성을 내포하고 있으며, 이러한 예술 창조는 개인적 덕목과 공동체를 존중하도록 돕는 데 기여할 수 있다. 의식은 대중적 행사를 열광적으로 연출하는 것이다. 각 공동체는 그들의 이상적인 덕목을 예증할 수 있는 사람이나 전통에 관심을 갖고 존중할 수 있도록 '의식'을 사용한다. 미국의 거의 모든 학교에서는 어떠한 형태로든 의식을 실시하며, 특히 국기에 대한 경례 및 맹세, 졸업식, 집회, 기념식 등과 같이 그들의 덕목과 공동체의 정체성 확립을 위하여 의식과 예술을 사용한다. 예를 들어, 시카고 지역에서의 많은 인격 지향적 학교들은 예술과 의식을 통합한 형태, 즉 혈기 왕성한 집회, 행진, 춤 등을 행하며, 건물과 교실 전역에 의미심장한 포스터와 학생들의 예술 작품을 전시하고, 학생들이 학교에서 특별한 유니폼을 입는 행사를 실시하고 있다.

② 인격 지향적인 활동들을 평가하는 것

인격 형성의 전략들은 수집된 자료를 몇 가지 설정된 기준(예를 들어, 교육자들은 학교 및 교실에서 전수해야 하는 인격적 특질이 무엇인가를 인식하고 있는가? 학생들은 학교 및 교실에서 친절, 근면, 복종과 같은 인격적 특질들을 실천하도록 지도받고 있는가?)에 근거하여 평가해 보아야 한다. 윈(Wynne, 1997)은 일반적으로 인격 형성을 돕는 활동으로 추천되는 협동 학습에 대한 평가를 시도한다. 협동 학습의 실시에 관한 풍부한 자료의 검토로부터 얻은 윈의 결론은 매우 비관적이다. 대부분의 학생들은 협동 학습에 규칙적으로 참여하였으나, 단지 10분 혹은 30분 정도의 짧은 시간 동안 진행되었다. 이러한 활동은 공식적인 학습 활동이고, 학생들에게 새로운 경험을 제공할 수도 있지만, 오랜 시간 동안 그 관계를 유지할 수 있는 힘이 부족하기 때문에 인격적 특질을 형성시키는데 뚜렷한 한계가 있다. 성적에 반영되지만 않는다면, 대부분의 학생들은 그러한 활동은 선호도가 낮은 것으로 고려하였다. 학생들이 낮은 선호도를 표명하는 협동적 프로젝트에서 인격 지향적 학습이 일어날 가능성은 희박하다.

(2) 베닝가(Jacques Benninga)

인격이란 무엇인가? 인격은 어떻게 형성되는가? 베닝가(Benninga, 1997)는 전통적인 인격교육의 역사적 맥락을 제시하면서 이러한 질문들에 대해 답변하고 있다. 베닝가에 따르면, 인격교육에 대한 전통적인 접근들은 그 근거를 서구적 유산에 두고 있다. 그리스 철학, 십계명, 칸트, 그리고 아들러와 같은 보다 근대의 철학자들에 이르기까지 잘 확립된 인식 체계는 젊은이들을 교육하기 위한 과정을 포함하여 다른 사람들과의 관계적 측면을 안내해 왔다. 여기서 인격 형성에 관한 교육의 역사는 대부분 후속 세대들의 인격 형성에 대한 더 앞선 세대들의 의무가 도덕 구성을 구성하는 기본 원리임을 보여주고 있다. 이러한 일관된 전통은 무시하기 어렵고, 어떤 현대적 전통도 이를 대신할 수 없다(Benninga, 1997).

아리스토텔레스의 전통에 따르면, 초기의 적절한 습관 형성과 정직, 친절, 용기, 인내, 충성과 같은 인격적 특질의 발달은 우리의 즉각적인 필요나 욕망을 넘어서 선한 것을 내면화하는 데 기초를 제공해 준다. 18세기 철학자 칸트는 이러한 개념을 확대시켰다. 칸트는 도덕적인 사람의 의무와 책무에 대해서 적고 있다. 칸트에 따르면, 도덕적 행위는 반드시 의무감, 즉 보편적으로 합의된 옳고 그름에 대한 원리와 일치하는 행위에 대한 의무감에서 나와야만 하는 것이지, 구명보트에서 누가 살아남아야 하는가를 논의하는 교실 토론에서 나올 수는 없다. 칸트는 우리 모두가 자신의 추론을 따를 때, 선한 사람들은 도덕적 결정에 직면해서 비슷한 결론에 도달하게 될 것이라고 생각했다. 이렇게 해서 칸트의 유명한 정언명법이 나오게 된다.

베닝가에 따르면, 인격은 직접적인 훈련을 통해서나 문화적 전수를 통해서 획득될 수 있다. 역사를 통해, 미국인들은 항상 학교는 인격교육을 통해서 오염의 배출구를 막을 수 있고, 공적인 부도덕의 급류를 막을 수 있다는 신념을 가지고 있었다. 그리고 이들은 미국은 시민들이 지성과 덕성을 지니지 않았다면 존재할 수 없었다고 믿어오고 있다. 그러므로 최근의 자기 발견, 가치명료화, 합의의 도덕을 강조하는 것은 오랫동안 계속되어온 일관된 직접적인 인격형성 교육의 역사와 다른 모습일지도 모른다.

인격교육은 그 철학적 근거를 아리스토텔레스에 두고 있기 때문에 아주 오래된 것이면서 또한 새로운 개념이기도 하다. 인격은 개인의 행동을 통해서 관찰될 수 있다. 훌륭한 인격을 가진 사람은 습관적으로 그러한 행동을 드러낸다. 그런 이유에서 인격 형성에 관심을 두고 있는 교사들은 직접적인 모범을 통해서 학생들을 도덕적으로 행동하도록 가르치는 것을 목표로 한다. 교사들은 높은 기준을 설정하고, 인내, 정직, 친절, 다른 관찰 가능한 훌륭한 행위를 고취시킨다. 10대들의 무질서, 범죄, 임신, 자살 등의 증가 추세를 막기 위해서 이러한 교육자들은 학생들에게 긍정적인 인격적 특질(신뢰, 존중, 책임, 정의와 공정성, 배려, 시민적 덕, 시민성)을 형성시켜야 한다는 공식적인 입장을 취한다.

이러한 관점에서 베닝가는 듀이의 민주적 교육, 가치명료화 접근, 콜버그식 접근이 가진 문제점을 지적한다. 베닝가에 따르면, 우선 가치명료화 접근은 흔히 공동체의 행동 기준을 위협하고, 그것이 갖는 상대주의적 과정 때문에 선에 대한 공유를 불가능하게 만든다. 또한, 합의를 도출하기 위한 노력을 하지 않고, 진리와 올바른 행동을 강조하지 않으며, 일반화된 규범체계로서의 도덕성과 개인적인 선호나 일시적인 생각에 근거한 체계로서의 도덕성을 구별하지 않는다. 콜버그의 정의공동체에서 토론의 주제는 흔히 교칙 · 거짓말 · 절도 · 약물 사용 · 징계 등의 문제들을 포함하는데, 경험이 풍부한 어른들로부터 상의하달식의 지시를 강조하기보다는 합의와 다수결의 원리에 특히 중점을 둔다. 그런 과정에서 학생들은 심지어 칼을 가지고 다녀야 할지 말아야 할지에 대하여, 그리고 학교 소풍 때 성행위를 할 것인지 말 것인지에 대해서 토론을 벌이기도 했다. 베닝가는 이러한 전략들은 비록 민주적인 과정과 일치된다고 해도 도움이 된다기보다는 더욱 해로운 것이라고 비판하고 있다. 듀이의 진보주의는 가치명료화와 콜버그식 접근과 같은 민주적 교육(democratic education)의 이론적 배경을 제공했다는 측면에서 비판의 대상이 되었다.

광범위한 학생 활동을 포함하고 있고, 광범위한 참여를 고무시키는 학교의 인격교육 프로그램들은 학생들이 다른 사람을 이해하고, 다른 사람에게 도움을 주며, 다른 사람의 권리와 의견을 존중하고, 미국 사회의 제도를 존중하는 것을 배울 수 있는 최상의 기회를 제공해 준다. 미국에서 인격교육 우수 학교로 선정된 학교들은 어느 정도의 유사성을 공유하고 있다. 우선 이런 학교들은 분명하게 진술된 철학을 가지고 있다. 한 학교에서는 바람직한 인간상의 4가지 특성으로서 ① 지적으로 숙고하는 사람, ② 의미 있는 일에 몰두하는 사람, ③ 훌륭한 시민, 그리고 ④ 건강한 사람을 제시하고 있다. 이러한 학교에서 교육자들은 모든 교육과정 영역에서 책임감과 개인적이고 시민적인 가치들을 발달시키면서 동시에 학생들의 학업 성취와 자기 신뢰를 촉진해주는 고도로 질서 정연하고 학문적으로 엄격한 교수 · 학습 프로그램을 강조한다. 또한 인격교육 우수 학교들은 학교 교육과정을 계획하고 실행할 때 교사, 학생, 학부모를 참여시키기 위하여 주의 깊은 노력을 기울인다. 이러한 학교들에서는 해마다 학교 및 지역 사회 정책, 절차, 프로그램에 대한 학부모들의 투표를 통해서 부모들의 생각과 감정을 조사하는 사례 연구를 실시하고 있다. 그리고 이런 학교들은 모임, 소식지, 메모, 그리고 다양한 학부모 및 교사 위원회 등을 통하여 부모들과 자주, 그리고 철저하게 의사소통을 한다. 게다가 이런 학교들은 교육목표, 적용 절차, 용인할 수 있는 행위 기준, 규칙들과 정책들을 개괄해주는 학생 및 학부모 핸드북을 발행해서 배포한다. 귀감으로서 인식되는 거의 모든 학교들은 학생들의 복장에 대한 엄격한 규정을 가지고 있다. 그리고 학생들에게 교복을 입도록 요구하는 학교들이 증가하고 있는 추세이다. 인격교육 우수 학교들에서 가장 인상적인 것은 정규 교육과정 이외에 학생들이 관여하고 있는 의미 있는 활동들을 개발해 왔다는 점이다. 학교에서 후원하는 클럽들, 동료 상담, 공동체 봉사와 같은 활동들을 그 예로 들 수 있다.

2) 공동체주의적 인격교육

(1) 나딩스(Nel Noddings)[60)]

나딩스(Noddings, 1997)는 지난 20세기 중후반부터 공동체와 인격교육에 대한 관심이 크게 고조되어 왔다고 본다. 특히 많은 학자들과 정책 결정권자들은 인격교육이 제대로 질서 잡힌 공동체를 형성하는 데 기여해야 한다고 강조한다. 나딩스는 우리의 교육이 자유주의적 전통에 의거하여 공평하고 합리적인 정신을 강조하는 것으로는 불충분하다는 점을 지적한다. 대신에 인격을 적절하게 가르치기 위해서는 공동체의 전통적 가치들을 후속 세대에게 효과적으로 전수할 수 있어야 한다는 점을 강조한다.

① 인격의 기초로서의 공동체

도덕교육에 대한 하나의 구체적인 접근법으로서 인격교육은 아리스토텔레스적 전통에 뿌리를 두고 있다. 아리스토텔레스는 『니코마코스 윤리학』에서 좋은 삶과 덕에 대한 분석을 제시하였다. 추론, 문제 해결, 비판적 사고를 강조하는 관점과는 대조적으로, 인격교육은 덕의 계발을 중시한다. 인간은 전통을 통해 사람다워지기 때문에, 인격교육은 공동체와 연결될 수밖에 없다. 영향력이

60) 나딩스는 인간의 본질을 관계라는 면에서 파악하고 관계 속에서 어떻게 배려하면서 사는가를 역설하기 때문에, 고립된 개인이 아니라 그 개인이 속한 공동체 건설에 관심을 갖는다. 나딩스는 교육의 중요한 목적을 유능하고 배려할 줄 알며 사랑할 수 있고 사랑받을 만한 사람을 기르는 일이라고 역설하고, 이러한 목적을 위해 공동체의 역할을 강조한다.

있는 공동체는 좋은 삶이 무엇인가를 정의하고 표명하며, 귀감이 되는 인물을 제시한다. 동시대의 철학자로서 매킨타이어(MacIntyre, 1981)는 아리스토텔레스적 전통을 계승하고 있다. 매킨타이어에 따르면, 사회적 존재로서 우리 인간은 전통의 소산이자 기여자이다. 우리는 무엇보다 공평무사하고 합리적인 메커니즘으로 사회에 참여하는 것이 아니라 우리가 표명하는 합리성이 무엇이든 관계없이 우리가 성장하고 교육받아온 전통의 소산인 것이다. 전기, 신화, 서사시, 우화 등의 이야기들은 도덕 및 정치 교육과 정체성을 확립하는 데 중심적인 역할을 한다.

이야기와 전통에 대한 강조를 통해 인격교육은 20세기의 중반까지 미국 학교에서의 도덕교육을 주도해 왔다. 예를 들어, 20세기 초반에 인격교육연맹(Character Education League)에서는 학교와 가정에서 사용할 수 있도록 커리큘럼을 고안하였다. 그것의 의도는 32번째 통합적인 덕목인 '인격'을 계발하는 데 필요한 31개의 덕목을 가르치고 계발하기 위한 것이었다. 20세기 중 · 후반에 인지발달론에 의한 인격교육의 쇠퇴는 미국 사회의 이질성 및 다원화에 대한 관심의 고조와 관련된 것이다. 그러한 분위기에서 가치의 다원성이 인정되는 도덕교육에 대한 인지적인 접근은 공동체적 동질성을 요구하는 접근보다 안전하고 친절해 보였으며, 이러한 인지적 방법은 자유주의적 전통과 명백하게 잘 결합될 수 있었다. 특별한 덕목을 주입하는 대신에, 인지적 접근의 옹호자들은 도덕적 추론의 발달에 관심을 집중하였다. 그들 또한 이야기를 사용하였으나, 이러한 이야기들은 비판적인 사고를 유도하기 위해 만들어 낸 철학적 허구에 지나지 않았다. 그들은 사고와 이성의 힘에 치중하는 데카르트와 칸트의 계몽주의적 전통을 따르고 있었다.

나딩스에 따르면, 이러한 인지적 접근으로의 이행은 수많은 문제들을 야기하였다. 첫째, 콜버그와 그의 동료들에 의한 방법은 가르침보다는 연구에 보다 적합한 것처럼 보인다. 둘째, 추론과 비판적 사고의 강조는 아리스토텔레스적인 전통적 가치의 내면화를 선호하는 학부모들과 정책 결정자들을 당혹시켰다. 셋째, 내용이 공허한 인지적 프로그램의 추상적이고 이론적인 성격은 미국 사회에서 고조되는 소외감을 오히려 증폭시켰다.

강건한 공동체는 그들의 전통을 소중하게 여기고 후속 세대에게 이러한 전통과 친숙해질 수 있도록 가르친다. 매킨타이어, 오크숏, 벨라, 니스벳과 같은 학자들에 따르면, 강건한 공동체는 공유된 관습을 중시하는데, 이러한 관습은 가치 있고 바람직한 시민의 육성을 위해 필요한 것이다. 이런 이유에서 인격교육은 강건한 공동체의 확립을 위해 중대한 과제를 안고 있다.

공동체에 대한 관심의 부활은 자유주의에 대한 강력한 철학적 비판을 수반하였다. 중요한 비판으로는 우선 자유주의는 개인의 자율성을 지나치게 강조하였고, 친사회적인 개인에 대한 신화를 영속화하였으며, 오만한 보편주의를 조장하였고, 공동체의 역할을 간과하였다는 점 등을 들 수 있다. 자유주의 진영에서는 절차적 공정성을 통해 모든 사람들이 자신의 합법적인 선(legitimate goods)을 추구할 수 있도록 보장해 주는 사회를 선호한다고 하지만, 전통주의자와 공동체주의자는 그러한 사회를 혼란스럽고 허무적인 것으로 간주한다. 우리가 같은 공동체에 속해 있지 않다면 어떻게 깊이 있게 도덕적 이슈를 논의할 수 있겠는가? 우리가 어떤 행동을 하려는 동기(motives)를 서로 신뢰할 수 없다면, 어떻게 후속 세대들에게 공통적으로 수용 가능한 가치를 가르칠 수 있겠는가?

② 공동체의 양면성

인간은 사회적 동물이다. 우리는 사랑과 동료애뿐만 아니라 시민적 단합을 추구한다. 공동체에 대한 희구는 우리 자신보다 큰 것의 일부로 느끼고 싶은 강렬한 요구에서 나온 것이다. 우리가 추구하는 공동체에서의 선(goods)은 『그리스도교적인 사랑의 한 모형』에서 윈스롭(John Winthrop)이 표현한 바와 같이, "우리는 공동체라는 한 몸의 구성원이라는 인식을 견지하면서 함께 기뻐해야 하고, 다른 사람이 처한 상황을 자신의 상황으로 생각해야 하며, 함께 슬

퍼하고, 함께 일하면서 고통을 참아야 한다."라는 것을 의미한다(Bellah et al., 1985). 반면, 공동체에 대해 제임스 호트(James Haught, 1990)는 "교조적 이탈에 대해서는 때리거나 칼을 씌우거나 추방하거나 교수형에 처하거나 귀를 자르거나 다리미로 혀에 구멍을 뚫을 수도 있는 종교적인 경찰국가를 만들었다."면서 그리스도적인 사랑을 달리 표현한다. 그러므로 공동체는 밝은 면과 어두운 면을 동시에 갖는다. 대부분의 정상적이고 행복한 사람들은 집단에 소속되기를 원하는 바람과 자유롭게 되고자 하는 바람 간에 균형이 유지된다. 신학자인 폴 틸리히(Paul Tillich, 1952)는 이러한 균형을 강조하면서, 극단적인 개인주의에서 기인하는 이기심, 소외, 무가치함과 전체주의적 공동체에서 나타나는 자아의 상실과 광신 등의 양극단에서 나타나는 문제점을 지적하였다.

흥미롭게도, 자유주의자와 전통주의자는 모두 전체주의로 가는 길을 닦은 것으로 볼 수 있다. 로버트 니스벳(Robert Nisbet)에 의해 표현된 '진공(Vacuum)' 이론에 따르면, 자유주의는 본성적으로 채워져야 하는 인간의 가치에 대한 진공 상태를 야기한 반면, 전체주의적 이데올로기는 소속에의 욕구를 만족시키면서 진공 상태를 채우는 데 몰두하였다(Nash, 1979). 또한 자유주의는 가족, 이웃, 종교 집단, 소규모 자선 조직, 지역 학교 등 도덕교육의 기본 단위를 파괴해 왔고, 전통주의자들에 의해 옹호된 공동체적 집단 지향은 쉽게 극단적으로 흐를 수 있다. 만약 히틀러가 저자가 아니고 '아리안(Aryan)'이라는 단어가 제시되지 않았다면, 우리는 히틀러 저서의 기본적인 메시지에 대해 열렬한 공감을 표명할는지 모른다. 이러한 맥락에서 틸리히가 개인주의와 공동체주의의 극단에 대해 경고한 내용은 명확하게 설득력을 얻게 된다.

나딩스는 공동체가 강조되는 곳에서는 어디서나 인격교육을 중요하게 생각한다는 점을 분명히 하면서, 셀즈닉(Selznick, 1992)이 말한 바와 같이, 덕과 인격을 도덕성의 기초로 보아야 한다고 강조한다. 개인의 행동과 공동체의 정책은 모두 인격의 측면에서 그것들이 가져올 결과를 평가해 보아야 한다. 셀즈닉은 "어떤 특별한 행위 과정을 따르거나 규칙 혹은 정책을 채택하는 것은 인간과 기관, 그리고 공동체에 어떤 영향을 미치게 되는가? 이것이 규칙을 제정하고 그것들을 적용하는 지침이다."라고 기술한 바 있다.

셀즈닉은 '공동체주의적 자유주의(communitarian liberalism)'라는 관점을 채택함으로써 양극단이 초래하는 폐해를 피하려고 하였다. 가드너(Gardner, 1991)는 오늘날의 이상적인 공동체의 첫 번째 요소로서 "다양성을 통합하는 전체성"을 제시하였다. 그는 전체성이 다양성을 숨 막히게 하는 상황을 방지하고, 다양성이 전체성을 파괴하는 것을 방지하기 위해 "다양성을 통합하는 전체성"의 상황을 확립하는 것이 얼마나 어려운 과제인가를 인식하고 있다. 다양성을 존중하면서도 이를 넘어서 공동체적 가치를 공유하는 공동체를 확립하는 것의 어려움은 교육적 차원에서 더욱 두드러진다. 예를 들어, 이론상으로 우리는 거의 모든 토픽과 의견에 대해 열린 대화를 추구할 수 있지만, 나치즘이나 새디즘 등에 대해서도 열린 논의가 필요한지에 대해서는 다소 회의적이기 때문에 완벽한 열린 대화를 추구하는 것은 사실상 쉽지 않다. 이데올로기적 다양성을 존중하고 상이한 사람들을 배려할 수 있는 공동체를 확립하는 데 있어 중요한 대화의 범위를 설정하는 것은 결코 쉽지 않다.

③ 교육자들의 합리적인 위치

많은 교육자들은 학부모와 이웃이 적절하게 제공할 수 없는 것들, 예컨대, 소속감, 상호 배려, 전통의 공유 등을 제공해야 한다고 인식한다. 나딩스의 관점에서 보자면, 공동체의 중요한 기능 중의 하나는 도덕교육에 관여하는 것이다. 그렇다면 교사는 여기서 어떤 역할을 맡아야 하는가?

전통적인 교육의 근본적인 전제는 모든 교사가 도덕 교사라는 점이다. 이러한 전제는 모든 교사가 도덕 교사가 되어야 한다는 점과 모든 교사는 좋든 싫든 도덕 교사라는 두 가지 방식으로 진술될 수 있다. 도덕적 가치의 전수는 불가피하기 때문에, 비록 도덕적 가치를 전수하는 것에 대해 부정적이라고 하더라도, 교사들은 이러한 가치를 전수함으로써 책임을 다해야 한다.

인격교육과 인지발달론 간에 어떤 선택을 해야 하는가? 나딩스는 현명한 교사는 이러한 두 가지 전통으로부터 중요한 아이디어를 얻을 수 있고, 동시에 문화적 이해력을 향상시킬 수 있다고 하였다. 예를 들어, 사려 깊게 선택되고 논의된 이야기들은 인격교육론자들이 주장하듯이 학생들을 고무시킬 수 있고, 인지발달론자들이 강조하는 비판적 사고를 위한 상황을 제공할 수 있으며, 문화적 지식에 대한 아동의 이해 범주도 확장시킬 수 있다. 이러한 관점에서 나딩스는 공평무사한 비판적 사고를 추구하더라도 결코 정서(affect)와 감화를 소홀히 해서는 안 된다고 주장하였다.

이와 유사한 방식으로, 나딩스(Noddings, 1999)는 "배려, 정의, 그리고 공정"이라는 글을 통해 '배려를 중심으로 한 정의와의 통합'을 강조하였다. 그녀는 정의적 추론의 기여에 대해서는 인정하지만, 사회 도덕적 이슈에 대하여 우리를 깊이 있고 폭넓게 사고하도록 돕는 데는 명확하게 한계가 있으므로 배려 지향을 중심에 둘 필요가 있음을 역설하였다. 나딩스에 따르면, 다음과 같은 윤리적인 질문들은 정의의 원칙을 넘어서게 한다. "…면 인간관계에 무슨 일이 생길까? 공동체에서는 무슨 일이 생길까? 내가 내린 결정의 결과가 사람들의 경험의 질에 어떤 영향을 미칠 수 있는가?"

(2) 왓슨(Marilyn Watson)

왓슨(Watson, 1998; Schaps, Watson & Lewis, 1996)은 학교를 배려의 공동체로 만드는 것이 학생들의 인격 발달을 돕기 위한 최적의 맥락(context)을 제공하는 것으로 본다. 즉, 교실과 학교를 배려의 공동체로 만드는 것은 책임감 있고 배려하는 사람으로의 발달을 위한 기초를 제공한다는 것이다. 하지만 배려하는 학교 공동체를 만들기 위한 가치는 정작 학교 향상, 인격교육, 그리고 약물 남용 및 폭력에 관한 청소년 문제 등에서 다소 간과되어 왔다는 것이 왓슨의 진단이다.

교실과 학교에서 배려의 공동체를 형성하는 것은 결코 쉬운 과제일 수 없지만, 그러한 공동체의 형성은 학생들에게 좋은 인격을 갖기 위한 핵심 가치, 민감성, 동기, 그리고 기능을 획득하도록 도울 수 있다. 예를 들어, 그들의 학교와 교실을 배려의 공동체로 생각하는 아동들은 다음과 같은 특징을 보여준다.

- 다른 사람의 감정에 대한 높은 수준의 공감
- 다른 사람에 대한 높은 수준의 관심
- 다른 사람의 학습을 도움으로써 얻는 큰 기쁨
- 다른 사람에게 친절하고 도움이 되고자 하는 강한 동기
- 개인의 보상을 바라지 않고 흔히 남을 돕는 행위
- 폭력 없이 공정하게 갈등을 해결하려는 능력
- 비행 행위의 희박

왓슨에 따르면, 학교와 교실이 배려의 공동체로 느껴질 때, 아동들은 좋은 인격을 계발하는 것이다. 좋은 인격을 가진 사람은 그들 자신뿐만 아니라 다른 사람들을 좋아하고, 다른 사람들의 느낌과 필요를 인식하며, 자신의 행동의 도덕적 의미를 생각하고, 자기통제와 다른 사람에게 혜택을 줄 수 있는 방식으로 행동하려는 기능을 소유하고 있으며, 공정하고 친절하며 책임 있고 정직한 방식으로 행동하려는 욕구에 기초하여 행동한다. 좋은 인격을 가진 사람은 다른 사람을 해롭게 하지 않고, 이용하려고 하지 않으며, 그들이 도움을 필요로 했을 때 도움을 준다. 좋은 인격을 가진 사람이 다른 사람에게 유해한 행동을 하게 되었을 경우, 그들은 그들로 인해 야기된 어떤 정신적이고 물질적인 피해를 바로잡거나 보상하려고 하며, 처벌의 두려움보다는 다른 사람의 행복을 염려하고, 친절, 공정, 개인적 책임과 같은 핵심적 가치에 헌신하려고 노력한다.

그렇다면 우리는 어떻게 학생들에게 좋은 인격을 가르칠 수 있는가? 성공을 위한 아무런 공식과 단계적 절차도 없지만, 왓슨은 아동발달 프로젝트(Child

Development Project)의 평가를 위해 6개의 지역구에서 24개의 초등학교를 대상으로 학생들의 공동체 의식에 관한 기초 자료들을 수집한 후에, 좋은 인격에 필요한 기능과 이해를 학습하도록 돕고, 배려하는 공동체를 만들기 위한 '4가지 우선적 과제들'을 제시해 왔다. 4가지 우선적 과제들로는 ① 배려적인 관계 촉진, ② 인간적인 가치를 가르치는 것, ③ 내재적 동기화를 존중하는 것, 그리고 ④ 도덕적 이해를 향상시키는 것이 포함된다.

① 배려하는 관계를 촉진하는 것

나딩스(Noddings, 1992)는 아동들을 좋은 사람이 되도록 돕는 데 있어 배려가 중심적인 역할을 한다고 강조하였다. 이와 마찬가지로 아동발달 프로젝트(CDP)에서도 '배려적인 인간관계'는 모든 것의 기초가 되는 것이다. 다음에서 제시하는 접근법들과 활동들은 아동들 간에 배려하는 관계를 형성하기 위한 중요한 방법들이다.

- 학생 상호 간, 교사와 학생 간에 서로를 보다 잘 알 수 있는 다양한 기회를 가져라.
- 학생들이 흥미를 가지고 참여할 수 있는 교실 차원의 활동을 통해 교실의 단합을 촉진하라. 예를 들어, 학급 신문 만들기, 학급 역사 작성, 학급 게시판 구성, 교실 축하 행사 등의 활동을 가질 수 있다.
- 아동들에게 협력이 어떻게 그들의 학습과 소속감에 혜택을 주는가를 경험하고, 남을 돕는 행위에서 요구되는 규범을 확립하도록 돕는데 적절한 협동 학습과 같은 교수 · 학습 방법을 사용하라.
- 그들의 수행과 다른 학생들의 수행을 비교하고 순위를 매김으로써 학생들에게 동기를 부여하는 경쟁적 학습 활동과 전략을 피하라.
- 학생 상호 간, 교사와 학생 간에 배려하는 관계를 유지할 수 있는 규율을 확립하라. 예를 들어, 두 명 혹은 그 이상의 학생들이 갈등 관계에 있을

때, 그들을 분리하려 들거나 누가 옳은가를 교사가 결정하는 대신에 그들의 문제에 대한 만족스러운 해결책을 공동으로 찾도록 협조하라.

② 인간적인 가치를 가르치는 것

배려적인 환경을 만들고 다른 사람들을 공정하고 사려 깊게 대하기를 원하더라도 흔히 아동들은 실패할 수 있다. 이러한 실패는 주로 인간적인 가치들이 교실이라는 구체적인 상황의 맥락에서 어떻게 적용될 수 있는가를 볼 수 없거나 그러한 가치들을 적용하는 데 필요한 기능을 아직 지니지 못하고 있기 때문이다. 다음의 활동들과 접근법들은 교사들로 하여금 학생들에게 인간적인 가치의 중요성을 이해하도록 돕고, 일상적 상황과의 관련성을 인식하도록 도우며, 그러한 가치들을 적용하는 데 필요한 기능들을 갖도록 돕는 데 유용한 방법들이다.

- 학생들에게 그들의 교실이 어떻게 되기를 원하는지, 그리고 그들과 그들의 교사가 이 교실을 어떠한 장소로 만들어야 하는가에 대해 생각할 수 있는 기회를 제공하라.
- 학생들의 도덕적이고 사회적인 이해와 기능을 발달시킬 수 있는 규율적 접근을 시도하라. 예를 들어, 학생들의 실수와 잘못된 행동에 대해 처벌하려고 하기보다는 그들의 행위가 다른 사람에게 미칠 영향을 이해하도록 돕고, 그리하여 감정이입과 입장채택의 기능을 향상시킬 수 있도록 도와야 한다.
- 아동들에게 협력이 어떻게 그들의 학습과 소속감에 혜택을 주는가를 경험하고, 그들이 공정하고 이해심이 많으며 책임 있고 효율적인 방식으로 다른 사람들과 일하는 데 필요한 기능과 태도를 학습하도록 돕기 위해 협동 학습과 같은 교수 · 학습 전략을 활용하라.
- 삶에서 인간적인 가치의 역할을 볼 수 있고, 인정이 많고 책임감 있다는

것이 무엇을 의미하는가를 논의하며, 다른 사람들의 삶과 환경을 이해하도록 돕기 위해 문학 작품에 의해 제공되는 자연스러운 기회를 활용하라.

③ 내재적 동기화를 존중하는 것

보상이나 처벌을 염두에 두지 않고 내재적인 동기화에 입각하여 옳은 행동을 하는 것은 좋은 인격의 중심적인 측면이다. 아동들이 배려하는 공동체의 일원이 될 때, 그들은 그 공동체의 가치를 자연스럽게 내재화하고, 공동체의 가치를 적용하고 견지하는 데 열중할 것이다. 그러나 교사가 학생들의 인격을 훈련시키기 위해 외재적 동기화 전략을 우선적으로 사용한다면, 그 교사가 학생들에게 발달시키려고하는 인격의 질은 크게 손상을 입게 된다. 내재적 동기화에 대비한 외재적 동기화의 전략의 부정적 효과에 관한 연구들은 수많은 심리학자들과 교육학자들에 의해 수행되었다(Deci & Ryan, 1990; Kohn, 1997). 다음의 접근법들과 활동들은 교사가 학생들의 내재적 동기화를 존중할 수 있는 전략들이다.

- 강제보다는 협력을 강조하고, 칭찬, 보상, 처벌의 사용을 최소화하도록 노력하라.
- 학생들에게 학급 및 학교의 사안에 대한 결정을 내리게 하거나, 문제를 해결하게 하거나, 그들의 목표와 성취를 반성하도록 하는 데 관여하도록 규칙적으로 학급 시간을 가져라. 이러한 논의 과정에서 학생들이 실제적으로 관심 있는 이슈를 다룰 때, 교사가 열린 토론을 위한 안전한 포럼을 제공하면, 의사결정 과정에의 참여 및 결정된 사항을 이행함에 있어 학생들의 내재적인 동기화는 촉진된다.
- 지적이고 사회적이며 도덕적인 차원에서의 향상을 위한 학생 개인의 목표를 설정하고, 그들의 향상에 대해 반성하도록 권장하라.
- 학생들이 개인적으로 그들의 학급, 학교, 공동체, 그리고 더 넓은 세계의

행복을 위해 책임감을 갖고 기여할 수 있는 방법을 모색하도록 촉구하라. 예를 들어, 학급에서 어떤 역할을 맡는다거나, 학교의 환경 미화에 참여한다거나, 지역 공동체의 공원에 꽃을 심는다거나, 자연 재해의 피해자들을 위해 기금을 마련하는 기회를 갖도록 권장하라.

④ 도덕적인 이해를 향상시키는 것

아동들을 좋은 인격을 갖도록 교육시킨다는 것은 윤리적인 전문가(삶에서 인간적인 가치와 부합되게 행동하는 데 필요한 기능, 능력, 이해를 갖춘 사람)가 되도록 돕는다는 것이다. 우리가 단지 그들의 좋은 행동에 대해 보상하고 나쁜 행동에 대해 처벌하면서 그들이 어떻게 행동해야 하는가를 일러준다면, 그들은 공평, 상호 호혜성, 책임감 등의 도덕적인 개념에 대한 참다운 이해를 갖지 못할 것이다. 도덕적인 개념에 대한 이해의 부족은 학생들이 이러한 가치들을 적용할 수 있는 새로운 상황에 직면했을 때, 그들의 행동을 안내할 수 없다. 도덕적 이해를 향상시키기 위해 활용될 수 있는 접근법들과 활동들은 다음과 같다.

- 도덕적 지식을 적용할 수 있는 다양한 기회를 제공하라.
- 동료들과 교사의 다양한 의견을 들을 수 있도록 도덕적 이슈에 대한 토론 기회를 자주 가져라. 이러한 다양한 아이디어들을 학생들이 보다 심층적이고 복잡한 방식으로 생각할 수 있도록 하는 데 사용하라.
- 도덕적 토론을 위한 맥락으로서 이야기책을 활용하라. 학생들은 그들이 개인적으로 관여되지 않은 도덕적 상황에서 가장 높은 수준의 사고력을 발휘하는 경향이 있다.

3) 통합적 인격교육

(1) 리코나(Thomas Lickona)

① 인격교육의 철학적 기초 – 인격과 덕의 관계는 무엇인가?

리코나(Lickona, 1991, 1993, 1997, 1998)에 의하면, 좋은 인격은 우리가 소유하고 있는 덕들로 구성된다. 우리가 더 많은 덕들을 소유할수록, 그리고 그 덕들을 보다 충만하게 가질수록 우리는 보다 좋은 인격을 지니게 된다. 덕은 지혜, 정직, 친절, 그리고 자기 규율과 같은 객관적으로 좋은 인간적 자질들이다. 덕은 성취하는 삶을 이끌 수 있고, 우리 자신을 조화롭게 만들 수 있기 때문에 개인적으로 좋은 것이다. 또한 덕은 다른 사람들과 조화롭고 생산적으로 살아갈 수 있도록 해준다는 점에서 전체 인간 공동체를 위해서도 좋은 것이다.

덕은 본질적으로 좋은 것이기 때문에 변하지 않는다. 지혜, 인내, 용기는 시공을 초월하여 언제나 덕인 것이다. 비록 어떤 문화에서는 노인 공경을 강조하지만 다른 문화에서는 보다 평등주의적 관계를 강조하는 것과 같이 덕은 표현 방식에 있어 문화적으로 차이가 있을지라도 시간과 문화를 초월한다. 덕과 좋은 인격에 대해 말한다는 것은 객관적인 도덕적 진리가 존재한다는 것을 믿는 것이다. 과학적인 진리이건, 역사적인 진리이건, 도덕적인 진리이건 객관적인 진리는 인식자와 독립해서 존재하는 것이다(Kreeft & Tacelli, 1994). 객관적인 진리는 주관적인 인식자에 의해 파악되기 때문에 흔히 불충분하게 파악되지만, 언제나 우리의 마음이나 사고 외부에 독립해서 존재하는 객관적인 실재이다. 우리가 알고 있는지의 여부와는 상관없이 시민전쟁 동안 링컨이 대통령이었다는 것은 객관적인 진리이다.

도덕적인 영역에서 객관적인 진리에 관한 이러한 철학은 어떤 것은 분명하게 옳고 다른 것은 분명하게 그르다고 주장한다. 예를 들어, 이기적인 것보다는 친절한 것이 좋고, 신뢰할 수 없는 것보다는 신뢰할 수 있는 것이 좋으며, 무모한 것보다는 자기 조절을 할 수 있는 것이 좋다. 그러므로 우리의 개인적인 인격 계발을 위한 삶의 과제는 무엇이 참되고 옳으며 좋은 것인가를 학습하는 것이고, 우리의 양심에 순종하는 것이며, 그러한 기준에 따라 실행하는 것이다. 하지만 히틀러와 미국의 노예 상인들도 자신의 양심에 충실했을지 모르기 때문에 우리의 양심에 순종한다는 것은 위험성을 내포하기도 한다. 잘못 만들어진 양심은 역사적으로 악의 원천이 되기도 하였다. 그러므로 우리의 양심에 순종한다는 것이 어떤 도덕적인 가치를 갖기 위해서는 우리는 우선 무엇이 참되고 옳으며 좋은 것인가에 일관되게 우리의 양심을 계발해야 한다.

② 인격교육의 심리학적 기초 – 인격교육의 심리학적 요소는 무엇인가?

리코나(Lickona, 1991, 1993, 1997, 1998)에 따르면, 인격은 도덕성의 인지적(도덕적 사고), 정의적(도덕적 감정), 행동적(도덕적 행동) 측면을 포괄하는 것으로 넓게 정의되어야 한다. 좋은 인격은 선을 알고, 선을 바라며, 선을 행하는 것, 즉 사고와 감정과 행동의 습관을 갖는 것으로 구성된다. 우리는 젊은 세대들이 내부의 유혹과 외부의 압력에도 불구하고 무엇이 옳은가를 판단하고, 옳은 것을 선호하며, 옳은 것을 실천할 수 있기를 기대한다. 한마디로 리코나의 인격 개념은 도덕성의 인지적, 정의적, 행동적 차원을 모두 포괄하고 있는 매우 통합적인 개념이라고 볼 수 있다.

〈표 9-1〉 리코나의 훌륭한 인격의 구성 요소(추병완, 1999: 159-160 재구성)

인격의 구성 요소	해당 영역의 구성 요소	개념 정의
도덕적 인지 (moral knowing)	도덕적 인식 (moral awareness)	주어진 상황 속에 내재된 도덕적 문제 및 도덕적 판단의 필요성에 대한 인식
	도덕적 가치를 아는 것 (knowing moral values)	세대를 통해 전수되어 온 도덕적 유산으로서의 도덕적 가치를 알고, 또 그것들이 다양한 상황 속에서 어떻게 적용되는지를 아는 것
	입장(관점)채택 (perspective-taking)	다른 사람들의 입장을 취해 보는 능력

	도덕적 추론 (moral reasoning)	왜 우리가 도덕적이어야만 하는지를 이해하고, 도덕적 원리를 파악하는 것
	의사결정 (decision-making)	반성적인 의사결정 기능
	도덕적인 자기지식 (moral self-knowledge)	자신의 행동들을 되돌아보고 그것을 비판적으로 평가하는 것 및 자신의 장점과 단점을 알고, 자신의 약점들을 보완할 방법들을 이해하는 것
도덕적 감정 (moral feeling)	양심 (conscience)	무엇이 옳은가를 알고, 옳은 것을 행하려는 의무감을 느끼는 것
	자존감 (self-esteem)	자기 자신을 소중히 여기는 마음
	공감/감정이입 (empathy)	입장채택의 감정적 측면으로서 인간의 공통된 휴머니티에 반응하는 능력
	선을 사랑하는 것 (loving the good)	선을 좋아하고, 악을 멀리하는 것
	자기통제 (self-control)	자기 자신을 제어하는 것
	겸허 (humility)	도덕적 자기 지식의 감정적 측면으로서 진리에 대한 진실한 개방성, 그리고 우리의 실패를 교정하고자 행동하려는 의지
도덕적 행동 (moral action)	능력 (competence)	도덕적 판단과 감정을 효율적인 도덕적 행동으로 전환하는 능력
	의지 (will)	도덕적 용기의 핵심 요소로서, 우리가 해야만 한다고 생각하는 것을 행하기 위하여 도덕적인 에너지를 동원하는 것
	습관 (habit)	좋은 행동을 반복적으로 경험하는 것

③ 인격교육의 성격은 무엇인가?

리코나(Lickona, 1991, 1993, 1997, 1998)에 따르면, 인격교육은 덕을 계발하

기 위한 의도적인 노력이다. 학교는 존중과 책임과 같은 덕들을 지지하고 언제나 그것들을 도처에서 촉진해야 한다. 사고와 토론은 중요하지만, 인격의 궁극적인 측정은 행동을 통해 가능하기 때문에 기본적인 노력은 행동에 주어져야 한다.

인격교육의 핵심적인 이론적인 원칙은 아리스토텔레스의 덕론으로부터 나온다. 즉, 덕들은 사고가 아닌 덕스런 행동을 통해 계발하는 습관화이다. 인격교육을 가르치는 사람들은 친절하고, 정중하며, 자기 규율적으로 행동하는 것이 상대적으로 쉽고 자연스러워질 때까지 반복적으로 실천할 수 있도록 학생들을 도와야 한다.

④ 인격교육의 목표는 무엇인가?

인격교육은 다음과 같은 세 가지 목표(좋은 사람, 좋은 학교, 그리고 좋은 사회)를 가진다. 첫 번째 목표는 우리가 온전한 인간이 되기 위해서는 좋은 인격을 필요로 한다는 점이다. 인간적 성숙의 두 가지 징표인 사랑(love)과 덕행(work)이 가능하기 위해서는 우리의 사고(mind), 가슴(heart), 의지(will)의 힘을 필요로 한다. 두 번째 목표는 좋은 학교를 만들기 위해서 인격교육을 필요로 한다고 주장한다. 학교가 친절하고 배려하며 목적이 있는 공동체일 때 교수와 학습에 훨씬 더 기여할 수 있다. 세 번째 목표는 인격교육은 도덕적인 사회를 형성하기 위한 과제에 필수적이라고 주장한다. 폭력, 부정의, 탐욕, 가정 해체, 생명의 경시 등과 같은 사회적인 문제들은 뿌리가 깊고 체계적인 해결책을 요구한다. 그러나 개인의 사고, 가슴, 그리고 영혼 속에 덕이 존재하지 않는다면 덕 있는 사회의 구현은 가능할 수 없다.

⑤ 인격의 내용은 무엇인가?

학교는 인격의 내용인 '선(good)'을 정의하기 위하여 어떤 덕들을 사용해야 하는가? 고대 그리스의 4주덕은 지혜, 정의, 용기, 그리고 절제로 구성되어 있었다. 영국의 심리학자인 데이비드 이삭(David Isaacs, 1976)은 그의 책『인격 형성 : 부모와 교사를 위한 지도서』에서 24개의 덕이 발달적 시기에 따라서 달리 강조되어야 한다는 발달적 스키마(developmental scheme)를 제공한 바 있다. ① 7세 이전 : 복종(obedience : 합법적인 권위와 규칙을 존중하는 것), 질서(orderliness), ② 8세부터 12세까지 : 용기(fortitude), 인내(perseverance), 근면(industriousness), 참을성(patience), 책임(responsibility), 정의(justice), 친절(generosity), ③ 13세부터 15세까지 : 겸손(modesty : 자신과 타인의 품위를 존중하는 것), 절제(moderation : 자기통제), 소박함(simplicity), 사교성(sociability : 타인과 대화하고 더불어 살아가는 능력), 우정(friendship), 존중(respect), 애국심(patriotism), ④ 16세부터 18세까지 : 사려(prudence), 융통성(flexibility), 이해(understanding), 충성(loyalty), 과감성(audacity : 선을 위해 위험을 무릅쓰는 것), 겸손(humility), 낙관(optimism). 도널드 드마르코(Donald DeMarco, 1996)는 최근의 책『덕의 마음』에서 배려와 순결에서 절제와 지혜에 이르는 28개의 덕을 추천한 바 있다. 어떤 덕을 가르칠 것인가에 관한 선택은 사회 문화적 맥락에 의해 영향을 받는다. 예를 들어, 민주 사회에서 인격교육은 개인의 권리에 관한 존중, 공동선에 관한 관심, 합리적인 대화, 의견 불일치에 대한 관대 등과 같은 '민주주의적 덕들'을 포함한다.

⑥ 무엇이 인격교육에 대한 포괄적인 접근인가?

리코나(Lickona, 1991, 1993, 1997, 1998)는 인지적이고 감정적이며 행동적인 차원에서 인격을 발달시키는 것을 목적으로 '인격 발달에 대한 포괄적인 접근'을 제시하고 있다. 또한 학생들의 삶에 좋지 못한 영향을 미치는 사회적 풍토에 직면해 있는 상황 속에서 학생들의 인격을 발달시키기 원하는 학교들은 인격 발달을 위하여 학교생활의 모든 측면들을 활용하는 이른바 '인격교육에 대한 포괄적인 접근 혹은 통합적인 접근'을 취해야만 한다고 강조한다. 이러한 포괄적인 접근은 존중과 책임이라는 두 가지 핵심 가치들이 학생들의 인격 속에서 살아 있는 가치가 되도록 만들어 주는 것을 목적으로 하는 12가지의 전략들을 포함하고 있다.

포괄적인 접근은 교실 안에서 교사가 다음과 같은 역할을 할 것을 요구하고 있다.

1. **배려의 제공자, 역할모델, 훌륭한 스승으로서 활동한다.** 교사는 학생들을 사랑과 존경으로 대하고, 좋은 귀감이 되며, 친사회적인 행동들을 지지해 주고, 유해한 행동들을 교정시켜 주어야 한다.
2. **교실을 하나의 도덕적 공동체로 만든다.** 교사는 학생들 상호 간에 서로 잘 알도록, 서로 존중하고 보살펴 주도록, 그리고 집단 속에서 자신이 소중한 성원임을 느낄 수 있도록 도와주어야 한다.
3. **도덕적 규율을 실행한다.** 교사는 도덕적 추론, 규칙에 대한 자발적인 순응, 타인에 대한 일반화된 존중을 촉진하고 강화해주기 위한 기회로서 규칙을 제정하여 실행할 수 있어야 한다.
4. **민주적인 교실 환경을 만든다.** 교사는 교실이라는 장소가 학생들이 생활하고 학습하기에 적합한 장소로 만들기 위하여 학생들을 협동적인 의사결정과 공유된 책임에 관여시킬 수 있어야 한다.
5. **교육과정을 통하여 인격을 가르친다.** 덕을 가르치기 위한 수단으로서 문학, 역사, 과학과 같은 윤리적으로 풍부한 내용을 활용할 수 있어야 한다.
6. **협동학습을 활용한다.** 협동학습을 통하여 다른 사람에 대한 감사, 입장채택, 공동 목표를 향해 협동적으로 노력할 수 있는 능력을 향상시켜야 한다.
7. **"직무에 대한 양심(conscience of craft)"을 발달시켜 주어야 한다.** 학습을 가치 있게 여기고, 열심히 노력하며, 탁월성(excellence)에 헌신하고, 다른 사람에게 영향을 미치는 것으로서 일에 대한 책임감을 촉진시켜 주어야 한다.
8. **도덕적인 반성을 권장해야 한다.** 독서, 조사 연구, 작문, 토론, 대립 토의를 통하여 도덕적 사고와 사려 깊은 의사결정 능력을 향상시켜야 한다.
9. **갈등 해결법을 가르쳐야 한다.** 교사는 학생들이 공정하고 비폭력적인 방식

으로 갈등을 해결하려는 도덕적 기능과 마음가짐을 지닐 수 있도록 도와야 한다.

교실 안에서 도덕적인 생활을 충분히 활용하는 것 외에, 포괄적인 접근은 학교에서 다음과 같은 사항들을 실천하도록 권장한다.

10. **교실을 넘어선 배려 행위를 촉진해야 한다.** 이타적인 행동을 고무시킬 수 있도록 긍정적인 역할모델(role models)을 사용하고, 모든 학년에서 봉사활동 학습에의 기회를 제공해야 한다.
11. **학교에서 긍정적인 도덕 문화를 창조해야 한다.** 교실에서 배운 가치들을 지지해 주고 확대시켜 주는 전체적인 도덕적인 학교 환경을 조성한다. 이를 위해서는 학교장의 지도력, 학교의 규율, 학교 차원의 공동체 의식, 민주적인 학생 자치, 성인들 사이의 도덕적 공동체, 도덕적 관심을 토론할 수 있는 시간 마련 등이 매우 중요한 역할을 한다.
12. **학부모와 공동체를 인격교육에 있어서 중요한 협력자로 끌어들여야 한다.** 이를 위해서는 학부모가 아동들에 대한 일차적이고 가장 중요한 도덕 교사라는 점을 인식시키는 일, 훌륭한 가치들을 촉진하기 위한 노력에 있어서 학부모들이 학교를 지원해 줄수 있도록 학부모들을 권면하는 일, 핵심적 덕목들을 촉진하는 데 있어서 공동체(신앙 공동체, 직장, 지방자치정부, 그리고 대중매체 등)의 도움을 모색하는 일 등이 중요한 역할을 하게 된다.

(2) 러스낵(Timothy Rusnak)

『인격교육에 대한 통합적 접근』에서 러스낵(Rusnak, 1998)은 '통합적 인격교육'이라는 용어를 분해해 보면 우리가 학교를 어떻게 보아야 하는가를 잘 알 수 있다고 말한다. 우선 '통합적'이라는 단어는 교수와 학습의 세 가지 핵심적인 특징인 사고(thinking), 감정(feeling), 행동(action)의 통합적 차원을 강조하기 위하여 사용된 것이다. 또한 '인격'이라는 단어는 아동들이 옳고 그름을 분별할 수 있도록 돕는 데 우리의 관심을 집중시키기 위하여 사용된 것이다. 끝으로, '교육'이라는 단어는 인격은 가르칠 수 있고, 또한 가르쳐야 한다는 점을 강조하기 위해 사용된 것이다.

러스낵은 민주 사회의 도덕적인 구성원으로서 성장하도록 돕는 데 필요한 사회적 기능들을 촉진하기 위한 6가지의 원칙을 다음과 같이 제시하였다.

1. **인격교육은 모든 교과의 일부분이다.** 모든 학생들에게 있어 인격교육은 학업과 사회적인 삶의 일부분이어야 한다. 인격교육은 단지 하나의 과목이 아니며, 모든 교과를 포괄한다. 일반적으로 교사들은 특정한 기능들과 내용적 지식에 초점을 맞춘 교육과정만을 생각하지만, 모든 교사들은 책임, 존중, 협동, 소망, 그리고 결단력 등의 좋은 인격의 특질들을 가르쳐야 한다.
2. **통합적 인격교육은 행동교육이다.** 통합적 인격교육은 토론과 시뮬레이션의 범위를 넘어서야 한다. 장학 및 교육과정 개발 연구회(Association for Supervision and Curriculum Development, 1988)에 의해 정의된 '도덕적으로 성숙한 사람'은 "인간의 존엄성을 생각하고, 다른 사람의 행복에 관심을 가지며, 개인의 관심과 사회적 책임을 통합하고, 정직하며, 도덕적 선택을 반성하고, 갈등의 평화적인 해결책을 추구한다." 궁극적으로 도덕적으로 성숙한 사람을 위한 교육은 헌신(commitment)과 행동에 초점을 맞춘다. 인격교육은 교실 수업의 중요성을 인식할 뿐만 아니라 학생들에게 그들 자신과 다른 사람에 대한 헌신을 강화할 수 있는 활동에 참여할 필요성을 강조한다.
3. **긍정적인 학교 환경이 인격 형성을 돕는다.** 교실에서 긍정적인 환경을 조성하기 위해서 우선 교사는 그들 자신을 학생들에 대한 역할모델이자 훌륭한 스승으로 인식해야 한다. 자아실현과 반성을 강조하는 환경에서 관찰되는 역할모델로부터 학생들은 많은 것을 배운다. 통합적 인격교육의 접근법은 교실과 학교 환경이 학생들의 인격 형성을 돕도록 긍정적(proactive)이고 지지적(supportive)이어야 한다는 점을 강조한다.

4. **인격 발달은 행정적 정책과 실행에 의해 뒷받침된다.** 행정가들은 학교의 환경을 결정하는 데 중요한 영향을 미친다. 교사들이 학생들의 인격적 성장을 돕기 위해 행동상의 모범을 보여야 하듯이, 행정가들 또한 학교 및 공동체의 성숙한 인격을 강조하는 정책과 실행에 초점을 맞추고 지도력을 발휘함으로써 모범을 보여야 한다.
5. **권한을 부여받은(empowered) 교사가 인격 발달을 촉진한다.** 통합적 인격교육은 교사들로 하여금 정규 교육과정의 운영 범위를 넘어서도록 요구한다. 학습이란 특정한 교육 내용 그 자체로 환원될 수 없기 때문에, 단순히 정보 및 지식의 제공자로서 교사의 역할은 부적합하며, 대신 학생들에게 대화, 행동, 탐구, 의미의 구성 및 재구성의 기회를 부여해 줄 필요가 있다. '권한을 부여받은 교사'의 의미는 학생들이 보다 나은 인지적 정의적 결정들을 할 수 있기 위해 그들의 통찰력과 경험을 사용하도록 교사들이 자율적으로 기회를 제공할 권한을 부여받았다는 의미이다. 통합적 인격교육에서는 학생들에게 권한을 온전하게 부여하기 위해서는 우선 교사들에게 권한을 부여해 주어야 한다고 본다. 요컨대, '권한 부여(empowerment)' 접근법은 구성주의적 패러다임에서 나온 것으로 주로 학생들에게 학습의 권한을 부여하는 측면에 강조점을 두어 왔지만, 통합적 인격교육에서는 권한을 부여받은 교사들이 학생들로 하여금 주어진 상황적 맥락에서 의미를 능동적으로 구성하도록 도울 수 있음에 주목한다.
6. **학교와 공동체는 학생들의 인격 발달을 위한 중요한 협력자들이다.** 통합적 인격교육에서는 학교의 교육적 노력에 부모와 공동체 기관을 포함시키는 것이 학생들의 인격 발달에 매우 중요한 영향을 준다는 점에 주목한다.

4. 결 론

여기에서는 미국의 인격교육이 우리의 도덕교육에 주는 시사점을 제시하고, 미국의 인격교육이 당면하고 있는 이론적, 실제상의 문제점을 지적하고자 한다.

1) 미국의 인격교육이 한국의 도덕교육에 주는 시사점

학생들의 인격 형성을 위한 교사의 역할을 포함해서 미국의 인격교육론은 우리의 전통적인 도덕교육 방식과 매우 유사한 점을 쉽게 발견할 수 있다. 또한 미국에서 아동 및 청소년들의 무책임하고 파괴적인 행동의 증가는 우리 사회에서도 발생하고 있으며, 공교육을 통해 아동들을 도덕적인 행위자로 길러내지 못하고 있다는 비판은 우리의 교육에도 그대로 적용될 수 있다. 그런 이유에서 미국 인격교육의 이론과 실제는 우리의 도덕교육에 풍부한 시사점을 제공할 수 있다.

하지만 미국의 인격교육론은 기본적으로 종교적 자유를 찾아 새로운 공동체를 건설한 미국이라는 풍토에서 자라난 이론인 반면, 우리는 인격교육을 전통적으로 교육의 본질이자 목적으로 간주해 왔다. 오늘날 미국의 인격교육은 교육과정을 통해 가르치고 있지만, 우리는 독립 교과를 바탕에 둔 도덕교육을 실시하고 있다. 이렇게 볼 때에 미국 인격교육의 이론과 실제가 우리의 도덕과 교육에 줄 수 있는 시사점에 대한 모색은 신중하게 이루어질 필요가 있다. 미국의 인격교육이 우리의 도덕교육에 주는 몇 가지 중요한 시사점은 다음과 같다.

첫째, 인격교육은 머리와 가슴, 그리고 손의 습관을 강조하고 있다. 즉, 인격교육에서는 인지적, 정의적, 행동적 영역의 상호 연관성과 일치를 강조하고 있다(추병완, 2004). 그러므로 통합적 인격교육 접근법은 교실 내에서 도덕적 지식이나 추론만이 현대적이고 올바른 접근인 양 생각하는 우리 도덕교육의 일부 경향에 대해서 좀 더 정서나 의지 및 행동에 보다 많은 관심을 주어 균형된 접근을 취해야 한다는 점을 일러준다(박장호, 1998).

둘째, 인격교육적 접근법은 핵심 가치의 설정, 학교 차원의 적용, 배려 공동체의 형성, 잠재적 교육 과정의 중시, 부모와 공동체와의 파트너십 형성 등의 다양한 교육학적 아이디어를 제시해 왔기 때문에, 실제적인 도덕교육 프로그램의 개발이 미흡한 구성주의적 접근법의 단점을 보완할 수 있다.

셋째, 공동체에서 중시되는 보편적 가치들에 기초한 인격적 특질(혹은 핵심 덕목)의 목록을 합의에 의해 만드는 과정은 우리나라 도덕과 교육과정 및 교과서 내용 선정 및 편성에 있어서 하나의 기본적인 원칙을 제시하여 주고 있다. 즉, 도덕과의 내용은 우리 사회에서 중요하고 바람직하다고 여겨져 왔었던 핵심적이고 기본적인 가치들로 편성되어야 한다는 것이다. 또한, 이러한 핵심 덕목을 합의에 의해 선정하는 과정에서 학교가 학부모 및 공동체 기관들과 협력 관계를 형성할 수 있는 중요한 기회를 갖게 되고, 보편적 가치들이 존재하고 모든 학생들에게 이를 가르쳐야 한다는 주장은 이러한 핵심 덕목의 목록을 개발함으로써 자연스럽게 강조될 수도 있다.

끝으로, 최근 미국에서 일고 있는 인격교육은 학생들의 인격 함양을 위하여 학교와 학부모 그리고 지역사회 및 종교가 어떤 역할을 수행해야 하는지를 잘 보여주고 있다. 즉, 미국의 인격교육은 단지 도덕교육 전문가만이 아니라 모든 교과 담당 교사들, 학교장, 교직원, 행정 관리, 더 나아가 가정과 지역 사회의 구성원들까지 일심동체가 되어 인격교육의 책임자로 나서야 한다는 방법상의 아이디어를 우리에게 제공하고 있다.

2) 미국 인격교육의 문제점

미국의 인격교육이 안고 있는 이론적이고 실천적인 문제점들 중에서 인격교육 내부에서도 중요한 문제로 진단하고 있는 점들을 중심으로 살펴보면 다음과 같다.

첫째, 인격교육에 관한 최근의 담론은 인격교육의 의미에 관한 심각한 혼란을 초래하였다. 즉, 인격교육의 범위와 목표에 관한 의견의 불일치로 인해 인격교육이 무엇인가에 관한 정의를 내리는 것은 사실상 쉽지 않다. 예를 들어, 리코나의 통합적 인격교육은 매우 포괄적인 개념으로 도덕적 추론 및 인지발달, 사회정서학습, 덕 교육, 배려의 공동체, 폭력 예방 등 거의 모든 도덕 발달 및 교육 이론들을 한 우산 속에 포함할 수 있다는 장점이 있긴 하지만, 이로 인해 통합적 인격교육의 범위를 설정하기가 쉽지 않고, 무엇이 보다 중요하고 무엇이 보다 비중 있게 다루어져야 하는가에 대해서도 명쾌한 답변을 주지 못하고 있다는 지적을 받고 있다. 그러므로 인격과 인격교육이 무엇인지를 명료하게 정의할 필요가 있다.

둘째, 미국의 인격교육이 갖는 또 다른 문제점은 프로그램의 대부분이 초등학교를 중심으로 적용되고 있고, 사실상 중 · 고등학교에 적용되는 경우는 드물다는 점이다. 최근 인격교육 내부에서의 이슈에 대한 개관에서 락우드(Lockwood, 1997)는 인격교육 프로그램들의 5%만이 고등학교에 적용되고 있고, 80%가 초등학교에 집중되어 있다고 보고한 바 있다. 이러한 불균형 현상이 나타나는 이유를 분석하면서 락우드는 "초등 교사들의 사고와 문화는 학생들을 사회화시키는 데 집중되어 있다. 하지만 고등학교 교사들은 교과 전문가가 되는 데 관심이 집중되어 있다. 그러므로 인격교육 프로그램의 적용에서 초등과 중등 간의 불균형이 유발되는 것이다."라는 레밍(Leming, 1997)의 말을 인용하고 있다. 필자의 입장에서 보자면, 초등학교에서 시작된 인격교육이 실효를 거두기 위해서는 반사회적 행동이 훨씬 빈번하게 발생하는 10대들을 대상으로도 확대되고 강화되어야 한다. 이를 위해서는 학생들의 도덕성 발달 수준을 고려하여 중 · 고등학교 학생들에게는 외재적 동기화(extrinsic motivation)보다는 내재적 동기화(intrinsic motivation)를 자극할 수 있는 인지발달론적이고 구성주의적인 도덕교육 방법에 의해 보완될 필요가 있다.

셋째, 오늘날 인격교육 진영에서는 다양한 인격교육 프로그램을 적용한 결과의 분석을 통해 어떤 형태의 인격교육이 효과적인지를 분명하게 제시하지 못하고 있다. 예를 들어, 윌리엄 베넷은 이야기를 통해 도덕적인 영웅을 접하게 하는 것이 아동들을 위해 유익하다고 말하고 있지만, 이러한 문학작품을 이용한 스토리텔링(story-telling)이 아동들의 인격 형성에 어떤 영향을 미치는가에 대한 경험적 증거(empirical evidence) 기반 연구들은 극히 드물다. 효과에 대한 검증 없이 프로그램을 개발하여 적용하는 것에만 몰두하고 있는 인격교육의 상황을 레스트와 그의 동료들(Bebeau, Rest, & Narvaez, 1999: 21)은 "한 의사가 환자를 약국에 데려가서 병을 치료하는 데 도움이 될 만한 모든 약들을 그 환자에게 주면서 언젠가는 효능이 나타날 것이므로 순서 없이, 어떤 조합으로든, 먹으면 된다."라는 것과 결코 다를 바 없다고 진단한다.

넷째, 인격교육이 학교에서 실제로 실행되는 데 있어서 직면하고 있는 문제점 가운데 가장 심각한 것은 바로 교사의 자질 문제이다. 인격이 무엇이고, 인격교육을 구성하는 것은 무엇이며, 어떤 형태의 인격교육이 효과적인 것인가에 대한 충분한 지식과 이해를 갖추고, 또한 덕의 모델이 될 수 있는 열정적인 교사를 확보하지 못한 상태에서 인격교육을 실행한다는 것은 아무 의미가 없다. 그러므로 인격교육을 실행하기 이전에 유능하고 도덕적인 수범을 보여줄 수 있는 교사를 확보하는 문제가 우선되어야 한다.

다섯째, 인격교육이 지닌 보수적인 관점은 권위에 대한 순종과 현재의 사회적 규칙에 의해 옳고 그름을 해석하도록 유도한다. 학부모 및 교사들에게는 명백하게 아동들을 사회화시켜야 하는 과제가 주어져 있다. 이러한 관점은 결국 학생들을 수동적인 위치에 놓이게 하고, 도덕적인 행위자의 필수 요건이라고 할 수 있는 자율성과 독립성, 비판적인 도덕적 안목의 계발을 소홀히 하는 문제를 야기하게 된다. 그러므로 학생들은 도덕적 문제에 대해 비판적으로 사고하고 자신의 입장을 표현할 수 있는 기회를 가질 수 있어야 한다.

제10장
구성주의적 도덕교육론

피아제와 콜버그의 인지발달 이론, 아리스토텔레스의 덕 윤리, 나딩스의 배려윤리 등의 다양한 도덕교육 이론들을 통합적인 관점에서 접근하고 의사결정, 협동학습, 문학 및 내러티브, 갈등해결, 역할채택, 도덕적 추론, 봉사활동 등 다양한 교수 · 학습 방법들의 종합적 접근을 통해 결국 인지, 정의, 행동의 세 영역을 포괄하는 도덕교육 프로그램을 개발해야 한다는 데에는 크게 이견이 있을 수 없다. 하지만 어떤 이론이 보다 근간이 되어야 하는가 하는 측면에서는 논란이 있을 수 있다. 특히 인격교육과 구성주의적 도덕교육을 둘러싼 미국에서의 열띤 논쟁은 인식론적, 철학적, 심리학적 입장의 차이에서 시작하여, 도덕 발달 및 교육을 위한 학교 및 교사의 역할의 차이에 대한 토론으로 이어지고 있다.

미국의 경우, 초등학생들을 위한 도덕교육에서 구성주의가 전통적인 인격교육 방법을 대체할 수 있는 대안적 관점으로서의 타당성을 확보할 수 있는가에 관해서는 다소 비판적이지만, 청소년 및 성인 초기의 학생들을 위한 인지적 · 도덕적 성숙을 위해서는 구성주의를 이론적 기반으로 삼아야 한다는 점에 많은 학자가 동의하고 있다. 이러한 논의는 앞으로도 계속 이루어져야 하겠으나, 도덕교육의 궁극적인 목표는 도덕적 행동의 표출에 있어야 한다는 이론적이고 실제적인 당위성을 감안한다면, 인격교육과 구성주의적 도덕교육이 대립적 태도에서 벗어나 두 접근법이 상호 보완할 수 있을 때 도덕교육의 연구와 실천의 현재 수준은 한 단계 더 높아질 수 있다는 인식이 필요하다고 판단된다.

본 연구자의 관점에서 도덕성 연구나 도덕교육에서 인격교육에 관한 연구 분야는 이미 한국의 도덕과 교육에서도 중요한 이론 영역으로 자리매김하게 되었고, 이를 도덕교육의 현장에서 효과적으로 적용시키려고 노력해 왔다. 반면, 구성주의적 도덕교육의 경우, 그 이론적 정립과 실천적 방법론에 관한 탐색은 어느 정도 진행되었지만, 이를 활용하고 실천하기 이전에 서양의 문화 및 학교 풍토(Western-styled schooled cultures)의 산물인 구성주의적 관점을 한국의 학교 및 교실에서도 적용할 수 있는가에 대한 근본적인 검토는 제대로 실행되지 못했던 것으로 보인다. 사회 · 문화적 상황이라는 변수를 고려하지 못한 채 서양의 문화 및 학교 풍토에서 산출된 구성주의적 관점을 한국의 학교 및 교실에서 적용하기 위한 방법적 탐색에만 초점을 맞추는 것은 우리가 의도하지 않았던 부정적 결과를 초래할 수 있다.

이러한 인식을 바탕으로 본 장에서는 학습자의 능동성과 자기결정을 강조하는 구성주의적 학습 원리를 한국의 초 · 중등 도덕과 교육에 적용하기 이전에 고려해야 할 조건들(인식론적 · 발달론적 적합성)과 구성주의적 도덕교육의 실천적 가능성을 높이기 위한 조건들(교수 · 학습 환경적, 학교 환경적, 그리고 교사 교육적 방법론)을 순차적으로 탐색하였다. 여기서 인식론적 및 발달론적 조건은 한국 문화 및 교육 풍토에서 성장하는 학생들에게도 구성주의적 학습 원리를 적용할 수 있는가에 대한 적합성 및 타당성 여부를 검토하는 것이며, 교수 · 학습 환경적, 학교 환경적, 그리고 교사 교육적 조건은 구성주의적 학습 원리를 어떻게 우리의 도덕과 수업과 학교에 적용할 수 있는가에 대한 다양한 방법들과 이를 위한 교사 양성 교육의 방향성을 탐색하는 것이다.

1. 구성주의적 도덕교육의 이론적 배경

여기서는 우선 구성주의적 인식론에 대해 살펴보고, 최근 한국의 교육학계에 널리 소개된 구성주의적 인식론에 대한 비판적 평가를 통해 '구성주의적 인식론'을 재개념화(reconceptualization)한 후, 학습 심리 이론으로서의 구성주의에 대해 논의해 보고자 한다.

1) 인식론으로서의 구성주의

오늘날 구성주의를 주장하고 있는 대부분의 학자들은 구성주의가 18세기 이탈리아의 철학자 비코(Giambattista Vico)에게서부터 유래되었다고 주장한다. 지식과 관련하여 인식 주체는 그 자신이 인지적으로 구성한 것 외에는 아무것도 알 수 없다고 보는 것이 비코의 관점이다(von Glasersfeld, 1989). 그에게 안다는 것은 어떻게 만드는지를 안다는 것을 의미한다. 예컨대, 신은 자연의 창조자인바, 따라서 신만이 홀로 실제 세계를 알 수 있다고 할 수 있다. 왜냐하면 그만이 그가 창조한 것이 무엇이고 어떻게 창조했는지를 알기 때문이다. 이와 달리 사람은 오직 자신이 구성한 것만을 알 수 있다. 왜냐하면 자신이 구성한 것만이 그것이 무엇이고 어떻게 만들어졌는지를 알 수 있기 때문이다. 이러한 의미에서 신은 자연의 창조자이고 인간은 그가 만들어 낸 것의 신일 뿐이라는 관점이 성립된다. 비코가 오늘날의 구성주의 인식론에 선구를 이룬다 함은 바로 이러한 점에서 비롯된 것이라 하겠다(유병열, 2004b).

아마도 칸트는 오늘날의 구성주의 인식론에 가장 커다란 영향을 미친 사람이라고 할 수 있다. 칸트 이전의 인식론은 그것이 경험론이든 합리론이든 모두 인식의 대상을 중심으로 하고 있었다. 즉, 인식의 원천을 경험으로 보든지 혹은 이성으로 보든지 간에 모두 존재하는 대상을 있는 그대로 파악하는 것에만 초점을 맞추고 있었다. 칸트는 인식이란 있는 그대로의 실체를 받아들이는 것이 아니라, 인식 주체가 인식 대상을 구성하는 일이라는 획기적인 주장을 하게 되었다(Appelbaum, 1995). 즉, 우리는 무엇을 아는 데 있어서 단순히 외부에 있는 사물을 수동적으로 받아들이는 것이 아니라, 색깔이나 감촉과 같은 감각 자료를 바탕으로 우리의 정신 속에서 사물을 구성해 낸다고 보았다. 칸트에게 있어서 '구성한다'라는 말이 의미하고 있는 것은 우리의 감각 경험에 나타나는 잡다하고 다양한 소재들을 우리의 정신이 통일시켜 하나의 질서 있는 것으로 되게 한다는 것이다(추병완, 2004).

구성주의는 객관주의적 전통에 대하여 대안적인 인식론적 근거를 제공해 주고 있다. 객관주의적 인식론에서는 객관적인 실재(reality)가 인간의 의식 작용 및 사고의 세계 외부에 별도로 존재한다고 본다. 따라서 이해의 목표는 객관적인 실재를 아는 것이 된다. 객관주의에서의 목표는 어디까지나 완벽하고 정확한 이해를 추구하는 데 있는 것이다. 이와는 대조적으로 구성주의에서는 의미가 우리와 별도로 존재하는 것이 아니라, 우리가 세계에 부여하는 것이라고 주장한다는 점에서 객관주의와 커다란 차이가 있다.

한편 오늘날 구성주의 인식론을 견지하고 있는 학자들의 입장은 크게 보아 급진적 구성주의(radical constructivism)와 사회적 구성주의(social constructivism)로 대별되고 있다. 급진적 구성주의의 대표자로는 폰 글라저스펠트(von Glasersfeld, 1995)를 들 수 있다. 폰 글라저스펠트의 이론이 '급진적'이라고 불리는 이유는 그것이 앎과 지식에 관한 종래의 통상적인 관점과는 아주 근본적으로 다른 주장을 하기 때문이다. 이러한 입장은 폰 글라저스펠트가 스스로 큰 영향을 받은 피아제의 구성주의를 통상적 구성주의(trivial constructivism)라고 부르면서, 인식 주체의 바깥 세상에 아마도 실재가 존재할지도 모르지만 지식은 이러한 실재를 객관적으로 반영하는 것이 아니라 우리들의 경험에 의해 전적으로 구성되는 것이라고 보는 데에서 극명하게 드러난다.

이러한 급진적 구성주의는 사물의 객관적 실재를 일단 인정하면서 동시에 그것으로부터 오는 인식을 주체가 능동적으로 구성함으로써 지식이 이루어진다고 보는 피아제의 관점을 넘어서는 것으로서 사물의 객관적 존재성을 인정하지 않는 극도의 주관주의를 표방하는 것이다. 말하자면 그것은 객관적 실재를 부정하고 존재하는 세계는 단지 인식자의 경험세계일 뿐이라고 주장하는 것이며, 따라서 세계에 존재하는 실재에 관한 지식도 어디까지나 인식 주체가 경험을 내적 정신 작용에 의해 구성한 산물이라고 보는 것이다. 급진적 구성주의의 이러한 입장에는 지식에 대한 지극히 상대주의적인 관점과 회의론적 시각이 담겨 있다고 하겠다(유병열, 2004b).

이와는 달리 사회적 구성주의는 지식을 판정하는 궁극적 기준으로서 상이한 주체들 간의 합의를 중시하고 있다. 사회적 구성주의 입장을 취하고 있는 대표적인 학자로는 거겐(Gergen, 1995)을 들 수 있다. 거겐은 지식을 사람들의 상호작용과 집합적 조정에 의해 구성된 일련의 공유된 의미라고 본다. 이때 사회적 상호작용 과정을 통한 지식 구성에 있어 중요하게 관련되는 것이 바로 언어이다. 거겐은 우리가 사용하는 언어에 담긴 의미는 사회적 상호 의존을 통해 이루어지고 상황의존적인 것인바, 이러한 언어는 공동체 내에서 사람들 간의 상호작용을 통해 구성, 조정되어 공유된 지식을 산출하는 기능을 수행한다고 본다.

거겐과 같은 사회적 구성주의자들은 실재는 발견되는 것이 아니라 사회 구성원들이 세계의 속성들을 함께 구안해 내는 것으로서 그 실재는 인간 활동에 의해 구성된다고 믿는다. 특히 이들은 문화 및 사회적 맥락과의 관계 속에서의 실재에 대한 이해 및 그러한 이해에 기초한 지식의 구성을 강조한다. 또한 이들에게 있어 지식은 인간이 만들어내는 산물로서 사회문화적으로 구성되는 것이며 개인들은 서로의 그리고 그들이 살고 있는 환경과의 상호작용을 통해 의미를 만들어 낸다고 본다(Prawat & Floden, 1994).

2) 구성주의적 인식론의 재개념화(reconceptualization)와 도덕교육과의 관계

인식론이란 지식이 어떤 과정을 거쳐 형성되고 습득되며 지식의 본질이 무엇인가에 대한 것을 논의하는 것이다(Hofer & Pintrich, 1997). 객관주의적 인식론에 기초한 전통적 교수 · 학습 이론은 지식의 상황적 맥락성을 무시한 채 유용성이 결여된 비활성 지식(inert knowledge)을 강조해 왔다. 반면, 지식 구성에 대한 구성주의적 관점에서 '학습'이라는 것은 개인이 어떤 특정 경험에 대한 의미 부여와 해석 등을 하는 과정 중에 기존에 자신이 지니고 있는 그 특정 경험에 대한 이해나 의미와의 충돌 혹은 모순 등이 발생하게 되면 스스로의 자기규율적(self-regulated) 기제에 의해 다시 인지적 평형을 되찾게 되는 일련의 과정을 의미한다(Fosnot, 1996). 국내 논문들(강인애, 1996, 1997; 조영남, 1998; 방선욱, 2001)은 바로 이러한 이해에 바탕을 두고 구성주의자들 입장에서 객관주의의 문제점을 지적하면서 그 대안으로서 구성주의를 소개하고 있다. 그러나 여기서 지적할 수 있는 한 가지 심각한 문제점은 구성주의를 지식의 형성과 습득의 과정에 대한 상대주의적 인식론을 통해 학습자 중심의 교육환경을 구축하려는 것으로 정의하면서, 결국 구성주의적 인식론을 상대주의적 인식론과 동일시하고 있다는 점이다. 분명 구성주의적 인식론이 상대주의적 인식론과 부분적으로 공유할 수 있는 측면을 지닌 것은 사실이지만, 특히 급진적 구성주의의 입장에는 지식에 대한 상대주의적 관점과 회의론적 시각이 담겨있긴 하지만, 구성주의적 인식론과 상대주의적 인식론이 동일하다고 간주하는 것은 분명 구성주의적 인식론에 대한 부분적인 이해에서 비롯되고 있다. 현대 교육 심리학에서 인식론의 발달에 관한 주요 모델들은 모두 상대주의적 인식론과 구성주의적 인식론을 상호 독립인 것으로 개념화하고 있으며, 구성주의적 인식론을 발달론적 관점에서 보다 높은 수준의 것으로 제시하고 있다. 다음의 〈표 10-1〉은 인식론적 발달에 관한 심리학적 연구들에서 대표적인 모델들을 제시한 것이다.

〈표 10-1〉 인식론의 발달에 관한 주요 모델들

<table>
<tr><th>지적이고 윤리적인 발달(Perry)</th><th>여성의 지식 획득 과정(Belenky)</th><th>인식론적 반성 (Baxter Magolda)</th><th>반성적 판단 (King & Kitchener)</th><th>논쟁적 추론(Kuhn)</th></tr>
<tr><td>이분법 (Dualism)</td><td>침묵
수용적 지식 (Received knowledge)</td><td>절대적 앎 (Absolute knowing)</td><td>전-반성적 사고 (Pre-reflective thinking)</td><td>절대주의/객관주의 (Absolutists)</td></tr>
<tr><td>다원론 (Multiplicity)</td><td>주관적 지식 (Subjective knowledge)</td><td>과도기적 앎 (Transitional knowing)</td><td rowspan="2">유사-반성적 사고 (Quasi-reflective thinking)</td><td rowspan="2">다원주의/상대주의 (Multiplists)</td></tr>
<tr><td>상대주의 (Relativism)</td><td>절차적 지식 (Procedural knowledge)</td><td>독립적 앎 (Independent knowing)</td></tr>
<tr><td>상대주의에 대한 헌신 (Commitment within relativism)</td><td>구성적 지식 (Constructed knowledge)</td><td>맥락적 앎 (Contextual knowing)</td><td>반성적 사고 (Reflective thinking)</td><td>평가주의/구성주의 (Evaluatists)</td></tr>
</table>

현대 교육 심리학 영역에서 인식론의 발달에 관한 연구의 대표적인 인물인 페리(Perry, 1970)는 그의 책 『지적이고 윤리적인 발달의 형성』에서 인식론적 발달의 계열성을 제시하였다. 이분법적 사고의 단계에서는 '옳고/그름' '우리/그들' '좋은/나쁜' 등과 같은 극단에서 세상을 바라보는 입장을 취하고, 점차 다른 사람들이 취하는 관점들과 의견들이 다양하다는 것을 인식하게 되며, 절대적인 권위와 진리에 대한 이분법적 신념이 흔들리게 된다. 다원론적 단계에서는 권위를 가진 사람이라고 하더라도 올바른 대답을 제시하지 못할 수 있는데, 특히 사실(fact)보다는 의견(opinion)과 개인의 선호(taste)가 우선시되는 인문 사회 과학의 영역에서 그러하다는 인식을 갖게 된다. 상대주의적 단계에서는 외부적 권위에 대한 의존과 신뢰에서 벗어나 "모든 사람은 자신의 의견을 제시할 권리가 있고 나의 의견은 언제나 다른 사람의 의견만큼 좋은 것이다."라는 입장을 택한다. 상대주의에 대한 헌신의 단계에서는 지식은 주어지는 것이 아니고 구성되는 것이며, 절대적인 것이 아니라 맥락적인 것이며, 고정된 것이 아

니라 유동적인 것이라는 입장을 택한다.

벨렌키(Belenky et al., 1997)는 페리의 도식을 바탕으로 135명의 여성들과의 심층 인터뷰를 통해 여성들의 인식론적 범주를 다음과 같이 다섯 가지로 제시하였다. 우선 '침묵'은 그들 자신을 무사려하고 아무런 목소리도 낼 수 없다고 생각하면서 외부에서 주어지는 권위에 순종하려는 입장이고, '수용적 지식'은 외부적 권위로부터 주어지는 지식을 수용할 수 있고 때로는 재생산할 수도 있으나 그들 자신이 지식을 생산할 수는 없다고 생각하는 입장이다. '주관적 지식'은 진리와 지식은 개인적인 것이며 주관적으로 알 수 있다는 입장이며, '절차적 지식'은 지식을 획득하고 상호 교류하기 위해 필요한 객관적인 절차를 학습하고 적용하는 데 치중하는 입장이다. 끝으로 '구성적 지식'은 모든 지식을 맥락적인 것으로 보고 그들 자신을 지식의 창조자로 간주하며 지식 획득을 위한 주관적, 객관적 전략 모두를 가치 있게 여기는 입장이다. 벨렌키는 이러한 인식론적 범주들은 남성들에게서도 유사하게 나타난다고 보고했다.

백스터 마골다(Baxter Magolda, 1992)에 의해 제시된 인식론적 반성(epistemological reflection) 모델에서 과도기적 지식 획득 단계에 있는 개인은 권위를 가진 사람이 모든 것을 알고 있는 것이 아니며, 지식은 불확실하다는 점을 차츰 수용하기 시작한다. 독립적 지식 획득 단계에 있는 개인은 지식의 유일한 원천이 권위(authority)임을 거부하고 그들 자신의 의견들을 동등하게 타당하고 가치 있는 것으로 여긴다. 맥락적 지식 획득 단계에 있는 개인은 지식이란 새로운 근거와 새로운 맥락에 기초해서 끊임없이 재구성되는 것으로 여기고, 맥락 내에서 제시된 근거를 판단하면서 개인적 관점을 구성할 수 있다고 생각한다. 이 단계에서 가장 중요한 측면은 평가(evaluation)이다.

킹과 키치너(King & Kitchener, 1994)에 의해 제시된 반성적 판단 모델에서 전-반성적 단계에 있는 개인은 언제나 옳은 대답이 있는 것은 아니라는 입장에 회의적이며, 페리의 이분법적 사고의 단계와 유사하게 권위를 가진 사람에 의해 진리가 제시되는 것으로 생각한다. 유사-반성적 사고의 단계에 있는 개인은 각 개인이 자신의 주장에 대한 권리를 동등하게 가진다는 상대주의적 입장을 취한다. 반성적 단계에 있는 개인은 지식은 능동적으로 구성되며 맥락적으로 이해되어야 한다는 입장을 취하면서 모든 판단들은 언제나 재평가(reevaluation)의 대상이라고 생각한다.

쿤(Kuhn, 1991)은 개인의 인식론이 절대주의나 객관주의로부터 상대주의로 이행하며, 최종적으로 평가론적 혹은 구성주의적 인식론의 단계로 발달한다고 주장하였다. 즉 그는 〈표 10-1〉에서와 같이, 상대주의적 인식론과 구성주의적 인식론의 차이를 분명하게 제시하고 있다. 상대주의적 인식론을 지닌 사람은 다양한 관점들에 대한 고려를 중시하고 각각의 주장이 엄격하게 상대적이라고 믿지만, '정교한 평가적 인식론(a sophisticated evaluative epistemology)'인 구성주의적 인식론을 지닌 사람은 어떤 주장의 어떤 측면은 수용 가능하지만, 다른 측면은 그렇지 않다고 말한다. 예를 들면, 어떤 도덕적 혹은 사회적 문제 상황을 분석하고 평가하는 과정에서 구성주의적 인식론을 가진 사람은 다음과 같은 자신의 기준을 설정한다. 첫째, 제시된 입장의 핵심은 무엇인가? 둘째, 어떤 근거와 이유가 이러한 주장을 뒷받침하고 있는가? 셋째, 제시된 주장과 입장을 비판적으로 평가해보자. 결국 구성주의적 인식론을 지닌 사람은 자신이 설정한 기준에 의해 어떤 주장을 비판적으로 검토한다.

요약하자면, 인식론적 발달에 관한 심리학적 연구들은 구성주의적 인식론과 상대주의적 인식론 개념이 결코 동일한 것이 아님을 분명히 하고 있다. 이들 연구에서 구성주의적 인식론은 상황과 맥락에 대한 신중한 고려와 동시에 어떤 의견이나 주장에 대한 평가적 혹은 재평가적 입장을 강조함으로써 의견의 다양성과 가치중립성, 그리고 상대성에 치중하는 상대주의적 인식론의 한계를 넘어설 수 있다고 지적한다. 즉 구성주의를 극단적 상대주의 혹은 극단적 주관주의와 구분하도록 하는 척도가 되는 것이 바로 '평가적' 또는 '재평가적'이라는 개념이다. 도덕교육의 경우, 구성주의적 인식론이 '정교한 평가적 인식론'으로서 이해되지 않고 단순히 상대주의적 인식론과 동일하게 간주된다면, 올바른 도덕적 신념체계를 지닌 성숙한 인간으로의 안내를 목표로 삼는 우리의 초·중등 도덕과 교육에 심각한 걸림돌이 될 수 있다. "지나친 도덕적 상대주의는 가치 회의주의로 흐르기 쉽고, 가치 회의주의의 나무에는 열매가 열리지 않는다."라는 요하네스 헤센(Johannes Hessen)의 지적은 이러한 우려를 뒷받침하고 있다.

3) 학습 심리 이론으로서의 구성주의

여기서는 도덕 발달 및 교육 이론에 내재한 구성주의적 아이디어들을 탐색하고자 한다. 도덕교육 이론에서 구성주의적 관점을 취했던 대표적인 학자로는 피아제, 콜버그, 그리고 태펀 등을 들 수 있다.

(1) 피아제 이론

피아제의 구성주의 가정이란 정신 구조는 선험적·생물학적·선천적으로 획득된 것이 아니고, 감각 경험을 통해 수동적으로 학습된 귀납적 습관도 아니며, 오히려 그것은 경험을 동화하고 조절함으로써 획득되는 능동적인 구성물이라는 것이다(Fosnot, 1996). 여기서 동화(assimilation)는 새로운 인지적 혹은 개념적 대상을 이미 존재하는 스키마 혹은 행위의 패턴 속으로 통합시키는 인지적 과정을 의미한다. 하지만 간혹 외부적 자극이 이미 존재하는 스키마 속으로 동화될 수 없는 상황이 발생한다. 이 경우 마치 파일에 새로운 카드를 포함시키듯이 자극을 위치시킬 수 있는 새로운 스키마를 만들거나 이미 존재하는 스키마를 조정할 수 있다. 이와 같이 새로운 스키마의 구성과 이미 존재하는 스키마의 수정 모두를 조절(accommodation)이라고 부른다. 그러므로 조절은 질적인 변화라는 측면에서 발달을 설명해 주는 대신, 동화는 기존의 스키마가 확대되고 풍부해지는 것으로서 어디까지나 양적 변화라는 측면에서 성장을 설명해 준다.

한편, 각 개인에게 의미 있는 경험은 그에게 진정한 인지적 충돌(갈등)을 가져오는 것이어야 하며, 이러한 충돌은 일정 정도 개인의 현재 정신 구조와 현재의 경험 간의 불일치 및 모순을 의미하는 것이다. 피아제는 자신의 예상이 경험에 의해 확인되지 않을 경우 발생하는 인지적 갈등상태를 비평형(disequilibrium)이라고 불렀다. 비평형은 아동에게 평형을 추구하도록 동기화(motivation)한다. 피아제의 이론에서 지적 발달을 위한 동기화의 주요한 원천은 바로 비평형화이다. 비평형은 평형화의 과정과 평형으로 나아가려는 노력을 원활하게 만든다. 유기체는 종국에는 조절을 동반하거나 조절 없이 자극을 동화시켜 나감으로써 평형에 도달한다. 그러므로 평형은 결국 동화의 상태에 도달된 인지적 균형의 상태로 간주된다(Wadsworth, 1996).

피아제(Piaget, 1997)는 아동들의 자기중심적 행동이 사회적 규칙의 준수를 요구하는 성인의 요구와 충돌할 경우 발생하는 비평형을 통해서 도덕적 사고구조 내지는 도덕적 인지구조가 발달된다는 점에 주목했다. 한 아동이 동생의 장난감을 뺏고 있는 상황을 가정해 보자. 그 경우, 부모는 자녀의 이러한 생각 없는 행동을 꾸짖고 타인의 소유물과 타인의 감정에 관련된 규칙들을 준수하는 사람이 될 것을 요구한다. 시간이 경과되면서 차츰 그 아동은 성인들의 규칙과 가치들을 내면화하게 되고, 이어 사회적 지식, 특히 역할채택 능력의 향상과 사회적 관계에서 상호존중 및 협력의 중요성을 깨닫는 데 필요한 기초적인 도덕적 인지구조를 형성하게 된다(Cummings & Harlow, 2000).

인지발달과 함께 규칙에 대한 아동들의 이해가 변화함에 따라 그들의 역할채택에도 변화가 생긴다. 타인들의 관점에 대한 의식이 증가함에 따라 아동들의 자기중심주의(egocentrism)는 차츰 감소하게 된다. 이제 아동들은 토론과 협력의 어떤 규칙들에 동의하고 호혜성(reciprocity)에 근거하여 동료들과 협력하게 된다. 협력은 결국 외재적인 동기에 의한 의무감을 대체하면서 새로운 도덕성을 이끈다. 또한 순종은 호혜성과 상호 존중에 의해 대체된다. 타율적 도덕성은 호혜성의 규준에 대한 수용에 의해 생겨나는 '선(good)'에 대한 의식인 자율적 도덕성에 의해 대체된다.

피아제(Piaget, 1997)는 성인과 아동 간에 자연적으로 형성된 일방적 존중 및 구속으로부터 아동들을 자유롭게 하는 것으로서 자율성, 상호 존중, 그리고 협력을 강조했다. 어린 아동들은 성인들에 의한 지적인 구속 때문에 규칙들을 의무적으로 따르게 되는데, 이는 아동들의 도덕적 실재론(moral realism)의 한 유형을 생성시킨다. 도덕적 실재론은 의무를 인간의 사고 작용 외부에 실재하는 것으로 보는 아동들의 경향성을 일컫는다. 도덕적 실재론의 주요 특징은 의무를 타율적인 것으로 보고, 법의 정신보다는 조문을 중시하며, 행위를 판단함에 있어 동기나 의도가 아닌 객관적인 결과나 규칙에 대한 정확한 순응정도에 의해 판단한다는 점이다. 도덕적 실재론은 오랜 세월 동안 확립된 전통과 관습에 의해 묶여있는 집단 사회(collective society)의 특징이기도 하다(Piaget, 1997). 반면, 집단 사회보다 훨씬 규모가 크고 복잡한 동화적 사회(assimilative society)에서는 개인들 간에 큰 차이가 있다. 이러한 동화적 사회에서의 개인들은 타인들의 관점을 고려해야 하고 타인들이 호혜적일 것이라는 기대를 가져야 한다. 이러한 목표는 구성원들이 타율적 도덕성과 자기중심주의를 줄이면서 자율적으로 추론하고 기꺼이 협력하며 상호 존중하지 않는다면 도달될 수 없는 것이다(Cummings & Harlow, 2000). 피아제는 만일 관습이 이성(reason)의 정당성을 억누르며 확산되어 있다면, 그 사회의 개인들은 관습의 노예가 될 것이라고 경고했다.

(2) 콜버그 이론

도덕 발달에 대한 콜버그의 저작과 인지발달적 전통에 관한 그의 설명이 제시되기 전까지, 교사들은 일반적으로 인간발달에 관한 두 가지 관점 중에 하나를 수용하였다. 이러한 두 가지 심리학적 전통을 콜버그는 '행동주의적 전통'과 '성숙주의적 전통'이라고 불렀는데, 이러한 전통들은 발달의 성격에 관해 상이한 관점을 취했고 발달 지향적인 도덕교육을 위한 상이한 시사점을 제공했다(Kohlberg & Mayer, 1972). 행동주의적 전통(Skinner, Thorndike, Watson)에서는 학습을 환경적 요인들에 의해 통제될 수 있는 것으로 보았다. 반면, 또 다른 전통인 성숙주의(Adler, Erikson, Freud, Jung, Rogers)에서는 발달을 유기체 자체의 질적인 속성(qualitative property)으로 개념화하였다. 콜버그는 피아제와 듀이의 이론에 기초하여 이러한 학습에 관한 환경 및 성숙 결정론의 이분법을 버리고 환경과 유기체 간의 상호작용으로부터 생기는 문제 상황의 해결을 통해 사고의 패턴을 적극적으로 변화시키는 데 주목하였다(Kohlberg & Mayer, 1972). 그렇다면 우리는 왜 콜버그를 도덕 발달 및 교육 영역에서 대표적인 구성주의자로 평가하는가? 그 이유를 살펴보면 다음과 같다.

① 실재(reality)의 자기 구성적 관점

콜버그의 관점에서 개인들은 성숙적, 사회적, 신체적 요소들 간의 상호작용을 통해 자신의 발달을 이끈다. 인간은 타인의 경험을 자기 자신 내에서 이해하고 자신이 살고 있는 세계를 이해하려고 노력하는 어떤 구조화(structuring)의 경향성을 지니고 있다. 이러한 가정은 "인간의 정신 구조는 유기체의 구조화 경향성과 외부 세계의 구조 간의 상호작용의 결과이다."(Kohlberg, 1969: 352)에 잘 나타나 있다. 콜버그가 강조한 '실재(reality)의 자기 구성적 관점'은 도덕성의 기본적인 카테고리들(예를 들어, 정의, 의무, 권리, 사회 질서)은 개인에 의해 구성된다는 것을 의미한다. 그는 개인을 단순히 문화적 이데올로기를 수용하는 존재로 본 것이 아니라 능동적으로 의미를 구성하고 생산하는 존재로 보았다.

② 발달은 질적 단계 변화

인간과 그들을 둘러싼 환경 간의 상호작용에 대한 콜버그의 강조는 인지적 단계에 대한 논급으로 이어진다. 콜버그는 단계를 "동일한 문제에 대한 사고 및 문제 해결 방식의 질적인 차이"라고 정의했다(Kohlberg, 1969: 352). 각 단계는 이전 단계보다 포괄적이고 통합적인 구조적 특성을 갖는데, 후속 단계는 보다 적절한 방식으로 다양한 경험들을 이해할 수 있는 능력을 나타낸다. 발달 단계의 이동이 상향적인 근본 이유는 인간은 위계적인 선호, 즉 보다 높은 수준에서의 문제 해결을 선호하는 경향성을 지니고 있고, 다음 단계가 이전 단계보다 보편적 의무감에 보다 적합하기 때문이다(Kohlberg, 1969). 그의 접근이 발달적(developmental)이라고 불리는 이유는 도덕교육의 목적을 도덕 단계를 통한 이동으로서 상정하고 있기 때문이다. 이러한 도덕 발달의 단계는 문화적으로 보편적이고 불변의 발달 순서에 따라서 진행되며, 범주에 대한 해석이 보편적이라는 것이 콜버그의 결론적인 설명이다(추병완, 1999).

③ 지식은 문제 해결 과정에서 획득

콜버그의 접근이 인지적(cognitive)이라고 불리는 이유는 지적인 교육과 마찬가지로 도덕교육도 도덕적 문제나 결정에 대한 학생들의 적극적인 사고를 촉진하는 데 기반을 두고 있기 때문이다. 도덕교육에 대한 콜버그의 접근은 도덕적 갈등 상황을 이해하고, 보다 복잡한 도덕적 문제 해결 능력, 즉 도덕적 추론 능력을 발달시키는 것을 목표로 하고 있다(추병완, 2000). 콜버그는 "사고 패턴의 변화로서 지식의 획득은 문제 해결 상황에 의해 촉진된다."라는 점을 강조하였다(Kohlberg & Mayer, 1972: 455).

④ 도덕 발달은 역할채택 방식의 재구조화 과정

도덕적 갈등 상황에서 가역적인(reversible) 해결이란 갈등 상황에 관련된 모든 사람들과 입장을 바꾸어 놓고 그들의 입장에서 해결책을 얻을 수 있는 것을 말한다(Kohlberg, 1969). 인지발달 수준이 높아질수록 타인의 관점을 취할 수 있는 능력이 발달하게 되어, 높은 단계의 도덕 판단은 자신의 입장에서 내린 판단이 다른 모든 사람의 입장에서 내린 판단과 자연히 같아진다. 낮은 단계의 인지발달 수준에 있으면 자신의 관점만을 생각하고, 더 발달하면 상대방과 제3자의 관점까지 고려할 수 있게 되며, 최고로 발달한 수준에서는 인류의 보편적인 관점까지도 추론할 수 있게 된다. 즉, 인지 수준이 발달할수록 더 많은 관점을 고려하여 도덕적인 문제를 해결할 수 있게 되므로, 높은 인지발달 수준에서의 문제 해결 방안은 더욱 가역적이 된다. 그러므로 콜버그에게 있어 도덕 판단의 과정은 역할채택의 과정이다(Kohlberg, 1981). 콜버그는 다음과 같이 말한다.

> 우리는 가역적인 도덕 판단에 이를 수 있는 과정을 '이상적인 역할채택'이라 부른다. 6단계 도덕 판단은 모든 행위자들이 황금률에 지배 · 조절된다는 가정 아래에서 각각의 행위자의 주장을 역할채택하는 것에 기초를 두고 있다. 또한 이상적인 역할채택이란 인간 존중과 공평성으로서의 정의의 자세를 필요로 하는 궁극적인 의사결정 절차이다. 관련된 모든 사람들이 도덕적 태도 또는 정의의 개념에 지배를 받거나 그들이 기꺼이 다른 사람의 역할을 채택하려는 한, 이러한 방식으로 얻어진 의사결정은 그들의 관점에서 볼 때 '옳다'는 의미에서 '평형화' 상태에 있다(Kohlberg, 1973: 643).

콜버그의 관점에서 보자면, 도덕적으로 미성숙한 사람은 흔히 그들 자신의 관점뿐만 아니라 타인의 관점을 채택하는 데 실패하여 곤란을 겪는 경우가 많다. 콜버그에게 있어 도덕적 성숙성은 무엇이 정당하고 옳은가에 대한 결정을 내리는 과정에서 타인의 관점을 고려하는 정도에 크게 의존한다.

⑤ 발달은 집단적 참여를 요구

역할채택을 위한 최우선적 조건은 집단적 활동에의 참여라고 보면서 콜버그는 "개인이 집단의 의사결정 과정에 보다 적극적으로 참여하고, 집단의 의사결정 결과를 충실히 이행하려는 책임 의식을 강하게 가질수록 그들이 타인의 역할을 채택할 가능성은 그만큼 높아진다."라고 하였다(Kohlberg, 1969: 399). 또한 콜버그는 발달을 촉진하기 위해 가장 적합한 풍토는 민주주의라고 역설했다. 이러한 맥락에서 콜버그는 학생들에게 도덕적 토론을 통해 상이하고 새로운 관점들을 접하게 하고, 공정성의 분위기에서 생활하게 하며, 성실과 신뢰의 관계를 형성하도록 돕고 규칙의 제정과 준수를 위한 책임 의식을 갖게 하는 데 목적을 둔 '정의공동체적 접근'을 제시하였다.

(3) 사회적 구성주의적 도덕교육 이론 : 비고츠키와 태펀을 중심으로

학습과 발달의 측면에서 볼 때 비고츠키의 이론은 대체로 네 가지 정도의 원리들을 중심으로 논의될 수 있다. 즉, 아동들은 지식을 구성한다는 점, 학습과 발달은 사회적 맥락과 분리될 수 없다는 점, 학습이 발달을 주도한다는 점, 그리고 언어가 정신 발달에 핵심적인 역할을 한다는 것 등이 그것이다. 비록 비고츠키가 도덕 발달 및 교육에 관해 직접 연구하지는 않았지만, 그의 지적인 전통을 계승한 학자들에 의해 재해석되고 확장되어 온 '도덕교육의 사회적 구성주의적 관점'은 인지 및 도덕성 형성의 원천과 발달에 관해 매우 풍부한 시사점을 제공하고 있다. 비고츠키의 시각으로 보면, 도덕성 발달은 사회문화적 기원을 갖는다. 왜냐하면 도덕적 행위와 도덕 기능이 개인 내적 영역에 자리 잡히기 위해서는 언어와 담화 형식에 의해서 매개되는 사회적 상호작용이 필요하기 때문이다(Vygotsky, 1978). 여기서 사회적 상호작용의 매개 수단인 언어는 인간이 특정한 사회 문화, 언어적 환경으로부터 자신의 행위가 '옳거나' '그르거나' '좋거나' '나쁘다'고 이해하도록 돕는다(정창우, 2001a; 추병완, 1999, 2000; Tappan, 1997).

보다 최근의 연구에서 태펀(Tappan, 1998)은 비고츠키의 개념인 '근접발달지대(ZPD)'[61]의 도덕교육적 함의에 관해 제시하였다. 그는 도덕교육에 대한 비

---

61) 근접발달지대(zone of proximal development; ZPD)란 독자적으로 문제를 해결함으로써 결정되는 실제적 발달 수준(level of actual development)과 성인의 안내나 보다 능력 있는 또래들과의 공동 노력으로 문제를 해결함으로써 결정되는 잠재적 발달 수준(level of potential

고츠키적 접근이 인지적 갈등의 비평형 상태(disequilibrating forms)를 해결하기 위해 새로운 인지 구조의 활발한 구성 과정이 도덕 발달을 촉진한다는 인지발달적 관점과 덕 및 인격에 관한 스토리를 아동들에게 제시함으로써 도덕 발달이 가능하다는 인격교육적 관점의 중간 범위(a middle-ground)에 위치한다고 보았다. 또한 비고츠키적 관점에서 보자면, 교육적 경험들과 근접발달지대에서의 성인과 아동 간의 상호작용 과정이 발달적 변화를 위한 출발점이기 때문에 아동의 측면에서 새로운 사고의 원활한 구성과 성인들에 의한 안내 및 지원이 모두 도덕 발달 과정의 핵심이지만, 태펀은 비고츠키의 관점이 무엇보다 교육과 발달 간의 이론적 연결을 가능하게 했다는 점에서 중요성이 있음을 강조하였다.

2. 구성주의적 도덕교육을 위한 인식론적 조건

인식론 및 도덕 발달에 관한 최근의 연구들은 개인의 인식론적 가정과 무엇이 옳고, 타당하며, 좋은 것인가에 대한 도덕 판단 간의 관계를 밝히려고 노력하였다(Bendixen, Schraw, & Dunkle, 1998; King & Kitchener, 1994; Kohlberg, 1971; Perry, 1970). 하지만 이러한 연구들은 대체로 미국의 대학생들을 대상으로 면접법 혹은 질문지법을 적용하였기 때문에 다른 문화를 가진 사람들에게 그 결과를 일반화시키는 데는 뚜렷한 한계를 보여 왔다. 그러므로 우리와는 인식론이 크게 다를 수 있는 서구 사회, 특히 미국 사회를 배경으로 등장한 구성주의적 학습 원리를 여과 과정 없이 우리의 교육 현장에 그대로 이식하는 것은 대단히 위험한 결과를 초래할 수 있다. 이러한 이유에서, 정창우(Jeong, 2003)는 한국과 미국 학생들 간에 인식론과 도덕 판단 능력의 관계에 관한 문화적 차이점 및 공통점을 밝히고자 하였다.

---

development) 간의 간격을 말한다.

이러한 과제의 수행을 위해 이 연구는 독립 변수로 도덕 판단력 지수(즉, 레스트의 DIT 검사에서 산출되는 P점수)를 설정하였고, 종속 변수들로는 5가지의 개인의 인식론 영역, 연령, 교육 수준, 성별, 논리적 추론 능력, 학업 성취도, 그리고 전공을 두었다. 최근 미국의 교육 심리학 관련 연구에서 흔히 사용되는 5가지의 개인의 인식론 영역들은 지식의 확실성에 대한 인식(절대적인 지식이 존재하며 결국 밝혀질 것이다), 지식의 단순성에 대한 인식(지식은 개별적 사실들의 집합체이며, 복잡한 문제에 대한 간단한 해결책이 분명 존재한다), 전지적 권위에 대한 인식(권위를 가진 사람만이 지식에 접근할 수 있고 전수할 수 있다), 신속한 학습에 관한 인식(학습은 단시간 내에 일어나며 그렇지 못할 경우 학습은 흔히 불가능하다), 그리고 타고난 능력에 대한 인식(지식을 획득하는 능력은 타고나는 것이다) 영역으로 구성되었다. 자료 분석 방법으로는 상관관계 분석과 다중 회귀 분석 모형을 사용하였다.

이 연구의 결과는 한국과 미국 학생들에게 구성주의적 인식론이 도덕 판단력 발달을 위한 주요한 조건임을 확인시켜 주었다. 즉, 한–미 학생들 모두 지식은 권위를 가진 사람에 의해 구성되며 전수된다는 인식을 가진 학생들일수록 낮은 수준의 도덕 판단력을 나타내었으며, 특히 이러한 지식에 대한 전지적 권위에 관한 인식이 도덕 판단 능력을 설명하는 데 가장 중요한 변수임을 보여주었다. 또한 한–미 학생들 모두 학업 성취도 점수가 높을수록 높은 수준의 도덕 판단 능력을 나타내었다. 이 연구의 분석 결과에서 특히 주목할 부분은 개인의 인식론적 영역들이 다른 종속 변수들(즉, 연령, 교육 수준, 성별, 논리적 추론 능력, 학업 성취도, 그리고 전공)보다 도덕 판단 능력을 설명하는 데 보다 중요한 변수임을 확인시켜 주었다는 점이다.

한국과 미국 학생들의 도덕 판단 능력을 설명하는 데 있어 가장 중요한 변수는 지식에 관한 전지적 권위(즉, 지식은 권위를 가진 사람에 의해 구성되며 전수된다는 인식)였다는 점은 발달의 보편적 측면을 보여주는 것이며, 이러한 연구의 결과는 도덕교육은 이미 정해져 있는 사회적 규범을 권위에 의존하여 후속 세대들에게 일방적으로 전수시키는 과정이 아니라 학생 스스로가 도덕적 기준을 형성해 가는 능동적인 자율적 성장이어야 한다는 도덕교육의 구성주의적 관점을 뒷받침하는 근거로 제시될 수 있다.

3. 구성주의적 도덕교육을 위한 발달론적 조건

오늘날 구성주의에 대한 연구에서는 피아제와 비고츠키에서 비롯된 '발달'과 '학습'의 우선성 문제, 그리고 개인적 창안(invention)과 사회적 문화 전수 간의 상대적 중요성 문제 등을 아직 미해결의 상태로 남겨 놓고 있다. 발달과 학습의 우선성 문제의 측면에서 보자면, 피아제와 비고츠키 모두 발달과 학습을 중시하였으나 이들의 상호 관계에 대한 관점에는 차이가 있다(Dixon-Krauss, 1996). 피아제의 입장은 지적 발달이 학습을 위한 전제 조건이라는 점에서 성숙에 초점을 둔다. 즉, 피아제는 발달의 수준이 무엇이 학습될 수 있고 학습에 대한 이해가 어느 정도 가능한가에 대한 범위를 제한한다고 주장했다. 이와는 대조적으로 비고츠키는 발달적 과정을 사회적인 것으로부터 개인 내적인 방향으로 진행되는 것으로 보았다. 비고츠키는 특히 문화에 존재하는 외부적 지식들이 아동에 의해 내면화되거나 구성될 때 지적인 기능이 발달한다는 이유에서 사회적 요소들이 지적 발달에 중요한 역할을 한다고 주장했다. 이는 곧 학습이 발달을 유도함을 의미한다. 그러므로 비고츠키의 관점에서는 학습이 지적 발달을 위한 원동력이 되고 피아제에게는 발달이 학습의 원동력이 된다.

비고츠키의 관점을 단선적으로 해석하자면, 성인과 아동 간의 상호작용 과정이 발달적 변화를 위한 출발점이기 때문에 '구성주의적 학습을 위한 학습자들의 발달론적 조건'은 크게 문제 될 수 없다. 또한 피아제의 주장과 같이, 도덕 발달의 과정이 사회문화적 · 역사적 맥락을 초월하여 보편적이라는 가정을 무비판적으로 수용한다면, 우리는 또한 한국에서의 구성주의적 도덕교육을 위해 학습자들의 발달 상황을 살펴보아야 할 이유가 전혀 없다. 하지만 이는 한국 학생들의 도덕적 발달 양상이 서양 학생들과 다를 수 있다는 문화 심리학적 물음에 대한 편협하고 성급한 판단이기 때문에, 우리는 구성주의적 도덕교육의 실행을 위한 전략을 구안하기 전에 인지적이고 도덕적인 발달에 대한 문화적 측면을 경험적(empirical) 선행 연구들의 결과에 기초하여 고찰해 볼 필요가 있다. 문화적 맥락을 인지적 · 도덕적 성숙의 행로를 결정짓는 요소로 고려한 비고츠키의 관점을 확인하기 위해 실시된 문화 간(cross-cultural) 연구에서 얻어진 결과들은 "형식적 조작기의 특성인 형식적 추론을 중요하게 다루지 않는 문화는 아동들에게 실제 형식적 조작의 발달을 촉진하지 않았다."라고 보고했다(Bodrova & Leong, 1996).

문용린(Moon, 1986)은 20개의 문화 간 비교 연구들의 메타 분석을 통해 사회 문화적 요인들이 구조적 발달의 속도를 늦추거나 촉진할 수 있지만, 상이한 형태의 도덕 발달 단계를 생산하거나 역(逆) 방향의 발달의 계열성을 나타내지는 않았다고 보고했다. 이러한 결론은 한국 문화 및 교육 환경에서 도덕 발달에 관한 연구를 진행한 김정민(Kim, 1998)과 홍용희(Hong, 2001), 그리고 박종영과 존슨(Park & Johnson, 1984)에 의해서도 뒷받침된다. 김정민의 실험 연구는 한국의 초등학교 아동들이 권위를 가진 성인의 명령을 평가함에 있어 권리, 정의, 그리고 행복 등에 관한 도덕 판단에 보다 비중을 두기 때문에 타인의 권리를 침해하거나 나눔(sharing)의 과정에서 이기적이 되거나 타인의 행복을 위협하는 행위가 권위를 가진 성인에 의해 묵과되는 상황에서도 여전히 옳지 못한 것으로 판단했다고 보고하였다. 홍용희의 실험 연구는 한국의 유치원 학생들도 도덕적인 문제 상황에서 작동하는 도덕적 판단의 심층 구조가 발달의 보편성을 따르고 있지만, 집단 지향적 문화에서 성장하는 한국 아동들은 개인주의적 문화에서 성장하는 아동들보다 조기에 타인의 입장을 채택할 수 있는 사회 심리적 발달(Selman, 1980)을 나타내었다고 보고했다. 또한 초 · 중 · 고등학교 학생들과 대학생들을 포함한 경험 연구에서 박종영과 존슨은 한국 학생들에게서 얻은 도덕 발달에 관한 결과와 미국을 포함한 다른 문화 집단으로부터 얻은 결과에서 매우 유사한 발달 양상을 보고하였다.

이상의 선행 연구들로부터 얻어진 일관성 있는 결론에 근거하여 구성주의적 도덕교육을 실행하는 데 필요한 한국 학생들의 인식론적 · 발달론적 조건은 충족될 수 있는 것으로 평가될 수 있다. 이제 다음 단계는 구성주의적 학습 원리를 어떻게 우리의 도덕과 수업에 적용할 수 있는가에 대한 다양한 방법들과 이를 위한 교사 양성 교육의 방향성을 탐색하는 것이다.

4. 구성주의적 도덕교육의 교수·학습 환경적 조건

구성주의적 교육관은 교사 주도가 아닌 학습자의 능동적인 참여와 자기 주도성을 강조하고 있다. 따라서 학습자 중심의 교육 환경을 구축해야 한다는 것은 당연한 논리적 귀결이라 할 수 있다. 조나센(Jonassen, 1995)은 구성주의적 관점에서 유의미한 학습이 일어나게 하는 학습자 중심 학습 환경의 특성으로 활동적, 구성적, 협동적, 대화적, 의도적, 상황적, 반성적이라는 점을 제시하였다. 강인애(1998)는 구성주의적 교수 · 학습 원리로 체험 학습, 자아 성찰적 사고, 협동 학습, 실제적 성격의 과제 중심의 학습, 학습의 조력자(facilitator)며 동료 학습자(co-learner)로서의 교사의 역할을 제시한 바 있다. 추병완(2000)은 도덕교육 이론에 내재한 구성주의적 아이디어들을 토대로 하여, 다음의 8가지 방법상의 원리들을 제시하였다. 첫째, 교사는 학생들과의 관계에 있어서 상호 존중적이며 비권위주의적인 관계를 형성한다. 둘째, 학생들의 자발적 · 일상적 · 개별적인 도덕적 질문들을 중시한다. 셋째, 교사는 학생들이 도덕적 대화와 토론에 능동적으로 참여하도록 고무시켜 준다. 넷째, 교사는 학생들이 협동하여 과제를 해결할 수 있는 기회를 많이 부여해 준다. 다섯째, 교사는 도덕 수업에서 학생들의 반성적 추상화(reflective abstraction: 이전 경험에서 사용한 의도나 전략 등에 대해 성찰해 봄으로써 보다 고차적인 도덕 지식과 이해를 구성)를 중시한다. 여섯째, 도덕 수업에서 교사는 학생들이 관계를 구성하고 유비들을 만들어낼 시간적 여유를 준다. 일곱째, 도덕 수업에서 교사는 학생들로 하여금 그들의 최초의 가정과 논의의 모순을 발견할 수 있는 경험을 할 수 있도록 해준다. 끝으로, 교사는 학급과 학교가 민주적이고 도덕적인 풍토가 될 수 있도록 노력한다.

구성주의에서 강조하는 이러한 교수 · 학습 원칙에 대한 논의들을 종합적으로 정리해 보면, 실제 수업을 받아야 할 학습자들의 요구와 흥미가 고려되어야 하고, 그들이 지니고 있는 개인의 경험적 지식과 그들의 목소리가 진정하게 가치 있게 받아들여져야 하며, 그들이 이 수업에서 다루는 과제가 실제 생활과 유사한 환경과 특성을 지니면서 그들과 관련된 문제로 제시되어야 하고, 학습자들에게 반성적이고 비판적인 사고의 기회를 제공해 줄 수 있어야 하며, 학습자가 속해있는 구성원 간의 협동 학습적 환경을 제공해 줄 수 있어야 한다는 점이다.

여기서는 구성주의적 도덕교육은 무엇보다 도덕 발달을 촉진할 수 있는 환경과 경험을 학생들에게 부여해 주어야 한다는 점에 주목하면서, 구성주의적 교수 · 학습 원리에 관한 포괄적이고 추상적인 접근 대신 초 · 중등 도덕과 교육을 위한 구성주의적 교수 · 학습 환경 조성의 구체적인 방법들을 탐색하고자 한다.

1) 뉴먼과 오노스코의 구성주의적 학습 환경

지적이고 도덕적인 발달을 위해 반성적 사고 및 구성주의적 학습 방법을 강조한 뉴먼과 오노스코의 연구(Newmann, 1990a, 1990b; Onosko, 1990, 1991)는 구성주의적 도덕교육의 영역에 많은 시사점을 제공한다. 그들이 경험 연구를 통해 얻은 7가지의 구성주의적 학습 환경을 위한 조건들에는 지적인 도전감을 불러일으킬 수 있는 질문과 과제 부여, 도덕적 숙고의 모델링으로서 교사, 이유에 대한 신중한 고려 및 결론에 대한 구체적인 설명, 배려하는 분위기의 형성, 교사 중심의 전체 그룹 토론, 교사의 학생들에 대한 높은 기대 수준, 그리고 다양한 자료의 사용 및 해석 등이 있다.

첫째, **지적인 도전감을 불러일으킬 수 있는 질문과 과제 부여** : 우선 교사들은 학생들이 토론하는 동안 그들이 가진 불분명하고 애매한 개념들을 명료하게 이해할 수 있도록 돕는 질문들이나 반대적 입장의 예시들(counter examples)을 제공함으로써 현대 사회의 복잡한 도덕적 문제들을 다양한 시각에서 접근할 수 있도록 지도해야 한다. 특히 학습자들이 좁은 관점(예를 들어, 이러한 해결책이 내게, 내가 소속된 집단에, 그리고 우리 국가에 무슨 이득이 되는가?)에서 벗어나 보다 폭넓은 도덕적 관심을 견지하며 사고할 수 있도록 고무시켜 주어야 한다.

둘째, **도덕적 숙고의 모델링으로서 교사** : 학생들에게 지적인 도전감을 갖도록 하기 위해서는 무엇보다 교사 자신이 도덕적 숙고의 모델링이 되어야 한다. 예를 들어, 교사들은 학생들의 의견과 도덕 문제에 대한 대안적 접근에 대해 깊은 관심을 보여야 하고, 단순히 교과서에 기술된 입장을 채택하기보다 어떤 도덕적 문제에 대한 여러 관점이 존재하고 있음을 보여줌과 동시에 이것들이 어떤 측면에서 수용 가능하고 어떤 측면에서 수용할 수 없는지를 타당한 근거와 함께 제시하려고 노력해야 한다.

셋째, **이유에 대한 신중한 고려 및 결론에 대한 구체적인 설명** : 복잡한 도덕 문제에 대한 해결책은 결코 단순할 수 없다. 학생들이 제시하는 의견의 타당도는 그것을 뒷받침하기 위해 제시하는 설명의 질에 달려있다. 그러므로 결론에 대한 구체적인 설명을 제시하되 반드시 그들 각자의 결론을 뒷받침하는 근거의 제시가 강조되어야 한다.

넷째, **배려하는 분위기의 형성** : 배려적이고 지지적인 분위기는 반성적 사고와 적극적인 지식 구성을 촉진하기 때문에 교실은 반성적 사고에 참여하는 대화의 공동체로 인식될 필요가 있다. 교사들은 학생들이 자신의 의견이나 신념을 동료들과 부담 없이 공유할 수 있다고 느끼는 분위기를 제공하고 있는지 반드시 확인해볼 필요가 있다.

다섯째, **교사 중심의 전체 그룹 토론** : 구성주의적 학습 환경은 학생 상호 간 협동 학습을 중시하지만, 교사 중심의 전체 토의 또한 교사가 코치 및 스캐폴딩(scaffolding)의 제공자 역할을 할 수 있다는 점에서 강조되고 있다. 즉, 교사 중심의 전체 토의의 맥락에서 교사는 도덕적 문제들을 명료화하는 질문을 제기하고, 다양한 동기화(motivation) 전략을 적용할 수 있으며, 학생들의 표현에 대한 구성적인 피드백을 제공할 수 있다.

여섯째, **학생들에 대한 교사의 높은 기대 수준** : 구성주의적 도덕교육의 적용을 위해 학생들의 발달적 단계에 관한 고려는 필요하지만, 교사의 학생들에 대한 기대 수준만은 높아야 한다. 어떤 교사들은 학생들 중의 일부는 학업 성취도가 낮고, 학습 태도가 바르지 못하며, 인지 능력이 부족하기 때문에 도덕적 추론이나 의사결정 과정에 적절히 참여할 수 없다고 판단하면서 구성주의적 접근을 시도하는 데 주저하기도 한다. 그러나 학생들의 지적이고 도덕적인 발달을 추구하는 도덕 교사라면, 이러한 학생들도 그들에게 의미 있는 형태로 학습 활동이 주어진다면 학습에 능동적으로 참여할 수 있고, 적용, 분석, 종합 및 평가적 수준의 과제 수행도 가능하다는 신념을 가질 필요가 있다. 개별 학습자에 대한 존중과 높은 기대 심리는 교사가 학생들의 가능성을 인정하고 그들을 잠재적인 도덕적 주체로 존중해 주는 것이며, 이는 사회 구성주의 이론이 우리에게 주는 중요한 시사점이기도 하다.

마지막으로, **다양한 자료의 사용 및 해석** : 대부분의 교사들은 여전히 교과서에 지나치게 의존하고 있다. 교과서 속의 내용을 구성하는 것이 아니라 삶의 문제를 도덕적으로 구성하기 위해서는 교사의 설명과 교과서 내용을 넘어서 다양한 정보를 수집할 필요가 있다. 또한 책, 학술 논문, 신문, 컴퓨터, 인터뷰 등에서 얻은 자료를 분석하고 이러한 자료에 대한 신뢰도와 유용성을 평가해보는 것은 각종 자료에서 저자들의 편견을 발견하고 다른 저자들에 의해 제시된 비판적 의견에도 관심을 갖게 함으로써 폭넓고 균형 잡힌 시각을 갖게 해 준다.

2) 도덕적 의미 구성을 위한 학제적(interdisciplinary) 접근법

콜버그(Munsey, 1980 참조), 샌딘(Sandin, 1992), 나딩스(Noddings, 1998), 그리고 커틴스(Kurtines et al., 1995)는 현대 사회에서 발생하는 다양하고 복잡한 문제들을 단일 학문 내에서 이해하고 해결책을 마련하기란 결코 쉽지 않다고 강조한다. 특히 도덕적 문제 상황에 대한 윤리 이론의 단순한 적용과 해석, 그리고 가치 관련 의사결정 과정에서 학제적 관점에 대한 무관심은 도덕교육의 질을 크게 손상시킬 수 있다고 경고한다. 프랑케나(Frankena, 1963)에 따르면, 윤리 이론들은 그 성격상 기술적(descriptive)이기보다 규범적이며 처방적이다. 즉 무엇이 옳고 선한지의 문제가 도덕성의 본질적 측면이다. 인간의 도덕성에 관한 우리의 관점을 정립해 가는 과정에서 이러한 윤리 이론들에 대한 이해의 중요성은 매우 중요하지만, 복잡한 도덕 문제에 대한 인식을 윤리적인 관점에만 지나치게 국한시킬 경우 자칫하면 '옳고-그름의 이분법적 논리'만이 강조될 수 있다. 예를 들어, 오존층의 파괴라든가 국가 간 자원 및 부의 불균형 문제를 다룰 때, 정치학, 경제학, 사회학, 생물학, 지리학 등의 다양한 학문적 관점들을 소홀히 하는 것은 도덕적 문제 상황에 대한 보다 포괄적인 문제 인식과 보다 합리적이고 바람직한 문제 해결책을 강구하는 데 걸림돌이 될 수 있다(Jeong, 2003).

3) 사회 구성주의자들이 강조하는 학습 환경 : 주인의식(ownership)과 작가의식(authorship)의 존중

교사들이 사회 구성주의적 입장을 취한다는 것은 보상과 강화 혹은 통제와 같은 스키너적 전통에서의 외재적 동기화가 아니라 "학습에 대한 지속적인 관심(continuing impulse to learn)"이라고 불리는 내재적 동기화를 교실 상황에서 연출할 수 있다는 것을 의미한다(Oldfather, 1999). 이를 위해서는 우선 교사가 학습자들의 독특한 자기 구성적 노력에 대한 존중을 바탕으로 학생들을 지식의 공동 구성자(co-constructors)로서 이해해야 하고, 학생들과의 눈 맞춤을 통한 학습의 중요성을 인식해야 한다. 또한 지식의 소비자가 아니라 능동적인 생산자의 입장에서 학생들의 학습을 촉진시키기 위해서는 자기결정(self-determination), 자기표현(self-expression), 그리고 지식에 대한 주인의식(ownership)의 존중 및 공유의 기회를 최대한 많이 제공할 필요가 있다.

가장 오래된 도덕교육 접근법 가운데 하나이고, 최근 미국에서 성행하고 있는 인격교육에서 가장 널리 활용되고 있는 접근법인 내러티브(narrative)는 학생들에게 자신의 도덕적 이야기의 작가가 됨으로써 작가의식(authorship)을 획득하고 도덕성 발달을 위한 기회를 제공하는 데 기여할 수 있다(Tappan, 1997). 개인이 자신의 실제 도덕 경험을 내러티브를 통해서 표현하고 그것에 의미를 부여할 때, 도덕성 발달 과정의 중요한 측면이 그들이 말하는 자신의 실제 경험에 대한 도덕적 이야기를 통해서 표현되고 고양되기 때문이다. 학생들은 자신의 도덕 경험의 인지적, 정의적, 행위적 측면을 내러티브를 통해서 표현함으로써 자신의 도덕적 시각에 의거하여 자신의 경험을 반성할 기회를 갖게 되고, 이를 통해 학습자들은 그 시각에 대한 주인 의식과 자신의 행위에 대한 높은 수준의 책임감도 가질 수 있다.

4) 구성주의적 도덕교육을 위한 내용 선정상의 원칙

구성주의적 도덕교육이 가능하기 위해서는 적절한 교수 · 학습 내용의 선정이 특히 중요하다. 내용 선정 단계에서는 다음과 같은 측면에 대한 고려가 반드시 필요하다(Jeong, 2003).

첫째, **학습할 내용이 학생들의 관심 및 실제적 삶과 밀접하게 관련되어 있는가?** 도덕교육에서 가장 핵심적인 덕목들로는 정의, 배려, 사회 질서, 권리, 책임, 관용 등을 들 수 있다. 이러한 덕목들을 학생들의 실제적 삶의 상황에 적용시켜줄 수 있는 학습 경험은 학생들에게 이러한 덕목들에 대한 심층적 이해와 인지적인 비평형을 유발시키는 기회를 제공하게 된다. 실제 상황성이 깃든 과제나 학습 내용은 단순한 교과서 중심적 학습 내용보다 훨씬 인지적이고 도전적이고 깊은 사고를 요하게 되며 당연히 학습자들로부터 과제에 대한 주인 의식과 학습에 대한 내적 동기 부여를 기대할 수 있다.

둘째, **학생들의 자아 성찰적 · 비판적 사고를 촉진할 수 있는 내용인가?** 구성주의적 도덕교육을 위해 필요한 내용은 다양하고 복잡한 가치 관련 문제들을 반성적이고 비판적인 방식으로 접근할 수 있도록 학생들을 돕는 것이어야 한다. 즉, 학생들 스스로 반성적 · 비판적 사고를 통해 복잡한 도덕적 문제에 관한 합리적이고 바람직한 해결책을 찾을 수 있는 것이어야 한다.

셋째, **학생들의 자율적인 의미 구성이 행동적 차원으로 연결될 수 있는가?** 단순히 논쟁으로 끝나는 것보다는 사회적 변화의 과정에 직접 참여하거나 도덕적 행동으로 연결시킬 수 있는 주제가 보다 적합하다. 예를 들어, 낙태에 관한 토론 및 해결책 탐색 이후에 학생들이 그들의 의견을 정부 기관이나 여론 형성에 영향을 줄 수 있는 미디어에 직접 보내는 방법을 고려할 수 있다.

넷째, **가치 충돌(갈등)이 논의의 핵심에 있는가?** 도덕 교사들은 학생들을 어떤 문제 상황에 대한 학습에 참여시키기 전에 반드시 가치 충돌(갈등)이 논의의 핵심에 있는지 점검해야 한다. 도덕적 문제들은 어떤 행위 주체에 대해 옳다거나 좋다는 판단을 이끌고, 이러한 판단의 질은 정의, 안보, 사랑과 같은 덕목이나 원칙에 근거하여 제시될 때 보다 향상된다.

다섯째, **다룰 내용이 학생들의 발달 단계에 적합한가?** 초등학교 1학년 학생들에게 성차별과 관련하여 두 개의 대립된 관점을 제시한 신문 사설을 배부하고 찬반 토론 활동을 전개한다고 가정해보자. 이 경우, 인지발달론적 측면에서 구체적인 사례의 제시가 보다 적합한 아동들에게 추상화된 내용의 제시는 부적절하며, 초등학교 1학년 학생들에게는 1차 자료보다는 2차 자료의 활용이 보다 적절할 수 있다는 점에 대한 고려가 필요하다는 점을 지적할 수 있다.

끝으로, **자료 수집이 가능한 내용인가?** 아무리 중요하고 흥미 있는 주제라고 하더라도 이러한 주제에 대한 자료를 충분히 구할 수 없다면, 학생들의 자율적인 의미 구성에 심각한 한계를 초래할 수 있다. 책, 학술 논문, 신문, 인터넷, 인터뷰, 잡지, 라디오, 텔레비전, 관찰 등은 의미 있는 학습을 위한 매우 유용한 정보의 원천이다.

5. 구성주의적 도덕교육의 학교 환경적 조건

구성주의적 교수 · 학습을 위한 학교 환경적 특성을 밝히는 과정에서 래드윅(Ladwig, 1991)은 '조직적 구조개선'과 '프로그램의 향상 노력'을 구분하여 각각을 정의하였다. 교사 1인당 총 수업 시간, 교사들에게 주어진 수업 계획 및 연구 시간, 학급당 학생의 수, 교사 1인당 전체 학생 수라는 측면은 조직적 구조에 포함되었고, 학생들의 도덕적 사고를 촉진하기 위한 커리큘럼의 개발, 지도 방법 개선을 위한 교사 상호 간 수업 관찰, 그리고 학교 차원 및 교과 차원에서 구성주의적 수업 환경 조성을 위한 공유된 시각 등은 프로그램의 향상 노력에 포함되었다. 경험 연구의 결과, 학생들의 반성적 사고 및 적극적인 지식 구성을 돕기 위해 보다 중요한 차원은 조직적 구조의 개선보다는 프로그램의 향상을 위한 학교 및 교과 차원의 노력인 것으로 밝혀졌다.

이러한 연구 결과는 '구성주의에 관한 공유된 시각 및 개념화, 교사의 전문성 계발, 커리큘럼의 공동 개발 및 수정, 그리고 교장과 교과 부장 교사의 지도력 발휘'를 구성주의적 교육을 위한 학교 환경적 조건이라고 보고한 킹(King, 1991)의 경험적 연구의 결과와 매우 유사하다. 구체적으로 킹은 구성주의적 교육을 성공적으로 적용하고 있는 학교들의 환경적 특성을 다음과 같이 보고하였다.

첫째, **구성주의에 관한 공유된 시각 및 개념화** : 동일 교과에 소속된 교사들은 해당 교과 차원에서 구성주의의 의의와 필요성에 대한 공유된 시각 및 개념화를 지니고 있다. 또한 이들은 학습자들에 관한 그들의 신념과 교사로서 그들의 역할에 관한 신념들을 공개적으로 토론한다.

둘째, **교사의 전문성 계발** : 타 학교 방문, 교과 전문가의 도움, 구성주의 관련 워크숍 및 학회 참석 등은 구성주의에 대한 이해의 심화와 해당 교과에서의 구성주의적 지도 방법의 적용을 위한 기초를 제공한다. 특히 교사들에게 유용한 워크숍 주제들은 협동 학습의 구성주의적 적용, 스캐폴딩(scaffolding) 기술, 문제 해결 학습, 구성주의적 평가 전략 등이다.

셋째, **커리큘럼의 공동 개발 및 수정** : 구성주의적 교수 · 학습을 향상시키려고 노력하는 학교는 학생들의 지적이고 도덕적인 발달을 위해 지속적인 커리큘럼 수정과 향상에의 노력을 기울인다. 교과 부장 교사를 중심으로 교과 단위로 진행되는 커리큘럼의 공동 개발 및 수업 설계 활동은 실제 교실에서 교수 · 학습 과정이 어떻게 진행되고 있는지를 반성적으로 진단하고 구성주의의 개념에 보다 근접하기 위한 노력의 일환이다.

넷째, **교장과 교과 부장 교사의 지도력 발휘** : 교장과 교과 부장 교사의 지도력은 교사 상호 간의 협동을 촉진하고 교과 내에서 구성주의에 관한 공유된 시각 및 개념화를 유도한다. 효과적인 지도력은 교수 · 학습에 관한 교사 간 대화를 촉진하고 반성적 사고와 건전한 비판 분위기를 형성시키는 데 기여한다.

6. 구성주의적 도덕교육을 위한 교사 교육적 조건

주로 강의식 프로그램과 교재 위주로 진행되는 교사 양성 교육의 과정은 이들이 교사가 된 이후에 이와 유사한 방식의 수업을 적용할 가능성을 높인다(McDiarmid, 1994). 교실에서 대학 교수로부터 주어지는 권위적 설명에 익숙해진 예비 교사들은 교수 목표와 구성주의에 관한 개념 등을 비활성(inert) 지식의 형태로 전수받게 된다. 이와 같이 교수 중심의 교육과 전수에 의한 학습 형태는 예비 교사들에게 조용하고 순종적인 교실 환경이 학습을 위한 보다 적합한 환경인 것으로 잘못 생각하게 만들기도 한다.

그런 이유에서, 맥더미드(Williamson McDiarmid)는 예비 교사들은 해당 과목 교수나 동료 학생들과 더불어 교육 목표나 구성주의의 개념 등에 관한 다양한 이해를 공유하고 평가할 필요성을 제기한다. 즉 사범대학이나 교육대학에서의 교수 · 학습 방법 자체가 구성주의적 관점과 일관되어야 한다는 것이다. 따라서 대학 강의실에서 예비 교사들은 참여 민주주의에서 실행되는 지지적인 환경 속에서 정보를 무비판적으로 흡수하지 말고, 이를 평가하고 활용할 수 있는 기회를 가져야 한다는 것이다.

아레돈도와 루신스키(Arredondo & Rucinski, 1998)는 대학에서의 교사 양성 교육과정에서 반드시 다루어야 할 부분은 우선 지식과 지식 획득의 성격에 관한 인식론적 논의임을 강조하고 있다. 선행 연구(Arredondo & Rucinski, 1998; Clark & Peterson, 1986; Clark, 1988; Prawat, 1992)에 따르면, 지식에 대한 교사들의 근본적인 관점과 지식 획득이 어떻게 가능한가에 관한 그들의 시각은 구성주의적 교수 · 학습의 실천과 학생들의 인지적 · 도덕적 성숙에 영향을 미친다. 이러한 연구들은 또한 지식은 끊임없이 변화하는 것이고 불확실한 것이며 어떤 지식은 이미 발견되었으나 상대적으로 적은 부분만이 변화하지 않는 것으로 간주하는 구성주의적 인식론에 대한 신중한 고려 없이 구성주의를 교수 전략이나 기법으로 이해하려는 편협한 접근은 결코 성공할 수 없음을 강조하고 있다. 그러므로 사범대학이나 교육대학의 교사 교육과정에서 교사의 인식론에 관한 심층 논의는 교사 교육의 과정에서 반드시 살펴보아야 할 측면이다.

다음으로, 본 연구자의 관점에서 보자면, 도덕교육을 성공적으로 수행할 수 있기 위하여 예비 교사들은 우선 교과 내용 영역과 교수 방법 영역에서 전문가가 되어야 하고, 발달의 도덕적 차원(예를 들어, 피아제, 콜버그, 듀이 이론 등)과 학교 교육의 도덕적 차원(예를 들어, 공자, 아리스토텔레스, 나딩스 이론 등)에 대한 충분한 지식을 갖추어야 하며, 인간발달의 다양한 측면(예를 들어, 자아/사회

심리적, 정의적/감정적, 인지적, 행동적 영역 등)에 통합적으로 접근할 수 있는 능력을 지녀야 한다. 특히 구성주의적 도덕 발달의 관점에서, 도덕적 추론의 단계에 대한 이해와 주요 발달 이론에 대한 이해는 학생들과 의미 있는 도덕적 대화를 추구하는 예비 교사에게 반드시 필요한 부분이다. 즉 학생들의 다양한 반응을 발달적 측면에서 파악하고 다음 단계로의 발달을 촉진하려면, 우선 도덕 교사는 도덕성 발달 이론에 대해 충분한 사전 지식을 갖추어야 하고, 특히 중등학교 단계에서는 교사 자신이 도덕적 추론에서 인습 이후 수준의 발달 능력을 보일 필요가 있다. 만약 교사가 학생들보다 낮은 단계의 도덕적 추론 단계를 보인다면, 아동들을 현재의 수준에 비해 한 단계 높은 수준의 추론에 접하게 하는 것(plus one strategy)은 사실상 불가능하다.

7. 결론 : 초·중등 도덕과 교육을 위한 구성주의적 접근의 시사점과 한계

1) 요약 및 초 · 중등 도덕과 교육에서 구성주의적 접근의 시사점

본 연구는 우리 사회의 민주주의적 원칙이 교실 문화에서 적용될 수 있기를 기대한다면, 그리고 자율적인 도덕성을 지닌 민주 시민으로의 성장을 초 · 중등 도덕과 교육의 중요한 목표로 설정한다면, 가르치는 사람 중심에서 배우는 사람, 비활성(inert) 지식의 주입으로부터 학생들에게 적합한 맥락적 지식 중심, 획일적 환경에서 풍부하고 다양한 학습 환경으로의 변화를 강조하는 구성주의적 관점을 신중하게 고려할 필요성을 제기하였다. 하지만 우리가 초 · 중등 도덕과 교육을 통하여 도덕 문제에 대한 학생들의 자기 결정력을 신장시켜 줄 수 있기를 원한다면, 무엇보다 구성주의적 인식론과 상대주의 인식론을 동일시하여 학생들에게 도덕적 상대주의를 조장시켜주는 잘못을 범해서는 안 된다는 점을 분명히 하였다.

또한, 사회 · 문화적 상황이라는 변수를 고려하지 못한 채 서양의 문화 및 학교 풍토의 산물인 구성주의적 관점을 한국의 학교 및 교실에서 적용하기 위한 방법적 탐색에만 초점을 맞추는 것은 매우 위험하다는 지적과 함께, 인식론적이고 발달적인 측면에서 한국의 학생들도 구성주의적 도덕교육이 적합할 수 있는가를 선행 연구들의 종합적 분석을 통해 검토하였다. 그 결과, 미국과 한국 학생들 모두에게서 이미 정해져 있는 사회적 규범을 권위에 의존하여 후속 세대들에게 일방적으로 전수시키는 과정이 아니라 학생 스스로가 도덕적 기준을 형성해 가는 능동적인 자율적 성장이어야 한다는 도덕교육의 구성주의적 관점을 뒷받침하는 경험적 근거를 마련할 수 있었다. 또한 한국의 학생들도 발달론적 관점에서 구성주의적 방법을 도덕과 교육에 적용하는 데 문제가 없음을 확인하였다. 이어서, 본 연구에서는 구성주의적 학습 원리를 어떻게 우리의 도덕과 수업과 학교에 적용할 수 있는가에 대한 다양한 방법과 이를 위한 교사교육의 방향성을 제시하였다. 초 · 중등 도덕과 교육에서 구성주의적 접근이 갖는 시사점을 제시하면 다음과 같다.

우선 도덕 발달을 촉진할 수 있는 교수 · 학습적 환경의 측면에서는 뉴먼과 오노스코가 지적했듯이, 지적인 도전감을 불러일으킬 수 있는 질문과 과제 부여, 도덕적 숙고의 모델링으로서 교사, 이유에 대한 신중한 고려 및 결론에 대한 구체적인 설명, 배려하는 분위기의 형성, 교사 중심의 전체 그룹 토론, 교사의 학생들에 대한 높은 기대 수준, 그리고 다양한 자료의 사용 및 해석 등이 강조되는 교수 · 학습 환경을 조성해야 한다. 또한 샌딘, 커틴스, 그리고 나딩스가 지적했듯이, 현대 사회에서 발생하는 복잡한 도덕적 문제 상황에 대한 의사결정 과정에서 윤리 · 도덕적 관점만을 내세우기보다 학제적 관점의 고려를 통해 도덕적 문제 상황을 폭넓게 이해하고, 한 차원 높은 수준의 해결책을 모색할 수 있는 기회를 부여해야 한다. 사회적 구성주의자들이 강조했듯이, 도덕과 수업에서는 지식에 대한 주인의식(ownership)을 존중하고 작가의식(authorship)을 획득하게 하여 도덕성 발달을 위한 가능성을 열어 주어야 한다. 한편, 구성주의적 도덕교육이 가능하기 위해서는 교수 · 학습 내용 선정상의 주요한 기준들에 이해가 필요함을 강조하였다.

구성주의적 도덕교육의 학교 환경적 측면에서는, 우리가 처해 있는 교육적 상황(입시제도, 중앙 집권적 커리큘럼, 과밀 학급)을 개선하기 위한 노력도 중요하지만, 보다 많은 노력이 요구되는 부분은 학교 내부에서 도덕 교과 교육의 목표를 구성주의적 맥락에서 재확인하고, 수업 설계 및 교수 전략을 도덕 교사 상호 간에 비판적으로 공유하며, 동료 교사의 수업 참관을 통해 상호 도움이 될 수 있는 관계를 형성할 수 있도록 노력해야 한다.

구성주의적 도덕교육을 위한 교사 양성적 측면에서는 사범대학이나 교육대학에서의 교수 · 학습 방법 자체가 구성주의적 관점과 일관될 필요가 있으며, 예비 교사들은 지식과 지식 획득의 성격에 관한 인식론적 논의의 기회를 가져야 한다. 또한 예비 교사들은 교과 내용 영역과 교수 방법 영역에서 전문가가 되어야 하고, 발달의 도덕적 차원과 학교 교육의 도덕적 차원에 대한 충분한 지식을 갖추어야 하며, 인간발달의 다양한 측면을 통합적으로 접근할 수 있는 능력을 지닐 필요가 있으므로, 이에 대응하는 교육과정의 마련이 요구된다.

2) 초 · 중등 도덕과 교육에서 구성주의의 한계 및 향후 연구 방향

도덕성은 인지, 정서, 행동 등 다양한 측면에서 연구되고 있고, 이 세 측면은 근본적으로 도덕교육의 실제에서는 분리될 수 없으며 상호작용적 상승효과도 기대할 수 있는 만큼, 인지적 · 사회적 구성주의의 입장을 균형 있게 발전시켜야겠지만, 구성주의 이외의 다양한 도덕교육 이론들(특히 인격교육)이 줄 수 있는 도덕교육적 시사점을 통합적으로 연결할 필요가 있다. 예를 들어, 굿맨(Goodman, 2000)은 유아 및 초등 도덕교육에서 피아제식의 구성주의는 수정을 필요로 하고 있으며 전통주의(특히 인격교육적 방법)와 구성주의적 학습 방법의 통합은 도덕적인 문제의 성격과 아동의 발달 상황에 의해 결정되어야 한다고 주장한다. 전자(도덕적인 문제의 성격)와 관련된 물음은 “제시된 도덕적 문제 상황이 혹시 아동들 간에 이견이 있을 수 없는 비협상적 성격의 가치인 것은 아닌가?”이고, 후자(아동의 발달 상황)와 관련된 물음은 “인지적 자기중심주의와 도덕적 실재론에 해당하는 시기의 아동들이 실제로 합리적인 혹은 탈중심적인 선택을 할 수 있는가? 즉 아동들은 도덕적인 문제를 객관적으로 고려할 수 있을 정도로 충분히 합리적인가?”이다. 그는 바로 이러한 문제에 대한 대답이 명확해지지 않는다면, 아동 도덕교육의 방법에 대한 교사들의 혼란은 불가피할 것이라고 진단한다.

계속해서 굿맨(Goodman, 2000)은 도덕성이 각자의 삶에서 잠재적인 힘을 갖기 위해서는 자기 선택적 신념 체계(self-chosen belief system)를 가져야 한다고 주장한다. 그러한 체계를 구성하기 위하여 우리는 흔히 상충되는 가치들 간에 무엇을 보다 우선적으로 두어야 할 것인가를 결정해야 하며 상황의 변화에 따라 그들의 가치 체계를 수정해야 할 것이다. 하지만 흔히 전조작적 단계에 있는 아동들은 이러한 결정을 내릴 수 없다. 굿맨에 따르면, 피아제 이론에 근거한 드브리스 등(DeVries, Hildebrandt, & Zan, 2000)의 “자기조절”과 “자기 구성적 원리”는 대부분의 유아들과 일부 초등학생들의 능력을 넘어서고 있다. 사실상 아직 자기중심적(egocentric)이고 타율적인 아동에게 자율적인 결정을 요구하는 것은 발달론적으로 부적합하고 그러한 교육적 노력은 실패로 끝날 가능성이 높다. 그러므로 굿맨은 교사의 적절한 권위 사용의 필요성을 제기한다. 이러한 권위는 특히 어떤 사회가 공유하고 세대를 초월하여 전수하기를 원하는 중요한 가치의 측면에서 작용되어야 한다고 본다.

끝으로, 구성주의적 도덕교육의 뿌리를 서양의 전통에서만 찾을 것이 아니라, 우리의 오랜 도덕 · 종교 교육적 전통 속에서 발굴하려는 노력 또한 필요하다. 이러한 노력의 일환으로, 목영해(1998)는 인식론에 주된 관심을 두는 서양적 구성주의와 심성론 및 도덕론에 더 많은 관심을 두는 동양적 구성주의를 제시하고 있다. 목영해에 따르면, 동양의 오랜 전통 사상적 뿌리 속에 있어 온

"일체는 마음이 만든다."라는 불교 사상과 "인식은 사물을 있는 그대로 단순히 수용하는 것이 아니라 인식 대상을 구성하는 일이다."라는 양명학의 사상은 바로 구성주의의 본질에 해당되는 것이라고 한다. 이러한 관점에서 본다면 구성주의적 도덕교육의 뿌리는 우리의 오랜 인격교육적 전통 속에 녹아 있었다고도 볼 수 있겠다.

제11장
덕교육론

정상적인 인간은 측은해할 줄 알고, 부끄러워할 줄 알며, 사양할 줄 알고, 옳고 그른 것을 가릴 줄 알며, 사랑할 줄 아는 불변하는 인간성을 가진 존재자이다. 인간은 불편부당한 생각을 할 수 있고, 양심 성찰을 할 수 있는 존재이다(진교훈, 1992). 이와 같이 모든 인간 존재가 본성적으로 윤리적 존재이고, 가치지향적 존재임에도 불구하고 현대의 우리들은 무엇이 가장 높고, 지속적이며, 중요한 가치인지를 알지 못하며, 그리하여 더 높은 가치보다는 낮은 가치에 눈멀어 삶이 황폐화되고 있다. 현대사회를 생각해 볼 때 주자(朱子)가 『서경』을 빌려 중용장구서(中庸章句序)에서 "인심(人心)은 유위(惟危)하고 도심(道心)은 유미(惟微)하다."라고 강조한 것과 같은 시대임을 절감케 한다. 이처럼 가치 혼란의 시대를 맞게 된 이유는 다양한 관점에서 제시될 수 있겠지만 교육적 측면에서 살펴볼 때, 우선 전통과의 단절에 따른 도덕적 합의의 부재 및 전인적 인간양성의 실패라는 면을 들 수 있다.

매킨타이어(1984)의 진단에 의하면, 오늘날의 도덕철학이 처해 있는 상황은 한 마디로 혼란이다. 오늘날에는 사람들 사이에서 도덕적 합의를 거의 찾아볼 수 없는데 그 이유는, 매킨타이어에 의하면, 우리는 어떤 일관된 하나의 도덕적 전통을 공유하고 있지 않기 때문이다. 현대 사회에서는 여러 가지 다른 전통들이 섞여 있고, 여러 가지 다른 전통에 뿌리를 둔 도덕 언어들이 뒤섞여 있다. 지금 우리가 가지고 있는 것은 하나의 일관성 있는 도덕철학이 아니라 이전의 여러 가지 도덕적 전통들의 조각들뿐이다. 여기서 매킨타이어가 관심을 가지고 분석하고 있는 대상은 물론 서양 사회이다. 그러나 우리 사회를 두고 보더라도 매킨타이어의 이러한 진단은 하나도 틀리지 않는 것처럼 보인다(최병태, 1996).

한편, 사람은 지 · 정 · 의가 함께 어우러진 총체적 인격체이므로 이성에 못지않게 다른 영역 역시 도덕성 발달에 있어 매우 중요하다. 그러나 지금까지 도덕교육에서는 지나치게 도덕성의 원리적 측면에 경도되어 실천적 측면을 고려하지 않은 잘못을 범해 왔다고 해도 과언이 아닐 것이다. 그리하여 이 시대의 교육은 단지 학문적인 인식의 차원에서만 가능하고, 각기 고유한 정신적 존재로서의 인격체와 연관된 교육이 되지 못함으로써 인간성 완성이라는 교육 본래의 과업을 달성하지 못하고 있다는 것이다.

바로 이러한 점들이 현대의 윤리적 위기의식과 도덕의 몰락을 가져오는 데 결정적인 영향을 미쳤다고 볼 수 있다. 따라서 현 상황에서 우리가 어떻게 대처해야 할 것인지, 우리 사회의 도덕생활에 맞는 도덕이론을 어떻게 세울 것인지는 중대한 문제이다. 여기서 전통에 기초한 도덕적 덕교육은 우리에게 풍부한 시사점을 제공한다. 덕교육은 무엇보다도 원리 혹은 규칙에 따른 행위에 관심을 갖는 것이 아니라 사람의 성품에 관심을 갖는다.[62] 덕교육에서는 가장 근본적인 질문이 "그는 어떤 종류의 사람인가?"라는 것이다. 다행히 사람다운 사람이니, 인간다운 인간이니 하는 이 말 자체가 우리네 사회에서는 '인간의 품격'[63]을 평가하는 윤리적 준거이다. 따라서 우리는 내용이 없는 공허한 말들

---

62) 바로 이런 의미에서 어떤 사람들은 의무의 윤리학을 "행위의 도덕(morality of doing)"이라고 부르는 것과 대비시켜서, 덕의 윤리학을 "존재의 도덕(morality of being)"이라고 부르기도 한다. Frankena, 앞의 책, pp. 65~67.

63) 『論語』에서는 "君子는 사람다운 사람(君子人也, 『論語』 泰伯)"이라고 한 것을 본다거나 爲人이라(子曰 女奚不曰, 其爲人也 發憤忘食 樂以忘憂 不知老之將至云爾, 『論語』 學而 18) 하여 사람의 됨됨이, 사람된 품격을 지칭한 것을 보면 우리 동양권 사회에서는 '사람됨', 또는 '사람다

에 의미를 부여하고 씨름할 것이 아니라, 우리의 아이들을 성실한 사람, 정직한 사람, 책임감 있는 사람으로 기르기 위해서 무엇을 어떻게 해야 할 것인지를 생각해 보아야 한다(Anscombe, 1958).

본 장에서는 도덕교육에서 덕교육적 접근의 본질을 규명하고, 그 가능성에 대한 논변을 고찰할 것이다. 또한 덕교육에 대한 철학적 근거로서 덕 윤리학의 전통을 아리스토텔레스에게서 찾아보고, 오늘날 덕교육적 접근을 둘러싼 이론적 논쟁의 중심적 이슈가 무엇인지를 고찰할 것이다. 끝으로, 덕교육적 접근이 우리나라의 도덕교육에 주는 시사점을 모색할 것이다.

1. 덕교육의 의미

최근 도덕교육에 있어 덕교육적 접근에 대한 관심이 되살아나게 된 것은 분명히 덕 윤리학에 대한 관심이 부활된 일과 관련이 있다. 말하자면 덕 윤리학은 도덕교육에 있어 덕교육적 접근의 배경이 되고 있다. 따라서 우리는 여기서 덕 윤리학의 가장 핵심적인 특징 몇 가지를 추출해서 살펴볼 필요가 있다.

첫째, 덕 윤리학은 무엇보다도 원리 혹은 규칙에 따른 행위에 관심을 갖는 것이 아니라 사람의 성품에 관심을 갖는다. 도덕적 성품은 도덕적 행위를 가능하게 하는 중요한 요소이다. 도덕적 성품은 도덕적 행위를 하려는 성향 내지는 태도이다. 도덕적 원리를 이해하고 도덕적으로 사고한다 하더라도 도덕적 행위의 기반으로서 성품이 갖추어져 있지 않으면 그러한 행위의 시발과 지속성이 보장되기 어렵다(Frankena, 1966).

둘째, 덕 윤리학은 도덕생활에서 몇 가지 도덕적 원리들을 추출할 수 있고, 구체적인 도덕적 상황에서는 이 원리를 적용해서 행동하면 올바른 행동을 할 수 있다는 윤리학적 이론의 역할을 부정한다. 아리스토텔레스의 관점에 의하

움'은 인간의 품격을 평가하는 윤리적 준거가 된다.

면, 만일 경험과 실천을 통해서 덕의 본바탕에 관해 명확히 이해를 하지 못하면 아무도 도덕생활에 대하여 숙고할 수 없다. 또한 도덕적 사고는 진공 속에서 작용하는 것이 아니라 어떤 특수한 관점, 덕스러운 생활이라는 어떤 실제적인 개념의 맥락에서 작용한다(Carr, 1991). 오직 덕 윤리학에서 강조하는 올바른 행동을 위한 '판단'이란 보편적 도덕 원리를 구체적인 상황에 적용하는 것이 아니라, 각각의 상황에서 무엇이 적절한지를 파악하는 일종의 실천적 지혜이다.

이렇듯 오늘날 덕 윤리학을 꾸준히 계승, 발전시켜 가고 있는 학자들 역시 인격 내지 도덕성은 어떤 규칙 또는 원리가 아니라 정직, 친절, 사려 등과 같은 것이 몸에 배어 품성화되고, 그럼으로써 도덕적 행동으로 구현되는 것을 목표로 하게 된다(Mayo, 1989). 이러한 유덕한 인격을 기르는 일에 중점을 두는 도덕교육의 관점을 우리는 도덕교육의 덕교육적 접근이라고 부를 수 있다. 즉, 사람의 인격이 덕들로 구성된다는 관점에 기초하여 학생들로 하여금 필요한 덕들을 조화롭게 형성, 발달시켜 가도록 돕는 데 중점을 두고 교육에 임하는 입장을 가리켜 우리는 도덕교육의 덕교육적 접근이라고 부르게 되는 것이다(유병열, 2004a).

2. 덕교육의 가능성에 대한 논의

> 메논 : 소크라테스 선생님, 덕이 가르쳐질 수 있는 것인지 제게 말씀해 주실 수 있습니까? 아니면, 가르쳐질 수는 없고, 훈련(실천)을 통해서 얻어지는 것입니까? 또는 훈련을 통해서 얻어지는 것도 아니고, 배울 수도 없는 것이기에, 사람들에게 선천적으로 주어지는 것입니까? 아니면, 다른 방식(운이나 신의 선물과 같은)으로 주어지는 것입니까?(Cahn, 1990)

『프로타고라스』와 함께 『메논』에서 제기되는 "덕은 가르칠 수 있는가?"라는 물음은 도덕교육에 관심을 가지고 있는 사람들에게 상당히 근본적인 질문을 제기한다고 보아야 한다. 이 질문은 그 자체로 불확실한데 우리가 왜 덕의 중요성과 그것을 획득하는 방법 사이를 방황해야 하는가의 문제이기 때문이다.

여기서 당장 주목의 대상이 되는 것은 소크라테스가 '덕은 가르칠 수 있는 것인가'라는 문제를 직접 대답하지 않고, '만약 덕이 지식이라면 가르칠 수 있다'라는 식의 간접적인 해답을 시도했다는 점이다. 그리하여 이 간접적인 명제는 『프로타고라스』의 마지막 부분에 시사되어 있는바, 덕이 가르쳐질 수 있는가 아닌가는 덕이 지식인가 아닌가에 논리적으로 의존한다는 포인트를 명백히 표면화시키고 있다. 그러나 '덕이 지식인가'라는 소크라테스의 말이 무슨 뜻인지, 이 말을 할 때 소크라테스가 의미했던 바가 무엇인지는 결코 분명하지 않다. 소크라테스는 어디에서도 이 명제의 의미를 체계적으로, 설득력 있게 밝히지 않고 있다. 결국 덕 윤리학적 전통에서 소크라테스의 공헌은 덕은 정의하기가 어렵다는 것을 실제로 보였다는 점과, 간간이 '덕이 지식이다'라는 암시를 통해 진정한 덕의 세계와 진리의 경지를 보여주고 가르치는 덕교육이야말로 모든 교육의 중심임을 시사했다는 점 등에서 찾을 수 있겠다(박병기 · 추병완, 1996).

프랑케나(Frankena, 1965)는 위 인용문에서 제기된 메논의 질문에 대한 가능한 답변은 다음과 같이 네 가지라고 분석했다. (a) 덕은 가르침을 받음으로 전달되고 학습됨으로 획득된다. (b) 덕은 실천에 의하여 전달되고 획득된다. (c) 덕은 자연적으로 본유적이다. (d) 덕은 운명이나 신의 선물이다.

소크라테스나 플라톤은 (a)를 말하고 싶었을 것이나, (d)에 만족하였고 (b)를 무시한 반면에 아리스토텔레스는 (b)를 지지했다. 루소는 (c)를 단언하고 있다. 덕이 전적으로 운이나 운명에 달려있다고 말하는 것은 인간문제의 해결이 우리들의 노력의 범위를 전적으로 초월하고 있다고 말하는 것이 되기 때문에 프랑케나가 위의 네 가지 가능성 가운데서 바라는 것은 (a)와 (b)였다. 그러나 프랑케나는 기본적으로 덕은 가르칠 수 있다는 점에 동의하지만, 교육을 통해 획득될 수 없는 덕도 있음을 밝히고 있다. 이 점을 그는 "문제는 교육이 덕의 획득에 있어서 가능하고 효과적인지가 아니고 어떤 덕들이 교육(교수와 실천)에 의하여 도야되거나 마련되는지가 문제이다."라는 표현을 통하여 우리들에게 분명히 보여주고 있다(Frankena, 1965: 6).

이러한 교육철학적 입장은 아리스토텔레스의 『니코마코스 윤리학』에서 상설된다. 『니코마코스 윤리학』은 덕은 가르쳐질 수 있는가의 여부에 관한 논의, 덕은 지식이라는 소크라테스의 학설에 관한 논의, 그리고 인간에 있어서 최상의 생활로서 지력의 생활을 옹호하는 논의들을 담고 있다. 아리스토텔레스는 메논의 질문에 대한 답은 지적인 덕과 도덕적인 덕 사이에 그어놓은 중요한 부분으로 제시하고 있다. 칸트가 도덕성에 도달하는 방법에 대해 구체적으로 기술하지 않은 데 반해, 아리스토텔레스는 지적인 덕은 교수(teaching)에 의하여 획득되는 반면에 도덕적인 덕은 실천 및 습관(hexies)에 의하여 획득된다고 했다. 매킨타이어(MacIntyre, 1984) 또한 지성적 덕은 '가르침(teaching)'을 통해 이루어지고, 품성적 덕은 '습관적 수행(habitual exercise)'으로 생겨난다고 보았으며, 특히 도덕적 습관의 형성을 그는 '덕의 수련(cultivation of virtues)'이라 하였다.

물론 덕의 획득과정은 너무나 복잡하고, 그 과정에는 너무나 많은 변인이 작용하기 때문에, 덕을 형성시키는 과정에서 우리가 계획하고 통제해서 영향을 미칠 수 없는 부분, 그래서 우연이나 행운의 문제라고 볼 수밖에 없는 부분도 분명히 있을 것이다(최병태, 1996). 그러나 이와 같은 사실이 곧 덕을 가르칠 수 있는 가능성을 부인하는 근거가 되지는 못한다. 가령 어느 정도의 타고난 도덕적 자질의 부분이 있다고 하더라도 그것이 덕의 습득을 위한 후천적인 노력과 교육의 의지를 결코 소홀하게 하지 못하는 것이다. 우리 아이들을 성실한 사람으로 키우려는 모든 노력이 실패로 끝나는 때도 있지만, 우리의 노력이 결실을 맺어서 우리 아이들이 성실한 사람이 되는 경우도 많이 있다. 바로 이런 의미에서 기본적으로 덕은 가르칠 수 있는 것이다.

『논어(論語)』에서는 덕교육의 가능성에 대하여 뚜렷하게 표명치 않았기 때문에, 다만 간접적으로 유추할 수밖에 없다. 양화편(陽貨篇)의 "인간의 천성은 대차(大差)없으나, 다만 후천적인 습관에 의하여 서로 달라진다."[64]에서 "습상원(習相遠)"의 습(習)은 광의의 교육이라 해도 무방하다. 이와 같이 교육의 가능성에 대한 신념이 있었기에 공자는 "회인불권(誨人不倦)"[65]하고, 속수(束脩) 이상의 예(禮)를 치른 사람에게는 가르침을 베풀었고,[66] "무식한 사람이 나에게 성심껏 물어오면, 나는 처음부터 끝까지 다 털어서 그를 가르쳐 줄 뿐이다."[67]라고 술회했던 것이다. 교육의 가능성은 공자의 경우 인(仁)을 정점으로 한 덕교육의 가능성임은 말할 나위도 없다.

요컨대, 비록 덕의 획득의 변인으로서 환경 및 우연이라는 측면과 덕이 다른 유형의 지식들과는 달리 인간의 정의적 영역과도 밀접히 관련되어 있기 때문에 우리는 덕을 가르치는 일이 지극히 어려운 일임을 금방 깨닫게 된다. 그러나 이것이 덕교육의 제한점이 될 수 있을지언정, 덕교육의 가능성 자체를 부인하는 근거는 되지 못하는 것이다.

3. 덕교육의 사상적 배경 : 아리스토텔레스 윤리학에서의 덕론

고대 그리스 사상가들 중에서 덕에 대한 가장 체계적인 탐구를 한 사람은 아리스토텔레스이다. 아리스토텔레스의 덕에 대한 탐구는 풍부한 의미를 내포하고 있으며, 이것은 아리스토텔레스 이후의 사람들이 도덕철학을 하는 데 많은 영향을 미쳤다. 덕 윤리학의 전통을 형성하는 데 있어서 소크라테스나 플라

64) 『論語』, 陽貨 (性相近也 習相遠也)

65) 『論語』, 述而. 2.

66) 『論語』, 述而. 7.

67) 『論語』, 子罕. 7.

톤의 역할이 완전히 무시될 수 있는 것은 아니겠지만, 매킨타이어가 말하고 있는 것처럼, "아리스토텔레스의 덕에 대한 설명은 도덕사상의 전통으로서의 고전적 전통을 형성시키는 데 결정적인 역할을 했다."(MacIntyre, 1984). 아리스토텔레스가 설명하는 덕의 개념은 무엇인가? 아리스토텔레스는 덕의 본질을 논함에 있어, 그것은 정념도 아니고 능력도 아니며 오직 성품의 상태라고 말하고 있다.[68] 부언하면, 아리스토텔레스에게 있어서 덕이란 도덕적으로 탁월한 품성, 즉 도덕적으로 훌륭한 것, 뛰어나서 칭찬받을 만한 것으로서, 인간을 선하게 하며 그 자신의 일을 잘하게 하는 성향 내지 성품을 뜻하며, 그는 이러한 인간의 덕의 근거를 인간의 기능(ergon)[69]에서 찾고 있다. 아리스토텔레스는 인간의 고유한 기능을 이성적 원리를 따르거나 이성적 원리를 내포한 정신의 활동이라고 했으므로 결국 그에 있어서 인간의 덕은 바로 이 정신 활동의 수행과 관계된 것으로 볼 수 있다.

이러한 맥락에서 아리스토텔레스는 덕을 정신의 요소에 따라 구분하고 있다. "덕도 정신의 구분에 따라 여러 가지 종류로 나뉜다. 즉 우리는 덕 가운데 어떤 것을 '지적인 덕(혹은 지성적인 덕)'이라 부르며, 다른 어떤 것을 '도덕적인 덕(혹은 품성적인 덕)'이라 부른다. 철학적 지혜나 이해력이나 실천적 지혜는 지적인 덕이요, 관후라든가 절제는 도덕적인 덕이다."(Nicomachean Ethics, 1103a). 지적인 덕은 이성에 특유한 활동들을 알려주는 탁월성으로서 교육을 통하여 획득되는 반면에, 도덕적인 덕은 영혼의 비이성적인 부분들의 활동을

68) Aristotle, commented by H. H. Joachim, edited by D. A. Rees, The Nicomachean Ethics (Oxford: The Clarendon Press, 1951), 1105a.

69) 희랍어 'ergon'은 일(work), 과제(task), 기능(function), 소유물(possessions), 고유성(property) 등을 의미한다. 일반적으로 'function'으로 영역(英譯)되고 있으나 그보다는 오히려 'property'로 옮기는 것이 적당하다. 왜냐하면 아리스토텔레스는 동물이나 식물에게는 없는 인간의 고유한 특성을 인간의 ergon이라 말하기 때문이다. 마치 눈의 기능은 보는 것이고, 말의 기능은 달리는 것이며, 목수의 기능은 집을 짓는 것처럼 인간의 기능은 아리스토텔레스에 의하면 이성에 따르는 삶이다. 따라서 이러한 인간의 기능을 잘 수행하는 것이 인간의 덕이며, 덕 있는 삶은 바로 인간의 선을 실현하는 것이다. 위의 책, 1097b~1098a.

알려주는 탁월성으로서 습관화와 훈련을 통해서 획득된다. 그러나 그는 도덕적인 덕으로부터 나오는 올바른 행동은 또한 지적 판단의 덕을 필요로 하며, 마찬가지로 지적 판단은 도덕적인 덕을 필요로 한다고 보고 있다(Prior, 1991).

여기서 덕의 요소를 고찰하고, 덕과 그러한 요소들과의 관계를 살펴보는 것은 덕의 성격을 보다 정확하게 이해하는 데 도움이 될 것이다. 아리스토텔레스에게서 덕은 인간 정신의 세 가지 측면의 통합된 도덕적 성향으로 구성된다. 즉, 선에 대해 알고, 느끼고 의욕하며, 행동하는 성향이 그것이다. 덕 있는 사람이 된다는 것은 올바른 판단을 하고 올바른 선택을 하는 사람이 되는 것일 뿐만 아니라, 올바른 감정과 올바른 욕망을 가진 사람이 되는 것이기도 하다. 그런데 이 양 요소는 행동을 직접 해 봄으로써 개발된다. 이 점이 바로 덕교육에 있어서 습관화가 중요한 이유이다.

사실상 덕에 있어서의 아리스토텔레스적 전통은 너무나 풍부하고 영향력이 커서 어떤 사람들은 덕 윤리학이란 다름 아니라 바로 '아리스토텔레스가 제시한 윤리학'이라고 말하기도 한다(Putnam, 1988). 그러나 아리스토텔레스는 근본적으로 인간의 덕을 인간의 기능(ergon)과 연결시켰던 그의 특수한 관점으로 인해 비판을 받기도 한다. 덕 윤리의 회복을 주장하는 매킨타이어조차 완전한 자아성숙을 위해 아리스토텔레스의 목적론(teleology)은 회복되어야 하지만, 그의 형이상학적 생물학에서는 벗어나야 한다고 역설한 바 있다(MacIntyre, 1984).

따라서 현대의 덕 윤리학에서는 형이상학과 생물학에 대한 특정한 관점에 입각하지 않으면서 인간의 덕을 의미 있게 설명하려고 한다. 예를 들면, 핀콥스(Pincoffs, 1986)는 덕과 악을 "사람에 대한 선호와 기피의 근거를 제공하는 성향적 특성(dispositional properties)"이라고 정의하였고, 누스바움(Nussbaum, 1988)은 덕이란 다름 아니라 "각각의 인간의 삶의 측면들에서 적절하게 대처하는 것(appropriate functioning)"으로 정의하였다.

그러나 핀콥스나 누스바움이 사용하고 있는 새로운 덕의 개념은 덕에 대한 아리스토텔레스적인 접근을 모두 포기한 것은 결코 아니며 사실상 아리스토텔레스적 전통에서 완전히 벗어나는 것은 가능한 일이 아닌 것처럼 보인다(최병태, 1996). 특히, 그들은 도덕 내지 도덕성은 어떤 규칙 또는 원리가 아니라 인격의 속성으로서의 정직, 친절, 사려 등과 같은 어떤 성향, 즉 덕을 계발하는 일에 주력하지 않으면 안 됨을 강조한다는 견지에서 그들도 결국 덕윤리에 대한 올바른 접근으로서 넓게 아리스토텔레스의 덕 윤리학을 제안하는 데 일치하고 있다고 볼 수 있다. 요컨대, 유덕한 성품을 기르고자 하는 덕교육적 접근의 기본 관점과 원리는 아리스토텔레스의 덕의 본질에 대한 입론에 기초하여 밝혀질 수밖에 없는 것이다.

1) 행위선택을 위한 실천적 지혜의 강조

아리스토텔레스는 덕이 있는 인격이나 성품을 지니게 되는 것은 덕스러운 행동의 반복을 통하여 가능하다고 보고 있다. 즉, 우리는 정의로운 행동을 함으로써 정의롭게 된다는 논리이다. 그러나 그는 도덕적인 덕의 획득이 단순히 맹목적인 습관화와 실천을 통해서 이루어지는 것이라고는 보지 않았다. 그는 덕을 지니게 하는 것을 가능하게 만들어 주는 습관에 있어서 무엇보다도 합리적 요소의 중요성을 강조하고 있기 때문이다(Sandin, 1992).

아리스토텔레스는 인간의 행위에 관계된 덕을 도덕적인 덕과 지적인 덕의 하나인 실천적 지혜라고 보았다. 행위에 실천적 지혜가 관계한다는 것은 인간의 행위가 본능적인 단순한 동물의 행동과는 다른 '선택'에 의해 이루어지는 행위임을 의미한다(Nicomachean Ethics, 1111b). 실천적 지혜가 구체적으로 행위선택에 어떻게 관련되는가 하는 것은 도덕적인 덕의 특성을 고찰해 보면 분명해진다.

아리스토텔레스는 도덕적인 덕을 선택과 관계되는 마음 내지 몸가짐의 상태라고 정의한다. 여기서 선택이란 중용을 따르는 것을 의미하고 이 중용은 엄격한 산술 평균적인 것이 아님이 분명하다. 그것은 "우리들과의 관계에 있어서의 중용으로서 상이한 기질들의 그리고 상이한 처지들의 사람들에게 달라지는 것이다. 탁월성(arete)이 어려운 것임은 그것이 주먹구구식의 지식의 문제로 돌려질 수 없기 때문이다."(Guthrie, 1950: 155). 그러나 중용이 모든 상황 모든 사람에게 같은 것이 아니라면, 일정한 사태하에서 어떠한 행위가 과연 중용을 얻은 행위인지 추리해 낼 수 있는 일반적인 공식이란 존재하지 않는다.

중용의 인식은 그렇다면 무엇으로 가능한 것일까? 이에 대한 아리스토텔레스의 답은 "중용은 이성적 원리에 의하여, 그리고 또 실천적 지혜를 가지고 있는 사람이 그것을 결정할 때에 기준으로 삼을 원리에 의하여 결정되지 않으면 안 되는 것"이다(Nicomachean Ethics, 1107a). 여기서 실천적 지혜를 가지고 있는 사람이 중용을 결정할 때 삼는 원리라는 것도 결국은 이성의 원리이다. 왜냐하면 실천적 지혜는 정신의 이성적 원리를 내포한 부분의 덕, 즉 지적인 덕 중의 하나이기 때문이다.

결국 중용이 이성의 원리에 의해 결정되는 것이라는 점을 수용하고 나면 유덕한 행위, 즉 중용을 실천하는 행위는 도덕적인 덕만으로는 이룰 수 없다는 결론이 자연스럽게 나온다. 거기엔 반드시 실천적 지혜가 수반되며, 여기서 실천적 지혜란 다름 아닌 인간적 선에 관해 참된 이치를 따라 행위할 수 있도록 하는 상태로서, 자기 자신과 일반적으로 모든 사람들을 위해 좋은 것이 무엇인지를 아는 것이라 할 수 있겠다(Nicomachean Ethics, 1140b).

이와 같이, 아리스토텔레스는 정신의 욕구적 부분이 참으로 좋은 것을 목적으로 의욕하도록 하는 도덕적인 덕과 그 목적 실현을 위하여 가장 적절한 수단을 선택하도록 하는 지적인 덕의 사려가 협동하는 데서 도덕적 행위의 가능성을 찾고 있다. 즉, 그는 중용을 선택하는 능력과 관련하여 논하고 있으며, 그러한 선택은 실천적 지혜에 의하여 가능함을 보여주고 있다. 따라서 덕은 "성품과 관련된 선택의 한 형태"라는 표현 속에서 잘 나타나고 있듯이, 그는 여기서 실천적 지혜의 계발이 덕스러워지는 과정의 일부가 됨을 강조하고 있는 것이다.

아리스토텔레스가 강조한 실천적 지혜는 동양고전으로서 『중용(中庸)』의 핵심인 '시중(時中)'과 일맥상통한다. 인의예지의 사덕과 오륜에 대해서 아무리 상세하게 배워 알아도 중용의 진수인 '시중'의 의미를 깊이 깨닫고 그 의미를 그러한 덕목에 연결하여 소화하지 않는 한, 공허한 지식이 되고 말 것이다.

『중용』 2장에 보면, "군자의 중용은 때와 상황에 알맞은데, 소인의 중용은 그렇지 않다."[70]라는 공자의 말씀이 있다. 이 내용 가운데 관심을 가져야 할 것은 '시중'이다. 때와 장소에 따라서, 처지와 여건에 따라서 거기에 알맞게 적절한 행위를 할 수 있는 것, 그것이 바로 '시중'이다. 따라서 중용의 핵심은 어떤 고정된 덕목의 맹목적인 실천에 있는 것이 아니라 환경이나 상황에 따라 그때그때 적절하게 덕목을 행동화시킬 수 있는 능력에 있음을 알 수 있다.

유가의 경전을 보면 도덕적 갈등상황을 보여주는 이야기가 가끔 나온다.[71] 이러한 도덕적 이야기들의 대부분은 그 자체 내에 나름대로의 정당한 논리를 지니고 있다. 그러한 정당화는 이야기 속의 인물을 통해서, 혹은 그들이 선택했던 옳고 그른 행동의 결과를 통해 나타나기도 한다. 더욱 중요한 것은 도덕적 이야기의 어떤 형태에 접하게 될 때, 학습자로 하여금 인간으로서 지극한 경지에 있는 사람들은 그러한 갈등상황을 어떻게 적절하게 해결했는지에 대해서 깊이 생각해보게 하고, 나 자신이라면 어떻게 했을 것인가에 대해서 생각해 볼 수 있게 하는 자료가 되는 것이며, 이로 인하여 '시중'의 의미를 터득하게 하는 계기가 되어주는 것이다.

이러한 중용의 핵심인 '시중'이 덕교육의 지적인 측면에서 갖는 의미를 살펴

70) 『中庸』, 第二章 (君子之中庸也 君子而時中, 小人之中庸也 小人而無忌憚)

71) 하루는 맹자의 제자가 맹자에게 이런 질문을 했다. 지극한 성인인 순(舜)이 임금이고 유명한 법관이었던 고요가 재판관일 때, 만일 순임금의 아버지 고수가 살인을 범하였다면, 이런 경우 고요는 어떻게 했을 것이며 순임금은 어떻게 했을 것인가? 이 경우는 분명히 고요나 순임금에게 있어서 도덕적인 갈등상황이라고 할 수 있다. 이에 대해 맹자는 고요는 법에 의해 고수를 잡아들였을 것이며, 순임금은 야밤에 임금의 자리도 내버리고 아무도 몰래 아비인 고수를 업고 멀리 바닷가로 도망가서 父子의 정을 즐기며 살았을 것이라고 답변했다. 『孟子』, 盡心章句.

보면, 학습자에게 어떤 특정 덕목을 비판적 성찰의 과정 없이 무조건적으로 받아들이도록 강요하기보다는 도덕적 갈등상황을 보여주는 이야기나 교훈적 이야기를 통해 우리가 어떠한 교훈을 얻을 수 있는지를 탐색하고 주관적인 평가(나라면 어떻게 했을 것인가?)를 진행함으로써 때와 상황에 따라 적절하게 실천할 수 있는 인간을 길러야 한다는 점이다.

2) 덕의 함양에 있어 도덕적 감정계발의 강조

아리스토텔레스는 덕이란 선택과 관련이 있을 뿐만 아니라 또한 행동, 성향과도 관련되어 있음을 지적하고 있다. 즉, 덕은 한편에서 보면 행동하려는 성향이지만 다른 측면에서 보면 그것은 느끼는 성향이기도 하다. 그러나 아리스토텔레스의 이 말은 코스만(Kosman, 1980: 190)이 지적하고 있듯이, 어떤 덕들은 행동에 관한 성향들이고 다른 덕들은 감정에 관한 덕들이라고 해석되어서는 안 된다. 아리스토텔레스가 의미하는 바는 "어떤 하나의 덕은 일련의 행동들과 감정에 관한 성향"이라는 것이다.

그러나 덕들은 감정들 그 자체는 아니다. 아리스토텔레스는 왜 덕들이 감정들로 이해되어서는 안 되는지에 대한 몇 가지 이유를 제시하고 있다. 첫째, 우리는 우리가 가진 감정에 따라 선하다거나 악하다는 말을 듣는 것이 아니다. 둘째, 우리는 우리가 가진 감정 때문에 칭찬을 받거나 비난을 받는 것은 아니다. 예컨대 단순히 공포나 분노를 느낀다고 해서 칭찬을 받거나 비난을 받는 것이 아니라 그것을 어떠한 경우에 어떠한 방식으로 느끼느냐에 따라서 칭찬을 받거나 비난을 받는다. 셋째, 감정은 우리가 선택하는 것이 아니지만 덕은 무언가 선택을 포함하고 있는 것이다. 넷째, 우리가 덕이나 악덕을 가졌을 때는 우리는 어떤 '상태에 있는' 것이지만 우리가 감정에 대해서 말할 때는 마음이 '움직인다(moved)'고 말한다. 따라서 분노, 두려움, 기쁨 등의 감정을 느끼는 것은, 비록 그것이 덕이나 악덕과 관계가 있긴 하지만, 감정들 그 자체는 덕도 아니고 악덕도 아니다(Nicomachean Ethics, 1105b~1106a).

아리스토텔레스에 의하면 감정은 쾌락과 고통에 관한 느낌과 욕구를 내용으로 하고 있기 때문에 사람이 무엇에 대해 쾌락과 고통을 느끼고 의욕하는지 여부가 그의 덕스러운 인격을 나타내주게 된다고 보고 있다. 예를 들어, 친절한 사람은 친절한 행동을 하면서 기쁨을 느끼는 데 반해서 친절하지 못한 사람은 친절한 행동을 하면서 고통을 느낀다. 아리스토텔레스에게 있어서는 덕 있는 사람은 단지 옳은 행동을 하기만 하는 사람이 아니라 그것을 즐거워하면서 하는 사람이다. 바로 이 점에서 아리스토텔레스가 말하는 덕 있는 사람은 단지 자제력이 있는 사람과 구별되는데, 자제력이 있는 사람은 자신의 충동에 맞서서 고통스럽게 옳은 일을 행하는 사람이다.

따라서 아리스토텔레스가 보기에는 비천한 것, 추악하고 야비한 것, 나쁘고 부끄러워할 만한 것을 하면서, 혹은 다른 사람이 그런 것을 하는 것을 보면서, 기쁨을 느끼고 즐거움을 느끼는 사람은 아예 희망이 없는 사람이다. 이런 사람은 아무리 말로서 훈계하고 가르쳐서 바로잡으려고 해도 잘 되지 않는다. 그것은 마치 척박한 땅에 떨어진 씨앗이 잘 자라지 못하는 것과 같다. 바로 이런 점에서 본다면 적절한 감정의 상태를 갖는 것은 덕 있는 사람이 되기 위한 기본적인 조건이다.

최근 감정윤리학의 대표적인 사람으로서 오우클리(Oakley, 1992)는 이러한 아리스토텔레스의 전통 속에서 도덕적 가치를 이해하고자 한다. 즉, 아리스토텔레스가 말한 "도덕적 덕목은 우리에게 올바른 행위를 하도록 요구할 뿐만 아니라 적절한 대상을 향한 적절한 정도의 올바른 감정을 가질 것을 요구한다."라는 것을 이어받고 있다. 이어 오우클리는 우리가 적절한 감정을 가지지 않는다면, 좋은 삶을 살 수 없고 우리의 도덕적 의무와 만날 수 없다고 말한다. 좋은 삶을 이끌어 갈 수 있고 우리의 의무와 만나는 것은 아리스토텔레스적 의미에서 번영하는 삶(flourishing life)을 의미한다. 이러한 삶은 감정적 존재에게서 나타나는데, 자아존중, 우정, 타인에 대한 사랑, 어려운 사람을 돕는 것 등과 관련된다. 이와는 반대로 감정이 결핍된 사람은 냉담함, 무감수성, 무관심 등을 나타내며 살아가는 동안 소외, 무목적감, 비인간성, 무가치함 등의 느낌을 받는다. 이들은 삶에서 어떤 의미를 찾지 못하고 자신에 대한 정체감을 느낄 수 없다.

그렇다면 과연 올바른 감정을 갖는다는 것은 어떻게 가능한 것인가? 아리스토텔레스에 의하면 "우리는 아주 어릴 때부터 마땅히 기뻐해야 할 것에 기뻐하고 마땅히 고통스러워해야 할 것에 고통을 느끼도록 어떤 특정한 방식으로 양육되지 않으면 안 된다(Nicomachean Ethics, 1104b)." 이것이 옳은 것이고 저것이 나쁜 것이라고 생각하고 따지는 것 이전에, 옳지 못한 일을 자신이 행하거나 다른 사람이 행하는 것을 보면 고통과 증오를 느낄 수 있게 되어야 한다. 오직 좋은 양육에 의하여 이런 감정의 상태를 형성하고 있는 사람에게만 도덕적 훈계나 가르침은 효과가 있다. 요컨대, 도덕적 가르침 이전에 감정의 형성과 습관화가 선행되어야 한다.

그러나 다른 한편에서 생각해 보면, "마땅히 기뻐해야 할 것에 기뻐하고 마땅히 고통스러워해야 할 것에 고통을 느끼는" 상태는 어릴 때부터 쉽게 도달될 수 있는 것이 아니고, 오랫동안의 수련을 통한 덕 있는 삶의 결과로서 성취될 수 있는 경지이다. 이런 까닭에 한편에서 보면 올바른 감정을 갖는다는 것은 덕을 성취하기 위한 조건이지만 다른 한편에서 보면 그것은 덕 있는 삶의 결과인 것이다.

우리의 전통사상 속에서 아리스토텔레스의 도덕적 감정 교육과 상통하는 영역 중의 하나는 인성론(人性論)이다. 인, 의, 예, 지의 사덕(四德)[72]은 사람이 만들어 놓은 타율적인 도덕법칙이 아니요, 마음속에서 우러나오는 순수감정의 유로(流露)인 것이다. 예를 들면, 어린아이가 실수로 인하여 우물에 빠져서 가

72) 孟子는 인간 본성의 선함의 증거를 "無惻隱之心 非人也, 無羞惡之心 非人也, 無辭讓之心 非人也, 無是非之心 非人也. 惻隱之心 仁之端也, 羞惡之心 義之端也, 辭讓之心 禮之端也, 是非之心 知(智)之端也.(『孟子』 公孫丑 上)"에서 찾았다.

엾게도 허우적거리는 상황을 목격할 때, 사람이면 누구나 측은한 마음이 생기어 건져주고 싶어 한다. 이러한 행위는 사람들에게 칭찬을 받으려고 하는 것도 아니요, 또한 사례나 대가를 받기 위한 수단으로 이익을 보려 함도 아니다. 또 그렇다고 해서 칸트가 말한 도덕적 의무에서 나오는 행위도 아니다. 다만, 하나의 어린 생명이 물에 빠지는 것을 보고, 가엾은 인정 때문에 구출 않고는 못 견디는 마음(不忍人之心) 때문에 그러한 것이다. 한마디로 말하자면, 이러한 동정심은 천생적이며 초공리적인 것일 따름이다(요명춘, 1992).

이와 같이 네 가지 선함의 단서는 인간의 마음속에 내재하고 있으나, 때로는 환경과 욕망의 영향을 받아 그 본래의 모습을 잃어버리는 경우도 있다(허창무, 1993). 이때의 욕망이 나쁜 것으로 비추어질 수 있겠지만, 그렇다고 하여 맹자가 생리적인 욕망을 결코 경시한 것은 아니었으며, 마음이 주체가 되어 이러한 생리적 욕망을 합리적으로 만족시켜 줄 것을 요구하고 있을 뿐이다. 여기서 맹자는 끝없는 욕망을 통제하여 일정하게 도덕심을 향하는 마음을 '부동심'으로 설명하고 있다. 이 부동심은 다시 소극적 부동심과 적극적 부동심으로 나누어 볼 수 있는데, 맹자는 전자를 구방심(求放心)에, 후자를 존심(存心)과 양성(養性)에 두고 있다.

맹자는 "인(仁)은 인심(人心)이라 할 수 있고 의(義)는 인도(人道)라고 할 수 있다. 그 길을 버리고 따르지 않고 그 마음을 버리고 구할 줄을 모른다. 학문의 도(道)는 다름이 아니라 놓쳐버린 마음을 구하는 것뿐이다"[73]라 하여 '구방심(求放心)'을 주장하고 있다. 여기서 말하는 '구방심(求放心)'이란 이목구비(耳目口鼻)의 욕망에 의하여 순간적으로 방향감각을 잃어버린 마음을 제자리에 갖다 놓아 도덕적 심(心)의 주재성(主宰性)을 회복시키는 것이다.

또한 존심(存心) · 양성(養性)의 방법으로 '과욕(寡慾)'을 들고 있는데, "마음을 기르는 것은 욕심을 적게 하는 것보다 좋은 것이 없다. 그 사람됨이 욕심이 적

73) 『孟子』, 告子 上.

으면 비록 가지지 못함이 있더라도 적게 할 것이요, 그 욕심이 많으면 비록 가지고 있더라도 적다고 여길 것이다."[74] 맹자는 마음의 선한 부분은 아주 적은 것으로 보아 '단(端)' 또는 '기희(幾希)'로 표현하고 있다. 어떤 사람이든 성(性)의 본래 선함만 믿고 향선(向善)의 노력을 계속하지 않는다면 그 결과가 불선의 행위로 전락될 것임은 불을 보듯 뻔한 일이 될 것이다. 그러나 이러한 단(端) 또는 기희(幾希)를 잘 가꾸면 무한한 생명력을 가지고 있으며, 그 씨앗은 인위적인 노력 여하에 따라 계속 확대되어 나갈 수 있다고 보았다. 이 이론이 바로 사단의 확충설이다.

'맹자의 성선설이 내포하고 있는 덕교육상의 감정적 특성'이라는 관점에 비추어서 오늘날 도덕교육의 과제를 생각해보면, 가능하면 우리는 학생들의 마음속에 잠재되어 있는 선함의 단서(인간애, 인정 등)를 찾아내어 보존 배양시키고, 욕망의 유혹과 환경의 지배에 이끌릴수록 인간된 품위와 인격성을 잃게 되므로 과욕(寡慾) 및 수양의 방법을 통해 향선(向善)의 노력을 지속함으로써 인간에게 주어진 본연의 덕성을 함양하도록 이끌어 주어야 한다는 것이다.

3) 덕의 성취조건으로서 도덕적 습관 형성의 강조

아리스토텔레스에 의하면, 적절한 감정의 상태에 있는 것과 사태를 지각하고 판단하는 능력을 기르는 것과 함께 덕 있는 사람이 되기 위해서 요구되는 것은 습관화이다. 즉, 그는 덕이 있는 인격이나 성품을 지니게 되는 것은 덕스러운 행동의 반복을 통하여 가능하다고 보고 있다. 사실상 덕 있는 행동을 실천하고 습관화하는 것은 아리스토텔레스가 덕을 함양시키는 방법으로서 가장 강조하고 있는 부분이다(최병태, 1996).

아리스토텔레스는 도덕적인 덕들은 본성적으로 우리에게 있는 것은 아니라고 한다. 왜냐하면, "본성적으로 존재하는 것치고 그 본성에 반대되는 습관

74)『孟子』, 盡心 下.

을 형성할 수 있는 것이란 하나도 없기 때문이다."(Nicomachean Ethics, 1103a). 즉 본성적으로 낙하하는 돌은 이것을 아무리 위로 던져도 위로 올라가는 습성이 생기지 않듯이 본래적인 것은 그 본성의 필연성을 따라 움직여 나가기 때문이다. 그렇다면 도덕적인 덕은 어떻게 생기는가? "도덕적인 덕은 습관의 결과로 생긴다."(Nicomachean Ethics, 1103a). 즉, "덕의 경우에는 우리가 먼저 실천함으로써 비로소 덕을 얻게 된다." 예컨대, "우리는 옳은 행위를 함으로써 옳게 되고, 절제 있는 행위를 함으로써 절제 있게 되며, 용감한 행위를 함으로써 용감하게 된다." 다시 말해, 덕은 습관에 의하여, 즉 옳은 행위의 반복된 실천을 통하여 생긴다고 아리스토텔레스는 말한다.

이러한 아리스토텔레스의 관점과는 대조적으로 도덕 발달과 문제해결, 추론에 대한 설명들은 습관의 중요성을 평가절하하고 있다. 콜버그는 두 가지 이유로 습관을 반대하였다. 첫째로 습관은 자극 · 반응 심리학의 잔재이며, 둘째로 습관은 자아인식적 사고 과정 및 객관적인 도덕 판단에 반대된다는 것이다. 즉, 습관은 맹목적으로 도덕적 행위를 강조하는 것이며, 인지 과정의 중요성을 무시한다는 것이다(Kohlberg, 1971).

하지만 습관에 대한 이러한 비판적 관점은 아리스토텔레스가 말하는 '습관(ethos)'의 의미를 올바르게 해석함으로써 극복될 수 있다. 즉, 아리스토텔레스가 "덕은 습관을 통해서 형성된다."라고 말할 때의 습관은 반성적 사고나 의식이 결핍된 채 '아무 의미 없이' 혹은 '반사적으로' 행하는 것이 아니라, 비판적 평가를 하면서 행동을 반복하는 것을 의미한다. 덕에 대한 아리스토텔레스의 이론을 해석하면서 셔먼(Sherman, 1989)은, 덕을 획득하기 위해 습관화가 필요하다고 주장할 때 아리스토텔레스가 의미하는 '습관화'는 같은 행동의 단순한 반복으로서가 아니라 '비판적 평가(critical appraisal)'의 과정으로 이해되어야 한다고 역설한다. 이 과정에서 셔먼은 아무 생각 없이 단지 어떤 행동을 반복하는 것이라고 해석하는 입장을 "습관화에 대한 기계론적 이론(the mechanical theory of habituation)"이라고 명명한다.

이러한 아리스토텔레스의 관점에 비추어서 도덕교육을 통해 길러야 할 학생들의 도덕적 행동의 습관은 크게 두 가지 측면에서 파악될 수 있다. 그 하나는 타율적 · 인습적 도덕 행동의 습관화이고, 다른 하나는 자율적 · 합리적 도덕행동의 습관화이다. 타율적 · 인습적 도덕 행동은 아직 이성적 · 비판적 능력이 성숙하지 못한 상태에서 어른이나 사회가 요구하는 도덕규범이나 가치를 수용하고 그것에 따라 실천하는 행동을 말한다. 주지하다시피 아리스토텔레스는 "우리가 아주 어렸을 적부터 어떠한 습관을 가지는가 하는 것은 아주 큰 차이를 가져오는 것인데, 보다 정확하게 표현하면, 모든 차이가 거기서 비롯된다."라고 말하고 있다(Nicomachean Ethics, 1103b). 또한 그는 덕이 우리 인간에게 본성적으로 있다기보다는 우리가 그것을 받아들이기에 적합하게 되어있기에 설령 유덕하지 않더라도 유덕한 행위를 강제로라도 반복하다 보면 유덕한 성격을 가질 수 있음을 지적하고 있다. 이런 타율적 · 인습적 도덕 행동의 습관화는 도덕교육이 육성시켜야 할 궁극적 · 본질적인 행동 습관은 아니지만, 어린 시절의 도덕교육에서 매우 중요하다 할 것이다.

한편, 자율적 · 합리적 도덕 행동의 습관화는 외적 권위나 압력, 힘 등에 조건화되어 수동적으로 움직이거나 복종하게 됨으로써 이루어지는 행동이 아니라, 자신이 생각한 바와 행동할 바에 대해 스스로 결정하고 자기 자신에 대한 앎을 기초로 자기 주도적으로 이루어지는 행동을 가리킨다(Dearden, 1072). 또한 그것은 근본적인 도덕 원리에 대한 합리적 이해, 단련된 지성, 그리고 비판적 사고와 선택에 근거해서 이루어지는 도덕 행동을 가리킨다. 바로 이 점에서 자율적 · 합리적 도덕 행동은 결국 도덕교육의 궁극적 목표라고 볼 수 있을 것이다.

공자가 생각한 교육내용 역시 인간의 품성을 도야하기 위한 것이 거의 전부라고 할 수 있으며 인간의 품성을 향상시키기 위해 수양하고 실천하는 데에 도움이 되지 않는 것은 공자에게 있어 진정한 의미의 교육내용이 될 수 없었다고 보아야 한다. 언행과 지행의 문제는 유가교육의 핵심문제이며, 이에 관하여 지행합일(知行合一), 지행병진(知行併進), 선지후행(先知後行), 선행후지(先行後知) 등의 다양한 설(說)이 있으나, 이들은 모두 행(行)의 중요성을 강조한다는 점에서 일치된다.

덕은 삶의 전 과정을 통해서 실천궁행한 결과로 얻어지므로, 유가의 덕교육은 기본적으로 사람됨의 형성에 있어서 실천적 행위를 강조하고 있다고 볼 수 있다. 이러한 유가적 관점에 비추어서 현대 도덕교육에의 시사점을 살펴볼 때, 우선 학교에서의 도덕교육은 다음의 세 가지 큰 어려움을 지적할 수 있다. 덕의 획득이 전 생애적 과정이라는 점, 학교 내외의 교육환경이 사람됨의 형성에 긍정적이어야 한다는 점, 덕의 획득은 학습자 스스로의 체험이 절실히 요구된다는 의미에서 자기교육적 특성을 지닌다는 점이 그것이다. 그러나 이러한 특징을 곧 학교 도덕교육의 무의미성으로 연결시키는 것은 큰 잘못이며, 오히려 이러한 어려움을 충분히 감안하여 학교에서의 도덕교육은 기존 인지적 접근의 편협성에서 벗어나 보다 생활전반 및 삶의 전 과정과 연계를 지으면서 학습자의 인간형성 지향적 활동을 자극 · 권장하는 방향으로 한층 보완 및 강화되는 것이 지극히 온당하다고 볼 수 있겠다.

4) 덕교육의 특성과 구성 요소 간 관련성

인간이 미완성된 존재요, 되어가고 있는 존재라는 표현은 인간존재는 무엇인가 '채워지고' 완전한 것으로 '되어야' 할 존재라는 뜻을 가정하고 있으며, 사람으로서 사람다운 사람이 된다는 것 이상으로 존귀한 활동은 없다고 믿는 것이다(진교훈, 1982). 결국 어떤 인간상을 형성하느냐는 그 자신에게 맡겨진 과제이며, 인간은 자기 자신을 형성할 책임을 지닌 유일한 존재라 할 수 있다. 이런 뜻에서 공자는 교육은 오로지 사람됨의 교육이며, 이는 평생이 소요되는 생애적 과정이라고 하였고, 아리스토텔레스는 "한 마리의 제비가 날아온다고 봄이 오는 것이 아니요, 하루아침에 여름이 되는 것도 아닌 것처럼, 인간이 복을 받고 행복하게 되는 것도 하루나 짧은 시일에 되는 것이 아니다."라는 말을 통해 덕을 기르는 데에는 오랜 시간과 노력이 필요하다는 점을 강조하였던 것이다(Nicomachean Ethics, 1098a). 말하자면, 사람이 덕을 지니게 되는 데에는 선에 대해 알고, 느끼고 의욕하며, 실천하면서 습관화, 품성화해 가는 지난한 노력의 생애적 과정이 필요한 것이다.

앞에서 이미 선에 대해 알고, 느끼고 의욕하며, 행동하는 성향은 덕 있는 사람이 되기 위한 기본적인 조건임을 살펴본 바 있지만, 다른 한편으로 적절한 감정, 행동, 이성을 갖는다는 것은 오랫동안의 수련을 통한 덕 있는 삶의 결과로서 성취될 수 있는 경지이므로 덕 있는 삶의 결과이기도 하다고 이해하는 것이 온당하다.

수양의 정도에 따라 차이는 있겠지만, 성인(聖人)이건 범인(凡人)이건 그가 신이 아닌 인간인 한, 어느 누구도 사욕과 도덕감의 긴장과 대립에서 완전히 자유로울 수는 없다. 그러나 우리는 또한, 우리 모두가 지향해야 할 인간 완성의 경지로서, "마음이 하고자 하는 바를 따라도 법도에 어긋남이 없었다."[75]라는 말에 나타난 바와 같이, 덕이 한 개인의 사람됨의 부분으로 온전하게 구현되는 상태가 있을 수 있다는 것을 인정해야 한다. 이는 공자의 호학(好學)·정진(精進)으로도 칠십에 도달한, 그러나 본인 스스로는 인인(仁人)임을 한 번도 자인하지 않은 상태이다. 바로 이런 점에서 "마땅히 기뻐해야 할 것에 기뻐하고 마땅히 고통스러워해야 할 것에 고통을 느끼는" 상태, "무엇이 옳고 그른지를 알고 숙고하고 사리분별하며, 판단, 선택하는" 상태, "일관된 도덕적 행위양식을 지닌" 상태는 어릴 때부터 쉽게 도달될 수 있는 것이 아니고, 오랫동안의 수련을 통해 덕 있는 사람이 된 결과로서 나타나는 품성이다. 요컨대, 적절한 감정, 행동, 이성은 덕을 성취하기 위한 조건이자 덕 있는 삶의 결과로 나타난다는 두 가지 의미로 해석되어야 하는 것이다.

---

75) 『論語』, 爲政 4 (從心所欲 不踰矩)

한편, 덕교육의 구성요소만큼 표면에 두드러지지는 않지만 그것보다 더 근본적인 것으로 그 구성요소들의 관련방식에 관한 문제가 있다. 사실상 이 두 가지 문제는 서로 불가분으로 연결되어 있어서, 덕교육의 그 세 가지 구성요소의 타당성 여부 그 자체가 그 관련 방식 여하에 달려 있다고 말할 수 있다. 덕교육의 구성요소는 그 자체로서 의미가 있는 것이 아니라, 그 각각의 요소를 균형 있고 조화롭게 발달시키려는 교육적 조치와 관련해서 중요성을 가지기 때문이다. 그러나 우리는 덕의 함양을 위한 지 · 정 · 의라는 세 가지 구성요소 간의 타당한 관련방식을 탐색하기 이전에 우선 구성요소 간의 관계적 특징을 살펴볼 필요가 있다.

이홍우는 전인(덕)의 구성요소 간 관계적 특징을 '가법적(加法的) 접근 및 승법적(乘法的) 접근'으로 구분하여, 승법적 차원이 온당함을 밝히고 있다.[76] 가법적 접근에서는 지 · 정 · 의를 위한 별도의 교육을 마련하고 그 결과를 각각 별도로 평가하는 것, 그리고 나아가 세 가지 구성요소 간의 비중을 가능한 한 균등하게 배분하는 것으로 표현하는 반면에, 승법적 접근에서 그 관심은 지식을 가르치는 일이 과연 그것에 당연히 수반되어야 하는 정 · 의에 대한 고려에 입각하여 이루어지는가를 확인하는 것으로 표현된다. 이런 관점에서 파악되는 지 · 정 · 의의 관계는 앞의 가법적 접근에서처럼 더하기가 아닌 곱하기로 표현될 수 있을 것이다.[77]

사실상 승법적 견지에서는 지의 경우를 중심으로 생각해 보면 정과 의는 지

76) 이홍우는 도덕교육 목표를 전인교육에 두면서 구성요소 간 관계적 특징을 살펴보았는데, 본 연구에서는 덕교육 또한 전인적 성격을 포함한다는 측면에서 전인교육 대신 덕교육이라는 용어를 사용하였고, 그 구성요소로서 '지 · 덕 · 체' 대신 '지 · 정 · 의'라는 용어라를 사용했음을 미리 밝혀둔다. 이홍우, "전인교육론", 한국도덕교육연구회, 『도덕교육연구』 제8집, 1996. pp. 8~9 참조.

77) 더하기와는 달리 곱하기는 동일한 사물의 상이한 차원 또는 측면 사이의 관계를 나타낸다. 더하기로 연결되는 두 요소는 각각 별도로 존재하는 데에 비하여, 곱하기로 결합되는 두 요소는 그 하나가 다른 것들을 필연적으로 수반한다. 보다 자세한 논의는 위의 책, p. 9 참조.

와 별도로 존재하는 별개의 요소가 아니라 지(知)와 결합되어 있는, 지(知)의 이면을 나타낸다. 덕교육 속에서는 어떠한 지(知)도 정(情)이나 의(意)와 떨어져서 존재할 수 없으며 필연적으로 그 하나가 다른 것들을 수반한다. 이는 정(情)과 의(意)의 경우도 마찬가지이다.

예컨대, 공자에게 도덕적 지(道德的 知)는 단순한 머리만의 인식지(認識知)가 아니라, 애호(愛好)하고 낙지(樂之)하는 단계의 지(知)이다.[78] 이는 대상세계를 주체의 경험세계로 끌어들여서 가슴으로 느껴 피아(彼我)의 구별이 사라진 수준을 말한다. 이것은 마치 쇼펜하우어가 "위대한 사상은 심장 속에서 나온다."라고 할 때의 경우와 예루살렘(K. W. Jerusalem)의 "진정한 철학은 머리의 요구(the demand of the head)뿐 아니라, 심정(心情)의 요구(the demand of the heart)마저 만족시키지 않으면 안 된다"의 경우와 같은 것이다. 그러므로 유가에서는 정서가 동반되지 않는 지(知)는 가치가 없으며, 그것이 무가치한 것은 행동으로 번역될 수 없기 때문이다. 또한 아리스토텔레스의 전통 속에서 도덕적 가치를 이해하고자 하는 오우클리(J. Oakley, 1992)는 감정이 지니는 인지적 측면에 주목하여 사람들의 동기를 유발시키고 구체적인 행동 및 삶의 양식을 이끌어 나가는 주요한 원천이 합리적 이성에만 있지 않고 감정에도 있다고 강조한다. 그는 감정을 "인식(cognition), 욕구(desire), 정서성(affectivity)"이라는 세 가지 요소가 역동적으로 관련되어 있는 복합체라고 주장하면서 논의를 전개한다.

이와 같은 덕교육에서의 세 가지 구성요소 간 관계적 특성을 고려하면서, 유병열은 아리스토텔레스의 덕의 본질에 대한 입론에 따라 "덕이란 선에 관해 알고 사고 · 판단하는 지적 측면과 느끼고 의욕하는 정의적 측면, 그리고 실천 · 행동하는 행동적 측면의 통합"으로 구성된다는 입장에서 덕교육은 선에

78) 『論語』, 雍也. 18 (知之者不如好之者 好之者不如樂之者) '知'는 머리에 머물러 있는 상태, '好'는 가슴에 머물러 있는 상태, '樂'은 혼신에 배어있는 상태로, 이들은 각각 미숙 · 반숙 · 완숙의 차가 있다고 할 수 있다. 도덕적 知의 경우 '樂之'의 단계에 이르러야만 실천적 행동이 가능한 유의미한 지식이 될 수 있다.

관해 알기만 하거나 느끼기만 하거나 무조건 행동의 습관만을 갖게 하는 일면성에 치우칠 수 없음을 강조한다(유병열, 1996, 2004). 따라서 진정한 덕은 이 세 가지가 하나의 믿을 만한 통합된 내적 성향으로 구현될 때 이루어지는 것이기 때문에 이를 위한 도덕교육 역시 유덕한 인격의 내적 통합을 지향해야 한다는 것이다.

4. 현대 덕 윤리학의 이론적 쟁점 : 덕 윤리학의 개념과 범위

20세기에 들어서 덕 윤리학의 부활에 공헌한 대표적인 학자로는 영국의 앤스콤(Anscombe, 1958)이 있다. 앤스콤은 칸트주의나 결과주의 모두 적절한 심리 철학, 즉 왜 우리가 도덕적이라고 불리는 행위를 해야만 하는가에 대한 이론적 설명을 제공해 주지 못하기 때문에, 이제 우리는 그러한 윤리 이론을 버려야만 한다고 주장하였다(Anscombe, 1997). 특히 신성한 입법가의 존재에 대한 믿음이 더 이상 일반적으로 통용되지 않는 현대 사회에서 옳음이나 의무와 같은 법칙적인 개념에 근거한 도덕은 무용한 것이기에, 한 인간으로서 충족시켜야 할 필요가 있는 덕 혹은 인격 특성들 안에서 도덕규범을 모색해야만 한다는 앤스콤의 주장은 후대의 덕 윤리학자들에게 커다란 영향을 미치게 되었다. 덕 윤리학에 대한 관심의 증대는 덕 이론의 긍정적 측면과 더불어 현대 윤리학 이론의 중심적 특징에 대한 불만에서 비롯되었다(Statman, 1997; 추병완, 2004).

이에 따라 앤스콤의 뒤를 이어 매킨타이어(Alasdair MacIntyre), 푸트(Philippa Foot), 핀콥스(Edmund Pincoffs), 슬로트(Michael Slote), 스토커(Michael Stocker)와 같은 학자들이 규범 윤리학에서 칸트주의와 결과주의에 대한 하나의 대안으로서의 덕 윤리학을 모색하기 시작하였다. 주지하는 바와 같이, 그들의 중요한 이론적 관심은 도덕적으로 옳은 행동에 관한 이론이 아니라, 도덕적으로 선한 혹은 경의를 표현할만한 사람을 규정하는 덕 혹은 인격의 특성에 관한 이론이었다.

오늘날 덕 윤리학을 표방하고 있는 학자들은 모두 윤리학에서 덕 개념의 우선성과 행위자의 성품의 판단을 강조하고 있기는 하지만, 이들 간에도 덕 윤리학의 범위를 둘러싼 이론적 논쟁이 발생하고 있다. 즉, 덕 윤리학을 강조하는 학자들 간에 발생하는 이론적 논쟁의 핵심에는 도덕교육에서 덕 접근의 개념화 및 범위 설정의 문제가 놓여 있다. 사실상 덕교육을 '덕을 발달시키려는 시도 혹은 덕의 함양에 초점을 맞추는 도덕교육적 접근법'으로 보는 것이 도덕교육에 대한 덕 교육적 접근의 중요한 기준이 되어왔지만, 이러한 기준은 덕교육적 접근의 특유한 성격을 제시하는 데 한계가 있다는 점이 지적되어 왔다. 덕교육적 접근법을 덕의 함양을 위한 도덕교육적 시도로 파악한다면 인지발달적 접근, 가치명료화, 인격교육, 배려윤리교육 등과의 차별성을 파악하기가 매우 어렵기 때문이다. 동시에 덕의 함양을 위한 배경 학문으로서의 덕 윤리학의 정의가 넓은 범위를 포괄할 경우, 칸트주의와 공리주의까지 포함할 수 있기 때문이다.

우선 적어도 초기 콜버그는 명백히 '덕 보따리(bag of virtues)'의 개념에 반대함에도 불구하고, 그는 정의라는 추상적이고 보편적인 하나의 덕을 증진시키는 것을 도덕교육의 궁극적인 목적으로 간주한다. 인격교육의 지지자들은 덕들과 그 구성 요소들을 함양하는 것으로 도덕교육을 정의하고, 배려윤리교육 역시 '배려'라는 덕의 함양을 강조하고 있으며,[79] 가치명료화는 가치를 직접적으로 가르치지는 않는다고 하면서도, 실제로는 가치와 과정을 통하여 자유나 존중과 같은 특정한 가치의 함양을 강조하고 있기 때문이다.

한편, 칸트주의와 공리주의 전통 모두에 깊이 관련된 생각을 지닌 헤어(Hare, 1981)는 『도덕적 사유(Moral Thinking)』라는 책에서 도덕적 덕들에 대한

---

79) 물론 엄밀하게 말해 나딩스는 배려를 사람 사이의 관계 속에서 파악하기 때문에, 배려윤리를 인격의 특성으로서의 덕을 강조하는 덕윤리로 간주하는 것은 타당하지 않다. 나딩스는 상호 간에 배려하는 능력과 덕을 발달시켜야 한다고 역설하지만, 배려를 개인의 인격적 특성으로만 간주하지 않는다. 배려윤리는 관계 속에서 배려하는 사람과 배려받는 사람의 역할을 인정하기 때문이다.

체계적이고 실질적인 설명을 제공한다. 내재적 도덕적 덕들과 도구적 도덕적 덕들 사이의 중요한 차이를 드러내면서 헤어는 용기, 자기조절, 절제, 그리고 인내를 후자의 예로, 정의, 선의, 정직과 신뢰는 전자의 예로 제시한다.

『정치적 자유주의(Political Liberalism)』에서 롤스(Rawls, 1993)는 기본적으로 도덕적 삶에 대한 신칸트주의적 개념의 맥락에서 매우 정교화된 덕들의 세트에 관한 체계적이고 일관된 설명을 제시한다. 즉, 그는 문화적 다양성의 조건 속에서 평화로운 공존에 근본적인 것으로서 관용, 공정함, 예의 바름, 존경과 같은 성격적 품성을 제시하고 있다. 또한 롤스는 자유민주주의적 정치가 효과적으로 기능하는 데 전제되는 시민적이고 정치적인 덕들을 종교적이며 도덕적, 철학적인 의무에 관한 덕들로부터 구분한다. 후자는 개인적이고 문화적 형성에 있어 중요한 역할을 담당하는 반면, 전자는 자신의 정의 원칙에 의해 요구되는 사회적 협력에 있어 반드시 필요한 것이다.

『도덕형이상학(Metaphysik der Sitten)』에서 칸트가 도덕적 태도 또는 의지에 반하는 내적 힘들에 대한 일종의 저항으로 덕에 대한 설명을 제공하기 때문에, 우리는 심지어 칸트 또한 덕 윤리학자에 포함시킬 수 있다. 여기서 제시된 유덕한 사람은 경향성에 반하는 도덕 법칙을 준수하고자 하는 충분히 강한 마음을 지닌 사람인 것이다. 칸트가 지향하는 교육의 목적은 실천이성의 발현, 즉 스스로 세운 도덕법칙에 스스로 복종할 줄 아는 능력인 인격을 완성하는 데 있다(박찬구, 2004). 그는 이러한 목적에 이르기 이전 단계에 있어서는 일종의 덕 교육을 강조한다. 훈육과 도야를 통해 규칙을 준수할 줄 아는 품성을 기르고, 또 사회에서 잘 처신할 수 있는 처세의 지혜 내지 우애의 덕을 연마해야 한다고 보기 때문이다.

칸트주의자들과 마찬가지로 공리주의자들은 비록 어떤 성품들을 덕으로서 간주한다 하더라도, 이는 덕의 실천이 옳은 행동의 규칙들 또는 원칙들에 맞추어 결과적으로 입증할 수 있는 행동에 기여하는 한에서 단지 그러하다. 분명히 공리주의자들은 '최대다수의 최대행복'과 같은 도덕적 규칙들과 원칙들이 궁극적으로 인간의 행복에 대한 결과에 의존한다고 주장하는 한 칸트주의자들과는 다르다. 공리주의 윤리학의 형태 중에 성품 공리주의(character utilitarianism)의 관점은 덕 윤리학과 구분하기가 결코 쉽지 않다. 성품 공리주의는 인간 행복에 관한 가외의 선호 만족(혹은 도덕적 선)이 도덕적 평가의 원칙적인 근거라는 점에서 부정할 수 없이 공리주의이다. 이 견해에 따르면, 전통적으로 덕들로 널리 받아들여지는 어떤 성품이 공리를 극대화하려는 경향성을 지닌 것으로부터 직접적으로 이 성품의 도덕적 중요성을 끌어낸다.

이렇게 볼 때에, 덕교육적 접근법을 덕의 함양을 위한 도덕교육적 시도로 파악한다면, 덕교육은 인지발달적 접근, 가치명료화, 인격교육, 배려윤리교육과 차별성을 갖기 어렵고, 덕 윤리학은 칸트주의 및 공리주의와 애매한 관계에 놓이게 된다. 이러한 문제점을 지적하면서 스튜텔과 카아(Carr & Steutel, 1999)는 도덕교육에서 덕교육적 접근을 광의와 협의의 의미로 구분하여 제시하고 있으며, 스타트먼(Statman, 1997)은 덕 윤리학을 옹호하고 있는 사람들의 입장을 세 가지로 나누어 온건한 입장, 환원적 입장, 대체적 입장으로 구별하여 제시하고 있다.

우선 스튜텔과 카아는 도덕교육의 덕교육적 접근은 칸트와 공리주의자들의 견해, 즉 의무론적이고 결과주의적인 이론들과 이에 명백히 근거한 어떠한 도덕교육에 관한 개념(콜버그의 것을 포함하여) 모두를 배제한다고 보면서, 이를 덕 윤리학에 대한 협의의 의미로 규정한다. 그들은 이러한 협의적 의미의 덕교육적 접근이 진정한 의미에서의 덕교육적 접근이라고 주장한다. 도덕교육에서 진정한 덕교육적 접근은 덕의 함양을 강조함과 동시에 덕과 인격의 중요성이 핵심에 놓여 있다. 덕 윤리학에서는 덕적 평가(aretaic appraisals)가 기본으로 간주되는 반면, 칸트윤리학에서는 기껏해야 이차적이거나 의무 판단에 의해 파생되는 것이다. 칸트에게 있어 덕교육은 어디까지나 도덕성 교육에 이르기 위한 보조 또는 보완의 역할을 하는 데 그친다. 아울러, 성품 공리주의는 목적론적일 뿐만 아니라 결과주의적 윤리학이기 때문에, 덕들은 단지 인간의 행복에 인과적으로 또는 도구적으로 생산적인 바로 그 정도에서만 도덕적 중요성을 부여받는다. 그러나 아리스토텔레스적인 덕 윤리학은 목적론적이긴 하지만 결과주의적이지 않으며, 그리고 이런 한에서 덕의 실천을 가치 있는 삶을 이끄는 내적인 것으로 해석한다.

- 덕 접근
  - 광의의 의미
    - 모든 덕들이 교육의 목적이자 중심 구성요소로 간주된다.
    - 칸트와 공리주의자의 덕에 대한 설녕을 포함하여 도덕교육적 목적은 광의의 덕 윤리학 속에서 근거 지워진다.
  - 협의의 의미
    - 덕들은 교육의 목적이자 중심 구성요소로 간주된다.
    - 칸트와 공리주의자의 덕에 대한 설명을 제외하여 도덕교육적 목적은 협의의 덕 윤리학 속에서 근거 지워진다.

스타트먼(Statman, 1997; 추병완, 2004)은 덕 윤리학을 옹호하고 있는 사람들의 입장을 세 가지로 나누어 제시하고 있다. 온건한 입장(moderate version)은 비록 어떤 행동들이 덕의 문제로부터 독립적으로 평가될 수 있다고 할지라도, 도덕의 대부분은 성품과 연관되어 있다고 본다. 온건적 입장에 따르면, 윤리 이론은 행위의 이론을 다루는 부분과 성품의 도덕을 다루는 부분이라는 서로 환원될 수 없는 두 부분을 가진다고 믿고 있다. 환원적 입장(reductionist version)은 모든 옳음의 판단이 성품의 판단으로 환원될 수 있다고 본다. 즉, 이 입장은 올바른 행동이 덕이라는 말로 정의될 수 있기 때문에, 덕의 판단으로부터 독립적인 행동의 판단은 있을 수 없다고 본다. 대체적 입장(replacement thesis)은 가장 극단적인 덕 윤리학 형태로서, 행동의 옳고 그름 그리고 의무적임 등과 같은 의무적 개념들은 일관적이지 못하거나 해로운 것이기 때문에 윤리학 이론에서 모두 제거되어야 한다고 본다.

그러므로 진정한 의미에서의 덕교육적 접근법은 스튜텔과 카아의 기준으로 보자면 협의의 의미에 해당하는 것이고, 스타트먼의 기준에 따르면 환원적이고 대체적인 입장에 해당하는 것이다. 만약 도덕교육에 대한 덕교육적 접근법이 덕의 함양이라는 명료하지 못한 기준을 유지하거나 덕 접근의 광의의 의미와 스타트먼의 온건한 입장에 근거한다면, 도덕교육에 대한 다른 접근법들과의 차별성을 확보하기가 매우 어려워진다. 이와 같이, 스튜텔과 카아, 스타트먼의 관점은 덕교육이 왜 필요하고 무엇을 지향하여 어떻게 접근되어야 하는지에 대해 우리에게 분명한 이해를 제공하고 있지만, 몇 가지 중대한 문제점을 초래하고 있다. 예를 들어, 콜버그가 아리스토텔레스를 피하려다 지적 접근 일변도의 편협성에 빠졌듯이, 그럴 경우 덕교육적 접근도 의무론적 관점의 도덕교육을 배제하려다 스스로 독선과 오류에 빠질 수도 있다는 점, 인간의 좋은 삶이란 사람의 인격(행위자)과 그가 구현해 내는 행위(의무) 모두를 고려해야 하는 것이며 나의 의무 또는 옳은 행위가 무엇인지를 숙고한다는 것은 전체로서의 나의 삶에 대한 포괄적 관점을 취하는 것이요 그 역도 성립 가능하다는 점, 아리스토텔레스와 칸트는 덕과 규칙, 정서와 이성의 통합을 추구했다고도 할 수 있으며 이런 점에서 양자로부터 최선의 것들을 끌어내어 보다 높은 단계로 종합 · 재구성해내는 일이 가능할 수도 있다는 점(Statman, 1997), 아리스토텔레스의 덕론에 근거하여 열망과 의무, 인격과 행위가 상호 결합되는 것으로 파악할 수도 있다는 점(Loehrer, 1998) 등이 이에 해당한다(유병열, 2004a). 그러므로 도덕교육에서 덕교육적 접근의 개념과 범위를 설정하는 문제는 계속적인 논의와 후속 연구를 통해 개념적인 정교화와 범위의 명료성을 추구해야 할 것이다.

5. 덕교육적 접근의 도덕교육적 시사점

제대로 된 도덕교육 이론은 어떠한 사람이 올바른 사람이며, 어떻게 그런 사람을 길러낼 수 있는가 하는 문제를 포함하지 않을 수 없다. 그런 의미에서 도덕교육에서 덕교육적 접근은 기본적으로 '사람다운 사람'과 '사람다운 사람 형성 문제'에 관심을 갖기 때문에, 도덕교육에 다음과 같은 풍부한 시사점을 제공한다.

첫째, 덕교육적 접근법에서의 덕은 인지적, 정의적, 행동적 영역을 포괄하고 있는 하나의 총체적인 개념이다. 여기서 덕과 덕교육의 구성요소인 도덕적 이성, 도덕적 감정, 도덕적 행동은 별도로 존재하는 별개의 요소가 아니라 한 가지 요소는 필연적으로 다른 것들을 수반한다는 점이다. 앞서 살펴본 바와 같이, 덕교육적 견지에서 인격 내지 도덕성의 세 가지 요소인 선을 아는 것, 선을 열망하는 것, 선을 행하는 것은 분리된 영역 속에서 기능하는 것이 아니라 모든 방식에서 서로 영향을 주고받으며 기능하는 것이다. 즉, 인격 내지 도덕성의 세 가지 구성요소들은 우리가 잘 인식하지 못하는 매우 복잡하고도 동시적인 상황 속에서 상호작용을 해나가고 있다는 것이다. 이렇게 볼 때에, 인지 · 정의 · 행동을 향상시키기 위한 별도의 교육방법을 마련하고 그 결과를 각각 별도로 평가하는 것은 타당하지 못하다. 인지 · 정의 · 행동의 요소들은 시기별로 단계적으로 습득됨으로써 마치 '더하기'식으로 결합될 수 있으리라는 전제는 그 구성요소 간의 관계적 특성을 지나치게 단순화하는 오류를 범하는 것이다. 따라서 이러한 문제점은 도덕교육의 궁극적인 본질에 대한 재해석과 인지 · 정의 · 행동의 세 가지 요소 간의 관계적 특성에 관한 고려를 통해 극복해 가는 것이 온당하다.

둘째, 덕 개념의 부활은 도덕교육의 목표가 도덕적 행동 중심에서 도덕적 행위자 중심으로 전환되어야 한다는 사실을 일깨워주고 있다. 올바른 행동 선택을 위한 원리를 강조하기보다는 유덕한 성품의 소유자가 되는 것에 더 큰 비중이 주어짐으로써, 우리는 도덕적 행위자에 대하여 더 많은 관심을 기울일 수 있다(추병완, 2004).

셋째, 덕 개념의 부활은 덕의 함양과 도덕 공동체와의 상관성에 대한 관심을 촉구함으로써 도덕 생활의 기반 및 이상으로서의 도덕 공동체에 대한 관심을 촉구하고 있다. 즉, 덕의 함양은 고립된 개인의 자유로운 선택 문제가 아니라 도덕 공동체에 대한 헌신몰입적 참여를 통해 가능한 것이다.

끝으로, 덕교육적 관점에서 본다면, 덕목들 간의 관계를 살펴본 후 실천 및 습관화가 용이하고 전이 효과가 큰 덕목들을 중심으로 교육 내용의 계열성을 고려해 볼 수 있을 것이다. 인간의 내면세계로서의 마음의 조화는 인간의 지 · 정 · 의와 관련되어 있는 모든 덕목들의 절도 있는 연결을 의미한다. 바꾸어 말하면, 여러 가지 이름으로 구별되는 인격 특질 또는 덕성이 각각 독자적으로 형성되거나 독립해서 존재하는 것은 아니다. "덕은 하나다"라고 가르친 소크라테스의 말이 시사하듯이, 그것들은 내면적으로 서로 연결되어 하나의 인격을 구성한다. 그러므로 한 개인의 인격은 통일된 전체를 이루는 것이며, 하나의 인격이 여러 가지 서로 다른 상황에서 자신을 표현했을 때 그 표현, 즉 언행의 원동력이 된 습성에 대하여 우리는 '공정', '절제', '책임감', '인애' 등의 이름을 붙인다.

여러 가지 이름으로 분류되는 덕이 근본에 있어 하나라면, 덕의 뿌리에 해당하는 근본적인 심성이 있다고 보아야 할 것이다. 이러한 근본적인 심성은 불변의 가치이자 인격의 완성을 위해서도 불가결한 절대적인 가치이며, 현대 사회의 무규범 상태를 극복하는 데 있어서도 절실히 요청되는 지고의 가치이기도 하다. 김충렬(1990)은 동양윤리의 변(變)과 불변(不變)에 대한 견해를 통해 불변의 진리로서 천도지상(天道之常)인 원(元) · 형(亨) · 이(利) · 정(貞), 인성지강(人性之鋼)인 인(仁) · 의(義) · 예(禮) · 지(智), 순천절물(順天節物)과 수분(守分)을 들고 있으며, 이규호(1988)는 현대인을 위한 10가지 덕성으로서 예절과 질서, 근면과 절약, 용기와 인내, 지능(知能)과 지성, 침착과 겸손, 정직과 성실, 신의와 신뢰, 협동과 단결, 자유와 평등, 정의와 책임이 절실히 필요하다고 하였다. 또한 김태길(1995)은 현대의 사회생활을 위해서 요구되는 기본적 덕성으로서 사회존속을 위한 강한 공동체 의식, 원만한 사회생활을 위한 준법정신, 약속을 지키는 책임정신, 사리에 따라서 판단하는 공정성, 부드러운 친화의 정신, 내면적 가치의 우위성 확보, 인애와 감은의 정 등을 들고 있다.

그러나 우리가 함양해야 할 기본적인 덕성에 대한 이러한 대표적인 예들은 사회적 합의에 의해 도출된 것이 아니라 학자적 견해에 속하는 것들이므로 그 자체로서 도덕과 교육의 범위와 계열성 수립 과정에 적용하기에는 난점이 없지 않다. 그러므로 우리는 먼저 다양한 덕의 뿌리에 해당하는 핵심적인 도덕적 가치 내지는 덕목들을 사회적 합의에 의해 도출해 내고, 이렇게 합의에 의해 선정된 핵심 가치들을 실천 및 습관화가 용이하고 전이 효과가 큰 것부터, 그리고 도덕심리학의 관점을 고려하는 가운데 덕목의 위계를 정하여 학년별로 안배하는 방법을 검토해 볼 필요가 있다.

제12장
공동체주의적 도덕교육론

학교의 기능이 학생들에게 선천적인 능력인 이성을 최대한 발달시켜주고 합리적 사고과정과 자율적인 생활을 경험케 하는 것이냐, 사회적 규범과 문화적 전통을 내면화시켜주고 공적인 일에의 자발적인 참여와 헌신을 경험케 하는 것이냐? 학교교육이 합리적 자율성을 갖춘 훌륭한 개인의 육성을 목표로 할 것이냐, 공적인 숙고와 실천력을 갖춘 훌륭한 시민의 육성을 목표로 할 것이냐? 도덕교육이 보편적인 윤리원칙을 가르쳐야 하느냐, 특정 공간 내에서 요구되는 공동체적 행동규범을 가르쳐야 하느냐? 도덕교육에서 전통적으로 가장 널리 사용되어온 덕목교육이 다양한 가치가 혼재한 현대에는 부적절하느냐, 계속 유효하느냐 등 수많은 대립적 이슈가 제기되고 있다(김윤하, 2000). 이러한 논의는 영미철학계의 최근 동향의 하나로서 크게 주목받고 있는 자유주의와 공동체주의 간의 이념적 논쟁의 핵심에 놓여 있다. 각각 전자의 입장은 도덕적 주체로서의 개인의 위치를 강조하고 개인 간의 공정한 인간관계윤리를 지향하는 자유주의적 견해를, 후자는 특정 사회를 전제로 그 속에서 통용되는 상호의존적 인간관계윤리를 지향하는 공동체주의적 이념을 반영한 것이다.

현대적 의미의 공동체주의는 1980년대 초 자유주의에 대한 비판으로부터 시작되었다. 그리고 그 후 공동체주의자들과 자유주의자들 간에 치열한 이론적 논쟁이 벌어졌는데, 이러한 과정을 거쳐 1990년대에 들어와서는 양자 사이에 절충과 조화를 찾으려는 입장에서 공동체주의적 자유주의 내지 신공동체주의 이론이 등장하고 있다. 이러한 점을 염두에 두면서 본 장에서는 우선 공동체주의가 내세우고 있는 자아관, 윤리관, 도덕교육관, 도덕교육적 시사점을 고찰한 후에, 자유주의와의 논쟁에서 핵심에 놓여있는 이슈들을 정리하고 도덕교육에서 이러한 양 측면 간의 대립을 피하면서 상호보완 내지는 조화의 구체적 시도를 위한 방안을 모색할 것이다.

1. 자아의 성격 및 형성에 관한 관점

자유주의는 어느 시대 어느 사회에서도 불변적으로 존립하여 독립적 사유활동을 하는 '추상적 자아(abstract self)'를 중심적인 윤리적 주제로 상정한다(Cochran, 1989). 추상적 자아란 각 개인의 특징이 특정한 사회적 상황이나 역사적 맥락과는 상관없이 독립적으로 미리 주어진 것으로 간주된다는 의미이다. 개인을 추상화하여 이해하는 까닭은, 만약 개인을 현실적 삶에 구체적으로 존재하는 개념으로 이해한다면 개인은 사회적인 요구나 역할기대 등에 의해서 사고와 행위기준을 갖게 되고, 그만큼 개인으로서의 입지가 약화되어 자율적인 존재와는 거리가 멀게 될 것이기 때문이다. 따라서 개인은 현실적인 조건에 얽매이지 않는 특성을 천부적으로 소유하고 있는 주체로 가정하는 것이 필요하게 된다(김윤하, 1999).

이처럼 자유주의의 자아는 사회와의 관계에 있어서 개인이 선택의 주체라는 기본원칙을 성립시키기 위한 가정이 된다. 인간은 사회로부터 독립되어 자유로우며 사회와의 관계에 의해 자신의 자아가 규정되지 않을 뿐 아니라, 사회와의 관계를 스스로의 자발적인 의사에 의해 형성한다는 의미에서 선택적이다. 개인과 사회와의 관계는 자연적이거나 필연적으로 주어지는 것이 아닌, 인위적인 관계라고 할 수 있다.

이러한 자유주의적 자아관은 롤스의 사회정의론에서 가정되었던 이른바 원초적 입장(original position)에 그대로 반영되어 있다. 롤스는 각 개인이 침해받을 수 없는 자유와 권리를 가지고 모두가 합의할 수 있는 보편타당한 원리에 입각하여, 이익의 공정한 분배를 추구하는 삶의 장으로서의 무지의 장막에 싸인 원초적 입장을 가정하고 자신의 이론을 전개하였다. 이 원초적 입장에서 각 개인들은 상호 무관심하고 서로 독립적이며, 그 상황을 지배하고 있는 가치와 목적들에 의해 구성된다기보다는 스스로의 자유의지에 의해 그러한 가치와 목적들을 채택하는 존재이며, 개인들이 추구하는 최대의 가치와 목적은 공정으로서의 정의이었다(Rawls, 1971). 따라서 이 이론에 따르면 무엇이 선이고 정당한 것인지는 사전에 미리 정해져 있지 않고 그것은 전적으로 개인의 판단에 의존하여 결정되는 것이며, 그러한 결정이 타당한 것인지의 여부는 그 과정과 절차의 공정성에 의해 좌우될 뿐이었다. 또한 각 개인들은 서로 무관심하고 독립적인 존재이므로 타인과의 어떤 필연적인 관계를 맺을 필요가 없으며, 그런 한 공동체란 아무 의미가 없거나 개인에 비해 부차적인 것 내지는 개인에 대립되는 것으로 파악될 수밖에 없었다.

롤스의 이 이론은 개인주의, 권리중심주의, 개인 이익 우선주의 등과 같은 자유주의의 본질과 특성을 잘 반영하고 있다. 그리고 그 밑바탕에는 삶의 가치와 목적을 독자적으로 선택하여 추구하는 자율적이고 독립적인 자아에 대한 자유주의적 가정이 깔려 있다.

이러한 자유주의적 자아관에 대하여 공동체주의자는 이를 집중적으로 비판하고 있다. 공동체주의적 관점에 따르면, 자유주의적 자아관은 결국 인간에게 내재된 구체적인 맥락성을 상실한 추상적 자아관으로서의 한계를 가진다. 개인은 특정 공동체의 한 성원으로 존재하며 동시에 여러 공동체에 관계하고 있다는 사실을 미루어 본다면 자유주의적 개인은 각자의 고유한 성격을 상실한 보편자로서 지나치게 추상적이고 개별화되어 있으며, 비역사적이고 개념적인 인간으로 이해될 수밖에 없다.

샌델(Sandel, 1984)은 독립적이고, 뿌리도 없고, 얽매이지 않는 자유주의적 자아의 성격을 탈맥락적이라고 판단하고, 이와 상반된 맥락성을 갖는 자아를 상호주관적 자아 또는 상황적 자아라고 부른다. 상호주관적 자아는 사회적 목적(social ends)과 애착(attachments)에 밀착된 '우리 자신들'(ourselves)로 존재한다. 그에 따르면 우리의 자아는 공동체 안에서의 사회적 관계 속에서 뿌리를 내리고, 도덕적 토대로서의 자아의 성격을 갖는다. 이를 통해 샌델은 분명 자아란 공동체와 분리될 수 없고 그것에 의해 형성된다는 공동체주의적 자아관을 확고하게 견지한다.

또한, 샌델은 롤스가 제기한 좋음에 대한 옳음의 엄격한 우선성에 대해 의문을 제기한다. 샌델은 좋음에 대한 옳음의 우선성은 자아의 목적, 가치, 애착들에 앞서는 것으로서의 자아에 대한 개념에 근거하여 있으나 그러한 개념은 옳지 못하다고 하였다. 왜냐하면 우리는 우리 자신이 공동의 목적과 가치들로부터 전적으로 초연하다고 생각할 수 없기 때문이다.

나아가 샌델(1982)은 롤스로 대표되는 자유주의 이론에서 가정하고 있는 도구적이고 심정적인 개념의 공동체가 갖는 문제점을 비판하면서 인간의 진정한 공동생활을 반영하는 공동체는 구성적 개념에서 파악되어야 한다고 본다. 도구적 공동체의 관점은 근대사회 이래 발달된 것으로 개인들이 오로지 자신들의 개인적 목적을 위해서만 협동하는 사적 사회(private society)와 연관된다. 이런 공동체는 전적으로 '도구적'이다. 심정적 공동체의 관점은 롤스가 주장하는 공동체관으로 도구적 관점과는 달리 참가자들이 '공유된 최종 목적'을 가지지만 '협동' 그 자체를 선으로 간주하기에 공동의 역사와 애착이 없다. 그들의 이해관계는 하나같이 적대적인 것이 아니며, 경우에 따라 상보적이고 중첩적이다. 그런데 샌델은 이들 두 공동체관 모두 개인주의적이며, 다만 방식만 다를 뿐이라며 부정적 태도를 보인다. 샌델은 특히 롤스가 말한 심정적 공동체는 '차등의 원칙'에 의한 공동 자산(common asset)의 개념에 터한 것이어서 평등적이고 민주주의적인 공동체관으로 보이지만, 견고한 공동체를 구축하는 데는 명확한 한계가 있다고 지적한다.

그리하여 그는 공동체를 도구적, 심정적 개념이 아닌 구성적 개념의 차원에서 파악할 것을 강조하였다. 즉, 한 사회의 구성원들이 공동체 의식을 갖는다는 것은 단순히 공동체적 감정을 갖고 공동의 목적을 추구하는 것을 넘어 자신의 정체성까지도 어느 정도 공동체에 의해 규정되고 구성됨을 의미하는 것으로 보아야 한다는 것이다. 이런 공동체 안에서 '나'라는 개인은 부분적으로 공유된 실천들, 전통들, 그리고 공동체의 목적들에 의해 구성되기 때문에, 그리고 '나'의 개체성이 타인과의 상호작용 및 관계, 협동적 실천 그리고 공동의 담론 언어를 통해 발전된 사회적 산물이기 때문에 이때 자신의 정체성은 고립된 것이 아니라 '결속된' 것이다(Sandel, 1982; 심성보, 1995).

매킨타이어(MacIntyre, 1981)는 공동체의 삶에서 이루어지는 서사적 이야기 속에서 자아가 형성되고, 이러한 공동체의 이야기를 공유하는 한 구성원들은 선에 대한 공유된 이해를 가지게 된다고 강조한다. 매킨타이어에 따르면, 자아는 진공 상태에서 만들어지는 것이 아니라 그가 속한 공동체의 역사와 전통 속에서 형성되는 것이며, 그의 개인적 삶의 이야기는 그가 속한 공동체의 이야기 속에서 그것들과 얽혀서 존재한다는 것이다. 또한 공동체의 이야기를 통해 선에 대한 공유된 이해가 있는 한 공동체 내에서 한 개인에게 선이 되는 것은 다른 개인에게도 공통으로 선이 되며, 그런 한 나의 선과 타인의 선이 대립되거나 적대적 관계에 놓일 필요가 없게 되고, 따라서 자유주의에서와 같이 선에 대한 혼란과 그로부터 비롯되는 갈등과 무질서가 배태될 필요가 없게 된다는 것이다. 이러한 관점에서 보자면, 자유주의적 자아는 순수추상으로 표류할 수 있고, 전통의 가치를 모조리 망각함으로써 자아의 무규범 상태를 낳을 수 있으며, 개인의 절대적 자기결정권이 권위의 지평을 부정하기에 결국 니체적 허무주의로 귀결될 수 있는 것이다.

또한 테일러(Taylor, 1985, 1989)에 따르면, 현대 자유주의 이론은 인간에 대한 원자론적 개념에 근거해 있으며, 지나칠 정도로 의지와 선택의 자유에만 배타적으로 초점을 두고 있는 인간 행위자를 상정하고 있다고 한다. 그런 맥락에서 테일러는 근대적 인간을 '절연된 자아(disengaged self)', 즉 자신의 욕구 속에서 세계를 객관화하고 자신의 목적을 발견하고 결정할 수 있는 '자기규정적 원자론자(self-defining atomist)'라고 규정한다. 공동선의 토대가 없는 자유주의적 자아는 공동체 또는 결사체로 부를 수 있는 집단에 참여하지만, 이 집단은 각 개체 내부의 규준을 가지고 협조를 함으로써 개인의 이익을 추구하는 유사한 개인들의 집합체에 지나지 않는다. 그러므로 이러한 공동체관을 갖는 '근대적 자아'는 좀 더 '두터운' 공동체를 갖지 않을 경우 같은 터전을 가진 확고한 정체성의 존립이 불가능함을 보여준다.

이와 같이 자유주의가 근거하고 있는 개인주의적, 추상적 인간관과 자유주의 사회의 도덕적 혼란에 대해 공동체주의가 갖는 윤리적, 규범적 측면은 많은 설득력을 갖고 있지만, 공동체주의적 자아관도 또한 다양한 문제점과 한계점을 내포하고 있다. 예를 들어, 자아란 공동체에 착근되어 있다는 공동체주의의 주장은 자아의 정체성이 전적으로 공동체에 의해서 결정된다는 의미로 해석될 수 있는데, 만약 그렇다면 개인이 가지고 있는 인격, 성품, 신념과 같은 개인의 독특한 성격의 주체적인 형성의 가능성은 전적으로 부정될 수밖에 없다. 이것은 결과적으로 인간 행위의 타율성을 정당화하게 됨으로써 전체주의 사회가 형성될 수 있는 토양을 제공하게 될 것이다. 또한 자아가 '공동체의 틀(community framework)'과 완전히 동일시되면 자아는 그 목적과 구조에 대해 성찰을 할 수가 없는 무반성적 자아, 굳어진 자아로 폐쇄화될 우려가 있을 것이다. 따라서 최근 들어 자유주의의 자아관과 공동체주의의 자아관의 조화를 모색하는 주장들이 제기되고 있다.

대표적인 자유주의자이면서도 신공동체주의를 제창하는 구트만(Gutman, 1993)은 테일러의 입장에 따라 자아는 사회적일 수 있지만 공동체적 가치가 사적인 가치를 '대체'하기보다 '보완'하는 것이 더 적절하다는 제안을 한다. 자유주의적 '개체성'의 가장 중요한 특성으로 그것의 '내향성', 즉 기본적으로 개인의 주체성, 자기실현, 양심, 도덕적 자율, 그리고 도덕적 평등을 중심에 위치하도록 해야 한다는 것이다. 공동체적 자아가 하나의 사회적 원자가 아니라 사회적 관계의 특수성, 공동체적 결속, 역사적 맥락을 포괄한 자아의 '애착들(attachments)'에 의하여 정의되고 구성되지만, 자아의 정체성이 공동체나 사회적 관계에서 곧바로 추출되어서는 안 된다. 우리 사회는 선과 악을 공유할 수 있는 공정한 방식을 발견해야 하는 '수많은 개별적 자아'로 있어야 한다. 이렇게 선의 다양성을 견지하면서 그는 어떤 국가라도, 특히 민주적 국가마저도 사회의 '집단적 자아'를 구성할 수 있다고 가정하거나, 그것이 시민의 최상의 이익을 보장할 수 있다고 장담하면 위험스럽다고 판단한다.

테일러(Charles Taylor)는 '자아해석적 존재'로서 인간의 성찰적 측면을 고려할 때 자아가 공동체와 전통적 울타리를 넘어설 수 있다고 말한다. 우리는 자아성찰 중심적인 '의무론적 자아'의 취약성을 알면서도, 더욱 중요한 것은 '사회적으로 상황 지어진 자아'의 구속성에서 비롯되는 성찰의 제약성을 벗어날 수 있는 열린 마음이 동시에 필요하다고 주장한다. 이는 자기본위적 개인주의와 무반성적 집단주의의 양극단 모두를 동시에 피해야 한다는 말이다.

마세두(Macedo, 1990; 심성보, 1995; 김윤하, 1999)는 자유주의적 자아가 이성의 도구적 개념 또는 자아의 회의론적 주관주의 개념에 한정될 수 없으며, 따라서 자유주의적 개인주의가 원자주의나 피상적 자율성 개념과 동일시되어서는 안 된다고 본다. 그는 추상적 자아가 공동체적 관심과 더 높은 자유주의적 희망을 결합하는 발전적 방향으로서 공동체주의의 상황적 자아와의 화해를 권유한다. 추상적 자아가 공동체적 관심을 가짐으로써 공동체적 자아로 발전할 수 있는 내재적 가능성을 가지며, 그것은 또한 추상적 자아의 확장으로 이어진다는 것이다. 이것을 그는 '상황 지어진 자율성(situated autonomy)'이라는 개념으로 설명한다. 공동체적 상황적 자아는 거꾸로 추상적 자아로부터의 내적 성찰성을 항상 열어주는 개방적 자세를 보임으로써 양자의 변증법적 관계가 유지된다는 것이다.

2. 윤리학적 관점

자유주의에서의 도덕성은 도덕적 사태에 대한 판단 능력이므로 인간으로서 갖추어야 할 보편적 도덕 원리, 즉 개인 간의 대립을 공정하게 해결할 수 있는 절차적 원리인 정의의 윤리를 주창한다. 여기에서는 이러한 정의의 윤리를 공동체주의적 관점에서 비판적으로 고찰한 후, 공동체주의에서 제안하고 있는 덕의 윤리와의 중심 이슈를 제시할 것이다.

1) 정의로 충분한가?

공동체주의자들에 의하면, 윤리적 규범이란 언제나 어떤 공동체의 규범이며, 도덕적 학습이란 이러한 규범의 전수를 의미한다. 그들은 또한 소속감이 규범의 획득과 도덕적 행위의 동기화에서 가장 핵심적인 부분이라고 주장한다(Strike, 2000). 이러한 맥락에서 매킨타이어의 공동체주의 윤리는 무시간적 도덕이 아니라 도덕적 개념의 역사화와 맥락화를 중시하며, 특정한 역사적 집단에 한정되어 있기 때문에 근본적으로 특수주의적 도덕성(particularistic morality)을 강조하고 있다.

공동체주의자들의 입장에서는 보편적이고 공평무사한 정의에 대한 자유주의자들의 선입견은 결국 개인들을 공유된 전통, 문화, 정체성보다는 사회계약에 의해 서로 연결되어 있는 사회적 원자들로 간주하게 한다. 즉, 자유주의자들은 우리의 삶을 위한 행복의 원천이자 다른 사람들과의 깊은 관계로부터 우리를 유리시키고 있는 것이다. 그들은 성실이나 인내보다는 자율성을 선호한다(Hollenbach, 1995). 그런 이유에서 자유주의는 공정하면서도 인간적인 사회보다는 아노미와 소외, 그리고 뿌리의 상실(rootlessness)을 초래하는 경향이 있다. 보편적이고 공평무사한 정의의 입장은 공간을 초월하는 관점을 취한다(Nagel, 1986).

이러한 공동체주의의 입장에 대한 비판으로서 자유주의자들은 만일 윤리적 규범이 단지 우리의 공동체의 윤리적 규범에 머무른다면, 우리는 우리의 삶을 지배하는 이러한 규범들을 비판적으로 평가해 볼 수 있도록 혹은 다른 공동체의 구성원들과 합리적인 대화에 참여할 수 있도록 자신이 속해 있는 공동체의 윤리적 규범으로부터 일정한 거리를 유지할 수 없게 만든다고 대응한다. 그러면서 자유주의자들은 종교적으로나 문화적으로 다양한 사회에서 정의의 공평무사한 기준만이 평화로운 공존을 위한 우리의 유일한 희망일 수 있다고 주장한다. 뿌리 근성(rootedness)으로부터 우리 자신을 분리해 내면서, 자율성은 우리 공동체의 구성원이 아닌 사람들에게로의 개방을 위한 전제 조건이 된다. 뿌리의 상실을 대가로 치르더라도 이는 불가피한 것이다.

사실상 많은 자유주의자들은 도덕 학습에 대한 공동체주의의 관점을 부분적으로 수용하고 있다. 아마도 우리는 구성적 공동체의 규범에 착근된 채 우리의 도덕적 삶을 시작한다고 볼 수 있다. 롤스의 도덕심리학에서는 정의감(sense of justice)은 무엇보다 가족과 친밀한 집단에서 획득된 동기 및 능력에 의존한다고 가정하고 있다. 도덕심리학 영역에서 제시된 다양한 발달 단계 이론들 또한 바로 이런 점에 동의하고 있다. 공동체에 대한 착근은 성숙을 위한 길에서 중요한 과정이다(Crittenden, 1992). 더욱이 자유주의자들의 일부는 공동체주의자들이 가치롭게 여기는 친밀성과 배려적 관계는 이것들이 가족 혹은 지역 공동체의 영역에 적절히 국한된다면, 도덕적으로 성숙하는 데 여전히 중요하다고 인정한다. 그럼에도 불구하고, 자유주의자들에게 있어 도덕적 성숙은 결국 자율성과 공평무사한 정의를 위한 진보이다. 정의는 가족 및 공동체 구성원들 사이에서가 아니라 거대한 다원주의적 사회에서의 시민들 간에 관계를 조절하는 것에 목표를 둔다(Rest et al., 1999a).

이러한 사실은 자유주의와 공동체주의의 논쟁은 도덕적 개념의 형성 기원 내지는 도덕 발달의 초기보다는 도덕 발달의 이상과 목적에 대해 상이한 관점을 취함으로써 발생한다는 점을 암시하고 있다. 또한 이러한 논쟁을 제대로 이해하기 위해서는 우리의 구성적 공동체 내부의 구성원 혹은 친인척이 아닌 사람들과의 관계를 조절할 수 있는 도덕적 개념을 토론함으로써 가능할 것이라는 점을 또한 제안하고 있다. 우리는 이를 '이방인을 위한 윤리(ethic for strangers)'라고 부를 수 있을 것이다. 다양하고 다원적인 사회에서 우리는 모두 서로에게 이방인일 수밖에 없다. 자유주의자들은 이방인을 위한 적절한 윤리는 규범과 관습의 관점에서 공평무사해야 한다고 주장한다. 그러므로 이방인을 위한 윤리는 구성적 공동체 내에서 친밀한 애착 혹은 소속감에 의존할 수 없다. 공동체 내에서 형성되는 애착은 정의의 관점에서 볼 때 근원적으로 파당적인 것이다.

정의에 대한 설명들은 대체로 정의란 우리가 이익사회(Gesellshaft)에서 만나는 이방인들에 대한 윤리임을 제안하고 있다. 로크로부터 롤스에 이르기까지의 계약론들은 사회 계약이라는 개념을 통해 이런 점을 가정하고 있다. 흄(Hume, 1967)에 따르면, 가족과 공동체에서의 도덕성은 자연적 감정에 의존하는 반면 정의란 우리의 애착이 약한 사람들의 행복에 관심을 갖는 것이기 때문에 "인위적인(artificial)" 것이다. 또한 흄은 정의를 애착의 결속이 아니라 계몽된 자기이해(enlightened self-interest)에 의존하는 것이라고 주장하였다.

롤스(1971, 1993)는 사랑과 우정과 같은 개념들은 개인이나 가족의 영역에서 적용되는 것인 반면, 정의는 "사회제도의 제1덕목"인 것으로 주장한다. 많은 자유주의자들은 인간에 대한 강한 애착은 근원적으로 파당적이기 때문에 이러한 애착을 정의를 위한 동기화(motivation)에 위치시킬 수 없다고 한다. 인간에 대한 의무와 존중이 사랑, 공유된 정체성 혹은 공감과 같은 동기보다 선호되는 것이다. 또한 롤스(1993)가 공정으로서의 정의라고 부르는 것은 공동체의 도덕적 전통이나 어떤 포괄적인 교의로부터 자유로운 것이다. 정의가 비록 합의의 결과일지 모르지만 어떤 도덕적 전통으로부터 연유되는 것은 아니다. 정의는 공평무사를 요구하고, 공평무사는 의무론을 요구한다.

이렇게 볼 때에 자유주의에서 말하는 타인이란 결국 특별한 애착이나 헌신을 공유한 존재가 아니라 이익사회(Gesellshaft)에서 만나는 이방인이 되는 것이다. 그렇다면 오늘날의 사회는 과연 정의로 충분한가? 우선 "정의 최소주의자(justice minimalist)"라고 부를 수 있는 사람들의 특성을 고려해 보자. 그들은 정의가 요구하는 바대로 자신의 의무를 수행하지만 그 이상은 아니다. 정의 최소주의자들의 특성은 다음과 같은 방식으로 기술될 수 있을 것이다.

- 그는 항상 투표는 하지만 어떻게 투표할 것인가를 결정함에 있어 자신의 이익만을 고려한다.
- 그녀는 자신의 자녀에게 도움이 될 수 있는 교육세 확보에 찬성표를 던지지만, 이것이 자신의 이익과 부합되거나 정의에 의해 요구된다는 신념이 없다면 다른 사람들의 자녀를 위한 교육세 확보에는 동의하지 않는다.
- 그는 버스표 구입을 기피하거나 가게에서 물건을 함부로 들고 나오지 않는다. 하지만 노약자에게 자리를 양보하지는 않는다.

이와 같은 개인들은 정의롭지만 자비롭지 못하고, 공정하지만 친절하지 않으며, 의무에 충실하지만 관대하지 못하다. 원칙적이지만 예의 바르지 못하고, 정직하지만 공동체 정신과 자애가 부족하다. 즉 정의 최소주의자는 그들의 의무에 충실하지만 그 이상은 아니다. 물론 정의 최소주의자들은 자신의 의무조차 충실히 이행하지 않는 사람들보다 선호될 수 있지만, 그렇다고 이상적인 시민의 모델이 되기는 어렵다. 그들이 이상적이지 않다는 것은 곧 정의가 이방인을 대함에 있어 하나의 기준이 되기에는 불충분하다는 것을 암시한다. 이러한 이유에서 스트라이크(2000)는 우리들 중의 많은 사람들은 단지 사람들이 정의롭기만 한 사회에서 살기를 원하지는 않을 것으로 본다. 그러면서 정의와 더불어 친절, 예의, 자비, 관대 등도 이방인을 위한 윤리의 중요한 측면들임을 제안하고 있다.

계속해서 스트라이크(2000)는 친절과 예의의 측면에서 타인의 필요에 관심을 보이지 않는 사람이 의무감이나 원리에 대한 헌신에 의해 이타적 행동에 관여할 것이라고 상상하기는 어려울 것이라고 말한다. 친절과 예의는 공감(empathy)과 동감(sympathy)에 의해 동기화되는 것이다. 친절과 예의로 나아가기 위해서는 이방인들의 문화, 특히 독특성 및 우리와의 차이점에 대한 깊은 이해가 아니라 이러한 차이점의 이면에 우리가 함께 공유하고 있는 것들을 볼 수 있는 능력이 필요하다. 우리가 우리의 자리를 노인에게 양보할 때, 우리가 보는 것은 피곤하거나 고통 속에 있는 어떤 사람인 것이다.

우리가 정의의 범위를 넘어설 수 있도록 하는 것은 바로 이런 식으로 다른 사람들을 볼 수 있는 능력이다. 우리와 이방인들을 연결하는 감정은 우리와 친밀한 집단의 구성원들과 연결하는 감정만큼 강할 수 없다는 흄의 입장에 동의할 수 있을지 모른다. 그렇다고 하더라도 우리는 정의에 대한 충실이 단지 자기이해(self-interest)와 의무로부터 비롯되어야 한다는 결론에 도달할 필요는 없다. 스트라이크(2000)는 도덕 원리에 대한 헌신과 의무나 인간 존중과 같은 추상화에 의해 동기화될 수 있는 사람들, 그리고 이방인들에게도 공감하고 동감할 수 있는 능력이 부족한 상태에서 도덕적 행동을 위한 동기화가 가능한 사람들은 극히 드물 것이라고 주장한다.

2) 덕의 윤리학과 규칙의 윤리학

자유주의는 특정한 시기나 사회에서 형성되는 우연적 욕구를 초월하는, 합리적인 절차를 중시하는 '규칙의 윤리'를 주장하는 반면, 공동체주의는 도덕법칙이 인간의 선의 개념에서 나올 수 없으므로 그것으로부터 정당화될 수 없다고 보고, 사회적 관행에서 파생되어 나온 선에서 도덕적 근거를 찾는 '덕의 윤리'를 주장하고 있다. 이는 곧 도덕성을 개인적 측면에서 이해하는 입장과 사회적 측면에서 이해하는 입장을 말하며, 또한 의무론적 윤리와 목적론적 윤리로 표현된다(김윤하, 1999).

자유주의의 윤리적 전통은 첫째, 권리의 우선성을 강조한다(Rawls, 1988). 개인적인 인간의 자유를 보호하는 것은 어떤 다른 선에 의해서도 희생될 수 없다는 것으로서, 이 기본적 권리의 불가침성은 개별 인간의 평등한 가치와 존엄성에 근거하고 있다. 둘째, 중립성을 요청한다. 어떤 선의 개념을 다른 선의 개념보다 선호할 수 있는 법칙이란 있을 수 없다. 셋째, 보편주의적 도덕원칙을 고수한다. 어떤 행위의 도덕적 가치는 보편적인 원리체계에 의해 결정되고 모든 사람은 그 권위에 따라야 한다. 넷째, 독자적 개인은 권리와 책임을 가진다. 개인의 자질과 능력은 자유주의적 원리의 아주 중요한 요소로 인정되므로 개인주의가 된다.

이에 반해 경험적 조건을 도덕의 정초로 삼는 헤겔은 아리스토텔레스의 공동체주의 윤리학을 복원시켜 시민사회에서 구현될 실천적 규범으로서 '인륜성(Sittlichkeit)의 윤리'를 제안한다. 테일러도 헤겔과 같이 오늘의 시민사회에서 구현될 수 있는 실천적 규범으로서 인간이 마땅히 지켜야 할 공동체의 인륜성의 윤리를 제안한다. 또한 자유주의가 비사회적 개인주의 윤리에 기초하여 윤리의 무규범성과 목적성을 상실하여 오늘날 윤리적 위기를 가져왔다고 비판하면서, 매킨타이어는 새로운 윤리의 대안으로서 아리스토텔레스의 '덕의 윤리'를 제창하고, 샌델은 '공동선의 윤리'를 주창한다.

헤겔이 말하는 인륜성은 공동체 성원의 정체성과 도덕적 열망이 표상되는 원리로서, 덕이 중심적 윤리로 자리한다. 인륜성은 개인이 참여하고 있는 공동체에 대해서 가지는 도덕적 책무로서의 기존 규범과 관행에 바탕을 두고 있으며, 따라서 습속이 중요하게 다루어진다. 인륜성의 결정적인 특성은 '이미 존재하고 있는 것'의 발현을 촉구하는 데 있다. 실제로 개인의 인륜적 책무의 근거인 공동생활은 이미 현존하고 있으며 진행 중인 현상이다. 따라서 인륜성에 있어서는 당위와 존재 사이에 어떠한 분열도 일어나지 않는다(Taylor, 1984).

공동체주의의 대표적인 학자인 매킨타이어(1981)는 자유주의가 공동체의 중요성을 무시하고 비사회적 개인주의에 기초하여, 윤리의 무규범성과 목적성

상실을 초래함으로써 오늘날의 윤리적 위기를 가져왔다고 비판하면서, 이러한 윤리적 허약성을 극복하고 토대적 규준을 마련하기 위한 새로운 대안윤리로서 아리스토텔레스의 '덕의 윤리'를 제창한다. 매킨타이어는 오늘날 윤리적 위기의 원인은 도덕적 불일치가 만연되어 있고, 이 문제를 해결하기 위해 어떠한 합리적 방식도 존재하지 않기 때문이라고 지적한다. 그는 덕을 관련시키지 않으면 인간에게서 선을 충분히 추론해낼 수 없다고 말한다.

샌델은 자유주의 윤리가 지니고 있는 심층적인 도덕적 결함은 정의론적 사고이며, 이 결함의 최대 한계는 공동체의 공유된 '공동선'을 전제하지 않은 데서 비롯된 것임을 적시하고, '공동선의 윤리'를 주창한다. 공동체 구성원들과 공유하게 되는 원리 또는 기준으로서의 공동선은 질서 속에서 다른 모든 이해관계를 조정하고 통제하는 원리이며, 국가를 개인들의 연대적인 상호협력 속에서 존재하는 하나의 공동체로 전환시키는 역할을 담당한다. 공동선은 개인적 선의 기준이 되고, 개인적 선은 공동선을 지향한다. 이러한 공동선은 사회 자체의 목적일 뿐만 아니라 사회 자체의 선이기도 하며, 개인적 인격의 목적이기도 하다.

하지만 자유, 보편성, 합리성을 유지하려는 규칙의 윤리학에서 볼 때, 덕의 윤리는 정확함과 명료함이 부족하고 맹목적인 편견으로 보일 수 있다(Taylor, 1994). 공동선의 강조 또한 구성원들의 삶에 일방적으로 제공되거나, 사회의 지배집단이 규정하는 삶의 방식을 하부집단에 강압적으로 요구할 가능성이 크다. 오늘날과 같이 규모가 크고 복잡하며 다원주의적인 사회에서는 다양한 공동체들 간에, 각 공동체의 구성원들 간에 광범위한 동의를 얻어내기란 쉬운 일이 아니므로, 토론과 비판의 과정이 생략된 채 강요나 무비판적 순응의 형태로 이어질 수 있다(Gutmann, 1985). 공동선에 의해 개인의 권리와 이해를 희생시키거나 개인의 특수성 및 자율성의 존중을 결여하는 등 예상치 않은 부패의 모습으로 나타날 수 있다(김윤하, 1999).

그러므로 자유주의와 공동체주의의 단순 이원론적 분리주의 윤리관의 극복이 요청된다. 양극단을 모두 피하는 열린 마음을 가질 때 양자는 서로 대립적이 아니라 보완적인 관계에 있으며, 통합적인 이해가 가능함을 깨닫게 된다. 개인적인 의미의 자율성 개념을 개인적 성취와 건강한 공동체를 동시에 추구하는 확대된 의미로 이해하고, 아울러 공동체의 개념 속에서 자율성의 의미를 찾아 공동체적 경험과 공동체의식의 소유가 자율성을 신장시킬 뿐 아니라 자율성의 원천이 됨을 알 필요가 있다.

3. 도덕교육에 관한 관점

공동체주의와 자유주의는 자아 및 윤리를 이해하는 기본 가정이 다른 만큼 도덕교육적 관점에서도 뚜렷한 입장 차이를 나타낸다. 도덕교육에 관해서 자유주의는 개인의 합리적인 사고와 판단 능력의 향상을 목적으로 보편적인 윤리 원칙의 획득에 우선적 관심을 가지는 반면, 공동체주의는 공동체의식의 함양과 공공이익에의 공헌을 목적으로 도덕적 품성과 행동의 형성에 우선적 관심을 가진다. 그리고 자유주의는 도덕적 이해와 판단 등 도덕성의 형식적 구조를 강조하여 정의의 절차적 원리를 통한 도덕교육을 강조하나, 공동체주의는 도덕교육의 내용으로서 덕목을 강조하고 이성 활동의 전제조건으로서 도덕적 습관의 형성을 중시한다(김윤하, 2000).

자유주의자들은 개인에게 어떤 특정한 삶의 방식을 부과하려는 기도는 도덕적으로 정당성을 가질 수 없다고 보므로, 도덕교육의 목적을 '자기 충족적 개인(self-sufficing individuals)'을 육성하는 데 둔다. 자유주의자 롤스(1971)는 '공정으로서의 정의'를 제시하면서, 사회란 서로 존중해야 하는 자유와 평등 간에 공정한 협동이 이루어지는 하나의 구조이며, 도덕교육은 학생들이 자신의 목적을 선택하고, 그것을 효율적으로 추구할 수 있는 자율적인 개인이 되도록 준비시키는 것을 목적으로 한다고 말한다.

자유주의의 절차적 원리에 기초한 도덕교육론은 1960년대 이후 가치명료화와 콜버그의 인지발달론적 접근법에 의해 주도되었다. 1960년대에 지배적인 도덕교육 모형이었고, 래스(Louis Raths), 하민(Merrill Harmin), 사이몬(Sidney Simon)에 의해 주창되었던 가치명료화는 가치가 기본적으로 개인적인 것이며 개인적 경향성과 선호를 나타내는 것이라는 철학을 출발점으로 삼았다. 종교적, 도덕적, 정치적, 이데올로기적 관점에서 미국 사회의 다원성을 감안한다면, 교화를 통해 집단적 가치를 우선에 두는 것이 아니라 가치는 곧 개인의 관심, 반성, 그리고 선택의 문제이어야 한다는 그들의 주장은 설득력이 있어 보인다. 문제를 명료화함으로써 교사는 학생들이 대안적 가치를 고려하고, 그들이 선택하는 가치들을 이해하며 소중히 여기도록 도와야만 한다. 비록 이 모형은 체계적인 이론에 의해 뒷받침되지 않았고, 가치 상대주의를 조장한다는 측면에서 비판받았지만, 교사들과 학생들에게 매우 유행했던 학습 방법이었던 것만은 분명하다.

자유주의적 전통에 근거해 있는 콜버그의 도덕교육 이론은 도덕 생활에 있어서 도덕적 추론 및 자율적 의사결정의 중요성을 강조했다는 점, 도덕적 성숙을 위한 뜀틀로서의 민주적 경험을 강조했다는 점, 도덕교육의 대상인 학생들을 '어린 도덕 철학자(little moral philosophers)'로 간주했던 것에서 볼 수 있는 바와 같이 인간 본성에 대하여 긍정적인 관점을 견지했다는 점에서 이론적 장점을 지니고 있다. 특히, 도덕교육은 도덕적으로 자율적인 인간을 육성해 내는 것이라는 콜버그의 교육적 신념과 평생을 '정의'라는 한 가지 관념에 집중했었던 콜버그의 삶 자체는 자유주의에 대한 그의 확신을 잘 나타내 주고 있다(추병완, 2004).

하지만 도덕교육의 목적으로 자유주의가 규정하고 있는 도덕적 자율성은 결국 덕의 문제를 개인적인 판단의 문제로 이해함으로써 오늘날 도덕적 무질서 상태(moral anomie)를 초래하였으며, 구체성이 결여되어 실천력에 한계를 가질 수밖에 없게 되었다고 공동체주의자들은 비판한다. 따라서 이들은 인간의 삶이란 공동체와 더불어 시작되기 마련이며, 삶의 목적의 성취는 공동체 질서의 한 부분으로 생활할 때 가능한 것이라고 보면서 공동체의식을 도덕교육의 목적으로 강조한다. 도덕교육은 공동체의 질서에 순응하여 그러한 질서를 자신의 삶의 일부분으로 받아들이고자 하는 인간의 행위, 즉 아리스토텔레스가 말하는 덕을 함양하는 것이라는 것이다.

매킨타이어의 공동체주의적 도덕교육에 의하면, 삶은 끊임없는 행동의 총체로서 행위의 옳고 그름을 판가름하기에 앞서 도덕적으로 옳은 행동을 언제나 할 수 있는 품성 또는 덕을 자연스럽게 몸에 지닐 가능성을 배양하는 것이 우선한다고 강조한다. 덕이 귀중하게 여겨지는 이유는 덕을 가진 사람이 자연히 도덕적으로 옳은 행위를 할 수 있기 때문이다. 아이들의 덕을 키우고 닦는 일은 어떤 상황에서 어떤 행위가 도덕적 규범 혹은 원칙에 맞는가를 결정하는 작업보다 더 중요하다는 말로 이해할 수 있다.

이러한 맥락에서 매킨타이어는 자유주의 도덕의 대안으로 '덕'의 윤리학을 제안한다. 도덕적 갈등 사태를 잘 예측하고 판단하면 도덕적 행위를 할 수 있을 것 같았지만 일반 지식과는 달리 알고도 실천하지 않으면 무용지물인 것이 도덕적 지식이 갖는 독특한 특성이다. 도덕적인 품성적 탁월성으로 나아가지 못하는 나약한 지성적 탁월성은 결국 우리가 근대의 질병에서 헤어나지 못하고 아직 허덕이고 있다는 징후인 것이다. 그러므로 덕스러운 인간이 되는 것이 중요한 것이다. 그렇게 되기 위해 수련을 쌓아야 하고, 실천을 해야 하고, 그런 수련과 실천을 할 수 있는 도덕적 공동체가 학교나 직장, 그리고 사회 곳곳에 마련되어야 한다(심성보, 1995).

오늘날 공동체주의적 관점에서 도덕교육에 접근하고자 하는 학자들은 '인격'과 '공동체'라는 두 가지 핵심 개념에 주목하고 있다. 우선 그들은 덕 혹은 도덕적 인격은 구시대의 도덕적 흔적이 아니라 도덕성과 도덕교육에 있어서 필수불가결한 구성 요소임을 역설하고 있다(Etzioni, 1993; Sichel, 1988; 추병완, 2004). 그들은 도덕교육이 자유주의자들의 주장처럼 상충하는 요구 · 권리 · 이익으로 이루어진 도덕적 딜레마를 위한 도덕적 판단 능력 혹은 추론 능력의 발달로만 여겨져서는 안 된다는 점을 강조한다. 오히려 도덕교육의 목표는 "학생들이 어떠한 유형의 인간이 되어야 하는가? 그들의 내면적인 도덕적 상태는 어떠해야 하는가? 혹은 그들이 소중하게 여기는 도덕적 이상은 무엇인가?" 등의 문제와 결부되어 있어야만 한다는 것이다.

'인격'에 대한 강조와 더불어, 공동체주의자들은 '공동체'를 단순한 수단이 아닌 목적 혹은 도덕 생활의 이상으로서 제시하고 있다. 도구적 공동체의 관점에서 보면, 학교교육의 목적은 개인적 목적을 추구하는 이성의 계발에 있으며, 그리고 심정적 공동체의 관점에서 보면, 도덕적 자아의 교육이 합당한 선택을 할 수 있는 능력을 계발하는 데 있음을 일깨워주는 데 있다. 이에 반해, 구성적 공동체의 관점에서 보면, 아이들로 하여금 특정 공동체의 구성원들로서 공동의 역사와 그것에 수반되는 감정의 연대를 갖게 함으로써 자신의 정체성을 파악하도록 돕는 데 있다(Sandel, 1984). 구성적 공동체의 일원이 되어야 할 미래의 아이들로 하여금 자신의 특정 공동체의 구성원들로서 공동의 역사를 배우고, 동일한 감정의 연대 속에서 공동의 정체성을 형성하고, 공공적 사고를 할 수 있고, 공동선을 구현하는 일에 헌신할 수 있는 민주시민이 되도록 교육하는 일을 더욱 중요하다고 생각하는 것이 샌델의 도덕교육적 시각인 것이다.

이렇게 볼 때에 공동체는 개인에게 있어서의 도덕적 정체성의 모태가 되는 동시에 도덕적 덕을 시범 보여주는 무대이기도 하다. 우리들의 도덕적 인격은 어떤 형태의 일차적인 공동체 생활을 필요로 한다. 우리들은 도덕 공동체의 한 성원이 되고, 그 안에서 생활을 함으로써 도덕적 인격을 형성하게 되는 것이다. 물론, 공동체에 대한 지나친 강조가 하나의 전체주의로 타락할 가능성이 전혀 없는 것은 아니지만, 파편화된 현대인들에게 삶의 근원성과 상호 의존적 관계성을 제공해 주는 공동체의 기능은 아무리 강조해도 지나치지 않는 것이다.

또한 공동체주의자들은 공동체를 도덕교육의 중요한 방법으로 활용할 것을 제안하고 있다(추병완, 2004). 그들은 도덕교육이 이루어지는 학교나 학급 자체를 하나의 응집력 있는 도덕 공동체로 만들어야 한다는 점을 강조하고 있다.

왜냐하면 단순히 공동체의 도덕 규칙들과 의식들, 그리고 표준과 행위에 대한 이해만으로는 도덕 공동체에 대한 소속감이 생길 수 없기 때문이다. 우리는 도덕 공동체 생활에 대한 능동적인 참여와 유대감을 가짐으로써, 그리고 기능과 도덕을 실천함으로써 도덕 공동체의 책임 있는 구성원이 될 수 있는 것이다. 이러한 맥락에서, 에치오니는 어떤 '관계'를 형성할 때에만 우리는 가치를 전수해 줄 수 있다고 말했던 것이다.

4. 결론 : 공동체주의의 도덕교육적 시사점과 자유주의와의 조화

여기에서는 우선 공동체주의가 오늘날 우리의 도덕교육에 시사하는 의미가 무엇인가를 논의할 것이다. 그런 후에, 공동체주의가 자유주의에 대한 비판에서 출발하여 그 대안적 이념으로 제시되었지만 공동체주의 또한 자유주의적 관점에 의해 많은 비판을 받고 있기 때문에, 양 측면 간에 상호보완적 관계를 형성하기 위한 방법을 모색할 것이다.

1) 도덕교육적 시사점

현대의 자유주의 도덕교육 이론은 개인의 도덕적 사고 과정과 판단 능력을 가진 인간의 육성을 최고의 목적으로 삼고 있다. 가치명료화 방식에서 강조하고 있는 가치선택 능력과 인지발달론적 방식에서 추구하고자 하는 최고의 단계로서의 도덕 원칙의 자율적 입법 단계는 도덕의 문제가 결국 개인적인 문제임을 보여주고 있다. 따라서 개인이 당면한 상황을 얼마나 합리적이고 공정하게 판단할 수 있는가 하는 보편적 이성주의에 근거하고 있는 개인주의적 도덕관은 정의로운 사회란 각 개인이 합리적인 판단능력만을 가지고 있으면 자연스럽게 이룩될 수 있다는 합의 도덕론으로 이어지고 있다.

이에 대해 현대의 공동체주의자들은 기존의 자유주의자들의 이론을 비판하는 가운데 공동체와 공동선의 중요성, 덕과 인격 함양의 필요성, 공동체의 전통과 관행의 중요성 등과 같은 매우 유용한 도덕교육적 아이디어들을 제공해 주고 있다. 즉, 공동체주의적 도덕교육 이론은 자유주의적 관점에 치우쳐 왔었던 현대 도덕교육 이론들에 대한 하나의 처방을 제공해 준다고 볼 수 있다. 크게 보아, 공동체주의자들은 도덕 생활의 목적 및 이상으로서의 공동체 개념을 중시함으로써 공동체적 자아 혹은 관계적 존재로서의 인간의 본성에 대한 올바른 이해의 필요성을 제기해 주었다. 그들의 입장을 따른다면, 개인의 도덕적 정체성을 형성시키는 삶의 양식으로 아직 전근대의 건강한 유산으로 남아 있는 '공동체' 속에서 도덕적 맹아를 찾지 않을 수 없다. 공동체주의자들의 목소리를 통해 우리는 새로운 도덕성의 구축을 전통 속에서 찾지 않을 수 없고, 빈곤의 시대 속에서 붕괴된 전통 문화를 현대적으로 다시 살려내는 일은 도덕성의 재발견을 위해서 중요한 일임을 인식하게 된다.

그리고 덕의 함양에 있어서 공동체의 기능들에 대한 풍부한 이론적 근거를 제공하여 줌으로써, 근본적으로 도덕교육은 공동체에 기반을 두고 실행되어야 함을 일깨워 주었다. 특히, 도덕교육의 내용과 관련하여 기존의 형식주의적 도덕교육 이론들과는 달리 공동체의 구체적인 역사, 전통, 상징체계, 의식, 음악과 미술, 서사와 이야기 등을 다채롭게 활용할 필요성을 제시해 주었다(추병완, 2004).

도덕 생활의 목적 및 이상으로서의 공동체를 지향하는 가운데 공동체에 기반을 두고 실행되는 도덕교육은 구체적으로는 개인의 인격 함양 및 덕의 계발에 초점을 맞춘 도덕교육, 역사와 문화적 전통을 소중히 여기는 도덕교육, 구체적 실천과 습관 형성을 강조하는 도덕교육, 공동체의 다른 구성원들에 대한 애착, 책임감, 배려와 같은 도덕적 정서의 계발을 소중히 여기는 도덕교육, 공적인 문제들에 대한 비판적인 숙고 및 참여를 중시하는 도덕교육, 공동체 의식의 계발에 초점을 맞춘 도덕교육 등의 모습을 띠고 있다고 볼 수 있다. 그러므로 이러한 관점들은 자율성, 합리성 등과 같은 개인적 차원에만 지나치게 집착한 나머지 그 반대의 축이라고 할 수 있는 인간 존재의 사회적 본질 및 공동체의 중요성을 간과한 자유주의적 도덕교육 이론이 지니고 있었던 단점들을 부분적으로 보완하여 줌으로써, 우리로 하여금 좀 더 포괄적이고 통합적인 관점에서의 도덕교육을 실행할 수 있도록 만들어 줄 수 있다고 평가할 수 있다.

2) 도덕교육에서 공동체주의와 자유주의의 조화

천민적 자유주의는 이기주의와 도구주의로 전락할 수 있다. 또한 천민적 공동체주의는 순응과 관습주의, 심지어 파시즘으로 이끌어질 것이다. 공동체의 절대화가 우상화되어 개체적 자율성을 갖지 못하는 도덕교육은 시민 사회의 형성을 어렵게 하고 전체주의화를 더욱 심화시킬 것이다(심성보, 1999). 여기서 "옛 관념과 새로운 관념이 반성적으로 상호작용하는 것을 허용해 줄 수 있도록 우리는 좁은 이랑을 걸어가야 한다."라는 부버(Martin Buber)의 표현은 공동체주의와 자유주의의 논쟁을 해결하는 데 중요한 시사점을 제공하고 있다.

그렇다면 도덕교육에서 공동체주의와 자유주의의 대결을 극복하고 상호보완적 관계를 추구하기 위한 방법은 무엇인가? 이미 앞 절에서 공동체주의적 도덕교육에 대한 논의를 자아의 성격 및 형성에 관한 관점, 윤리학적 관점, 도덕교육적 관점으로 나누어 살펴보았기 때문에, 여기에서도 양 측면의 통합적 방법을 이러한 세 가지 관점에서 접근하고자 한다.

도덕교육에서 과연 아이들을 어떤 자아로 형성시키며, 그 자아는 어떤 형태의 공동체관에 기초해야 하느냐에 따라 도덕교육의 목적은 크게 달라질 수 있다는 점에서 자아관에 대한 논의는 매우 중요한 의의를 지닌다. 즉, 학생의 자아 형성을 개인주의적으로 접근하느냐 공동체주의적으로 접근하느냐에 따라 교육의 목적은 달라질 것이다.

자유주의의 '추상적 자아'와 공동체주의의 '상황적 자아 또는 상호주관적 자아' 간의 자아관 논쟁을 통해 볼 때, 우리는 공동체에 토대를 두지 않는 자아형성이나 자율적 자아의 형성 없는 공동체에의 입문은 모두 아이들에게 '기형적' 자아관을 갖게 할 수 있기 때문에 양극단의 대결을 피할 필요가 있다는 점을 인식하게 된다(심성보, 1995). 자아의 해석학적 이해가 개체성과 공동체성의 어느 한편으로 몰입할 때에는 그 위험성이 쉽게 나타나므로, 자율성과 공동체성이 긴장을 유지하면서도 어느 하나에 통합되지 않는 일정한 인식적 거리를 적절히 유지하는 중용의 입장이 요청된다. 즉, 양 측면을 동시에 고려하고 조화를 모색함으로써 개인의 자아형성이 단순히 주관적 판단에 의해 빚어지는 탈맥락성과 무역사성의 위험에서 벗어나고, 아울러 지나치게 공동체를 강조하여 자율성을 방해하고 부자유를 경험케 하는 강제성과 전체주의 가능성을 극복할 수 있어야 한다. 이렇게 볼 때에 도덕교육에서 자아의 형성은 인격의 중심을 형성하는 자기규정성과 동시에 국민의 정체성을 형성하는 공동규정성이 함께 중심요소가 되어야 하며, 어느 하나가 떨어져 나가는 분절된 자아로 인식되어서는 안 될 것이다(김윤하, 1999).

공동체주의와 자유주의 간 윤리관 논쟁의 도덕교육적 의미는 단순 이원론적 분리주의 윤리관을 극복하고 두 윤리관을 동시에 접목하여 교육하여야 한다는 점이다. 자유주의의 자율성은 공공선의 윤리와 이음새를 찾고 공동체주의 윤리는 자기성찰성을 활성화하여 보편적 선을 지향해야 한다. 또한 보편적 법칙은 구체적인 상황적 조건과 마주쳐야 한다. 규칙은 주어진 상황과 독립해서 터득되는 성문법이 아니라 '가치공동체' 속에서 자연스럽게 배워지는 것이다. 보편적 법칙이 단순히 '철로를 따라가는 정신적 바퀴' 정도의 규칙 따르기(rule-following)로 이해될 때 주어진 상황에서 무엇을 해야 하는지를 구체적으로 일러주지 못할 것이다(심성보, 1995).

끝으로, 자유주의와 공동체주의의 차이점을 대립적 관계에서 이해하는 것은, 각 이념이 갖는 장단점을 이해하는 데는 도움이 되지만 이상적인 인간의 양성을 위한 도덕교육의 구체적 목표수립과 교육활동의 계획과 실천에는 어려움이 따른다. 그런 이유에서 우리들의 도덕적 자율성은 무역사적이고 추상적인 의미에서의 자율성이 되어서는 안 된다. 그것은 문화적 · 역사적 존재로서의 자율성으로 인식되어야만 한다(추병완, 2004). 공동체에 뿌리를 두고 있는 가운데, 그 속에서 누려지는 자율성이어야 한다. 이러한 '관계'가 없는 자율성은 그 의미 자체가 공허한 것일 수밖에 없는 것이다. 자유주의적 도덕교육 이론은 이렇듯 '관계'가 없는 혹은 '뿌리'가 없는 추상적 자율성만을 강조하다가 고립된 개인주의로 타락하고 말았던 것이다. 이제 우리는 이러한 단점을 보완하기 위하여 공동체주의의 관점을 수용하되, 그것이 우리를 질식시키는 타락한 공동체로 치우치지 않도록 끊임없이 자유주의의 목소리에도 귀를 기울여야 한다.

이렇게 볼 때에 도덕교육의 실제에서는 개인의 자발성과 자율성의 형성을 강조하는 개인적 측면에서의 도덕성과 집단적 정체성의 형성을 강조하는 사회적 측면에서의 도덕성이 병행, 조화되어야 할 것이다. 자율적 책임을 가진 사람됨과 공적 덕목을 갖춘 시민됨은 공존하는 현상의 속과 겉의 양면 관계로 위치 지어야 한다. 개개인의 자유를 향한 사람됨이 사회생활에서 공적 책임을 다하는 시민됨에 어긋남이 없어야 하고, 이러한 시민됨은 다시 주체적인 인격적 책임을 다하는 사람됨으로 다시 귀결되어야 한다.

이러한 도덕교육에 대한 방향 설정에도 불구하고 도덕교육에서 공동체주의와 자유주의를 통합적으로 실행할 수 있는 구체적인 방법에 대한 논의는 아직 부족한 실정이다. 필자의 입장에서 보자면, 이상과 같은 공동체주의와 자유주의의 조화를 보다 구체적으로 도덕교육에 적용할 수 있는 안목과 실천 방안을 제공해 주고 있는 학자는 스트라이크(2000)이다. 최근 스트라이크는 양측의 논쟁을 분석하고 그 통합을 시도하기 위한 구체적인 방안을 모색하고자 하였다.

스트라이크에 따르면, 원리의 윤리에서 애착의 대상은 실제적인 사람(real people)이 아니라, 도덕적 원리들, 정의로운 제도, 그리고 추상화된 개인들이다. 공감과 동감은 정의를 위해 요구되는 것으로 전혀 고려되지 않는다. 인간 간의 애착은 사적, 가족적, 그리고 특정 집단이라는 공동사회(Gemeinshaft)의 영역 내에 있는 것이다. 자유주의자들이 이러한 결론에 도달하게 된 것은 근본적으로 공평무사에 대한 바람으로부터 비롯된 것이다. 특수주의적(particularistic) 개념과 애착은 근본적으로 파당적인 것이기 때문에 애착에 의존하지 않는 도덕적 동기이자 그 자체로 독립 구조로 서있는(freestanding) 정의의 관점을 가져야 하는 것이다. 스트라이크는 바로 여기에 롤스의 문제가 있다고 본다.

공평무사에 대한 선호는 교육이 자유주의적 도구주의로 나아가는 데 영향을 미쳤다. 즉 인간 삶을 풍요롭게 하기 위해 진정 필요한 것이 무엇인가에 대해 중립을 취하는 교육을 추구하는 과정에서 우리는 단지 인간 자본 형성이 좋은 삶을 가능하게 한다는 개념적 접근을 통해 교육을 도구적인 것으로 만들었다. 그렇게 함으로써 학교는 시장의 에토스에 의해 지배를 받게 되었다. 학생들은 서로 희소가치 및 재화, 직업, 그리고 보다 나은 학교를 갖기 위해 서로 경쟁적이어야 한다. 인간 삶의 번영을 위해 정작 무엇이 필요한가에 대한 공유된 개념이 부족한 상황에서, 우리는 공유된 목적을 위해 협력할 필요가 있는 교육 프로젝트를 개발시킬 수 없다(Strike, 1999). 학교는 이제 이익사회(Gesellshaft)가 되었다. 특정한 뿌리 혹은 공동체 의식을 철저히 배제시키는 정의의 윤리가 지배적이다. 학교가 자유주의적 도구주의의 에토스에 의해 지배되는 정도만큼 학생들은 서로를 이방인으로 개념화한다. 다른 학생들은 이제 더 이상 공통된 집단의 구성원이 아니고 공감과 동감의 대상도 아니다. 그들은 단지 시장, 즉 이익사회(Gesellshaft)의 구성원들이다. 이러한 교육적인 이익사회 내에서 학생들이 외로워하고 소외받는 것에 대해 놀랄 필요가 없으며, 우리 편에 대한 소속감과 다른 사람들의 배제를 강조하는 패거리 집단문화와 파벌문화 속에서 진정한 위안을 얻는다는 것은 불가능하다는 것을 알 필요가 있다.

그렇다면 학교는 콜버그의 정의공동체적 접근법을 채택함으로써 이러한 문제를 해결할 수 있는가? 스트라이크는 확실히 학교는 정의로워야 하지만 "정의공동체"의 개념을 사용하는 것에 대해서는 반대한다. 정의는 이익사회를 위한 윤리로 간주될 수 있다. 그렇다면 정의로운 학교 공동체는 전혀 공동체일 수 없다. 정의는 단지 공정한 경쟁에 불과한 것이다. 여기서 필요한 것은 이익사회적 공동체가 되는 것이 아니라 소속감을 향상시킬 수 있는 학교 공동체이다. 스트라이크(2000)는 공동사회(Gemeinshaft)만도 아니면서 이익사회(Gesellshaft)를 뛰어넘을 수 있는 학교 공동체의 세 가지 모형을 제시한 바 있다.

- **집회(congregation)로서의 학교** : 그런 학교는 반드시 종교적인 것은 아닐지라도 인간 삶을 풍요롭게 하는 어떤 비전에 토대를 둔 교육의 개념을 중시한다.
- **참여민주주의로서의 학교** : 그런 학교는 참여적 의사결정과 시민적 우정(civic friendship)와 같은 민주적 참여 능력의 함양을 강조한다.
- **탐구공동체로서의 학교** : 그런 학교는 향학열을 중시하고 사고하는 삶과 결합되는 능력의 구현을 강조한다.

스트라이크는 이러한 아이디어가 이상적인 형태이며 세 가지가 상호 독립적인 것은 아니라고 강조한다. 또한 어떤 학교가 좋은 학교의 목적에 충실한가에 대한 어떤 판단 기준을 다음과 같이 제시하고 있다.

- 학교 공동체의 구성원들은 서로에게 책임이 있고 대화와 협력을 통해 공동의 목적을 추구해야만 하는 학교의 시민으로서 서로를 봐야 한다.
- 학교는 이방인을 향해 공감과 동감을 계발시키고, 친절과 예의와 같은 도덕적 개념들을 강조해야만 한다. 타인들을 어떤 두터운 공동의 정체성에 동화시키려고 하지 않고 이러한 과제에 충실할 필요가 있다.
- 학교는 분파와 공동 간에 대화를 권장해야 한다. 종교적 개념에 기초한 학교 공동체일지라도 다른 신념을 가진 사람들과 대화를 촉진할 수 있고 공통적 인간애를 가질 수 있는 방법을 찾아야 한다.

스트라이크는 학교 공동체의 세 가지 모형과 좋은 학교의 기준에 대해 콜버그가 분명히 반대하겠지만, 자신의 이론적 관점이 정의의 요구를 넘어설 수 있는 좋은 교육의 비전을 제공하는 데 도움이 될 것으로 확신한다. 자유주의와 공동체주의 모두 도덕적 삶의 협소한 관점을 제공할 수밖에 없으며, 이에 대한 대안은 두 이론 간의 공간("space between")을 공감과 동감과 같은 도덕적 능력들과 친절과 예의와 같은 개념들로 채우는 데 두어져야 한다.

필자의 입장에서 보자면, 스트라이크는 통합을 위한 논리적 근거는 명확하게 제시하고 있지만, 통합을 위한 구체적인 논의(통합적 도덕교육의 성격, 목표, 내용, 방법)를 충분히 진전시키지 못했다는 한계를 지적할 수 있겠다. 그럼에도 불구하고, 스트라이크의 연구는 공동체주의와 자유주의를 도덕교육에서 통합적으로 지향하기 위한 하나의 실천 방법을 시범적으로 제시하였다는 점에서 의미를 갖는 것이다. 이제 본격적인 후속 연구를 통해 공동체주의와 자유주의의 통합적 도덕교육의 성격, 목표, 내용, 방법 등과 같이 도덕교육에서 양자 간의 조화와 통합을 가능하게 하는 구체적인 논의를 진전시킬 필요가 있다.

제4부

도덕교육의 통합적 접근

제13장
현대 도덕교육의 통합적 접근법 개관

지금까지 '인격(character)'이란 인지 · 정서 · 행동 혹은 도덕적 사고 · 도덕적 감정 · 도덕적 행동의 세 요소로 구성된다고 보아왔는데(Lickona, 1991), 인지발달론자들은 주로 도덕적 추론을 연구하였고, 정신분석학적 심리학자들은 죄책감, 부끄러움, 자존감 등의 감정 영역을 연구해왔으며, 행동주의 및 사회학습 이론가들은 유혹에의 저항, 공격 성향, 이타적 혹은 친사회적 행동 등의 행동적 영역을 주로 연구해 왔다.

하지만 도덕성 연구나 도덕교육에 관한 연구 분야에서는 어느 하나의 관점이 절대적인 위치를 누리기보다는 도덕성을 설명할 수 있는 핵심적인 측면들의 변증법적 통합을 추구해야 한다는 데에는 크게 이견(異見)이 있을 수 없다. 다행스럽게도 최근 들어, 도덕성을 보다 포괄적으로 설명할 수 있는 통합적 접근에 관한 관심이 고조되면서 다양한 형태의 통합적 접근법들이 제시되고 있다.

본 장에서는 이와 같이 오늘날 새로운 도덕교육의 방안으로 거론되고 있는 통합적 접근의 다양한 형태들을 고찰할 것이다. 인격교육을 중시하면서 도덕교육의 통합적인 관점을 취했던 대표적인 학자로는 리코나와 러스낵을 들 수 있고, 콜버그의 관점을 확장시킴으로써 도덕교육의 통합적 관점을 제시한 학자로는 레스트를 들 수 있다. 또한, 도덕성과 자아의 통합적 관점을 제시한 학자로는 데이먼과 블라지를 들 수 있으며, 핵심적인 두 이론의 상보적이고 통합적인 관점을 제시한 것으로는 정의와 공감, 정의와 배려의 통합적 접근을 들 수 있다. 그러나 이러한 양극단 간의 대립을 극복하려는 학문적 노력이 성과를 거두기 위해서는 아직 해결해야 할 상당한 이론적, 실제적 문제점을 안고 있는 것도 사실이다. 그러므로 마지막 부분에서는 현대 도덕교육 이론에서 통합적 접근들을 비판적으로 평가해 볼 것이다.

1. 리코나와 러스낵의 통합적 인격교육론

리코나(Lickona, 1991, 1993, 1997, 1998)는 인지적이고 감정적이며 행동적인 차원에서 인격을 발달시키는 것을 목적으로 '인격 발달에 대한 포괄적인 접근'을 제시하고 있다.[80] 또한 학생들의 삶에 좋지 못한 영향을 미치는 사회적 풍토에 직면해 있는 상황 속에서 학생들의 인격을 발달시키기 원하는 학교들은 인격 발달을 위하여 학교생활의 모든 측면들을 활용하는 이른바 '인격교육에 대한 포괄적인 접근 혹은 통합적인 접근'을 취해야만 한다고 강조한다. 이러한 포괄적인 접근은 존중과 책임이라는 두 가지 핵심 가치들이 학생들의 인격 속에서 살아 있는 가치가 되도록 만들어 주는 것을 목적으로 하는 12가지의 전략들을 포함하고 있다.

『인격교육에 대한 통합적 접근』에서 러스낵(Rusnak, 1998: 2)은 '① 통합적, ② 인격, ③ 교육'이라는 세 개념을 통해 우리가 학교를 어떻게 보아야 하는가

80) 리코나에 따르면, 인격은 도덕성의 인지적(도덕적 사고), 정의적(도덕적 감정), 행동적(도덕적 행동) 측면을 포괄하는 것으로 넓게 정의되어야 한다. 좋은 인격은 선을 알고, 선을 바라며, 선을 행하는 것, 즉 사고와 감정과 행동의 습관을 갖는 것으로 구성된다. 우리는 젊은 세대들이 내부의 유혹과 외부의 압력에도 불구하고 무엇이 옳은가를 판단하고, 옳은 것을 선호하며, 옳은 것을 실천할 수 있기를 기대한다. 한마디로 리코나의 인격 개념은 도덕성의 인지적, 정의적, 행동적 차원을 모두 포괄하고 있는 매우 통합적인 개념이라고 볼 수 있다. 리코나의 통합적 인격교육론에 대한 자세한 논의는 박병기 · 추병완(1996), 『윤리학과 도덕교육』, 인간사랑, pp. 334-370과 추병완(1999), 『도덕교육의 이해』, 백의, pp. 151-180 참조.

를 잘 알 수 있다고 말한다. 우선 '통합적'이라는 개념은 교수와 학습의 세 가지 핵심적인 특징인 사고(thinking)와 감정(feeling)과 행동(action)의 통합적 차원을 강조하기 위하여 사용되었다. '인격'이라는 개념은 아동들이 옳고 그름을 분별할 수 있도록 돕는 데 우리의 관심을 집중시키기 위하여 사용되었다. 끝으로, '교육'이라는 단어는 인격은 가르칠 수 있고, 또한 가르쳐야 한다는 점을 강조하기 위해 사용되었다. 러스낵은 민주 사회의 도덕적인 구성원으로서 성장하도록 돕는 데 필요한 사회적 기능들을 촉진하기 위한 6가지의 원칙을 아래와 같이 제시하였다.

첫째, **인격교육은 모든 교과의 일부분이다**. 모든 학생들에게 있어 인격교육은 학업과 사회적인 삶의 일부분이어야 한다. 인격교육은 단지 하나의 과목이 아니며, 모든 교과를 포괄한다. 일반적으로 교사들은 특정한 기능들과 내용적 지식에 초점을 맞춘 교육과정만을 생각하지만, 모든 교사들은 책임, 존중, 협동, 소망, 그리고 결단력 등의 좋은 인격의 특질들을 가르쳐야 한다.

둘째, **통합적 인격교육은 행동 교육이다**. 통합적 인격교육은 토론과 시뮬레이션의 범위를 넘어서야 한다. 장학 및 교육과정 개발 연구회(Association for Supervision and Curriculum Development)에 의해 정의된 '도덕적으로 성숙한 사람'은 "인간의 존엄성을 생각하고, 다른 사람의 행복에 관심을 가지며, 개인의 관심과 사회적 책임을 통합하고, 정직하며, 도덕적 선택을 반성하고, 갈등의 평화적인 해결책을 추구한다."(Rusnak, 1998: 5). 궁극적으로 도덕적으로 성숙한 사람을 위한 교육은 헌신(commitment)과 행동에 초점을 맞춘다. 인격교육은 교실 수업의 중요성을 인식할 뿐만 아니라 학생들에게 그들 자신과 다른 사람에 대한 헌신을 강화할 수 있는 활동에 참여할 필요성을 강조한다.

셋째, **긍정적인 학교 환경이 인격 형성을 돕는다**. 교실에서 긍정적인 환경을 조성하기 위해서 우선 교사는 그들 자신을 학생들에 대한 역할모델이자 훌륭한 스승으로 인식해야 한다. 자아실현과 반성을 강조하는 환경에서 관찰되는 역할모델로부터 학생들은 많은 것을 배운다. 통합적 인격교육의 접근법은 교실과 학교 환경이 학생들의 인격 형성을 돕도록 긍정적(proactive)이고 지지적(supportive)이어야 한다는 점을 강조한다.

넷째, **인격 발달은 행정적 정책과 실행에 의해 뒷받침된다.** 행정가들은 학교의 환경을 결정하는 데 중요한 영향을 미친다. 교사들이 학생들의 인격적 성장을 돕기 위해 행동상의 모범을 보여야 하듯이, 행정가들 또한 학교 및 공동체의 성숙한 인격을 강조하는 정책과 실행에 초점을 맞추고 지도력을 발휘함으로써 모범을 보여야 한다.

다섯째, **권한을 부여받은(empowered) 교사가 인격 발달을 촉진한다.** 통합적 인격교육은 교사들로 하여금 정규 교육과정의 운영 범위를 넘어서도록 요구한다. 학습이란 특정한 교육 내용 그 자체로 환원될 수 없기 때문에, 단순히 정보 및 지식의 제공자로서 교사의 역할은 부적합하며, 대신 학생들에게 대화, 행동, 탐구, 의미의 구성 및 재구성의 기회를 부여해 줄 필요가 있다. "권한을 부여받은 교사"의 의미는 학생들이 보다 나은 인지적, 정의적 결정들을 할 수 있기 위해 교사들이 자율적으로 기회를 제공할 권한을 부여받았다는 의미이다. 통합적 인격교육에서는 학생들에게 권한을 온전하게 부여하기 위해서는 우선 교사들에게 권한을 부여해 주어야 한다고 본다. 요컨대, 권한 부여(empowerment) 접근법은 구성주의적 패러다임에서 나온 것으로 주로 학생들에게 학습의 권한을 부여하는 측면에 강조점을 두어 왔지만, 러스낵의 통합적 인격교육에서는 권한을 부여받은 교사들이 학생들로 하여금 주어진 상황적 맥락에서 의미를 능동적으로 구성하도록 도울 수 있음에 주목한다.

여섯째, **학교와 공동체는 학생들의 인격 발달을 위한 중요한 협력자들이다.** 통합적 인격교육에서는 학교의 교육적 노력에 부모와 공동체 기관을 포함시키는 것이 학생들의 인격 발달에 중요한 영향을 준다는 점에 주목한다.

2. 레스트의 통합적 도덕교육론

1) 4구성요소 모형

로저 스트로건(Straughan, 1983)의 철학 용어법에 따르면, 콜버그는 선에 관한 지식은 도덕적 행동을 산출하기 위한 충분조건이자 필요조건이라는 플라톤의 전통에 서서 극단적인 내재주의(internalism)를 지향하는 경향이 있다. 버그만(Bergman, 2002)은 콜버그의 도덕 이론을 4기능 모형(four function model)으로 명명하면서, 우선 콜버그(Kohlberg & Candee, 1984)가 사용한 도덕적 판단의 두 종류인 의무 판단(deontic judgment)과 책임 판단(responsibility judgment)을 설명한다. 프랑케나(Frankena, 1963)의 『윤리학』을 인용하면서 콜버그는 의무 판단과 책임 판단을 구분하였다. 전자는 무엇이 도덕적으로 이상적인 것이며 무엇을 해야 하는지에 대한 판단이고, 전형적으로 규칙이나 원리로부터 나오는 것이며, 일차적(first-order)인 것으로 부를 수 있다. 콜버그는 개인의 도덕성 발달 단계가 의무 판단을 위해 활용될 원리들을 결정한다고 보았다. 한편, 책임 판단은 의무 판단의 결과에 따라 행동할 책임의 수용 여부에 대한 지각을 말한다.

도덕 단계 → 의무 판단 → 책임 판단 → 행위

[그림 13-1] 콜버그의 4기능 모형

콜버그는 도덕적 사고에서의 새로운 가능성이 행동을 위한 새로운 가능성을 창조한다고 보았다(Kohlberg & Candee, 1984). 또한 그는 인습 이전 수준과 인습 수준에 있는 개인은 의무 판단과 책임 판단의 관계가 구분될 수 있지만, 개인의 책임감이 강조되는 인습 이후 수준에서는 사실상 의무 판단과 책임 판단은 하나로 수렴된다고 강조하였다(Kohlberg, 1987). 콜버그에 따르면, 도덕성을 위한 동기화(motivation)는 수용, 자존감, 자아실현 등과 같은 일반적인 동기화 요소와 관련되어 있긴 하지만, 근본적으로 이성 혹은 추론이 곧 동기라고 간주하였다. 이런 이유에서 콜버그의 모형은 인지 결정론적이지만, 다음 〈표 13-1〉에 제시된 바와 같이, 레스트의 모형에서 동기화적 요소는 도덕적 사고와는 분명하게 구분되는 것으로 도덕적 행동의 표출에 본질적으로 영향을 미치는 것이다. 콜버그는 그의 도덕성 이론과 레스트의 4구성요소 모형 간의 유사성을 주장하지만, 레스트는 콜버그에 의한 '도덕적 추론 발달 이론'이 그가 4구성요소 모형에서 제시한 구성요소들 중 하나에 불과하기 때문에, 자신의 모형이 보다 포괄적이라고 주장한다. 도덕심리학 연구는 전형적으로 도덕적 사고, 도덕적 정서, 그리고 도덕적 행위라는 삼분법(tripartite)을 사용해 왔으나, 레스트는 도덕적 행동을 산출하기 위하여 필요한 4가지 내적인 심리적 과정(inner psychological processes)에 주목하였으며, 도덕적 행동을 인지 및 정의와 분리해서는 안 되고, 대신 도덕적인 것으로 판단되는 행동은 모두 인지와 정의의 내적인 상호작용으로부터 나온다는 점을 강조하였다.

〈표 13-1〉 도덕성에 관한 레스트의 4구성요소 모형

구성요소	도덕적 민감성	도덕적 판단	도덕적 동기화	도덕적 품성
정의	특정 상황 속에 내포된 도덕적 이슈를 지각하고 상황을 해석하며, 자신의 행동이 타인에게 어떤 영향이나 결과를 미칠 수 있을지를 미리 헤아릴 수 있는 능력	문제 해결을 위한 행동의 경로들이 도덕적으로 정당하고 정의로운지 판단	도덕적 가치를 다른 가치, 예컨대 경제·사회·종교적 가치들보다 더 우위에 두려는 동기	실천의 장애 요인을 극복할 수 있는 인내와 자아강도, 그리고 수행기술
관련 이론 (학자)	공감(호프만), 입장채택(셀먼)	인지발달 이론 (피아제, 콜버그)	공동체주의 이론(에치오니), 도덕적 정체성 이론(블라지)	인격교육 이론 (윈, 라이언, 리코나)
도덕교육 방법(예)	입장채택	도덕적 딜레마 토론	봉사 활동 학습	전통적인 인격교육 접근법

레스트(Rest, 1986; Rest et al., 1999a)에 의해 제시된 4구성요소 모형의 가장 기본적인 특징은 도덕성을 인지 측면에서만 보지 않고, 정서와 행동의 측면까지 포함시켜 종합적으로 파악하려는 데 있다. 기본적으로 인지발달론자인 레스트가 이러한 모델을 제시한 것은, 도덕성을 설명하는 여러 가지 다양한 이론들에 대한 종합적 검토를 통해 도덕성에 관한 보다 포괄적인 접근의 필요성을 인식하였기 때문으로 해석된다.

이 모형의 궁극적인 관심은 한 개인이 도덕적 행동에 이르게 되는 여러 심리적 과정들을 밝히는 데 있기 때문에, 관심의 초점은 도덕적 인지가 아니라 도덕적 행동으로 보아야 한다. 따라서 이 모형은 도덕적 행동의 표출을 하나의 틀 속에서 포괄적으로 설명하기 위하여, 도덕성을 연구하는 전통적인 세 이론인 인지발달론(인지 측면)과 행동주의 및 사회학습 이론(행동 측면), 그리고 정신분석학(정서 측면)을 종합하려는 이론적 틀이라고 볼 수 있다.

로저 스트로건(Straughan, 1983)은 콜버그를 플라톤의 전통에 선 '극단적 내재주의자'라고 부른 반면, 레스트는 도덕적 지식이 도덕적 행동을 위해 필요하지만 충분하지 않다고 보았기 때문에 '온건한 내재주의자'로 불렀다. 콜버그는 경험적인 근거에 의해 보다 영향력 있는 이론적 뒷받침을 원했지만, 블라지(Blasi, 1980)의 연구는 도덕 판단과 도덕 행동 간에 '중간 범위(modest)의 관계'가 있음을 밝혀냈을 뿐이다. 이러한 블라지의 연구는 플라톤식이 아니라 온건한 내재주의가 논리적으로나 경험적으로 타당한 입장임을 입증해 주었다. 또한 경험적인 근거(Blasi, 1980; Kohlberg & Candee, 1984)는 도덕적 사고와 도덕적 행동의 연결을 적절하게 이해하기 위해서는 추론의 범위를 넘어서 동기화 요소를 고려해야 한다는 점을 제안하고 있는데, 이는 레스트의 모형과 일치하는 것이다.

2) 튜리엘의 사회 영역 접근과 슈웨더의 문화 심리적 접근과의 통합

레스트는 튜리엘의 영역적 접근과 슈웨더의 문화 심리적 접근과의 통합을 시도하였다. 튜리엘(Turiel, 1983)의 영역 이론(domain theory)에서는 도덕성 개념의 발달과 사회적 인습과 같은 사회적 지식의 영역의 발달을 뚜렷하게 구분한다. 예를 들어, 자신의 감정을 조절하지 못하고 다른 사람을 구타하는 행동과 같은 도덕적 영역 내에서의 행동은 다른 사람의 행복에 심각한 영향을 미친다. 이러한 심각한 영향은 사회적 규칙의 성격에 관계없이 발생한다. 도덕적 인지의 중요한 특징은 자신의 행동이 타인의 행복에 영향을 미친다는 고려에 기초하고 있다는 점이다. 도덕성은 일반적으로 유해, 행복, 그리고 공정성의 개념에 의해 대표된다.

이와는 대조적으로, 사회적 인습과 관련된 행동은 도덕적 영역 내에서의 행동보다는 덜 심각한 영향을 초래한다. 예를 들어, 미국 문화에서는 대학 교수를 부를 때 "교수님(professor)"이라고 호칭하지 않고, 교수의 이름을 직접 부르거나 "…씨(Mr.)"라고 호칭하더라도 심각한 문제를 야기하지 않는다. 이러한 인습은 사회적으로 합의된 규칙의 일부이며, 특정 사회적 집단의 원활한 유지를 위해서는 필요하겠지만, 심각한 문제 상황을 초래하지는 않는다.

튜리엘은 인습 수준에서 인습 이후의 도덕성으로의 발달적 계열성에 대한 콜버그의 주장에는 도덕성과 인습의 개념이 뒤섞여있다고 지적한다. 튜리엘의 관점에서는 인습적 도덕성이 인습 이후적 도덕성보다 선행하는 것이 아니며, 단지 별개의 발달적 경로임을 내세운다. 즉 사회적 인습에 대하여 사고하는 것은 도덕성에 대하여 생각하는 것과 명확히 구분된다는 것이다. 튜리엘은 콜버그의 입장에 대한 대안적 관점을 모색하면서 다음과 같이 논급하였다. "피아제와 콜버그 모두 사회 체제의 인습에 대한 순응의 상태로부터 자율적이고 원리화된 도덕적 추론의 상태로 발달이 진행된다고 보았지만, 나는 사회적 인습에 대한 상이한 관점을 제시하고자 한다. 인습은 사회적 상호작용을 통하여 도덕과 무관한(nonmoral) 측면이 개인의 인지 구조에 개념화(conceptualization)되는 것이고 이는 정의(justice) 개념의 발달과는 구분된다."(Turiel, 1978: 117). 특히 사회적 규범을 위반하는 행동의 목록을 작성한 후에 어린 아동들을 대상으로 실시한 연구 결과를 통해 튜리엘은 다음과 같이 도덕과 인습을 구분한다. 첫째, 사회적 인습은 대체 가능하지만 도덕적 행동은 그렇지 않다. 둘째, 사회적 인습은 권위자, 관습, 그리고 집단의 동의에 의해 결정되지만 도덕적 행동은 그렇지 않다. 셋째, 도덕적 영역의 위반은 사회 인습적 영역의 위반보다 더욱 심각한 것으로 인식된다. 레스트는 인습 수준으로부터 인습 이후 수준의 발달적 계열성에 대한 콜버그의 논급에는 도덕성과 인습의 별개의 영역이 혼합되어 있다는 튜리엘의 주장을 수용하면서, 인습 수준, 즉 사회 질서 유지의 스키마를 강조하는 단계에서는 사회적 인습과 도덕성이 결합될 수밖에 없으며, 인습 이후 수준에서는 사회적 인습보다는 자연적인 의무(natural duties)의 도덕성이 강조되어야 한다는 입장을 제시하였다.

한편, 슈웨더(Shweder, 1982: 421-424)는 특수한 문화적 전통들이 사고와 자아, 그리고 감정의 형성에 영향을 준다는 점에 주목하면서 문화심리학(cultural psychology)을 주창하였다. 우선 그는 인습으로부터 도덕성의 영역을 구분하는 튜리엘의 입장에 대해 다음과 같은 의문을 제기한다. 첫째, 인도에서 사회적 인습의 위반 중 많은 것은 도덕적인 위반보다 더욱 심각하다. 둘째, 인도에서 사회적 인습은 대체 가능하거나 권위자, 관습, 그리고 집단의 동의에 의한 것이 아니다. 셋째, 인도에서는 사회적 인습과 도덕을 구분하지 않는다. 결국 슈웨더의 관점에서는 수세기 동안 축적된 문화적 차이들이 결국 상이한 방식으로 도덕적 실재(moral reality)를 형성하게 된다는 것이다.

또한 슈웨더는 도덕성에 대한 하나의 보편적인 발달 방식을 취하는 콜버그의 입장은 명확히 서구 문화 중심적이며, 문화적 차이를 반영하지 않았다고 비판한다. 인간의 의도와 행위의 근본적인 차이는 문화적 차이에 의해 설명될 수 있고, 상이한 문화를 가진 사람들은 상이한 도덕적 실재와 세상에 대한 다른 개념을 형성하게 된다는 것이 슈웨더의 관점인 것이다. 이에 대한 근거로서 슈웨더는 인도 사람들은 미국인들과는 다른 도덕적 인식론과 도덕적 실재론을 가졌다는 점을 내세운다. 슈웨더는 미국과 같이 권리에 기반한 도덕성과 인도와 같이 의무에 기반한 도덕성의 개념을 통해 도덕적 세계관의 근본적인 차이를 특징짓는다.

하지만 콜버그는 이와 같은 차이를 인습적 도덕성에서 인습 이후 수준의 도덕성으로의 발달적 진행의 측면에서 보아야 한다고 주장했다. 즉 콜버그에 따르면, 권리에 기반한 도덕성과 의무에 기반한 도덕성의 근본적인 차이는 미국과 인도 문화의 차이에서 기인한 것이 아니라 개인적 발달의 차이에서 발생한 것이다. 콜버그는 도덕적 사고에서의 차이를 설명하는 과정에서 문화적인 영향을 전혀 배제하지는 않지만, 수세기 동안의 문화적 진화가 아니라 도덕적 사고가 어떻게 개인의 머릿속에서 조직화되는가의 측면에서 도덕성의 차이(즉, 권리 대 의무 정향적 도덕성)를 설명하려고 노력했다. 레스트는 이러한 콜버그의 입장을 뒷받침하기 위해 "의무에 기반한 도덕성은 미국에서뿐만 아니라 인도에서도 존재한다."라는 슈웨더의 제자인 젠센(Jensen, 1996)의 박사 논문을 인용한다. 물론 젠센이 어떤 차이점들은 문화적 차이에서 기인한다고 강조하였지만, 레스트는 세계관에 있어 근본적인 차이는 인도나 미국 내부에서도 발생한다는 젠센의 주장에 특히 강조점을 두었다.

요약하자면, 슈웨더는 튜리엘의 영역과 콜버그의 단계에 대한 대안으로서 그의 접근을 시작한다. 하지만 슈웨더는 레스트와 같은 신콜버그주의자들처럼 발달적인 특징을 보여주지는 않는다. 레스트는 도덕성이 사회적으로 구성되고 삶의 특정한 경험들과 밀착되어 있으며, 이데올로기가 미치는 일상적인 영향과 도덕적 사고에 대한 종교의 영향 등을 강조한 슈웨더의 입장에 대해 부분적으로 동의함으로써 콜버그의 입장을 확장시켜놓고 있다. 즉, 그는 개인의 도덕발달에 영향을 미치는 요소로서 문화적 이데올로기를 포함시킴으로써 개인에 의한 도덕적 의미의 인지적 구성과 문화적 이데올로기에 의한 개인의 사회화가 모두 도덕적 사고의 형성에 영향을 미친다는 통합적 관점을 제시하였다.

3. 데이먼의 도덕 발달 및 통합에 관한 이론

데이먼(Damon, 1984)은 청소년기 중반이 될 때까지 도덕성은 자아(self)의 지배적인 특성이 아님을 강조하였다. 아동들은 서로 관련이 없는 두 개의 구분되는 개념 체계로서의 도덕성과 자아를 갖지만, 청소년기 동안 자아를 보다 도덕적인 측면에서 바라보면서 도덕성과 자아의 체계는 점차 통합하게 된다.

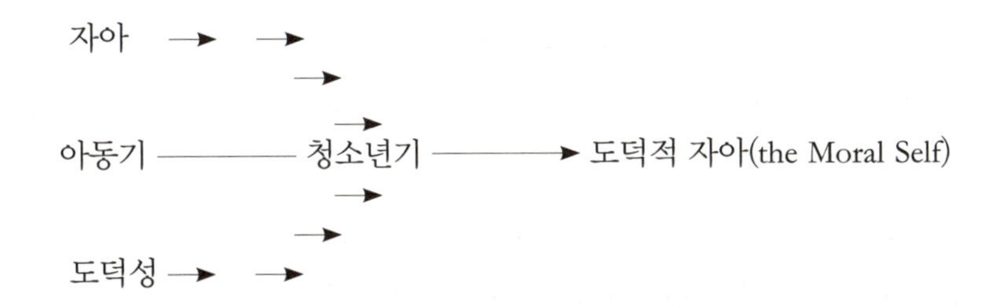

[그림 13-2] 도덕 발달 및 통합에 관한 데이먼의 이론(Bergman, 2002)

데이먼은 [그림 13-2]를 통해 통합의 절대적인 부족, 즉 도덕성과 자아가 평행선을 그릴 경우에는 도덕적-사회적 병리가 발생할 수 있다는 점을 지적한다. 또한 도덕성과 자아가 일관성 있게 수렴되지 않는 부분적인 통합은 왜 대부분의 사람들이 그들의 도덕적 신념에 따라서, 혹은 그들이 실제로 옳다고 판단한 것에 따라서 언제나 행동하는 것이 아닌지를 설명해 준다. 그러나 [그림 13-2]를 해석하는 과정에서 한 가지 유의할 점이 있다면, 이 그림은 도덕적 자아의 통합을 위한 일반적인 발달적 경로를 제시한 것이며, 이러한 통합은 청소년기에 시작되어 성인기에 언제나 완성됨을 주장하는 것은 결코 아니라는 점이다. 데이먼은 1992년에 콜비(Anne Colby)와 더불어 23명의 도덕적 귀감들(moral exemplars)에게 자신의 삶을 반성하는 인터뷰를 실시한 결과, 청소년기가 자아와 도덕성의 통합을 위한 중요한 시기임을 재확인하였고, 완전한 통합은 사실상 성인기에도 달성되기가 쉽지 않으며 지속적인 도전의 과정을 거치게 된다고 보고했다(Colby & Damon, 1992).

요약하자면, 데이먼의 도덕 발달 및 통합에 관한 이론은 왜 사람들이 그들의 도덕적 신념에 따라서, 혹은 그들이 실제로 옳다고 판단한 것에 따라서 행동하는 데 실패하는지를 심리학적 관점에서 제시해주었다. 그 이유는 이러한 도덕적 신념은 자아와 통합되지 않았기 때문이며, 이는 곧 그러한 신념이 자신의 것이 아님을 의미하는 것이다.

데이먼(Damon, 2002)은 보다 최근의 저작에서 오늘날의 인격교육에서 반드시 고려해야 할 관점을 제시하고 있다. 즉, 인격교육이 효과적이기 위해서는 지난 몇십 년 동안 이 영역에서 행해져온 무익한 논쟁과 대립을 중단하고, 보다 '통합적이고 포괄적이며 모든 것을 포함할 수 있는 접근법(a more integrated, inclusive, all-encompassing approach)'을 채택해야 한다는 것이다. 이를 위한 구체적인 방법으로 데이먼은 습관과 반성, 개인과 공동체, 세속주의와 종교의 통합을 강조하고 있다.

첫째, **습관과 반성의 통합** : 도덕 발달의 연구에서 습관과 반성을 둘러싼 심각한 논쟁은 20세기 동안 가장 지배적인 관점들이었던 행동주의적 전통과 인지주의적 전통의 충돌을 의미한다. 행동주의는 규칙에 대한 순응과 행위의 습관화를 위한 조건화를 강조한 반면, 피아제와 콜버그는 추론 및 자율적 판단을 위한 개인의 능력을 강조하였다. 데이먼은 이러한 대립적 논쟁을 극복하고 도덕적 가르침의 목적을 습관과 반성, 덕과 이해, 자신의 현재 및 미래의 삶에 기여할 수 있는 자아 정체성 · 판단 · 정서 · 동기화 · 행동 체계를 갖춘 전인적 아동을 길러 내는 데 인격교육의 초점이 맞춰져야 한다고 주장했다.

둘째, **개인과 공동체의 통합** : 어떤 이는 도덕성은 기본적으로 생물학적인 것이고, 개인의 유전자 코드에 깊이 내재되어 있다는 입장을 내세운다. 다른 극단에서, 어떤 이는 모든 도덕적 진리는 공동체에 내재되어 있고, 과도한 개인주의가 사회적 도덕 문제의 원인이며, 도덕교육의 과제는 우리의 상호 의존성에 대한 인식과 문화적 전수를 촉진하는 것이어야 한다고 주장한다. 데이먼에 따르면, 개인과 공동체를 둘러싼 도덕철학적 대립은 문화 이론(culture theory)의 왜곡된 버전에 기초한 대중적 미신일 수 있다. 서양의 도덕성, 특히 미국인의 도덕성은 일본과는 달리 개인적 책임과 권리를 강조한다는 단정적인 주장을 우리는 쉽게 접할 수 있다. 물론 사회에 따라 이러한 도덕적 정향(moral orientations)에서 개인과 공동체를 강조하는 정도는 다를 수 있겠지만, 아동들은 그들이 속한 사회적 조건 속에서 학습할 뿐만 아니라 각자 자신의 양심에 따르도록 교육받는 점에서 본다면, 도덕성은 개인과 공동체의 상호작용의 산물이다. 그런 이유에서, 데이먼은 개인화와 사회화는 인간의 삶에서 친밀하게 "한데 얽힌(interwined)" 측면이라고 해석한다. 이러한 두 측면은 근본적으로 상보적이지만, 현대 사회에서는 변증법적 상호작용이 요구될 수도 있다고 한다. 즉, 개인은 타인과의 관계의 맥락에서 자아를 구성할 수 있고, 동시에 그 개인은 이러한 관계의 한계를 넘어설 수도 있어야 한다는 점이다. 데이먼에 의하면, 교사들에게서 도덕성은 공동체적 가치를 가르치는 것일 뿐 아니라 어떤 상황에서도 지탱될 수 있는 아동 개인의 확고한 도덕적 정체성을 갖도록 돕는 것으로 인식되어야 한다.

셋째, **도덕의 기준을 세속에 두는 세속주의와 종교의 통합** : 미국 역사 대부분의 기간 동안, 공교육은 세계의 종교적 전통에서 나온 이야기와 말씀을 통한 도덕적 메시지와 도덕의 기준을 세속에 두는 도덕적 메시지 간에 구분을 두지 않았다. 학교에서는 종교심의 표현을 통제하기보다 도덕적 감흥과 인도의 주요한 원천으로 고려했다. 하지만 진보주의 시대(progressive era)가 시작되면서 공교육은 세속주의를 채택하며 사실상 종교 교육을 거부하였다. 그러나 데이먼에 따르면, 도덕교육은 도덕적이고 영적(spiritual)이며 종교적인 관점을 포괄해야 한다. 특히 학생들은 사회적인 도덕 문제(예를 들어, 가난한 사람들에 대한 나의 의무는 무엇인가?)나 혹은 개인적인 도덕 결정 문제(예를 들어, 결혼 전에 성관계를 가질 수 있는가?)에 직면했을 때, 그들의 지적이고 도덕적인 기준뿐만 아니라 그들의 신앙적 전통을 사용하도록 권장되어야 한다.

한편, 데이먼은 “어떻게 학생들에게 도덕적 신념과 가치를 가르칠 수 있을까?”라는 물음을 제기하면서, 다음과 같은 방법들을 제시하고 있다. 첫째, 도덕적 상대주의와 애매함은 아동들을 혼란에 빠뜨릴 수 있으므로, 아동들은 명확한 메시지를 통해서 가장 잘 학습할 수 있다. 둘째, 아동들은 모범적인 행동의 예들로부터 학습한다. 셋째, 아동들은 새로운 지식을 추구하는 호기심이 풍부하고 능동적인 사고를 가지고 있다. 넷째, 아동들의 사고는 지적인 융통성(flexibility)을 가진다. 그들은 그들이 속한 문화의 전통적 지혜를 흡수할 수 있을 뿐만 아니라 필요할 경우 언제든 자율적으로 선택할 수도 있다. 여기서 첫 번째와 두 번째 방법은 인격교육적 방법과 잘 결합되는 반면, 세 번째와 네 번째의 방법은 구성주의적 도덕교육의 방법과 잘 결합된다. 결국 데이먼은 미래에도 계속 유지될 수 있는 견고한 도덕교육의 방법론적 기초를 인격교육과 구성주의적 도덕교육의 통합적 차원에서 찾고 있다.

4. 블라지의 통합적 관점

무엇보다 도덕성과 자아의 통합을 강조한다는 점에서 블라지와 데이먼 간의 유사점을 발견할 수 있다. 하지만 블라지는 우선 도덕성 내에서 추론의 중심적 역할을 고수한다는 점과 도덕적 추론, 도덕적 동기화, 그리고 도덕적 정체성 간의 관계에 대한 이해를 향상시키는 데 특히 주목하고 있다는 점에서 데이먼과 차이가 있다. 전자(도덕적 추론의 역할)의 입장은 콜버그주의적 전통을 강조하는 것인 반면, 후자는 이를 확장시키려는 노력임을 분명하게 알 수 있다. 블라지(Blasi, 1983 : 178)는 “책임 판단으로부터 행동으로의 이행은 자아 형성에서 중심적인 경향성인 자기 일관성(self-consistency)에 의해 역동적으로 지지된다."라고 보면서, 도덕적 인지로부터 도덕적 행동으로의 이행과 도덕 판단 및 행동의 일관성 이슈에 초점을 맞추는 자아 모형(the Self Model)을 제안하였다.

도덕적 동기화의 측면에서 랩슬리(Lapsley, 1996)는 콜버그와 블라지 간의 입장차를 제시하였다. 콜버그는 행동을 위한 도덕적 동기화는 도덕적 원리의 처방적 성격에 대한 충실에서 오는 것이기 때문에, 행동으로 옮기지 못하는 것은 원리를 배반하는 것을 의미한다. 하지만 블라지는 행동을 위한 도덕적 동기화를 자신의 도덕적 정체성의 결과로 보았기 때문에, 행동으로 옮기지 못하는 것은 자아를 배반하는 것을 의미한다. 그렇다고 블라지가 도덕적 판단의 역할을 희생시켜가면서 도덕적 정체성의 중요성을 부각시키려고 하였다는 해석은 분명 지나친 것이다. 블라지는 "도덕적 이성을 폄하하지 않고 도덕적 정체성 이론을 확립한다는 것은 도덕적 정체성이 적어도 부분적으로 도덕적 이성의 영향하에서 구성된다는 것을 가정하는 것이다. 근본적으로 영향의 방향은 도덕적 이해로부터 도덕적 정체성으로 나아가는 것이다."(Blasi, 1984: 128)라고 보면서 도덕적 판단의 중요성을 강조하였다. 그는 도덕적 정체성의 구성이 이타주의, 정직, 신뢰보다는 진정한 도덕적 이슈에 대한 반성으로부터 가능하다는 입장을 견지하고 있다.

블라지는 도덕적 정체성과 관련된 두 가지 질문을 제시하였다. 하나는 "나는 어떤 종류의 사람이 되기를 원하는가?"이고, 다른 하나는 "나는 어떤 종류의 사람이 되어야만 하는가?"이다. 전자는 다소 주관적이고, 후자는 보편적이며 다소 객관적인 도덕적 실재를 염두에 둔 것이다. 블라지는 이러한 주관과 객관 간의 긴장을 해소하기 위하여 "객관적이고 도덕적으로 합리적인 선택은 주어지는 것이 아니라 개인의 자유의지에 의해 주관적으로 선택되는 것이다."라는 방법을 제시하였다(Blasi, 1984 : 131). 이러한 자유 선택에 의해 개인은 단순히 복종, 내면화, 혹은 사회화가 아니라 객관적인 도덕적 실재의 측면에서 자신의 정체성을 형성한다.

→ 책임 판단(책임감) →

→ →

도덕적 이해 ←→ 도덕적 정체성 → → 도덕적 행동

→ →

→ 자기 일관성 →

동기화

[그림 13-3] 도덕적 정체성과 동기화에 관한 블라지의 이론

위의 [그림 13-3]에서 보듯이, 블라지는 콜버그와 같이 도덕적 이해가 도덕적 동기화를 위한 힘을 제공하고 그러한 동기화는 도덕성의 측면에서 내재적(intrinsic)이라는 점을 인정하였지만, 콜버그와의 차이점은 도덕적 이해는 자아의 구조 속으로의 통합, 즉 도덕적 정체성을 통해 도덕적 동기화를 위한 힘을 제공하게 된다는 것이다. 블라지에 따르면, 도덕적 이해는 도덕적 정체성의 형성을 돕고, 도덕적 정체성은 개인의 책임감을 향상시키며, 자신이 알고 있고 믿는 것을 행동으로 옮기도록 하는 도덕적 동기화를 촉진시킨다. 이러한 방식으로, 객관적인 것과 주관적인 것, 보편적인 것과 개인적인 것, 합리적인 것과 정서적이고 의지적인 것이 통합된다(Bergman, 2002). 그러한 통합이 블라지에게 있어 도덕적으로 성숙한 개인의 표상이 된다.

5. 정의와 공감의 통합적 접근

깁스(Gibbs, 1991)에 따르면, 도덕교육에서 통합적 접근 노력은 인지발달, 특히 정의를 강조하는 콜버그의 이론과 도덕 사회화 이론 및 도덕적 정서, 특히 공감(empathy)을 중시하는 호프만의 이론을 통합함으로써 시작해야 한다. 콜버그와 호프만 이론의 상보성에 관한 이해는 도덕 발달과 도덕적 동기화에 대

한 풍부한 시사점을 제공한다. 콜버그의 이론은 도덕적 의미의 개인적 구성에 주목하였고, 평등과 호혜성과 같은 정의의 원리를 생산하는 탈중심화(decentration) 과정의 측면에서 도덕적 동기화를 설명하였다. 즉, 콜버그는 어떤 인지적 구성(특히 justice)의 측면에서 도덕적 동기화를 설명하는 데 도움을 준다. 콜버그에 따르면, 아동의 도덕 판단력의 발달은 벌과 복종, 이기적 공정성의 피상적인 수준으로부터 인간 상호 관계(기대의 상호성)와 사회(합의에 의한 기준)에 대해 통찰할 수 있는 보다 성숙한 수준으로 향상된다. 이러한 도덕 판단력 발달 단계의 향상은 '역할채택의 기회와 같은 환경적 투입(input)에 의해 촉진되고, 도덕적 동기화의 핵심 요소인 인지적 기초로서 정의(justice)의 원리를 생산하는 탈중심화 과정'으로부터 기인한다. 반면, 호프만의 이론은 내면화를 통한 도덕규범의 사회적 전수를 강조하였고, 도덕적 동기화의 기초로서 공감과 관련된 정서를 고려하였다. 호프만의 이론은 정신분석 이론, 사회학습 이론과 다른 사회화 이론들을 포괄하고 통합하는 이론이다(Hoffman, 1983).

〈표 13-2〉 도덕성에 대한 인지발달과 사회화 접근법의 비교

	인지 발달 접근		사회화 접근	
도덕성 및 도덕성 형성의 본질	개인에 의한 도덕성 형성의 우선	도덕성에서 인지의 우선	사회로부터 획득되는 도덕성 우선	도덕성에서 정의(情意)의 우선
핵심적 관점	인지적 평형화 · 자유와 정의를 통한 성취 · 탈중심화 · 원리화된 도덕성 · 보편주의적 이상	공평, 불편부당성 등에 기초한 성숙한 합리성 강조 · 인지적 동기화	규범의 능동적인 획득 · 자기통제 · 사회질서 · 안정성 · 전통	공감과 같은 정의가 도덕 학습을 가능하게 만들고, 도덕적 행위를 동기화함
대안적 접근에 의한 비판	도덕성을 엘리트 철학자들의 법령으로 환원. 사회 공동체의 통합 저해. '내부' 문화에 대한 편협한 해석.	도덕성에서 동기적 요소를 간과하고, 도덕성을 극단적인 추상적 이데올로기로 환원. 공감과 배려의 무시.	도덕성을 사회 구성원으로 묶기 위한 수동적 적응으로 환원. 개인의 위축. 문화적 상대주의에 의한 윤리적 무력.	도덕성을 자동화된 행위 혹은 심지어 비합리성으로 환원. 정의주의(affectivism)에 의한 윤리적 무력.

〈표 13-2〉에 제시된 인지발달 접근과 사회화 접근에 대한 비판적 관점을 살펴보면, 우선 콜버그가 사회적 진공 상태에서 도덕성을 자율적으로 형성한다고 주장했다는 것은 지나친 해석임이 분명하지만, 점진적으로 성숙해지는 개인의 사고구조를 연구하면서 사회적 상호작용 과정을 소홀히 하였다는 것은 타당한 비판일 수 있다. 반면, 도덕적 사회화의 과정에 있는 개인은 매우 수동적인 위치에 놓이게 된다. 예를 들어, 빈 용기(empty vessel)에의 은유는 모델링과 훈육을 통한 전수자로서 사회를 강조하는 것과 잘 결합될 수 있다. 유사하게, 도덕적 행동의 동기화와 도덕성의 표현에서 일차적인 것으로 정서 혹은 정의(affect)에 초점을 맞춤으로써 갖게 되는 위험은 인지적인 동기화의 역할을 폄하하는 것이다.

깁스는 도덕성에서 정의와 공감에 대한 이러한 두 관점은 상호 배타적이 아닌 것으로 주장했다. 그리고 어느 하나의 이론으로는 충분히 포괄적일 수 없으며, 도덕성의 충분한 범위와 복잡성은 이러한 두 이론이 상호 통합될 때에만 제대로 평가될 수 있다고 보았다. 도덕적 동기화 및 발달에 대한 두 이론의 상보적이고 통합적인 노력의 방향을 깁스는 다음과 같이 제시하였다.

1) 도덕적 동기화에서 인지와 정의

우선, 인지와 정의의 측면에서 도덕적 동기화에 대한 두 이론의 차이점에 대해 주목할 필요가 있다. 콜버그의 이론에서는 도덕적 동기화를 위해 이성이 우선되고, 정의가 이차적인 것으로 고려되는 반면, 호프만은 그 반대적 입장을 취하고 있다. 이러한 대립은 이 두 이론 간에 인지에 대한 분명한 의미를 파악할 것을 요구한다. 피아제와 같이 콜버그(Kohlberg, 1984)의 특별한 관심은 탈중심화를 통한 도덕적 의미의 개인적 구성이며, 이러한 구성은 논리적인 필요성 및 정의감(sentiments of justice)과 같은 감정을 생산할 수 있다. 예를 들어, 사회적 입장채택(social perspective-taking)은 공감이나 동정과 같은 감정으로부터 나오는 것이 아니라 무엇보다 인지적 작용인 것이다. 이와 같이 정의적(affective) 요소는 그것의 동기화적 속성이 인지적 구성 과정에서 비롯되기 때문에 콜버그는 인지를 가장 우선적인 것으로 고려한 것이다.

콜버그와는 달리, 호프만은 '지식 획득'의 구성적인 특성보다는 전수를 위해 사용될 수 있는 기존 지식 혹은 다른 사람의 심리적 상태와 같은 타인에 관한 정보에 주목하였다. 호프만은 그러한 정보가 공감적 경향성과 같은 보다 기본적인 정의적 요소를 통해 훨씬 더 많이 획득된다는 점을 중시하였다. 호프만(Hoffman, 1981)에 따르면, 탈중심화를 통해 평등 및 호혜성 중심의 정의적 원리를 지니기 전에는 인지적 동기화(cognitive motivation)가 불가능하지만, 공감은 유아에게서조차 발견될 수 있는 생물학적으로 기초적인 경향성이기 때문에 인간 성장의 측면에서 보자면 정의(justice)보다 우선되는 것이다.[81] 공감은 전 생애에 걸쳐 발달하며, 공감 발달 수준은 원초적인 형태의 신생아 울음에서부터 가장 성숙한 타자의 삶의 조건에 대한 공감적 고통까지 질적으로 다양하다(Hoffman, 2000). 호프만은 최근에 아동의 언어능력이 발달하기 이전 동안의 미성숙한 세 가지 발달 단계와 그 이후 동안의 세 가지의 성숙한 공감 단계를 제시한다(Hoffman, 2008: 444-447).

1. **전체적 공감(global empathy)** : 다른 아기의 울음을 듣고 자신도 울어버리는 신생아의 반응.
2. **자기중심적 공감(egocentric empathy)** : 자신과 타자의 구분이 발달하지 않은 걸음마 단계의 유아에게서 나타나는 반응으로 타자의 고통에 대하여 자신의 편의 위주로 반응함.
3. **유사 자기중심적 공감(quasi-egocentric empathy)** : 유아는 자아에 대한 자각은 있으나 여전히 자기 자신의 관점에서 타자를 편안하게 하려 함(예를 들

81) 호프만(Hoffman, 1987: 211)은 이와 같이 공감이 발달적으로 도덕 원리보다 선행하는 것이라는 주장에 근거해서 도덕적 동기화의 원천을 인지가 아닌 정서 혹은 정의(affect)로 보았다.

어 다른 우는 아이에게 그 아이의 엄마 대신에 자신의 엄마를 데리고 가는 경우).

4. **현실적 공감(veridical empathy)** : 아동기에 나타나는 수준으로 특정한 상황에서 타자가 겪는 감정을 정상적으로 느낌.
5. **당면 상황을 넘어선 공감(empathy beyond the immediate situation)** : 청소년기에 나타나는 수준으로 역할채택이 가능하고 타자가 처한 삶의 조건에서 발생하는 고통을 느낄 수 있음.
6. **집단에 대한 공감(empathy for distressed groups)** : 인지능력의 향상과 사회적 관점채택으로 인하여 집단고통과 같은 추상적인 주제에 대해서 공감할 수 있음(Hoffman, 2008: 444-447).

우리는 여기서 콜버그와 호프만 모두 이론적 통합의 가능성에 대해 열린 자세를 추구하였다는 점에 주목할 필요가 있다. 콜버그(Kohlberg, 1984)는 그의 이론이 공감과 연민(compassion)과 같은 감정과 관련된 도덕성에 대해 적절한 역할을 할 수 없음을 인정하였으며, 인지 발달과 정의(affective) 발달은 공통된 구조적 기초를 갖는다고 주장하기도 하였다. 한편, 호프만(Hoffman, 1983)의 이론에서, 인지와 정서는 공감적 편향(empathic bias)을 극복하고 불편부당성(impartiality)을 획득하는 과정에서 서로 연결되고 있다. 그에 의하면, 공감은 두 가지 종류의 편향, 즉 자신과 친숙하거나 자신과 유사한 피해를 입은 사람들에게 더 공감적으로 반응하게 된다는 친숙-유사성 편향(familiarity-similarity bias)과, 현재 자신의 눈으로 확인되지 않거나 미래에 일어날 타인의 고통보다는 현재 자신이 직접 관찰할 수 있는 타인의 고통에 더욱 민감해진다는 '지금-여기' 편향(here-and-now bias)의 한계가 있는데, 자신의 행동에 영향을 받을 수 있는 모든 사람들에 대해 동등하게 고려하려는 평등한 숙고(equal consideration)와 불편부당성을 획득하기 위해서는 탈중심화와 같은 인지적 과정이 개입하게 된다는 것이다. 이와 같이 인지에는 도덕적 동기화를 매개하는 기능이 있는 것이 사실이지만, 인지 그 자체는 도덕적 행동을 촉발할 수 없다는 것이 호프만의 기본 입장이다. 즉, 정서(공감)가 개입되지 않는다면 도덕적 행동의 동기화는 가능하지 않다는 것이다.

공감과 정의의 통합적 관점에서, 레스트(Rest, 1983: 556–629)는 "어떤 특성이 도덕성의 인지적 영역으로부터 도덕적 정서를 분리시킬 수 있는가?" "감정적 요소가 배제된 사고란 무엇인가?"라는 물음을 제기한 바 있고, 시겔(Sigel, 1986: 211–229)은 정의와 인지는 한데 묶여있는(interwined) 것으로 보아야 한다고 주장했다. 프랑케나(Frankena, 1963)가 정의(justice)와 자비(beneficence)는 규범 윤리학에서 균등하게 기본적인 것이고 상호 환원될 수 없는 원리라고 본 것처럼, 깁스는 정의와 공감을 도덕적 동기화에 있어 균등하게 우선적인 것이며 상호 환원될 수 없는 원천이라고 주장하였다. 비록 인지가 부정의를 바로잡기 위한 동기화에서 중요한 역할을 하겠지만, 부정의에 의해 피해를 받는 사람들에 대한 공감은 피해자의 입장에서 문제를 해결하려는 노력의 강도와 지속성에 중요한 역할을 하게 된다는 것이다. 요컨대, 동기화의 인지적이고 정의적인 원천들은 협소한 이기적 충동에 직면하여 선하고 공정한 행위의 표출을 위해 동시에 요구된다. 공정한 행동 혹은 부정의를 바로잡기 위한 행동은 특히 인지적인 동기화가 공감 혹은 공감에 기초한 죄의식에 의해 고양될 때 더욱 잘 완수된다.

2) 사회와 개인의 상호 의존

내적인 도덕적 정향(internal moral orientation)의 구성적 측면과 내면화 측면을 이해하기 위해서는 우선 '내적'이라는 개념에 대한 분석이 선행되어야 한다. 구성주의적 측면에서 볼 때, '내적'이라는 의미는 개인의 내부에서 비롯된다는 것, 즉 그 자신에 의해 창조된다는 것과 사회와 인간관계를 위한 기초로서의 상호 신뢰와 존중 등의 내재적인(intrinsic) 도덕적 의미를 이해하는 것을 말한다. 한편 내면화 측면에서 볼 때, '내적'이라는 의미는 개인에 의해 수용되어 그 자신의 것으로 고려하는 것과 자신의 도덕적 감정에서 더 이상 보상이나 처벌을 지향하는 상태가 아님을 말한다.

콜버그와 호프만의 이론은 모두 외적 및 내적 도덕성을 언급하고 있다. 콜버그는 외적 도덕성으로부터 내적 도덕성으로의 발달적 관계에 주목한 반면, 호프만은 훈육의 대안적 방법들로 이 두 가지의 도덕성을 강조하였다. 벌과 복종, 이기적 공정성과 같은 피상적인 도덕 판단으로서의 외적 도덕성은 콜버그에게 있어 발달적 미성숙 혹은 지연을 의미하는 반면, 호프만은 외부 강제력으로서의 외적 도덕성이 현저하게 힘에 의존하는 훈육의 역사를 반영하고 있다고 보았다. 호프만의 관점에서 보자면, 내적 도덕성이 상대적으로 자율적이고 외부 강제력으로부터 독립적이라는 것은 내면화에 의한, 그리고 자기 귀인적인(self-attributed) 규범과 공감에 기초한 죄의식의 측면에서 설명될 수 있다. 반면에, 콜버그는 내적 도덕성을 자기 구성적이고 내재적인(intrinsic) 도덕적 의미의 측면에서 설명하였다.

내적인 도덕적 정향의 자기 창조적이고 자기 수용적인 의미는 각각 도덕성 형성에 관한 인식론적 주제에서도 대조적인 특징을 나타낸다. 우선 도덕적 의미의 창의적인 구성은 "개인이 사회에 우선하며, 모든 가치는 개인으로부터 나온다."라는 개인주의와 관련된 것이다. 반면, 도덕규범의 내면화는 "사회는 개인에 우선되며, 사회가 모든 가치의 원천이다. 이러한 가치들은 최종적으로 사회의 구성원들에 의해 반성된다."라는 사회 우선주의와 관련된 것이다. 사회사상사적 견지에서 개인주의는 스펜서(Spencer), 프레이저(Frazier), 호만스(Homans)에 의해 주창되었고, 집단주의 혹은 사회 우선주의는 콩트(Comte), 뒤르켐(Durkheim), 레비스트로스(Levi-Strauss)에 의해 주창되었다.

스피로(Spiro, 1957: 19-46)는 개인주의와 사회 우선주의의 이분법은 근본적으로 잘못된 것이므로 결코 해결책이 곤궁한 상태가 아니라고 주장하였다. 즉, 개인과 사회는 부모-자녀, 또래 집단, 다른 사회적 상호작용 과정에서 한 부분이자 꾸러미이며, 호혜적 혹은 상호적으로 영향을 주고받는다는 점에서 사회적 상호작용의 상보적 측면으로 이해될 수 있다고 주장하였다. 유사하게, 콜버그(Kohlberg & Higgins, 1987: 102-103)는 그의 거의 마지막 저작 중 하나에서 '정의'와 '공동체'는 민주주의적인 사회적 상호작용의 상보적인 양면이라고 강조한 바 있다. 개인이 도덕적 의미를 구성하고, 문화의 지속적인 사회적 상호작용 패턴과 규범에 영향을 미치는 것은 타인과의 상호작용을 통해서 가능하다. 또한 문화적 규범이 전수되고 내면화되는 것은 사회적 상호작용을 통해서이다. 이렇게 본다면, 개인주의와 사회 우선주의는 상호 배타적인 것이 아니다. 데이먼(Damon, 1983: xi)은 개인화와 사회화는 인간의 삶에서 친밀하게 "한데 얽힌(interwined)" 측면이라고 해석한다. 이러한 두 측면은 근본적으로 상보적이지만, 현대 사회에서는 변증법적 상호작용이 요구될 수도 있다고 한다. 즉, 개인은 타인과의 관계의 맥락에서 자아를 구성할 수 있고, 동시에 그 개인은 이러한 관계의 한계를 넘어설 수도 있어야 한다는 점이다.

6. 정의와 배려의 통합적 접근

지금까지 도덕교육 이론에서는 자율성과 상호의존, 정의의 우선성과 배려의 요구, 절대적 도덕 원리와 상황적인 특수한 도덕적 행동, 그리고 이성과 감정 간에 뚜렷한 긴장 관계가 유지되어 있다. 여기서 자율성, 정의, 절대적 도덕 원리, 그리고 이성의 중요성과 우선성은 콜버그 이론에서 두드러지게 나타났고, 상호의존, 배려, 상황 특수적인 도덕적 행동, 그리고 감정의 중요성은 길리건(Gilligan, 1982)의 이론에서 핵심적인 개념들이었다.

권리와 정의의 도덕성을 강조하는 콜버그 이론은 요구들 간의 충돌과 다툼을 합리적으로, 공평하게, 그리고 공정하게 해결하기 위해 추상적인 법칙과 보편적인 원리에 입각할 필요성을 제시한 반면, 책임과 배려의 도덕성을 강조하는 길리건은 '무지의 베일'과 공평성을 거부하면서 도덕적 선택을 위한 상황적인 특수한 맥락을 이해할 것을 강조하였다. 또한 길리건과 콜버그는 각각 상대주의의 발달에 대한 상이한 관점을 제시하고 있다. 콜버그에 있어 상대주의는 도덕적 딜레마를 판단하는 데 필요한 과정이기는 하지만, 딜레마의 해결은 반드시 절대적 원리에 입각해야 하는 것인 반면, 길리건의 이론은 도덕적 선택의 해결로서 상대주의를 포용하고 있다.

〈표 13-3〉 성과 관련된 도덕 발달의 상이한 관점

학자	길리건, 나딩스	피아제, 콜버그
도덕성의 성격	책임과 배려의 도덕성	권리와 정의의 도덕성
도덕교육의 목표	(배려에 기초한) 상황의 맥락과 특수성에 대한 관심과 이해	보편적이고 추상적인 규칙 및 원리를 적용하는 과정에서 요구되는 정의(blind justice)와 공평성(blind impartiality) 강조 → 도덕적 추론의 발달
도덕성의 관점에서 성과 관련된 차이점	• 책임 지향 : 다른 사람들과의 연결 중시. 대체로 여성 • 권리 지향 : 자율성, 분리, 독립성 강조. 대체로 남성 • 책임 지향과 권리 지향은 반드시 성과 일치하는 것은 아니다.	남성과 여성 모두 자율성 및 독립성 추구

많은 학자들은 정의와 배려 간의 긴장 관계에 주목하면서 윤리적 결정과 행동에서 이들은 상호 보완적일 수 있다는 점을 강조한다(Brabeck, 1992; Noddings, 1999; Rest, 1983). 브라벡(Brabeck, 1992)은 규칙화된 원리에 대한 관심과 특수한 맥락에 대한 관심의 통합적 접근이 우리의 도덕적 행동 결정을 보다 "옹호할 수 있도록(defensible)" 만들어 준다고 주장한다. 예를 들어, 한 여성이 낙태를 해야 하는지, 말아야 하는지를 결정해야 하는 상황에 직면했을 때, 도덕적 결정은 그 여인이 처한 구체적인 상황적 맥락을 고려한 것이어야 하고, 또한 절대적이고 보편적인 도덕 원리 혹은 도덕적 선과 결합될 수 있는지를 합리적으로 평가한 것이어야 한다.

나딩스(Noddings, 1999)는 "배려, 정의, 그리고 공정"이라는 글을 통해 '배려를 중심으로 한 정의와의 통합'을 강조하였다. 그녀는 정의적 추론의 기여에 대해서는 인정하지만, 사회 도덕적 이슈에 대하여 우리를 깊이 있고 폭넓게 사고하도록 돕는 데는 명확하게 한계가 있으므로 배려 지향을 중심에 둘 필요가 있음을 역설하였다. 나딩스에 따르면, 다음과 같은 윤리적인 질문들은 정의의 원칙을 넘어서게 한다. "…면 인간 관계적 측면에서는 무슨 일이 생길까? 공동체에서는 무슨 일이 생길까? 내가 내린 결정의 결과가 현재의 문제와 관련된 사람들의 행복과 삶의 질에 어떤 영향을 미칠 수 있는가?"

레스트(Rest, 1983)는 이러한 별개이지만 상호 관련된 두 영역을 그의 포괄적이고 통합적인 도덕 이론을 통해 묶을 수 있다고 보았다. 이미 앞서 살펴본 바와 같이, 그의 4구성요소 모형은 도덕적 민감성, 도덕적 판단, 도덕적 동기화, 그리고 도덕적 품성을 포함한다. 여기서 레스트는 콜버그의 이론을 두 번째의 구성요소인 '도덕적 판단'에 위치시켰고, 길리건의 이론과 관련된 것으로는 도덕적 민감성과 동기화를 제시하였다. 레스트의 모형은 어떻게 해야 할 것인가에 관한 도덕적 숙고를 안내하는 절대적인 보편적 원리들을 포함하고 있고, 또한 어떤 선택으로 인해 영향을 받을 개인들에 대한 맥락적으로 상대적인 반응들을 포함하고 있다. 콜버그의 정의의 보편적 원리는 전자와 관련된 것인 반면, 길리건의 배려 윤리 및 책임의 도덕성은 후자와 관련된 것이다.

정의와 배려를 통합하려는 학자들은 콜버그와 길리건의 이론이 통합될 때, 도덕적인 인간의 모습을 '각 개인의 행복에 대한 배려적 관심을 유지하면서, 정의와 같은 보편적인 도덕 원리에 부합되는지에 관한 합리적이고 사려 깊은 판단을 통해 도덕적 선택을 하는 사람'으로 정의할 수 있음에 대체로 합의하고 있다. 이들의 논지를 요약하면, 보편적인 도덕 원리의 요구와 특수한 맥락을 고려한 도덕적 선택 간에는 다리가 놓일 수 있고, 이를 통해 자율성과 상호의존의 두 개념 간 통합적 접근은 도덕성의 개념을 보다 확장시키면서 적합한 개념으로 나아갈 수 있다는 것이다.

7. 통합적 도덕교육 이론의 시사점 및 한계

통합적 도덕교육 이론과 관련하여 제기할 수 있는 질문은 다양하지만, 필자는 다음과 같은 측면에 특히 주목하고자 한다. 동시대의 통합적 도덕교육 이론에서 어떤 질문들이 주로 제기되어 왔으며, 어떤 대답들이 제시되어 왔는가? 도덕교육에 대한 통합적 접근법에서 간과되거나 부적절하게 다루어지고 있는 부분은 무엇인가? 앞으로 도덕교육에 대한 통합적 접근법이 추구해야 할 연구 및 교육 실천의 방향은 무엇인가?

통합적 도덕교육을 모색하는 관점들은 대체로 도덕적 행동의 표출을 위해 영향을 미치는 다양한 심리학적 특성들을 제시하거나 도덕적 인격을 구성하는 심리학적 요소들에 특히 주목하고 있다. 전자의 관점에서, 레스트는 도덕적 민감성, 도덕적 판단, 도덕적 동기화, 그리고 도덕적 품성을 도덕적 행동으로의 표출을 위한 심리학적 요소로 고려하였고, 데이먼은 도덕적 정체성을 제시하였으며, 후자의 관점에서, 버코위츠(Marvin Berkowitz)는 도덕적 행동, 도덕적 가치, 도덕적 성격, 도덕적 정서, 도덕적 추론, 도덕적 정체성, 도덕적 기능화를 돕는 기초적인 심리적 특성들을 제시하였고, 리코나는 도덕적 사고, 도덕적 감정, 도덕적 행동의 통합적인 관점을 견지하면서 이러한 구성요소들의 하위 영역에 여러 심리학적 요소를 포함하였다.

통합적 도덕교육에서 '통합'의 대상은 대체로 인지 · 정의 · 행동 혹은 머리 · 가슴 · 손, 발달과 사회화, 자율성과 내면화, 정의와 공감, 정의와 배려, 도덕적 숙고와 습관화, 개인과 공동체를 포함하고 있다. 통합적 도덕교육을 모색하는 관점들은 이러한 양극단 간의 대립을 극복하면서 도덕성을 보다 포괄적으로 설명할 수 있는 통합적인 형태로의 전환 방법을 제시하고 있다.

이러한 통합적 도덕교육의 형태들은 어느 하나의 관점이 절대적인 위치를 누리기보다는 도덕성을 설명할 수 있는 핵심적인 측면들의 변증법적 통합을 추구하고 있다는 점에서 새로운 도덕교육의 방안으로서 거론되고 있지만, 이런 통합적 도덕교육이 성과를 거두기 위해서는 아직 해결해야 할 상당한 이론적, 실제적 문제점을 안고 있는 것도 사실이다.

리코나의 통합적 인격교육은 매우 포괄적인 개념으로 도덕적 추론 및 인지발달, 사회정서학습(SEL), 덕 교육, 배려의 공동체, 폭력 예방 등 거의 모든 도덕 발달 및 도덕교육 이론들을 한 우산 속에 포함할 수 있다는 장점이 있긴 하지만, 이로 인해 통합적 인격교육은 개념 정의가 쉽지 않고, 범위를 설정하기도 쉽지 않으며, 무엇이 보다 중요하고 무엇이 보다 비중 있게 다루어져야 하는가에 대해서도 명쾌한 답변을 주지 못하고 있다. 또한 도덕적 사고와 도덕적 감정의 관계가 무엇인지 명확하게 제시되지 않았고, 사고와 행동의 간극을 줄이기 위해 제시된 양심, 자기존중, 감정이입, 선을 사랑하는 것, 자기통제, 겸양 등과 같은 여섯 가지 정의적 요소들이 도덕적 행동을 위해 어떤 역할을 할 수 있는지에 대해서도 충분한 답변을 하지 못하고 있다.

레스트의 4구성요소 모형은 지금까지 제시된 여러 도덕성 연구 이론들을 종합하여, 도덕적 사고와 정서의 영역을 도덕적 행동 영역과 긴밀하게 통합 · 연결했다는 점에서 이론적 의미가 크다고 할 것이다. 그러나 비교적 최근까지(적어도 레스트 사망 이전까지) 제2요소인 도덕적 판단력 발달을 위한 교육 프로그램들이 주로 개발되어 왔으며, 보다 최근에 들어서야 나바에즈(Darcia Narvaez)를 중심으로 나머지 요소들에 대한 교육 프로그램들이 각각 개발되어 왔다. 따라서 4개 구성요소 전체를 유기적으로 연결하는 프로그램의 개발은 아직 이루어지지 않고 있는 실정이며, 이렇게 볼 때 통합적 관점에서 도덕교육의 실행을 위한 체계적인 교육 방법론을 아직 제시하지 못하고 있다는 지적을 받을 수 있다. 버코위츠의 경우, 도덕적 행동, 도덕적 가치, 도덕적 성격, 도덕적 정서, 도덕적 추론, 도덕적 정체성, 그리고 도덕적 기능화를 돕는 기초적인 심리적 특성들 간의 관계가 무엇인지 분명하게 밝히지 못하고 있다는 문제점이 지적될 수 있다. 또한 데이먼의 도덕 발달 및 통합에 관한 이론은 왜 사람들이 그들의 도덕적 신념에 따라서, 혹은 그들이 실제로 옳다고 판단한 것에 따라서 행동하는 데 실패하는지를 '도덕적 정체성'이라는 심리학적 관점에서 제시해주었지만, 도덕적 자아 또는 도덕적 정체성이 도덕적 행동을 어느 정도 설명할 수 있는가에 대해서는 명확하게 제시하지 못하고 있다.

제14장
구성주의적 인격교육

최근 미국의 도덕교육학계에서는 도덕적 사고에 강조점을 두는 구성주의적 접근법과 도덕적 행동을 중시하는 인격교육 접근법 중에서 어떤 이론이 도덕교육에서 보다 근간이 되어야 하는가에 대한 논란이 일고 있다. 이러한 인격교육과 구성주의적 도덕교육을 둘러싼 미국에서의 열띤 논쟁은 인식론적, 철학적, 심리학적 입장의 차이에서 시작하여, 도덕 발달 및 교육을 위한 학교 및 교사의 역할의 차이에 대한 토론으로 이어지고 있다.

일반적으로 말하자면, 초등학생들을 위한 도덕교육에서 구성주의가 전통적인 인격교육 방법을 대체할 수 있는 대안적 관점으로서의 타당성을 확보할 수 있는가에 관해서는 다소 비판적이지만, 청소년 및 성인 초기의 학생들을 위한 인지적 · 도덕적 성숙을 위해서는 구성주의를 이론적 기반으로 삼아야 한다는 점에 많은 학자들이 동의하고 있다(정창우, 2003c). 이러한 논의는 앞으로도 계속 이루어져야 하겠으나, 도덕교육의 궁극적인 목표는 도덕적 행동의 표출에 있어야 한다는 이론적이고 실제적인 당위성을 감안한다면, 인격교육과 구성주의적 도덕교육이 대립적 태도에서 벗어나 상호 보완할 수 있을 때 도덕교육의 연구와 실천의 현재 수준은 한 단계 높아질 수 있다는 인식이 필요하다.

본 장에서는 인격교육 중심의 전통적인 사회화 관점과 구성주의적 접근법 중심의 새로운 관점의 장점들을 변증법적으로 통합할 수 있는 가능성을 논의해 보고자 한다. 특히 본 연구자는 오늘날 도덕교육의 중추 이론인 구성주의적 도덕교육과 인격교육을 통합하는 교량(bridging) 개념으로서 '구성주의적 인격교육'이라는 새로운 개념을 사용하면서 인격교육 중심의 전통적인 사회화 관점과 구성주의적 접근법 중심의 새로운 관점의 장점들을 통합할 수 있는 가능성을 논의하고자 한다. 이를 위해 구성주의적 인격교육의 개념 정의와 도덕성의 구성 요소를 제시할 것이며, 구성주의적 인격교육의 배경 학문적 범위와 초등학교와 중 · 고등학교 학생들에게 체계적으로 적용하기 위한 체계적인 계열성을 설정해 보고자 한다. 끝으로, 도덕교육 이론에서 자유주의와 보수주의적 관점 간의 긴장과 관련된 문제점을 규명하고 구성주의적 인격교육의 입장에서 그 해결 방안을 제안하는 데 중점을 둘 것이다.

1. 인격교육과 구성주의적 도덕교육의 논쟁

1) 인격교육 이론에 대한 비판

구성주의적 도덕교육의 관점에서 현대 인격교육의 이론적 전제 및 기본 가정과 구체적인 실천 방법에 대한 비판적 평가를 제시하자면 다음과 같다.

(1) 사회적 차원의 문제 진단, 개인적 인격 차원의 처방

인격교육론자들은 사회적 병리 현상을 지적하면서 인격교육을 처방책으로 제시하고 있다(Lookwood, 1997). 이들은 범죄의 만연과 청소년들의 무책임한 행위를 언급하면서, 이러한 현상의 원인을 청소년들의 인격의 부족 혹은 적절한 도덕성 및 가치의 부재에서 찾고 있다. 결국 문제는 사회적 차원에서 제시되지만, 제안된 해결책은 극히 개인적이다. 이러한 이데올로기에 따르면, 개인들이 비도덕적인 사회의 희생양이 아니라 사회가 부덕한 개인들에 의한 희생양이 된다. 내쉬(Nash, 1997)는 인격교육론자들의 이러한 생각은 결국 사회 구조적 차원의 도덕 문제에 대한 공정하고 열린 대화를 통해 민주주의적 성향을 향상시키기보다 도덕적 순응을 통해 현재의 정치적이고 사회적인 신분의 현상 유지를 강화시키는 수단이 될 수 있음을 경고하였다.

(2) 윤리적 절대주의와 교화

인격교육을 강조하는 이들은 교육자들이 후속 세대에게 전수해야 할 전통적인 도덕적 가치가 있음을 주장한다(Lookwood, 1997). 리코나(Lickona, 1997)는 "상대적이지 않고 객관적으로 가치 있는 도덕적 가치가 존재한다. 우리가 학생들에게 절대적인 도덕 가치들을 직접적으로 가르치지 않고, 개인에 의한 자율적 의미 구성에 내맡긴다면, 도덕성은 개인의 선호 문제로 전락할 것이다."라고 경고한 바 있다. 도덕교육에서 구성주의적 관점을 가진 학자들은 학생들에게 자신의 삶을 반성하게 하고 도덕적 선택을 위한 의사결정의 기회를 제공하려는 노력을 '윤리적 상대주의'를 조장한다는 이유에서 비판하는 것은 결국 이미 만들어진 진리(ready-made truths)를 무비판적으로 수용해야 한다는 것과 다를 바 없다고 비판한다.

(3) 인간 본성에 관한 부정적 관점

콘(Kohn, 1997)은 인격교육론자들을 인간 본성의 어두운 관점에만 주목한다는 이유에서 강력하게 비판한다. 그는 킬패트릭의 책 『왜 조니가 옳지 못한 것으로부터 옳은 것을 말할 수 없는가』에서 "대부분의 행동적 문제는 아동들의 철저한 고의성의 결과이다."라는 일부분을 직접 인용하면서, 인격교육에 대한 포괄적인 접근은 좋은 행동이 아동들의 자연적인 일차적 선택이 아니기 때문에 직접적인 가르침을 통해 행동을 고쳐나가야 한다는 가정에 근거하고 있으므로 이는 결국 인간 본성의 어두운 관점에만 치우친 것이라는 비판을 제기한다.

(4) 인격교육의 행동주의적 기초

인격교육은 보상과 처벌을 통해 개인의 행동을 통제할 수 있다고 가정하는 '행동주의(behaviorism)' 이론에 기초해 있기 때문에, 유덕한 사람에 대한 이야기책을 통해서나 혹은 적절한 행동을 강화하기 위해 외재적 보상(extrinsic rewards: 예를 들어, 성적, 칭찬, 처벌 등)을 사용함으로써 덕 있는 행동에 대해 배우게 된다고 가정한다. 하지만 구성주의자인 콘(Kohn, 1997)은 "인격교육의 행동주의적 기반은 특정한 행동을 단기간 나타나게 하는 데는 성공적일 수 있으나, 그러한 행동이 그들의 가치 구조 속에 통합되지 않기 때문에 학생들로 하여금 그러한 행동에 지속적으로 헌신하게 할 수는 없다."라고 비판하였다.

(5) 프로그램 효과의 측정 부재

베넷(Bennett, 1993)은 책을 통해 도덕적 영웅들과 만나는 것이 학생들의 인격 발달의 측면에서 매우 유익하다고 주장했다. 이러한 생각은 다분히 직관적인 것이고 심정적인 것이다. 이에 대해 레밍(Leming, 1993)은 "인격교육론자들은 도덕적으로 고무적인 책이 인격교육 프로그램의 일부가 되어야 한다고 주장한다. 놀랍게도, 이러한 책을 읽는 것이 학생들의 도덕적 인격 형성에 어떤 영향을 미치는가를 측정한 연구는 단 하나도 없다."라고 비판한다. 어떤 교육적 처방이 어떤 아동에게 어떤 환경적 조건 하에서 제공되어야 하는가에 관한 체계적인 접근을 시도하지 않는 것은 "한 의사가 환자를 약국에 데려가서 병을 치료하는 데 도움이 될 만한 모든 약들을 그 환자에게 주면서 언젠가는 효능이 나타날 것이므로 순서 없이, 어떤 조합으로든, 먹으면 된다."라고 말하는 것과 다를 바 없다는 비판을 받고 있다.

(6) 정의의 애매성 및 범위의 포괄성

인격교육 이론에 관한 비판은 구체적인 범위와 정의가 뚜렷하지 않다는 점에서 출발한다. 콘(Kohn, 1997)에 따르면, 인격교육이란 개념은 광의와 협의적 의미 모두를 갖는다. 광의적 의미에서 인격교육은 학생들의 도덕적인 성장을 위해 기울이는 일체의 노력으로 기술된다. 이 경우 인격교육은 도덕교육, 가치교육, 사회정서학습, 약물 복용 예방, 그리고 학교의 어떤 정의적인 목표들과 유사어로 간주된다. 협의적 의미에서 인격교육은 공통된 목표 및 가정, 그리고 전략을 통한 도덕적 훈련의 특정한 방법으로 정의된다. 특히 여기서 사용되는 도덕적 훈련의 전략은 자신의 존재 방식에 대한 비판적인 숙고에 관여하는 것이 아니라, 특별한 행위의 실천을 강조하는 교화적 방법이 적용되고 이러한 교사의 훈계를 실천할 때 주로 외재적인 보상(extrinsic rewards)이 제공되는 전략을 의미한다. 콘은 이러한 두 가지의 의미가 인격교육에는 혼재되어 있으나, 광의적 의미보다 협의적 의미가 우선한다고 비판하고 있다. 또한 리코나의 통합적 인격교육은 매우 포괄적인 개념으로 도덕적 추론 및 인지발달, 사회정서학습, 덕 교육, 배려의 공동체, 폭력 예방 등 거의 모든 도덕 발달 및 교육 이론들을 한 우산 속에 포함할 수 있다는 장점이 있긴 하지만, 이로 인해 통합적 인격교육의 범위를 설정하기가 쉽지 않고, 무엇이 보다 중요하고 무엇이 보다 비중 있게 다루어져야 하는가에 대해서도 명쾌한 답변을 주지 못하고 있다.

(7) 인간 행동에 관한 낭만적인 견해

도덕교육에서 구성주의적 입장을 견지하는 학자들에 따르면, 자신들은 도덕적 문제의 분석과 해결책의 마련 과정에서 학습자들을 참여시키는 체계적인 접근을 시도하는 반면, 전통적인 인격교육 프로그램에서는 "성인의 역할이 주도적인 인격교육 프로그램의 적용을 통해 학생들의 도덕성과 인격을 향상시킬 수 있으며, 학생들이 훌륭한 인격을 갖게 되면 그들의 행동이 도덕적으로 개선될 것이다."라는 지극히 단선적(linear)인 관점을 취하고 있다고 비판한다(Collins & Henjum, 1999). 즉, 인격교육론자의 논리는 특정한 교육적인 처방이 도덕적 문제 행동을 바로잡을 수 있다는 '인간 행동에 대한 단순한 관점(simplistic view of human behaviour)'에 근거하고 있는 반면, 자신들의 관점은 "인간 행동의 복잡성은 복잡한 교육적 처방을 요구한다."라는 가정에 근거하고 있다고 주장한다.

(8) 학생들의 사전 경험 및 학습에 대한 고려 부족

전통적인 인격교육 프로그램은 모든 학생들이 그들의 과거 경험에 관계없이 모든 학교 급별 · 학년별 수준에서 프로그램의 내용을 학습하는 것으로부터 혜택을 받을 수 있다는 가정에 기초해 있다는 비판을 받고 있다. 인격교육에서는 가정에서 충분한 가치 획득의 과정을 거치지 않고 학교에 오는 학생들을 가르치기 위해 가치 획득의 기초 수준(base level)에서 항상 학습을 시작할 필요가 있기 때문에 기본 수준(baseline point)에서 시작하되, 동일한 연령대에 있는 아동들은 거의 비슷한 발달 수준에 있다는 점을 감안하여, 학생들의 독특한 경험들에 기초한 개별화된 교육과정의 개발보다는 학급 단위 혹은 학년 단위의 프로그램을 개발하는 데 치중한다고 비판받는다. 반면, 도덕 학습에 관한 구성주의적 관점은 일상생활에서 직면하는 도덕적 문제 상황을 학습자의 사전 경험과 현재의 발달 수준을 고려하여 의미 있는 의사결정과 선택에 학생들을 참여시킬 수 있는 다양한 교육 내용 및 교수 전략을 개발하는 데 치중한다고 강조한다.

2) 구성주의적 도덕교육 이론에 대한 비판

인격교육 중심의 전통적인 사회화의 관점에서 현대의 새로운 접근법인 구성주의적 도덕교육이 갖는 이론 및 실천 영역에서의 문제점을 제시하면 다음과 같다.

(1) 아동기 이후의 도덕 발달에 대한 관심 부족

우선, 피아제 이론에 바탕을 둔 구성주의적 도덕교육은 발달상으로 아동 교육에 적합한 것이다. 하지만 한 인간의 도덕적 성장은 전 생애에 걸친 노력의 과정을 요구하기 때문에 아동기 이후의 시기에 대한 연구가 소홀히 다루어진 것은 구성주의적 도덕교육의 연구가 갖는 심각한 한계로서 지적될 수 있다. 특히 청소년기 후반과 성인기에서의 도덕 발달 및 도덕성에 대한 이슈를 연구할 필요성이 제기된다.

(2) 도덕적인 문제의 성격과 아동의 발달 상황

굿맨(Goodman, 2000)은 도덕교육에서 구성주의적 접근법은 수정을 필요로 하고 있으며 전통주의와 구성주의적 학습 방법의 통합은 도덕적인 문제의 성격과 아동의 발달 상황에 의해 결정되어야 한다고 주장한다. 전자(도덕적인 문제의 성격)와 관련된 물음은 "제시된 도덕적 문제 상황이 아동들 간에 이견이 있을 수 없는 비협상적 성격의 상황인 것은 아닌가?"이고, 후자(아동의 발달 상황)와 관련된 물음은 "인지적 자기중심주의와 도덕적 실재론에 해당하는 시기의 아동들이 실재로 합리적인 혹은 탈중심적인 선택을 할 수 있는가? 즉 아동들은 도덕적인 문제를 객관적으로 고려할 수 있을 정도로 충분히 합리적인가?"이다. 그는 바로 이러한 문제에 대한 대답이 명확해지지 않는다면, 아동 도덕교육의 방법에 대한 교사들의 혼란은 불가피할 것이라고 진단한다.

계속해서, 굿맨(Goodman, 2000)은 도덕성이 각자의 삶에서 잠재적인 힘을 갖기 위해서는 자기 선택적 가치 체계(self-chosen belief system)를 가져야 한다고 주장한다. 그러한 체계를 구성하기 위하여 우리는 흔히 상충되는 가치들 간에 무엇을 보다 우선적으로 두어야 할 것인가를 결정해야 하며 상황의 변화에 따라 그들의 가치 체계를 수정해야 할 것이다. 하지만 흔히 전조작적 단계에 있는 아동들은 이러한 결정을 내릴 수 없다. 굿맨에 따르면, 피아제 이론에 근거한 드브리스 등(DeVries, Hildebrandt & Zan, 2000)의 '자기조절'과 '자기 구성적 원리'는 학습자의 능력을 넘어서고 있다. 사실상 아직 자기중심적(egocentric)이고 타율적인 아동에게 자율적인 결정을 요구하는 것은 발달론적으로 부적합하고 그러한 교육적 노력은 실패로 끝날 가능성이 높다. 그러므로 굿맨은 교사의 적절한 권위 사용의 필요성을 제기한다. 이러한 권위는 특히 어떤 사회가 공유하고 세대를 초월하여 전수하기를 원하는 중요한 가치의 측면에서 작용되어야 한다고 본다.

(3) 인지적 능력에 대한 지나친 강조 및 고전의 필요성에 관한 인식 부족

인격교육 이론가들은 학생들이 단순히 인지적 능력이 뛰어난 사람이 아니라 선한 사람이 될 수 있도록 돕는 것이 교사의 책무라는 주장을 내세운다. 로버트 콜즈(Robert Coles)는 인지가 인격의 중요한 부분이긴 하지만, 인격은 분명히 인지를 넘어서는 것이라고 강조한 바 있다. 도덕적 사회화의 진영에 있는 학자들은 또한 지난 역사의 재조명을 통해 현대의 딜레마를 해결할 수 있는데, 특히 고전을 공부하는 것은 학생들로 하여금 다가오는 윤리적 딜레마를 예견할 수 있도록 도울 수 있다고 강조한다. 그들은 과거의 근본적인 문제들의 많은 것들은 본질적으로 오늘날의 문제들과 유사하다고 본다. 윌리엄 베넷(William Bennett)은 "정의란 무엇인가? 무엇을 사랑하고 애호해야 하는가? 어떤 가치가 옹호되어야 하는가? 용기란 무엇인가? 무엇이 기초적인 것인가?" 등을 그러한 문제들의 예로 제시하고 있다.

2. 구성주의적 인격교육의 필요성과 의의

도덕교육의 통합적 접근에 대한 새로운 대안으로서 구성주의적 인격교육에 대한 개념 정의를 내리기 전에 오늘날 전 세계적으로 다양하게 사용되고 있는 도덕교육의 유사 개념들을 정의해 보도록 하자. 버코위츠에 따르면, 미국에서 10~20년 전에 가장 일반적으로 사용되던 용어는 도덕교육(moral education)이었으나, 최근 가장 널리 사용되는 용어는 인격교육(character education)이다(Berkowitz, 2002 : 44). 하지만 국제적인 차원에서 보자면, 도덕교육이라는 개념이 보다 많은 나라에서 선호되고 있는 개념이며, 특히 아시아권 국가들에서 이러한 경향이 두드러진다. 최근 도덕교육의 심리학적 관점에 강조점을 두면서 "도덕학(Moralogy)"이라는 새로운 용어를 만든 일본의 한 단체의 노력은 매우 예외적인 경우에 해당한다. 한때 미국에서 유행한 가치교육(values education)은 효과적이지 못하다는 경험적인 근거들로 인해 오늘날 미국의 교육 현장에서 사라져가고 있는 추세이다. 미국에서 인격교육이라는 개념은 보다 보수적이고, 전통적이며, 행동주의적 접근과 잘 결합되는 반면, 도덕교육이라는 개념은 보다 자유적이고, 구성주의적이며, 인지적인 접근과 잘 결합된다. 가치교육은 보다 탈이론적이고(atheoretical), 경험적인(empirical) 접근법과 잘 결합될 수 있다.

버코위츠(Berkowitz, 2002 : 44)는 "상이한 접근법 간의 교차와 충돌이 결국 동의와 합의 및 최상의 해결책을 마련하는데 사용될 수 있도록 도덕교육에 있어 보다 변증법적인 접근이 필요하다."라고 주장한다. 특히 그는 도덕교육에서 절대적인 한 가지 접근법을 찾는 것 대신에 인격교육 중심의 전통적인 사회화 관점과 구성주의적 접근법 중심의 새로운 관점의 장점들을 결합하는 일에 보다 많은 관심과 노력을 경주해야 한다고 본다. 이러한 맥락에서, 나는 구성주의적 인격교육이라는 새로운 개념을 오늘날 도덕교육의 중추 이론인 구성주의적 도덕교육과 인격교육을 통합하는 교량 개념으로 사용하고자 한다.

지금까지 인격교육은 동양과 서양에서 학교 교육의 가장 중요한 사명으로 인식되어 왔으며, 현재와 미래에도 우리의 젊은 세대들을 윤리적이고 덕스러운 사람으로 성장시키는 데 필요한 지식과 기능을 제공할 수 있다. 특히 이러한 인격교육적 접근법은 핵심 가치의 설정, 학교 차원의 적용, 배려 공동체의 형성, 잠재적 교육과정의 중시, 부모와 공동체와 파트너십 형성 등의 다양한 교육학적 아이디어를 제시해 왔기 때문에, 실제적인 도덕교육 프로그램의 개발이 미흡한 구성주의적 접근법의 단점을 보완할 수 있다. 반면, 우리 사회의 민주주의적 원칙이 교실 문화에서 적용될 수 있기를 기대한다면, 그리고 자율적인 도덕성을 지닌 민주 시민으로의 성장을 초·중등 도덕과 교육의 중요한 목표로 설정한다면, 가르치는 사람 중심에서 배우는 사람, 비활성 지식의 주입으로부터 학생들에게 적합한 맥락적 지식 중심, 획일적 환경에서 풍부하고 다양한 학습 환경으로의 변화를 강조하는 구성주의적 관점을 신중하게 고려할 필요가 있으며, 이는 학생들을 수동적인 혹은 의존적인 존재로서 간주하는 인격교육론의 단점을 보완할 수 있다.

그렇다면 구성주의적 인격교육에서 정의하는 도덕성의 구성 요소는 무엇인가? 물론 리코나의 주장처럼, 인지, 정의, 행동적 차원을 통합하면서 보다 전체적이고(holistic), 포괄적인(comprehensive) 관점을 추구해야 한다는 점은 여전히 유효할 수 있겠으나, 본 연구자는 앞서 제시된 다양한 통합적 접근법에 대한 심리학적 분석에 기초하여 도덕적 행동의 표출을 위해 필요한 보다 복잡하고 체계적인 심리학적 관점을 채택할 필요성을 제기한다. 이에 따라 필자는 다음의 〈표 14-1〉에서 나타낸 바와 같이, 도덕성의 구성 요소로서 도덕적 정체성, 도덕적 민감성, 도덕적 판단, 그리고 도덕적 행동을 제시하고자 한다. 이러한 관점은 특히 레스트를 중심으로 버코위츠, 데이먼, 블라지, 리코나로부터 온 것이며, 이들의 공통점은 도덕성 혹은 인격 발달에 관한 심리학적 이해와 더불어 현대 인격교육론에 대한 이해도 깊다는 점이다. 사실상 어느 한 쪽에 대한 제한된 지식과 이해만을 가진 학자가 통합적인 도덕교육을 실시하자는 주장은 도덕교육의 개선과 개혁을 위한 건실한 이론적인 뒷받침을 제공할 수 없다.

〈표 14-1〉 구성주의적 인격교육에서 인격 혹은 도덕성의 구성 요소

구성 요소	도덕적 민감성	도덕적 판단	도덕적 정체성	도덕성 행동
정의	어떤 상황을 도덕적 사태로 지각 · 해석하고, 자신의 행동이 타인의 복지에 미칠 영향을 미리 헤아리는 능력	도덕적인 선택 상황에서 어떻게 행동하는 것이 가장 합당한 것인가를 도덕적 의미에서 판단하는 능력	자신의 자아 개념을 선한 사람이 되는 것에 중심을 두는 것. 자아와 도덕성의 통합적 형태. 지속적이고 일관성 있는 도덕적 실천에 가장 큰 영향력을 미치는 요소	공유나 사회봉사 등의 도덕적 행동에 참여할 수 있고 도덕적 지식을 실천할 수 있는 능력
관련 이론	도덕적 민감성(레스트), 공감(호프만), 입장채택(셀만)	인지발달 이론 (피아제, 콜버그, 레스트)	데이먼 · 버코위츠 · 블라지 · 누치의 도덕적 자아 또는 도덕적 정체성에 관한 이론	인격교육 이론(윈, 라이언, 리코나), 사회학습 이론, 덕 교육론

〈구성주의적 인격교육에서 도덕적 행동 표출을 위한 심리적 과정〉

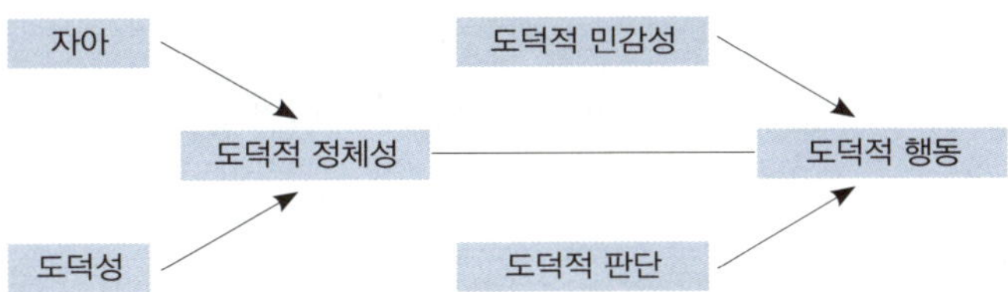

수많은 이론적이고 경험적인 연구들은 도덕적 정체성이 도덕적 행동에의 헌신 정도를 알려주는 가장 중요한 요인임을 밝히고 있다(Berkowitz, 2002; Blasi, 1984; Colby & Damon, 1992; Damon & Hart, 1992; Erikson, 1964; Hart & Fegley, 1995; Nisan, 1996). 앞서 살펴본 바와 같이, 블라지(Blasi, 1984)는 도덕적 정체성은 자신의 자아 개념과 일치되게 행동하려는 책임감을 생산하기 때문에, 도덕적 정체성은 도덕적 행동을 위한 가장 중요한 원동력임을 강조하였다. 블라지에 따르면, 도덕적 판단만이 개인의 책임감을 제공하는 것이 아니라, 사람들이 그들 자신과 그들의 삶의 목표를 도덕적인 측면에서 고려할 때 자신의

도덕적 판단과 부합되게 행동하려는 강한 책임감을 갖게 된다는 것이다. 니산(Nisan, 1996)은 "만일 어떤 사람이 그의 정체성의 본질을 가치(values)로 생각한다면, 그는 자신의 도덕적 판단과 일치된 방식으로 행동해야 한다고 느낀다." 라고 주장한 바 있다. 데이먼(Damon, 1997: 117-131)은 어떤 사람이 "사람들은 정직해야 한다."라고 말하는 것으로부터 "나는 정직하기를 원한다."라고 말하게 될 때, 그는 일상적인 상호작용 과정에서 더욱 정직하게 말하는 경향이 있다고 보았다. 콜비와 데이먼(Colby & Damon, 1992: 55)의 23명의 도덕적 귀감(moral exemplars)에 대한 연구에서, 그들은 지속적인 도덕적 헌신을 위해서는 "자아와 도덕성의 통합 혹은 단일화를 요구한다."라고 결론지었다. 콜비와 데이먼은 "도덕적인 목표의 측면에서 그들 자신을 정의하는 사람들은 일상생활에서의 도덕적인 문제들에 섬세하게 주목하는 경향이 있고, 그들 자신이 이러한 문제들에 결부되어 있다고 본다. 이것이 바로 문제 해결을 위해 책임감을 갖기 위한 첫 행보이다."라고 보고하였다.

레스트(Rest, 1986; Rest et al., 1999a)는 도덕적 민감성을 "특정 상황 속에 내포된 도덕적 이슈를 지각하고 상황을 해석하며, 자신의 행동이 타인에게 어떤 영향이나 결과를 미칠 수 있을지를 미리 헤아릴 수 있는 능력"으로 정의한다. 도덕적 민감성에 대한 이러한 레스트의 정의에는 도덕적 행동을 산출하는 심리적 과정은 언제나 도덕적 인지와 정서의 상호작용의 과정을 수반한다는 그의 주장이 강하게 내포되어 있다. 구성주의적 인격교육의 요소로서 도덕적 민감성은 공감 및 역할채택 기능을 바탕으로 상황적 정보로부터 원인-결과, 행동-영향의 관계에 대한 다양한 시나리오들을 구성해 보는 것을 의미한다.

도덕적 판단은 어떤 행위나 사람 또는 대상에 대해 내려지는 도덕적 옳고 그름, 좋고 나쁨에 관한 판단으로서, 특히 도덕적인 선택 상황에서 어떻게 행동하는 것이 가장 합당한 것인가를 도덕적인 의미에서 판단하는 것을 의미한다. 하지만 도덕적 추론을 아무리 잘 하더라도, 자신의 행동이 타인의 복지에 미칠 결과나 영향에 대해 아무리 민감하더라도, 그것이 실제적인 도덕적 행동으로 연결되지 못한다면 아무 소용이 없게 될 것이다. 앞서 설명한 바와 같이, 최근 도덕심리학 연구들에 따르면, 도덕적 정체성은 자신의 자아 개념과 일치되게 행동하려는 책임감을 생산하기 때문에, 도덕적 정체성이 도덕적 행동을 위한 가장 중요한 원천이 된다. 그러나 도덕적 정체성만으로 도덕적 행동을 설명하는 것보다는, 도덕적 판단 및 민감성의 측면을 함께 고려하는 것이 도덕교육의 궁극적 지향점인 도덕적 행동의 표출에 대한 예언력을 높이는 데 크게 기여하리라 기대할 수 있을 것이다.

앞 〈표 14-1〉의 〈구성주의적 인격교육에서 도덕적 행동 표출을 위한 심리적 과정〉에서 도덕적 정체성은 도덕적 행동을 동기화하는 자기 규제적 메커니즘으로 기능하고, 도덕적 판단과 도덕적 행동의 일관성에 있어 가장 강력한 결정 요인으로 밝혀졌기 때문에 중심부에 위치시켰고, 그 주변에 도덕적 판단과 도덕적 민감성을 두었다.

3. 구성주의적 인격교육의 범위와 계열성

도덕교육의 궁극적인 목표는 도덕적 행동의 표출에 있어야 한다는 이론적이고 실제적인 당위성을 감안한다면, 인격교육과 구성주의적 접근법이 대립적 태도에서 벗어나 상호 보완할 수 있을 때 도덕교육의 연구와 실천의 현재 수준은 한 단계 더 높아질 수 있다는 인식이 필요하다고 볼 수 있다. 하지만 구성주의적 인격교육이라고 해서 구성주의적 접근법과 인격교육의 변증법적 통합만을 의미하는 닫힌 형태의 접근법이 아니라, 정신분석 이론을 포함한 도덕 발달 및 도덕교육에 관한 다양한 이론들이 줄 수 있는 풍부한 시사점을 포용할 수 있어야 한다. 즉, 죄의식과 죄책감, 부끄러움, 자존감 등의 감정 영역에서 정신분석학적 심리학자들의 학문적 소산과 유혹에의 저항, 공격 성향, 이타적 혹은 친사회적 행동 등의 행동적 영역에 대한 행동주의자 및 사회학습 이론가들의 도덕교육적 기여 등 다양한 도덕성 발달 및 도덕교육에 관한 이론들의 장점을 수용함으로써 구성주의적 접근법과 인격교육의 한계를 보완할 필요가 있다는 것이다. 따라서 구성주의적 인격교육의 배경 학문적 범위는 도덕적 인지발달을 강조하는 구성주의적 도덕교육과 사회화를 중심에 두는 인격교육의 입장을 균형 있게 발전시켜야겠지만, 양대 이론 이외의 다양한 도덕 발달 및 도덕교육 이론들이 줄 수 있는 도덕교육적 시사점을 통합적으로 연결할 필요가 있다.

도덕교육에서 구성주의적 인격교육의 접근법을 초등학교와 중 · 고등학교 학생들에게 체계적으로 적용하기 위한 계열성을 설정하기 위해 우선 버코위츠(Berkowitz, 2002: 49)에 의해 제시된 인격 발달의 과정을 고찰해 볼 필요가 있다. 버코위츠는 인격 발달의 과정을 제시하기 전에 ① 인격은 다차원적 현상이다, ② 각 개인은 인격의 구성 요소의 측면에서 다른 발달적 경로를 가진다, ③ 각 개인은 상이한 속도로 발달한다, ④ 발달적 계열성과 인격의 구성 요소의 윤곽은 개인에 따라 다르다, ⑤ 인격의 구성 요소들은 점진적으로 발달하거나 장기간에 걸쳐 단계적으로 이동하기도 한다는 점을 고려할 필요가 있다고 지적하면서, 다음과 같이 아동기(childhood)와 청소년기(adolescence)에 대표적으로 나타나는 인격 발달의 특성을 제시하고 있다.

아동기 동안의 인격 발달은 대표적으로 자기통제(self-control), 죄의식, 그리고 입장채택(perspective-taking)을 들 수 있다. 우선 자기통제는 유아들의 순종에서 시작하지만, 자신의 충동을 내부적으로 조절할 수 있는 능력은 5세에서 7세 사이에 진전된다. 자기통제는 다른 덕들보다 우선되고 근본이 되는 덕이다. 또한 양심의 계발이 지체되는 아동들의 문제에 관해 연구하는 최근의 학자들은 죄의식의 계발이 인격 발달을 이해하는 데 매우 중요한 측면이라는 점에 주목하고 있다. 흔히 죄의식은 자기 비판적인 감정적 반응으로 정의된다. 리코나는 구성적 죄의식(향상을 위한 동기화를 촉진하는 자기비판)과 파괴적인 죄의식(낮은 자존감과 자기혐오)을 구분하고 있다. 인격의 발달을 위해서 우리는 전자에 보다 관심을 두고 있다. 코찬스카(Grazyna Kochanska)와 그의 동료들은 이러한 죄의식이 생후 18개월에서 24개월경에 나타나지만 대략 2~4세경에 현격하게 증가한다고 보고한 바 있다.

입장채택 능력은 유치원과 초등학교 시기를 거치면서 발달하고, 이러한 발달은 청소년기에도 계속된다. 입장채택은 다른 사람들의 감정, 동기, 의도, 생각, 요구 등에 대해 추론할 수 있는 능력을 의미한다. 연구 결과에 따르면, 생후 24개월에서 30개월의 유아들도 기초적인 입장채택을 할 수 있지만, 다른 사람의 관점을 제대로 이해할 수 있는 능력의 중요한 진전은 3~4세에서 12세 동안에 가능하다. 도덕적 기능(moral functioning)은 다른 사람들의 관심과 균형을 이룰 수 있는 능력에 달려 있으므로, 입장채택 능력의 발달은 인격의 매우 중요한 요소임이 분명하다.

청소년기의 인격 발달은 유아기와 아동기에서 이미 시작된 것들의 연장이다. 버코위츠는 청소년기 인격 발달의 두 가지 특징으로서 도덕적 추론의 발달과 도덕적 정체성의 형성을 제시하고 있다. 우선 도덕적 추론은 효과적이고 성숙한 도덕적 의사결정과 도덕적 판단을 통해 옳고 그름의 문제에 대해 생각할 수 있는 인지적 능력의 성장을 의미한다. 도덕적 추론이 현저하게 친사회적인 성격을 띠는 것은 청소년기(11~12세 정도)가 시작되면서이고, 이러한 고려의 시작은 초등학교 시기인 것으로 알려져 있다. 청소년기를 거치면서 학생들은 구체적인 결과에 대한 자기중심적인 관심에서 벗어나 자신의 행동이 타인들과 그들과의 관계 및 자신이 속한 집단에 미칠 영향에 대한 사회 지향적인 관심(socially oriented concerns)을 갖게 된다. 옳고 그름을 판단할 수 있는 능력은 새롭고 애매한 도덕적 문제들과 딜레마들에 봉착했을 때 매우 중요하다.

정체성은 자기 구성적 자아감(self-constructed sense of self)이라고 정의된다. 최근의 관심은 자아 개념을 선한 사람이 되는 것에 중심에 두는 '도덕적 정체성'으로 전환되고 있다. 청소년기는 정체성 형성에 매우 중요한 시기이고, 도덕적 행위자로서 자아감의 형성도 이 시기에 동시에 발달한다. 콜비(Anne Colby)와 데이먼(William Damon)이 23명의 도덕적 귀감들을 대상으로 실시한 연구 결과에 의하면, 도덕적 귀감들에게서는 도덕성과 자아가 밀접하게 상호 연관되어 있었다고 한다. 즉, 도덕적으로 훌륭한 행동을 하는 사람들은 자아 정체성과 도덕적 정체성이 밀접하게 통합되어 있다는 것이다(Colby & Damon, 1992).

이상에서 버코위츠가 제시한 바와 같이, 자기통제, 죄의식, 그리고 입장채택이 아동기에서의 인격 발달의 특징인 점을 감안한다면, 초등학교 시기에는 앞서 제시한 도덕성 및 인격의 구성 요소 중 도덕적 민감성의 형성 및 촉진이 특별히 강조될 필요가 있다. 다른 사람의 감정과 생각에 대한 공감, 다른 사람을 도움으로써 얻은 심리적 보상으로서의 기쁨, 폭력 없이 공정하게 갈등을 해결하려는 능력, 주어진 의무를 충실하게 이행하려는 책임감, 양심에 기초한 자기반성의 생활화, 자기 자신을 소중히 여기는 마음 등을 갖도록 돕는 것은 초등학교 시기의 아동의 도덕 발달을 위해 매우 중요한 측면으로 인식될 필요가 있다.

버코위츠(Berkowitz, 2002), 데이먼(Damon, 1983, 1984, 1997; Colby & Damon, 1992), 블라지(Blasi, 1984: 128-139)는 도덕적 정체성의 형성은 아동들이 자신들과 다른 사람들을 일정한 인격적 특질(character traits)의 측면에서 분석할 수 있는 시기인 '아동 후기'에 시작하여 청소년기에 본격화된다고 밝히고 있다. 초등학교 취학 전 아동들은 서로 관련이 없는 두 개의 구분되는 개념 체계로서의 도덕성과 자아를 갖지만, 아동 후기와 청소년기 동안 자아를 보다 도덕적인 측면에서 바라보면서 도덕성과 자아의 체계는 점차 통합하게 된다는 것이다. 그러므로 도덕적 정체성의 형성이 본격화되는 청소년기(중 · 고등학교 시기) 동안 교실에서의 수업과 공동체적 체험을 통해 학생들의 도덕적 정체성 형성을 돕기 위한 기회를 풍부하게 제공할 필요가 있다. 또한 청소년기 동안에는 효과적이고 성숙한 도덕적 의사결정과 도덕적 판단을 통해 옳고 그름의 문제에 대해 생각할 수 있는 인지적 능력의 성장을 의미하는 도덕적 판단력의 향상을 위한 다양한 기회가 제공될 필요가 있다. 이러한 기회를 통해 학생들은 왜 어떤 가치와 행동은 자신 및 다른 사람들에게 유익하고, 왜 다른 가치와 행동은 다른 사람들과 그들 자신에게 유해한지를 스스로 생각할 수 있는 기회를 가져야만 한다.

4. 구성주의적 인격교육의 과제

도덕교육에서 구성주의적 인격교육의 접근법을 따르는 과정에서 발생하는 다음과 같은 네 가지의 이슈들은 학생들의 도덕 발달을 촉진하기 위한 제반 접근법들(특히 인격교육과 구성주의적 접근법) 간의 정치적이고 철학적이며 심리학적인 관점의 차이와 관련된 것들이다. 어떤 의미에서 이러한 차이점들은 도덕교육에서 자유주의적이고 보수주의적인 접근법들 간의 긴장과 깊숙이 관련되어 있다.

1) 도덕적 사회화와 발달의 조화

도덕적 사회화와 도덕적 발달 간의 조화는 도덕교육에서 보수주의적 관점과 자유주의적 관점의 조화, 사회화와 개인화의 조화, 그리고 전통 문화적 가치와 현대 민주주의적 가치의 조화와 맥을 같이한다. 인격교육에서 제시된 많은 것들은 정치적이고 철학적인 관점에서 매우 보수주의적인 관점을 대변하고 있다. 이러한 보수주의적 관점은 사회 질서를 유지하기 위한 노력은 그 사회의 문화에 바탕을 두어야 하고, 사회는 전통적인 인간관계와 문화적 가치를 보호하고 발전시켜야 한다는 전제를 내세운다. 인격교육은 학생들에게 이러한 가치들과 인간관계를 존중하도록 가르쳐서 결국 도덕적 타락을 치유하고 예방하기 위한 방법 중에 하나라고 볼 수 있다. 리코나는 다음과 같이 말한다.

> 인격교육의 전제는 명확하다. 폭력, 부정직, 약물 남용, 성적 혼란, 그리고 낮은 수준의 직업윤리 등과 같은 무책임하고 파괴적인 행동들은 좋은 인격의 부재라는 공통된 원인을 갖는다. 사소한 개혁과는 달리 좋은 인격을 가르친다는 것은 이러한 모든 영역에서의 향상을 약속한다(Lickona, 1996: 286).

대부분의 사람들이 현대 사회의 도덕적 상태에 대해 우려하지만, 전통적 가치의 회귀 및 강조가 이러한 문제에 대한 해결책이라는 점에 대해서 의견을 달리하는 사람들이 적지 않다. 대표적으로 듀이는 "단일한, 고정된, 최종적인 선"은 없으며, 각 사회는 협동적 대화와 탐구에 기초한 도덕성의 기준을 재창조해야 한다고 강조하였다(Rich, 1966: 158). 이러한 교육학자들은 학생들을 일정한 기준에 끼워 맞추려고 하기보다 교육의 문화, 즉 교실과 학교의 분위기와 학생들이 교육에 참여하는 방식 등에 보다 세심한 주의를 기울여야 한다고 믿는다.

구성주의적 인격교육은 이러한 도덕교육에 대한 보다 자유주의적인 관점과 보수주의적 관점의 통합에 기초할 필요가 있다. 문화의 침강과 도덕적 위기의 시대에 살고 있는 우리에게 필요한 도덕교육은 우리의 도덕적 유산들을 학생들에게 전수시켜 주면서 동시에 도덕교육의 이상이 현대 민주주의의 근본 이상에 잘 부합될 수 있도록 자율성, 독립성, 비판적인 도덕적인 사고의 촉진에도 기여할 수 있어야 한다. 구성주의적 인격교육에서는 이러한 가치의 전수와 개인의 도덕적인 의미 구성의 상호 절충적 접근을 통하여 우리 사회의 전통적인 가치들과 규범들을 사회화시키면서 동시에 학생들로 하여금 그들 스스로 생각하여 나름대로의 의미 있고 책임감 있는 결정을 내리는 능력을 발달시켜 주어야 한다.

2) 도덕적 행동과 도덕적 사고의 조화

도덕적 행동과 도덕적 사고의 조화는 도덕교육에서 습관과 이성의 조화, 선을 아는 것과 선을 행하는 것에 관련된 것이다. 도덕교육에서 뒤르켐 학파는 도덕적 사고보다는 도덕적 행동 및 습관 형성에 우선성을 부여한다. 현대 인격교육에서의 도덕적 행위 및 습관의 강조는 올바른 행동을 위한 동기화(motivation)와 올바른 행동의 습관화와 같은 '행동' 혹은 '결과' 그 자체에 직접적으로 초점을 맞추고 있다. 도덕적 훈련, 도덕적 분위기, 훌륭한 본보기, 보상제도 등은 모두 '올바른 행동'을 가르치기 위한 방법들에 해당한다. 반면, 도덕교육에서 구성주의를 강조하는 사람들은 좋은 인격을 갖추기 위해서는 습관화가 아니라 모든 상황에 일반화할 수 있는 가치와 태도를 계발하여야 한다고 주장한다. 그러면서 그들은 '습관 형성 접근법'은 어떤 상황에서는 도덕적 행동을 돕지만 이러한 행동은 성인이 함께 있느냐의 여부에 크게 의존할 것이라고 비판한다.

도덕교육에서 구성주의를 강조하는 이들에 따르면, 바람직한 도덕적인 행위자는 도덕적 원리에 따라 스스로 판단하여 행동하고 그 행위에 대하여 책임을 지는 자율적 존재라는 사실을 상정해 볼 때, 민주적인 비판적 사고와 반성적 사고를 촉진하는 경험들에 대한 학생들의 적극적인 참여가 필요한 것이다. 도덕적 사고 능력의 발달을 위해서는 도덕적 이슈에 대한 토론과 자신 및 타인의 행동에 대한 반성적 사고를 촉진할 수 있는 환경을 조성하는 것이 중요하다.

구성주의적 인격교육 접근법에서는 도덕적 영역에서 도덕적 행위 및 습관을 중심에 두는 전통적 관점을 도덕적 사고의 과정을 중시하는 관점과 균형을 맞추도록 노력해야 한다. 도덕적 행위 및 습관 형성은 자의적인 것이 아니라 도덕적 이상 및 원리와 연결되어야 한다는 점이 강조되어야 한다.

3) 교사 중심과 학생 중심의 학습 간 조화

구성주의적 접근법에서는 각각의 학습 상황에서 의미를 구성하려는 학습자의 능력과 자기결정(self-determination) 과정을 중시하지만, 인격교육적 접근법에서는 자기통제(self-control)와 학습자들이 충동을 통제할 수 있도록 아동들을 가르치는 성인의 중요성을 강조한다(Collins & Henjum, 1999). 인격교육에서 교사와 부모는 학생들에게 있어 배려의 제공자(care-giver)이자, 도덕 생활의 모범을 보여주는 사람(model)이며, 윤리적 스승(mentor)의 역할에 충실함으로써 그들의 학생들과 자녀들에게 적합한 가치들을 전수할 수 있어야 한다(Lickona, 1991). 인격교육 프로그램에서 성인의 역할이 절대적인 이유는 근본적으로 아동들은 가치가 부재하거나 결핍되어 있다고 가정하기 때문이다. 이와 같이 인격교육이 안고 있는 이론적 문제점 가운데 가장 심각한 것 중 하나는 교육의 대상이 되고 있는 학생들을 지나치게 수동적이거나 의존적인 존재로서만 간주하고 있다는 점이다. 비록 인격교육론자들이 도덕성이나 인격의 개념을 인지, 정의, 그리고 행동 요소로서의 통합적인 관점을 견지하고 있으며, 인간을 하나의 전인(全人)으로 상정하고 있다고 할지라도 교육의 구체적인 과정에 있어서 학습자를 수동적인 존재로 상정하고 있다는 것은 명백한 이론적 결함을 나타낸다고 볼 수 있다(추병완, 1999).

반면, 도덕교육에서 구성주의를 강조하는 이들은 가치와 관련된 토픽의 설정 과정, 그 토픽의 연구를 위한 접근 방법 설계, 학습 과정에 대한 평가에 이르기까지 전체적인 학습의 과정에 학습자들을 참여시킬 수 있도록 주장한다. 구성주의자들은 지식의 사회적 구성을 강조하면서 아동들은 참여적 학습자가 되어야 하고, 존중받는 분위기에서 학습의 과정에 참여해야 함을 역설한다(Kohn, 1997). 하지만 만약 우리가 학생들에게 전적인 선택의 자유를 부여해 주고, 도덕 수업에서 교사가 가치중립성을 표방한다면 우리는 흔히 학생들에게 도덕적 상대주의를 조장시켜 주는 잘못을 범하게 될 수 있다. 현대 교육 심리학에서 인식론의 발달에 관한 주요 모델들은 모두 상대주의적 인식론과 구성주의적 인식론을 상호 독립인 것으로 개념화하고 있으며, 구성주의적 인식론을 발달론적 관점에서 보다 높은 수준의 것으로 제시하고 있다. 구성주의적 인식론은 상황과 맥락에 대한 신중한 고려와 동시에 어떤 의견이나 주장에 대한 평가적 혹은 재평가적 입장을 강조함으로써 의견의 다양성과 가치중립성, 그리고 상대성에 치중하는 상대주의적 인식론의 한계를 넘어설 수 있다고 지적한다. 그러나 인식론과 학습 이론으로서의 구성주의의 본질에 대한 올바른 이해의 부족은 항상 학생들에게 도덕적 상대주의나 가치 회의주의를 조장시켜 주는 잘못을 범하게 할 수 있다.

구성주의적 인격교육에서는 학습자 중심과 교사 중심의 수업 중에 절대적인 한 가지 방법을 추구하는 대신에 가치나 규범의 학습에 있어서 교사 중심의 수업 방법과 학습자의 능동성과 자기결정을 중시하는 학습자 중심 수업 간의 장점들을 결합하는 일에 보다 많은 관심과 노력을 경주해야 한다고 본다. 예를 들어, 인격을 갖춘 사람이 되기 위해 필요한 입장채택, 비판적 사고, 갈등 해결 등의 기능들을 향상시킬 수 있는 기회를 학생들에게 제공할 필요가 있고, 학생들에게 좋은 인격의 특질을 분명하게 가르치면서 비도덕성의 예들에 대한 분개를 학생들 앞에서 표현함으로써 도덕적 상대주의를 거부하도록 요구할 필요도 있다. 또한 도덕적 선의 귀감으로서 도덕 교사의 역할은 특별한 규범 및 행위에서뿐만 아니라 도덕적 숙고, 도덕적 의사결정, 도덕적 배려 등 인지적 영역 및 정의적 영역을 포괄하여 귀감이 됨으로써 학생들의 도덕적 판단 및 도덕적 배려를 촉진할 수 있어야 한다.

4) 가정 · 학교 · 공동체의 통합적 노력

가정은 아동의 인격 형성에 가장 지배적인 영향을 미치는 것으로 알려져 있다. 부가적으로 학교, 교우 집단, 공동체, 종교 등도 아동의 인격 형성에 영향을 미치는 대상들이다. 우선 부모가 자녀들의 인격 형성에 영향을 미치는 요소로는 부모의 애정, 훈육의 일관성, 자녀의 요구에 대한 반응, 모델링, 가치의 표현, 자녀에 대한 존중, 그리고 자녀와의 열린 대화 등을 들 수 있다. 학교는 아동들의 자존감을 포함한 자아개념(self-concept), 인간 관계적 · 사회적 기능들, 가치, 도덕적 추론의 성숙성, 친사회적 성향 및 행동, 도덕성과 가치 등에 관한 지식 등에 영향을 미친다. 교우 집단은 자아 개념, 갈등 해결과 같은 사회적 기능들, 그리고 도덕적 추론 발달 등에 절대적인 영향을 미친다. 공동체는 대중 매체, 이웃 관계, 그리고 공동체의 문화적 가치와 관련된다. 미디어는 아동들에게 각종 편견과 공격 성향 등의 측면에서 부정적인 결과를 조장했고, 종교는 비폭력적 행동 및 건전한 정신 건강과 관련되어 왔으며, 전통적인 문화적 가치는 젊은 세대들을 윤리적이고 덕스러운 사람으로 성장시키는 데 필요한 지식과 기능들(skills)을 제공해 왔다.

효과적인 구성주의적 인격교육이 실시되기 위해서는 무엇보다 가정 및 공동체가 학교의 도덕교육적 노력에 능동적으로 참여할 수 있어야 한다. 인격교육 및 공동체주의적 도덕교육의 주창자들은 공통적으로 학교 · 가정 · 공동체 간의 파트너십의 형성이 아동들의 인격 발달에 반드시 필요한 요소임을 강조하고 있다.

5. 결론 및 제언

본 연구에서는 오늘날 도덕교육의 중추 이론인 구성주의적 도덕교육과 인격교육을 통합하는 교량 개념으로서 '구성주의적 인격교육'이라는 새로운 개념을 사용하면서 인격교육 중심의 전통적인 사회화 관점과 구성주의적 접근법 중심의 새로운 관점의 장점들을 통합할 수 있는 가능성을 논의하였다.

도덕교육의 통합적 접근법으로서 이러한 구성주의적 인격교육에 대한 논의는 우리의 도덕교육 방향을 설정하는 데 있어서 많은 시사점을 줄 수 있다. 우리의 도덕교육은 인격교육과 구성주의적 접근법이 대립적 태도에서 벗어나 상호 보완할 수 있을 때 도덕교육의 연구와 실천의 현재 수준은 한 단계 더 높아질 것이 분명하다. 하지만 구성주의적 인격교육에 관한 논의는 도덕교육의 통합적 접근에 관한 연구자의 개인적인 아이디어 수준에 불과하며, 구성주의적 인격교육이 도덕교육의 통합적 접근에 대한 하나의 대안을 모색하게 해주는 새로운 연구 패러다임이 될 수 있기 위해서는 다음과 같은 측면에서 후속 연구가 필요하다고 볼 수 있다.

첫째, 구성주의적 인격교육의 범위 설정의 문제를 제시할 수 있겠다. 구성주의적 인격교육이라고 해서 구성주의적 접근법과 인격교육의 변증법적 통합만을 의미하는 닫힌 형태의 접근법이 아니라, 정신분석 이론을 포함한 도덕 발달 및 도덕교육에 관한 다양한 이론들이 줄 수 있는 풍부한 시사점을 포용할 수 있어야 하기 때문이다.

둘째, 전통적인 인격교육의 방식과 구성주의적 관점의 통합에 관한 이론적 논의를 뛰어넘어, 구성주의적 인격교육의 실행을 위한 아주 구체적이고도 다양한 실천 방법을 통합적인 관점에서 제시할 수 있어야 할 것이다.

셋째, 구성주의적 인격교육을 위한 적절한 교사교육 방법이 마련되어야 한다. 윌슨(John Wilson)의 표현처럼, 특히 도덕교육은 그 어느 교육보다도 더 교사의 헌신적인 열정과 인내를 필요로 하는 과제이다. 예를 들어, 최근 미국의 인격교육론자들은 핵심적 가치들을 학생들에게 가르치기 위하여 협동 학습, 문제 해결 및 프로젝트에 기초한 경험 등을 강조하고 있지만, 인격교육을 실행하는 학교에서 교사 중심의 활동들(teacher-led activities)이 여전히 가장 널리 사용되는 방법이라는 결과가 보고되고 있다(Collins & Henjum, 1999). 이러한 도덕교육적 현실을 개선하기 위해서는 무엇보다 교사의 헌신적인 열정과 인내가 요구되지만, 도덕교육의 목적, 방법, 인격 혹은 도덕 발달에 대한 교사들의 인식 및 지식 결핍 또한 교육의 개선을 가로막는 심각한 장애물이다. 도덕교육을 성공적으로 수행할 수 있기 위하여 예비 및 현직 교사들은 우선 인간발달의 도덕적 차원(예를 들어, 피아제, 콜버그, 레스트 등 구성주의적 도덕교육 이론)과 학교교육의 도덕적 차원(예를 들어, 공자, 아리스토텔레스, 리코나, 나딩스 등 덕 윤리 및 인격교육 이론)에 대한 충분한 지식을 갖추어야 하며, 이러한 관점들을 통합적으로 접근할 수 있는 능력을 지녀야 한다.

제15장
도덕적 자아 형성 : 도덕성과 자아의 통합

여러 가지 접근법들이 지난 40여 년 동안 도덕교육의 영역에서 다양하게 시도되어왔다. 가치명료화, 친사회적 기능 및 협상 훈련, 아리스토텔레스 윤리학, 듀이식의 민주적 참여, 질서 있는 학교 풍토를 조성하기 위한 뒤르켐식 노력, 콜버그의 도덕적 딜레마와 정의공동체 접근, 페미니스트와 비판 이론적 관점, 문학과 역사를 통한 내러티브와 스토리텔링, 교사의 모범적 행동을 통한 덕의 제시 등은 모두 오늘날 학생들의 도덕적 성장을 돕기 위하여 대단히 중요한 이론적이고 실천적인 관점으로 자리매김되어왔다. 하지만 이러한 도덕교육적 노력들이 안고 있는 문제점은 과정과 결과에 대한 데이터를 수집하여 그 효과를 검증하는 데 소홀했다는 것이다. 특히 이러한 도덕교육적 접근법들을 다양하게 시도함으로써 종국적으로 아동 및 청소년들의 도덕적 행동에 어떤 효과를 가져왔는가에 대한 경험적 증거 혹은 근거는 찾아보기 힘든 실정이다.

경험적 증거나 근거가 빈약하다는 문제와 더불어, 오늘날 미국의 도덕교육 및 인격교육 프로그램들이 반사회적 행위의 예방에만 지나치게 관심을 두고 있다는 비판이 제기되고 있다(Damon, 1997). 흔히 이러한 도덕교육 및 인격교육 프로그램에서 추구하는 목표는 청소년들로 하여금 반사회적 충동을 스스로 규제함으로써 사회적으로 허용 가능한 범위 내에 머무를 수 있도록 하는 것이다. 하지만 이러한 문제 예방적 성격의 처방책은 그들에게 도덕적인 목표를 설정하고 도덕적 정체성을 형성하며 지속적인 도덕적 헌신에 책임 있게 참여할 수 있도록 하기 위한 적절한 동기화를 제공할 수 없다는 한계가 있다. 동기화의 핵심적 요소는 일상적인 행위 규제를 넘어서는 신념 체계이다. 아동 및 청소년들이 자신의 도덕적 목적에 충실하려면 무엇보다 그들에게 도덕적 정체성이라는 도덕적 목적에 대한 신념을 형성시킬 필요가 있다.

이러한 문제 인식에 기반하여 최근의 도덕 발달 및 도덕교육에 관한 연구에서 도덕적 자아 내지 도덕적 정체성이 가장 중요한 개념으로 강소되고 있다. 도덕적 자아 또는 도덕적 정체성은 도덕적 판단과 도덕적 행동을 연결하는 데 핵심적인 역할을 제공하는 것으로 보고되고 있다(Blasi, 1984, 1993). 즉, 도덕적 정체성은 자신의 자아 개념과 일치되게 행동하려는 책임감을 생산하기 때문에, 도덕적 행동을 위한 가장 중요한 원천이라고 고려되고 있다(Berkowitz, 2002; Blasi, 1984; Colby & Damon, 1992; Damon & Hart, 1992; Erikson, 1964; Hart & Fegley, 1995; Nisan, 1996). 자신의 정체성의 중심적 부분으로서 도덕성을 상정하는 사람일수록 자신의 일상적인 삶을 보다 도덕적인 관점에서 바라보고, 자신의 도덕적 이상 혹은 목표와 부합되는 삶을 추구하며, 도덕적인 판단을 행동으로 옮기려는 강한 책임감을 갖기 때문에 결국 자신이 옳다고 생각한 것을 행동으로 옮길 가능성이 그만큼 높아진다는 것이다. 실제로 경험 심리학 영역에서 실시된 다수의 연구에서는 도덕적 자아가 도덕적 동기와 도덕적 행동의 통제를 포함한 인간의 동기와 통제에서 중요한 역할을 하며, 도덕적 자아 또는 책임감 있는 자아가 도덕적이고 친사회적 행동과 상호 관련되어 있음을 보여 주었다.

도덕적 자아 내지 도덕적 정체성에 관한 영역이 도덕 발달 연구에서 가장 큰 관심 분야로 부각되고 있는 데는 개인의 도덕적 특성을 인지적, 정의적 측면으로 이분하여 살펴보던 기존의 연구에서 벗어나 보다 포괄적이고 통합적으로 개인을 이해할 필요성이 강조되고 있는 상황과도 밀접한 관련이 있다. 최근에 블라지와 데이먼 등과 같은 도덕심리학자들의 견해에 따르면, 도덕성은 어떤 특별한 행동이나 신념체계가 아닌, 오히려 한 인간의 자질로서 더 적절하게 인식된다(Blasi, 1984; Damon, 1984). 게다가 도덕성은 한 사람의 한 가지 측면, 가령 판단, 정서 또는 의지 중 하나로서만 적절하게 표현될 수 있는 것이 아니라고 본다. 물론 이 각각은 필요한 것들이지만, 오히려 이러한 다양한 요소들은 개인의 입장이나 경향에 따라 통합되고, 그렇게 함으로써 신념이나 욕망, 가치와 목표의 복합망을 하나로 통일할 수가 있게 된다. 본질적으로 개인의 도덕성에서 요구되는 것은 도덕적으로 옳은 것을 이해하는 것(understanding)뿐만 아니라 도덕적인 사람이 되는 것에 관심을 갖는 것도 포함된다. 이런 이유에서 특별히 도덕성과 관련하여 개인을 포괄적으로 이해하고자 하는 '도덕적 자아(moral self)' 내지 '도덕적 정체성(moral identity)' 연구는 개인의 도덕적인 특성을 도덕 판단이나 공감 등으로 분리하여 논의했던 이전의 많은 연구들과는 달리 보다 포괄적으로 개인을 이해하고자 한다는 점에서 그 필요성이 절실히 부각되고 있다(원현주, 1999).

이러한 모든 것은 도덕적 기능(moral functioning)에 대해 보다 적절히 설명하기 위하여 그동안 소홀히 여겨져 온 자아, 정체성, 그리고 기타 다른 성격적 지표들을 포괄할 수 있는 여지를 마련해야 한다는 것을 제안하고 있다. 이를 통해 심리학 내의 많은 영역에서 이러한 개념들을 학문적 담론의 주변에서 중심으로 복귀시키고자 하는 것으로 보인다.

본 장에서는 1980년대부터 도덕성 발달에 관한 연구 분야에서 활발하게 논의되고 있는 도덕적 자아 내지는 도덕적 정체성 형성에 관한 이론적인 기초를 탐색하고, 도덕적 자아와 도덕적 행동 간의 관계를 밝혀 보며, 도덕적 자아 형성을 위한 도덕교육적 방법을 모색하고자 한다. 끝으로, 서구에서는 도덕적 자아에 관한 연구의 중요성이 크게 부각되고 있지만 우리의 현실은 그렇지 못하다는 점을 감안하면서, 앞으로 이러한 영역에서의 연구를 추진함에 있어 바람직한 방향성을 설정해 보고자 한다.

1. 도덕적 자아의 개념과 발달 과정

여기서는 보편적인 개념으로서의 자아의 입장[82]에서 벗어나 '도덕적 자아' 내지 '도덕적 정체성'이 무엇이고,[83] 도덕적 행위의 구조에서 이 개념을 도입하는 장점은 무엇이며, 도덕적 자아가 어떻게 형성되는지에 관하여 구체적으로 살펴보고자 한다.

1) 도덕적 자아의 개념 및 특성

데이먼(William Damon)은 "사람들은 정직해야 한다."라고 말하는 것으로부터 "내가 정직하기를 원한다."라는 방향으로 이동하게 될 때 일상적인 상호작용 과정에서 진실을 말할 가능성이 보다 높아진다고 말한다(Damon, 1999). 그러면서 "자아(self)를 정의하기 위하여 도덕적 원칙 혹은 원리를 사용하는 것"이 그 개인의 도덕적 자아(moral self) 혹은 도덕적 정체성(moral identity)이라고 불릴 수 있는 것이라고 본다. 데이먼에 따르면, 행동의 옳은 과정이 무엇인지를 결정하고 자신이 왜 반드시 어떤 특정한 행동을 꼭 취해야 하는가를 결정함에 있어서 도덕적 정체성이 중요한 역할을 한다고 본다.

82) 심리학에서 처음으로 자아(self)라는 개념을 사용한 사람은 윌리엄 제임스(William James)이다. 그에 따르면, 자아란 "자신의 것이라고 부를 수 있는 것의 총합"을 의미한다. 보다 최근에 에릭슨(Eric Erikson)은 전 생애에 걸친 심리 · 사회적인 발달 이론을 주장하면서, 청소년 시기의 자아 정체감의 형성의 중요성을 강조한 바 있다. 한편, 마르시아(James Marcia)는 자아 정체감을 구체적인 생활에서 얻는 체험을 통해서 획득되는 것으로 보면서 "여러 가지 충동, 능력, 신념 및 개인의 생활사 등의 자체 발생적인 내적, 역동적인 체제"라고 정의하였다. 자아를 발달적인 측면에서 접근한 로에빙거(Jane Loevinger)는 자아를 자신에게 의미를 던져주는 자극들을 조직하고 정신 기능을 통합하는 심리적 참조 체계(frame of reference), 성격 속에 내재하는 조직화 과정, 경험을 지각 · 동화시키는 지휘체계 등으로 정의한 바 있다. 하지만 이러한 종래의 자아 이론에서 제시한 자아에 관한 정의들은 대체로 개인에 대한 자기 평가적인 관점, 즉 보편적인 개념으로서의 자아의 입장을 중시하고 있으며, 자아와 도덕성을 연결시키고자 하는 데는 큰 관심을 두지 않고 있다.

83) 도덕심리학 연구 분야에서 도덕적 자아와 도덕적 정체성은 상호 교환적인 개념으로 사용되고 있다. 그러므로 이 글에서도 이 두 개념 간에 구분은 별도로 두지 않는다.

하트와 그의 동료들(Hart, Atkins, & Ford, 1998)은 도덕적 정체성을 "타인의 행복을 보호하고 촉진시키고자 하는 측면에서 자아감(sense of self)에 대한 헌신"이라고 정의한 바 있다. 이러한 관점에 기초하여 하트는 공동체 봉사 활동에 자발적으로 참여할 수 있는 정도를 도덕적 정체성에 대한 조작적 정의의 한 형태라고 보았다.

누치(Larry Nucci)는 도덕적 자아(moral self)란 수학이나 댄스의 수행과 같은 개인적 노력의 측면과는 분명히 구분되는 것이라고 보았다. 왜냐하면 도덕성은 인간의 상호작용에서 본래적이고 고유한 것이며 우리를 타인과 '객관적인(objective)' 방향에서 행위하도록 이끌어 주기 때문이다. 우리가 흔히 주변에서 보아왔듯이, 매우 어린 아이들조차 다른 사람에게 해를 입히는 것은 잘못된 것이라는 직관을 갖고 있다. 그러나 도덕성의 이러한 객관적인 성격이 개인의 정체성의 형성을 위한 기초로서 언제나 핵심적 위치를 차지한다는 주장은 분명 지나친 것이다. 어떤 사람이 상황이나 사건으로부터의 도덕적 시사점에 주목하느냐의 여부는 댄서로서의 기술을 개발하는 것보다 분명히 중요한 것이지만, 모든 사람에게 동일한 정도로 도덕성이 정체성의 핵심을 차지하는 것이 아니다. 그러므로 자아와 도덕성 간의 연결에서 개인 상호 간 차이에 주목해야 하는 이유가 여기에 있는 것이다.

하지만, 불행하게도 도덕적 정체성에서 개인 상호 간 차이에 대한 이러한 가정을 밝히려는 연구는 거의 실행되지 않았다. 최근 블라지(Augusto Blasi)[84]와 그의 동료들은 어떤 개인은 자신이 누구인가를 설명함에 있어 도덕적인 관점을 본질이자 핵심으로 제시한 반면, 다른 이들은 상이한 방식으로 자아의 중심적인 특성을 제시하고 있다는 근거를 제공한 바 있다. 즉, 어떤 사람들은 한 개

84) 블라지는 도덕적 자아를 다음과 같이 정의하고 있다. 도덕적 자아는 단지 한 개인의 특성이나 태도, 또는 인식의 집합체가 아니다. 오히려 이러한 특성들을 조직하는 방식이며, 보다 핵심적이고 필수적인 것으로 이해되는 기능이다. 도덕적이 된다는 것, 도덕적인 사람이 된다는 것, 그리고 공정하고 공평해진다는 것은 일반적으로 필요 없는 것이 아니라 개인의 핵심적인 자아의 일부분이다. Blasi(1993), pp. 99-122 참조

인으로서 자신이 어떤 사람이며 누구인지에 대한 본질과 핵심을 도덕적 개념을 통해 꿰뚫으려 했지만, 어떤 사람들은 단지 도덕적 개념을 단편적인 지식으로 간주하고, 오히려 다른 가치에 근거해서 다른 방식으로 자아를 정의 내리려 하였다. 이러한 연구 결과는 자아에서 도덕적인 측면은 상이한 방식으로 주관적으로 경험된다는 점을 시사하고 있다.

블라지(1993)에 따르면, 도덕 행동에 대한 개인적 책임감은 자신의 정체성 혹은 자아감(sense of self)과 도덕성의 통합의 결과이다. 즉, 자신의 이상(ideals)과 일관된 행동을 하기 위한 심리적 필요성은 도덕적 정체성으로부터 나온다는 것이다. 이와 더불어 블라지는 자기일관성(self-consistency)을 향한 경향성이 도덕적 행동을 위한 동기적 원천이라고 강조한 바 있다.

유사한 맥락에서, 클락 파워(Clark Power)는 인격을 자아의 도덕적 차원으로 재정의하였다(Power & Khmelkov, 1998). 블라지와 같이, 파워는 도덕적 행동을 위한 동기는 단순히 선을 아는 것의 직접적 결과가 아니라, 도덕적 존재로서 자신의 자아감과 일관된 방식으로 행동하려는 의지로부터 나오는 것이라고 강조하였다. 이에 덧붙여 파워는 "개인은 희생을 감수하고서라도 어떤 특별한 행동을 할지 모른다. 왜냐하면 그들은 어떤 종류의 사람이 되거나 그런 사람으로 남기를 원하기 때문이다."라고 역설하였다. 인격의 구성요소를 구분하여 설명하였던 전통적인 관점과는 달리, 블라지와 파워는 개인의 정체성이 행동을 위한 동기를 제공한다는 점에서 이성과 신념을 결합시키는 것으로 본다. 이로 인해, 개인의 도덕적 인격은 도덕적 인지 및 이것이 수반하는 심리적 복잡성과 결코 분리될 수 없음에 주목하였다.

도덕적 자아에 관한 이론적이고 경험적인 연구의 대부분은 명확하게 심리학적 관점에서 나온 것이다. 이러한 관점은 개별적인 존재로서 인간의 정신적 기능에 분석의 우선성을 두고 있기 때문에 정체성을 단순히 인지적 과정의 기능으로서 간주하는 경향이 있다. 그러한 관점은 분명히 도덕적 자아에 관한 중요한 통찰을 제공하고 있지만, 태펀(Tappan, 1999)은 그러한 접근은 결국 도덕적 정체성의 형성에서 사회적이고 관계적인 과정이 갖는 역할을 제대로 고려하기 어렵다는 점에서 한계가 있음을 지적한 바 있다.

태펀은 또한 내적인 심리적 과정으로서 도덕적 자아를 심리학적으로 위치시키는 것과 의사소통적 상호작용과 인간 상호 관계의 기능으로서 도덕적 자아를 사회학적으로 위치시키는 것 간의 긴장 관계에 대해 주목하였다. 그러면서 그는 도덕적 자아란 심리학적이고 사회학적으로 설명되기보다 대화적으로(dialogically) 접근해야 한다는 점을 강조한다. 도덕적 자아에 대한 대화적 관점이란 인간 삶의 경험이 생생하게 펼쳐지는 특정한 사회적, 문화적, 역사적 맥락과 개인 간에 언어적으로 매개된 상호작용의 기능에 주목하는 것을 의미한다. 이러한 주장의 전개 과정에서 태펀은 바흐친(Mikhail Bakhtin)의 관점을 다수 인용한다. 바흐친에 따르면, 저자로서의 자아가 생산하는 이야기들은 단일한 목소리 혹은 개인적이고 단독적인 사고에서 나오는 것이 아니라 대화적 관계(dialogical relation)에서 비롯되는 것이다. 그러므로 바흐친에게 자아란 자아와 타자 간의 동시성의 관계이며, 이런 관점에서 자아란 불가피하게 대화적일 수밖에 없다.

2) 도덕적 자아 형성 이론

심리학적 관점에서 도덕적 자아를 연구한 대표적인 학자로는 데이먼과 블라지를 들 수 있다. 여기서는 도덕성과 자아의 통합성에 관한 이론적 관점을 상당 부분 공유하고 있는 그들의 입장을 구체적으로 제시하고자 한다.

(1) 자아와 도덕성의 통합에 관한 데이먼의 이론

데이먼(Damon, 1984)은 아동기로부터 청소년기로의 이행은 도덕성과 자아 간의 분리와 부조화로부터 통합으로의 진행으로 대표될 수 있다고 본다. 그는 청소년기 중반이 될 때까지 도덕성은 자아(self)의 지배적인 특성이 아님을 강조하였다. 아동들은 서로 관련이 없는 두 개의 구분되는 개념 체계로서의 도덕성과 자아를 갖지만, 청소년기 동안 자아를 보다 도덕적인 측면에서 바라보면서 도덕성과 자아의 체계는 점차 통합하게 된다(정창우, 2003a).

데이먼은 도덕성과 자아라는 분리된 개념 체계가 통합화되는 일련의 심리적 과정을 설명하기 위해 네 가지 자아를 구분하여 설명한 바 있다. 신체적 자아로부터 활동적 자아와 사회적 자아를 거쳐 심리적 자아로 진행되는 발달적 계열성은 사실상 다차원적인 성격을 지니지만,[85)] 이를 보다 단순화하여 제시하면 다음과 같다.

〈표 15-1〉 데이먼이 제시한 자아 유형

자아의 유형	신체적 자아 (Physical self)	활동적 자아 (Active self)	사회적 자아 (Social self)	심리적 자아 (Psychological self)
자아 이해의 주안점	신체적 특징이나 개인적 소유물	개인적인 능력 및 타인과의 관계	사회적 인성의 관점. 즉 사회적 상호작용의 특성이라는 맥락에서 자기이해	신념 체계, 개인 철학, 사회적 관계 또는 사회적 인성 특질에 관한 도덕적이고 개인적인 선택들
자기표현의 예	나는 키가 110cm야. 나는 힘이 무척 세. 난 신림동 현대 아파트에 살아. 난 예쁜 곰인형을 가지고 있어.	난 영리한 소년이야. 난 성적이 우수해. 난 현재 우리 학교 축구부에 속해 있어.	난 개방적인 성격을 가지고 있어. 나는 다른 사람이 부탁을 하면 거절을 못해.	나는 기독교인이야. 나는 평화주의자야. 나의 생활신조는 다른 사람에게 정신적으로나 신체·물질적으로 피해를 주지 않는 거야.

아동기에서의 자기 이해는 도덕적 원칙과는 무관하게 신체적이고 활동적인 자기 진술로 특징된다. 아동들은 자신이 어떤 존재인가를 밝힐 경우 물질 혹은 활동적 세계로부터 나온 범주들을 사용한다. 그들은 자신의 신체상의 특징과 소유물, 거주지 및 거주 형태, 복장, 특징적으로 참여하는 활동들의 측면에

85) 데이먼은 신체적 자아로부터 심리적 자아에 이르기까지 모든 영역에서 각각 4수준이 존재하기 때문에 자아 발달의 계열성은 단선적인 것이 아니라 다차원적 성격을 갖는다고 본다.

서 스스로를 정의하는 경향이 있다. 자신에 대한 사회적이고 심리적인 진술은 대부분 자신이 소속된 집단이나 자신의 심리 상태를 나타내는 정도에 그친다. 즉, 자신이 다른 사람들과 어떻게 상호작용하고 자신의 도덕적 신념이 무엇인지에 관하여 거의 언급하지 않는다. 이들은 자신이 관여하는 활동과 흥분이나 사랑과 같은 감정적 상태에 대해 언급하지만, 정의, 책임, 타인의 행복에 대한 관심에 관해서는 거의 언급하지 않는다. 결국 아동기에서 도덕성과 자아 간 통합의 결여는 자신이 해야 한다고 말한 것과 그들이 실제로 행한 것 간에 불일치와 비일관성을 낳는다.

청소년기와 아동기 간의 차이점은 크게 두 가지 측면에서 주목해 볼 필요가 있다. 첫째, 청소년들은 사회에서 다른 사람들의 기대 수준과 의견에 대해 민감해진다. 자신에 대한 '평판'에 대해 큰 관심을 갖게 되고 자신에 대한 평판에서 특히 도덕적인 측면을 우선적으로 고려하게 된다. 청소년들은 다른 사람들이 그들 자신에게 타인의 행복에 대한 책임감, 특히 자신과 가까운 사람들의 행복에 대한 책임감을 갖도록 기대한다는 점을 인식하게 된다. 이와 같이 책임감을 갖는다는 것은 자신의 사회적 네트워크에서 다른 사람들의 기대 수준을 감안한다는 것이며, 자신에 대한 평판을 향상시킬 필요성을 느낀다는 것을 의미한다.

둘째, 청소년기의 도덕성 발달에서 두드러진 특징은 이데올로기적 선호를 갖는다는 점이다. 피아제가 그의 도덕 판단 책에서 언급했던 바와 같이, 청소년들은 온갖 철학, 정치, 그리고 도덕 이론들을 엮어보는 데 관심을 둔다. 예를 들어, 도덕 영역에서의 이데올로기로는 상대주의, 공리주의, 완전론, 금욕주의, 그리고 신비주의를 들 수 있다. 이러한 이데올로기적 도덕성에 대한 관심은 청소년기 초기에 시작되고 대학 기간 동안 심화된다.

한편, 청소년기 동안 자아와 도덕성의 개념적인 통합을 위한 기초를 제공하는 두 가지 중요한 변화가 있다. 첫 번째 변화는 자아에 대한 사회적 인성의 관점이 부각된다는 것이다. 이제 자아는 사회적 상호작용의 특성이라는 맥락에서 조망된다. 이러한 사회적 상호작용의 방식은 또한 도덕적인 함축을 갖는다. 예를 들어, 호혜적이고, 관대하며, 개방적이고, 의심을 잘하는 것과 같은 모든 점들은 자신의 사회적 상호작용적 자아가 도덕적인 맥락과도 연결되어 있음을 의미한다. 사회적 상호작용의 패턴과 도덕성 간의 이러한 연결은 도덕성 자체가 사회적 상호작용의 중요한 규제자이기 때문에 사실상 불가피한 것이다. 그러므로 사회적 상호작용에서 자아의 개념은 자아에 대한 도덕적인 측면에서의 인식을 유도한다. 이는 직접적으로 도덕적인 함축을 갖지 않은 채 신체적이고 활동적인 맥락에서 자아를 조망하는 아동기와는 분명하게 구분되는 것이다.

두 번째 발달적인 변화는 자신의 신념 체계, 개인 철학, 그리고 도덕적 기준에 기초하여 자아에 대하여 정의하려고 한다는 점이다. 앞서 언급한 바와 같이, 청소년들은 철학적, 개인적, 정치적, 도덕적 영역의 복잡한 이데올로기적 이론들을 엮어보려고 한다. 청소년들은 단지 이러한 이론들을 엮어볼 뿐만 아니라 그것들을 심각하게 수용하기도 한다. 사실상 이러한 이론들은 자아에 대한 정의를 위해 매우 중요한 원천이 되기도 한다. 예를 들어, 청소년들이 "나는 기독교인이다.", "나는 평화주의자이다.", 혹은 "나는 미국적으로 사고한다." 등과 같이 진술하는 것은 흔히 청소년기 자아 개념을 조직하는 주된 원칙을 반영하고 있는 것이다. 청소년들이 가지는 신념 체계는 그들의 개인적 정체성에서 중심적 요소에 해당할 수 있다. 이러한 신념 체계는 삶의 모든 영역에서 그들의 선택과 해석에 영향을 미칠 수 있다. 신념 체계의 많은 부분은 근본적으로 도덕적인 성격을 갖기 때문에 이러한 신념 체계가 도덕적인 함축을 갖는다는 것은 분명해 보인다. 결국 청소년기는 도덕성과 자아라는 분리된 개념 체계가 비로소 통합적 과정을 거치게 되는 중요한 시기인 것이다. 이제까지 설명한 데이먼의 이론을 그림으로 나타내면 다음과 같다.

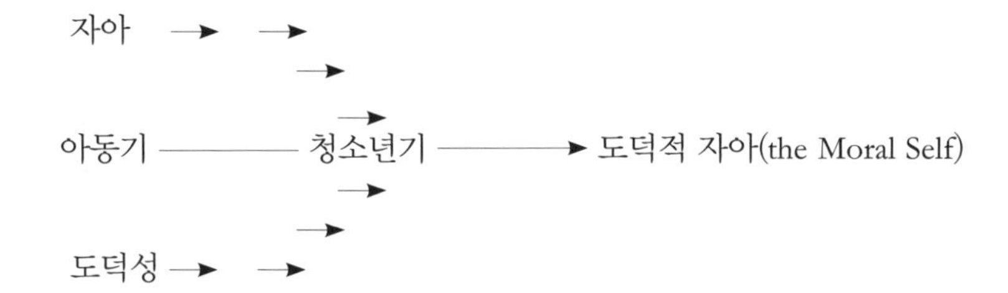

[그림 15-1] 도덕 발달 및 통합에 관한 데이먼의 이론(Bergman, 2002)

데이먼은 위의 그림을 통해 통합의 절대적인 부족, 즉 도덕성과 자아가 평행선을 그릴 경우에는 도덕적·사회적 병리가 발생할 수 있다는 점을 지적한다. 또한 도덕성과 자아가 일관되게 수렴되지 않는 부분적인 통합은 대부분의 사람들이 왜 그들의 도덕적 신념에 따라서, 혹은 그들이 실제로 옳다고 판단한 것에 따라서 언제나 행동하는 것이 아닌지를 설명해 준다. 그러나 위의 그림을 해석하는 과정에서 한 가지 유의할 점이 있다면, 위의 그림은 도덕적 자아의 통합을 위한 일반적인 발달적 경로를 제시한 것이며, 이러한 통합은 청소년기에 시작되어 성인기에 언제나 완성됨을 주장하는 것은 결코 아니라는 점이다. 데이먼은 1992년에 콜비와 더불어 23명의 도덕적 귀감들에게 자신의 삶을 반성하는 인터뷰를 실시한 결과, 청소년기가 자아와 도덕성의 통합을 위한 중요한 시기임을 재확인하였고, 완전한 통합은 사실상 성인기에도 달성되기가 쉽지 않으며 지속적인 도전의 과정을 거치게 된다고 보고했다(Colby & Damon, 1992).

요약하자면, 데이먼의 도덕 발달 및 통합에 관한 이론은 사람들이 왜 그들의 도덕적 신념에 따라서, 혹은 그들이 실제로 옳다고 판단한 것에 따라서 행동하는 데 실패하는지를 심리학적 관점에서 제시해주었다. 그 이유는 이러한 도덕적 신념은 자아와 통합되지 않았기 때문이며, 이는 곧 그러한 신념이 자신의 것이 아님을 의미하는 것이다.

(2) 도덕적 정체성에 관한 블라지의 이론

도덕성과 자아의 통합을 강조한다는 점에서 블라지와 데이먼 간의 유사점을 발견할 수 있다. 하지만 블라지는 우선 도덕성 내에서 추론의 중심적 역할을 고수한다는 점과 도덕적 추론, 도덕적 동기화, 그리고 도덕적 정체성 간의 관계에 대한 이해를 향상시키는 데 특히 주목하고 있다는 점에서 데이먼과 차이가 있다. 전자(도덕적 추론의 역할)의 입장은 콜버그주의적 전통을 강조하는 것인 반면, 후자는 이를 확장시키려는 노력임을 분명하게 알 수 있다. 블라지(1983)는 "책임 판단으로부터 행동으로의 이행은 자아 형성에서 중심적인 경향성인 자기 일관성(self-consistency)에 의해 역동적으로 지지된다."라고 보면서, 도덕적 인지로부터 도덕적 행동으로의 이행과 도덕 판단 및 행동의 일관성 이슈에 초점을 맞추는 자아 모형(the Self Model)을 제안하였다.

도덕적 동기화의 측면에서 랩슬리(Lapsley, 1996)는 콜버그와 블라지의 입장 간의 차이점을 제시하였다. 콜버그는 행동을 위한 도덕적 동기화는 도덕적 원리의 처방적 성격에 대한 충실에서 오는 것이기 때문에 행동으로 옮기지 못하는 것은 원리를 배반하는 것을 의미한다. 하지만 블라지는 행동을 위한 도덕적 동기화를 자신의 도덕적 정체성의 결과로 보았기 때문에 행동으로 옮기지 못하는 것은 자아를 배반하는 것을 의미한다고 보았다. 하지만 블라지가 도덕적 판단의 역할을 희생시켜가면서 도덕적 정체성의 중요성을 부각시키려고 하였다는 해석은 분명 지나친 것이다. 블라지(1984)는 "도덕적 이성을 폄하하지 않고 도덕적 정체성 이론을 확립한다는 것은 도덕적 정체성이 적어도 부분적으로 도덕적 이성의 영향하에서 구성된다는 것을 가정하는 것이다. 근본적으로 영향의 방향은 도덕적 이해로부터 도덕적 정체성으로 나아가는 것이다."라고 보면서 도덕적 판단의 중요성을 강조하였다. 그는 도덕적 정체성의 구성이 이타주의, 정직, 신뢰보다는 진정한 도덕적 이슈에 대한 반성으로부터 가능하다는 입장을 견지하고 있다.

블라지는 도덕적 정체성과 관련된 두 가지 질문을 제시하였다. 하나는 "나는 어떤 종류의 사람이 되기를 원하는가?"이고, 다른 하나는 "나는 어떤 종류의 사람이 되어야만 하는가?"이다. 전자는 다소 주관적이고, 후자는 보편적이며 다소 객관적인 도덕적 실재를 염두에 둔 것이다. 블라지는 이러한 주관과 객관 간의 긴장을 해소하기 위하여 "객관적이고 도덕적으로 합리적인 선택은 주어지는 것이 아니라 개인의 자유의지에 의해 주관적으로 선택되는 것이다."라는 방법을 제시하였다(Blasi, 1984 : 131). 이러한 자유 선택에 의해 개인은 단순히 복종, 내면화, 혹은 사회화가 아니라 객관적인 도덕적 실재의 측면에서 자신의 정체성을 형성한다.

→ 책임 판단(책임감) →

도덕적 이해 ←→ 도덕적 정체성 → → 도덕적 행동

→ 자기 일관성 →

동기화

[그림 15-2] 도덕적 정체성과 동기화에 관한 블라지의 이론

위의 [그림 15-2]에서 보듯이, 블라지는 콜버그와 같이 도덕적 이해가 도덕적 동기화를 위한 힘을 제공하고 그러한 동기화는 도덕성의 측면에서 내재적(intrinsic)이라는 점을 인정하였지만, 콜버그와의 차이점은 도덕적 이해는 자아의 구조 속으로의 통합, 즉 도덕적 정체성을 통해 도덕적 동기화를 위한 힘을 제공하게 된다는 것이다. 블라지에 따르면, 도덕적 이해는 도덕적 정체성의 형성을 돕고, 도덕적 정체성은 개인의 책임감을 향상시키며, 자신이 알고 있고 믿는 것을 행동으로 옮기도록 하는 도덕적 동기화를 촉진시킨다.

3) 아동기와 청소년기에서의 도덕적 자아 형성

도덕적 자아 형성에 관한 선행 연구들의 대부분은 아동기와 청소년기에 나타나는 발달상의 차이점에 주목하고 있다. 여기서는 이러한 선행 연구들의 결과에 바탕을 두고 도덕적 자아 형성의 과정을 아동기와 청소년기로 나누어 각각의 발달상의 특징을 제시하고자 한다.

(1) 아동기에서의 도덕적 자아 형성

아동의 자아 구성에 대한 파워와 크멜코브(Power & Khmelkov, 1998)의 연구에 따르면, 적어도 6세가 된 아동은 그들 자신을 정의함에 있어 도덕적 언어를 사용할 수 있다고 한다. 이 시기에 해당하는 아동들은 흔히 자기 반성적 노력과는 별로 관계없이 “좋은”, “나쁜”, 혹은 “친절한” 등과 같은 매우 일반적이고 평가적인 언어를 사용하게 된다. 아동들은 현재 자신에 대한 표현과 앞으로 되고 싶은 자신에 대한 표현 간에 구분을 두지 않으며, 이러한 표현들이 도덕적 자기비판과 연결되는 경우는 극히 드물다. 이러한 자기비판의 부재는 자아가 도덕적 동기화를 위한 원천으로 작용할 수 없음을 의미한다. 즉, 사냥을 나쁜 것으로 보고, 자신의 행동이 야기할 지 모르는 객관적인 유해성에 대한 지각 때문에 그런 행동을 자제할지 모르나, 나쁜 행동을 하는 것은 ‘나쁨’으로서의 자아의 개념과 연결되지 않는 경향이 있다.

대체로 만 8세에서 10세에 해당하는 초등학교 저 · 중학년 아동들은 친절함과 도움을 베푸는 것과 같은 그들의 전형적인 경향성, 그리고 그들이 소유하고 있을지 모르는 나쁜 습관이나 기질을 갖지 않겠다는 행위적 목표를 서술하기 위하여 도덕적 언어를 사용하기 시작한다.[86] 즉, 아동기 중기에서의 도덕적

86) 이러한 목표는 ‘나쁜 습관’이나 기질을 구성하는 최근 자신의 행위적 경향성에 관한 인식과 관련되어 있다. 그러므로 도덕적인 자기 평가에 대한 징조는 이러한 아동기 중기 혹은 초등학교 저 · 중학년 시기에 나타난다.

목표는 이러한 발달특성상 자기 이해에 있어 행위적 언어의 측면에 초점을 맞춘다. 이러한 목표들은 보다 배려적이고 민감한 사람이 되는 것과 같이 내적인 심리적 특성에 영향을 미치기보다 타인의 필요에 반응을 보이는 것과 같이 밖으로 드러난 행동에 중심을 두게 된다. 누너 윙클러와 소디안(Nunner-Winkler & Sodian, 1988)에 따르면, 어린 아동들에게 도덕적 감정은 도덕적 이해로부터 분리되어 있지만, 그것들은 점차 함께 발달해 간다. 아동은 8세가 되면 비로소 부끄러움, 후회, 자긍심, 기쁨, 죄의식 등과 같은 감정적 결과들을 도덕적 행동을 동기화하는 지표로서 이용할 수 있다는 것이다. 한 연구에서 4, 5, 8세의 아동들에게 플로리안과 토마스라는 두 아이에 관한 가상의 이야기를 들려주었다. 토마스는 플로리안이 굉장히 좋아하는 사탕을 가지고 있었다. 그 이야기 중 하나는 플로리안이 들키지 않고 사탕을 훔쳐낸다는 것이었고, 다른 도덕적인 이야기는 플로리안이 사탕을 훔치고 싶은 유혹을 견뎌낸다는 것이었다. 두 종류의 이야기를 들은 아이들에게 "플로리안이 지금 어떤 기분일까?" "왜 그런 기분이 들까?"라는 질문이 던져졌다.

모든 연령의 아동들이 훔치는 행위를 나쁜 것으로 인식하고 있다는 것은 주목해야 할 중요한 사실이다. 달리 말하면, 모든 아동들은 적절한 도덕규범이 무엇인지 알고 있었다는 것이다. 그러나 4세 아동의 감정적 특성은 다른 연령의 아동과는 상당히 달랐다. 4세 아동은 플로리안의 행동이 '도덕적'이든 '비도덕적'이든 간에 그가 느끼는 감정과 연관이 있다는 것을 믿지 않는 것 같았다. 플로리안의 행동의 도덕적인 특성은 사탕을 훔친 뒤, 혹은 훔치지 않은 뒤 느끼는 감정과는 관계가 없어 보였다. 대부분의 4세 아동들(74%)은 플로리안이 가지고 싶었던 것을 가졌기 때문에 사탕을 훔치고 난 후 그가 행복할 것으로 기대했다. 대조적으로 6세 아동의 40%만이 도둑질 후에 행복할 것이라고 생각했고, 8세 아동들의 90%는 플로리안의 도둑질이 나쁘다는 도덕적 고려 때문에 도둑질한 이후에 슬픔 혹은 공포를 느낄 것이라고 생각했다. 더 나아가 높은 연령의 아동들은 플로리안이 유혹을 견뎌낸 뒤에 안도감과 자긍심을 느낄 것이라고 생각한 반면, 대부분의 4세 아동들은 플로리안이 가지고 싶은 것을 가지지 못했기 때문에 유혹에 저항하면서 슬픔을 느꼈을 것이라고 생각했다.

(2) 청소년기에서의 도덕적 자아 발달

내적인 사고, 감정, 신념 및 가치의 독특한 개인적 결합으로 구성되는 개인 및 개인의 정체성 개념이 자기 이해의 중심에 놓이게 되는 것은 청소년기 초기이다(Nucci & Lee, 1993). 자신의 자아에 있어 도덕적 내용은 이제 심리적 자기 규정(self-definition)의 한 요소로 간주되고, 도덕적 용어들이 자신을 나타내기 위해 자연스럽게 사용된다. 마침내 청소년기 후기와 성인기에서 자아는 통합적 체계로 볼 수 있고, 개인의 정체성은 자신의 도덕적 인격과 통합되는 것으로 고려된다.

도덕적 자기 개념에 대한 파워와 크멜코브의 연구(1998)는 아주 어린 아동들은 의식적인 자기반성의 형태로 그들 자신을 드러내지 못한다는 점을 보고하였다. 반면, 그들은 아동기 중기 그리고 특히 청소년기가 자아 체계 속으로 도덕성이 통합되는 중요한 시기임을 밝혔다. 그들이 어떤 종류의 사람이 되고자 하는가에 관한 개념(즉, ideal self)과 그들이 결코 되고 싶지 않은 사람의 유형(즉, dreaded self)과 현재 자신의 모습(즉, real self)에 대한 평가를 연결하시 시작하는 시기가 바로 아동기 중기와 청소년기라는 것이다. 이러한 통합은 자신을 자기 비판적으로 될 수 있도록 해 주고, 그 자신의 기대 수준에 부합되게 살아갈 수 있도록 동기 부여의 능력을 또한 제공해 준다.

2. 도덕적 자아와 도덕적 행동의 관계

도덕적 행위에 관한 연구에서 지속적인 문제는 언제 그리고 왜 사람들이 타인의 행복에 대한 봉사에 참여하는가이다. 이러한 질문에 답하기 위한 가장 영향력 있는 이론적 접근법 중의 하나가 피아제에 의해 최초로 제안되고 콜버그와 레스트에 의해 확장된 인지발달론적 모델이다. 이 모델의 중심적인 가정은 개인의 도덕적 추론의 정도가 도덕적 행동을 예언한다는 것이다. 비록 콜버그가 완성된 도덕적 추론 능력이 도덕적 행동을 설명하기 위한 충분조건이라고 주장한 것은 아니지만, 적어도 도덕적 추론이 도덕적 행동을 안내하는 역할을 한다는 점에 대해서는 부정하지 않았다.

보다 최근에 도덕심리학에서는 도덕적 추론 외에 다른 측면들에 초점을 맞추기 시작하였다. 예를 들어, 반두라(Albert Bandura)에 의한 사회인지 모형에서는 도덕적 기준(moral standards)과 자기제재(self-sanctions)가 도덕적 행위의 중요한 예측 요인이 된다고 보았다. 콜버그도 자기조절과 같이 도덕적 추론 외에 다른 중요한 메커니즘을 제시하였지만 인지발달 및 사회인지 모형의 가장 뚜렷한 차이점은 전자가 도덕적 추론에 강조점을 둔 반면, 후자는 자기조절의 메커니즘에 강조점을 두고 있다는 것이다. 하지만 자기조절의 메커니즘이 부재한 상황에서 복잡한 도덕적 사고에 관여할 수 있는 능력은 행위에 크게 영향을 미칠 수 없으므로 두 모형 모두가 중요하게 고려될 필요가 있다.

최근 블라지는 이러한 두 가지 입장을 통합하는 관점에서 도덕적 정체성의 기능과 역할을 중시하고 있다. 다시 말해, 블라지의 도덕적 정체성에 관한 연구는 도덕적 행동을 동기화하는 자기조절 메커니즘의 일종이자 도덕적 인지로부터 도덕적 행동으로의 이행이라는 측면에 연구의 초점을 맞추고 있다.

블라지(1980)에 따르면, 도덕성 발달 및 교육에 관한 연구의 목적은 도덕적 행동의 설명으로 귀착한다. 그의 말대로 한다면, "도덕성 발달 연구의 성공과 실패는 결국 도덕 행동에 대한 설명력" 여하에 달려 있다. 그의 연구에 따르면, 75개 연구 중에서 57개의 연구가 도덕적 판단과 행동 간의 유의미한 상관관계를 보였다고 한다. 이러한 결과는 둘 간의 관련성에 대한 확신을 주긴 하지만, 그 관련의 정도는 매우 미약한 수준이었다. 따라서 도덕적 판단과 행동을 보다 다른 시각에서 모형화할 필요성이 제기되었다.

여러 가지 새로운 모형 중에 블라지의 자아 모형이 그 하나인데, 이는 사고와 행동의 단순한 관련성을 반성하고, 그 양자 사이에 몇 가지 과정 변인을 삽입하여 도덕적 사고의 행동에 대한 예언력을 증진시키려는 시도이다(원현주, 1999). 그는 책임 판단을 보다 자아 개념적 동기에 의존하는 것으로 본다. 그의 이론에 따르면, 일련의 도덕적 사고는 한 개인의 자아 체계 내에서 이루어진다. 그리고 이러한 자아 체계는 추상적인 도덕적 이슈를 한 개인의 실제적인 행동으로 표출시키는 지렛대의 역할을 하기도 한다. 이렇듯 자아 체계를 한 사람의 도덕 행동을 설명하는 것으로 보는 것이다.

최근에 아놀드, 데이먼과 하트 등은 도덕적 자아가 도덕적 판단과 도덕적 행동 사이에 교량 역할을 제공한다는 연구에 관심을 집중시키고 있다. 아놀드(Arnold, 1993)의 연구에 따르면, 도덕적 자아와 도덕적 행동 간에 유의미한 상관이 있으며, 자아의 한 측면으로서의 도덕적 동기와 도덕적 행동 간에도 매우 유의미한 상관이 있었다. 데이먼과 하트(Damon & Hart, 1992)는 "도덕적 자아 내지는 도덕적 정체성이 도덕적 판단과 도덕적 행위 간의 일치에서 단일한 가장 중요한 결정 요인이라는 이론적이고 경험적인 근거가 존재한다. 자아 개념이 자신의 도덕적 신념의 측면에서 조직화된 사람은 자신의 삶의 과정을 통해 이러한 신념을 매우 일관되게 행동으로 옮길 가능성이 높다."라고 보고한 바 있다.

한편, 개인의 정체성 속으로의 도덕적 관심의 통합이 청소년들의 친사회적 행위에 영향을 미친다는 경험적 근거가 있다. 하트와 페그리(Hart & Fegley, 1995)는 자원 봉사활동의 참여와 타인에 대한 배려의 정도에서 높은 수준을 보이는 청소년 그룹과 비교 집단에 속한 청소년 그룹에게 현재의 자기 모습, 과거의 자기 모습, 결코 되고 싶지 않은 모습, 그리고 앞으로 되고 싶은 자기의 모습을 잘 특징지어 주는 단어들의 목록을 만들게 하였다. 하트와 페그리는 실제적 자아(real self)가 그들의 이상적 자아(ideal self)와 잘 통합되는 학생들이 이상적 자아와 실제적 자아가 괴리를 보이는 학생들보다 이상적 자아의 목표를 실현하는 데 보다 능동적일 것이라는 가정을 내세웠다. 그들이 이 연구에서 얻은 결과는 이러한 가정과 일관된 것이었다. 자원 봉사활동과 배려 활동에 높은 수준을 나타낸 청소년 중 3분의 2에 해당하는 학생들과 비교 집단의 3분의 1 미만의 학생들이 그들의 실제적이고 이상적인 자아 간에 유사한 경향성을 나타낸 것이다.

깁스(Gibbs, 2003)는 친사회적 행동과 반사회적 행동에 대한 원인을 다양한 측면에서 분석하면서, 행동에 영향을 주는 자아의 힘에 대해 논의한 바 있다. 그에 따르면, 도덕적 지각과 행동을 연결시키는 요소로는 자아, 인내, 결단력, 의욕 등이 있다. 도덕적 귀감들이 도덕적 목표를 추구하는 특별한 능력은 바로 자아가 갖고 있는 힘을 증명해주는 것이며, 이러한 자아가 갖는 힘은 그들이 만약 실패했을 경우 긍정적인 귀인을 하도록 이끄는 중요한 심리적 원천이 될 수 있다. 도덕적 귀감들은 행동의 결과를 외부적인 요인으로 귀인시키지 않고 내부적 요인, 즉 자아와 관련된 요인으로 귀인시키며 그들의 행동 목표는 자아와 일치되어 있기 때문에 자아를 극복할 필요성을 느낄 필요가 없다. 깁스는 자아가 갖고 있는 힘은 도덕적 목표를 성취할 수 있도록 촉진해 주고, 주어진 일을 정직하고 책임감 있게 실행하도록 장려해준다고 본다.

3. 도덕적 자아 형성을 위한 도덕교육의 방법

도덕교육의 목적은 학생들로 하여금 도덕적으로 행동하고, 사회의 도덕적 구조를 개선시킬 수 있도록 노력하는 사람으로 발달시킬 수 있는 가능성을 높이는 데 있다. 사회의 규범적 구조와 사회적 상황의 도덕적 요소를 평가할 수 있는 능력을 제공하는 것이 사회도덕적 이해(sociomoral understanding)라고 본다면, 이러한 도덕교육의 목적은 학생들의 도덕적 사고력의 계발을 통해 부분적으로 성취될 수 있다(Nucci, 2001). 그러나 선을 안다는 것이 사람들로 하여금 선을 행하도록 동기화시키는 데 언제나 충분한 것은 아니다. 도덕적 행동으로의 표출을 위해서는 또한 개인이 도덕적인 것을 행하기를 원해야 하기 때문이다.

개인이 어떤 것을 하도록 동기화시키기 위해서는 두 가지 기본적인 방법이 있을 수 있다. 하나는 처벌 및 보상을 통해 외적인 인센티브를 제공하는 것이다. 다른 하나는 그 개인에게 가치로운 것으로 인식되도록 함으로써 행동을 촉구하는 것이다(Deci, 1995). 교사나 학교의 입장에서 본다면, 어떤 행동을 하도록 학생들의 내재적인(intrinsic) 이유와 연결시키거나 영향을 주는 것보다 외재적인 보상과 처벌을 제공하는 것이 분명히 용이할 것이다. 하지만 도덕적 사고와 도덕적 행동을 연결시킬 수 있는 가장 효과적이고 지속성을 지니는 방법은 내재적 동기화와의 연결이다. 이는 아동들의 도덕적 정서, 도덕적 이해, 그리고 개인적 정체성 형성의 연결을 의미한다. 이와 같이 정서, 사고, 정체성이라는 세 요소 간의 통합은 '도덕적 정체성'을 형성하도록 돕는다.

지금부터는 도덕적 자아 형성의 과정에서 아동기와 청소년기에 나타나는 발달적 특성을 고려하여 이를 촉진하기 위한 도덕교육 방법 또한 시기별로 구분하여 제시하고자 한다.

1) 초등학교 저학년 및 그 이전 단계

도덕적 정체성과 행동 간의 연결은 사실상 초등학교 중 · 고학년과 중등학교 단계 이전에는 쉽지 않다. 그러나 도덕적 정체성의 기초는 아동기 초기에 이미 시작된다고 볼 수 있다. 아동들이 그들의 행동과 자아를 연결할 수 있도록 돕기 위한 도덕교육의 방법적 원리는 크게 두 가지이다. 첫째, 교사와 학교는 도덕적 풍토의 조성을 통해 아동이 도덕적 세계관을 확립하는 데 도움을 줄 수 있어야 한다. 예측 가능성, 신뢰, 감정적 온유, 그리고 상호 호혜성의 분위기는 도덕적 자아의 발생에 유익한 '선의지(goodwill)'를 형성시키는 데 매우 중요한 요소들이다(Noam, 1993). 아동의 선의지는 자신의 행동이 타인에게 유해한 결과를 낳을 수 있는 행동들을 기꺼이 통제할 수 있기 위하여 매우 중요한 측면이다. 만약 한 아동이 이 세계가 위험하고, 사랑이 메말라 있으며, 자의적인 장소라고 생각한다면, 이 아동은 잠재적인 희생자로서 자신을 규정할 수 있으며, 타인에게 부정적인 도덕 결과를 초래할 수 있는 사회적 상황에서 자신의 이익에 입각하여 자신의 행동을 정당화할 경향성이 높다.

둘째, 자신의 도덕적 정체성과 일관된 행동으로 이끌 수 있는 자기조절(self-regulation) 혹은 자기규율(self-discipline)의 측면이다. 즉, 학교는 아동들이 도덕적으로 옳고 사회적으로 적합한 행위를 하려는 내재적인 이유를 지탱해 줄 수 있는 '교실의 규율화 방법'을 통해 아동들이 도덕적 자기조절을 구성하도록 도울 수 있어야 한다(Deci, 1995). 대부분의 발달론적 도덕교육 이론가들은 아동의 내재적 동기화와 도덕적 자율성을 강조하는 교실의 규율화 방법에 대한 접근이 긍정적인 도덕적 교실 풍토 조성의 한 부분이 되어야 한다고 강조한다(DeVries, Hildebrandt, & Zan, 2000). 여기서 말하는 교실의 규율화 방법이란 아동의 사회화에 강조점을 두는 이론적 관점과는 분명히 구분되는 것으로 구성주의적 관점에서 언급하는 "발달적 규율"을 강조하는 입장에 해당한다.

최근 구성주의자들에 의하여 강조되는 아동의 내재적 동기화 및 사회도덕적(sociomoral) 발달의 관점과 잘 부합될 수 있는 방향에서 교실의 규율화 방법에 대한 관심이 크게 고조되고 있다. 이러한 접근에서의 핵심은 학생들에게 외부적인 압력 및 통제를 가하기보다 그들 스스로 사고에 의해 사회적으로 바람직한 것을 수용하는 것이다. 데시(Deci, 1995)에 따르면, 그 목표는 아동들이 주입된 자기통제의 형태가 아니라 통합된(integrated) 자기통제의 형태를 갖도록 하는 것이어야 한다. 전자는 외부에서 부과된 것이지만, 후자는 자신의 신념, 나중에는 참자아와 일관되게 자율적으로 구성되는 것이다. 다음에서 제시되는 도덕교육 방법들은 이러한 접근을 견지하는 학자들 사이에서 어느 정도 합의된 측면들이다.

(1) 긍정적인 행동에 대한 인정

교실에서 발생하는 각종 규율상의 문제들을 줄이기 위한 한 가지 방법은 아동들의 긍정적인 행동을 옹호하는 피드백을 제공하는 것이다(Nucci, 2001). 이러한 피드백은 물질적인 보상의 형태로 제공될 수 있지만, 흔히 칭찬을 통해 제공되기도 한다. 긍정적인 피드백과 보상의 사용은 아동의 도덕성을 발달시키기 위한 유용한 수단일 수 있지만, 긍정적인 피드백과 보상이 지나치게 되면 아동의 도덕적 동기화를 약화시키는 결과를 초래할 수 있다. 예를 들어, 스티커를 주는 것과 같은 외적인 보상의 제공이 갖는 한계는 아동이 보상을 받은 행위를 자발적으로 실천할 경향성을 줄일 수 있다는 점이다. 다시 말해, 이런 경우 아동들은 내재적인 이유에 근거한 행동으로부터 단지 물질적 보상을 위한 행동으로 이행하게 된다는 것이다. 그렇다고 보상의 사용 자체가 폐기되어야 한다는 것을 주장하는 것이 아니며, 보상의 사용은 성인이 기대하는 대로 순응한 행동을 강화시키기 위한 수단으로서가 아니라 아동이 어떤 동기화를 통해 이룬 행동을 구체적으로 밝혀주기 위한 것이어야 한다는 것이다.

성인이 기대하는 대로 순응한 행동을 강화시키기 위한 수단으로서 사용되는 '통제형 칭찬(controlling praise)'은 아동의 행동보다는 아동 자체에 보다 초점을 맞추기 때문에 내용이 구체적이지 못하고 흔히 너무나 과장된 용어를 사용하게 된다. 그러한 칭찬의 예로서 "앨리슨, 너는 매우 착한 소녀야." "잭, 너는 내가 일 년 동안 본 학생들 중에서 가장 훌륭한 어린이야." 등을 들 수 있다. 이러한 칭찬의 사용은 아동에게 순간적인 자아 존중감을 향상시키는 데는 도움이 될 수 있지만, 비현실적으로 높은 수준에서 이루어지는 문제가 있다. 앨리슨과 잭이 언제나 그와 같이 잘 행동한다는 가정은 현실적인 것인가? 이러한 칭찬은 또한 아동 그 자체의 평가에 강조점을 둠으로써 아동이 그와 같이 칭찬을 받을 만한 행위를 하게 된 이유들은 간과되도록 유도한다. 이러한 기초 위에서 형성된 도덕적 자아는 도덕적 이유에서가 아니라 피상적으로 도덕적 행위를 하도록 이끌지 모른다. 즉, 사회적인 기대 수준에 부합하기 위해 "그래, 참 좋은 아이야."라고 칭찬받을 필요가 있는 아동은 도덕적 동기화가 아니라 외부적 인정을 얻기 위하여 행위할지 모른다(Nucci, 2001).

이와는 대조적으로, 격려의 형태를 취하는 칭찬은 언어를 적절하게 사용하고 구체적인 행위에 강조점을 둔다. 그러한 칭찬은 아동으로 하여금 자신의 행동이 인정을 받고 있으며, 그 자신이 아니라 어떤 행동이 평가받고 있다는 점을 인식하도록 유도한다. 칭찬의 이유를 구체적으로 밝혀 주는 것의 예로는 "타티아나, 너는 참 배려를 잘 실천한 것 같구나. 매르시가 몸이 불편했을 때 네가 그녀와 함께 있어준 것에 대해 그녀는 참 고맙게 생각하고 있더구나." 혹은 "마이크야, 교실 청소하는 것을 도와주어서 고맙구나. 이런 행동은 이 공간에서 생활하는 모든 사람들을 행복하게 만드는 거란다. 나는 너의 행동에 대해 고맙게 생각한단다." 등을 들 수 있다. 이러한 감사의 형태로 교사로부터 주어지는 인정은 자신의 행동이 왜 가치로운 것인지, 자신의 기여가 구체적으로 무엇인지를 생각하도록 이끈다. 결론적으로, 칭찬은 적당한 수준에서 사용되어야 하고, 아동에 대한 전체적인 평가보다는 구체적인 행동에 초점을 맞추어야 한다.

(2) 비도덕적 행위에 대한 대응

도덕교육적 관점에서 아동의 잘못을 교정하도록 하는 것은 단순히 그 잘못을 지적하는 것뿐만 아니라 그 아동이 언제나 즉각적인 욕구 충족을 추구하지 않는 방향으로 행위를 선택하도록 돕는 것이어야 한다. 이를 위해 제재(sanctions)는 도덕적 위반의 성격과 연결되는 논리적인 결과의 형태를 취하도록 해야 한다. 논리적인 결과에는 정당한 소유자에게의 반환, 원상회복, 규칙 위반자가 잘못 사용한 물건을 빼앗는 것, 그리고 그룹에서의 배제 등이 포함된다. 예를 들어, 이야기 시간(story time)에 소란을 피운 학생에게 자리에서 일어나 교실 뒤쪽으로 가게 한 후에 다시 돌아와 조용하게 이야기를 들을 수 있을 때까지 서 있도록 할 수 있다. 이때 규칙이나 규범에 대한 적절한 언급은 학생들에게 제재와 비도덕적 행위를 연결하여 생각할 수 있는 기회를 제공한다. 그러나 교실 공간에서 무한정 배제시키는 것은 그 학생으로 하여금 자신의 행위에 의해 비롯된 결과를 고려하지 못하도록 하고, 교사로부터 주어지는 제재가 논리적인 결과이기보다는 자의적인 처벌인 것으로 인식하게 한다(Nucci, 2001).

교사는 교실에서 발생한 비도덕적 행위의 패턴에 대해 그룹 토론을 시키거나 미래에 그러한 행위를 감소시킬 수 있는 방법에 대한 조언을 제공함으로써 그러한 행위의 논리적인 결과를 수용할 가능성을 높일 수 있다(DeVries, Hildebrandt, & Zan, 2000). 특히 그룹 토론은 학생들에게 규칙에 대한 고려하에 문제가 되는 행동에 적합한 논리적 결과를 도출할 수 있는 아이디어를 생산할 수 있도록 돕고, 그러한 비도덕적 행동의 예방을 위해 고민할 수 있는 기회를 제공하게 된다.

(3) 역할모델 및 문화적 내러티브의 제공

아동들을 가르치는 교사는 역할모델들의 행동 속에 상징적으로 담겨 있는 정보를 제공하고, 우화, 이야기, 동화, 다른 미디어에 포함된 문화적 내러티브를 제공함으로써 아동들의 도덕적 자아 형성에 영향을 미칠 수 있다. 아동들에게 도덕적 상상력과 감정을 갖도록 이끄는 이러한 상징적 상호작용의 형태는 아동들에게 자신의 행동을 그 모델과 비교하게 하고, 자신들에게 소개된 역할모델 및 문화적 내러티브의 세계와 자신의 사회적 경험을 비교할 수 있는 기회를 제공한다. 발달의 과정에서 아동들은 사회도덕적 존재로서 그들 자신에 대한 특별하고 심리학적으로 중요한 정체성을 형성하기 위하여 문화적인 정보와 자신의 개인적 경험들을 구분하거나 통합하기 시작한다.

2) 초등학교 중 · 고학년과 중등 단계

초등학교 저학년 및 그 이전 단계에서 생겨난 사회도덕적 세계관과 행동 스키마(action schemes)는 아동기 중기 이후의 도덕적 자아 형성에 핵심적 내용을 제공한다. 하지만 도덕적 자아가 동기화적 힘을 갖기 시작하는 시기는 대체로 아동기 중기 이후, 즉 초등학교 중 · 고학년과 중등학교 단계이다. 이 시기의 학생들은 자신의 자아 개념에 어긋나는 행동들을 비교할 수 있고, 그러한 행동들에 관심을 갖게 된다. 특히 청소년기에서는 정체성 형성의 과정이 단순히 행동적 서술에 관심을 두는 상태에서 내적인 사고, 감정, 신념, 그리고 가치의 측면에서의 자아 개념으로 이행하게 된다.

앞서 제시한 바와 같이, 교육자는 교실의 도덕적 분위기와 규율화 방법, 그리고 역할모델 및 문화적 내러티브의 사용을 통하여 도덕적 자아 형성의 과정에 영향을 미칠 수 있다. 이러한 학교 교육의 과정은 학생들로 하여금 도덕적 이해를 가질 수 있도록 돕고, 이를 자신의 행동과 연결할 수 있는 기회들을 제공한다. 이와 더불어, 교육자들은 학생들로 하여금 자기반성의 실천과 자신의 삶에서 도덕성을 고양시킬 수 있는 직접적인 혹은 상징적 상호작용의 기회를 제공함으로써 도덕적 자아의 형성에 영향을 미칠 수 있다. 그럼 이제 보다 구체적으로 초등학교 중 · 고학년과 중등학교 단계에서 도덕적 자아의 형성을 위한 도덕교육의 방법들을 살펴보기로 하자. 이러한 방법들은 모두 도덕적 자율성에 기초한 자기규정(self-definitions)을 촉진하는 교육적 경험을 제공하는 데 초점을 맞추고 있다.

(1) 자아의 상징적 원천으로서 문학의 활용

사회학습 이론과 전통적 인격교육론의 주창자들은 역할모델의 교육적 영향력을 중시하였다. 하지만 콜버그를 중심으로 한 인지발달 심리학에서는 아동들이 역할모델에 의해 제시된 행위를 수동적으로 받아들이는 것이 아니라, 그러한 가치를 평가한다는 측면에 초점을 맞추었다. 아동들에게 역할모델로 제시되는 인물들은 사회적으로 어떻게 행동해야 하는가와 사회적 세계에서 자신을 어떻게 정의해야 하는가에 대한 정보의 원천으로 기능할 수 있다. 부모, 교사, 형제자매, 미디어 속의 인물들은 잠재적인 역할모델들이다. 어떤 아동이 어떤 인물을 역할모델로 볼 것인가의 여부는 그 아동의 나이와 관심 영역에 달려 있다. 그러므로 엄밀하게 말해서 우리는 어떤 특정한 역할모델이 어떤 아동에게 효과가 있을지의 여부는 알 수 없다. 그럼에도 불구하고, 교사가 할 수 있는 일은 아동들이 도덕성을 자신의 자기정의 속에 통합시킬만한 가치를 지닌 도덕적 결단과 행동을 보여줄 수 있는 역할모델을 그들에게 제시하는 것이다.

실존 인물과 직접 만나도록 하는 방법 외에 학교는 학생들에게 문학과 역사를 통하여 잠재적인 역할모델들과의 간접적인 만남을 가능하게 할 수 있다. 이러한 만남 속에서 이루어지는 학생의 개인적 내러티브는 그들에게 제시된 인물과 자신의 삶을 연결할 수 있는 반성적 활동에 참여시킬 수 있는 장점이 있다. 다음은 도덕교육을 위해 역사적 혹은 픽션상의 인물을 사용하기 위한 몇 가지 제안들이다(Nucci, 2001).

첫째, **가급적 가르칠 단원과 밀접히 관련된 인물을 선정하라.** 학습 내용과 관련성이 있는 인물을 선정하여 제시하는 것이 보다 자연스럽기 때문에 학생들이 그 역할모델을 수용할 가능성이 높아진다.

둘째, **인물 선정의 기회를 학생에게도 부여하라.** 학생들에게 이러한 기회를 부여하는 것은 학생들의 내재적 동기화와 그 모델과 자신을 연결할 가능성을 높인다.

셋째, **접근 가능한 인물을 제공하라.** 링컨, 율곡 이이, 퇴계 이황 등의 역사적 인물은 위대성의 모델이 될 수 있다. 하지만 흔히 학생들은 이러한 인물들을 비현실적이고 접근 불가능한 인물로 간주할 수도 있다. 그러므로 청소년들이 관심을 가진 픽션 속의 인물이나 혹은 잘 알려진 인물은 아니지만, 우리 주변에서 어렵지 않게 찾아볼 수 있으면서도 도덕적 교훈을 주는 인물을 선정할 수도 있다. 이런 인물들일수록 학생들이 거부감 없이 역할모델을 자기 반성적 관점에서 평가할 가능성을 높인다.

넷째, **동시대의 인습에 맞서 도덕적 행동을 취한 인물을 제공하라.** 마틴 루터 킹처럼 인종 차별에 저항했거나 여성 운동을 이끈 지도자와 같이 그릇된 인습에 저항하면서 옳은 것을 지향했던 인물을 선정하라. 콜버그와 레스트가 벌과 질서 지향적인 도덕성으로부터 인습 이후 수준으로의 발달적 측면을 강조했다는 점을 상기한다면, 이러한 인물 선정의 이유를 쉽게 짐작할 수 있다.

다섯째, **반영웅적 인물(antiheroes)도 인물 선정의 대상이 될 수 있다.** 갱이나 마약 딜러였지만 도덕적 존재로 되어가는 과정에서 겪게 되는 삶의 투쟁을 보여주는 인물들은 우리 청소년들에게도 그들 자신을 평가할 수 있는 소중한 기회를 제공할 수 있다.

(2) 직접적인 자기반성

자기 자신의 도덕적 자질을 점검하기 위한 가장 직접적인 방법은 자기반성이다. 이러한 자기반성의 과정은 단순히 역할모델을 평가하는 것으로부터 도덕적인 자기 평가를 수행하도록 인도하고, 청소년들의 자기 정의 및 특별한 가치 체계와의 연결에 의미 있는 영향을 미친다.

의미 있는 도덕적 자기반성은 여러 가지 수준에서 도덕적 성장을 위한 장점을 지니고 있다. 구체적으로 말하자면, 우선 도덕성을 보다 우선시하면서 자아의 도덕적인 측면에 관심을 기울이게 한다. 또한 도덕적 성장 및 행동적 변화를 동기화할 가능성을 부여한다. 끝으로, 자신의 도덕적 입장 자체를 점검할 수 있는 기회를 제공한다.

태펀(Tappan, 1999)은 특히 자서전이 도덕적 정체성의 형성을 위해 매우 유용한 방법이 될 수 있다고 강조하였다. 예를 들어, 나치 독일로부터 망명했던 힐다 그레이(Hilda Gray)라는 작가는 자서전을 통해 자신의 도덕적 정체성의 충격적인 변화 과정에 대한 일련의 이야기를 제시한 바 있다. 이 자서전에 대한 태펀의 관점은 "특정한 사회적, 문화적, 역사적 맥락 내에서 힐다가 접했던 다양한 목소리로부터, 그리고 자신의 삶에 대한 지속적인 대화를 통해 자신의 정체성, 도덕적 권위, 윤리적 책임감이 형성되었다."라는 표현 속에 잘 나타나 있다. 태펀에 따르면, 자서전은 자아와 타자 간의 지속적인 상호작용과 자신의 내부에서 일어나는 지속적인 대화가 도덕적 정체성 형성의 핵심에 놓여있다는 점을 알려주는 명확한 근거가 되는 것이다.

태펀은 대화적 관점으로부터 도덕적 정체성 형성을 돕는 교육 방법 중 자서전 혹은 라이프 히스토리의 활용이 갖는 장점을 다음과 같이 제시한 바 있다. 자서전은 그 작가에게 자신의 도덕적 삶과 도덕적 자아 모두를 지속적으로 쓰고 또 쓰게 하는 것이기 때문에 자서전은 언제나 도덕적 정체성 및 자기이해의 중요한 측면인 자기해석(self-interpretation)의 과정을 수반한다. 하지만 이는 단지 내적 사고와 감정에 초점을 맞추는 해석의 과정을 의미하지 않는다. 그보다는 문화적 도구들, 즉 단어, 언어, 담론의 형태를 통해 자신의 삶을 텍스트 혹은 문장의 형태로 끊임없이 구성하는 과정을 의미한다.

도덕적 자기반성의 경험을 일상적으로 갖게 하는 방법은 일기 혹은 개인 일지 쓰기이지만, 이러한 방법은 교실 활동과 직접적으로 연결되기 어렵고 프라이버시 문제로 인해 평가상의 어려움을 갖는다. 그러므로 수업 시간을 통해 현재 그들 자신에 대한 서술, 가장 되고 싶은 자아에 대한 서술, 가장 되고 싶지 않은 사람의 모습에 대한 서술 활동의 기회를 부여하되, 이러한 자기표현(self-descriptions)은 작문 형태뿐만 아니라 그림의 형태로 제시하도록 요구할 수도 있다.

(3) 친사회적 혹은 도덕적 행동에 참여할 수 있는 기회 부여

도덕적 자아 형성을 돕는 다른 중요한 방법으로 학생들로 하여금 친사회적 혹은 도덕적 활동에 직접 참여하게 하는 것이 있다. 이러한 활동의 이면에 놓인 목적은 청소년들에게 그들 자신과 이타적 행위에 참여할 수 있는 능력 간의 직접적인 연결을 가능하게 하는 기회를 제공하는 데 있다. 이러한 활동을 통하여 청소년들은 도덕적 행동의 유형을 폭넓게 인식할 수 있고, 신뢰와 존경의 대상이 되는 인물과의 관계 속에서 이러한 도덕적 행동의 중요성에 대한 인식을 더욱 확고히 할 수 있으며, 그들의 행동이 타인의 행복에 기여한다는 것을 직접 느끼는 과정에서 도덕적 정체성의 형성이 촉진될 수 있다. 특히 긍정적인 도덕적 정체성의 형성을 위한 환경적인 지원이 제공되지 않는 대도시의 청소년들에게 이러한 친사회적 혹은 도덕적 경험은 매우 의미 있는 것이 될 수 있다(Hart & Fegley, 1995).

도덕적 정체성의 확립을 위해 데이먼(Damon, 1997, 1999)은 공동체적 접근을 권장하면서 이러한 접근법이 갖는 장점들을 다음과 같이 세 가지로 제시하고 있다. 첫째, 적합한 대화와 의견 수렴 및 합의 과정을 통해 충돌은 피할 수 있고, 혼란은 명료해질 수 있으며, 젊은 세대들은 추상적인 아이디어들을 도덕적인 행동으로 옮길 수 있는 다양한 맥락을 제공받을 수 있다. 둘째, 젊은 세대들을 능동적인 도덕적 헌신으로 이끌 수 있는 귀감들을 전체 공동체 내에서 어렵지 않게 찾을 수 있다. 셋째, 도움을 필요로 하는 사람들에게 도움을 제공함으로써 도덕적 헌신이라는 심리적인 보상을 경험할 수 있는 기회를 갖게 해주는 봉사활동 학습도 공동체를 통해 가능한 것이다.

4. 도덕적 자아 형성에 관한 향후 연구의 과제

아동과 청소년들의 도덕적 행동 실패 또는 반사회적 행위를 줄이기 위해서는 도덕적 행동에 영향을 미치는 복잡한 심리적 메커니즘에 대한 분석을 경험적 근거를 토대로 시도해 보고, 이 과정에서 특히 지금까지 밝혀진 도덕적 자아 내지는 도덕적 정체성의 기능 및 역할에 주목할 필요가 있다. 이와 더불어 도덕적 자아 내지 정체성 형성을 촉진할 수 있는 보다 명확한 교육 프로그램도 마련할 필요가 있다. 이 외에 도덕적 자아 형성에 관한 영역에서 앞으로 추진해 볼 필요가 있는 연구 과제들을 제시해 보면 다음과 같다.

첫째, 인격을 단지 인격적 특질 혹은 덕의 집합체로 간주하기보다 도덕적 정체성 내지는 도덕적 자아의 관점에서 인격을 재정의하려는 시도가 도덕적 행동의 표출을 목표로 삼는 도덕과 교육에서 필요하다. 누치(Nucci, 2001)는 도덕적 자아의 관점에서 인격을 재정의하게 된다면, 도덕교육의 과정은 전통적인 인격교육의 방법보다는 동시대의 교육을 위한 패러다임으로 부상되고 있는 구성주의적 접근에 보다 부합될 수 있다고 본다. 또한 그는 도덕교육에서 도덕적 자아에 대한 강조는 아동의 도덕 발달 및 심리사회 발달 영역에서 우리가 지금까지 밝혀낸 것과 매우 일관된 것이라고 강조한다.

둘째, 덕 윤리학과 배려 윤리학, 그리고 공동체주의적 도덕교육 이론에서 강조하는 공동체적 자아 혹은 관계적 존재로서의 인간 본성에 대한 관점들을 고려하여 좀 더 포괄적이고 통합적인 관점에서 도덕적 자아 이론을 연구할 필요가 있다. 최근 도덕적 자아에 관한 이론적이고 경험적인 연구의 대부분은 명확하게 '심리학적' 관점에서 나온 것이다. 이러한 관점은 개별적인 존재로서 인간의 정신적 기능에 분석의 우선성을 두고 있기 때문에 정체성을 단순히 인지적 과정의 기능으로서 간주하는 경향이 있다. 그러한 관점은 분명히 도덕적 자아에 관한 중요한 통찰을 제공하고 있지만, 도덕적 정체성의 형성에서 사회적이고 관계적인 과정이 갖는 역할을 제대로 고려하기 어렵다는 점에서 한계가 있을 수 있다.

듀이(Dewey, 1960)는 덕 있는 행동과 관련하여 "실제적인 도덕적 문제는 어떤 종류의 자아가 형성되느냐 하는 것이다. 그리고 이러한 자아 형성에 관한 문제는 개별적인 차원뿐만 아니라 타인과의 관계를 올바로 인식할 수 있을 때 가장 잘 이해될 수 있다."라고 보았다. 이는 다른 사람들도 어떤 행위자의 도덕적 비전을 분명하게 하고 확장시킬 수 있음을 의미한다. 블룸(Blum, 1990)은 덕 있는 행위자와 도덕적 공동체의 결합이 도덕심리학에서 덕 윤리학적 접근의 핵심에 해당한다고 주장한 바 있다. 덕 있는 자아(virtuous self)를 구성하는 인지적, 정의적, 행동적 특성들은 고립(isolation)의 상태에서는 형성될 수도 유지될 수도 없다는 것이다. 태펀과 반 데르 벤(Van der Ven), 바흐친, 그리고 테일러(Charles Taylor)는 대화적 자아(dialogical self)라는 개념을 사용하면서 자아는 자기 충족적 대상이 아니라 대화적인 실체를 지니고 있으며 본질적으로 관계 지향적인 특성을 지니고 있음을 강조하였다. 이러한 관점에 근거한 도덕적 자아란 도덕교육에서 계발되어야 하는 상호 주관적(interpersonal)이고 정신 내적(intrapersonal)인 영역 모두와 관계된 것이다.

끝으로, 사이버 공간에서 청소년들이 왜 그들의 신념에 따라서, 혹은 그들이 실제로 옳다고 판단한 것에 따라서 행동하는 데 실패하는지를 도덕적 정체성 내지는 도덕적 자아의 관점에서도 접근해 볼 필요가 있다. 사이버 윤리교육을 위한 이론적 기초로서 '심리학적 관점'에 대한 연구가 미약한 실정에서 추병완(2003b)은 사이버 공간에서의 범죄 및 도덕적 일탈 행위가 발생하는 이유를 '탈억제 효과'라는 인간 심리적 특성을 통해 제시한 바 있다. 사이버 윤리교육의 새로운 연구 과제와 관련하여 우리는 앞으로 도덕적 자아 내지는 도덕적 정체성과 도덕적 행위의 관계가 현실 공간과 사이버 공간에서 어떻게 다르게 나타나는지, 사이버 공간을 도덕적 자아 형성을 위한 순기능적 공간으로 어떻게 활용할 수 있는지에 대해서도 관심을 가질 필요가 있다.[87)]

---

87) 미국에서는 웹에 기초한 정체감 형성 환경(Web–Based Identity Construction Environments)을 구축하여 온라인 공동체 내에서 청소년들의 도덕적 정체감 형성에 도움을 주고자 시도하고 있다. 예를 들어, 이러한 시스템은 가상 도시(virtual city)를 직접 설계해 보는 과정에서 자연스럽게 자신의 현재와 미래의 모습(즉, 나는 누구이고, 앞으로 어떤 사람이 되고자 하는가?)에 대하여 내러티브적 표현과 자신의 역할모델에 대한 이야기를 창조할 수 있는 기회를 부여해 준다. Marina U. Bers, Identity Construction Environments: Developing Personal and Moral Values Through the Design of a Virtual City, The Journal of the Learning Sciences, 10(4), pp. 365–415 참조.

5. 결 론

도덕성을 자신의 정체성의 중심적 부분으로 상정하는 사람일수록 자신의 일상적인 삶을 보다 도덕적인 관점에서 바라보고, 자신의 도덕적 이상 혹은 목표와 부합되는 삶을 추구하며, 도덕적인 판단을 행동으로 옮기려는 강한 책임감을 갖기 때문에 결국 자신이 옳다고 생각한 것을 행동으로 옮길 가능성이 그만큼 높아진다는 이유에서 도덕적 자아 내지 도덕적 정체성은 1980년대부터 도덕심리학 영역에서 그 중요성이 날로 증가되고 있다. 이와 같이 최근 도덕성 발달에 관한 연구 분야에서 활발하게 논의되고 있는 '도덕적 자아' 영역은 도덕적 사고와 판단을 도덕적 행동으로 연결하지 못하는 오늘날의 현실에서 볼 때, 매우 중요한 시사점을 준다.

도덕적 자아 형성에 관한 연구의 결과로부터 얻을 수 있는 도덕교육적 시사점은 우리의 초등 도덕과 교육은 무엇보다 아동들이 도덕적인 이해를 구성하도록 도울 수 있어야 하고, 긍정적인 자아감과 도덕적 정체성의 형성을 촉진할 수 있는 상황적 맥락(context)을 제공해야 한다는 점이다. 방법론적인 측면에서 보자면, 도덕교육은 긍정적인 도덕적 풍토의 조성, 발달적 규율화의 사용, 자기 평가 및 반성의 기회 확대, 도덕적 혹은 친사회적 행동 등을 통해 도덕적 자아의 형성을 촉진할 수 있다. 이러한 교육적 노력은 학생들에게 자신의 개인적 정체성의 가장 중요한 요소로서 도덕적이고 사회규범적인 이해를 통합시킬 가능성을 높일 수 있다.

결론적으로, 우리 시대가 도덕교육에 요구하는 것은 도덕적으로 옳은 것과 옳지 않은 것, 선과 악을 구별하고 이해하는 것이 궁극적인 목적이 아니라, 도덕적인 인간, 즉 도덕적으로 사고하고 느끼며 행동하는 전인적 인간이 되도록 돕는 것이다. 여기서 오클라호마에 있는 연방 정부 빌딩에 폭탄 테러를 범한 맥베이(McVeigh)[88]처럼 어긋한 자아의 힘이 아닌 도덕적이고 책임감 있는 자아의 힘은 도덕적인 인간을 완성시키는 데 매우 중요한 심리적 원천이 될 수 있다. 인간의 자아는 모호하고 어려운 개념이지만, 그것이 갖고 있는 무한한 힘과 가능성은 앞으로 도덕적 자아에 대한 연구 또한 활발히 이루어질 것임을 미리 짐작하게 해 준다.

---

88) "더러움은 더러움으로 맞서야 한다. 뿌린 만큼 거둘 것이다. 이젠 복수의 시간이다." 이는 맥베이가 오클라호마에 있는 연방 정부 빌딩에 폭탄 테러를 실행하게 해 준 복수의 철학이다. 깁스(John Gibbs)는 맥베이에 대한 사례 연구를 통해 이러한 비도덕적 행동의 원인을 자기중심적 인지 왜곡, 도덕 발달 지체 등에서 찾았으며, 데이비드 모쉬맨(David Moshman)은 맥베이를 설명하는 데 "허구적인 도덕 정체성(false moral identity)"이라는 개념을 사용하였다.

제16장
글로벌 시대의 도덕교육에서 정의 윤리와 배려 윤리의 통합

비교적 최근까지 글로벌교육(global education)과 다문화교육(multicultural education)의 주된 목적은 민주주의를 위한 교육이었다. 민주주의를 위한 교육의 기초에는 사회정의의 가치가 놓여있으며, 사회정의는 공정과 평등의 가치를 다룬다. 정의, 공정, 그리고 평등을 포함한 기본적 원칙 내지 원리에 대한 헌신 없이 우리는 아파르트헤이트, 민족 · 종교 · 성에 바탕을 둔 차별에 대해 문제를 삼을 수 없다. 이러한 철학적 지향성 아래에서의 글로벌교육 및 다문화교육은 자연히 이 세계를 보다 도덕적이고 정의로운 사회로 만들기 위해 불평등에 능동적으로 도전할 수 있는 개인을 육성하는 데 강조점을 두는 것이었다. 또한 민주주의를 위한 교육은 학생 중심적이고, 인종적 불평등, 계층 갈등, 성차별 등의 문제를 탐구할 수 있는 고등사고능력을 촉진하는 데 중점을 두었다.

그러나 정의 윤리를 지향하는 글로벌교육 및 다문화교육의 접근법은 도덕적 정서를 간과하였고, 개별적 특수성과 관계적 맥락에 대한 고려 없이 보편적인 도덕 원리에 기초하여 합리적이고 사려 깊은 판단만을 강조한다는 이유에서 비판이 제기되었다. 나딩스(Noddings, 1992)는 실제로 세계화와 관련된 어떤 사태와 문제들을 세계적이고 총체적인 맥락 속에서 바라볼 수 있고 제도적인 개선책을 궁구하기 위하여 정의 윤리가 요청되지만, 이를 넘어서 학생들을 현실 개선을 위한 헌신과 실제적 참여로 이끌기 위해서는 반드시 파도처럼 쇄도하는 에너지가 다른 사람의 필요와 과업을 향해서 흘러가는 것을 느끼도록 하는 데 중점을 두어야 한다고 주장하였다. 나딩스 외에 올리너와 올리너(Oliner & Oliner, 1995)의 『배려하는 사회를 향하여』, 이커-리치와 갈렌(Eaker-Rich & Galen, 1996)의 『부정의한 세계에서의 배려』, 리어든과 노드랜드(Reardon & Nordland, 1994)의 『평화를 학습하는 것: 생태학적이고 협동적인 교육의 약속』 등에서는 배려 윤리를 개인적, 제도적, 글로벌 수준에서 적용하기 위한 구체적인 방법을 모색하고 있다.

최근 글로벌교육 및 다문화교육 영역에서 일어나고 있는 두드러진 변화는 정의와 배려를 상호 배타적인 것이 아니라 상호의존적인 것으로 보려는 경향성이다. 예를 들어, 『배려 중심의 반성적 다문화교육』의 저자인 밸러리 팽(Valerie Pang, 2001)은 우리의 아동 및 청소년들에게 글로벌 이슈에 대해 비판적이고 반성적인 사고의 기회를 풍부하게 제공하고, 공감이나 연민과 관련된 배려감(a sense of caring)을 갖도록 하는 것이 필수적임을 강조한 바 있다.

본 장에서는 세계화(globalization)와 다문화주의(multiculturalism)의 맥락에서 발생하는 복잡한 도덕적 문제와 이슈를 가르치고자 할 때 정의 윤리와 배려 윤리적 관점이 상호 통합되어야 하는 이유를 밝히고, 이러한 통합적 관점을 글로벌 시대의 도덕교육에 적용할 수 있는 구체적인 방안을 모색하고자 한다. 이를 위해 본 연구에서는 도덕교육에서 정의 윤리와 배려 윤리의 통합성에 관해 논의한 연구들을 살펴본 후, 글로벌 시대의 도덕교육에서 두 윤리적 관점의 통합의 중요성과 기본 방향, 그리고 이러한 통합적 관점에 기초한 구체적인 지도 방안을 모색하고자 한다.

1. 도덕교육에서 정의 윤리와 배려 윤리의 통합적 접근들

여기서는 우선 정의 윤리와 배려 윤리를 각각 대표하는 콜버그와 길리건의 이론을 간략하게 고찰할 것이다. 그런 후에, 두 윤리를 정의-배려의 이진법적 코드로서가 아니라 하나의 도덕이론으로 통합되어야 하는 상보적인 윤리로 규정하면서 통합을 시도하는 이론적 관점들을 제시할 것이다.

1) 정의 윤리와 배려 윤리 간 논쟁의 기원과 전개

칸트에서 롤스로 이어지는 자유주의적 전통은 개인의 권리와 자유, 자율성과 독립성을 중시하면서 사회를 유지하기 위한 기본 원리로서 정의를 내세우고 있다. 칸트에 의하면 인간은 합목적적 존재로서 이성을 통해 보편적인 법칙을 존경과 의무로 실천할 수 있다. 인간은 의무로서 주어진 정언명법을 통해서 권리와 존엄성을 보장받는다. 정언명법의 형식으로 주어진 정의는 모든 인간을 동등하게 대우하라는 공정성과 보편성, 상호 가역성이 그 특징이다. 이러한 칸트의 정의 개념이 '도덕 원리로서의 개념'인 데 비해, 롤스의 그것은 정치적 영역에서 합의를 위한 '공정성으로서의 순수 절차적 정의'이다. 롤스는 공정한 절차를 위해 '무지의 베일'이라는 원초적 상황을 설정하고 이 원초적 상황에서 인간의 반성적 평형(reflective equilibrium)을 통해 정의를 이룰 수 있다고 본다.

1960년대 이후 미국을 비롯한 서양의 도덕교육은 이러한 자유주의적 전통에 근거하고 있는 피아제와 콜버그의 인지적 도덕 발달 이론에 주로 근거하고 있다. 콜버그의 경우, 도덕적 행위란 도덕적 판단능력을 의미하며, 이런 도덕적 판단의 원리를 정의(justice)로 간주하였다. 여기에서 정의란 보편적인 가치와 원리로서, 도덕적 관점을 구성해 나가는 기준을 의미한다. 이런 정의 윤리적 관점에서는 인간을 주체적인 존재로 인식하며, 무엇보다도 개인의 권리나 평등 · 공정성 · 의무 등을 강조한다. 또한 정의 윤리는 공정성, 보편화 가능성을 강조하고 무엇이 옳은 것인가에 대해 일반적으로 동의 또는 합의에 이르려는 노력을 중시한다.

반면, 배려의 관점에서는 상호의존적 인간관계 및 책임감과 의무, 타인에 대한 관심과 배려, 동정, 사랑 등의 특성을 중시하고, 공동체의식을 강조한다(박병춘, 1999). 또한 인간관계를 이해하고, 타인과의 협동, 타인에 대한 봉사와 복지 등을 중시한다. 아울러, 배려 윤리는 정의 윤리에서 주장하는 보편성 대신에 구체성을 강조한다. 즉, 도덕적 갈등이라는 것은 일반화할 수 있는 것이 아니라 상황에 따라 동일한 기준으로 판단할 수 없는 구체성과 독특성을 가지고 있다. 따라서 배려 윤리에서는 자아와 타인이 상호의존적이라는 점을 지각하고, 자기 자신을 인간관계 안에서 자아로 인식하는 것을 중시한다.

길리건은 도덕성 발달을 이해하는 데 있어 핵심적인 이론적 틀로서 인정되어 온 콜버그의 도덕성 발달에 관한 이론이 여성의 입장에서는 편파적이라고 비판하였다(Pratt, Golding, & Hunter, 1984). 즉, 콜버그의 도덕성 발달 이론은 추상적인 추론을 강조함으로써 남성의 성역할 가치는 높이 평가되고, 상대적으로 여성의 성역할 가치의 중요성은 축소되었다는 것이다. 정의를 중시한 콜버그의 도덕성 발달이론은 이성이나 평등, 존엄성, 자율성 등과 같이 남성적 특성을 강조했기 때문에 남성주의적인 반면, 다른 사람들에 대한 배려나 보호, 보살핌과 책임 등과 같이 여성의 특성을 제대로 반영하지 못하였다는 것이다. 이러한 남성 중심적인 도덕성 발달 이론을 대신하여, 길리건은 여성의 도덕성을 이해할 수 있는 새로운 기준으로 배려 윤리를 제시하였다. 도덕성이란 본질적으로 인간관계 속에서 존재한다는 사실을 놓고 볼 때, 콜버그의 도덕성 발달 이론은 타인에 대한 보살핌이나 배려, 대인관계의 중요성을 과소평가한 점이 없지 않다. 이에 대하여 길리건은 인간은 다양한 사회적 관계 속에서 존재하기 때문에 공정한 도덕적 관점을 가지기 위해서는 배려의 윤리가 필요함을 주장하였다. 이런 의미에서 정의의 관점뿐만 아니라 배려의 관점에서도 도덕성에 접근하는 것이 보다 타당하다고 볼 수 있다(정옥분 · 곽경화, 2003).

2) 정의 윤리와 배려 윤리 간 통합적 관점들

(1) 레스트

경제학에서 거시 경제학과 미시 경제학을 구분하듯이, 레스트로 대표되는 신콜버그주의자들은 거시적 도덕성(macromorality)과 미시적 도덕성(micromorality)을 구분한다(Rest et al., 1999a, 1999b). 거시적 도덕성은 사회적 수준에서 협동이 가능하도록 하는 공식적인 사회의 구조, 즉 사회 체제에 관한 것이다. 여기에서는 혈족, 친구 및 친숙한 사람들과의 상호 관계가 아니라, 잘 모르는 사람, 경쟁자, 그리고 다양한 민족 및 종교들 간의 상호 관계에 초점을 맞춘다. 거시적인 도덕성에서 핵심 개념은 사회정의와 공정성을 들 수 있다. 반면, 미시적 도덕성은 일상적인 삶에서 타인들과의 관계를 형성하는 측면에 중심을 둔다. 미시적 도덕성의 중요한 예로는 일상적으로 상호작용하는 사람에게 도움을 주거나 예의를 갖추는 것, 친숙한 관계에서 배려하는 것, 약속을 잘 이행하는 것, 일상적인 상호 관계에서 겸손하고 책임을 다하며 공감적 태도를 갖는 것 등을 들 수 있다.

레스트를 중심으로 한 신콜버그주의 관점에서 보자면, 거시적 · 미시적 도덕성 모두 협력과 인간관계를 풍요롭게 하기 위해 개인 간에 상호의존의 망을 형성하는 것에 관한 것이다. 즉, 사회적 구조를 강조하는 입장과 개인적이고, 인간적인 만남을 강조하는 입장 모두는 우리의 인간관계를 구성하고 풍요롭게 하는 원동력이다. 거시적 도덕성과 미시적 도덕성은 공유와 긴장의 많은 영역을 갖고 있으며, 두 영역 모두 중요하다. 하지만 엄밀하게 말해서 거시적 · 미시적 도덕성 간에는 상호 보완적인 측면이 있음에도 불구하고 실제로는 심각한 긴장이 존재하고 있다. 신콜버그주의자들은 콜버그의 이론이 미시적 이슈들보다는 거시적 이슈들을 조명하는 데 충실하다고 말하면서, 그들의 이론 또한 미시적 도덕성보다는 거시적 도덕성의 문제에 보다 많은 관심을 두고 있음을 인정하고 있다. 결국 신콜버그주의에서는 거시적이고 미시적인 도덕성 간의 연결과 통합을 추구하지만, 단지 친구와 혈족이 아니라 이방인과 경쟁자 간의 사회적 차원에서 협력 체계를 형성하기 위한 가능성은 공정성, 일반화 가능한 규범, 다양한 민족적 · 종교적 · 인종적 집단 간의 공정한 활동 공간을 요청한다는 점에서 거시적 도덕성의 차원을 보다 강조하고 있다.

한편, 레스트는 도덕적 행동을 이끄는 최소한 4가지의 과정을 포함한 도덕적 기능(moral functioning) 관련 영역을 개념화하였다(Rest et al., 1999a, 1999b, 2000; 정창우, 2003a). 그의 4구성요소 모형은 도덕적 민감성, 도덕적 판단, 도덕적 동기화, 그리고 도덕적 품성을 포함한다. 여기서 레스트는 콜버그의 이론을 두 번째의 구성 요소인 '도덕적 판단'에 위치시켰고, 길리건의 이론과 관련된 것으로는 도덕적 민감성과 동기화를 제시하였다. 레스트의 모형은 어떻게 해야 할 것인가에 관한 도덕적 숙고를 안내하는 절대적인 보편 원리들을 포함하고 있고, 또한 어떤 선택으로 인해 영향을 받을 개인들에 대한 반응이 맥락에 따라 상대적인 측면을 포함하고 있다. 콜버그의 정의의 보편적 원리는 전자와 관련된 것인 반면, 길리건의 배려의 윤리 및 책임의 도덕성은 후자와 관련된 것이다.

(2) 나딩스

모자녀 관계를 관계의 원형으로 삼고 있는 나딩스의 배려 윤리에서 배려는 배려하는 사람이 베풀어주는 것에 대해서 배려를 받는 사람이 응답(response)할 때 완성될 수 있는 상호적인 것이다. 배려는 관계를 전제로 하고, 배려의 관계를 유지하고 발달시키는 것을 목적으로 삼는다. 나딩스는 배려의 관계가 친밀한 사람들뿐만 아니라 더 멀리 있는 낯선 타인에게로까지 확대되고, 타인을 보살펴 줄 수 있는 배려의 능력, 즉 최선의 이상적 자아(the best ideal self)로서 최선의 배려하는 자아(the best caring self)로 고양될 때, 개인주의적이고 성취지향적인 지식 중심의 교육이 가져온 개인 간의 단절과 불신, 도덕적 무관심과 같은 오늘날의 도덕적 위기가 극복될 수 있다는 관점에서 배려 윤리를 정당화하고 이에 대한 교육의 필요성을 제기했다. 나딩스는 배려 윤리를 발달시키기 위한 구체적인 방법으로서 모델링(modeling), 대화(dialogue), 실천(practice), 확언(confirmation)과 함께(Noddings, 1984), 학교를 배려의 공동체로 개혁하는 방법 및 배려하는 사람으로서 교사의 역할을 제시했다.

- **모델링** : 이는 배려의 본보기를 보여주고 경험하게 하는 가운데 이를 본받게 하는 것이라고 할 수 있다. 나딩스는 이러한 모범이 대부분의 도덕교육에서 중요하지만 배려에 있어 특히 중시되어야 한다고 본다.
- **대화** : 나딩스는 도덕교육에서 대화를 가장 중요하며 필수적인 요소로 본다. 왜냐하면 대화를 통해 우리는 서로를 이해하고 신뢰를 형성하고 생각을 교환하며, 서로 만나고 접촉할 뿐만 아니라, 상호 간의 배려를 지속 가능하게 하고, 배려하는 사람과 배려받는 사람의 성장에 도움을 주기 때문이다.
- **실천** : 학생들은 직접 배려를 실천해 봄으로써 배려를 더 잘 배울 수 있다. 학생들끼리 협동 작업을 통해서, 그리고 지역 사회의 봉사활동을 통해서 배려의 실천 기회를 가질 수 있다.
- **확언** : 이는 다른 사람 속에 있는 최선의 것을 찾아 인정하고 격려, 고무해주는 행동을 말한다. 나딩스는 이러한 인정과 격려가 최상의 동기를 불러일으키고, 보다 나은 자아에 대한 비전으로의 상승을 가져오며, 분리와 단절이 아니라 지속적인 관계 속에 남아 있도록 해준다고 본다.

한편, 나딩스는 도덕교육에서 인지를 배제하면 활기를 잃어 병적인 감상에 빠지게 되고, 정의적인(affective) 요소를 배제하면 이기적으로 되거나 무감각한 합리주의에 빠지기 쉽다고 주장함으로써 인지와 정의를 배타적인 것이 아니라 상호보완적인 것으로 인식하고 있다(Noddings, 1984). 또한 나딩스는 학교가 지성을 발달시키기 위한 교육을 포기할 필요 없이 지적인 교육보다 배려의 유지와 강화를 더 우선시하면 되는데, 그동안의 학교교육은 이를 뒤바꿔서 교육해 왔다고 지적한다.

보다 최근에 나딩스(Noddings, 1999)는 "배려, 정의, 그리고 공정"이라는 글을 통해 '배려를 중심으로 한 정의와의 통합'을 강조하였다. 그녀는 정의적 추론의 기여에 대해서는 인정하지만, 사회 도덕적 이슈에 대하여 우리를 깊이 있고 폭넓게 사고하도록 돕는 데 명확하게 한계가 있으므로 배려 지향을 중심에 둘 필요가 있음을 역설하였다. 나딩스에 따르면, 다음과 같은 윤리적인 질문들은 정의의 원칙을 넘어서게 한다. "…면 인간 관계적 측면에서는 무슨 일이 생길까? 공동체에서는 무슨 일이 생길까? 내가 내린 결정의 결과가 현재의 문제와 관련된 사람들의 행복과 삶의 질에 어떤 영향을 미칠 수 있는가?"

(3) 브라벡

브라벡(Mary Brabeck)은 도덕적 인간이란 정의와 배려의 도덕성을 함께 갖춘 사람이라고 보면서 다음과 같이 두 도덕성의 통합을 주장하고 있다.

> 길리건과 콜버그의 이론을 함께 고려할 때, 도덕적인 사람은 각 개인들의 행복과 배려에 대한 열정적인 관심을 계속 가지면서도, 각 개인에게 정의를 실현시켜 줄 수 있는 추론과 도덕적 판단을 통해서 도덕적 선택을 하는 사람이다. 즉, 보편적 원리와 특별한 도덕적 선택에 대한 요구가 서로 연결되고, 자율성과 상호연관성에 대한 필요가 더 확장될 뿐만 아니라 더 적절해진 도덕성의 개념 속으로 통합될 때 정의와 배려의 도덕성은 하나로 결합될 수 있게 된다(Brabeck, 1993: 48).

브라벡(Brabeck, 1992)은 규칙화된 원리에 대한 관심과 특수한 맥락에 대한 관심의 통합적 접근이 우리의 도덕적 행동 결정을 보다 "옹호할 수 있도록(defensible)" 만들어 준다고 주장한다. 예를 들어, 한 여성이 낙태를 해야 하는지, 말아야 하는지를 결정해야 하는 상황에 직면했을 때, 도덕적 결정은 그 여인이 처한 구체적인 상황적 맥락을 고려한 것이어야 하고, 또한 절대적이고 보편적인 도덕 원리 혹은 도덕적 선과 결합될 수 있는지를 합리적으로 평가한 것이어야 한다.

이상에서 살펴본 바와 같이, 신콜버그주의자들, 나딩스, 브라벡은 정의 윤리와 배려 윤리 간의 상호의존성과 정의 혹은 배려 중 어느 한 측면의 불완전성을 밝힘으로써 두 윤리 간 통합의 필요성을 제기하고 있다. 이들은 두 윤리가 어느 정도 배타적이기는 하지만, 상호보완을 필요로 하는 불완전한 윤리이기 때문에, 상대편 윤리를 배제한 채 배타적으로 어느 한쪽의 윤리에만 기초한 도덕교육은 한계를 지닐 수밖에 없음을 명확히 하고 있다. 이들은 기존의 도덕교육에서 정의의 도덕성의 측면, 곧 도덕적 지식이나, 형식적이고 추상적인 도덕 원리의 습득과 도덕적 판단능력만을 강조함으로써 무시되어 왔던 도덕적 책임이나 도덕적 민감성, 친밀한 인간관계의 유지 등을 중시하는 배려의 도덕성 요소를 함께 고려함으로써, 그동안 도덕교육에서 제대로 대처하지 못했던 많은 도덕적 문제를 해결할 수 있을 것으로 본다(박병춘, 1999).

정의 윤리와 배려 윤리를 통합하려는 이들 학자들은 콜버그와 길리건의 이론이 통합될 때, 도덕적인 인간의 모습을 '각 개인의 행복에 대한 배려적 관심을 유지하면서, 정의와 같은 보편적인 도덕 원리에 부합되는지에 관한 합리적이고 사려 깊은 판단을 통해 도덕적 선택을 하는 사람'으로 정의할 수 있음에 대체로 합의하고 있다. 이들의 논지를 요약하면, 보편적인 도덕 원리의 요구와 특수한 맥락을 고려한 도덕적 선택 간에는 다리가 놓일 수 있고, 이를 통해 자율성과 상호 의존적 관계성이라는 두 개념의 통합적 접근은 도덕성의 개념을 보다 확장시키면서 적합한 개념으로 만들 수 있다는 것이다.

2. 글로벌 시대 도덕교육에서 정의와 배려 윤리 간 통합의 중요성과 기본 방향

여기서는 글로벌 시대의 도덕교육을 위해 정의 윤리와 배려 윤리 간 통합이 필요한 이유를 밝히고, 두 윤리적 관점을 통합하기 위한 기본 방향을 탐색하고자 한다.

1) 글로벌 시대 도덕교육에서 정의와 배려 윤리 간 통합의 중요성

인간의 자유, 정의, 평등, 민주주의를 확장하고 실현하려는 노력은 인간 역사의 중요한 영역에 해당한다. 이것은 언제나 완료가 아닌 과정으로 이해할 필요가 있다. 이러한 문화적인 갱생과 발전을 가능하게 하는 문명화의 힘은 근원적으로 교육에서 비롯되며, 교육자로서 우리에게 주어진 과제는 일차적으로 학생들을 무지, 억압, 편견으로부터 해방시키는 것일 수 있다. 인류 역사는 비인간성, 잔인성, 전쟁, 억압, 대량학살로 가득 차 있으며, 흔히 이것들은 무지, 편견, 종족 · 종교 · 국가에 대한 과도하거나 절대적인 자부심에서 비롯된 것이다.

이러한 이유에서 정의 윤리에 바탕을 둔 인지적 프로그램은 학생들에게 무지와 편견에서 벗어나서 보다 균형 잡힌 관점, 보편적 의무감, 개방적 사고(open-mindedness)를 갖도록 하는 데 기여할 수 있다. 실제로 글로벌교육과 다문화교육 영역에서 도덕교육과 관련하여 실행된 다양한 경험 연구 결과들에 따르면, 세계화와 다문화주의의 맥락에서 정의 윤리의 도덕성을 강조하는 도덕교육 또는 시민교육 프로그램들은 학생들에게 상호의존적인 세계에 대한 깊이 있는 이해와 보다 균형 잡힌 관점, 강한 시민적 의무감을 갖도록 하는 데 효과적인 것으로 보고되고 있다(자세한 내용은 Jeong & VanSickle, 2003: 233-242 참조).

반면, 나딩스는 세계화의 문제와 관련한 교육의 역할에 대해 다음과 같이 주장하고 있다. "글로벌교육과 다문화교육의 목적은 학생들에게 다른 사람들과 그들의 관습에 관한 지식을 제공해주려는 데 있다. 우리들은 이러한 지식이 잘못된 이해, 편견이나 고정관념, 그리고 이방인에 대한 거의 본능적으로 느껴지는 공포심을 감소시켜줄 것이라는 생각을 하고 있다. 그러나 지식만으로는 배려 관계를 확립하기 어려울 것 같다. 다른 문화에 대해서 안다는 것은 중요하고 유용하긴 하지만, 긍정적인 관계를 만들어 내기에는 부족하다."(추병완 · 박병춘 · 황인표 공역, 2002: 195). 그러면서 나딩스는 세계화와 관련된 어떤 사태와 문제들을 세계적이고 총체적인 맥락 속에서 바라볼 수 있고 제도적인 개선책을 궁구하기 위하여 정의 윤리가 요청되지만, 이를 넘어서 학생들을 현실 개선을 위한 헌신과 실제적 참여로 이끌기 위해서는 반드시 파도처럼 쇄도하는 에너지가 다른 사람의 필요와 과업을 향해서 흘러가는 것을 느끼도록 하는 데 중점을 두어야 한다고 강조한다. 고통받는 어떤 사람들을 위해서 무엇인가 하지 않으면 안 된다고 느끼는 배려적 태도는 지식과 사고를 행동으로 표출시키는 중요한 심리적 동인으로 기능할 수 있다는 것이다.

이러한 맥락에서 정의적(affective)이고 참여적인 영역에서 배려 윤리적 도덕교육은 학생들에게 다른 인간 집단에 대한 공감 능력을 계발시키고, 글로벌 차원의 도덕적 이슈들에 대해 반두라가 말한 효능감(a sense of efficacy)을 계발하도록 도울 수 있다. 또한 새로운 관점들, 심지어 자신의 관점을 위협하는 관점들에 직면했을 때 불확실에 대한 관용 능력을 향상시킬 수 있다.

그러나 글로벌교육과 다문화교육에서 배려 윤리적 관점의 강점에 덧붙여, 나딩스는 먼 곳에서 배려를 할 때(예를 들어, 현재 미국에 살고 있는 개인이 아프리카에서 기아로 죽어가고 있는 아이들을 배려할 때), 직면할 수 있는 어려움을 언급하면서 글로벌교육과 다문화교육에서 배려 윤리적 관점의 적용이 갖는 한계를 다음과 같이 제시한 바 있다(추병완 · 박병춘 · 황인표 공역, 2002: 194-199). 첫째, 물리적으로 먼 곳에서 배려할 경우 생기는 주된 문제는 배려가 완성되기 어렵다는 점이다. 즉, 배려자가 그들이 배려하고 싶은 사람들의 응답을 얻을 수 있는 방법이 없다는 것이다. 그리고 배려자의 의도가 아무리 좋다고 할지라도, 그 관계 자체는 배려 관계로서 적절하게 평가될 수 없다. 둘째, 관계를 맺지 않고 배려하려고 시도할 때, 우리는 추상적인 지식이나 죽은 지식에 의존해야만 한다. 흔히 우리는 그들이 우리와 동일한 삶을 원한다고 잘못 생각할 수도 있다. 그래서 우리가 고통을 완화시켜줄 책임을 갖고 있는 사람들에게 오히려 고통을 야기할 수 있는 것이다. 나딩스는 이러한 한계로 인해서 많은 사람들로부터 배려를 너무 편협하게 친밀한 사람들에게만 국한시키고 있다는 비판을 받아야 했다.

나딩스의 관점에서 볼 때, 배려하는 사람의 행동은 배려에 대한 응답에 의해 완성되는 것이지 무조건적인 배려는 아니다. 그러나 이런 이유에서 만약 배려의 보편성을 부정하고 배려의 의무를 한정된 사람에게만 제한시킨다면, 사실상 글로벌윤리를 다루는 도덕교육은 그 필요성 및 타당성의 측면에서 심각한 의문이 제기될 수밖에 없다. 도덕적인 손은 우리가 모르는 사람, 또는 영원히 모를 수 있는 사람, 가까운 타인으로서 한 번도 얼굴을 마주할 수 없는 사람들에게까지 반드시 확대되어야 하는데, 이런 입장은 도덕적 영역으로부터 너무 많은 것을 배제하고 그 영역을 축소시킬 수 있는 것이다.

결론적으로 정의 윤리가 과도하면 삭막하고, 배려 윤리가 과도하면 그 배려의 대상이 축소되거나 인정에 치우치기 쉽다는 점을 유념한다면, 두 윤리적 관점 중 어느 한쪽에 편중됨이 없이 균형을 이루어 인간의 인지, 정서, 행동을 통합적으로 이끌어야 할 것이다. 특히 우리의 도덕교육이 학생들로 하여금 어떤 사태와 문제들을 세계적이고 총체적인 맥락 속에서 바라볼 수 있게 하고 책임감 있고 참여하는 세계시민으로서 헌신할 수 있도록 돕기 위해서는 정의와 배려의 도덕성을 통합한 도덕교육을 실현할 수 있어야 할 것이다.

2) 글로벌 시대 도덕교육에서 정의 윤리와 배려 윤리 간 통합의 기본 방향 및 중점

세계시민으로서 갖추어야 할 태도와 행동의 측면에서 바람직한 도덕교육의 목표는 "모든 인간을 인간답게 대할 수 있는 능력과 품성"을 함양하는 데 있다. 즉, 모든 인간은 남에게 양도할 수 없고, 함부로 침해할 수 없는 존엄성을 지니고 있다. 따라서 누구든지, 즉 개인과 국가 모두 이 인간의 존엄성을 존중하고 배려해야 할 책임과 의무가 있다. 사람들이 활동하는 모든 영역에서 인간은 언제나 권리의 주체이고 목적이어야 하며, 결코 단순한 수단이나 상업화와 산업화의 객체가 되어서는 안 된다. 이러한 맥락에서 정의 윤리와 배려 윤리의 궁극적인 지향점은 인간 존엄성을 고양시키고 인간이 수단이 아닌 목적으로 대우받는 그러한 도덕적 공동체의 형성을 목적으로 하고 있다고 볼 수 있겠다. 실제로 콜버그는 자신의 후기 저작에서 정의나 배려 윤리는 모두 인간을 목적으로 대우하고 있기 때문에 상위의 6단계에서 통합된다고 보았다(Kohlberg, 1984). 퍼비(Furby, 1986)도 정의와 배려 윤리는 모두 고통을 피하고 인간의 존엄성을 고양하며 인간의 행복을 증진시키는 것에 관심을 집중시키고 있다는 측면에서 어떤 유사성을 발견할 수 있다고 보았다.

하지만 이러한 목적에 도달하기 위한 출발점과 행위의 도덕성을 판단하는 기준에 대해서는 정의 윤리와 배려 윤리를 강조하는 진영 간에 심각한 논쟁이 발생하고 있다. 우선 정의 윤리 쪽에서는 모든 사람이 동등하게 대우받아야 한다는 평등의 전제에 기반을 두고 있는 반면에, 배려 윤리 쪽에서는 어느 누구도 해로움을 입어서는 안 된다는 비폭력의 전제에 그 기반을 두고 있는 것이다. 또한 정의 윤리 쪽에서는 도덕 원리에 일치하려는 의무감에서 나온 행위만을 도덕적 행위로 보는 반면, 배려 윤리 쪽에서는 자연적 배려의 감정에서 나온 행위를 보다 근본적인 도덕적 행위로 보고 있다.

이러한 두 윤리 이론 간의 기본적인 차이점을 인정하면서도, 글로벌 시대 도덕교육의 목표를 '모든 인간을 인간답게 대할 수 있는 능력과 품성 함양'에 둔다면, 이러한 목표를 성취하기 위한 접근법을 모색하는 과정에서 정의 윤리와 배려 윤리를 설득력 있게 융합시키기 위한 아이디어가 요청된다. 여기서는 글로벌 시대의 도덕교육에서 정의와 배려 윤리 간 통합의 기본 방향으로 '도덕적 인지와 도덕적 정서의 통합, 보편과 특수의 조화, 방법론적 개체주의와 전체주의의 조화'를 제시하고자 한다.

(1) 도덕적 인지와 도덕적 정서의 통합

세계화는 개인 · 지방 · 지역 · 국가 · 세계 수준에서 사람들에게 기회의 요소와 위험의 요소를 동시에 안고 있으며, 인류가 공동으로 해결하지 않으면 안 되는 여러 가지 지구촌 문제들을 수반하고 있다. '글로벌 차원의 문제나 이슈'에는 평화와 안보, 테러리즘의 문제, 경제적 부정의 및 불평등에 대한 문제, 생태계 파괴와 기후 변화에 대한 문제, 인권 문제 등이 포함되어 있다. 이러한 글로벌 문제와 이슈를 다루면서 정의 윤리적 관점을 채택하는 것은 개인적 감정을 개입시키지 않고 보편적으로 적용될 수 있는 도덕 원리 및 도덕 준칙에 따라 판단하는 것을 의미한다. 그러나 이와 같은 자세는 우리에게 관념적인, 혹은 맥락과 유리된 인간이 되라고 요구하고, 개인적인 인간관계로부터 자유로운 인간이 되기를 요구하기도 한다. 하지만 우리의 삶의 모든 측면에서 완벽한 공정성을 가지고, 보편화 가능한 원리에 대한 완벽한 칸트적 관심을 가지고 행동하기를 기대한다는 것은 과연 현실적인가?

이러한 이유에서 길리건의 또 다른 도덕성의 목소리는 우리의 도덕적 삶의 어떤 측면은 보편타당한 정의라는 공정성의 개념만으로는 잘 설명되지 않음을 보여준다. 배려는 보편적이고 공정한 원리와 의무감과는 대조되며, 관계를 맺고 있는 타인에게 품는 특별한 감정이라고 할 수 있다. 즉, 배려는 의무감에서가 아니라 자연적인 감정이나 동정심에서 우러나는 다른 사람들에 대한 관심과 같은 특징적 기질을 포함한다. 이와 같이 길리건이 규명한 도덕성의 또 다른 목소리는 콜버그의 이론에서 분명하게 드러난 칸트적 특징으로서의 공정성에 대한 보완책으로 간주될 수 있다.

보다 최근에 호프만은 도덕 원리와 배려 · 공감 · 정서를 포괄하는 이론적 틀을 개발하였다. 그는 도덕 원리가 "뜨거운 인지(hot cognition)"가 될 수 있다고 주장한다. "뜨거운 인지"란 무엇이고 어떻게 발생하는가? 도덕 원리가 희생자, 사건, 기억들, 범죄자, 행동 등 몇몇의 정서적으로 부과된 설명들과 결합될 때 뜨거운 인지가 된다. 이 "뜨거운 인지"란 추상적으로 학습된 '차가운' 도덕 원리들이 정서 및 공감적 정서들과 결합될 때 달구어지게 되는 것을 말한다. 호프만에 따르면, 도덕 원리들은 주어진 사건에 대한 우리의 정서적 반응을 조절할 것이며, 공감적 정서는 우리가 도덕 원리에 좀 더 전념할 수 있도록 만들어 줄 것이다(문용린 역, 2000: 300).

이러한 도덕 원리와 도덕적 정서 사이의 통합적 관점을 글로벌 차원의 문제를 다루는 도덕교육의 영역에 적용한다면, 글로벌 시대의 도덕교육을 위해서는 도덕적 추론과 정서에 기반한 도덕적 동기화를 분리하지 않아야 하고, '왜곡된 렌즈'로부터 우리를 분리해냄으로써 사심 없는 도덕적 관점에 대한 의무감과 공감 · 배려 · 자비라는 자연적인 감정과의 조화를 추구해야 할 것이다.

글로벌 시대의 도덕교육에서 도덕적 인지와 도덕적 정서의 통합을 위한 접근법의 한 예로서 역할채택(role-taking 또는 perspective-taking)과 공감(empathy)의 상보성을 고려할 수 있다. 이를 바탕으로 글로벌 시각을 갖는다는 것에는 자기중심적 세계관의 극복, 다양한 세계관과 상반된 세계관의 인정, 그리고 인간의 기본적 욕구 · 행동 · 관심 · 경험의 유사성에 대한 인식 등이 포함될 수 있다. 요컨대, 글로벌 시각을 갖는 데 기초가 되는 중요한 능력은 역할채택 및 공감 능력과 밀접하게 관련되어 있고, 이를 바탕으로 자기중심적이고 자민족중심적인 사고를 극복해 나갈 수 있게 된다.

주지하다시피, 콜버그에게 있어 도덕 판단의 과정은 역할채택의 과정이다.

역할채택을 위한 첫 번째 필요조건은 추론이고, 이 추론은 상황적 단서를 초월하는 것이며, 거기에는 자기중심적 관점이라는 오염된 편견이 존재하지 않는다. 문자 그대로 우리는 다른 사람의 관점을 취해야 하며, 이렇게 하기 위해 우리는 상황적 단서와 우리 자신의 관점으로부터 빠져나올 필요가 있다. 이와는 대조적으로 호프만의 이론은 내면화를 통한 도덕규범의 사회적 전수를 강조하였고, 도덕적 동기화의 기초로서 공감과 관련된 정서를 고려하였다. 호프만에게 있어 전형적인 도덕적 상황은 도덕적 딜레마가 아니라, 다른 사람이 위험, 곤경에 빠져 있고 우리는 그에게 도움을 줄 수 있는 위치에 있는 상황(즉 방관자 개입의 상황)이다. 이 상황에서 우리의 반응은 복잡한 추론을 하거나 원리에 호소할 필요가 없이 정서적인 것이다.

이와 같이 호프만은 타인의 필요와 소망에 대한 민감성의 견지에서 공감과 관련된 정서를 강조하고 있지만, 역할채택의 시작과 더불어 공감은 타인의 감정에 대해 더욱더 진지한 반응이 된다는 것을 또한 인정함으로써, 공감에 있어서 역할채택이 필수적임을 암시하였다. 랩슬리(Daniel Lapsley)도 자신의 책인 『도덕심리학』에서 이러한 역할채택과 공감이라는 개념이 항상 분명하게 구별되는 것은 아니라는 점을 분명히 하고 있다(Lapsley, 1996; 문용린 역, 2000: 284 재인용). 역할채택에는 다른 사람이 생각하는 것(인지적 역할채택), 다른 사람이 보는 것(공간적 · 시각적 · 지각적 역할채택), 또는 다른 사람이 느끼는 정서적 경험을 느끼는 것(감정적 역할채택)이 포함된다. 공감은 흔히 다른 사람의 정서적 경험을 인지적으로 인식하는 것이라고 정의해 왔다. 그러므로 역할채택과 공감 모두 인지와 정의의 과정이 병존한다는 공통점이 있다. 하지만 이러한 랩슬리의 관점은 역할채택과 공감 간에 공유될 수 있는 공통분모가 존재한다는 점을 강조한 것이지, 역할채택과 공감을 상호 환원 가능한 차원에 두고자 한 것이 아니었다.

글로벌 시대 도덕교육의 맥락에서 볼 때, 이러한 역할채택과 공감 능력들은 모두 문화의 다양성이라든가 타문화의 유입 및 습득을 반민족적이고 국가와 민족에 대한 의식의 결여에서 나오는 행위라고 보는 '자문화 중심주의'나 자신이 갖고 있는 '세계에 대한 관점'이 유일하게 옳은 것이라는 '자기중심적 사고'를 극복하게 할 수 있다. 즉, 역할채택과 공감의 통합 관점에 기초한 도덕교육을 통해 많은 사람들이 가지고 있는 인종 차별주의, 성차별, 종교적인 편견, 그리고 그 밖의 여러 부정적인 시각들이 불식될 수 있을 것이다.

(2) 보편과 특수의 조화

길리건과 콜버그는 도덕교육에서 보편과 특수의 문제에 관해 각각 상이한 관점을 제시하고 있다. 콜버그에 있어 상대주의는 도덕적 딜레마를 판단하는데 필요한 과정이긴 하지만, 딜레마의 해결은 반드시 보편적인 도덕 원리에 입각해야 하는 것인 반면, 길리건의 이론은 개별적 특수성과 구체적인 상황적 맥락의 중요성을 강조하고 있다.

이러한 길리건과 콜버그의 논쟁은 인권의 개념과 실천 내용이 나라와 문화 지역과 정치 상황에 따라 다양하게 적용된다면 어떻게 인권을 보편타당한 인류의 규범으로 볼 수 있겠는가의 딜레마와 밀접한 관련이 있다. 인권의 보편성과 문화 상대주의는 오늘날 중대한 철학적 문제가 되었다. 낯선 문화를 자신들의 문화를 중심으로 판단해서는 안 된다는 문화 상대주의 입장은 때때로 외부인은 다른 문화에 대해 가치판단을 해서는 안 된다는 주장으로도 전환되는 것이다.

문화 상대주의를 반대하는 사람들은 우선 문화 상대주의를 도덕 상대주의의 측면에서 비판한다. 가치판단을 포기했다는 것이다. 따라서 옳고 그름을 포기한 이 입장은 나치즘 같은 인류사회의 공적마저도 그들의 입장에서 이해하고 판단해야 한다는 주장을 할 것이라고 비판한다. 시카고 대학의 사회사상 교수인 앨런 블룸(Allan Bloom)은 『미국 정신의 종말』에서 "문화 상대주의의 개방적인 태도는 과거에는 이성을 사용하여 좀 더 나은 것의 추구를 가능하게 하는 덕목이었으나 이제는 모든 것을 인정하며 이성의 힘을 부인하는 것"으로 타락했고, "문화 상대주의는 자기 자신뿐만 아니라 선 자체마저도 파괴"해버렸다고 비판한다(Bloom, 1987: 35; 한건수, 2003: 312에서 재인용).

하지만 문화 상대주의의 한계를 비판하는 반문화 상대주의자들의 논지에 대해 기어츠(Clifford Geertz)는 이러한 관점 또한 아무런 문제나 한계가 없는 것이 아님을 지적한다. 즉 문화 상대주의는 한계가 있지만, 그럼에도 불구하고 문화 상대주의가 없는 사회가 갈 수 있는 극단적인 자문화 중심주의의 위험과 폐해를 고려한다면, 문화 상대주의는 여전히 그 의미와 역할이 중요하게 평가되어야 한다는 것이다. 서구 · 유럽 중심의 세계관과 가치가 보편적 선으로 인정되는 현실은 지난 세기에 문화 상대주의가 국제이해와 타문화이해에 기여한 역할이 여전히 요구되고 있음을 알 수 있다. 결국, 우리는 문화적 다양성에 대한 감수성을 기를 필요가 있지만, 동시에 모든 인권의 보편성을 지지하지 않으면 안 된다.

(3) 방법론적 개체주의와 전체주의의 조화

보편적인 도덕 원리에 기초하여 사회의 구조나 제도를 개선시키는 데 초점을 맞추는 정의 윤리적 전통은 방법론적 전체주의(methodological holism)와 잘 결합될 수 있는 반면, 덕 윤리학적 전통과 중요한 특성을 공유하면서 관계 중심적 윤리를 중시하는 배려 윤리적 전통은 방법론적 개체주의(methodological individualism)와 보다 잘 결합될 수 있다. 하지만 개인을 올바르게 변화시키면 우리의 지역, 국가, 지구촌이 개선된 수 있다는 '방법론적 개체주의'와 사회의 구조나 제도, 정책을 바꾸려는 노력을 중시하는 '방법론적 전체주의'의 두 입장 중 어느 한편에만 배타적으로 전념하는 것은 글로벌 차원의 문제를 다루는 도덕교육의 올바른 방법이라고 할 수 없다.

오늘날 세계에는 수많은 빈곤과 기아, 그리고 결핍의 사례가 존재하고 있다.

그것에 대한 책임은 대부분 정의롭지 못한 사회구조에 놓여있다(허영식, 2001). 실질적으로 개인적 차원의 배려만으로는 가난이나 기아와 같은 글로벌 차원의 문제를 근원적으로 해결하는 것이 불가능하다. 하지만 이와 같은 글로벌 문제의 근본적인 원인이 대부분 구조 및 제도, 혹은 정책적 차원에서 기인한다거나, 근본적인 해결책이 사회구조적이고 정치적인 차원에서 마련될 수 있다는 인식은 자칫 개인적 차원의 노력을 대수롭지 않게 여기도록 할 수 있다.

이런 인식의 문제점 및 한계를 극복하기 위해, 비록 자연과학에서 나온 것이기는 하지만, '나비효과(Butterfly effect)' 개념이 도움을 줄 수 있다. 미국의 기상학자인 로렌즈(Edward Lorenz)가 제시한 '나비효과' 이론, 즉 브라질에 있는 나비가 날개를 한 번 퍼덕인 것이 대기에 영향을 주고 또 이 영향이 시간이 지날수록 증폭되어, 긴 시간이 흐른 후 미국을 강타하는 토네이도와 같은 엄청난 결과를 가져온다는 이 이론은 윤리적 차원에서도 풍부한 함의를 제공할 수 있다. 즉, 작은 노력들이 모이면 큰 변화를 일으킬 수도 있고, 지구 어디에서인가 일어난 조그만 변화가 글로벌 위기와 같은 엄청난 결과를 막을 수도 있는 것이다. 그러니까 결국 개인은 겉으로 보이는 것처럼 그렇게 취약한 것이 아니다. 결론적으로, 글로벌 시대의 도덕교육은 세계에서 벌어지고 있는 전쟁과 테러리즘, 빈곤과 기아, 생태적 위기 및 기후 변화 등의 구체적인 문제들에 접근하는 데 있어서 개인적 수준과 구조 · 제도적 수준 모두에서의 개선책을 동시에 강구해야 할 것이다.

3. 정의 윤리와 배려 윤리의 통합적 관점에 근거한 글로벌 시대 도덕교육의 방법

여기서는 인류가 당면한 제반 문제를 '도덕'의 차원에 결부시켜 가르치기 위한 방법들을 정의 윤리와 배려 윤리의 통합적 관점에 입각하여 제시하고자 한다.

1) 대화법

글로벌 시대의 도덕교육에서 첫 번째 원리는 대화의 교육이다. 나딩스는 배려적 관점에서 대화가 도덕교육의 핵심적인 부분임을 강조하고 있다. 왜냐하면, 대화의 교육방법은 교사와 학생 사이에 보다 수평적인 관계를 만들어 서로 교육하고 배우는 대화의 관계를 형성하기 때문이다. 콜버그가 강조한 도덕적 추론과 오늘날 미국 고등교육의 목표로 설정되어 있는 비판적 사고능력을 강조하는 학자들도 교사가 권위적인 '전문가' 역할을 맡고 피교육자가 수동적으로 지식을 흡수하는 '은행저축식(banking)'의 교육방법은 도덕교육의 방법으로 부적합하다고 지적한다.

창의적이고 참여적인 교수 · 학습에서 대화법에 기초한 교육방법은 더 높은 효과를 낸다는 점이 이미 확인되었다. 이 대화 방식의 교육은 학습자에게 자신이 처한 현실과 경험, 자신의 이해와 편견, 소명감, 희망과 절망, 꿈 등에 대해서 말할 수 있는 편한 기회를 부여하며, 이를 바탕으로 교육자는 일련의 대안적인 관점을 가지고 학습 내용에 비판적으로 개입해 들어갈 수 있다. 평화의 문화를 향하여 '무엇을 어떻게 왜' 변혁시켜야 하는지를 학습자들과 공유해나가는 데 대화의 과정은 좀 더 강력한 공감대를 형성하는 필수적인 방법으로 작용한다. 이 방법은 학습자 개개인의 자각과 결심 수준을 높일 뿐만 아니라, '학습자 공동체' 내의 대화가 가능하게 한다.

2) 역할채택 및 공감 활동

나딩스와 호프만은 타인의 필요와 소망에 대한 민감성의 견지에서 공감과 관련된 정서를 강조하였으나, 콜버그는 도덕적 판단의 과정으로서 역할채택의 중요성을 강조하였다. 하지만 최근 국제 사회에 만연된 윤리적 타락의 근본 원인이 자신과 자민족 · 자국의 입장만을 중시하는 소아병적 사고에서 비롯된 것임을 생각해 볼 때, 역할채택과 공감 모두 자기중심적인 사고와 자민족중심적인 사고를 감소시키는 데 매우 중요한 능력임에 분명하다. 역할채택과 공감 능력은 자기 자신을 위해서 다른 사람들로부터 정의, 상호성, 인권의 평등, 그리고 개개인으로서의 인간의 존엄성에 대한 존중을 기대하는 것과 마찬가지로, 이것들을 다른 사람을 위해서도 요구하도록 한다. 타인의 시각으로 바라볼 수 있는 자세와 능력, 그리고 거기서 생기는 당사자적인 생각과 느낌은 따라서 서로 다른 문화 · 국가 · 민족 · 인종에 속하거나, 서로 다른 피부색 · 종교 등을 가진 사람들이 평화롭게 공동생활을 하고, 이해관계와 가치관의 차이로 인하여 갈등이 발생할 경우, 이것을 평화적으로 해결하기 위한 전제조건에 속하는 것이다.

'다른 관점에 서보는 것'은 학생들이 다양한 시각에서 특정 상황이나 논쟁점을 볼 수 있게 함으로써 타인의 가치관과 관점에 대해 이해할 수 있도록 해 준다. 이를 통해서 공감대의 형성은 물론, 타인을 배려하는 능력을 키울 수 있고, 복합적이며, 대안적인 가능성을 식별할 수 있는 수단을 제공한다. 그러므로 '다른 관점에 서보는 것'은 하나의 교육방법인 동시에 문제해결과 갈등해결에 적용될 수 있는 기술인 것이다. 다른 정치적 성향, 경제적 배경, 문화 또는 성별의 관점이나 입장에서 특정 상황 혹은 사건을 관찰하고 평가하는 것은 문제에 대한 이해도를 한층 높일 수 있으며 무엇이 갈등의 중심이었는지를 명확하게 한다.

3) 학제적(interdisciplinary) 접근

세계화의 문제에는 다양한 요소들이 포괄된다. 그러므로 인권과 평화, 지속가능한 발전과 환경, 다문화사회와 타문화 이해를 다루는 방법에 대해서 분절된 몇 조각의 이해를 얻는 것은 별로 유용하지 않다. 예를 들어, 평화의 문화를 교육한다는 것은 인권, 군사주의, 경제적 · 사회적 불평등, 지구촌 환경에 대한 보살핌, 타인과의 조화로운 공존, 자기 개인의 평화에 관련된 이슈들 간의 상호연관성을 총체적으로 이해하도록 돕는 일이다. 각 이슈에 대한 학습은 그 자체로 중요하지만 각 이슈의 원인과 결과가 가지는 상호연관성과 상호의존성이 이해되지 않을 경우 파편화된 접근으로 남게 된다.

이러한 맥락에서 콜버그, 나딩스, 샌딘, 그리고 커틴스는 현대 사회에서 발생하는 다양하고 복잡한 문제들을 단일 학문 내에서 이해하고 해결책을 마련하기란 결코 쉽지 않다고 강조한다(Munsey, 1980; Noddings, 1998; Sandin, 1992; Kurtines et al., 1995; Jeong & VanSickle, 2003: 233-242에서 재인용). 특히 도덕적 문제 상황에 대한 윤리 이론의 단순한 적용과 해석, 그리고 가치 관련 의사결정 과정에서 다학문 간 관점에 대한 무관심은 도덕교육의 질을 크게 손상시킬 수 있다고 경고한다. 프랑케나(Frankena)에 따르면, 윤리 이론들은 그 성격상 기술적(descriptive)이기보다 규범적이며 처방적이다. 즉 무엇이 옳고 선한지의 문제의 도덕성의 본질적 측면이다. 인간의 도덕성에 관한 우리의 관점을 정립해 가는 과정에서 이러한 윤리 이론들에 대한 이해의 중요성은 매우 강조되어야 하지만, 복잡한 도덕 문제에 대한 인식을 윤리적인 관점에만 지나치게 국한시킬 경우 자칫하면 '옳고-그름의 이분법적 논리'만이 강조될 수 있다. 예를 들어, 오존층의 파괴라든가 국가 간 자원 및 부의 불균형 문제를 다룰 때, 정치학, 경제학, 사회학, 생물학, 지리학 등의 다양한 학문적 관점들을 소홀히 하는 것은 도덕적 문제 상황에 대한 보다 포괄적인 문제 인식과 보다 합리적이고 바람직한 문제 해결책을 강구하는 데 걸림돌이 될 수 있다.

4) 거시적 차원의 세계적 이슈와 개인적 삶의 연결

상호의존적 세계에서 섬과 같이 고립된 생각을 한다면, 그것은 현실감을 상실하는 일이며, 다양한 상호의존의 도전에 대해서 제대로 인식을 하지 않겠다는 것과 다를 바 없다. 그리고 외관상 멀리 떨어진 지역에서 생기는 문제들, 이를테면 빈곤화, 환경 파괴, 빈곤으로 인한 이주 및 난민, 분쟁과 같은 문제들은 지구적 수준의 부메랑 효과를 갖고 있는 것이다. 머피(Craig Murphy)가 말한 바와 같이, 우리 학생들의 삶은 소말리아, 르완다, 코소보, 이라크와 같은 사회적 충돌과 비극에 의해, 부국과 빈국 간의 경제적 격차의 결과에 의해, 세계적으로 인권과 여성을 위한 사회정의의 추구에 의해 영향을 받고 있다(Murphy, 2001).

이와 같이 세계적 이슈들을 학생들의 관심 및 실제적 삶과 밀접하게 관련시킨 과제나 학습 내용은 자신의 실제적인 삶과 직접 관계가 없는 개념적 지식이나 이론보다, 그리고 단순한 교과서 중심적 학습 내용보다 피아제와 콜버그가 발달을 위한 전제조건으로 내세웠던 인지적인 비평형(cognitive disequilibrium)을 자연스럽게 유발시켜 주며, 인지적인 학습 내용을 자기의 삶과 현실적인 자기의 문제에 연결시켜주기 때문에 나딩스의 '느낌이 있는 교육'을 제공할 수도 있을 것이다.

5) 실천 및 현실 참여

글로벌 시대의 도덕교육에서는 아동들의 능동적인 참여와 실천을 통해 자신의 도덕적 신념에 대한 반성적 사고를 촉진할 수 있고, 상이한 혹은 대립되는 가치를 가진 사람들과 상호작용을 통해 사회적인 역할채택을 경험할 수 있는 기회를 풍부하게 제공해야 한다. 콜버그는 역할채택을 위한 최우선적 조건을 집단적 활동에의 참여라고 보면서 "개인이 집단의 의사결정 과정에 보다 적극적으로 참여하고, 집단의 의사결정 결과를 충실히 이행하려는 책임 의식을 강하게 가질수록 그들이 타인의 역할을 채택할 가능성은 그만큼 높아진다"라고 보았다(Kohlberg, 1969).

경험 연구들의 결과에 비추어 볼 때, 원칙 혹은 원리 수준에서의 합의가 바로 이 원칙에 따른 행위로 옮겨지는 것은 아니라는 점을 간과할 수 없다. 그러므로 단순히 논쟁으로 끝나는 것보다는 사회적 변화의 과정에 직접 참여하거나 도덕적 행동으로 연결시킬 수 있는 것이 중요하다. 나딩스에 따르면 인간의 태도와 지적 성향(mentality)은 부분적으로 경험을 통해서 형성되고, 배려의 능력과 성향도 배려의 실천경험을 통해서 발달될 수 있다고 한다. 그러므로 서로 다른 사람을 보살필 수 있는 학생들을 길러내기 위해서는 학생들에게 배려를 실천해 볼 수 있는 기회를 제공해 주어야 한다는 것이다. 이런 이유에서 글로벌 시대의 도덕교육에서는 실천적인 경험 및 현실참여를 통해 인간의 상호의존성과 나눔과 베풂의 가치를 체험하도록 기회를 제공하고, 관계의 중요성과 더불어 살아가야 하는 동반자적 삶의 중요성을 인식하도록 도와야 한다.

4. 결론 및 제언

2003년에 일어난 이라크 전쟁으로 인하여 국제관계에서의 정의 문제가 주요한 논쟁점이 된 적이 있다. "어떤 전제 조건하에서 다른 국가들과 전쟁을 수행해도 되는가?"라는 문제, 즉, "정의로운 전쟁"은 국제 관계에 있어서 주요한 도덕적인 쟁점이 되었던 것이다. 또한 인류의 보편적인 가치에 근거한 인권과 한 국가의 주권수호에서 나타나는 인도적 개입 문제도 주요한 논쟁거리이다(심연수, 1997). 인권 개념의 다양성과 타 국가에 대한 주권침해를 이유로 해서 인도적 개입도 금지되어야 한다는 불간섭주의가 있는 반면에 제한적으로 개입할 수도 있고 혹은 광범위하게 개입할 수도 있다는 논리도 있다. 그 외에도 국제환경윤리, 성차별의 도덕성, 소수민족의 권리와 민족국가에 대한 윤리적인 접근도 주요한 논쟁점이 되고 있다.

이러한 인권문제, 전쟁의 도덕적 정당화 문제, 빈곤화, 환경 파괴, 빈곤으로 인한 이주 및 난민, 분쟁과 같은 문제들은 이제 더 이상 개별 국가들만의 문제가 아니라 지구적 수준의 부메랑 효과를 갖고 있는 것으로 이해되어야 한다. 특히, 인류공동체의 문제가 세계적 상호 의존과 협력 속에서만 해결될 수 있을 정도로 세계화되고 있기 때문에 범세계적 문제해결의 중요성은 더욱 부각되고 있는 실정이다.

이러한 상황에서 복잡하고 다양한 글로벌 문제와 도덕적 이슈에 대한 직접적인 교육적 대응이 절실히 요구되고 있다. 특히 세계 여러 나라가 공통으로 겪는 세계문제와 이슈를 사회정의의 도덕적인 관점에서 비판적으로 탐구할 것과, 우리와 문화적 배경이 다른 이웃을 이해하고 인정하며 타인의 눈과 마음으로 세계를 보고 다른 나라의 사람도 우리와 동일한 요구와 필요를 가지고 있음을 깨닫게 하는 학습이 요청되고 있다. 그런 이유에서 본 장에서는 정의와 배려 윤리를 통합한 도덕교육의 필요성을 제기하였고, 그 통합 방식을 구체적으로 제시하고자 하였다.

앞서 살펴본 바와 같이, 세계화와 관련된 어떤 사태와 문제들을 세계적이고 총체적인 맥락 속에서 바라볼 수 있고 제도적인 개선책을 궁구하기 위하여 정의 윤리가 요청되지만, 마틴(Jane Roland Martin)이 지적한 바와 같이, 이는 고도로 합리적인 냉혹성과 타인에 대한 연민의 부족을 초래할 수 있다. 또한 도덕적 영역을 따뜻한 배려나 사랑과 같은 영역에 배타적으로 축소하는 것도 바람직하지 못하다. 구분되지 않은 혹은 무차별적(undifferentiated) 인도주의적 배려 윤리는 때로는 바람직하지 못한 결과를 초래할 수 있기 때문이다. 따라서 두 윤리 간의 상호의존성과 불완전성을 전제하면서 '지성과 감성이 하나로 통합된 참여하는 세계시민'을 길러내는 데 도덕교육의 초점이 두어져야 할 것이다.

제5부

도덕과 교육의 지향과 과제

제17장
미래 지향적인 도덕과 교육의 설계와 실천[89)]

1. 시대적 요구를 반영한 '도덕과의 21세기형 교육적 인간상' 설정

도덕과는 자기 자신과 세상을 '더 나은' 상태로 '변화(transformation)'시킬 수 있는 도덕적 행위의 주체를 육성하기 위해 노력해야 한다. 즉 자신과 이웃, 세상에 대한 이해를 바탕으로, 자기를 더 인간답게 변화시킬 뿐 아니라, 세상을 보다 윤리적으로, 민주적으로 변화시킬 수 있는 성품과 역량을 갖춘 존재를 길러내는 데 목적을 두어야 한다. 단순히 선의(善意)를 갖는 수준을 넘어서, 끊임없이 자신을 변화시키고, 다른 사람들에게 감화를 주어 그들의 변화를 도우며, 국가 공동체 차원뿐만 아니라 더 나아가 지구적 차원의 윤리 문제 해결을 위해 협력적으로 참여하는 윤리적 시민을 육성하기 위해 노력해야 한다.[90)]

---

89) 이 장은 한국도덕윤리과교육학회 주관 연차학술대회(2019, 청주교대)에서 사용한 기조강연 원고("미래 지향적인 도덕과교육의 설계와 실천")를 이 책의 성격에 맞게 수정 · 보완한 것임을 미리 밝혀둔다.

90) 세상의 변화를 만드는 사람들, 소위 체인지메이커(changemaker)라고 불리는 사람들은 단순히 선의(善意)만으로 세상은 변하지 않는다는 생각을 공유하고 있다. 이들은 모두를 위한 선(善)을 증진시키는 데서 삶의 만족을 찾고, 현실에 안주하려는 다수의 사람들에게 현재 상황의 문제점을 지적하고 설득하며, 작은 변화를 모아 큰 변화(세상의 변화)를 만들 수 있다는 신념을 공유하고 있다(보다 자세한 내용은 정경선, 2019 참조할 것).

2015개정 도덕과 교육과정에서 설정한 '도덕적인 인간과 정의로운 시민' 개념에도 '도덕적 성장을 향한 자기 변화'와 '보다 나은 상태로의 세상의 변화'를 만들 수 있는 교육적 인간상을 함축적으로 반영하고 있다. 따라서 이러한 설정 또한 미래 교육을 위한 교과의 교육적 인간상으로서 여전히 적합성을 갖지만, 다음과 같은 두 가지 측면에서 개선이 요구된다. 첫 번째로, 미래 세대를 위한 도덕과의 교육적 인간상에는 개인의 보다 의미 있는 삶과 국가 · 인류 · 생태 공동체가 직면한 난제 해결을 위해 '자신과 세상의 변화를 적극적으로 만들어 갈 수 있는 성숙한 인격체이자 윤리적 시민'(= 나와 우리, 세상을 긍정적으로 변화시켜 나가는 도덕적 행위 주체)의 특성이 보다 명시적으로 드러날 수 있도록 개선할 필요가 있다. "인간은 변화할 수 있고 변화하는 동안만 인간이다. 끊임없이 스스로를 만들어 나가는 존재인 동안에만 인간이다."라는 피셔(Fischer, 2005: 10)의 주장과 같이, 인간은 변화를 만들 수 있고, 동시에 변화를 만들어 나가야 하는 존재이다. 이 말은 인간 존재의 근본 특성을 '변화'에 두고 있으며, 자기 변화와 혁신의 중요성을 역설하고 있다. 하지만 이러한 개인적 변화를 바탕으로, 더 나아가 세상의 변화를 추구할 수 있어야 과거와 미래를 관통하여 훌륭한 인간상으로 규정할 수 있다. 즉 수기안인(修己安人)에 담긴 의미와 같이, 자기 자신의 변화를 바탕으로 세상의 변화를 이끌 수 있어야 한다. 변하거나 바꾸지 않은 채 다른 미래를 꿈꾸는 것은 어림없는 망상에 불과한 것이다.

두 번째로, '정의로운 시민'이라는 좁은 범주에서 벗어나 21세기 '윤리적 시민(ethical citizens)'으로서의 자질과 태도를 보다 명시적으로 반영할 필요가 있다. 오늘날 강조되고 있는 시민의 모습[像]은 책임성 있는 시민, 참여적 시민, 정의 지향적 시민, 민주적 시민, 인권적 시민, 평화적 시민, 생태적 시민, 다문화적 시민, 세계 시민 등 다양한 정체성과 역량을 가진 시민상으로 확장되고 있다. 정의로운 시민은 매우 중요하지만, 엄밀하게 말하자면 이 중 하나에 불과하다. 도덕과에서는 실제로 이러한 다양한 시민상 개념들을 관통하거나 하나로 뀔 수 있는 핵심 개념을 바탕으로 교과의 교육적 인간상을 설정할 필요가 있는데, '윤리적 시민' 개념이 이에 해당된다. 윤리적 시민 개념은 책임성 있는 시민, 참여적 시민, 정의 지향적 시민, 인권적 시민, 평화적 시민, 생태적 시민 등과 수평적인 혹은 동등한 위계를 갖는 개념이 아니며, 이 낱낱의 시민상 개념들을 통틀어서 외연이 큰 하나의 개념으로 포괄하는 총괄 개념은 더더욱 아니다. 이보다는 다양한 시민성 개념들을 '윤리적 관점'에서 혹은 도덕과의 정체성에 부합하는 차원에서 연결 짓는 기능을 하며, 이 개념은 종국적으로 도덕과 교육의 목표와 내용, 방법 등을 통어(統御)하는 기능을 한다. 이러한 '윤리적 시민' 개념에는 민주주의 사회에서 품위 있고 양심적으로 살아갈 수 있을 뿐만 아니라, 국가 · 인류 · 생태 공동체가 직면한 거대한 도전[91] 앞에서 세상과 자신과의 연결감을 갖고, 공동의 번영과 행복을 가치 있게 여기며, 세상의 변화를 만들어야 한다는 당위를 실천할 수 있는 시민적 자질 및 면모 등이 내포되어 있다.

요컨대, '도덕 교과의 21세기형 교육적 인간상'은 자기 자신과 세상을 변화시킬 수 있는 '성숙한 인격체'이어야 할 뿐만 아니라, 국가와 인류 사회가 직면한 도전 과제들을 해결하는 훌륭한 '윤리적 시민'이어야 할 것이다. 진정한 인간다움과 이상적인 삶에 대한 인식을 바탕으로, 자신의 행동이 불러올 광범위한 영향을 고려하고 세계 안에서 사려 깊게 행동하는 방법, 그리고 세상이 어떻게 바뀌어 가고 있는지 조망하고 윤리적으로 성찰하는 방법을 익힌 '성숙한 인격체이자 훌륭한 윤리적 시민'이어야 한다.

2. 21세기형 도덕과 핵심 교육영역 설정 : 인성교육과 윤리적 시민 교육

도덕과에서는 인간다움의 개화(開花)를 위해 자기를 변화시킬 뿐 아니라, 이

91) 여기에는 남북통일 문제, 생태계 파괴와 환경오염 문제, 불평등 및 양극화 문제, 기술발달로 인한 인간 정체성 혼란 문제 등이 포함된다.

와 동시에 세상을 윤리적으로 변화시킬 수 있는 존재를 길러내기 위하여 '인성교육(character education)'과 '윤리적 시민교육(ethical citizenship education)'을 보다 강조해야 한다. 인성교육을 통해서는 무엇보다 강한 정신적 탄력성과 도전적 자세를 견지하고, 풍부한 인문학적 감성을 통해 인간다운 삶의 가치를 새롭게 구성하며, 공동의 문제를 대화와 협력으로 해결할 수 있는 성숙한 인격체를 육성해야 한다.

혹자는 예측 불가능한 미래의 새로운 변화에 잘 적응할 수 있는 인간을 육성해야 한다고 주장한다. 하지만 미래를 위한 교육이 미래 사회 변화에 대한 단순한 적응, 달리 말하면 '따라잡기(following)'에 그쳐서는 안 될 것이다.[92] 그보다는 개인적, 사회적으로 '더 나은' 혹은 '바람직한' 상태로의 변화에 지향점을 두면서, 어떻게 하면 인성교육을 통해 더 나은 미래를 '선도(leading)'할 수 있는 사람을 육성할 것인가에 관심을 두어야 한다. 이런 사람을 길러내기 위해서 도덕과의 인성교육은 불확실하고 급변하며 모호한 세계 속에서 중심을 잡고 자신의 길을 헤쳐 나가는 데 필요한 정신적인 나침반과 자신이 설정한 목적지에 도달할 수 있는 '강한 인성(strong character)'을 갖추도록 도와야 한다. 이러한 강한 인성에는 삶의 목적,[93] 인성 혹은 도덕 성장 마인드세트(growth mindset), 그릿(Grit)[94]과 회

92) 우리는 단순히 생존을 위해서가 아니라 '보다 나은 삶'을 위해서 살아야 한다. 즉 미래 사회 변화에 단순히 적응하는 것이 아니라, '보다 나은 삶'을 위해서 자신의 삶과 자신이 속한 사회를 능동적으로 변화시켜 나가야 한다.

93) 우리가 삶의 목적을 가져야 하는 이유에 관해 윌리엄 데이먼(William Damon)은 "삶의 목적이 평온한 시기에는 행복을, 고난의 시기에는 견디어낼 수 있는 회복탄력성을 부여한다."라고 주장한다. 또한 삶의 목적을 가진 사람의 특징은 에너지, 끈기, 낙천성, 회복탄력성 등이 강하고, 극적인 삶의 굴곡을 견디면서 이겨낸다는 점에 있다고 말한다. 보다 자세한 내용은 Damon, 정창우 · 한혜민 역(2012) 참조.

94) 앤젤라 더크워스(Angela Duckworth)가 제시한 '그릿(Grit)'이라는 개념은 자신이 성취하고자 하는 목표를 끝까지 해내는 힘이며, 어려움과 역경, 슬럼프가 있더라도 그 목표를 향해 오랫동안 꾸준히 정진할 수 있는 능력을 의미한다. 그녀는 성공한 이들과 그렇지 못한 이들의 차이는 바로 그릿에서 비롯된다고 주장한다. 즉 성공한 이들은 목표를 이루기 위해 어떠한 어려움을 만나도, 얼마 동안의 시간이 걸리더라도 부단한 노력을 하는 '열정과 결합된 끈기', 즉 그릿을 지녔다는 것이다(Duckworth et al., 2007).

복탄력성(resilience), (특히 마음챙김[95]을 통한) 정서적 안정과 균형감(emotional balance), 개척정신과 도전정신(특히 실패할 용기) 등이 포함될 수 있다.

이런 시각에서 본다면 우리 도덕과에서는 학생들로 하여금 삶의 목적 형성과 정서적 균형감 증진, 자기노력을 통해 차이 혹은 변화를 이끌 수 있다는 믿음, 그리고 실패를 두려워하지 않고 성취해 내려는 불굴의 의지와 개척정신 등을 길러주어 장차 가치 있는 성과를 일궈내고 마음의 평화와 행복감을 얻을 수 있도록 도와야 할 것이다. 이와 같이 현실에 안주하지 않고 삶의 목적을 향해 끊임없이 성장과 변화를 추구하고, 역경을 두려워하지 않으면서 스스로 미래를 개척해 나가겠다는 열정과 투지를 발휘하게 되면, 개인적 성취와 행복 실현뿐만 아니라 세상을 널리 이롭게 하는 데에도 기여할 수 있을 것이다.

도덕과에서는 또한 인성교육을 통해 '인문학적 감성 및 통찰 역량'[96]을 길러주어야 한다. 미래의 지능정보사회에서 인간이 기술의 노예가 아닌 주인으로 자리하기 위해서는 자신과 타자의 존재 가치 및 아름다움에 의미를 부여하고, 자기를 끊임없이 성찰해서 본래의 자기를 찾는 인간다운 감성과 통찰력을 가져야 한다. 미래 첨단 과학기술의 발전으로 인해 인간 삶의 조건들이 변화한다고 해서 인간 삶의 근본적인 의미 자체가 변화할 것이라고 보는 것은 성급한 생각이다. 기술공학이 지배하는 미래 시대에 살아갈 우리 아이들에게 정작 필요한 것은 '사람의 진정한 모습'을 찾도록 하는 것이다. 이러한 맥락에서 볼 때, 인문학적 감성과 통찰 역량은 인간이 인간다운 모습을 갖추기 위하여, 즉 인간으로서 진정한 자기 모습을 찾아가기 위한 필수적인 교양요소라 할 수 있다.

---

95) 여러 연구 결과에서 마음챙김은 높은 긍정 정서, 활력, 회복탄력성, 자기조절력, 자존감 등과 관련되어 있는 것으로 나타났다(Fadel et al., 이미소 역, 2017: 184; 김완석, 2016).

96) 인문학적 감성 역량은 "다양한 대상(인간 · 사회 · 자연 · 우주 혹은 사상이나 작품)과의 관계에서 감수성을 통해 얻은 다양한 층위의 심미적 경험과 감동을 축적하고, 끊임없이 자기반성 내지 자기성찰을 행함으로써 그 축적이 내면의 완성으로 나아가게 하는 능력"을 의미한다(정창우, 2019: 61; 이언주, 2016: 112). 인문학적 통찰 역량은 '인간다움'과 '자기다움'의 문제를 탐구하여 인간과 세계를 인식하고 해석할 수 있는 넓고 깊은 안목을 갖추고, 이를 삶 속에 적용할 수 있는 능력을 의미한다.

또한 물질 욕구로 인해 발생하는 실존적 공허감이나 삶의 의미 상실을 극복하고 자신의 삶을 진정한 가치 추구와 의미 실현의 차원으로 고양시키기 위해서도 인문학적 감성 및 통찰 역량은 반드시 필요하다. 무엇이 내 삶을 풍요롭게, 그리고 의미 있게 만드는지, 우리 인간이 살아가는 이유는 무엇인지, 무엇이 우리를 앞으로 나아가게 하며 영감과 힘, 희망과 위안을 주는지 등에 대해 많은 현대인들은 더 이상 질문하지 않는다. 한마디로 실존적 진공 상태에서 살아가는 사람들이 많다는 것이다. 사회과학 연구 결과를 보면, 이러한 삶의 의미 부족 현상은 높은 자살률과 날로 심각해져가고 있는 정신 건강의 악화와 무관하지 않다. 특히 놀라운 점은 부유한 국가가 가난한 국가보다 자살률이 현저히 높다는 것이다(Oishi & Diener, 2014: 422–430). 이와 같은 연구를 실행한 연구자들은 낮은 삶의 의미 지수와 자살률 간의 높은 상관관계를 통해 그 원인을 분석했으며, 결론적으로 삶의 의미를 부여할 수 있는 힘을 길러야 한다고 제안한 바 있다.[97]

다음으로, 존중과 공감 · 배려를 바탕으로 성숙한 사회적 상호작용을 할 수 있는 '협력적 인성(협업 역량)'을 길러주어야 한다. 21세기 초연결 사회에서는 개인 간, 문화 간 차이와 갈등을 넘어 현실과 가상공간에서 협업과 팀워크 형성이 더 중요해질 것이다. 또한 오늘날과 같은 지식과 정보 폭발의 시대에는 그 누구도 지식과 정보를 모두 습득할 수 있는 것이 아니며, 복잡한 문제에 대해 하나의 시각 혹은 단일 해법으로 해결책을 찾는 데에는 명확하게 한계가 있으므로, 협업이 더 중요해질 것이다. 이런 상황에서 성공적인 협업으로 나아가려면, 다른 사람에게 깊이 공감할 줄 알고 선부른 결론을 피하며 상호 의존성

---

97) 이러한 연구 결과를 뒷받침할 수 있는 다른 연구들도 있다. 예를 들어 물질주의 사회에서 사람들은 더 자기중심적이고 삶의 의미를 갖기 힘들다는 사실이 여러 연구들을 통해 입증되어 왔다(Vohs et al., 2008: 20–212; Kashdan & Breen, 2007: 521–529). 또한 심리학 연구(Lyubomirsky, 2008)를 통해, 행복을 좇는 삶은 사람을 불행하게 만들 수 있는 반면, 친절한 행동을 하거나 감사를 표하거나 중요한 목표를 정하거나 대인 관계를 돈독히 하는 등 의미를 추구하는 행동은 행복도를 높인다는 사실도 입증되어 왔다.

과 연결성에 대한 인식을 바탕으로 다른 사람들과 조화를 이루면서 도전해 나가야 한다. 실제로 구글의 '아리스토텔레스 프로젝트'[98]에서 보듯이, 획기적인 아이디어 또한 고립되어 일하는 특정 개인의 성과물인 경우는 매우 드물다. 그보다는 여러 사람이 각자의 지식을 동원하고 공유하고 연결함으로써 새로운 가치 혹은 창조적 아이디어, 그리고 의미 있는 성과를 창출해 낸다. 따라서 인성교육은 다양한 개인적 특성과 사회문화적 배경을 가진 사람들이 서로 협력하고, 다른 견해와 관점, 가치를 존중하고 그 같은 차이를 가로질러 어떻게 서로 신뢰하고 협력할지 결정하고, 국경을 초월하는 지구적 차원의 쟁점들이 사람들의 삶에 영향을 주는 세계에서 살아갈 수 있도록 학생들을 대비시킬 수 있어야 한다(Fadel et el., 이미소 역, 2017: 17).

이렇게 볼 때, 자신과 세상의 변화를 만들어 내는 존재 육성을 추구하는 도덕과에서는 '가치 있는 삶의 목적을 위해 성실한 자세로 끊임없이 도전하고 도덕적인 자기성장을 추구하며, 풍부한 인문학적 감성을 통해 타자의 존재 가치를 존중하고, 협업을 통해 더 나은 미래를 열어가는 성숙한 인격'을 배양하기 위해 노력해야 할 것이다.

인성교육과 더불어, 도덕과에서는 '윤리적 시민교육'을 통해 시민적 품위와 양심을 갖고, 사적 이익을 넘어서 공동선을 추구하며, 국가와 인류, 나아가 생태 공동체의 번영에 기여하는 '윤리적 시민성(ethical citizenship)'을 길러주어

---

98) 2016년에 실시된 이 프로젝트는 가장 생산적인 팀의 특징을 분석하는 것을 목표로 삼았다. 연구에 앞서 구글은 각 분야에서 가장 전문적인 지식을 가진 최고 과학자들의 집합체인 A팀이 최첨단 아이디어를 쏟아낼 것으로 예상했다. 하지만 실제로 회사에서 가장 생산적인 아이디어는 최고로 똑똑한 사람들이라고 볼 수는 없지만, 평등, 관용, 팀원의 아이디어에 대한 호기심, 공감, 감성 지능과 같은 다양한 소프트 스킬(soft skills)을 갖춘 B팀에서 나온다는 사실이 입증되었다. 특히 생산적인 팀이 되기 위해서 중요한 조건은 정서적 안전이었다. 즉 팀 구성원들이 자신 있게 말할 수 있고 서로의 실수를 허용할 수 있으며, 고의적으로 괴롭히는 일이 없고 자신의 의견이 다른 팀원들로부터 존중받고 있음을 느껴야 한다는 것이다. 이를 통해 우리는 미래의 성공을 위한 조직의 모습은 구성원들의 높은 인성 수준에 의해 인간적인 풍토가 조성된 상태라는 점을 확인할 수 있다(정창우, 2019: 223; 워싱턴포스트 홈페이지 참조).

야 한다. '법적, 정치적 시민성(legal and political citizenship)'이 대체로 실정법에 초점을 맞추는 것과는 달리, '윤리적 시민성'은 실정법 너머에 있는 보편적 양심, 이성법[99]이나 자연법 등을 바라보면서 현실을 개선하려 하고, 보편적 가치와 원리, 국가의 도덕적 이상, 합리적인 의사소통 행위를 통한 합의 등을 바탕으로 현실의 사회 규범을 한 수준 높게 향상시키려고 하는 차원(즉 탈인습적 사고 지향 수준)에 초점을 맞춘다(정창우, 2019: 102). 또한 '법적, 정치적 시민성'이 주로 법 교육 및 정치(학)교육의 이론과 실제에 의해 뒷받침되고, 법에 따른 정치적 행위의 주체자로서 시민의 권리와 역할(의무)에 대한 필수적인 지식, 이해, 기능 등을 강조하는 반면, 윤리적 시민성에서는 '공동선을 위해 동료 시민들과 협력하는 태도', '공동체에 대한 정체성과 책임감', 동료 시민들에게 갖는 관심 · 선의 · 공감 · 배려로서의 '시민적 친애(civic friendship)'[100], 부정의 및 사회 문제에 대한 감수성과 책임감으로서의 '사회적/시민적 양심(social conscience)', 시민으로서 정중한 태도 및 모든 인간의 존엄함을 평등하게 대접하려는 태도로서의 '시민적 예의 및 교양(civility)', 자연과의 조화로운 삶을 지향하는 '생태적 감수성 및 자연 친화적 태도'와 같은 시민적 덕성과 역량을 강조하는 특징이 있다(정창우, 2019: 103).

이러한 '윤리적 시민성' 개념은 시민적 예의와 교양, 인권 시민성, 평화 시민성, 다문화 시민성, 과학기술 시민성(디지털 시민성 포함), 생태 시민성, 세계 시민성 개념과 모두 밀접하게 관련되어 있다. 이들 시민성 각각은 윤리적 시민성과 상당 부분 중첩되기도 하고 긴밀하게 상호 연결되는 측면이 있다. 하지만 이

99) 구체적인 내용을 가지는 실정법과 달리, 실천 이성에 기초함으로써 시대와 사회를 초월하는 보편타당한 법을 의미하며 자연법과 거의 같은 뜻으로 해석될 수 있다.

100) '시민적 친애', 즉 폴리티케 필리아(politike philia)는 가까운 사람들끼리 나누는 '개인적 친애'와는 다른 형태로 공동체에서 삶을 공유하는 구성원들을 자기와 동일하게 배려하는 것이라고 할 수 있다(곽준혁, 2008: 140). 이 개념은 아리스토텔레스가 창안한 것으로, 동료 시민들이 서로에게 상호 관심과 이해를 갖는 것이며 타인의 선을 소망하고 타인을 위해 행동하는 것(즉 상호 관심과 이해, 선의와 공감 및 배려)을 의미한다.

미 언급한 바와 같이, 이러한 시민성 개념에는 윤리적 차원뿐만 아니라 법적, 정치적 차원도 포함되어 있고 우리 교과에서는 도덕적 탐구와 윤리적 성찰, 실천을 강조하는 고유한 특성이 있기 때문에, 각 시민성 개념 앞에 '윤리적'이라는 수식어를 붙여서 타 교과와의 차별화를 시도해 볼 수도 있을 것이다.[101] 하지만 이 문제에 대한 논의는 심층적인 숙의와 집단 지성을 필요로 하기 때문에 향후 또 다른 연구 과제로 남기고, 이 글에서는 도덕과를 통해 길러주어야 할 '미래 지향적인 혹은 21세기형' 시민성 교육의 추진 방향에 대해 제시하고자 한다.

우선, 도덕 교과를 통해 시민적 예의(civility)를 길러주어야 한다. 시민적 예의는 인류가 갖추어야 할 시민성(citizenship)의 핵심 요소로서 좋은 시민이 될 수 있는 주요한 기제이다(White, 2006; 심성보, 2014: 105 재인용). 이러한 시민적 예의란 우리 모두가 공동의 사회를 만들어 살아가는 평등한 시민이라는 전제 위에서 서로 입장을 견주는 의사소통의 정중함과 예의를 의미한다. 즉 타인의 의견이나 정체성을 무시 혹은 멸시하지 않으면서도 자신이 가진 의견이 낫다고 정중하게 증명하려는 규범을 의미한다. 도덕과의 특성을 반영한 시민적 예의교육이 실천되기 위해서는 무엇보다 수업의 과정(특히 토론 과정) 자체가 우월한 승자와 열등한 패자를 가리는 과정이 아니라, 누구나 평등한 시민으로서 특정 사안에 더 합리적인 판단과 덜 합리적인 판단을 골라내는 비폭력적 과정이 되어야 한다.

둘째, 인권 시민성(human rights citizenship)을 길러주어야 한다. 인권이란 인간의 존엄성과 가치를 존중해야 한다는 가치관에서 비롯되었다. 따라서 인권은 필연적으로 규범의 세계에 속하는 문제이다. 그렇지만 엄밀하게 말해 규범은 법 규범에서 도덕, 윤리와 종교 규범 등을 모두 포괄하기 때문에, 바람직한 인성 및 시민성 발달을 추구하는 도덕 교과에서는 특히 윤리학 및 정치철학을

101) 즉 인권윤리적 시민성, 평화윤리적 시민성, 과학기술윤리적 시민성, 생태윤리적 시민성, 세계윤리적 시민성 개념을 사용하는 것이 교과의 정체성을 반영한 개념 형태일 수 있는지에 대한 적극적인 검토가 필요하다.

바탕으로 인권 감수성을 함양해야 한다. 도덕적 탐구가 필요한 이슈 중에는 사형제도, 동성애, 인종차별, 성차별 등과 같은 것들이 있는데, 이러한 각각의 주제들은 사회과에서도 다룰 수 있는 것들이다. 하지만 윤리 이론과 보편적인 도덕 원리를 중심에 두느냐, 사회과학적 지식 및 학문 방법, 탐구 방식을 중심에 두느냐에 따라 구체적인 학습 내용은 달라질 수밖에 없다. 따라서 도덕 교과의 고유한 특성을 반영한 인권 시민성교육이 실행되기 위해서는 인권 개념의 윤리학 및 정치철학적 근거와 이에 따른 인권 문제의 윤리적 진단 및 해결 방안 모색에 초점을 맞출 필요가 있다.

셋째, 평화 시민성(citizenship for peace)을 길러주어야 한다. 평화란 단순히 폭력의 부재 상태가 아니라, 지구적 차원의 가치규범과 시민윤리에 바탕을 둔 평화를 의미한다. 즉 시민적 우애와 협력, 인권과 정의 등과 같은 도덕적, 민주적 가치를 전제로 한 평화이다. 도덕과에서는 다양한 서양 평화윤리 사상들을 바탕으로 다음과 같은 핵심 질문들을 추출하여 심도 있는 토의 · 토론 수업을 효과적으로 적용함으로써 평화 시민성 함양에 기여해야 한다.

〈표 17-1〉 서양 평화윤리 사상에 기초한 핵심 질문

핵심 질문	관련 사상가
정의와 평화의 관계는 무엇인가? 정의 없는 평화는 과연 성립 가능한가?	플라톤, 롤스 등
세계시민이란 누구인가?	스토아학파, 칸트, 롤스, 싱어, 큉 등
전쟁은 필연적인 것인가?	플라톤, 아리스토텔레스, 아우구스티누스, 아퀴나스, 에라스뮈스 등
정의로운 전쟁은 가능한가? 정당한 전쟁과 부당한 전쟁을 구분하는 기준은 무엇인가? 어떤 경우에 전쟁의 권리를 갖게 되는가?	아우구스티누스, 아퀴나스, 에라스뮈스, 칸트, 롤스 등
'인간'과 '국가'의 자연 상태는 각각 무엇인가? 인간의 전쟁 욕구는 완화될 수 없고 불가항력적인 것인가?	아우구스티누스, 홉스, 로크, 루소, 칸트 등

국가 간 전쟁 예방과 해결을 위해 국제기구의 역할은 필수적인가?	단테, 생피에르, 루소, 칸트 등
공리(utility)적 관점에서 볼 때, 전쟁은 이익을 가져올 수 있는가? 아니면 악인가?	생피에르, 벤담 등
다른 나라의 내정에 간섭할 권리가 있는가? (특히 북한의 인권 문제에 대한 국제 사회의 개입은 합당한가?)	칸트, 롤스 등
난민을 어떻게 대우해야 하는가? 자국민과 난민은 동등한 대우를 받아야 하는가? 난민은 영속적인 방문자의 권리를 주장할 수 있는가?	칸트, 롤스, 싱어 등
해외 원조는 보편적, 도덕적 의무인가? 해외 원조를 해야 한다면, 해당 국가의 사회제도와 구조를 개선하기 위함인가, 아니면 고통 받는 이들의 삶의 수준 및 복지 향상을 돕기 위함인가?	롤스, 싱어 등

또한 한반도의 특수한 상황을 고려할 때, 학습자의 평화역량을 신장하여 한반도뿐만 아니라 국제사회의 평화에 기여하는 평화시민을 기르고, 통일문제를 자신의 문제로 인식하고 그 해결책을 협력적으로 모색하는 통일시민으로서의 역량을 함양하는 방향에서 각 교과별로 재검토와 보완의 필요성이 최근에 제기되고 있다.[102] 이는 향후 초 · 중등학교뿐만 아니라 고등교육 수요에 커다란 영향을 미치게 될 것이다. 도덕과에서는 기본적으로 평화와 통일에 대한 사실과 개념적 지식을 가르쳐야 할 뿐만 아니라, 학습 상황에서 적극적으로 참여하며 협력적으로 문제를 해결하는 과정을 통하여 평화에 대한 과정적 · 절차적 지식을 함양하고, 비판적 이해 및 사고, 갈등 조정, 협력과 연대, 평화 감수성과 공존 능력을 키우는 기회를 제공할 수 있어야 한다.

넷째, 다문화 시민성(multicultural citizenship)을 길러주어야 한다. 한국 사회에서 지속 · 심화되고 있는 저출산 · 고령화의 경향은 다문화 사회 심화를 촉진시키게 될 것이며, 이로 인해 다문화 윤리교육의 필요성은 더욱 증가될 것으로 전망된다. 도덕과에서는 다문화 윤리교육을 통해 (윤리학 및 정치철학에 근간을

102) 교육부 홈페이지 참조, http://tongil.moe.go.kr/intro/peaceEdu/info.do

둔) 다문화 윤리학을 바탕으로 다문화적 맥락에서 발생하는 다양하고 복잡한 윤리적 이슈와 사건을 활용하여 윤리적 탐구 능력과 성찰적 태도를 함양하고, 타인 및 타문화에 대한 존중과 배려를 실천할 수 있는 도덕적 동기 및 실행력을 길러주어야 한다(정창우, 2013). 지적 측면에서 볼 때 도덕과에서의 다문화 윤리교육은 단순히 문화 현상에 대한 이해에 일차적으로 초점을 맞추어서는 안 된다. 도덕과에서는 우리들 내부의, 그리고 우리들 사이에 존재하는 타인에 초점을 맞추어야 한다. 물론 여기에서의 '타인'이란 집단들 사이의 관찰 가능한 차이에 근거한 타인이 아니라, 배려와 책임을 수반하는 사람들 사이의 연결 관계 유형에 근거하는 타인을 의미한다. 정의적 측면에서 볼 때 다문화 윤리교육은 단순히 자신과는 상이한 문화 집단에 대한 인지적 이해를 강조하는 수준을 넘어서 서로 간의 차이를 존중하게 하고, 서로에 대한 책임을 강조하는 동시에 진정한 인간적 만남과 상호작용을 촉진시키는 것이어야 한다.

다섯째, 과학기술윤리교육을 통해 과학기술 시민성(scientific and technological citizenship)을 길러주어야 한다. 예상할 수 없을 만큼 빠른 속도로 진행되고 있는 과학기술의 발달은 새로운 윤리적, 사회적 문제를 야기하고 있으며, 이러한 문제들을 극복하고 과학기술의 바람직한 발전을 위해서는 이런 문제들에 대한 윤리적 성찰과 도덕적인 고려가 반드시 필요하다. 즉 과학 기술이 발달하면서 지금까지 없던 새로운 인공물(예, 인공지능로봇)이 생겨나며, 이러한 새로운 인공물은 새로운 도덕을 요구하게 된다. 4차 산업혁명의 시대에는 특히 기계를 위해 인간이 존재하는 것이 아니라 인간을 위해 기계가 존재함을 깨달아야 할 것이다. 한계를 뛰어넘는 막대한 데이터를 바탕으로 가장 효율적인 수단을 추론해내는 것이 기계의 몫이라면, 인간은 그 수단이 인간다움의 목적에 부합하는지 판단할 수 있는 성찰 능력을 갖추어야 할 것이고, 변화하는 미래사회에 맞춰 새로운 윤리 기준을 만들고 새로운 삶의 양식을 개발하는 데 힘써야 할 것이다.

여섯째, 생태 · 환경윤리교육을 통해 자연과의 조화로운 삶을 지향하는 생태

시민성(ecological citizenship)을 길러주어야 한다. 생태적 위기와 환경오염은 편리성과 경제 성장에만 지나치게 주목함으로써 결국 지구 자체의 건강, 즉 물리적 환경을 위협해 온 관행에 대한 윤리적 성찰의 문제이다. 지구 온난화는 엄연한 현실이고 이산화탄소 배출량의 감소는 무조건적이고 불가피한 명령이다. 이런 상황에서 도덕과에서 길러내야 할 생태적 시민이란 자연의 바깥쪽에 있는 국외자가 아니라 자연의 연속적인 존재이고(고병헌 외, 2009: 221), 자연과의 관계, 그리고 이를 둘러싼 모든 문제에 대해 귀를 기울일 수 있는 감수성을 지니고, 인간으로서 그 문제에 대한 책임의 소재가 자신에게 있음을 자각해 문제 해결을 위한 참여적 태도를 지닌 사람이다. 또한 생태적 시민은 자연, 그리고 보다 높은 어떠한 힘에 대하여 깊고 의미 있는 관계를 추구하며, 다른 인간들뿐만 아니라 동식물들이 자신들의 고유한 본질을 구현하도록 도우면서 진정한 행복을 영위하는 특징이 있다. 보다 구체적으로, 동물들이 자신들의 고유한 본질을 구현하도록 돕는다는 것은 각 동물들이 갖는 고유한 존재와 그것이 영위하고 싶어 하는 독자적인 삶의 방식, 다시 말해 그것에 본질적인 삶의 방식을 인정하는 것을 의미한다(박찬국, 2017: 338).

끝으로, 세계시민교육을 통해 깊은 인류애와 세계 시민성(global citizenship)을 길러주어야 한다. 세계의 아주 먼 곳에서 일어나는 일들이 우리의 삶에 직·간접적인 영향을 준다. 기후변화와 환경 문제, 전쟁과 테러리즘, 자원 및 에너지 고갈, 보건위협, 자유무역과 보호무역 간 우위 문제, 난민·빈곤, 성차별 등이 인류 문명을 위협하는 지구 차원의 큰 문제들(global big issues)에 해당한다. 이런 문제들은 모두 인류 문명에 큰 영향을 줄 수 있으며, 해결도 쉽지 않다. 인류가 이러한 문제를 극복해야만 문명의 지속성을 확보할 수 있기 때문에, 지구 차원의 큰 문제들에 대한 관심과 책임감을 가져야 할 것이다. 모든 사람들에게 도움이 되는 방식으로 이러한 도전들을 다룰 수 있는 유일한 방법은 도덕적, 윤리적 이상을 실현하기 위해 '다 함께' 노력하는 것이다(Nussbaum, 2010). 특히 도덕과에서는 세계가 실제로 어떤 상황에 있는지에 대한 사회과학적 분석 및 진단을 일부 다룰 수밖에 없지만, 이보다는 세계시민으로서 어떻게 행위해야 하는가, 세계가 장차 어떤 모습이 되어야 하는가, 왜 그렇게 되어야 하는가 등의 실천적 · 근원적 물음에 대해 도덕적 규범과 가치에 근거해서 판단하고 의욕할 수 있도록 지도해야 한다(정창우, 2013: 47).

3. 도덕과의 교과역량 및 기능 재설정

2015개정 교육과정은 흔히 '역량 중심 교육과정'이라고 불리고 있으며, 이와 같이 역량을 중시하는 풍조는 국내외 학자들에 의해 긍 · 부정적 평가를 받고 있다.[103] 이러한 엇갈린 평가에도 불구하고, 실제적 수행(performance)이나 효과적인 문제 해결을 위해 필요한 지식, 기능, 가치 · 태도 등의 총체적 능력을 중시하는 흐름은 앞으로도 상당 기간 유지될 수 있을 것으로 보인다. 즉 역량 개념은 몇 가지 문제점과 논란에도 불구하고, 지식교육의 문제를 넘어 실제 상황에서의 문제 해결을 중시하는 방향으로 계속해서 교육적 요구가 증대하고 있기 때문에 앞으로도 강조될 가능성이 높다.

주지하다시피, 2015개정 교육과정의 총론에서는 창의융합형 인재가 갖추어야 할 핵심역량으로 자기관리 역량, 지식정보처리 역량, 창의적 사고 역량, 심미적 감성 역량, 의사소통 역량, 공동체 역량 등을 열거하고, 이들 역량이 교과 교육을 포함한 학교교육 전 과정을 통해 중점적으로 길러져야 한다고 제시

103) 황규호(2017)에 따르면, 연구자에 따라 역량교육에 대한 평가는 매우 상이하게 내려지고 있다. 일부에서는 역량의 개념을 교육과정에 도입하는 데 대하여 부정적인 입장을 취하면서 역량교육 논의가 초래할 수 있는 위험성을 비판적으로 지적하기도 하지만(Hyland, 1993, 1994; 김광민, 2009; 신춘호, 2010), 또 다른 쪽에서는 역량교육 도입의 취지에 대한 논의를 바탕으로 역량교육의 필요성을 적극적으로 옹호하면서 역량교육의 실천 방안들을 탐색하고 제안하기도 한다(Bridges, 1996; 소경희, 2009, 2012; 백남진 · 온정덕, 2014). 한편, 이찬승(2018)은 역량 개념이 학자와 기관, 국가에 따라 매우 다양한 의미로 사용되고 있기 때문에 엄밀한 개념 정의가 필요함에도 불구하고, 우리나라의 「2015개정 교육과정」에서는 이 개념을 매우 모호하게 사용하고 있음을 지적한 바 있다.

했다(김재춘 외, 2017: 90–91). 도덕과의 경우, 교육과정 총론에서 제시한 핵심역량을 바탕으로 6개의 교과역량(자기존중 및 관리능력, 도덕적 사고능력, 도덕적 대인관계능력, 도덕적 정서능력, 도덕적 공동체의식, 윤리적 성찰 및 실천 성향)[104]을 설정하였으며, 이러한 교과역량은 특히 교과를 통해 길러주고자 하는 기능(skills) 부분에 집중적으로 반영되었다.

하지만 총론 차원과 교과 차원 모두 역량, 지식, 기능과 같은 핵심 개념들이 명료하게 설명되어 있지 않기 때문에, 교과 간, 교과 내의 과목 간에 이러한 개념들이 혼란스럽게 임의적으로 사용되고 있는 문제가 발생하고 있다. '역량'은 수행 능력을 의미하며, 지식, 기능, 가치 · 태도의 능력들이 복합적으로 발현되어 나타나는 총체성을 가지고 있다(강현석 외, 2019: 19). '지식'은 사실, 개념, 일반화 혹은 원리에 관한 지식을 의미한다. '사실'은 단편적이고 분절적인 정보들을 의미하며, '개념'은 이 '사실들'을 묶어주는 보다 추상적인 명칭이다. '일반화'는 개념과 개념, 개념과 빅 아이디어,[105] 혹은 빅 아이디어들 간의 관계를 나타내는 진술문으로, 개념들보다 전이력이 높고 더욱 다양한 상황들과 사실들에 적용된다(김경자 · 온정덕, 2011: 18, 81). 한편, '기능'은 과정적 · 절차적 지식(procedural knowledge)을 의미하며, 일반적 사고 기능과 교과/학문 특유의 기능 모두를 일컫는다(김경자 · 온정덕, 2011: 18). 일반적 사고 기능에는 블룸(Bloom,

---

104) ▶자기존중 및 관리능력: 자주적인 삶을 살고 자신의 욕구나 감정을 조절하며 이겨낼 수 있는 능력.
▶도덕적 사고능력: 일상의 문제를 도덕적으로 인식하고 도덕적 판단 및 추론의 탐구 과정을 거쳐 타당한 근거를 가지고 옳고 그름을 분별할 수 있는 능력.
▶도덕적 대인관계능력: 의사소통 과정에서 타인의 도덕적 요구 인식 및 수용과 이상적인 의사소통 공동체를 지향하면서 타인과 더불어 살아갈 수 있는 능력.
▶도덕적 정서능력: 도덕성을 전제로 자신 및 타인의 감정을 인식하고 배려할 수 있는 능력.
▶도덕적 공동체의식: 도덕규범과 정서 및 유대감을 근간으로 자신이 속한 다양한 공동체의 구성원으로서의 소속감을 갖고 살아갈 수 있는 의식.
▶윤리적 성찰 및 실천성향: 일상 세계에서 자신의 삶을 윤리적으로 성찰하는 토대 위에서 도덕적 가치와 규범을 지속적으로 실천할 수 있는 성향.

105) 빅 아이디어(big idea)는 큰 개념이라고 해석되기도 하며 개념들 중에서 보다 일반적이며 추상적인 개념을 의미한다(김경자 · 온정덕, 2011: 18).

1956)의 교수목표분류학을 기준으로 한다면 적용, 분석, 종합, 평가 등이 모두 포함되고,[106] 사고 유형을 기준으로 한다면, 논리적, 비판적, 창의적 사고 유형 등이 포함된다. 이보다 더 중요성을 갖는 '교과 특수적 기능'에는 도덕적 탐구(사고) 기능, 도덕적 정서 기능, 도덕적 의사소통 및 대인관계 기능, 도덕적 성향 · 태도, 윤리적 성찰 기능, 도덕적 실천(행동) · 참여 기능 등이 포함될 수 있다. 김경자와 온정덕(2011: 89)은 '기능'이 주로 무엇을 '할 수 있다'로 표현되기 때문에 '역량' 개념에 가장 가까운 특징이 있고, 발표하기, 토론하기, 모둠활동하기 등 활동(activities)과 혼동을 일으킬 수 있으므로, 기능은 '절차적 혹은 과정적 지식'으로서의 일반적 사고 기능과 교과/학문 특유의 기능을 포함한다는 점을 분명히 해야 한다고 지적한다.

- 역량 = 지식 + 기능(가치 · 태도 포함, 또는 기능과 별도로 가치 · 태도 설정 가능)
- 지식 = 사실, 개념, 원리에 관한 지식
- 기능(절차적 지식) = 일반적 탐구 기능, 도덕적 사고(탐구) 기능, 도덕적 정서 기능, 도덕적 의사소통 및 대인관계 기능, 도덕적 성향 · 태도, 윤리적 성찰 기능, 도덕적 실천(행동) · 참여 기능 등

한편, 교과역량 차원을 살펴보면, 현재 설정되어있는 도덕과의 교과역량에는 '능력, 의식, 성향' 개념이 임의적으로 사용되어 혼란을 일으키고 있고,[107] '인성역량'에 비해 '윤리적 시민역량'의 비중이 지나치게 낮게 설정되어 있는 문제점을 쉽게 확인할 수 있다. 또한 2007개정 도덕과 교육과정 시기부터 교과의 정체성을 드러내는 핵심 역량으로 설정되어 온 '도덕적 탐구(사고) 및 윤리적

106) 여기에 정보획득 혹은 조사, 해석 등이 추가로 포함될 수 있다.

107) 각각의 교과 역량에는 능력, 의식, 성향이 모두 포함되어야 한다.

성찰' 역량과 여타 교과역량 간의 층위를 동일하게 보기 어렵다는 문제,[108] 내용영역(내용요소 포함)과 기능을 임의적으로 연결시킨 문제,[109] 그리고 각 교과역량과 이와 관련된 교과의 기능(상위 및 하위 기능) 간의 위계가 체계적이지 않고 임의적으로 설정된 문제[110] 등도 반드시 개선이 필요한 실정이다.

이러한 문제점들을 개선하기 위해서는 우선 '도덕적 탐구(사고) 및 윤리적 성찰 역량'을 토대역량 혹은 핵심역량으로 설정하고, 이를 바탕으로 '인성역량'(예 : 강한 인성역량, 도덕적 정서역량, 인문학적 감성역량, 도덕적 대인관계역량, 협업역량 등)과 '윤리적 시민역량'(예 : 인권시민역량, 평화시민역량, 과학기술 시민역량, 생태시민역량, 세계시민역량 등)을 길러주는 방향으로 수정 · 보완해야 한다. 또한 내용영역 및 내용요소와 기능 간의 연계성을 강화해야 하며, 각 교과역량과 이와 관련된 교과의 기능(상위 및 하위 기능) 간 위계와 체계성을 확보할 수 있도록 노력해야 할 것이다.

---

108) 도덕과의 내용구성원리인 '가치관계확장법'은 기본적으로 도덕적 탐구(사고) 및 윤리적 성찰 대상(자신, 타인, 공동체, 자연 및 초월) 혹은 객체의 범위가 확대되는 원리에 기반을 둔 것이기 때문에, 모든 영역에서 도덕적 탐구(사고)와 윤리적 성찰은 개입될 수밖에 없는 것이다. 따라서 도덕적 탐구(사고) 및 윤리적 성찰 역량을 다른 역량들과 동일한 수준에서 취급하는 것에는 문제가 있다.

109) 예를 들어, 초등 「도덕」의 경우, '사회 · 공동체와의 관계' 영역에서만 '도덕적 판단능력'이 강조되어야 하는 이유가 무엇인지, 또한 초 · 중학교 공통으로 '자연 · 초월과의 관계' 영역에서만 '실천능력과 윤리적 성찰 능력'(초등학교) 혹은 '실천성향과 의지'(중학교)가 강조되어야 하는 이유가 무엇인지 알 수 없다. 또한 고등학교 「윤리와 사상」과 「생활과 윤리」의 경우, '윤리적 성찰 및 실천 성향' 중심으로 교과의 '기능'을 구성하였고, 이로 인해 '도덕적 사고능력'과 '도덕적 정서능력'이 배제되었는데, 내용영역과 분명한 관련성이 있음에도 불구하고 배제된 이유를 찾기 어렵다.

110) 예를 들어, 고등학교 「생활과 윤리」 및 「윤리와 사상」의 내용체계표를 보면, '윤리적 성찰과 실천 성향'이 '도덕적 탐구(사고)능력'을 포함하고 있음을 확인할 수 있다. 구체적으로 말하자면, 「윤리와 사상」의 경우, '윤리적 성찰과 실천 성향'의 하위 요소로 윤리사상 및 사회사상 이해하기, 사상의 관점 비교하기 등이 포함되어 있고, 「생활과 윤리」의 경우, 윤리적 관점에서 정당화하기, 윤리적 관점에서 비판하기 등이 포함되어 있는데, 이와 같이 포섭 관계를 설정하는 것이 과연 타당한가의 문제가 발생한다.

4. 도덕과 교수·학습 및 평가 방법의 개선 방향

자신과 세상의 변화를 만들어 갈 수 있는 성숙하고 유능한 인격체를 길러내기 위해서는 도덕적, 시민적 역량 변화의 발화점 혹은 촉매제가 되어주는 교수 · 학습 및 평가 방법들이 효과적으로 활용되어야 한다. 특히 현대 인지심리학과 신경과학 연구 성과를 통해 볼 때, 도덕성의 실질적인 변화를 촉진시켜 주고자 한다면 학생들로 하여금 자동적이고 무의식적으로 이루어지는 직관적 사고의 단점, 즉 성급한 어림짐작(heuristics)의 경향성, 편견과 확증편향[111] 등에서 벗어나도록 도와야 한다(Kahneman, 이창신 역, 2018; Haidt, 2012; 정창우, 2019: 114).[112] 이를 위해서 자기사고의 직관적, 무의식적 편향성에 대한 진지한 검토와 성찰 기회를 풍부하게 제공해야 한다. 즉 자기사고의 편향 가능성과 '생각하는 방식 자체'를 수시로 점검하고, 자동 모드로 움직이는 시간을 줄이는 대신에 사고 · 성찰 모드로 움직이는 시간을 늘려서 인지적 편향의 문제점을 수정하거나 예방할 수 있도록 도와야 한다.

또한 현대 교육철학, 교육방법, 교육심리학 영역에서의 연구 성과를 통해 볼 때, 학생들의 참여 동기, 책임감과 자율성, 협력적 마인드, 시민적(민주적) 역량 등을 향상시키기 위해서는 안전하고 지지적인 분위기를 조성하고, '협력 기반 도덕적 탐구 수업 방식'을 효과적으로 활용해야 한다(정창우, 2019: 251-257). 아울러 성격 심리학 및 도덕 심리학 분야에서 강조되는 도덕적 정체성 형성을 위해서는 내러티브 스토리텔링 방법을 효과적으로 활용할 필요가 있으며

---

111) 확증편향(confirmation bias)은 원래 가지고 있는 생각이나 신념을 확인하려는 경향성이다. 쉬운 말로 '보고 싶은 것만 보는 현상'이 바로 확증편향이다. 이러한 확증편향에 빠지면 정보의 사실 여부와 관계없이 자신의 선입견이나 신념에 일치하는지에 따라 정보의 가치가 평가 · 처리된다.

112) 카너먼은 우리의 사고 시스템을 2개(시스템1은 빠르게 생각하고 직관적인 시스템이고, 시스템2는 느리게 생각하고 고심하면서 시스템1을 감시하고 제한된 자원으로 최대한 통제력을 유지하는 시스템)로 나누어 설명한다. 시스템1은 옳은 행동의 진원지일 경우도 있지만, 잘못된 행동의 진원지일 때가 많다는 것이 카너먼의 주장이다(Kahneman, 이창신 역, 2018: 596, 608).

(정창우, 2013: 102–104), 인지과학 및 인지심리학, 동양 철학 · 윤리학, 도덕 심리학 등의 연구 성과를 통해 볼 때, 명상 활용 및 체화적 접근을 기반으로 삶의 이치를 존재로 구현해 나갈 필요가 있다(정창우, 2019: 16, 38, 237). 끝으로, 도덕과 교사가 기대하는 목표를 달성하기 위해서는 '증거(evidence)에 기반한 합리적인 의사결정'을 통해 최상의 증거를 가진 도덕교육의 방법이나 프로그램을 선택하고, 인성 혹은 도덕성에 대한 고정 마인드세트(fixed mindset)가 아니라 성장 마인드세트(growth mindset)를 갖고 평가에 임해야 할 것이다. 이에 대한 보다 자세한 설명은 아래와 같다.

1) 인지적 편향 극복을 위한 '질문과 에포케' 중심 도덕 수업

인간이 가진 각종 편견과 확증편향, 자기기만, 그리고 비판적, 반성적 검토 없이 고착된 습관에 따라 행동하려는 태도 등은 폭력이나 갈등, 도덕적 · 시민적 행동 실패의 심리적 원인이 되고 있는 것으로서, 이러한 인간 특성은 이미 인지심리학과 신경과학 등을 통해 충분히 입증되어 왔다. 이런 한계를 극복하고 어떤 왜곡된 믿음이나 편향적인 사고방식을 개선하도록 변화의 촉매제가 되어주는 것이 바로 질문이다.[113] 질문은 일반적으로 널리 퍼진 가정이나 자신에게 친숙한 가정에 맞서고, 간과되거나 당연시되는 것들을 새로운 관점에서 바라보게 해주며, 자신이 지닌 왜곡된 믿음이나 편향을 자각하거나 의식할 수 있는 조건을 마련해 줄 수 있다. 이런 이유에서 도덕과 교사들은 학생들이 인지적 편향을 극복하도록 돕는 여러 가지 '정교하고 숙련된 질문들'을 풍부하게 구사해야 한다. 예를 들어, 학생들이 자신의 견해라든가 자신이 믿는 바와 신

113) 카너먼은 시스템1은 쉽게 교육할 수 없으며, 시스템1의 오류를 막는 것도 쉽지 않다고 말한다(Kahneman, 이창신 역, 2018: 609–610). 본 연구자 또한 카너먼의 입장에 기본적으로 동의하면서도, 도덕 교과 수업을 통해 질문과 에포케를 효과적으로 활용하면 자신의 '생각하는 방식 자체'에 대한 점검과 성찰이 부분적으로 가능하고, 이를 통해 인지적 편향의 문제를 점진적으로 개선할 수 있다고 본다.

념 등을 제시한 경우, 자신에게 친숙한 방식으로 문제를 너무 협소하게 보거나 왜곡해서 보지는 않(았)는지, 자신의 생각을 지지해 주는 정보만 선택적으로 취하지는 않(았)는지, 실제 이상으로 자신의 판단에 자신감을 가지고 있지는 않(았)는지, 자신과는 입장이 다른 의견들 중에 매력적인 것에는 어떤 것이 있(었)고 이런 의견이 자신을 위해 도움을 줄 수 있는 부분은 없(었)는지 등에 대해 학생들에게 질문할 수 있다. 이러한 질문은 자신의 '생각하는 방식 자체'에 대한 점검과 성찰로 나아갈 수 있는 통로 역할을 하게 되고, 더 나아가서는 인지적 편향에 맞설 수 있는 힘을 제공할 수 있다.[114)]

이러한 질문의 활용과 더불어, 자신의 이해와 신념에 대한 에포케(판단중지) 수업 또한 필요하다. 어떤 개념이나 대상에 대한 인식은 천차만별일 수밖에 없다. 자신의 잘못된 인식이 참된 이해와 인식을 방해할 수 있다. 단순히 시장의 우상(Idola Fori), 중우적(衆愚的)·주관적 당파성, 자신의 선호와 경향성, 관습이나 관례 등을 여과 없이 받아들이는 것이 아니라, 소크라테스와 같이 반성을 통해서 스스로가 믿는 바에 대한 정당성을 부여하기도 하고, 어떤 것을 믿어도 되는가를 합리적으로 선택할 수 있어야 한다(Plato, 황문수 역, 2013: 65). 또한 후설의 주장대로, 우리는 자신의 인식에 '괄호 치기'를 하면서 우리가 일상적으로 취하는 '자연적 태도'로부터 '참된 철학적 태도(세계 전체에 대해 열린 태도)'[115)]로 전환하고, 이를 바탕으로 자신이 가진 대상에 대한 인식을 재구성해

---

114) 우리는 늘 생각을 하면서도 생각 자체에 대해 제대로 들여다보지 못한다. 생각하는 방식을 들여다보는 것은 마치 우리의 민낯을 들여다보는 것과 다르지 않다. 그래서 불편하고 어렵지만, 결코 외면할 일은 아니다(Kahneman, 이창신 역, 2018: 11). 우리가 도덕적으로 더 나은 인간이 되기 위해서는 반드시 필요한 부분이다.

115) '자연적 태도'란 우리의 삶 속에서 우리가 일상적으로 취하는 태도를 말한다. 이 태도는 철학적일 수 없는데, 가장 근본적인 이유는 소박하기 때문이다. 여기서 소박하다는 말의 의미는 어떤 비판적 반성이나 성찰 없이 당연하게 그리고 습관적으로 어떤 것을 받아들인다는 것이다. 소박한 태도의 가장 큰 문제는 보이지 않는 편견에 근거한 판단을 자신도 모르는 사이에 참이라고 믿는 것이다. 반면에, '참된 철학적 태도'란 세계 전체를 총체적이고 보편적으로 볼 수 있는 태도를 의미한다. 그렇다면 우리는 어떻게 이러한 태도에 이를 수 있으며, 어떻게 이를 통해 세계에 대한 보편적 시선을 지닐 수 있는가? 여기에 구

볼 수 있는 기회를 가질 필요가 있다. 그래야만 확증편향과 직관적, 맹목적 반응에 의해 조성된 반목과 대립, 분노와 혐오, 균열과 차별의 사회를 극복해 나갈 수 있다.

이와 같이 도덕과에서 질문과 에포케를 중시하는 수업은 인지적 편향 극복과 더불어, 학생들로 하여금 철학하는 능력(ability to philosophize), 비판적으로 사고하고 탐구하는 능력, 그리고 윤리적으로 성찰하는 성향과 태도 등을 길러주는 데 매우 효과적인 수단이 될 수 있다. 참고로, 질문 및 에포케 중심 도덕 수업의 실제적인 적용을 위해서는 철학적 탐구 공동체 혹은 어린이철학 접근으로부터 유용한 아이디어를 얻을 수 있을 것이다.[116)]

2) 적극적 자기표현과 도덕적 · 민주적 커뮤니케이션이 가능한 '최적의 교수 · 학습 환경' 조성

도덕과 교사는 사회적 상호작용 과정에서 존중과 배려를 실천하고, 자기표현과 도덕적 · 민주적 커뮤니케이션이 가능한 '최적의 교육환경'을 조성해야 한다. 여기서 최적의 교육환경을 조성한다는 것은 심리적으로 안전하고 지지적인 환경, 배려적이고 민주적인 환경을 조성한다는 것을 의미한다. 나바에즈(Darcia Narvaez)의 시각에서 볼 때, 심리적으로 안전하고 지지적인 교수 · 학습 환경을 조성해 주지 않게 되면, 기본적으로 자기보호 및 안전에 관련된 신경 회로가 과도하게 활성화되어, 보다 생산적인 논의와 협업을 해 나갈 수 있는 심리적 여유 공간을 내부에 확보할 수 없게 된다(석자춘, 정창우, 2017).

체적 결실로 나온 현상학적 방법이 바로 에포케(판단중지)이다(박인철, 2013).

116) 어린이철학 접근은 무비판적 사고, 어리석은 판단, 편견과 관념에 대한 무관심에 맞서는 것을 목적으로 삼는다. 즉 어린이철학 접근은 고정관념으로부터 반성적 사고로, 비숙고적 사고에서 숙고적 사고로, 일상적 사고에서 비판적 사고로의 변화를 돕는 특징이 있기 때문에(Fisher, 노희정 역, 2011: 39, 63), 인지적 편향 극복을 위한 질문 및 에포케의 활용 방법상에 풍부한 시사점을 제공할 수 있다. 철학적 탐구 공동체 및 어린이철학 접근에 대한 구체적인 이해를 위해서는 박찬영(2020) 박사학위논문 참조 바람.

이러한 최적의 교수 · 학습 환경을 조성하기 위해 무엇보다 교사는 학생들과의 상호작용 과정에서 자신의 무의식적인 반응이 어떠한 행위를 비난하고 인격적인 모욕감을 느끼게 할 개연성이 있는지를 성찰할 필요가 있다. 이러한 성찰을 바탕으로, 교사는 학생들과의 상호작용 과정에서 배려적이며 인성 발달을 지지하는 반응 양식을 증진시킬 필요가 있다. 또한 협동적인 팀워크 방식으로 교수 · 학습활동을 전개할 경우, 학생 상호 간에 다른 사람의 관점과 아이디어에 대한 호기심과 존중을 보이면서 신중한 방식으로 협업할 수 있는 분위기 조성을 위해 노력해야 한다. 아울러 경쟁적이고 성과 지향적인 방식으로 보상하기보다는 수행의 과정과 완성도 자체를 보상하는 방식으로 협동적 팀워크를 구성할 필요가 있다. 후자의 방식으로 협동적 팀워크를 구성할 때 학생들은 서로의 장점과 단점을 상호 보완하여 도움을 주고받는 과정을 통해서 목표 달성을 위해 공동으로 대처하게 된다.

또한 최적의 교수 · 학습 환경 조성을 위해 교사는 학생들에게 권한을 부여해야 한다. 학생들에게 권한을 위임하는 것은 존중의 한 형태이며, 이러한 존중을 받게 되면 학생들은 수업이나 의사결정 과정 등에서 보다 적극적으로 참여할 수 있는 기회를 갖게 된다. 아동에게 자율권을 줌으로써, 진정한 '목소리'를 경험하게 하는 것은 아동을 위한 존중을 보여주는 우선적인 방법이다. 실제로 교실과 학교에서 학생들에게 발언권과 선택권이 주어질 때, 자신의 행위에 영향을 미칠 수 있는 규칙을 직접 만들고 모니터링하는 데 활발하게 참여할 때, 그리고 학교가 학생들에게 권한을 부여하고 그들에게 귀 기울임으로써 그들의 인격을 존중함을 보여줄 때, 학생들은 규칙과 교실과 학교에 대해 많은 주인의식을 느끼며, 더욱 공손하고 책임감 있게 행동하는 경향이 있다.

3) 협력 기반 도덕적 탐구 수업

학생들 스스로 도덕적 탐구 주제와 질문을 정하여 협력적으로 탐구를 수행할 것을 권장해야 한다. 그 이유는 학생들이 스스로 탐구를 기획할 때 참여 동기가 극대화되고, 삶을 둘러싼 윤리 문제에 대한 협력적 탐구 및 해결 과정을 통해 도덕적 의미를 생산하는 진정한 배움으로 나아갈 수 있기 때문이다. 이런 점을 고려할 때, 도덕적 탐구 활동의 기획 단계부터 학생들이 주도하는 것이 가장 이상적이기는 하나, 현실적으로는 교과 수업 진도, 교사의 지도 역량, 학생의 개인별 수준차 등으로 인해 상당한 제약이 따른다. 이와 같은 현실적 제약으로 인해 교사가 탐구활동을 기획하게 되는 경우에도 탐구활동의 주제가 학생들의 도덕적 삶과 어떤 관련이 있으며, 탐구활동의 결과가 그들에게 어떤 의미를 제공할 수 있는지에 대한 사려 깊은 고려가 요구된다. 이와 같은 협력 기반 도덕적 탐구 수업 방식에는 프로젝트 학습, 문제해결 학습, 협동 학습 등이 포함될 수 있다.

4) 내러티브 스토리텔링 수업

맥아담스(Dan P. McAdams)에 따르면, 내러티브로서의 정체성(narrative identity)이란 "과거를 재구성하고, 현재를 수용하며, 미래에 대한 기대감을 통합함으로써 개인의 삶의 목적과 의미를 파악하게 하고, 그 결과 자기를 내면화하고 서서히 변화하게 하는 것으로서의 생애 이야기이다."(McAdams, 1995). 즉, 누군가가 자신의 생애에 관해 이야기함으로써 자신의 삶의 의미와 목적을 알게 되고, 이를 내면화하여 서서히 새로운 사람으로 되어간다면, 그때의 이야기가 바로 그의 내러티브 정체성이라는 것이다. 그런 면에서 내러티브 정체성이란 자신의 생애를 의미화하는 과정에서 구성되는 정체성이라고 말할 수 있다(서근원 · 이미종, 2017: 18). 이를 도덕성의 관점에서 보자면, 결국 우리는 삶의 이야기들(life stories 또는 life narratives)을 통해 도덕적 의미를 생산하고 부여함으로써 자신의 도덕적 정체성을 형성해 간다. 이와 같이 도덕적 정체성을 내러티브 정체성 차원에서 본다면, 도덕과 수업은 현재 자신은 어떤 삶을 살아가고 있고, 이와 같은 삶의 모습은 과거의 삶과 어떤 연관이 있으며, 과거의 삶과 현재의 삶을 연관지어 볼 때 미래의 자신은 어떻게 살아가기를 기대하는지에 대한 '이야기들'로 상당 부분 채워져야 한다.

5) 삶의 이치를 존재로 구현하기 위한 '삶의 기술의 체화적 접근'

도덕교육을 통해 가르친 것이 각자의 현실적 삶 속에 침투하지 못하는 이유는 '삶의 이치의 자기화'에 실패했기 때문이다. 즉 바람직한 것들을 자신의 일상 속에서 '할 수 있는 것'으로 전환시키지 못했기 때문이다. 향후 도덕과에서는 행동의 변화를 즉각적으로 이끌어내려는 성급한 시도는 자제하면서, 인간다운 삶을 실현하는 데 필요한 삶의 기술(skills) 또는 노하우(know-how)[117]를 '체화(embodiment : 體化)'하는 데 목표를 두고, 이와 관련된 지속적, 장기적인

117) 삶의 기술이나 노하우는 단순히 '무엇에 대해 아는 것'이 아니라 '실제로 할 줄 앎'에 가깝다. 지식 유형으로 말하자면, 삶의 기술이나 노하우는 듀이가 말한 '사물이 이러저러하다는 지식(knowledge that …)'이나 '사물에 관한 지식(knowledge of and about things)'이 아니라, 적절하게 행하는 방법을 아는 것(know-how)에 가깝다(Dewey, 1922: 177). 또한 일상언어학파를 주도한 영국의 현대 철학자 길버트 라일(Gilbert Ryle)이 말한 '사실을 아는 것(knowing that …)'이 아니라, 무엇인가 할 수 있는 '방식을 아는 것(knowing how)'에 가깝다(Ryle, 2004: 34-39). 예를 들어, 듀이와 라일 모두 '자전거에 관해 아는 것'과 '자전거를 실제로 탈 줄 아는 것'은 분명히 다르거나 서로 별개의 차원이고, 전자에 의해 후자를 규정할 수 없으며, 실제 삶의 영역에서는 후자가 더 중요하다는 것이다. 하지만 모든 기술 혹은 노하우가 인간다운(혹은 인간을 인간답게 만드는) 삶의 기술이나 노하우에 해당되는 것은 아니다. 본 연구에서 강조하고자 하는 인간다운 삶의 기술이나 노하우는 자전거 타기, 수영하기, 악기 연주하기와 같은 예 · 체능 기술이나 노하우, 혹은 구두를 만들거나 집을 짓는 공학적 기술과 같은 실용적인 능력을 의미하는 것이 아니라, 이론적인 앎에 실천이 더해져 획득되고 성취된 실천적인 앎을 가리키며 '삶의 이치(理致), 삶의 이상(理想), 혹은 절도(節度) 등에 맞게 제대로 할 줄 앎'이라는 의미를 담고 있다. 이러한 인간다운 삶의 기술 혹은 노하우는 어떤 목적을 위해, 어떤 절차를 거쳐(혹은 어떤 방법이나 수단을 활용하여) 언제, 어느 정도로 적용해야 하는지를 아는 것이며, 어떤 상황에서 합당하게 수행할 수 있는 능력을 의미한다. 이러한 인간다운 삶의 기술 또는 노하우는 유학적 전통뿐만 아니라 최근 도덕심리학, 인지과학 혹은 인지심리학 영역에서 강조되고 있는 개념들이고, 체화(體化) · 체득(體得)을 통해 몸에 밴 올바른 행위 성향 및 삶의 기술로서 동서양 전통의 '덕(德; virtues)'과도 유사한 개념이다.

교육방법들을 적용해 나가야 할 것이다(보다 자세한 내용은 정창우, 2019: 13-45 참조). 특히 국가 수준에서 볼 때, 절차적 · 과정적 지식을 중시하는 '기능'(교육과정 내용체계의 일부로서의 '기능')의 요소로 '도덕적 삶의 핵심 기술'을 반영하되, 초등에서 중등까지 계열성(sequence)을 확보하여 지속적으로 심화 적용해 나간다면, 도덕적 삶의 기술의 체화에 기여할 수 있을 것이다. 또한 수업 수준에서 볼 때, 도덕과 교사는 교과 수업을 통해 학생들에게 가르친 삶의 기술이 자신의 이후 수업 상황에서도 지속적으로 적용될 수 있도록 지도해야 하고, 수업 이외의 공간에서도 일관되게 행위될 수 있도록 안내함으로써, 학생들의 삶의 기술의 체화 · 체득에 실질적으로 기여해야 할 것이다.

6) 관찰자적인 자아를 일깨우고 건강한 삶의 양식을 갖기 위한 명상 수업

도덕과에서는 명상을 통해 자신의 생각이나 느낌, 행동을 보다 객관적으로 바라볼 수 있도록 내면의 관찰자적인 자아를 일깨우고 단련할 필요가 있다. 그렇게 하여 자신의 생각과 감정에 초연해지면 억견이나 지나친 분별심이 덜 중요해지고, 결과에 덜 집착하게 되도록 도울 필요가 있다. 또한 도덕과에서는 학생들이 육체적, 정서적, 정신적, 사회적으로 건강한 삶을 영위할 수 있도록 돕기 위해 명상(특히 마음챙김 명상)을 효과적으로 활용해야 한다.[118] 마음챙김은 매 순간순간의 알아차림(moment-by-moment awareness)으로 정의할 수 있다. 계속 변화하는 세계를 살아가는 현시대에 마음챙김 교육의 중요성과 영향력은 훨씬 더 커졌다. 여러 연구 결과에서 마음챙김은 높은 긍정 정서, 활력, 회복탄력성, 자기조절력, 자존감, 공감, 연민, 소통이나 관계성 등과 관련되어 있는 것으로 나타났다(Fadel et al., 이미소 역, 2017: 184; 김완석, 2016).

118) 건강한 삶의 양식을 구축하기 위해서는 다양한 상황하에서 자기 통제력을 보이며 육체적, 정서적, 그리고 정신적 건강을 추구해야 한다. 또한 건강한 자신감과 긍정적 태도와 열정을 추구해야 한다. 뿐만 아니라, 건강한 삶의 양식을 갖기 위한 차원의 자기관리는 마음챙김을 통한 마음의 평정과 자기성찰의 과정을 수반해야 한다.

7) 증거 기반 도덕교육 실천

수업의 질적 향상을 도모하고 도덕과 교사가 기대하는 목표를 달성하기 위해서는 증거 기반 도덕교육(evidence-based moral education)의 실천이 필요하다. 즉 도덕과 교사들은 인성교육이나 도덕교육 영역에서 축적되어 왔고 또한 접근 가능한 다양한 증거들 중에서 최상의 정보를 가지고 자신이 적용할 교육 방법이나 프로그램 등에 대한 합리적인 의사결정을 할 수 있어야 하며, 보다 바람직하게는, 기존 이론이나 증거 기반 실천 사례를 활용하여 개인적으로, 혹은 공동으로 교육적 개입을 실행하여 그 효과성을 검증한 후 반복해서 사용할 수 있어야 한다.

8) 성장 지향적 평가 실행 및 피드백 제공

학생들의 인성역량과 윤리적 시민역량 강화에 기여하는 교사가 되기 위해서는 도덕성이나 인성에 대한 고정 마인드세트(fixed mindset)가 아니라 성장 마인드세트(growth mindset)를 갖고 평가에 임해야 한다. 즉 무엇보다 학생의 인성 및 인성수준을 타고난 것으로 여기거나 양육환경을 근거로 성급하게 평가하지 말아야 하며, 또한 특정 시점에서 표현된 학생의 사고, 정서, 언행을 근거로 학생의 인성 및 인성수준을 단정적으로 평가하거나 그들의 변화 가능성을 예단 혹은 차단하지도 말아야 한다.

또한 학생들에게 피드백을 제공할 때, 도덕과 교사는 그들이 실패로부터 교훈을 얻도록 돕기 위해 결과 중심의 부정적 평가나 비난을 피해야 한다.[119] 특

119) 그 과정에서 교사는 학생들이 실패를 경험하면서 좌절감과 패배감에 빠지지 않도록 하기 위해 실패에 관한 이야기를 들려 줄 수 있어야 할 것이다. 예를 들어 『해리 포터와 마법사의 돌』 작가인 조앤 롤링이 무려 12군데 출판사에서 거절당했던 이야기를 들려줄 수 있을 것이다. 또한 『마지막 강의』의 저자인 랜디 포시 교수가 “벽돌담이 있는 것은 우리에게 무언가 얼마나 간절하게 원하는 것이 있는지를 보여주기 위한 기회다.”라고 하면서 실패를 다르게 생각하라고 촉구한 말을 들려줄 수도 있다(정창우, 2019: 252).

히 그들에게 화를 내거나 추궁하거나 질책하거나 무시해서는 안 된다. 실패를 실패로 낙인찍거나 결과에만 집중하는 것은 아이의 노력을 무시하는 행동이며 우리가 지속해야 할 확신을 줄어들게 하는 이상하고 모순된 결과를 초래한다. 따라서 이런 방식이 아니라 왜 그런 결과에 도달했는지에 대한 반성적 검토와 성찰의 기회를 갖도록 도와야 한다. 실패는 어떤 것이 작용하고 어떤 것이 그렇지 않은지 비교할 수 있게 한다. 그리고 실패할 가능성이 있는 새로운 것을 회피하는 아이가 되지 않도록 하기 위해서는 항상 아이의 총명함이나 결과 대신에 '그들이 기울인 노력'에 대해 칭찬해줘야 한다.

제18장
증거 기반 도덕교육의 이해와 실천 방향[120)]

도덕교육의 역사는 적어도 소크라테스와 공자로 거슬러 올라갈 만큼 오래된 것이다. 하지만 버코위츠(Marvin Berkowitz)가 지적한 바와 같이, 이러한 오랜 역사에도 불구하고 도덕교육적 실천 자체가 중시되어왔을 뿐, 과학적 연구를 기반으로 축적된 증거들을 활용하려는 노력은 거의 없었다(Berkowitz & Bier, 2004: 72). 다시 말해 오래전부터 도덕성이나 인성 함양을 위한 다양한 교육방법이나 프로그램 등이 활용되어왔지만, 효과적인 교육 실천을 위한 과학적, 체계적 접근은 비교적 최근에 들어서야 그 활용 빈도가 증가하고 있는 추세이다.

이와 같이 도덕교육 영역에서 과학적 접근이 증가하고 있는 추세는 미국을 중심으로 '증거[121)] 기반 교육 실천(evidence-based practice in education)'이 강조되고 있는 현상과 결코 무관하지 않다. 다시 말해 최근 들어 과학적 접근이 증가하고 있는 흐름은 증거에 기반을 두지 않고 의견(opinion)에 기반해 교육 실천을 하게 되면, 학생들이 받는 교수의 질(quality)과 이들이 얻을 수 있는 성과(outcomes)를 하락시킬 수 있다는 인식과 맞물려 있다. 인성교육(character

---

120) 이 장은 한국초등도덕교육학회 주관 2019 연차학술대회에서 발표된 원고("증거 기반 도덕교육의 이해와 실천 방향")를 이 책의 성격에 맞게 수정 · 보완한 것임을 미리 밝혀둔다.

121) '증거(evidence)'라는 개념은 사용 초기에는 주로 양적 데이터(예: 프로그램이나 정책 평가의 양적 결과)를 의미하였으나, 차츰 질적 데이터(예: 포커스 그룹에 의해 수집된 관찰 결과)가 포함되는 방식으로 그 범위가 확장되어 왔다(Satterfield et al., 2009: 381).

education) 영역에서 증거 기반 실천의 중요성에 특히 주목하고 있는 버코위츠 또한 교육을 통해 학생들의 도덕성이나 인성 발달을 촉진시킬 수 있기를 기대하지만, 실제로 교육 현장에서는 목표 달성을 위해 비생산적이거나 비효과적인 전략을 채택하는 경우가 흔히 있다고 지적한다(Berkowitz, 2012). 그리고 이러한 현실을 개선하기 위해서는 무엇보다 증거 기반 인성교육이나 도덕교육의 실천이 필요하다고 역설한다. 즉 교육 실천가들은 인성교육이나 도덕교육 영역에서 축적되어 왔고 또한 접근 가능한 다양한 증거들 중에서 최상의 정보를 가지고 자신이 적용할 교육방법이나 프로그램 등에 대한 합리적인 의사결정을 할 수 있어야 하며, 보다 바람직하게는, 기존 이론이나 증거 기반 실천 사례를 활용하여 개인적으로, 혹은 공동으로 교육적 개입(intervention)[122]을 개발 및 실행하여 그 효과성(effectiveness)을 과학적으로 검증한 후 반복해서 사용할 수 있어야 한다는 것이다.

이렇게 본다면, 학생들의 도덕성이나 인성 발달을 촉진시키려는 시도가 성공할 수 있는가의 여부는 교육적 개입 자체를 개발하여 적용 후 효과성을 검증할 수 있는 연구자의 역량뿐만 아니라, 다양한 증거들을 체계적으로 심사하여 그 가치를 평정할 수 있는 지원 시스템, 그리고 가용한 최상의 증거를 활용하여 교육적 개입에 대한 의사결정을 내리고자 하는 실천가 혹은 수요자(특히 교사들)의 노력에 크게 의존한다는 것을 알 수 있다. 이러한 인식에 기초하여 본 연구에서는 우선 '증거 기반 교육 실천'이란 무엇이고 왜 중요하며, 이러한 실천적 노력에 대해 도전하고 비판하는 목소리에 대해 옹호자들은 어떻게 응답하고 있는가에 대해 살펴보고자 한다. 또한 미국을 중심으로 증거 기반 도덕교

122) '교육적 개입'은 교육적 성과를 증진시키기 위해 실시되는 다양한 계획, 전략, 이론, 행위 및 사물들을 일컫는다. 이러한 교육적 개입의 유형에는 정책(policy), 프로그램(program), 실천방법(practice), 제품(product) 등이 포함된다(윤광석 외, 2011: 2). 특히 우리가 관심을 가지고 있는 '프로그램 유형'에는 회복탄력성 프로그램, 자아존중감 향상 프로그램 등이 있고, '실천방법 유형'에는 프로젝트나 협동학습 수업모형, 철학적 탐구공동체모형 등이 있다.

육의 실태(특히 인성교육 및 사회정서학습)를 조사하여 소개한 후, 이러한 실천 사례가 우리의 도덕교육 현실을 개선하는 데 어떤 시사점을 제공할 수 있는지, 그리고 향후 우리나라 도덕과에서 증거 기반 도덕교육을 어떻게 실천해 나가야 하는지에 대해 논의하고자 한다.

1. 증거 기반 교육 실천에 대한 이해

1) 증거 기반 교육 실천의 개념과 중요성

의료 분야에서 시작되어 교육, 임상심리, 사회복지, 경영 등 다양한 분야로 확산된 '증거 기반 실천(EBP)'은 일반적으로 "무엇이 효과가 있는가(what works)"라는 어젠다로 알려져 왔다. 이는 어떻게 목표를 달성하고 바람직한 결과를 산출할 것인가, 그리고 무엇이 효과가 있는지를 어떻게 알 수 있는가와 같은 실질적인 문제를 다루는 것이다. 이와 같이 "무엇이 효과가 있는가"라는 의제는 연구와 실천 간의 간극을 좁히고 연구가 유용한 실천으로 연결될 수 있도록 하는 데 초점을 맞추고 있다. 영국에서 증거 기반 정책을 주도했던 데이비스(Philip Davies)는 EBP를 "정책을 개발하고 시행하는 데 있어 연구로부터 얻어진 가용한 최상의 증거(the best available evidence)를 제시함으로써, 정책, 프로그램 및 프로젝트 관련 당사자들이 증거에 기반을 두고 결정을 하도록 돕는 것"이라고 정의한 바 있다(Davies, 1999). 또 다른 연구자는 EBP를 "바람직한 결과를 가져오기 위해, 또한 역으로 바람직하지 못한 결과를 예방하기 위해 가능한 최상의 증거를 사용하는 것"이라고 아주 간명하게 정의 내리기도 하였다(Kvernbekk, 2016).

교육 분야에서 증거 기반 교육 실천(evidence-based practice in education) 논의를 이끌어 온 대표적인 인물인 하그리브스(David Hargreaves)에 따르면, 증거 기반 교육 실천의 핵심은 어떤 교육적 개입이 어떤 상황에서 어떻게 작동할 것인지에 대한 타당하고 신뢰성 있는 최상의 증거를 수집하는 것이라고 주장했다(Hargreaves, 1996a, 1996b). 그는 이러한 노력의 목적이 교육 실천의 질(quality)을 개선하는 데 있으며, 특히 학생들의 성취도를 향상시키는 데 있다고 보았다. 이러한 선행 연구에 기초하여 윤광석 등은 증거 기반 교육 실천을 "체계적이고 엄격한 과학적 연구를 통해 교육 정책이나 프로그램 등의 효과성에 관해 타당하고 신뢰성 있는 최상의 증거를 산출하고, 이에 기반을 두고 교육적 개입(intervention)에 대한 의사결정을 행함으로써 종국적으로 교육의 질적 향상을 도모하는 것"이라고 정의 내린 바 있다(윤광석 외, 2011: 2 참조).[123)]

이와 같이 교육정책이나 프로그램, 교육방법 등을 결정 · 시행함에 있어, 과학적 연구를 기반으로 축적된 증거들을 활용하려는 노력이야말로 교육 현장에서의 시행착오를 줄이고, 시행 결과에 대한 불확실성을 최소화하며 지속적인 개선 및 질적 향상, 그리고 (전문 직업인으로서 교사들의) 책임 있는 실천을 가능하게 한다는 점에서 중요성과 의의를 갖는다. 이와 같은 인식은 최근 미국에서 교육성과에 대한 책무성(accountability)을 강조하는 교육 개혁의 흐름에 따라 더욱 확대 · 유지될 전망이다.

일반적으로 증거 기반 교육 실천을 위한 요소로는 교육적 개입, 교육적 개입의 효과성, 가용한 최상의 증거 확보, 그리고 의사결정 상황에서의 증거 사용 등이 있다(윤광석 외, 2011: 2). 이 중에서 특히 '교육적 개입의 효과성'을 최상으로 입증한다는 것은 다음과 같은 조건들을 충족시킨다는 것을 의미한다.[124)]

---

123) '증거 기반 실천'은 과학적으로 검증되지 않은 일화성(anecdotal) 자료, 전통이나 관습, 속설, 또는 개인의 단편적 경험 등에 주로 의존하는 '의견 기반 실천(opinion-based practice)'과 대조되는 개념이다. 의견 기반 실천은 권위적 고집 또는 편견, 억견에서 비롯되거나 개개인의 주관적 판단 또는 추측에 의존하는 한계가 있다.

124) Evidence-based Prevention & Intervention Support Center 홈페이지(http://www.episcenter.psu.edu/ebp/definition) 참조.

• 엄격한 과학적 평가를 통해 효과 입증

독립적인 무작위 배정 반복 실험(Randomized Controlled Trial, RCT)이나 통제집단 사전사후 설계 등 과학적 엄격성을 충족시키는 방식으로 효과를 입증하는 것이 중요하다. 이것은 변화에 기여할 수 있는 다른 알려지지 않은 또는 외부 요인이 아니라 관찰된 결과가 프로그램의 결과라는 확신을 제공한다. 또한 프로그램이 의도하지 않은 유해하거나 부정적인 영향을 미치지 않는다는 확신을 심어준다.

• 다양한 집단 또는 반복 실험연구를 통한 대규모 연구를 통해 효과 입증

대규모 연구나 여러 연구에서 긍정적인 결과가 발견되면 결과가 일반화될 수 있다는 자신감이 높아진다(즉, 다양한 대상 및 환경에 적용). 다양한 대상(예: 다른 사회 경제적, 인종 및 문화적 집단)과 다양한 환경(예: 도시, 교외, 농촌 지역)에서 나타나는 영향의 증거는 여러 유형의 대상, 학교, 공동체에 대해 동일한 결과가 생성될 수 있다는 큰 확신을 심어준다.

• 의미 있고 지속적인 효과 입증

대규모 종단 연구(수개월 또는 수년간 참가자들을 추적하는 연구)는 시간이 지남에 따라 긍정적 영향이 지속되는지를 확인한다. 불행하게도 초기 성공을 입증한 다수의 프로그램은 개입 후 장기적인 영향을 나타내지 못하거나 효과가 감소할 수도 있다. 또한 때로는 프로그램의 영향이 지연되고 개입이 끝날 때까지 전체 효과가 나타나지 않을 수도 있다. 따라서 프로그램 실행 직후뿐만 아니라 충분한 시간이 경과한 후에도 영향을 평가하는 것이 중요하다.

2) 증거 기반 교육 실천 모델

새터필드(Jason Satterfield) 등은 기존의 '증거 기반 의료 실천(EBM)'이 가진

한계를 비판하면서 '증거 기반 실천의 새로운 초학문적 모델(a transdisciplinary model of EBP)'을 제시하였다. 이들은 기존 EBM이 가진 한계로, 증거 자체가 양적 데이터 위주로 너무 협소하게 정의 내려져 왔다는 점, 실천가들(교육 분야에서는 주로 교사들)의 역할과 그들의 전문성을 분명하게 제시하지 않았다는 점, 자원(resources)이나 맥락적 요인들이 무시되었다는 점, 그리고 고객들(교육 분야에서는 주로 학습자)의 선호에 충분한 주의를 기울이지 않았다는 점 등을 지적하였다(Satterfield et al., 2009: 380). 이러한 한계를 개선하기 위해, 아래 [그림 18-1]에서와 같이, 이들이 도출한 새로운 모델에는 ① 가용한 최상의 양적, 질적 증거들, ② 실천가들(교육에서는 교사들)의 전문성을 포함한 자원들, ③ 문화적 맥락(환경적, 조직적 · 제도적 맥락),[125] ④ 고객들(교육에서는 학생들)의 특성, 상태, 요구, 가치 및 선호들이 포함되었다.

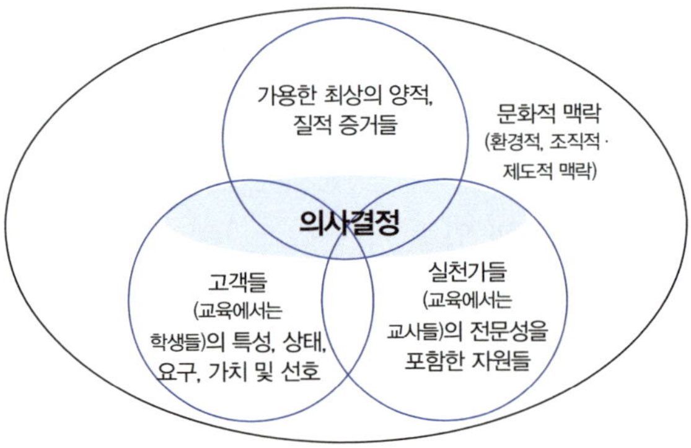

[그림 18-1] 증거 기반 실천의 초학문적 모델(Satterfield et al., 2009: 382)

---

125) 교육 영역의 경우, 교육적 개입은 학교라는 조직(기관), 학부모와 지역 사회 등을 포함한 공동체, 그리고 학교의 교육 활동에 영향을 미치는 제도 등을 포함한 문화적 맥락에 의해 영향을 받게 된다. 보다 구체적으로 말한다면, 교사의 요청에 따른 학교 기관의 프로그램 구매 동의, 학교장의 격려와 지원, 가정과 공동체의 협조와 지지 등이 교육성과에 많은 영향을 미치게 된다. 따라서 기대하는 교육성과를 낳기 위해서는 교육적 개입의 적용 가능성 및 파급력 등에 영향을 미치는 '문화적 맥락(cultural context)'이 긍정적으로 조성되어 있어야 하고, 실천가들은 이러한 긍정적인 문화적 맥락을 조성하기 위해 노력해야 한다(Satterfield et al., 2009: 382).

이 모델을 교육 분야에 응용해 본다면, 우선 '가용한 최상의 과학적 증거들'은 전체적으로 볼 때 세 원 중 하나에 해당하며, 여기서 '증거'란 연구 문제를 설정하고 가설을 검증한 후 실험뿐만 아니라 관찰을 통해 데이터를 체계적으로 수집하여 얻은 연구 결과를 의미한다. 다음으로, 교육 실천가들의 전문성 또한 매우 중요한 위치를 차지하며, 여기서 말하는 '전문성'은 교육 실천을 위한 많은 자원들(resources) 중 하나에 해당하는 것으로, EBP 과정을 수행할 수 있는 역량,[126] 평가 역량,[127] 의사소통 및 협업 역량,[128] 참여 및 개입 역량[129]을 포함한다. 또한 '학습자들의 특성 및 선호'가 제대로 반영되지 않는다면 아무리 자원(특히 교사의 전문성)이 충실하게 갖추어진 상태라고 하더라도 성과를 거두는 데 한계가 있을 수밖에 없으며, 단기적인 효과성을 넘어 장기적인 성과를 거두기 위해서는 개인 간 상호작용 차원뿐만 아니라 '환경 및 조직적 맥락'이 고려되어야 한다. [그림 18-1]에 제시된 바와 같이, 이 모델의 중심에는 '의사결정'이 있다. 여기서 의사결정은 단순히 교사 개인의 전문가적 혹은 직관적 판단에 의존하는 것이 아니라, 증거들을 학습자, 자원, 문화적 맥락과 결합시키면서 체계적인 결정을 내리는 것을 의미한다.

3) 증거 기반 교육을 둘러싼 논쟁

EBP을 지지하는 슬래빈은 "실험은 인과 관계에 따른 결론을 도출하고자 하

126) EBP 과정 역량은 검증 가능한 연구 질문(혹은 문제)을 설정할 수 있는 능력, 관련된 증거를 수집하고 이를 평가할 수 있는 능력, 학습자의 특성과 자원(resources)을 종합적으로 고려한 의사결정을 거쳐 최상의 증거를 적용할 수 있는 능력, 그리고 성과를 분석하고 적절하게 조정할 수 있는 능력을 의미한다.

127) 평가 역량은 학생 평가와 교육 과정 및 성과에 대한 평가 수행능력을 의미한다.

128) 의사소통 및 협업 역량은 어떤 행위 방침(a course of action)을 이해하고 이에 대한 동의에 도달하기 위해 정보를 분명하게 전달하고 경청, 관찰, 조정할 수 있는 능력을 의미한다.

129) 참여 및 개입 역량은 이해 당사자들(stakeholders)의 흥미를 높이고 건설적인 참여와 긍정적인 태도 변화를 이끌 수 있는 능력을 의미한다.

는 연구, 특히 교육 혁신 노력을 평가하기 위해 선택되는 디자인"(Slavin, 2002: 18)이라고 설명했다. 하지만 비평가들은 EBP의 본질에 해당하는 '인과성(causality)'에 대해 흔히 비판한다. 대표적인 학자인 비에스타에 따르면, "교육이 인과적 과정이라는 생각에 반대하는 가장 중요한 논거는 교육이 물리적 상호작용의 과정이 아니라, 상징적 상호작용 혹은 상징 매개적 상호작용의 과정이라는 사실에 있다."(Biesta, 2010: 34). 한마디로 교육은 비인과적인 반면, EBP의 본질은 인과성이기 때문에, EBP는 거부되어야 한다는 것이다. 하지만 이러한 비에스타식의 거부는 인과성이 결정론적, 실증주의적, 물리적이며, 본질적으로 자연과학에 속한다는 특정 가정에 의존하고 있다. 예를 들어, 비에스타는 인과성이 물리적 과정을 필요로 한다고 분명히 가정한다. 그러나 1900년대 중반 이후 우리는 인과 관계에 대한 이해 차원에서 극적인 변화를 목격해 왔다. 논란의 여지는 있지만 가장 중요한 것은 인과성 개념이 '확률론적(probabilistic)' 용어로 재구성되고 있다는 것이고, 이를 통해 인과성이 비결정론과 양립 가능한 방향으로 전개되고 있다는 점이다(Kvernbekk, 2017). 비록 전부는 아니지만, 오늘날 대부분의 인과 관계 이론은 확률적 측면에서 인과 관계를 이해한다. 이는 원인이 때로는 효과가 나타나도록 하지만, 때로는 그렇지 않다는 것을 의미한다.

이와 같이 확률론적 측면에서 인과성을 이해하려는 흐름과 더불어, 철학자 존 매키(John MacKie)가 제시한 'INUS 조건' 개념도 EBP를 지지하는 근거로 활용되고 있다. INUS 조건이란 "결과에 대해 그 자체로는 불충분하지만 다른 원인과 함께는 꼭 필요한 방식으로 충분한, 그렇지만 결과를 발생시키는 데 필수적이지는 않은 조건(an insufficient but necessary part of a condition which is itself unnecessary but sufficient for the result)"(MacKie, 1975: 16)을 의미한다."[130] 즉 결과를 만들어내는 과정에는 여러 가지가 존재할 수 있으므로 각각의 과정

130) INUS 조건에 대한 해석은 다양하게 내려지고 있지만, 이 글에서는 이상욱(2006: 87)의 해석을 활용하였음을 밝힌다.

(조건)들은 결과에 대하여 충분조건을 형성한다고 할 수 있지만 그것이 유일한 과정일 필요는 없기 때문에 필수조건이라고도 할 수 없다는 것이다. 예를 들어, 집에서 화재가 발생했고, 전기 합선으로 인한 것이라고 전문가가 결론 내렸다고 가정해 보자. 이 주장을 어떻게 이해해야 할까? 많은 다른 요인들이 화재를 일으킬 수 있으므로 전기 합선이 반드시 필요한 것은 아니다. 또한 전기 합선이 발생하더라도 화재를 일으키지 않을 수 있기 때문에 결과를 발생시키는 데 충분하지도 않다. 그렇다면 이와 같이 전기 합선이 필수적이지 않다거나 충분하지 않다면 화재를 일으켰다고 말하는 것이 무엇을 의미하는가? 이에 대해 매키는 INUS 조건이라는 개념을 사용하여 해답을 제시한다. 즉 전기 합선 자체가 화재를 일으키지는 않는다는 것이다. 이를 위해서는 산소와 가연성 물질의 존재, 그리고 스프링클러의 부재 등이 필요하다. 따라서 어떤 현상의 원인은 다양한 요인들의 결합체, 즉 복합적 '원인군(群)'을 의미한다고 봐야 하는 것이다(Satterfield et al., 2009: 381). 이때 동일한 원인군 내에 들어있는 여러 요소들은 동시적으로 인과적 연쇄작용의 '결합체(conjunction)'를 형성한다.

EBP로 시선을 돌려보면, EBP에서 어떤 교육적 개입 X(전략, 방법)는 연구자가 중점을 두는 요소이고, 통제할 수 있는 요소이기도 하다. 하지만 교육적 개입 X는 즉시 결과 Y를 가져오지 않을 뿐만 아니라, 그렇게 할 수 없다는 사실을 이해할 필요가 있다. 교육적 개입 X를 INUS 조건으로 이해하면 단순한 X−Y(원인−결과) 그림에 상당히 많은 복잡성이 추가되므로 EBP가 본질적으로 환원주의적이고 과도하게 단순화되었다는 EBP 비평가들의 지적은 완화될 수 있다(Kvernbekk, 2017). 즉 EBP는 인과 관계에 있지만, 결정론적이고 단선적이며 물리적 이해를 수반하지 않는다는 것이다.

2. 증거 기반 도덕교육의 실태와 실천 방향

1) 미국과 국내의 증거 기반 도덕교육 실태

한국의 도덕교육과 많은 관련성과 유사성을 갖고 있는 미국의 대표적인 교육 분야는 사회정서학습(Social and Emotional Learning; SEL)과 인성교육(character education)이다. 이 중 사회정서학습 분야에서는 효과성의 정도에 따라 증거 기반 프로그램을 다음과 같이 세 가지 유형으로 구분하고 있다.

- ▶효과적인 프로그램(programs that work) : 3회 이상의 무작위 통제 실험(RCT) 혹은 준실험설계(Quasi-Experimental Designs, QED)에서 목표 행동의 유의미한 변화를 증명한 프로그램이다(Jagers et al., 2015: 169). 여기에 해당 개입 유형에 대한 전체 실험에서 성공률이 66% 이상이어야 한다는 기준이 추가되기도 한다(Conley, 2015: 201).
- ▶유망한 프로그램(promising program) : 3회 미만의 성공 결과를 도출했으나, 평가 혹은 예비 연구(preliminary studies)에서 예상된 결과를 산출한 프로그램이다(Jagers et al., 2015: 169). 여기에 성공률이 33~66%이어야 한다는 기준이 추가되기도 한다(Conley, 2015: 201).
- ▶효과 없는 프로그램(programs that do not work) : 3회 이상의 평가에도 불구하고 목표한 결과를 도출하지 못한 프로그램이다(Jagers et al., 2015: 169). 여기에 성공률이 33% 미만이라는 기준이 추가되기도 한다(Conley, 2015: 201).

이런 기준에 따라 초등 단계에서 '효과적인 프로그램'으로 평가받은 프로그램들을 제시하면 〈표 18-1〉과 같다.

〈표 18-1〉 미국 SEL 프로그램들 중 '효과적인 초등 교육 프로그램' 목록[131]

프로그램명[130]	목표	기술의 범위	적용방법(실험처치)	효과
CSC	배려적인 학급과 학교 공동체 조성	대인기술 및 자기기술[131]	SEL과 학업(교과)의 통합, 학급회의, 학년 간 버디(buddy) 활동, 가정학습	학교에 대한 애착심, 학업 동기, 사회적 기술 및 행위 향상
PATHS	자기조절, 정서이해, 자존감, 사회적 문제 해결능력 증진	SEL 관련 전반적인 기술	SEL 관련 명시적(explicit) 수업, SEL 기술의 적용을 촉진시키는 교실 내 실천(연습) 및 일과 시간 전체로 확장	정서적, 대인관계적, 인지적 기술 향상, 특히 문제행동 및 공격성 감소
PA	강화 사이클(긍정적 사고 → 긍정적 행동→ 자아에 대한 긍정적 정서) 형성	자기기술	자기기술 중 긍정적 행동과 관련된 SEL 기술의 명시적 지도	자기기술 감소폭의 하락, 문제행동 감소, 읽기 및 수학 성적 향상
RC	교실의 사회적 환경 개선(참여적, 배려적 환경 조성)	SEL 관련 전반적인 기술	교사와 학생 간, 학생 간 상호작용의 질 향상	적극성, 친사회적 기술; 긍정적인 관점, 성적 향상
Second Step	정서, 대인관계, 인지기술의 증진	SEL 관련 전반적인 기술	SEL 관련 명시적 수업, 토론과 활동(activities)이 가능한 대본, 수업, 이야기 활용	대인관계기술 향상

또한 효과적인 프로그램 수준으로 상승할 수 있는 '유망한 프로그램들'을 제시하면 〈표 18-2〉와 같다.

131) 〈표 18-1〉과 〈표 18-2〉는 『사회정서학습 핸드북(Handbook of Social and Emotional Learning, 2015)』의 북 챕터(Rimm-Kaufman & Hulleman, 2015, 155-160) 내용을 표 형태로 요약한 것이다.

132) CSC : Caring School Community
PATHS : Promoting Alternative Thinking Strategies
PA : Positive Action
RC : The Responsive Classroom Approach

133) 여기서 대인기술은 주로 이타적이고 친사회적인 행위 능력을 의미하고, 자기기술(self skills)은 학습 동기화와 참여 능력을 의미한다.

〈표 18-2〉 미국 SEL 프로그램들 중 '유망한 초등 교육 프로그램' 목록

프로그램명[132]	목표	적용방법(실험처치)	효과
Tribes	(학교 안팎) 공동체의식 증진, 공격적, 폭력적 행동 감소	작은 모둠으로 나누고, 일 년 동안 유지	대인관계기술 및 개인 내적(intrapersonal) 기술 향상
RULER	정서적, 사회적, 학업적 기술 향상	SEL 관련 명시적 수업	정서적, 대인관계 기술 향상, 학업 성취도 향상
Mind Up	명상을 중심으로 활동 통합	SEL 관련 명시적 수업	낙관주의, 긍정적 자아개념, 주의집중력, 정서조절력, 정서적, 사회적 역량 증진
RCCP	(친사회적 행동 향상 및 공격성 감소 중심의) 대인관계기술 증진, (유아기부터 아동기 후기까지) 부정적 발달 과정 감소	경청, 갈등해결법, 편견 감소 등의 요소를 교육과정과 통합	친사화적 행동의 증가, 공격행동 감소
4Rs	사회인지(social cognition) 능력 증진	언어 수업에 SEL 관련 교수 통합, Book Talk	공격성 감소

한편, 인성교육 우수 프로그램에 대한 정보를 상세하게 제공하는 데이터베이스인 '인성교육에서 어떤 것이 효과가 있는가(What Works in Character Education, WWCE)'에도 주목할 필요가 있다.[135] 미국의 미주리대학교(세인트루이스) 내에 설치된 '인성 및 시민성센터(Center for Character & Citizenship)'에서는 인성교육 분야에서의 효과성 검증 연구들에 대한 종합적인 심사와 메타 분석을 수행하고(Berkowitz & Bier, 2007), 그 결과가 반영된 데이터베이스 서비스(통합 검색 시스템)를 제공하고 있다. 실제로 메타 분석을 주도한 버코위츠와 비어는

---

134) Tribes : Tribes Learning Communities
RULER : Recognizing, Understanding, Labeling, Expressing, and Regulating emotions
RCCP : Resolving Conflict Creatively Program
4Rs : Reading, Writing, Respect, and Resolution

135) http://characterandcitizenship.org/wwce/ 참조.

인성교육 프로그램의 효과성 검증을 시도한 경험 연구 109편 중 과학적 엄밀성을 충족시키는 연구물 74편을 선정한 후, 이를 바탕으로 33개의 프로그램을 '효과적인 프로그램'으로 평정하였다. 이 중 대표적인 프로그램 몇 가지를 소개하면 아래의 〈표 18-3〉과 같다.

〈표 18-3〉 미국에서 효과적인 인성교육 프로그램(Berkowitz & Bier, 2007: 33-34)

프로그램명	학교급	증거 기반 연구
Life Skills Training	초·중	a. Botvin, Dusenbury, Baker, James-Ortiz, & Botvin (1992) b. Botvin, Baker, Dusenbury, Botvin, & Diaz (1995) c. Botvin, Schinke, Epstein, Diaz, & Botvin (1995) d. Botvin, Epstein, Baker, Diaz, & Ifill-Williams (1997) e. Botvin, Griffin, Diaz, & Ifill-Williams (2001) f. Spoth, Redmond, Trudeau, & Shin (2002)
Seattle Social Development Project	초	a. Hawkins et al. (1992) b. O'Donnell, Hawkins, Catalano, Abbott, & Day (1995) c. Hawkins, Catalano, Kosterman, Abbott, & Hill (1999) d. Hawkins, Guo, Hill, Battin-Pearson, & Abbott (2001) e. Lonczak, Abbott, Hawkins, Kosterman, & Catalano (2002)
Child Development Project	초	a. Benninga et al. (1991) b. Battistich, Schaps, Watson, Solomon, & Lewis (2000) c. Solomon, Battistich, Watson, Schaps, & Lewis (2000) d. Battistich, Schaps, & Wilson (2004)
I Can Problem Solve	초	a. Shure & Spivack (1979) b. Shure & Spivack (1980) c. Shure & Spivack (1982) d. Shure & Healy (1993)

Moral Dilemma Discussion	초·중·고	a. Lockwood (1978) b. Enright et al. (1983) c. Rest & Thoma (1986) d. Lind (2002)

또한 이들이 구축한 데이터베이스에서 효과성의 정도, 적용 대상(학교급), 성과 카테고리(예: 위험행동, 친사회적 역량, 학교 기반 성과, 사회정서적 역량 등)를 지정하여 검색해 보면, 아래 [그림 18-2]와 같이, 해당 프로그램에 대한 유용한 정보가 상세하게 제공된다. 물론 검색 가능한 모든 프로그램에는 반드시 효과성 검증을 시도한 연구 성과들이 제시되어 있다.

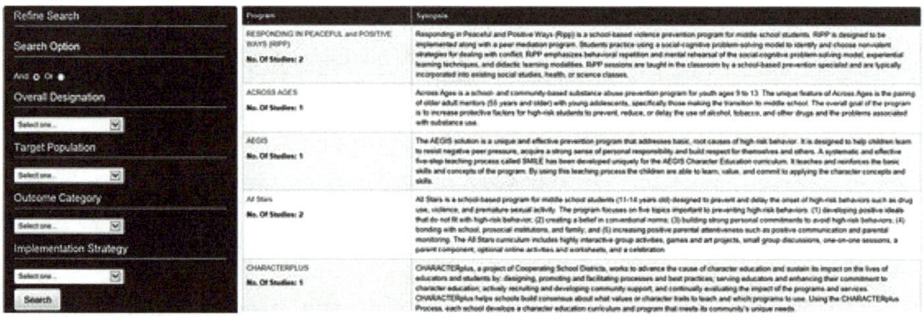

[그림 18-2] '인성교육에서 어떤 것이 효과가 있는가(WWCE)' 데이터베이스

이와 같이 증거 기반 실천을 확충하고 보완해 온 미국과는 달리, 우리나라에서 이에 대한 실천을 현실화하기 위한 노력에는 별 진전이 없었다. 주지하다시피, 우리나라에서는 정책이나 프로그램의 효과성에 대한 신뢰도 높은 증거들이 매우 부족한 실정이고 데이터베이스 또한 제대로 구축되어 있지도 않다.[136] 물론 도덕교육 분야도 예외가 아니다. 하지만 작금과 같이 교육 수요자(대체로 교사들)에게 효과성에 관한 타당하고도 신뢰성 있는 증거들을 체계적으로 수립

136) 효과성에 대한 연구 자체가 적을뿐더러, 일부 존재한다고 하더라도 연구 설계와 통계 분석상의 한계로 인해 어떤 증거는 불확실하거나 약하거나 애매한 경우가 많다.

하고 공급하지 않게 되면, 상대적으로 의견 기반 실천(opinion-based practice)의 비중이 높아지게 되거나, 심할 경우 이런 실천 양식이 지배적일 수밖에 없다. 이와 같은 현실을 개선하기 위해서는 도덕교육 분야에서 무엇보다 프로그램이나 교육방법의 효과성에 대한 체계적인 증거가 부족하다는 인식을 공유하고,[137] 증거 기반 도덕교육의 실천을 위한 연구와 개발에 많은 노력을 기울여야 한다.

2) 우리나라에서 증거 기반 도덕교육의 실천 방향

교육적 개입의 효과성 연구를 바탕으로 이루어지고 있는 증거 기반 교육실천은 이제 세계적인 추세가 되었다(윤광석 외, 2011: 23). 이러한 흐름 속에서 지난 20여 년 동안 이 분야에서 가장 두드러진 성과를 내고 있는 나라는 분명 미국이다. 이런 이유에서 이 글에서는 미국의 사례에 주목하였으며, 지금부터는 앞서 이루어진 설명을 바탕으로 향후 우리나라의 도덕과에서 증거 기반 도덕교육을 어떻게 실천해 나가야 하는지에 대해 몇 가지 제시하고자 한다.

첫째, 한국의 도덕과에서도 미국의 미주리대학교(세인트루이스)의 '인성 및 시민성센터'에 설치된 WWCE와 같은 데이터베이스를 구축, 운영, 관리하고, 이를 활용하여 교육 수요자들이 효과성에 대한 증거를 바탕으로 의사결정을 할 수 있도록 도와야 할 것이다. 이를 위해서는 무엇보다 구심체 역할을 하는 기관이나 단체가 나서야만 한다. 즉 미국의 '인성 및 시민성센터'가 인성교육이나 도덕교육을 실천하는 수요자들에게 효과적인 인성 · 도덕교육에 관한 과학적인 증거들을 제공하는 중추적이고 공신력 있는 기관으로 기능하고 있는 것과 같이, 우리 도덕과에서도 도덕교육 관련 우수 학술단체가 중심이 되어 이런 기능을 수행할 필요가 있다. 이런 구심체 역할을 하는 단체/기관에서는 교육적

137) 그동안 교사들은 연구의 주체라기보다는 그 대상으로서, 그리고 지식을 생산하는 사람이기보다는 이를 소비하는 사람에 머물러 왔다.

개입에 따른 효과성 검증 연구를 권장하고, 이를 통해 도덕교육의 효과성에 관한 다양한 증거들을 확보하여 체계적 심사(systematic review)를 실행한 후, 도덕교육 수요자들이 증거를 검색하여 사용할 수 있도록 독자적인 통합검색 시스템을 개발하여 운영할 수 있어야 할 것이다.

둘째, 도덕 교과 차원에서 교육적 개입의 효과성 검증을 위한 증거 표준(evidence standards)을 설정하고,[138] 이를 바탕으로 도덕교육 효과성에 관한 증기들을 확보하기 위해 노력해야 한다. 본 연구자의 관점에서 볼 때, 증거 기반 도덕교육의 실천을 위한 과정에서 무작위 통제 실험 설계(RCT)와 같은 과학적 엄밀성을 갖춘 연구 설계를 적용해야 한다는 부담감을 지나치게 가질 필요는 없다. 실제로 버코위츠, 비어와 같이 연구 기반 인성교육(research based character education) 실천을 강조해온 전문가들은 RCT를 지나치게 강조할 필요는 없다는 온건한 입장을 취한다(Berkowitz & Bier, 2017: 5). 즉 인과 효과에 대한 과학적 설명을 위해 RCT가 가장 큰 장점을 갖고 있는 것은 사실이지만, 앞서 매키의 INUS 조건 개념이 함의하는 바와 같이, 실험 처치 외에 프로그램에 대한 학교장의 격려와 지원, 학교의 전체 풍토 등 다양한 변인들이 효과적인 인성교육에 영향을 미친다는 점을 간과할 수 없기 때문이다. 따라서 이들은 준실험 설계와 같은 보다 덜 엄격한 설계 방식도 충분한 의의를 갖게 되며, RCT를 최고로 간주하는 인식, 혹은 배타적으로 선호하는 경향은 부적절하다는 입장을 취한다. 이러한 입장은 미국의 교육부 산하 기관인 교육과학청이 관장하는 WWC(What Works Clearinghouse)의 증거 표준과 일치되는 것이기도 하다. WWC에서는 RCT 외에 준실험 설계, 회귀 불연속 설계, 단일 사례 설계 등을 권장하고 있는 반면, 비교집단이 없는 사전사후 설계(pre-post designs), 사례연구(case studies), 기술연구(descriptive studies), 관계연구(correlational studies), 증언이나 일화(anecdotes) 등을 부적격한 연구 설계의 대표적인 유형으로 꼽고 있

138) 특히 도덕교육 관련 각 학회에서 투고규정이나 심사기준에 이러한 증거 표준을 반영하여 적용할 필요가 있다.

다(윤광석 외, 2011: 12). 우리 도덕과에서도 (도덕교육 관련 우수 학술단체가 중심이 되어) 교육적 개입 연구의 자격 조건이나 증거 표준을 설정하여 효과성 연구를 위한 가이드라인을 제공할 수 있어야 하고, 이런 기준에 부합하는 연구물들이 많이 산출될 수 있도록 촉매제 역할을 해야 할 것이다.

셋째, 증거 기반 도덕교육 실천을 통해 이론과 실천 간의 유기적인 선순환 구조를 생성시키고, 대학과 현장 간, 현장에서 교사 상호 간, 교사와 다른 이해 당사자들(stakeholders) 간의 협력적 관계를 구축하기 위해 노력해야 한다. 우선 레빈(Lewin, 1945)의 주장처럼 "이론은 많은 시도를 위한 출발점과 실천 가이드로서 기여한다." 특히 이론은 실천적 적용의 이유를 명료화하는 데 기여하고, 프로그램의 내용(contents)과 실행 전략(implementation strategies), 효과성 검증 방법 등을 설계하는 데에도 도움을 준다. 또한 증거 기반 교육 실천은 과정 및 결과 평가를 통해 기존 이론 자체의 타당성을 평가하고, 새로운 이론이나 모형 개발의 가능성을 모색하도록 돕는다.

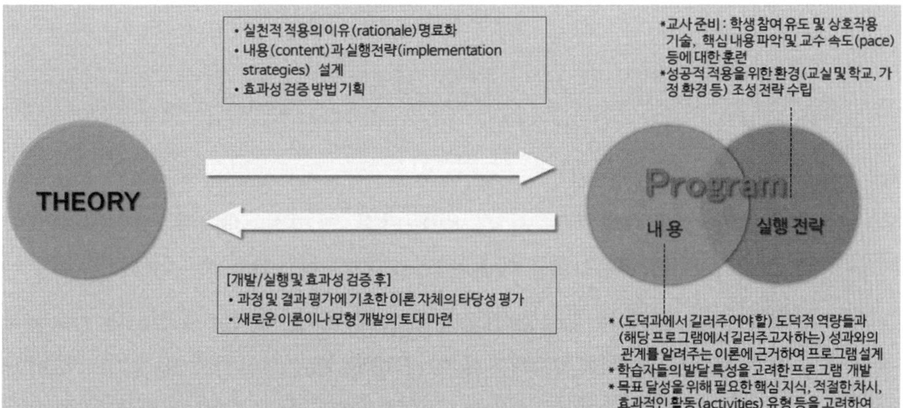

[그림 18-3] 증거 기반 도덕교육 실천을 통한 이론과 실천 간 유기적인 선순환 구조

한편 지금까지 연구의 생산과 공급 주체는 주로 대학이나 연구원에 소속된 연구자 집단이었고, 연구 소비자로서의 커뮤니티는 교사 집단이라는 이분법적

논리가 지배적이었다. 하지만 증거 기반 도덕교육의 실천은 최소한 이들 간의 간극을 좁힐 수 있고, 더 나아가 교사들이 연구의 생산자이자 소비자, 그리고 실천가이자 연구자로서 동시적, 병행적 역할을 수행할 수 있는 계기를 마련해 줄 수 있다. 또한 증거 기반 도덕교육은 도덕과 교사들 상호 간에 교육적 개입에 관한 합리적 선택 및 의사결정, 유용한 자원의 활용 및 조직적, 환경적 맥락 조성 등을 협력적으로 실행해 나갈 수 있는 기회를 풍부하게 제공할 수 있다. 따라서 이러한 증거 기반 도덕교육의 장점들을 적극 활용할 수 있도록 노력해야 한다.

넷째, 지금까지 국내외(특히 미국)에서 축적된 증거 기반 인성 · 도덕교육의 실천성과를 활용하여 우리나라 '도덕과 교육과정'의 개선을 위해 노력해야 한다. 아래에 제시된 가치 · 덕목과 역량 · 기능은 현행 초 · 중학교 도덕과 교육과정을 구성하는 '내용요소' 및 '기능'에 각각 반영되어 있으며, 교수 · 학습방법들은 '교수 · 학습 방향'에 반영되어 있다.

- **가치 · 덕목** : 성실, 근면, 자주, 정직, 자율, 인내, 효, 우정, 예절, 공감, 배려, 존중(자아존중, 인간 · 인권존중, 생명존중), 협동, 준법, 공익, 봉사, 정의(공정성), 책임, 애국심, 통일의지, 평화, 인류애

- **교과 역량 · 기능** : 고차적 사고능력(비판적, 창의적, 배려적 사고능력, 도덕적 근거와 이유 제시하기), 도덕적 자아정체성(도덕적 자기 인식 · 존중 · 조절, 모델링), 도덕적 정서능력(도덕적 정서 이해 · 표현 · 조절능력), 도덕적 실천능력(초등: 실천의지, 책임감 있게 행동; 중: 실천성향 및 의지), 도덕적 습관화, 도덕적 판단능력, 윤리적 성찰능력(심미적 감수성, 자연과 유대감, 반성과 마음 다스리기), 도덕적 보건능력(회복탄력성, 건전한 마음 가꾸기), 도덕적 대인관계능력(역할채택능력, 갈등관리능력), 도덕적 의사소통능력(경청, 공감), 해악금지능력, 공동체의식(다문화 · 공동체 · 세계시민윤리의

식 형성 능력, 통일윤리의식 형성 능력), 생명 감수성 고양능력, 전일적 사고 능력, 실존적 자각능력

- **교수 · 학습방법** : ① 초등 – 강의, 탐구, 토론, 도덕 각오를 글로 쓰기, 자신의 도덕적 가치 공언하기, 행위 결과를 도덕적으로 상상하기, 내러티브를 통한 또래 간 도덕적 경험 교류하기, 웹 자료 활용, 역할놀이, 협동학습, 봉사학습, 프로젝트 학습, 갈등 해결 학습, 사회정서 학습, 실천 · 체험 등, ② 중학교 – 개념 학습, 주제 학습, 탐구 학습, 토론 학습, 논술 학습, 협동 학습, 봉사 학습, 역할놀이 학습, 정보 통신 기술 활용 학습, 문제 중심 학습 등 다양한 교수 · 학습 모형을 활용하고, 발표, 실천 · 체험, 프로젝트 접근법 등

도덕과 교육과정에 반영되어 있는 가치 · 덕목들과 역량 · 기능들은 효과성 검증 연구의 종속 변수에 해당하는 것이며, 교육방법들은 교육적 개입에 관련된 독립 변수에 해당한다. 증거 기반 도덕교육을 통해 누적된 연구 성과들은 가치 · 덕목이나 역량 · 기능 설정(선정 및 조직화 포함)의 타당성을 검토할 수 있는 준거 역할을 제공하며, 특히 효과성 검증 연구를 위해 필수적인 심리학적 구인에 대한 체계적인 분석 결과들(예: 도덕적 정서능력의 구인으로서 도덕적 정서 이해 · 표현 · 조절 능력)을 통해서 특정한 역량 · 기능 설정의 타당성과 적절성, 역량과 기능 간 위계 설정의 적절성 등을 검토해 볼 수 있다. 또한 증거 기반 도덕교육 실천은 기본적으로 목표–내용–방법–평가 간 유기적인 연계성 확보를 통해 가능한 것이기 때문에, 어떤 가치 · 덕목이나 역량 · 기능 증진을 위해 어떤 교육방법이나 프로그램이 효과적인지, 어떤 방법으로 평가하는 것이 적절한지에 대한 아이디어를 풍부하게 제공해 줄 수 있다.

끝으로, 교 · 사대 교사양성 교육과정 및 현직 교사교육(연수)에서 도덕과 교사가 갖추어야 할 전문성과 역량을 재설정하고, 이를 바탕으로 커리큘럼을 개선하기 위해 노력해야 한다. 증거 기반 교육의 실천을 위해 요구되는 교사 전

문성과 역량은 확인 가능하며, 가르칠 수 있고, 평가될 수도 있다(Satterfield et al., 2009: 385). 무엇보다 도덕과 교사들은 '증거' 기반 의사결정의 중요성에 대한 명확한 인식과 함께, 단순히 '의견'에 의존하는 의사결정 방식 및 과정에 대한 도전의식을 가져야 한다. 이러한 도전의식을 바탕으로 기존 교육 프로그램이나 교육방법들의 효과성을 고려하면서 증거 기반 의사결정을 할 수 있어야 하며, 보다 바람직하게는, 교육적 개입을 위한 프로그램을 직접 개발, 실행, 평가(효과성 검증)할 수 있어야 한다. 교 · 사대 교사양성 교육과정 및 현직 교사교육(연수)은 이러한 전문성과 역량을 길러주기 위해 필요한 교과목들(특히 도덕교육 연구방법론)을 개설해서 운영할 필요가 있다.

3. 결론

- 교육적 개입 자체(예: 효과적인 도덕교육 프로그램이나 도덕교육 방법 등)의 개발 및 실행
- 교육적 개입의 효과성에 대한 검증(평가) 연구의 실시
- 효과성에 관한 연구들을 종합적으로 심사하여 증거를 체계적으로 수립
- 가용한 최상의 증거들을 기반으로 의사결정

위와 같이 이 글에서는 교육적 개입, 즉 도덕교육 교육방법이나 프로그램에 대한 효과성을 과학적 연구를 통해 입증하고, 이러한 연구들에 대한 체계적인 심사를 거친 증거들(즉 최상의 증거들)을 활용하여 교육 수요자들이 합리적인 의사결정을 할 수 있도록 해야 한다는 방향성을 강조하였다. 특히 WWC, WWCE 등을 포함한 미국 사례를 통해 볼 때, 효과성에 대한 증거결핍 현상을 해소하고, 증거표준을 제시함으로써 그러한 표준에 부합하는 연구를 활성화시키며, 체계적인 심사를 통해 데이터베이스를 구축함으로써 종국적으로 교육

수요자들이 실제로 교육방법이나 프로그램을 선택하고 결정하는 데 도움을 줄 수 있기 위해서는 우리도 미국처럼 특정 기관이나 단체가 중추적 역할을 담당해야 한다는 점도 역설하였다.

이러한 증거 기반 도덕교육의 실현은 단시일 내에 이루어질 수 없다. 도덕교육을 증거 기반 실천양식으로 전환하기 위해서는 모든 도덕교육 관계들(도덕과 교육과정 개발 참여자, 학회, 교수 및 연구원, 교사 등)의 관심과 협조, 시간, 의지와 인내, 전문성과 역량이 필요하다. 이를 위해 우리 도덕교육계에서는 중장기적인 안목을 갖고 이제부터 증거 기반 도덕교육 실천을 위한 기초를 다지고 역량을 키워 나가야 할 것이다.

참고문헌

『大學 中庸』新完譯 四書五經 3, 서울: 平凡社, 1976.
『論語』新完譯 四書五經 1, 서울: 平凡社, 1976.
『孟子』 新完譯 四書五經 2, 서울: 平凡社, 1976.
『原本 孟子集註』(全), 金赫濟(校閱), 서울: 명문당, 1976.

Altick, R. D., 이미애 역(2011), 『빅토리아 시대의 사람들과 사상』, 서울: 아카넷.
Anscombe, G. E. (1958), Modern Moral Philosophy, *Philosophy*, 33.
Anscombe, G. E. (1997), Modern moral philosophy, In T. L. Carson & P. K. Moser (eds.), *Morality and good life*, New York: Oxford University Press.
Appelbaum, D. (1995), *The vision of Kant*, Rockport: Element.
Aristotle. (1951), D. A. Rees (ed.), *The Nicomachean Ethics*, Oxford: The Clarendon Press.
Arnold, M. L. (1993), *The place of morality in the adolescent self*, Unpublished doctoral dissertation, Harvard University.
Aronfreed, J. (1961), The nature, variety, and social patterning of moral responses to transgressions, *Journal of Abnormal and Social Psychology*, 63, 223–240.
Arredondo, D. E., & Rucinski, T. T. (1998), Using structured interactions in conferences and journals to promote cognitive development among mentors and mentees, *Journal of Curriculum and Supervision*, 13, 300–327.
Avery, P. G., Sullivan, J. L. Smity, E. S., & Sandell, S. (1996), Issues–centered approaches to teaching civics and government, *Handbook on Teaching Social Issues*, Washington, D. C. : NCSS.
Bandura, A. (1977), *Social learning theory*, Englewood Cliffs, NJ: Prentice–Hall.

Bandura, A. (1986), *Social foundations of thought and action. A social cognitive theory*, Englewood Cliffs, NJ: Prentice-Hall.

Bandura, A. (1991), Social cognitive theory of moral thought and action, In W. M. Kurtines & J. L. Gewirtz (eds.), *Handbook of moral behavior and development*(Vol, 1, 45-103), Hillsdale, NJ: Erlbaum.

Bandura, A. (2002), Selective moral disengagement in the exercise of moral agency, *Journal of Moral Education*, 31(2), 101-119.

Bandura, A., & Walters, R. (1963), *Social learning and personality development*, New York: Holt, Rinehart andWinston.

Baxter Magolda, M. B. (1992), *Knowing and reasoning in college: Gender-related patterns in students' intellectual development*, San Francisco: Jossey Bass.

Bebeau, M., Rest, J., & Narvaez, D. (1999), Beyond the promise: A perspective on research in moral education, *Educational Researcher*, 28.

Belenky, M. F. (1986), *Women's ways of knowing: The development of self, voice and mind*, New York: Basic Books.

Bellah, R., Madsen, R., Sullivan, W., Swidler, A., & Tipton, S. M. (1985), *Habits of the heart*, Berkeley: University of California Press.

Bendixen, L. D., Schraw, G., & Dunkle, M. E. (1998), Epistemic beliefs and moral reasoning, *The Journal of Psychology*, 132, 187-200.

Benninga, J. (1988), An emerging synthesis in moral education, *Phi Delta Kappan*, 69, 415-418.

Benninga, J. (1997), Schools, character development, and citizenship, In A. Molnar (ed.), *The construction of children's character* (77-96), Chicago, IL: The University of Chicago Press.

Benninga, J., & Wynne, E. A. (1997), Keeping in character: A time-tested solution, *Phi Delta Kappan*, 79, 439-445.

Bergman, R. (2002), Why be moral? A Conceptual Model from Developmental Psychology, *Human Development*, 45.

Berkowitz, M. (2002), The science of character education, In W. Damon (ed.), *Bringing in a new era in character education*, Stanford, CA : Hoover Press.

Berkowitz, M. W. (2012). *You can't teach through a rat: And other epiphanies for educators*. Chapel

Hill, NC: Character Development Publishing.

Berkowitz, M. W., & Bier, M. C. (2004). Research-Based Character Education. The Annals of the American Academy of Political and Social Science, 591, 72-85.

Berkowitz, M. W., & Bier, M. C. (2007). What works in character education, *Journal of Research in Character Education*, 5, 29-48.

Berkowitz, M. W., & Bier, M. C. (2017). Toward a science of character education: Frameworks for identifying and implementing effective practices, Retrieved from https://irp-cdn.multiscreensite.com/e9b8fc57/files/uploaded/berkowitz_bier_mccauley_jce_2017.pdf.

Biesta, G. (2010). *Good education in an age of measurement: Ethics, politics, democracy*. Boulder, CO: Paradigm.

Blasi, A. (1980), Bridging Moral Cognition and Moral Action: A Critical Review of the Literature, *Psychological Bulletin*, 88, 1-15.

Blasi, A. (1983), Moral cognition and moral action: A theoretical perspective, *Developmental Review*, 3(2), 178-210.

Blasi, A. (1984), Moral identity: Its role in moral functioning. In W. Kurtines & J. Gewirtz (eds.), *Morality, moral behavior and moral development* (128-139), New York: Wiley.

Blasi, A. (1993), The development of identity: Some implications for moral functioning, In G. G. Naom & T. E. Wren (eds.), *The moral self*, Cambridge, MA: MIT Press.

Bloom, B. S. (ed.) (1956), *Taxonomy of educational objectives: Classification of educational goals. Handbook1: Cognitive domain*, New York: Longman, Green & Co.

Blum, L. (1990), Vocation, friendship, and community, In O. Flanagan & A. Rorty (eds.), *Identity, character and morality*, Massachusetts: MIT Press.

Blum, L. (2013), Political identity and moral education: A response to Jonathan Haidt's The Righteous Mind, *Journal of Moral Education*, 42(3).

Brabeck, M. (1993), Moral Judgement : Theory and Research on Differences between Males and Females, In M. J. Larbee (ed.), *An Ethics of Care*, New York : Routledge.

Brabeck, M. (1992), Moral Orientation: Perspectives of Men and Women, In R. T. Knowles & G. F. McLean (eds.), *Psychological Foundations of Moral Education and Character Development*, The Council for Research in Values and Philosophy.

Braungart, R., & Braungart, M. (1998), Citizenship and citizenship education in the United

States in the 1990s, *Citizenship and Citizenship Education*, London: The Woburn Press.

Brody, G. H., Shaffer, D. R. (1982), Contributions of parents and peers to children's moral socialization, *Developmental Review*, 2, 31–75.

Butts, R. F. (1980), *The revival of civic learning*, Bloomington: Phi Delta Kappa Educational Foundation.

Cahn, S. M(ed.) (1990), *Classics of Western Philosophy*, Indianapolis: Hackett Publishing Company, Inc.

Carr, D. (1991), *Educating the Virtue – An essay on the philosophical psychology of moral development and Education*, New York: Routledge, Champman and Hall, Inc.

Carr, D., & J. Steutel (eds.) (1999), *Virtue Ethics and Moral Education*, London: Routledge.

Cartwright, N., & Hardie, J. (2012). *Evidence–based policy: A practical guide to doing it better.* Oxford: Oxford University Press.

Carver, C. S., & Scheier, M. F. (1988), *Perspectives on personality*, New York: Allyn & Bacon.

CASEL (2012). *The 2013 CASEL guide: Effective social and emotional learning programs*, Chicago: Author.

Casey, W. M., & Burton, R. V. (1982), Training children to be consistently honest through verbal self–instructions, *Child Development*, 53, 911–919.

Center for Civic Education (1994), *National standards for civics and government*, California: Center for Civic Education.

Clark, C. M. (1988), Asking the right questions about teacher preparation: Contributions of research on teacher thinking, *Educational Research*, 17, 5–12.

Clark, C. M., & Peterson, P. L. (1986), Teachers' thought processes, In M. C. Wittrock (ed.), *Handbook of research on teaching* (255–296), New York: Macmillan.

Clarke, S. (2008), SIM and the City: Rationalism in Psychology and Philosophy and Haidt's Account of Moral Judgment, *Philosophical Psychology*, 21(6).

Cochran, D. (1989), 황주홍 역(1991), "자유주의와 공동체주의", 한흥수 · 황주홍(편역), 『현대정치와 국가』, 서울: 연세대 출판부.

Colby, A., & Damon, W. (1992), *Some do care: Contemporary lives of moral commitment*, New York: The Free Press.

Cole, P. M., Barrett, K. C., & Zahn–Waxler, C. (1992), Emotion displays in two–year–

olds during mishaps, *Child Development*, 63, 314–324.

Collins, D. & Henjum, R. (1999), The 3 C's in Character Education, *Guidance and Counselling*, 14.

Conley, C. (2015), SEL in higher education, In J. Durlak, C. Domitrovich, R. Weissberg, & T. Gullotta (eds.), *Handbook of social and emotional learning*, New York: The Guilford Press.

Crittenden, J. (1992), *Beyond Individualism*, Oxford: Oxford University Press.

Cummings, R., & Harlow, S. (2000), The constructivist roots of moral education, *The Educational Forum*, 64, 300–307.

Damasio, A. (2003), *Looking for Spinoza*, Florida: Harcourt, 임지원 역(2007),『스피노자의 뇌』, 서울: 사이언스 북스.

Damon, W. (1984), Self-understanding and moral development from childhood to adolescence, In W. Kurtines & J. Gewirtz (eds.), *Morality, moral behavior and moral development*, New York: Wiley.

Damon, W. (1997), The youth charter: Towards the formation of adolescent moral identity, *Journal of Moral Education*, 26.

Damon, W. (1999), The moral development of children, *Scientific American*, 281.

Damon, W. (2002), *Bringing in a New Era in Character Education*, Hoover Press.

Damon, W. (2008), 정창우 · 한혜민 역(2012), 『무엇을 위해 살 것인가』, 서울: 한국경제신문.

Damon, W., & Hart, D. (1988), *Self-understanding in childhood and adolescence*, New York: Cambridge University Press.

Damon, W., & Hart, D. (1992), Self-understanding and its role in social and moral development, In M. Bornstein & M. E. Lamb (eds.), *Developmental psychology: An advanced textbook (3rd ed.)*, Hillsdale, NJ: Erlbaum.

Davies, P. T. (1999). What is evidence-based education?, British Journal of Education Studies, 47(2), 108–121.

De Quervain, D. J. F., Fischbacher, U., Treyer, V., Schellhammer, M., Schnyder, U., Buck, A., & Fehr, E. (2004), The neural basis of altruistic punishmen", *Science*, 305(5688).

Dearden, R. F. (1972), Autonomy and Education, In R. F. Dearden, P. H. Hirst and R. S.

Peters, *Education and The Development of Reason*, London: Routledge & Kegan Paul.

Deci, E. (1995), *Why we do what we do: The dynamics of personal autonomy*, New York: G. P. Putnam.

Deci, E. L., & Ryan, R. M. (1985), *Intrinsic motivation and self-determination in human behavior*, New York: Plenum.

DeMarco, D. (1996), *The heart of virtue*, San Francisco: Ignatius Press.

DeVries, R., Hildebrandt, C., & Zan, B. (2000), Constructivist early education for moral development, *Early Education and Development*, 11(1), 9-34.

Dewey, J. (1960), *Theory of the moral life*, New York: Holt, Rinehart & Winston.

Dewey, J. (1922), *Human nature and conduct: An introduction to social psychology*, London: G. Allen & Unwin.

Diem, R. A. (2000), Can It Make a Difference? Technology and the Social Studies, *Theory and Research in Social Education*, 28(4).

Dixon-Krauss, L. (1996), *Vygotsky in the classroom*, New York: Longman Publishers USA.

Duckworth, A. L., Peterson, C., & Mattews, M. D., Kelly, D. R. (2007), Grit: Perseverance and passion for long-term goals, *Journal of Personality and Social Psychology*, *92*, 1087-1101.

Dweck, C. (2006), *Mindset: The new psychology of success*, New York: Random House. Chicago *Economics*, *9(2-3)*, 33-59.

Eaker-Rich, D., & Galen, J, V. (eds.), (1996), *Caring in an Unjust World: Negotiating Borders and Barriers in Schools*, Albany, N.Y. : State University of New York Press.

Engle, S. H. & Ochoa, A. S. (1988), *Education for democratic citizenship*, New York: Teachers College Press.

Erikson, E. H. (1964), *Insight and responsibility*, New York: Norton.

Etzioni, A. (1998), How not to discuss character education, *Phi Delta Kappan*, 79, 446-448.

Evans, R. W., & Saxe, D. W. (1996), *Handbook on Teaching Social Issues*, Washington, D. C. : NCSS.

Fadel, C., Bialik, M., & Trilling, B. (2015), 이미소 역(2017), 『4차원 교육 4차원 미래역량』, 서울: 새로운 봄.

Faichney, G. (2000), *Citizenship education: Whose agenda? Whose challenges?*, Paper presented at the meeting of the National Council for the Social Studies, San Antonio, 2000.

Fischer, E. P. 박규호 역(2005), 『사람이 알아야 할 모든 것: 인간』, 서울: 들녘.

Fisher, R. (2008), 노희정 역(2011), 『사고하는 방법 : 철학적 탐구공동체 활동의 이론과 실제』, 경기: 인간사랑.

Fixsen, D. L., Blase, K. A., Naoom, S. F., Wallace, F. (2009). *Core implementation components*. *Research on Social Work Practice*, 19, 531–540.

Flanagan, O. (1991), *Varieties of moral personality: Ethics and psychological realism. Cambridge*, Mass: Harvard University Press.

Fosnot, C. T. (1996), *Constructivism: Theory, perspectives, and practice*, New York: Teachers College Press.

Frankena, W. (1963), *Ethics*, Englewood Cliffs, NJ: Prentice–Hall.

Frankena, W. (1966), Toward a Philosophy of Moral Education, In Israel Scheffler (ed.), *Philosophy and Education*, Boston : Ally and Bacon.

Frankena, W. K. (ed.) (1965), *Philosophy of Education*, New York: Macmillan Publishing Co Inc.

Freud, S. (1923), *The ego and the id*. (Standard ed., 19), London, UK: Hogarth Press.

Freud, S. (1960), *A general introduction to psychoanalysis*, New York: Washington Square Press.

Freud, S. (1964), An outline of psychoanalysis, In J. Strachey (ed.), *The standard edition of the complete psychological works of Sigmund Freud (Vol. 23)*, London: Hogarth Press.

Fry, Douglas P. & Souillacc, G. (2013), The relevance of nomadic forager studies to moral foundations theory: moral education and global ethics in the twenty–first century", *Journal of Moral Education*, 42(3).

Furby, L.(1986), Psychology and Justice, In R. L. Cohen (ed.), *Justice*, New York : Plenum Press.

Gardner, J. W. (1991), *Building community*, Washington, D.C.: Independent Sector.

Gay, G. (1997), Connections between character education and multicultural education, In A. Molnar (ed.), *The construction of children's character* (97–109), Chicago: The University of Chicago Press.

Gergen, K. (1995), Social construction and the educational process, In L. P. Steffe, & J. Gale (eds.), *Constructivism in education* (17–40), Hillsdale: Lawrence Erlbaum Associates.

Gerson, R. & Damon, W. (1978), Moral Understanding and Children's Conduct, In W. Damon (ed.), *New Directions for Child Development* (*Vol. 1*), Jossey-Bass.

Gewirth, A. (1978), *Reason and morality*, Chicago: University of Chicago Press.

Gibbs, J. C. (1979), Kohlberg's moral stage theory : A Piagetian revision, *Human Development*, 22, 89-112.

Gibbs, J. C. (1991), Toward an Integration of Kohlberg's and Hoffman's Theories of Morality, In W. M. Kurtines & J. L. Gewirtz (eds.), *Handbook of Moral Behavior and Development* (*vol.1: Theory*), Erlbaum.

Gibbs, J. C. (1995), The cognitive developmental perspective, In W. M. Kurtines & J. L. Gewirtz (eds.), *Moral Development: An Introduction*, Allyn & Bacon.

Gibbs, J. C. (2003), *Moral development and reality*, London: SAGE Publication.

Giddens, A. (2009), 홍욱희 역(2009), 『기후변화의 정치학』, 서울: 에코리브르.

Gijselaers, W. H., and G. Woltjer.(1997), "Expert-novice differences in the representation of economics problems", Paper delivered at the annual meeting of the American Educational Research Association, Chicago.

Gilligan, C. (1982), *In a different voice : psychological theory and women's development*, Cambridge, Mass. : Harvard University Press.

Glanzer, P. L. (1998), The character to seek justice: Showing fairness to diverse visions of character education, *Phi Delta Kappan*, 79, 434-438.

Goldberg, E. (2002), *The executive brain: frontal lobes and the civilized brain*, NY: Oxford University Press.

Goodman, J. (2000), Moral education in early childhood: The limits of constructivism, *Early Education and Development*, 11(1), pp. 37-54

Gordon, M. (2001), *Roots of empathy: Changing the world child by child*, Toronto, Canada: Thomas Allen.

Graham, J. et al. (2013), Moral Foundations Theory: The Pragmatic Validity of Moral Pluralism, *Advances in Experimental Social Psychology*, 47.

Grusec et al., (1979), Learning resistance to temptation through observation, *Developmental Psychology*, 15, 233-240.

Guthrie, W. K. C. (1975), *A History of Greek Philosophy*, *Vol.* Ⅲ, Cambridge University Press.

Gutman, A. (1985), Communitarian critics of liberalism, *Philosophy and Public Affairs*, 14(3), 308–322.

Gutman, A. (1993), Democracy & Democratic Education, *Studies in Philosophy & Education*, 12, 1–9.

Haidt, J. (2012), *The righteous mind : why good people are divided by politics and religion*, New York : Pantheon Books, 왕수민 역(2015), 『바른 마음』, 경기: 웅진싱크빅.

Haidt, J. (2013), Moral psychology for the twenty–first century, *Journal of Moral Education*, 42(3), pp. 281–297.

Haidt, J., & Bjorklund, F. (2008), Social intuitionist answer six questions about moral psychology, *Moral Psychology 2: The cognitive science of morality*, MA: The MIT Press.

Hare, R. M. (1981), *Moral thinking: Its levels, method, and point*, Oxford: Clarendon Press.

Hare, R. M. (1963), *Freedom and reason*, New York: Oxford University Press.

Hargreaves, D. (1996a). Educational research and evidence–based educational practice: A response to critics. *Research Intelligence*, 58, 12 – 16.

Hargreaves, D. (1996b). Teaching as a research–based profession: Possibilities and prospects. Teacher Training Agency Annual Lecture, London. Retrieved from https://eppi.ioe.ac.uk/cms/Portals/0/PDF%20reviews%20and%20summaries/TTA%20Hargreaves%20lecture.pdf.

Hart, D. & Fegley, S. (1995), Prosocial behavior and caring in adolescence: Relations to moral judgment and self–understanding, *Child Development*, 66.

Hart, D., Atkins, R., & Ford, D. (1998), Urban America as a context for the development of moral identity in adolescence, *Journal of Social Issues*, 54.

Haste, H. (2013), Deconstructing the elephant and the flag in the lavatory: promises and problems of moral foundations research, *Journal of Moral Education*, 42(3).

Haught, J. (1990), *Holy horrors*, Buffalo, NY: Prometheus Press.

Higgins, A. (1995), Educating for justice and community, In W. M. Kurtines & J. L. Gewirtz (eds.), *Moral Development: An Introduction*, Allyn & Bacon.

Hofer, B., & Pintrich, P. (1997), The development of epistemological theories: Beliefs about knowledge and knowing and their relation to learning, *Review of Educational Research*, 67(1), pp. 88–140.

Hoffman, M. (1963), Childrearing practices and moral development: Generalizations from empirical research, *Child Development*, 34, 295–318.

Hoffman, M. (1981), Is Altruism Part of Human Nature?, *Journal of Personality and Social Psychology*, 40.

Hoffman, M. (1983), Affective and Cognitive Processes in Moral Internalization, In E. T. Higgins, D. N. Ruble, & W. W. Hartup (eds.), *Social Cognition and Social Development: A Sociocultural Perspective*, Cambridge University Press.

Hoffman, M. (1987), The contribution of empathy to justice and moral judgment, In N. Eisenberg & J. Strayer (eds.), *Empathy and its development*, Cambridge: Cambridge University Press.

Hoffman, M. (1988), Moral development, In M. H. Bornstein & M. E. Lamb (eds.), *Developmental Psychology: An advanced textbook* (2nd ed., 479–548), Hillsdale, NJ: Erlbaum.

Hoffman, M. (1991), Empathy, social cognition, and moral action. In W. M. Kurtines & J. L. Gewirtz (eds.), *Handbook of moral behavior and development: Theory*, Hillsdale, NJ: Lawrence Erlbaum.

Hoffman, M. (2000), *Empathy and moral development: Implications for caring and justice*, Cambridge, England: Cambridge University Press.

Hoffman, M. (2000), *Empathy and moral development: Implications for caring and justice*, Cambridge, UK: Cambridge University Press.

Hoffman, M. (2008), Empathy and prosocial behavior, In M. Lewis, J. M. Haviland–Jones, & L. Barrett (eds.), *Handbook of emotions* (3rd ed., 440–455), New York, NY: The Guilford Press.

Hogan, R & Emler, N. (1995), Personality and moral development, In W. M. Kurtines & J. L. Gewirtz (eds.), *Moral Development: An Introduction*, Allyn & Bacon.

Hollenbach, D. (1995), Virtue, the common good, and democracy, In A. Etzioni (ed.), *New Communitarian Thinking*, Charlottesville, Virginia: University Press of Virginia.

Hong, Y. (2001, April), *Group discussion in Korean kindergarten classrooms*, Paper presented at the annual meeting of the American Educational Research Association, Seattle, Washington.

Hume, D. (1967), *A treatise on human nature*, Oxford: Clarendon Press.

Iacoboni, M. (2009), 김미선 역(2009), 『미러링 피플』, 서울: 갤리온.

Inglehart, R. (1990), *Culture shift in advanced industrial society*, Princeton: Princeton University

Press.

Isaacs, D. (1976), *Character–building: A guide for parents and teachers*, Dublin, Ireland: Four Courts Press.

Jadallah, E.(2000), Constructivist Learning Experiences for Social Studies Education, *The Social Studies*, September/October 2000.

Jagers, R., Harris, A., & Skoog, A. (2015), A review of classroom–based SEL programs at the middle school level, In J. Durlak, C. Domitrovich, R. Weissberg, & T. Gullotta (eds.), *Handbook of social and emotional learning*, New York: The Guilford Press.

Jeffrey, C., Richard, C. (2000), Educating youth for decency and virtue: Law–related education and its implication for character education, *Journal of Humanistic Counselling, Education & Development*, 39.

Jensen, L. A. (1996), *Different habits, different hearts: Orthodoxy and progressivism in the United States and India*, Unpublished doctoral dissertation, University of Chicago.

Jeong, C. (2003), *A cross–cultural study of the relationships between epistemological beliefs and moral judgment as a psychological foundation for moral education*, Doctoral dissertation, University of Georgia.

Jeong, C., & VanSickle, R. (2003), Moral education in the context of globalization and multiculturalism, *International Social Studies Forum*, 3(1).

Johnson, D. W., & Johnson, R. (1989), *Cooperation and competition: Theory and Research*, Enina, Minnesota: Interaction Book Company.

Jonassen, D. H. (1995), Supporting communities of learner with technology: A vision for integrating technology with learning schools, *Educational Technology*, 35, 60–63.

Kahneman, D. (2011), T*hinking, Fast and Slow*, NW: Farrar, Straus and Giroux.

Kashdan, T. B., & Breen, W. E. (2007), Materialism and diminished well–being : Experimental avoidance as a mediating mechanism, *Journal of Social and Clinical Psychology*, 26(5), 521–529.

Kegan, R. (1982), *The evolving self: Problem and process in human development*, Cambridge, MA: Harvard University Press.

Killen M. & Smetana, J. (2007), The Biology of Morality: Human Development and Moral Neuroscience, *Human Development*, 50.

Killen, M. & Smetana, J. (2008), Moral Judgment and Moral Neuroscience: Intersections,

Definitions, and Issues, *Child Development Perspectives*, 2(1).

Kilpatrick, W. K. (1992), *Why Johnny can't tell right from wrong and what we can do about it*, New York: Simon and Schuster.

Kim, J. (1998), Korean children's concepts of adult and peer authority and moral reasoning, *Developmental Psychology*, 34, 947–955.

King, M. B. (1991), Leadership efforts that facilitate classroom thoughtfulness in social studies, *Theory and Research in Social Education*, 19, 367–390.

King, P. M., & Kitchener, K. S. (1994), *Developing reflective judgment: Understanding and promoting intellectual growth and critical thinking in adolescents and adults*, San Francisco: Jossey–Bass.

Knoch, D., Pascual–Leone, A., Meyer, K., Treyer, V. & Fehr, E. (2006), Diminishing reciprocal fairness by disrupting the right prefrontal cortex, *Science*, 314(5800).

Kochanska, G. (1997), Mutually responsive orientation between mothers and their young: Implications for early socialization, *Child Development*, 68, 94–112.

Kohlberg, L. & Candee, D. (1984), The Relationship of Moral Judgment to Moral Action, In W. M. Kurtines & J. L. Gewirtz (eds.), *Morality, Moral Behavior, and Moral Development*, John Wiley.

Kohlberg, L. & Higgins, A. (1987), School Democracy and Social Interaction, In W. M. Kurtines & J. L. Gewirtz (eds.), *Moral Development Through Social Interaction*, Wiley.

Kohlberg, L. (1963), Moral development and identification, In H. W. Stevenson (Ed.), *Child Psychology: 62nd yearbook the National Society for the Study of Education* (279–332), Chicago: University of Chicago Press.

Kohlberg, L. (1969), Stage and sequence: The cognitive–developmental approach to socialization, In D. Goslin (ed.), *Handbook of socialization theory and research* (347–480), New York: Rand McNally.

Kohlberg, L. (1970), Education for justice: A modern statement of the Platonic view, In N. F. Sizer & T. R. Sizer (eds.), *Moral Education: Five Lectures* (56–83), Cambridge, MA: Harvard University Press.

Kohlberg, L. (1971), From is to ought: How to commit the naturalistic fallacy and get away with it in the study of moral development, In T. Mischel (ed.), *Cognitive development and epistemology* (151–235), New York: Academic Press.

Kohlberg, L. (1973), The claim to moral adequacy of a highest stage of moral judgement, *Journal of Philosophy*, 70, 630–646.

Kohlberg, L. (1981), *Essays in moral development, vol. Ⅰ: The philosophy of moral development*, New York: Harper & Row, 김민남 · 김봉소 · 진미숙 역(2000), 『도덕발달의 철학』, 서울: 교육과학사.

Kohlberg, L. (1984), *Essays in moral development, vol. Ⅱ: The psychology of moral development*, New York: Harper & Row, 김민남 · 진미숙 역(2001), 『도덕발달의 심리학』, 서울: 교육과학사.

Kohlberg, L. (1987), The Development of Moral Judgment and Moral Action, In L. Kohlberg, *Child Psychology and Childhood Education: A Cognitive–Developmental View*, Longman.

Kohlberg, L., & Mayer, R. (1972), Development as the aim of education, *Harvard Educational Review*, 43, 449–496.

Kohlberg, L., & Mayer, R. (1987), Development as the aim of education, In L. Kohlberg (ed.), *Childhood psychology and childhood education: A cognitive developmental view*, New York: Longman.

Kohlberg, L., Levine, C., & Hewer, A. (1983), Moral stages: A current formulation and a response to critics, In J. A. Meacham (ed.), *Contributions to human development, vol. 10*, Basel: Karger.

Kohn, A. (1997), The trouble with character education, In A. Molnar (ed.), *The construction of children's character* (154–162), Chicago, IL: The University of Chicago Press.

Kreeft, P., & Tacelli, R. K. (1994), *Handbook of christian apologetics*, Downers Grover, IL: InterVasity Press.

Kuhn, D. (1991), *The skills of argument*, Cambridge, England: Cambridge University Press.

Kurtines, W. M., Berman. S. L., Ittel, A., Cruz, S., & Williamson, S. (1995), Moral development: a co–constructivist perspective, In W. M. Kurtines & J. L. Gewirtz (eds.), *Moral development: an introduction*, Boston: Allyn and Bacon.

Kvernbekk, T. (2016). *Evidence–based practice in education: Functions of evidence and causal presuppositions*. London: Routledge.

Kvernbekk, T. (2017). Evidence–Based Educational Practice, *Oxford Research Encyclopedias*. Retrieved from http://oxfordre.com/education/view/10.1093/acrefore/9780190264093.001.0001/acrefore–9780190264093–e–187.

Kymlicka, W. (1999), Education for Citizenship, *Education in Morality*, New York: Routledge.

Ladwig, J. G. (1991), Organizational features and classroom thoughtfulness in secondary school social studies departments, *Theory and Research in Social Education*, 19, 391−409.

Langer, J. (1969), *Theories of Development*, New York: Holt, Rinehart & Winston.

Laplsey, D. & Narvaez, D. (2004), A Social−Cognitive Approach to the Moral Personality, In D. Lapsley & D. Narvaez (eds.), *Moral Development, Self, And Identity*, Mahwah, N.J.: Lawrence Erlbaum Associates.

Laplsey, D. & Stey, C. (2014), Moral Self−Identity as the Aim of Education, In L. Nucci, T. Krettenauer & D. Narvaez(eds.), *Handbook of moral and character education* (New York : Routledge).

Lapsley, D. K. (1996), *Moral Psychology*, Boulder, CO: Westview Press.

Larson, B. & Keiper (1999), Civic Education, *Surfing Social Studies*, Washington, D.C. : NCSS.

Larson, B., & Harwood, A. (1999), Civic Education, Surfing social studies, Washington, D. C. : NCSS.

Lasswell, H. D. (1962), *Power and personality*, New York: The Viking Press.

Laupa, M., & Turiel, E. (1986), Children's conceptions of peer and adult authority, *Child Development*, 57, 405−412.

Laupa, M., & Turiel, E. (1995), Social domain theory, In W. M. Kurtines & J. L. Gewirtz (eds.), *Moral Development: An Introduction*, Allyn & Bacon.

Levine, C. G. (1979), Stage acquisition and stage use: An appraisal of stage displacement explanations of variation in moral reasoning, *Human Development*, 22, 145−164.

Lewin, K. (1945), The research center for group dynamics at Massachusetts Institute for Technology, Sociometry, 8, 126−135.

Lickona, T. (1976), Research on Piaget's theory of moral development, *Moral development and Behavior*, New York: Holt, Rinehart and Winston.

Lickona, T. (1984), *Raising good children*, Bantam Books.

Lickona, T. (1988), Four strategies for fostering character development in children, *Phi Delta Kappan*, 69, 419−423.

Lickona, T. (1991), *Educating for Character: How Our Schools Can Teach Respect and Responsibility*,

Bantam.

Lickona, T. (1993), The return of character education, *Educational Leadership*, 51, 6–11.

Lickona, T. (1996), The Decline and Fall of American Civilization, *The World & I*, June, 286.

Lickona, T. (1997), Educating for character: A comprehensive approach, In A. Molnar (ed.), *The construction of children's character* (45–62), Chicago, IL: The University of Chicago Press.

Lickona, T. (1998), A more complex analysis is needed, *Phi Delta Kappan*, 79, 449–455.

Lister, I. (1995), Educating beyond the nation, *International Review of Education*, 41(1/2).

Lockwood, A. L. (1997), What is character education? In A. Molnar (Ed.), *The construction of children's character*, Chicago: The University of Chicago Press, 174–185.

Loehrer, M. E. (1998), *How to Change a Rotten Attitude*, Thousand Oaks, California: Corwin Press, Inc.

Loughran, R. (1967), A pattern of development in moral judgments made by adolescents derived form Piaget's schema of its development in childhood, *Educational Review*.

Lyubomirsky, S. (2008), *The How of Happiness: a new approach to getting the life you want*, New York: Penguin Books.

Macedo, S. (1990), *Liberal Virtues*, Clarendon.

MacIntyre, A. (1981/1984), *After Virtue*, Nortre Dame, IN: University of Nortre Dame Press.

Mackie, J. L. (1975). Causes and conditions. In E. Sosa (Ed.), *Causation and conditionals* (pp. 15 – 38). Oxford: Oxford University Press.

MacLean, P. D. (1990), *The triune brain in evolution: Role in paleocerebral functions*, NY: Plenum.

MaNamee, S. (1978), Moral behavior, moral development and motivation, *Journal of Moral Education*, 7, 27–32.

Maxwell, B. & Beaulac, G. (2013), The concept of the moral domain in moral foundations theory and cognitive developmental theory: Horses for courses?, *Journal of Moral Education*, 42(3).

McAdams, D. P. (2009), The moral personality. In D. Narvaez & D. K. Lapsley(eds.), *Personality, identity, and character*, NY: Cambridge University Press.

McClosky, H., & Brill, A. (1983), *Dimensions of tolerance: What Americans believe about civil lib-*

erties, New York: Russell Sage Foundation.

McDiarmid, G. W. (1994), Understanding history for teaching: A study of the historical understanding of perspective teachers, In M. Carretero & J. F. Voss (eds.), *Cognitive and instructional process in history and the social sciences*, Hillsdale, NJ: Erlbaum.

Milgram, S. 정태연 역(2009),『권위에 대한 복종』, 서울: 에코리브르.

Milson, A. J. (2000), Social studies teacher educators' perceptions of character education, *Theory and Research in Social Education*, 28, 144-169.

Mischel, W. (1974), Processes in the delay of gratification, In L. Berkowitz (ed.), *Advances in Experimental Social Psychology* (Vol. 7), New York: Academic.

Munsey, B. (1980), Multidisciplinary interest in moral development and moral education, *Moral Development, Moral Education, and Kohlberg*, Birmingham: Alabama.

Murphy, C. N. (2001), Global Inequality an Teaching, *International Studies Perspectives*, 2.

Musschenga, A. (2009), Moral intuitions, moral expertise and moral reasoning, *Journal of Philosophy of Education*, 43.

Musschenga, A. (2013) The promises of moral foundations theory, *Journal of Moral Education*, 42(3).

Nagel, T. (1986), *The view from nowhere*, New York: Oxford University Press.

Narvaez, D. & Bock, J. (2009), *Ethical Judgement*, Notre Dame, IN : Alliance for Catholic Education Press.

Narvaez, D. & Bock, T. (2002), Moral schemas and tacit judgement or how the Defining Issues Test is supported by cognitive science, *Journal of Moral Education*, 31(3).

Narvaez, D. & Endicott, L. G. (2009), *Ethical Sensitivity*, Notre Dame, IN : Alliance for Catholic Education Press.

Narvaez, D. & Lapsley, D. K. (2005), The psychological foundations of everyday morality and moral expertise", In D. K. Lapsley & F. Power (eds.), *Chracter psychology and character education*, Indiana: University of Nortre Dame. 정창우 역(2008),『도덕심리학과 도덕교육』, 경기: 인간사랑.

Narvaez, D. & Lies, J. (2009), *Ethical Motivation*, Notre Dame, IN : Alliance for Catholic Education Press.

Narvaez, D. & Vaydich, J. L. (2008), Moral development and behavior under the spotlight of the neurobiological sciences, *Journal of Moral Education*, 37(3).

Narvaez, D. (1998), The effects of moral schemas on the reconstruction of moral narratives in 8th grade and college students, *Journal of Educational Psychology*, 90(1).

Narvaez, D. (2002), Does Reading Moral Stories Build Character?, *Educational Psychology Review*, 14(2).

Narvaez, D. (2005), The Neo-Kohlbergian Tradition and Beyond: Schemas, Expertise and Character, In G. Carlo & C. Pope-Edwards (eds.), Nebraska Symposium on Motivation, Vol. 51: Moral Motivation through the Lifespan, Lincoln, NE, University of Nebraska Press.

Narvaez, D. (2006), Integrative ethical education, In M. Killen & J. G. Smetana (eds.), *Handbook of Moral Development*, Mahwah, New Jersey: Lawrence Erlbaum Associates.

Narvaez, D. (2008), The social intuitionist model: Some counter-intuitions, *Moral psychology 2: The cognitive psychology of morality*, MA: The MIT Press.

Narvaez, D. (2008), Triune ethics: The neurobiological roots of our multiple moralities, *New ideas in Psychology*, 26(1).

Narvaez, D. (2009), *Ethical Action*, Notre Dame, IN : Alliance for Catholic Education Press.

Narvaez, D. (2010a), "Building a Sustaining Classroom Climate for Purposeful Ethical Citizenship", In T. Lovat and R. Toomey (eds.), *International Research Handbook of Values Education and Student Wellbeing*, New York: Springer Publishing Co.

Narvaez, D. (2010b), Moral complexity: The fatal attraction of truthiness and the importance of mature moral functioning, *Perspectives on Psychological Science*, 5(2).

Narvaez, D. (2011), Neurobiology, moral education and moral self-authorship, In D. J. de Ruyter & S. Miedema (eds.), *Moral education and development* , New York: Springer.

Narvaez, D. (2012). Moral neuroeducation from early life through the lifespan, *Neuroethics*, 5(2).

Narvaez, D. (2014), *The neurobiology and development of human morality*, New York: W. W. Norton & Company.

Narvaez, D. (2016), *Embodied morality : protectionism, engagement and imagination*, London : Palgrave Macmillan.

Narvaez, D. (in press), Moral Formation: Neurobiology and virtue cultivation, In M. jones, P. Lewis, K. Refitt (eds.), *Character, practical wisdom and professional formation across the discipline*, Macon, GA: Mercer University Press.

Narvaez, D., & Mitchell, C. (1999), Schemas, culture, and moral texts, In M. Leicester, C. Modgil, & S. Modgil, (eds.), *Education, Culture and Values*, London: Falmer Press.

Narvaez, D., Bentley, J., Gleason, T., Samuels, J. (1998), Moral theme comprehension in third grade, fifth grade and college students, *Reading Psychology*, 19(2).

Narvaez, D., Endicott, L., Bock, T. & Lies, J. (2005), Minnesota's community voices and character education project, *Journal of Research in Character Education*.

Narvaez, D., Getz, I., Rest, J. R., & Thoma, S. (1999), Individual moral judgment and cultural ideologies, *Developmental Psychology*, 35.

Narvaez, D., Gleason, T., Mitchell, C. & Bentley, J. (1999), Moral Theme Comprehension in Children, *Journal of Educational Psychology*, 91(3).

Nash, G. (1979), *The conservative movement in America*, New York: Basic Books.

Navaez, D., & Rest, J. (1995), "The four components of acting morally", In W. M. Kurtines & J. L. Gewirtz (eds.), *Moral Development: An Introduction*, Allyn & Bacon.

NCSS (1994), *Expectations of excellence: Curriculum standards for social studies*, Washington, D. C. : NCSS.

Newmann, F. M. (1990a), Higher order thinking in teaching social studies: A rationale for the assessment of classroom thoughtfulness, *Journal of Curriculum Studies*, 22, 41−56.

Newmann, F. M. (1990b), Qualities of thoughtful social studies classes: An empirical profile, *Journal of Curriculum Studies*, 22, 253−275.

Niemi, R. G., Junn, J. (1998), *Civic Education*, New Haven: Yale University Press.

Nisan, M. (1996), Personal identity and education for the desirable, *Journal of Moral Education*, 25.

Nisan, M., & Kohlberg, L. (1982), Universality and cross−cultural variation in moral development: A longitudinal and cross−sectional study in Turkey, *Child Development*, 53, 865−876.

Noam, G. (1993), Normative vulnerabilities of self and their transformations in moral action," In G. G. Naom & T. E. Wren (eds.), *The moral self*, *Cambridge*, MA: MIT Press.

Noddings, N. (1992), *The Challenge to Care in Schools*, Columbia University : Teachers College Press, 추병완 · 박병춘 · 황인표 공역(2002), 『배려교육론』, 서울: 다른 우리.

Noddings, N. (1995), A morally defensible mission for schools in the 21st century, *Phi Delta Kappan*, 76, 365-368.

Noddings, N. (1997), Character education and community, In A. Molnar (Ed.), *The construction of children's character*, Chicago, IL: The University of Chicago Press, 1-16.

Noddings, N. (1998), *Philosophy of education*, Colorado: Westview Press.

Noddings, N. (1999), Care, justice, and equity, In M. S. Katz, N. Noddings, & K. A. Strike (eds.), *Justice and caring*, New York: Teachers College Press.

Noddings, N. (1984), *Caring : Feminine Approach to Ethics & Moral Education*, L. A.: University of California Press.

Nucci, L. (1981), The development of personal concepts: A domain distinct from moral or societal concepts, *Child Development*, 52, 114-121.

Nucci, L. (2001), *Education in the moral domain*, New York : Cambridge University Press.

Nucci, L. P. & Turiel, E.(2000), *Culture, though, and development*, Mahwah, N.J., Saxe, G. B., Turiel, E. (eds.), Mahwah, N.J.: Lawrence Erlbaum Associates.

Nucci, L., & Lee, J. Y. (1993), Morality and personal autonomy, In G. G. Naom & T. E. Wren (eds.), *The moral self*, Cambridge, MA: MIT Press.

Nunner-Winkler, G., & Sodian, B. (1988), Children's understanding of moral emotions, *Child Development*, 59.

Nussbaum, M. (1988), Non-Relative Virtues : An Aristotelian Approach", In Peter A, Franch, Theodore E. Uehling, Jr., and Howard K. Wettstein (eds.), *Midwest Studies in Philosophy Vol VIII*, *Ethical Theory : Character and Virtue*, Notre Dame: University of Notre Dame Press.

Nussbaum, M. (2003). Capabilities as fundamental entitlements: Sen and social justice. *Feminist*

Nussbaum, M. (1986), *The fragility of goodness: Luck and ethics in Greek tragedy and philosophy*, Cambridge University Press.

Nussbaum, M. C. (1997), 박용준 역(2013), 『시적 정의: 문학적 상상력과 공적인 삶』, 서울: 궁리.

O'Donnell, C. L. (2008). Defining, conceptualizing, and measuring fidelity of implementation and its relationship to outcomes in K-12 curriculum intervention research. *Review of Educational Research*, 78(1), 22-84.

Oakley, J. (1992), *Morality and the Emotions*, London : Routledge.

Oancea, A., & Pring, R. (2008). The importance of being thorough: On systematic accumulation of "what works"in education research. *Journal of Philosophy of Education*, 42(Suppl. 1), 15 - 39.

Oishi S., & Diener, E. (2014), Residents of poor nations have a greater sense of meaning in life than residents of wealthy nations, *Psychological Science*, 25(2), 422–430.

Oldfather, P. (1999), *Learning through children's eyes: Social constructivism and the desire to learn*, Washington, D. C.: American Psychological Association.

Oliner, P. L., & Oliner, S. P. (1995), *Towards a Caring Society: Ideas into Action*, Westport , Conn. : Praeger.

Onosko, J. J. (1990), Comparing teachers instruction to promote students thinking, *Journal of Curriculum Studies*, 22, 443–461.

Onosko, J. J. (1991), Barriers to the promotion of higher–order thinking in social studies, *Theory and Research in Social Education*, 19, 367–390.

Pang, V. O. (2001), *Multicultural Education : A Caring–Centered, Reflective Approach*, New York, N.Y. : McGraw–Hill Companies, Inc.

Park, J. Y., & Johnson, R. C. (1984), "Moral development in rural and urban Korea", *Journal of Cross–cultural Psychology*, 15, 35–46.

Parke, R. D. (1977), Some effects of punishment on children's behavior – revisited, In E. M. Hetherington & R. D. Parke (eds.), *Contemporary readings in child psychology*, New York: McGraw–Hill.

Perry, D. G., Perry, L. C., Bussey, K., English, D., Arnold, G. (1980), Processes of attribution and children's self–punishment following misbehavior, *Child Development*, 51, 545–551.

Perry, W G. (1970), *Forms of intellectual and ethical development in the college years: A scheme*, New York: Holt, Rinehart and Winston.

Peters, R. S. (1981), *Moral Development and Moral Education*, George Allen & Unwin Ltd.

Piaget, J. (1951), *The child's conception of the world*, Savage, MD: Littlefield Adams.

Piaget, J. (1960), The general problem of the psycho–biological development of the child, In J. Tanner & B. Inhelder(eds.), *Discussions on child development (vol. 4, 3–27)*, New York: International Universities Press.

Piaget, J.(1965/1997), *The moral judgment of the child*, New York: Norton.

Pincoffs, E. L. (1986), *Quandaries and Virtues : Against Reductionism in Ethics*, Lawrence, Kansas: University Press of Kansas.

Plato, 이상인 역(2014), 『메논』, 서울: 이제이북스.

Plato, 황문수 역(2013), 『소크라테스의 변명, 크리톤, 파이돈, 향연』, 서울: 문예출판사.

Power, C., & Khmelkov, V. T. (1988), *Character development and self–esteem, Unpublished manuscript*, Notre Dame, IN: University of Notre Dame8.

Pratt, M. W., Golding, G., & Hunter, W. J .(1984), Does Morality Have a Gender? Sex, Sex Role, and Moral Judgment Relationships across the Adult Lifespan, *Merrill–Palmer Quarterly*. 30(4).

Prawat, R. S. (1992), Are changes in views about mathematics sufficient? The case of a fifth grade teacher, *Elementary School Journal*, 93, 195–212.

Prawat, R. S., & Floden, R. E. (1994), Philosophical perspectives on constructivist views of learning, *Educational Psychologist*, 29(1).

Prior, W. J. (1991), *Virtue and Knowledge : An Introduction to Ancient Greek Ethics*, London : Routledge.

Putnam, R. A. (1988), Reciprocity and Virtue Ethics, *Ethics*, 98.

Ravitch, D., & Viteritti, J. (2001), *Making good citizens: Education and civil society*, New Haven: Yale University Press.

Rawls, J. (1971), 황경식 역(1985), 『사회정의론』, 서울: 문학과 지성사.

Rawls, J. (1988), 황경식 역(1991), 『공정으로서의 정의』, 서울: 서광사.

Rawls, J. (1993), *Political liberalism*, New York: Columbia University Press.

Reardon, B., & Nordlnad, E.(1994), *Learning Peace : The Promise of Ecological and Cooperative Education*, Albany, N.Y. : State University of New York Press.

Rest J., Narvaez, D., Bebeau, M. & Thoma, S. (1999), *Postconventional Moral Thinking: a neo–Kohlbergian approach*, Mahwah, NJ: L. Erlbaum Associates.

Rest J., Narvaez, D., Thoma, S. & Bebeau, M. (1999), A Neo–Kohlbergian Approach: The DIT and Schema Theory, *Educational Psychology Review*, 11(4).

Rest, J. & Narvaez, D.(1994). *Moral Development in the Professions: psychology and applied ethics*, New York; London: Psychology Press.

Rest, J. (1973), The hierarchical nature of moral judgment, *Journal of Personality*, 41, 86–109.

Rest, J. (1975), Longitudinal study of the Defining Issues Test: A strategy for analyzing developmental change, *Developmental Psychology*, 11, 738–748.

Rest, J. (1983), Morality, In P. Mussen (series ed.) & J. H. Flavell, E. M. Markman (eds.), *Handbook of child psychology: Vol. 3. Cognitive development (4th ed.)*, New York: Wiley.

Rest, J. (1986), *Moral Development: Advances in Research and Theory*, New York: Praeger.

Rest, J., & Narvaez, D. (eds.) (1994), *Moral development in the professions: Psychology and applied ethics*, Hillsdale, NJ: Lawrence Erlbaum.

Rest, J., Narvaez, D., Bebeau, M. J., & Thoma, S. J. (1999b), A Neo–Kohlbergian Approach: The DIT and Schema Theory, *Educational Psychology Review*, 11(4), 291–324

Rest, J., Narvaez, D., Bebeau, M. J., & Thoma, S. J. (1999a), *Postconventional moral thinking: A neo–Kohlbergian approach*, Mahwah, NJ: Erlbaum.

Rest, J., Narvaez, D., Thoma, S. J., & Bebeau, M. J. (2000), A Neo–Kohlbergian approach to morality research, *Journal of Moral Education*, 29, 381–395.

Rest, J., Turiel, E., & Kohlberg, L. (1969), Level of moral judgment as a determinant of preference and comprehension of moral judgments made by others, *Journal of Personality*, 37, 225–252.

Rich, J. (1966), *Readings in the philosophy of education*, Wadsworth.

Rimm–Kaufman, S., & Hulleman, C. (2015). SEL in the elementary school settings identifying mechanisms that matter. In J. Durlak, C. Domitrovich, R. Weissberg, & T. Gullotta (eds.), *Handbook of social and emotional learning*, New York: The Guilford Press.

Risinger, C. F. (2000), Teaching Social Issues Using the Internet, *Social Education* 64(7).

Roberts, R. (2014), 이현주 역(2015), 『내 안에서 나를 만드는 것들』, 서울: 세계사.

Robertson, D., Snarey, J., Ousley, O., Harenski, K., Dubois Bowman, F. B., Gikley, R. & Kilts, C. (2007), Neural processing of moral sensitivity to issues of justice and care, *Neuropsychologia*, 45

Roeser, S. (2013), Intuitions, emotions and gut reactions in decisions about risks, *Journal of Risk Research*, 13(2).

Rogers, E. M. (2003). *Diffusion of innovations* (5th ed.), New York: Free Press.

Ross, E. W. (2000), Creating a Civic–Minded Political Culture: What Does the Civics

NAEP Mean for Mean for Social Studies Education?, *Theory & Research in Social Education*, Winter 2000, 28(1).

Rusnak, T. (1998), *An integrated approach to character education*, Thousand Oaks, CA: Corwin Press.

Ryan, K. A. (1986), The new moral education, *Phi Delta Kappan*, 68, 228–233.

Ryan, K. A., & Bohlin, K. E. (1999), *Building character in schools: Practical ways to bring moral instruction to life*, San Francisco: Jossey–Bass.

Ryle, G. (1984), 이한우 역(2004), 『마음의 개념』, 서울: 문예출판사.

Sagan, E. (1988), *Freud, women, and morality: The psychology of good and evil*, New York: Basic Books.

Sandel, M. (1982), *Liberalism and the Limits of Justice*, Cambridge University.

Sandel, M. (1984), *Liberalism and its Critics*, Blackwell.

Sandin, R. T. (1992), *The Rehavilitation of Virtue : Foundations of Moral Education*, New York: Praeger.

Sanfey, A. G., Rilling, J. K. Aronson, J. A., Nystrom, L. E. & Cohen, J. D. (2003), The neural basis of economic decision–making in the ultimatum game, *Science*, 300(5620).

Santrock, J. W. (2016), *Essentials of life–span development* (4th ed.), 이지연 · 임춘희 · 김수정 역(2016), 『발달심리학』, 경기: 교육과학사.

Satterfield et al. (2009), Toward a transdisciplinary model of evidence–based practice, *The Milbank Quarterly*, 87(2), 368–390.

Saye, J. W. & Hoge, J. D. (1999), Citizenship projects, *Surfing Social Studies*, Washington, D.C. : National Council for the Social Studies.

Schaps, E., Barristich, V., Solomon, D. (1997), School as a caring community: A key to character, In A. Molnar (ed.), *The construction of children's character* (127–139), Chicago, IL: The University of Chicago Press.

Schaps, E., Watson, M., & Lewis. (1996), A sense of community is key to effectiveness in fostering character education, *Journal of Staff Development*, 17, 42–47.

Sears, R., Maccoby, E., & Levin, M. (1957), *Patterns of child reasoning, Evanston*, IL: Row–Peterson.

Selman, R. (1980), *The growth of interpersonal understanding: Developmental and clinical analyses*,

New York: Academic Press.

Selznick, P. (1992), *The moral commonwealth*, Berkely: University of California Press.

Sen, A. (1999). *Development as freedom*: Oxford Paperbacks.

Sherman, N. (1989), *The Fabric of Character : Aristotle's Theory of Virtue*, Oxford: Clarendon Press.

Shweder, R. A. (1982), Review of Lawrence Kohlberg's Essays on Moral Development, Volume I: The Philosophy of Moral Development, *Comtemporary psychology*.

Sichel, B. A. (1988), *Moral Education : Character, Community, and Ideals*, Philadelphia: Temple University Press.

Sigel, I. E.(1986), Cognition−Affect: A Psyhological Riddle, In D. J. Bearison & H. Zililes (eds.), *Thought and Emotion: Developmental Perspective*, Erlbaum.

Simpson, E. L.(1974), Moral development Research: A Case Study of Scientific Cultural Bias, *Human Development*, 17(2), 81−106.

Sinnott−Armstrong, W. (2008), Introduction, *Moral Psychology 2: The Cognitive Science of Morality*, MA: The MIT Press.

Slavin, R. E. (2002). Evidence−based education policies: Transforming educational practice and research, *Educational Researcher*, 31, 15 − 21.

Slavin, R. E. (2004). Education research can and must address "what works"questions. *Educational Researcher*, 33, 27 − 28. Webster−Stratton, C., & Herman, K. C. (2010). Disseminating incredible years series early−intervention programs: Integrating and sustaining services between school and home. *Psychology in the Schools*, 47(1), 36−54.

Smith, E. E. (2017), *The power of meaning*, New York: Crown Publishing Group. Sen, A. (1993). Capability and Well−Being. *The quality of life*, 30.

Snarey, J. (1985), Cross−cultural universality of social−moral development: A critical review of Kohlbergian research, *Psychological Bulletin*, 97, 202−232.

Spiro, M. (1957), Culture and Personality: The Natural History of a False Dichotomy, *Psychiatry*, 14.

Statman, D. (ed.) (1997), *Virtue Ethics*, Edinburgh: Edinburgh University Press.

Straughan, R. (1983), From Moral Judgment to Moral Action, In H. Weinreich−Haste & D. Locke (eds.), *Morality in the Making: Thought, Action, and the Social Context*, Wiley.

Strike, K. (1999), Can schools be communities? The tension between shared values and inclusion, *Educational Administration Quarterly*, 35, 46–70.

Strike, K. (2000), Liberalism, communitarianism and the space between: in praise of kindness, *Journal of Moral Education*, 29(2), 133–147.

Sullivan, E. V. (1977), A study of Kohlberg's structural theory of moral development: A critique of liberal social science ideology, *Human Development*, 20(6), 352–376.

Tappan, M. (1997), Language, culture, and moral development: A Vygotskian perspective, *Developmental Review*, 17, 78–100.

Tappan, M. (1998), Moral education in the zone of proximal development, *Journal of Moral Education*, 27(2), 141–158.

Tappan, M. (1999), Authoring a moral self: A dialogical perspective, *Journal of Constructivist Psychology*, 12.

Taylor, C. (1984), Hegel: History and Politics, In M. Sandel (ed.), *Liberalism and its Critics*, Blackwell.

Taylor, C. (1985), *Human agency and language: Philosophical papers 1*, Cambridge.

Taylor, C. (1989), *Sources of the self: The making of the modern identity*, Cambridge.

Taylor, C. (1994), Justice after virtue, In J. Horton & S. Mendus, *After MacIntyre*, Polocy.

Thoma, S. J. (1986), Estimating gender difference in the comprehension and preference of moral issues, *Developmental Review*, 6(2).

Thomas, R. M. (1997), *Moral development theories: Secular and religious*, Westport: Greenwood Press.

Tibbitts, F. (1994), Human rights education in schools in the post–communist context, *European Journal of Education*, 29(4).

Tillich, P. (1952), *The courage to be*, New Haven: Yale University Press.

Toner, I. J., & Potts, R. (1981), Effect of modeled rationales on moral behavior, moral choice, and level of moral judgment in children, *Journal of Psychology*, 107, 153–162.

Torney, J. V. (1980), *UNESCO Report on the Congress on the teaching of human rights*, Paris: UNESCO.

Turiel, E. (1974), Conflict and transition in adolescent moral development, *Child Development*, 45, 14–29.

Turiel, E. (1978), The development of concepts of social structure: Social convention, In J. Glick & A. Clarke–Stewart (eds.), *The development of social understanding*, New York:

Gardner Press.

Turiel, E. (1983), *The development of social knowledge: Morality & convention*, New York: Cambridge University Press.

Turiel, E., Hildebrandt, C., Wainryb, C. (1990), *Inconsistency and consistency in reasoning about social issues*, Unpublished manuscript, University of California, Berkeley.

Varela, F. (1992), *Un Know-how per l'etica*, Roma: Laterza, 유권종 · 박충식 역(2009), 『윤리적 노하우』, 서울: 갈무리.

Varela, F. J., Thompson, E., & Rosch, E. (1991), *The embodied mind: Cognitive science and human experience*. Cambridge, MA: MIT Press, 석봉래 역(2014), 『몸의 인지과학』, 서울: 김영사.

Vohs, K. D., Mead, N. L., & Goode, M. R. (2008), Merely activating the concept of money changes personal and interpersonal behavior, *Current Directions in Psychological Science*, 17(3), 208-212.

Volker, J. M. (1984), *Counseling experience, moral judgment, awareness of consequences and moral sensitivity in counseling practice*, Unpublished doctoral dissertation, University of Minnesota, Minneapolis.

von Glasersfeld, E. (1989), Cognition, construction of knowledge, and teaching, *Synthese*, 80(1).

von Glasersfeld, E. (1995), A constructivist approach to teaching, In L. P. Steffe, & J. Gale (eds.), *Constructivism in education* (3-16), Hillsdale: Lawrence Erlbaum Associates.

Vozzola, E. C. (2014), *Moral development: Theory and applications*, 정창우 역(2018), 『도덕 발달의 이론과 적용』, 서울: 도서출판 울력.

Vygotsky, L. (1978), *Mind in society*, Cambridge, M.A: Harvard Univ. Press.

Wadsworth, B. J. (1996), *Piaget's theory of cognitive and affective development: Foundations of constructivism, 5th ed.*, White Plains, NY: Longman.

Walker, L. (1982), The sequentiality of Kohlberg's stages of moral development, *Child Development*, 53, 1330-1336.

Walker, L. (1983), Sources of cognitive conflict for stage transition in moral development, *Developmental Psychology*, 19, 103-110.

Walker, L. (1984), Sex difference in the development of moral reasoning: A critical review, *Child Development*, 55(3).

Walker, L. (1989), A longitudinal study of moral reasoning, *Child Development*, 60, 157–166.

Walker, L. (1995), Sexism in Kohlberg's moral psychology, In W. M. Kurtines & J. L. Gewirtz (eds.), *Moral Development: An Introduction*, Allyn & Bacon.

Watson, M. (1998), The child development project: Building character by building community, *Action in Teacher Education*, 20, 59–69.

Wray, H. (1996), Civic education in the United States, *The Korean Journal of Democratic Civic Education*, 1.

Wringe, C. (1984), *Democracy, schooling and political education*, London: Allen & Unwin.

Wynne, E. A. (1988), Balancing character development and academics in the elementary school, *Phi Delta Kappan*, 69, 424–426.

Wynne, E. A. (1997), For–character education, In A. Molnar (ed.), *The construction of children's character* (63–76), Chicago, IL: The University of Chicago Press.

ZimBardo, P., 이충호 · 임지원 역(2007), 『루시퍼 이펙트』, 서울: 웅진지식하우스.

강두호(2017), 『도덕 교과교육의 논점들 』, 경기: 교육과학사.

강인애(1997), "객관주의와 구성주의 : 대립에서 대화로", 『교육공학연구』, 제 13권 제 1호, 3–19.

강인애(1998), "구성주의적 교수–학습의 원리와 적용", 『교육이론과 실천』, 제 8권 제 1호, 23–44.

강현석, 이지은, 배은미(2019), 『최신 백워드 교육과정과 수업설계의 미래』, 경기: 교육과학사.

고병헌 · 김찬호 · 송순재 · 임정아 · 정승관 · 하태욱 · 한재훈(2009), 『교사, 대안의 길을 묻다』, 서울: 이매진.

곽준혁(2008), "시민적 책임성: 고전적 공화주의와 시민성(citizenship)", 『대한정치학회보』, 16(2), 127–149.

금교영(1998), 『인성교육을 위한 철학적 반성』, 경북: 영남대학교출판부.

김경자 · 온정덕(2011), 『이해중심 교육과정』, 서울: 교육아카데미.

김기정(1999), "인성교육에 관한 교육심리학의 역할과 과제", 교육심리연구, 13(2), 55–74.

김안중 외 3인(1982), 「한국 아동의 도덕성 발달에 관한 연구」, 한국교육개발원.

김완석(2016), 『과학명상』, 서울: 커뮤니케이션북스.

김윤하(1999), "자유주의와 공동체주의 논쟁의 도덕교육적 의의(Ⅰ)", 『외대논총』, 19(4), 269-292.
김윤하(2000), "자유주의와 공동체주의 논쟁의 도덕교육적 의의(Ⅱ)", 『외대논총』, 20, 205-226.
김재춘, 부재율, 소경희, 양길석(2017), 『교육과정과 교육평가』, 경기: 교육과학사.
김충렬(1990), "동양윤리의 인간학적 회귀", 아산사회복지사업재단, 『한국의 시민윤리』.
김태길(1995), 『한국윤리의 재정립』, 서울: 철학과 현실사.
김태훈(2018), 『인성과 교육』, 경기: 양서원.
김효선 외(1986), 『동양교육고전의 이해』, 서울 : 이화여자대학교 출판부.
남궁달화(1999), 『인성교육론』, 서울: 문음사.
다치바나 다카시, 이규원 역(2004), 『뇌를 단련하다』, 서울: 청어람미디어.
목영해(1998), "구성주의의 본질적 측면에 대한 몇 가지 고찰", 『교육학연구』, 36(1), 171-186.
문용린 역(2000), 『콜버그의 도덕성 발달 이론』, 서울: 아카넷.
문용린 역(2004), 『도덕성의 발달과 심리』, 서울: 학지사.
문용린(1994), 『한국 청소년의 도덕성 발달 진단을 위한 연구』, 한국학술진흥재단.
민병원(2012), "이해할 것인가, 설명할 것인가?", 『한국정치연구』, 21(3), 343-367.
박병기 · 추병완(1996), 『윤리학과 도덕교육』, 서울: 인간사랑.
박병춘(1999), "보살핌윤리의 도덕 교육적 접근 연구", 서울대학교 대학원 박사학위 논문.
박성현(2007), "위빠사나 명상, 마음챙김, 그리고 마음챙김을 근거로 한 심리치료", 『인지행동치료』 7(2).
박용헌 · 문용린(1990), 『정의의 교육』, 서울: 한국방송통신대학교 출판부.
박인철(2013), 『에드문트 후설』, 서울: 살림.
박장호(1998), "미국 인격교육의 변화와 계속성", 『국민윤리연구』, 40, 167-211.
박장호(2012a), "네오-콜버그학파의 새로운 지평 : D. 나르바에즈의 신경생물학(Ⅰ)", 『인문학논총』 28.
박장호(2012b), "네오-콜버그학파의 새로운 지평 : D. 나르바에즈의 신경생물학(Ⅱ)", 『인문학논총』 29.
박장호(2012c), "신경과학의 도덕적 직관 이해와 도덕교육", 『윤리교육』 29.

박장호(2013), 「신경과학의 도덕적 직관 이해와 도덕교육」, 『윤리교육연구』 29.
박찬구(2004), "한국의 도덕 교육에서 칸트 윤리적 접근법이 가지는 의의,"한국칸트학회, 『칸트철학과 한국 사회 문화』, 칸트 서거 200주년 기념 학술대회 논문집.
박찬국(2017), "제4차 산업혁명과 함께 인간은 더 행복해질 것인가?", 『현대유럽철학연구』 제46집, 313~348.
박찬욱 · 김종욱 · 미산 · 한자경 · 윤원철 · 최화 · 김종주 · 이정모(2009), 『마음, 어떻게 움직이는가』, 서울: 운주사.
박찬영(2020), "어린이철학 도덕교육론 정초에 관한 연구", 서울대 박사학위 논문.
박철홍(2002), "도덕을 중심에 두는 학교교육", 『도덕성 회복과 교육』, 서울: 교육과학사.
방선욱(2001), "구성주의적 교육관의 이론적 함의와 적용가능성 고찰", 『교육과학연구』, 15(1), 43-64.
서근원 · 이미종(2017), "질적 연구로의 질적 전환: 내러티브 정체성 연구를 사례로", 『교육인류학연구』, 20(4), 1-48.
서울대학교 교육연구소 편(1994), 『교육학 용어사전』, 서울: 하우.
석자춘, 정창우(2017), "나바에츠 통합적 윤리교육모형을 활용한 도덕교육 개선 방향", 『도덕윤리과교육』 제54호, 23-52.
손봉호(1995 겨울), "인성교육: 필요, 성격, 방법", 『철학과 현실』, 서울: 철학문화연구소.
송길연 외 공역(2001), 『발달심리학』, 서울: 시그마프레스.
송명자(2011), 『발달심리학』, 서울: 학지사.
신종호 · 김민성 · 최지영 · 허유성 · 이지은(2015), 『교육심리학』, 경기: 교육과학사.
심성보(1995), 『교육윤리학 입문』, 서울: 내일을 여는 책.
심성보(1999), 『도덕교육의 담론』, 서울: 학지사.
심성보(2014), "정중한 예의와 정치적 예의의 공존을 통한 시민적 예의교육", 『교육철학연구』, 36(2), 101-119.
심연수(1997), "국제윤리의 주요쟁점 연구", 『국민윤리연구』, 제37호.
요명춘 편(1992), 『맹자적 지혜』, 서울: 도서출판 조선.
원현주(1999), "도덕적 자아와 도덕적 행동 선택에 관한 연구,"서울대학교 대학원 석사학위논문.
유권종 · 강혜원 · 김경호 · 장숙필 · 박충식 · 최상진(2009), 『유교적 마음모델과 예교육』, 파주: 한국학술정보.

유병열(1996), “도덕교육의 목표로서의 ‘도덕적 인격’에 관한 연구”, 『도덕윤리과교육』, 7, 252-279.

유병열(2004a), “덕교육적 접근과 도덕과 교육과정”, 『도덕윤리과교육』, 18.

유병열(2004b), 『도덕교육론』, 서울: 양서원.

윤광석 · 정혜경 · 김양분(2011), 『교육정책 및 프로그램의 효과성에 관한 증거기반 수립 모형: 미국의 사례를 중심으로』, Position Paper 2011 & 한국교육개발원 현안보고 OR 2011-03-20.

윤영돈(2010), 『다문화시대 도덕교육의 프리즘과 스펙트럼』, 서울: 이담북스.

이계학(1991), 『인격교육론』, 서울: 성원사.

이규호(1988), 『현대인을 위한 10가지 덕성론』, 서울: 문우사.

이상욱(2006), “대칭과 구성 : 과학지식사회학의 딜레마”, 『철학적 분석』, 14.

이언주(2016), “인문학을 활용한 도덕과 교육 개선 방안 연구”, 서울대학교 박사학위 논문.

이인재(1996), “영역이론과 아동의 인격형성”, 『도덕윤리과교육』 제 10호.

이정렬(2009), “인격교육의 새로운 방향과 도덕적 정체성”, 『도덕윤리과교육』 제 28호, 207-230.

이홍우(1996), “전인교육론”, 『도덕교육연구』, 8.

정 종(1980), 『공자의 교육사상』, 서울: 집문당.

정경선(2018), 『당신은 체인지메이커입니까』, 경기: 김영사.

정옥분 · 곽경화(2003), 『배려지향적 도덕성과 정의지향적 도덕성』, 서울: 집문당.

정창우(2001a), “피아제와 비고츠키 이론의 도덕교육적 함의에 관한 연구”, 『도덕윤리과교육』, 제 13호, 207-223.

정창우(2001b), “미국 민주시민교육의 이상과 실제”, 『도덕과 교육론』, 서울: 교육과학사.

정창우(2003a), “도덕교육의 통합적 접근법으로서 구성주의적 인격교육에 관한 연구”, 『도덕교육연구』, 15(1), 95-140.

정창우(2003b), “도덕적 자아 형성을 위한 도덕교육방법”, 『초등도덕교육』, 13, 183-225.

정창우(2003c), “한국의 도덕과교육에서 구성주의적 관점의 적용을 위한 조건 및 방법 탐색”, 『도덕윤리과교육』, 16, 248-271.

정창우(2004a), “초 · 중등 도덕과 교육의 목표 설정을 위한 도덕 심리학적 기초 연구”, 『도덕윤리과교육』, 18, 112-130.

정창우(2004b), “세계화 시대의 도덕교육에서 정의윤리와 배려윤리의 통합적 접근법 연구”, 『국민윤리연구』, 56, 331-356.

정창우(2004c/2006), 『도덕교육의 새로운 해법』, 서울: 교육과학사.

정창우(2011), “도덕심리학 연구의 최근 동향과 도덕교육적 함의”, 『초등도덕교육』37.

정창우(2012), “나바에츠(D. Narvaez) 도덕발달 이론의 특성과 도덕교육적 함의”, 『도덕윤리과교육』 37.

정창우(2013), 『도덕과 교육의 이론과 쟁점』, 서울: 도서출판 울력.

정창우(2016), “인성교육의 체화적 접근과 실천 방안”, 2016 교보교육 심포지엄『학교 인성교육, 어떻게 할 것인가?』, 교보교육재단.

정창우(2019), 『21세기 인성교육 프레임』, 경기: 교육과학사.

정창우 · 석자춘(2016), “조너선 하이트 도덕심리이론의 도덕교육적 이해”, 『도덕심리학의 전통과 새로운 동향』, 경기: 교육과학사.

정탁준(2019), “미래 사회의 변화와 도덕교육의 발전 방향: 4차 산업혁명 기술을 중심으로”, 『윤리연구』 제1권 125호, 1-23.

조난심(2003), “인성교육과 도덕과 교육”, 『도덕교육학신론』, 서울: 문음사.

조영남(1998), “구성주의 교수-학습“, 대구교육대학교 초등교육연구, 12, 93-122.

조요한(1988), 『아리스토텔레스의 철학』, 서울: 경문사.

진교훈(1982), 『철학적 인간학연구(Ⅰ)』, 서울: 경문사.

진교훈(1992), “윤리란 무엇인가”, 『한국인의 윤리사상』, 율곡사상연구원.

최병태(1996), 『덕과 규범』, 서울: 교육과학사.

최종덕(1997), “미국의 민주시민교육의 체제와 전망”, 『민주시민교육논총』, 2(1).

최종덕(2000), “미국 시민교육의 전통과 쟁점”, 『시민교육연구』, 31.

추병완(1999/2004), 『도덕교육의 이해』, 서울: 백의.

추병완(2000), 『열린 도덕과 교육론』, 서울: 도서출판 하우.

추병완(2002), 『통일교육』, 서울: 하우.

추병완(2003a), 『초등 교사교육을 위한 교과교육 프로그램 개발(도덕) 연구』, 교육인적자원부.

추병완(2003b), “사이버윤리교육의 새로운 방법 모색”, 사이버커뮤니케이션학회 · 정보통신윤리위원회, 『인터넷시대의 법 · 제도적 쟁점과 교육 패러다임의 변화』.

추병완(2016), "나바에즈의 신경도덕교육 이론에 대한 평가", 『초등도덕교육』 51.
한건수(2003), "낯선 문화의 학습전략", 『세계화시대의 국제이해교육』, 서울: 유네스코 아시아 · 태평양 국제이해교육원.
한국교육학회(1998), 『인성교육』, 서울: 문음사.
허영식(2001), "지구촌시대의 지구촌관리와 지구촌윤리", 『청주교육대학교 교육대학원 논문집』, 제7집.
허창무(1993), "퇴계의 이기심성론적 도덕실천에 관한 연구", 한국정신문화연구원, 『한국의 교육과 윤리』제 2집.
홍성훈(2000), "의료윤리 교육 프로그램의 개발 연구", 서울대학교 대학원 박사학위 논문.
황규호(2017), "일반역량 교육 논의의 쟁점 분석", 『교육과정연구』, 35(3), 247-271.
황인표 외(2017), 『인성교육론 : 이론편』, 서울: 울력.

찾아보기

ㄱ

ㄹ

ㅊ

ㅋ

ㅌ

영문

D

E

I

M

S

T

번호

기호

| 저자 소개 |

정창우는 서울대학교 사범대학 윤리교육과 교수이다. 한국도덕윤리과교육학회장, 서울대학교 인성교육연구센터장, 국가 인성교육진흥위원회 위원, 국회인성교육실천포럼 자문위원, 한국교육과정평가원 교육과정 자문위원, 국가교육과정기술자문회의 교육과정 연구위원 등을 역임했다. 인성교육 지도자료인 [마음아람 프로젝트(중학교용)](2015), [안다미로 프로젝트(고등학교용)](2016) 개발의 책임자로 참여하였다. 또한 중학교 [도덕 1, 2], 고등학교 [통합사회], [윤리와 사상], [현대사회와 윤리], [인문학적 상상여행], [인문학적 감수성과 도덕적 상상력] 과목의 교과용 도서 개발 책임을 맡았다. 주요 저서로는 [변혁적 도덕 역량 증진을 위한 도덕교육론], [토론의 미학](공저), [21세기 인성교육 프레임], [인성교육의 이해와 실천], [교사, 인성교육을 생각하다](공저), [도덕과 교육의 이론과 쟁점], [도덕과 교수·학습 방법 및 평가](공저), [도덕과 교재연구 및 지도법](공저), [윤리와 논술 I], [질문하는 십대, 대답하는 인문학](공저), [Teacher Effectiveness](공저), [Critical Perspectives on Values Education in Asia](공저) 등이 있고, 주요 역서로는 [도덕 발달과 실재](공역), [시민성, 시민적 우정과 의무](공역), [논쟁수업으로 시작하는 민주시민교육](공역), [도덕 발달의 이론과 적용], [도덕철학과 도덕교육], [도덕심리학과 도덕교육], [도덕적 민주적 역량, 어떻게 기를 것인가](공역), [도덕·가치교육을 위한 100가지 방법](공역), [무엇을 위해 살 것인가](공역), [정의와 배려](공역), [실패하는 학교](공역), [날마다 만나는 10분 윤리 동화](공역), [다문화주의 윤리학](공역) 등이 있다.

도덕교육의 새로운 해법(2판)

2004년 11월 30일 1판 1쇄 발행
2017년 8월 25일 1판 7쇄 발행
2020년 2월 28일 2판 1쇄 발행
2025년 11월 25일 2판 5쇄 발행

저 자 : 정 창 우
발행인 : 한 정 주
발행처 : 교육과학사

경기도 파주시 광인사길 71
전화 : (031) 955-6956~8 / 팩스 : (031) 955-6037
Home-page : www.kyoyookbook.co.kr
E-mail: kyoyookbook@daum.net
등록 : 1970년 5월 18일 제2-73호

정가 24,000원

ISBN 978-89-254-1459-1

Printed in Korea